中文社会科学引文索引（CSSCI）来源

北京外国语大学中国海外汉学研究中心

张西平　主编

INTERNATIONAL SINOLOGY

國際漢学

第二十六辑

大象出版社

图书在版编目(CIP)数据

国际汉学. 第26辑 / 张西平主编.— 郑州 : 大象出版社, 2014. 7

ISBN 978-7-5347-7528-4

Ⅰ. ①国… Ⅱ. ①张… Ⅲ. ①汉学—研究—世界—文集 Ⅳ. ①K207.8-53

中国版本图书馆 CIP 数据核字(2014)第 140672 号

出 版 人 王刘纯
责任编辑 郑强胜 梁金蓝
责任校对 钟 骄
书籍设计 王晶晶

出版发行 大象出版社(郑州市开元路 16 号 邮政编码 450044)
发行科 0371-63863551 总编室 0371-65597936
网 址 www.daxiang.cn
印 刷 河南新华印刷集团有限公司
经 销 各地新华书店经销
开 本 787mm×1092mm 1/16
印 张 25.5
字 数 470 千字
版 次 2014 年 9 月第 1 版 2014 年 9 月第 1 次印刷
定 价 65.00 元
若发现印、装质量问题,影响阅读,请与承印厂联系调换。
印厂地址 郑州市经五路 12 号
邮政编码 450002 电话 0371-65957860-351

乐先生摄于布达佩斯大学门前

乐黛云简介

乐黛云，北京大学中文系现代文学与比较文学教授，博士生导师。历任北京大学比较文学与比较文化研究所所长、国际比较文学学会副主席，现任中国比较文学学会会长、北京大学跨文化研究中心主任、中法合办《跨文化对话》集刊主编。1990 年获加拿大麦克马斯特大学荣誉文学博士学位，2006 年获日本关西大学荣誉博士学位。著有《比较文学原理》《比较文学与中国现代文学》《跨文化之桥》《中国知识分子的形与神》《跟踪比较文学学科的复兴》，主编有《世界诗学大辞典》、“跨文化沟通个案研究丛书”（14 卷）、“中学西渐丛书”（8 卷）。

让中国文化的价值

造福全人类

北京大学

乐黛云

2014年4月

國際漢學

编辑委员会

目　录

Issue No.26

International Sinology

CONTENTS

Sino-West Language Contact

Studies on Chinese Literature and History

Sino-Foreign Cultural Exchanges

Book Reviews

Recent Development

桃李不言，下自成蹊

——追忆恩师朱政惠教授*

□龚咏梅

按语：朱政惠教授（1947—2013）从20世纪90年代中期起开展海外汉学（中国学）研究，为该领域重要学者。1996年3月他发起创办的华东师范大学海外中国学研究中心，为国内该领域最早的专门学术研究机构之一。他以学术史、史学史与史学理论的理路治海外中国学（汉学）史，尤以美国为中心，系统总结梳理了美国百余年汉学、中国学发展史。他较早提出"接受史学"范畴，善于从海外学者的研究中挖掘出关于中国历史、文化、史学史、史学理论的研究成果，注重介绍、总结、反思中国学者对海外中国学（汉学）的研究状况，为海外中国学（汉学）研究学科建设做了大量深入细致的开创性、基础性工作，其研究视角独到，常发人所未见。

朱先生生前一直与北京外国语大学中国海外汉学中心保持着良好的联系。他是中心主办的《国际汉学》的编委之一。在《国际汉学》第二十五辑中就刊发了朱先生撰写的《学术史研究能告诉我们什么？——以美国汉学、中国学发展的研究为例》一文。2013年10月18—19日，朱先生原本要参加由北京外国

* 这篇文章写作得到了朱政惠教授夫人林雪仙女士的大力支持，她提供了很多素材，更正了文中不少与事实相出入之处。文末的附录参照了师弟师妹们整理的目录，部分内容还参考了华东师大海外中国学研究中心网站，陈君静师兄、罗澄洋师妹（包括她的人大同学宁雅）、师弟杜新庆帮助查找了部分文章出处，朱老师的侄子朱英俊也对文章提出了修改意见，在此一并表示衷心感谢！

语大学中国文化“走出去”协同创新中心主办的“中国文化与亚洲的价值国际学术研讨会”，而此时他的健康状况已不允许他这么做，最终未能成行。2013 年 11 月 13 日，朱先生永远离开了我们。

朱政惠教授(1947—2013)

我的恩师朱政惠先生是华东师范大学的终身教授、历史系博士生导师、海外中国学研究中心主任，在中国近现代史学史、史学理论、海外中国学史、中外史学比较等多个领域作出了突出贡献，被公认为近年来中国史学史、海外中国学史研究的知名学者，是改革开放以来海外中国学研究的重要开拓者和领军人物之一。承蒙朱先生的老朋友张西平教授厚爱，嘱咐我写下这篇回忆文章，让世人更了解和尊敬这位刚刚去世的了不起的学者和导师，以追忆先贤，寄托哀思。

一、初识

我认识朱政惠教授是在 1998 年的秋季。当时我刚从加拿大做访问学者归来，只拥有哲学硕士学位的我因为海外学习的经历，意识到在高校任教必须有博士学位是必然趋势，所以决定攻读博士学位。恰好此时史学领域的“海外中国学研究”和恩师的大名，因我单位的同事、恩师的第一位博士生曹景文的引荐而知晓，而我向来深信文史哲相通，以为由哲学跨入史学，也是不错的选择。不过，当时的我对“海外中国学”这一名词还有疑虑。受哲学系氛围的影响，对 20 世纪八九十年代各类称“学”的新领域新学科抱着迟疑观望的态度，实际上也是，当时的好多“学”今日已不知所终。直到见到恩师，我才最终坚定报考“海外中国学研究”博士研究生的信念。

那是10月中旬秋高气爽的一个上午，华东师范大学人文学院在共青场开运动会，时任院党委书记的恩师也参加运动会。经人引见，我有点怯怯地向恩师走去，并说出了自己的想法。恩师是一位身材魁梧挺拔、个子比较高的中年人，肤色偏深，国字脸，架着一副斯文的细框眼镜，浑身上下透着儒雅的学者风度，尽管一身运动休闲打扮。他带着充分鼓励的笑容耐心地倾听，说话和蔼可亲，但却传递着有力和确定的信息，给人留下一种宽厚仁慈、推心置腹、值得信赖的好感。恩师对我报考表示热情的欢迎，说“海外中国学研究”本身就是一门跨学科的专业，特别需要跨学科的人才加入进来，并且说学哲学的人是有思维方式优势的，跨学科有难度，但困难完全可以克服，只要坚定信心。他还向我简要地介绍了海外中国学的情况，说得眉飞色舞、如数家珍，让我感到这是一片迷人的、前沿的、大有可为的学术领域，不由得对这个未知的方向心驰神往。在以后的日子里，我们这些“朱门弟子”无数次深深地被我们的“朱掌门”对海外中国学研究几近“走火入魔”的钟爱之情所感染、所打动！正像我的师妹阮洁卿所言：“每次自己在与恩师进行长时间的交谈后，我总会感觉到自己像一只鼓足了气的气球，对自己未来的学习和研究充满了热望。”

第一次的会面永恒地定格在我的脑海中，成为一种精神象征、一个精神坐标。恩师永远以他温暖的笑容、坚定的眼神、充满感召力的话语，挥动着宽厚的大手，指引我们沿着他开辟的道路坚持走下去……多年以后，当回忆起初识的一幕，我仍然颇为感慨：1998年，距离恩师创立华东师大海外中国学研究中心不过两年多，其时国内学术界对这一领域颇不以为然者大有人在，“汉学”和“中国学”之争尚方兴未艾，就连他本人真正涉足这一领域也不过短短三四年。究竟是什么使他对海外中国学研究如此情有独钟，如此看好其发展前景？后来十几年中国的海外中国学研究如火如荼的“显学 ”局面，无不印证着恩师当初的预言和信心。我想，这就是一个优秀学者的远见卓识，一位杰出学术领袖的决策力、开创力、领导力，更重要的是坚持不懈的努力！

恩师的学术眼光的确厉害。近年来他还提出了“知青学”，他认为，“知青”是古今中外空前绝后的历史产物，对知青的研究不只是为了怀旧，“知青”也绝不应该仅仅是文学作品、影视剧的表现对象，还理所当然地应该成为历史学的研究对象。“知青学”是一门有待大力发展的严肃的专门学术。恩师的这一动议得到了广泛的赞同，他本人也正准备在这一领域大展身手。可惜，正值学术金秋的他，遽然撒手人寰，留下无尽的遗憾！

初识以后我才知道，恩师比我年长20岁，可我觉得我们之间的差距，无论是学识、阅历、胸襟，还是才华、能力与经验，都远远不只是20岁的差距！有些东西是时间无法弥补的。天地之间，总有那么一些伟大的人格，供人们敬仰，恩师即在此列。熟识之后，我又知道，恩师的好口碑，岂止于吾辈，就连中外那些知名的学术同行前辈，也心有戚戚焉！

二、学术人生

恩师1947年8月生于上海，祖籍江苏南京江宁杨柳村。朱氏为当地望族，祖宅曾作为海军医院和小学，现已辟为江南民居供人参观。其父朱伯隆(1913—1978)，新中国成立前为上海金城银行高级职员，同情革命，曾在家中掩护过红色教授李平心。朱老先生通多国语言，喜读史书①，新中国成立后任华东师大教育系编译室翻译，并从事历史研究，为民盟盟员和上海市普陀区政协第三、四届委员。朱家居住在原金城银行位于安远路玉佛寺隔壁金城里的四层②新式里弄小楼里，五个子女中三位男孩之间只相差一岁，恩师排行老三，之下有一弟一妹。

我认识恩师的时候，只有他一家三口住在小楼的一楼和四楼，二、三楼在“文革”中住进了别的人家。儿子笑靖毕业于华东师大地理系，是一名网球高手，供职于一家著名游戏软件公司，恩师对这种“跨界”是包容和欣赏的。恩师特意带我们爬着旧上海那种窄窄的、昏暗的木楼梯，进了他四楼的书房，这也曾是他父亲的书房。记忆中从天花板到地面的书架倚靠着三面墙，上面摆了很多书，令人有一种坐拥书城的感觉③……木质地板有些下倾，许是不堪书的重负，令我担忧恩师和三楼人家的安危。

直到2005年，恩师才搬到丰庄的面积达200多平方米的顶楼复式新居里。作为学者的恩师显示出了他多面的才华，他亲自设计了新居，按照自己的眼光和需求布置每个角落，一楼较为现代，二楼则趋于古雅，更为重要的是他父亲及其本人那些丰富的藏书终于有了更好的安身之处。2006年12月，美国中国学家裴宜理、柯文在我的陪同下去丰庄探望刚因肺癌动手术十几天尚不能下床的恩师，两位在慰问的同时，也流露出对典雅朱宅的羡慕之情。裴宜理笑着说：“你的房子比我美国的房子还要漂亮，还要大！”

---

① 朱老师在《柳暗花明又一村——关于海外中国学研究和史学研究的对话》(与博士生刘莉合作，发表于《史学月刊》2013年第4期)一文中，对自己的学术人生首次作了全面的回顾，其中专门谈到父亲对自己日后走上史学研究的潜移默化的影响。

② 新式里弄楼本为三层，解放前加盖了一层。

③ 他父亲的藏书中，光王云五主编的《丛书集成》就近4000册，参见：《柳暗花明又一村——关于海外中国学研究和史学研究的对话》一文，载于《史学月刊》，2013年第4期。

在外人眼里，恩师也许就是一个有点学究气、有点暮气的学者，可我的师母在他过世后，却深情地向我们讲述了恩师热爱生活、充满生活情趣的另一面。他喜欢交响乐，家里收藏了许多柴可夫斯基等音乐名家的唱片，有空就欣赏。每次上海开书展，他都必去上好几次，淘书是他的乐趣。每到一个国家，他最喜欢逛的就是博物馆，他总是说，这里面藏的都是人类文明的瑰宝。上海开个什么展览会，比如不锈钢展览会，只要有空，他都有兴趣去看看，哪怕只花上一小时。在他眼里，那些埋没到尘土里的东西，都可能具有特殊价值。一次，师母在打扫时要扔掉一个厨房间挂的破竹篮子，恩师却让师母把篮子洗干净、缠上好看的装饰带，作为“历史文物”赠送给了江宁杨柳村的江南民居陈列馆。他还是各种新式电子产品的发烧友，在我认识他的时候，他就能够很熟练地运用扫描仪。他多才多艺，擅长书画，当知青时在黄山罗汉峰下的五七连队墙上画的毛主席画像，成为老知青们回黄山必拍的摄影点。恩师还热爱驾驶，50 多岁在美国学会了开车，买了一部二手日本车，不仅载过华师大不少来美访问的朋友，还驾着它东奔西跑去访问名校名家。恩师的活力和胆量令我们这些小辈们都自叹不如，而且他光凭着地图就能到处跑。他从美国回来后又买了一辆别克轿车，亲自驾车陪不少来访的海内外学者去上海市内外游玩，如汪荣祖先生、周锡瑞先生等。他还多次驾车陪着年轻的西班牙学者劳尔四处看房，直到劳尔相中了中山公园附近的圣约翰名邸。恩师夫妇和一对黄山知青夫妇是多年至交，他们在假期经常结伴自驾游，此时恩师就是最佳导游，他丰富的学识使旅途成为富有意义的历史文化之旅。

不错，恩师身上还有一个重要的身份标识——“黄山知青”。1966 年他从上海市曹杨中学毕业时，因为成绩优秀，各方面表现出众，被选拔留学西德——当时只有重点中学才有一两个留学名额。终因“文革”爆发而未能如愿成行，他自然又成了走“白专”道路的典型。1968 年 8 月，他被下放到安徽省黄山茶林场当知青，其组织领导能力开始在知青里崭露头角。他担任了连队指导员，每天劳动十几个小时，带领知青们盖房子、种菜，他是赶牛犁田的好手，甚至带领大家修筑小水电站，使连队用上了电灯。每天收工之后，他还总是要看书和写东西。知青们在高高的黄山上炸山修公路，他是工程副总指挥。这其中的甘苦只有他们这些过来人才体会得到，但是我们从恩师和他的战友——连长金光耀（复旦大学历史系教授）主编的《知青部落：黄山脚下的 10000 个上海人》①这样一本图片纪实作品中，看到的不是高强度劳作下的愁苦绝望，而是青春的乐观向上和改天换地的豪情，在他们的身上影射的是理想主义的影子。1978 年，恩师以优异成绩考上了大学，结束了长达十年的知青生涯。据我师母林老师（恩师的黄山知青战友，朱老师一直叫她“小

---

① 朱政惠、金光耀主编：《知青部落：黄山脚下的 10000 个上海人》，上海古籍出版社，2004 年。

林")介绍说，当时恩师本来想报考复旦国际政治系，但考虑到自己已 30 出头，年龄偏大，而自己家中有很多历史书籍，有家学优势，所以才在报名的最后时刻找到招办人员将志愿改成了"华东师范大学历史系"①。

十年黄山知青生活的历练，对恩师影响至深。他曾经对我说，吃过上山下乡的苦，以后的任何苦都不在话下，能安安静静地读书、学习、写作是很幸福的事情。十年的青春岁月留在了农村，使他们这批有机会上大学的人格外珍惜学习机会，在今后的工作中更有一种只争朝夕的紧迫感。恩师的黄山战友、著名媒体人曹景行在追思会②上说："朱政惠教授有一种强烈的使命感，为了弥补曾经失去的十年时间，用自己的生命去追赶时间，追赶理想，所以才在创建和发展海外中国学、知青学方面取得今天的成就。"

诚哉，斯言！"用自己的生命去追赶时间，追赶理想"正是恩师 1978 年后学术人生真实生动的写照。在华东师大历史系和史学所，恩师又用十年时间一口气从本科、硕士读到了博士毕业，1988 年留校后先后在华东师大研究生院学生培养处、人文学院等部门担任领导职务。他曾有机会到校外担任局级领导职务，但恩师始终没有淡忘学术追求，或者说他最为钟爱的始终是学术事业，这才是他"超越生死的生命追求"，这使他最终拒绝了做官的诱惑，留在学术岗位上。华东师大现任党委书记童世骏，在朱老师去世后写下了一段追忆，其中写道："我和老朱虽然一直在同一所学校求学和工作，但真正相识，是 20 世纪末在人文学院工作期间，那时他是书记，我是副院长，他是我的上级，而且此前曾在学校机关工作，但我从不记得他有什么机关习气，也没记得他在下级面前端上级架子，凡事总是与大家商量，鼓励和支持副手们各自做好工作。以后他不做学院书记了，回到学术岗位。说实在的，我一开始只是佩服他能正确对待职务进退、岗位流转，同时也羡慕他能在'武功'尚未全废之时回到了自己真正心爱的学术岗位；看到他在近年才成为'显学'的海外中国学研究领域独树一帜，卓然成家，另辟蹊径地延续了我校史学史和史学理论研究的光荣传统。"童世骏一家在哈佛住了两个月，当时恩师正在哈佛做访问学者，所以他们一家就坐过恩师那部有一个车灯不亮了的"老爷车"，恩师给他留下了"在美国也显示出他性格中的另一面：好奇、豪爽、肯吃苦，也很会动脑筋"的深刻印象。

恩师的导师是著名马克思主义史学理论家吴泽先生，恩师在他的指导下完成

---

① 当然恩师的父亲也是有这个意思的，恩师拿到录取通知书时，老先生已在此前去世，没有等到这令他万分欣慰的一天。

② 2013 年 12 月 19 日下午，上海知青历史研究会在上海青年干部学院报告厅举行了"朱政惠教授追思会"。朱老师生前是该研究会副会长。

了关于吕振羽研究的博士论文，用力很深。1989年，他在《历史研究》上发表了《论吕振羽史学》一文，这对刚出道的青年学者是莫大的鼓舞。1992年他出版第一本专著《吕振羽和他的历史学研究》，后出版《吕振羽学术思想评传》，并与陈启能、于沛等学者一道撰著了《马克思主义史学新探》一书，并发表多篇马克思主义史学和有关吕振羽研究的论文。在20世纪90年代中期，恩师还连续发表有关当代中国史学思潮的系列论文①，因此，可以看出，他本来是想在马克思主义史学和史学思潮趋势这两个方向上攻关的，但正是撰写《日益受到关注的海外中国学研究》一文，使他开始对海外中国学研究这一领域产生了浓厚的兴趣。当时李学勤、张芝联等前辈学者对这一学科的呼吁也使他产生了新的学术冲动。但是恩师始终无比珍视自己所受业的华东师大中国史学史与史学理论的学术传统。恩师读书的时候，华东师大于1980年成立了中国史学研究所，在全国名声很响，可惜在20世纪90年代中期院系合并时撤销了，对此恩师多次对我说"太可惜了"。他有很强的史学史、史学理论学科阵地意识，他经常对弟子们强调，华东师大海外中国学研究的学科背景和学科特色是史学史与史学理论，并且认为从史学史的角度研究海外中国学具有优势，只有在此基础上才能进行多学科、跨学科的研究。在去世前发表的带有学术总结性的访谈中，恩师说："选择转入海外中国学的研究领域，根本上是为了更好地研究中国的史学，现当代中国史学、马克思主义史学始终是我关心和研究的重要方向。近来我还参加了《吕振羽全集》的编撰工作，负责《史论》卷的选编。回顾以往，可以说我一天都未曾离开过史学理论与史学史这一研究专业，它是我一生治学的脊梁和根基。海外中国学的研究，提供了从域外反观中国史学发展的独特视角，能给予我新的灵感和启发。"②

从我们整理的恩师发表的论著目录来看，他发表的第一篇文章题为《值班》，原见于《1963年上海市初中学生作文选》，被收入1979年上海教育出版社出的《建国以来上海市中学生习作选》。1981年还在读大三的恩师在《文史知识》上发表了《章太炎读史日程》一文，其后在读硕、博期间又先后在《历史教学问题》《史学月刊》《社会科学》等学术刊物上发表了11篇论文，其中关于吕振羽研究的论文就有3篇，这为他的博士论文打下了基础，也为他日后成为吕振羽研究专家做了铺垫。不过，另有两篇论文更值得关注，它们预示着恩师日后走向海外中国学研究学术理

① 指的是《1978年以来亚细亚生产方式问题研究的若干思考》《方兴未艾的中国人口史学》《历史城市学的崛起》《新时期敦煌学发展的三大态势研究》等数篇论文，中国人民大学报刊资料中心《历史学》都相继转载过。他计划在此基础上撰写一本"当代中国史学趋势研究"的书。

② 《柳暗花明又一村——关于海外中国学研究和史学研究的对话》一文，载于《史学月刊》，2013年第4期。

路的萌芽。一篇是1986年发表在《历史教学问题》上的《从接受角度研究史学》①，另一篇是同年发表在《社会科学》上的《从接受的角度研究史学——由“接受美学”引起的一个思考》②。恩师受“接受美学”启发，提出“接受史学”，敏锐地抓到了史学研究的一个新方向——“比较史学”，这说明受到改革开放春风的影响，学生时代的恩师就已经自觉地意识到不同国家、不同民族、不同地区之间日益频繁的史学交流和影响是史学工作者必须关注的大问题，而且开始意识到这可能给传统的史学研究带来新的生长点。他的这一提法“在当时颇具创新意义，引起学界热烈的回应。不仅如此，他由此产生联想，其思想触角很快延伸到了其所要探索的下一个目标：海外中国学。聚沙成塔，集腋成裘，持之以恒，集多年之辛劳，终成大器”③。

当我1999年考上恩师的博士研究生后，曾经问他为什么会转向海外中国学研究，为什么会放弃一个成熟的阵地而开辟一个前景也许未知的新领域。恩师略加思索，回答道：一是从接受史学、比较史学的角度看，全世界都有中国研究，中国是历史研究的共同客体，海外对中国的研究无论从队伍人数、机构，还是发表的成果数量和质量，都相当可观，蔚然成“学”，对此我们岂能不闻不问，闭目塞听？我们不仅要了解，而且要从比较的角度取长补短，以促进我们对中国历史文化与现实的研究，海外对中国史学史也作过很多研究，这也是我们搞中国史学史研究的人很感兴趣的。二是为了寻找史学史与史学理论学科发展的新的生长点。恩师下决心要另辟蹊径，搞海外中国学研究，但他并不认为这是丢弃了老本行，“绝没有放弃”，相反他觉得这是对华东师大史学史与史学理论研究传统的一种继承和发展。的确，无论是谈到美国的中国学研究，还是中国的海外中国学研究，恩师总是要探讨国家的社会、政治、经济、文化等大环境和国与国关系的变化对学术产生的深远影响，这正是继承了华东师大史学史和史学理论研究优良传统的表现之一。在我看来，1978年以后中国的改革开放，不仅是经济、政治意义上的改革开放，更是思想学术意义上的改革开放，有人称之为“第二次洋务运动”。海外研究中国的学术著作被大量译介进来，这股强劲的“西风”持续吹拂，终于使包括恩师在内的一众有先见之明的学者强烈地感受到“海外中国学”的存在，并且开始从20世纪70年代末期的情报收集，逐步在20世纪90年代中期走向海外中国学的学科建设和人才培养。

恩师发表的第一篇海外中国学研究的论文是《日益受到关注的海外中国学研

① 后收入1995年出版的个人论文集《史之心旅》，华东师范大学出版社，1996年。

② 中国人民大学报刊资料中心《历史学》1986年第12期转载。

③ 张广智：《探索无止境——朱政惠教授〈美国中国学史研究〉序》，载朱政惠著：《美国中国学史研究——海外中国学探索的理论与实践》，上海：上海古籍出版社，2004年。

究——当代中国史学趋势研究之五》①。在这篇论文中他讨论了"汉学""中国学"名称之争，提出从时间和内容方面考虑两者的差异，对海外中国学的状况和中国的海外中国学研究取得的初步成果做了梳理，最后对更深入地开展海外中国学研究提出了3点建设性意见：1.必须考察和分析一个国家的整个社会历史发展背景和中国的整体实力、国际地位对海外中国学的影响；2.必须把握学术思潮对海外中国学的影响；3.做好海外中国学研究的基础工作，包括设立专门学术机构和情报机构，先做好有代表性学者、著作和思潮的介绍工作并在此基础上深入研究，举办国际学术交流会，开展学者互访、资料互换、信息联网，培养海外中国学研究学术后备力量。现在回过头来看，此后十几年的岁月中，恩师确实是一步步地践行着这些最初的设想，持之以恒地"按既定方针办"，留下了坚实的足印。除了学科队伍建设因为种种原因未能十分顺利地完成其构想，在其他方面则使海外中国学研究成为华东师大历史学科的新亮点，他本人及其领军的华东师大海外中国学研究也引起了海内外同行瞩目。

美国中国学是世界中国学研究的领头羊，也是恩师开展海外中国学研究的主要方向和重点，为此他倾注了大量的心血。在海外中国学研究中，恩师反复强调应该采纳李学勤先生主张的"学术史"研究方法论。从学术史角度去把握海外汉学、中国学的研究，他认为"起码需要做好两件工作：一是站在中国学者的立场，根据学术史研究的基本理论和学科方法，明确研究对象和研究方法，展开对其研究历史和发展规律的探讨，描述其大体的学术发展史，形成一个对中国学者有借鉴意义的科学成果；二是做好对方学术史研究情况的探讨和资料整理工作，把美国学者对本国中国学发展情况的总结、反思工作一一揭示和整理出来，以利于中国学者更好地把握情况和开展研究"②。本着学术史研究的思路，2009年，恩师编辑出版了《美国学者论美国中国学》，精选了1918年至2008年美国学者有关美国中国学的演讲、论文22篇，其中11篇是首次译成中文，从中可窥见90年来美国中国学研究的发展轨迹和历史流变，具有较高的史料价值和学术研究价值。他主编的此书的姊妹篇《中国学者论美国中国学》则出版于2008年，收录了国内学者对于美国汉学史、中国学发展史的回顾和总结，也包括对一些重要汉学家、中国学家、中国学机构的研究，两书可谓相映生辉。恩师主编《海外中国学评论》③和"海外中国学史研究

① 《华东师范大学学报》（哲社版），1995年第6期。

② 朱政惠编：《美国学者论美国中国学》前言，上海：上海辞书出版社，2009年。

③ 《海外中国学评论》是中心的刊物，目前已出4辑，分别于2006年、2007年、2008年、2012年由上海古籍出版社出版，第5辑将于2014年由上海辞书出版社出版，他生前已完成组稿工作。

丛书”[①]花费了大量心血，他说：“这样的工作对我很重要，收获良多。一本本带着油墨清香的著作的出版，会让我感到无限欣慰，我也期待年轻人尽快成长起来。”[②]他向来重视做好海外中国学研究的基础性工作，主编丛书，培养学术队伍，建立海外中国学研究网站和数据库，购买大量海外中国学原版著作，构建海外中国学研究创新团队，召开一系列的学术会议，他无不亲力亲为，乐此不疲，充分发挥和展示了他过人的行政能力和学术组织管理能力。他运筹帷幄，指挥若定，考虑问题细致周到。我参与了恩师挂帅的多次国际学术会议和邀请著名海内外学者演讲的组织筹办工作，对他的稳重、周密而又富有成效的掌控能力深为折服。他得到的科研经费资助无不全部投入到这些学术研究和学术活动中，还入不敷出，有时不得不自掏腰包去招待来访的学者。

作为史学史和史学理论专家，恩师对海外中国学研究有很强的方法论自觉，这是他的长处和优势，所以他无论是学科建设、人才培养，还是著书立说，都显得极有章法，有条不紊。对海外中国学的研究是跨学科、多学科、交叉学科的全方位研究，谁都无法单独完成这个总体目标，怎么办？恩师说：“对海外中国学的研究是不是一个学科，就像国学是不是一个学科的问题一样，现在谁都不会有肯定的答案，但将这一大方向分解到各个学科，事情就好理解、好办了。每个学科把自己的事情办好了，对海外中国学的总体研究也指日可待。所以我们对专攻海外中国学研究的学生就有这样的要求，即首先把史学理论与史学史学科这块专业的理论与方法把握好，基础建设要特别扎实，越深越好，越扎实越好，然后在这基础上，生长分枝，广泛覆盖。”[③]这些年来，恩师指导研究生们做中国学家的个案研究、学术机构研究、发展阶段研究、思潮研究、美国之外国家的中国学研究等，他自己也在这些方面开展研究，取得了丰硕的成果。他不遗余力地指导学生，常常为了修改学生论文、回复学生邮件、准备讲课稿而工作至深夜。学生们每当收到被恩师密密麻麻批改的论文，无不深受感动，也心疼老师的身体。而华东师大海外中国学研究中心“经过

---

① 这套丛书已出版8本：《中国学者论美国中国学》（朱政惠编）、《美国学者论美国中国学》（朱政惠编）、《法国汉学的历史与现状》（[法]戴仁编，耿昇译）、《中华人民共和国的明清史研究》（魏斐德等著，孙卫国译）、《隔绝对峙时期的美国中国学（1949—1972）》（吴原元著）、《明清时期中国史学对朝鲜的影响》（孙卫国著）、《孔飞力中国学研究》（龚咏梅著）、《国际视野下的史学：区域性与国际性》（朱政惠、崔丕主编）。即将出版：《中华药商：中国和东南亚的消费文化》（高家龙著，褚艳红等译）。该套丛书由上海辞书出版社出版。他还约请南开大学的阎国栋教授编一本《俄国学者论俄国中国学》。

② 《柳暗花明又一村——关于海外中国学研究和史学研究的对话》一文，载于《史学月刊》，2013年第4期。

③ 朱政惠：《史学理论与史学史研究的新思考——与海外中国学研究关系的讨论》，载于《安徽史学》，2011年第2期。

十多年的培育，已成为国际中国学研究的重镇，在海内外产生了广泛的影响，享有盛名”①。

恩师从事海外中国学研究，相当重视国际学术交流与合作，他奉行“走出去、请进来”的原则，认为做这项研究如果不实实在在地接触海外中国学的机构和人员，就只是纸上谈兵，难以掌握第一手资料。这些年来，恩师不辞辛劳地在全世界走访。1993 年，他应邀访问了洛杉矶、华盛顿、波士顿、纽约等美国多座城市的大学中国学机构。1998 年夏，应香港中文大学邀请，前往香港介绍大陆对海外中国学的研究状况。1999 年 10 月，应香港中文大学邀请参加中华人民共和国成立 50 周年国际学术讨论会。同月，应瑞典隆德大学邀请，参加中华人民共和国成立 50 周年学术研讨会。同年 11 月，访问法国巴黎近现代中国研究中心等中国学机构。2000 年 3 月至 2002 年 7 月，应美国哈佛大学费正清东亚研究中心和哈佛燕京学社邀请做为期两年的学术访问，专门考察和研究美国中国学和汉学发展情况，并走访了芝加哥大学、密歇根大学、威斯康辛大学、康乃尔大学、耶鲁大学、布朗大学、哥伦比亚大学、宾州大学、普林斯顿大学、加州大学圣地亚哥分校、加州大学洛杉矶分校、加州大学伯克利分校、斯坦福大学、夏威夷大学等学校及有关的中国问题研究机构。2005 年 7 月，恩师应邀访问英国，走访了英国牛津大学、剑桥大学、伦敦大学、国家图书馆、国家档案馆、国家博物馆等学术机构及其中国学研究机构。2005 年 12 月，他应邀到韩国首尔参加“亚洲民族文化振兴和韩民族文化特色化建设研讨会”，并顺访成均馆大学、安东大学、韩国国学振兴院、陶山书院等高校和学术机构。最近几年，他还访问了台湾、荷兰、丹麦、挪威、瑞典等地区和国家的学术机构。恩师写下了不少访问记和访谈录，记录下了他与著名海外中国学家和机构交往的珍贵资料，也使我们通过他的叙述对海外中国学研究状况有了更直观和深刻的了解。

在这些国际交流中，对恩师的学术研究影响最大、收获最多的无疑是在哈佛大学长达两年多的访学经历，他的勤勉和对工作的热情给哈佛的中国学家们留下了深刻的印象。而他的哈佛收获中，最为得意的是他获得了独家阅读史华慈档案的特许，后来他多次津津乐道地向我们回忆起那种“宝库探宝”的激动人心的发现快意。他每天带着面包背着电脑包到档案馆抄档案，从早到晚都泡在里面。史华慈是地位仅次于费正清的美国中国学大师，恩师认为其学术水平恐怕在费正清之上。哈佛的档案管理功夫很深，不要说史华慈这样的重要学者，就连哈佛的日常运作都详加记录，从开办之日到当下的资料，十分连续和完整，且已全部进入数据库以便查找，涉及人事利害关系的则要经院系一把手的特许才能查阅。当然史华慈的档

---

① 侯且岸：《深切悼念朱政惠先生》，2013 年 11 月 17 日。

案是没有被电子化的，被装在几十个纸箱里，连史华慈随手写过的便签都收在其中。由于史华慈极高的学术地位，所以他的档案中包含着很多有助于我们了解美国中国学历史的珍贵资料。比如，史华慈为许多年青一辈的学者写过推荐信，这些人很多后来都成为著名的中国学家，他对人的评价在恩师看来是很准确的。当时恩师即把史华慈举荐孔飞力（Philip Alden Kuhn）回哈佛接替费正清的希根森讲座教授位置的信以及其他一些相关资料抄录给我，我在自己的关于孔飞力研究的博士论文里加以使用，这些绝无仅有的材料为我的论文增色不少。恩师回国时从海路托运回了二十几箱书籍和抄录复印的资料。2006 年底，他利用这些档案，出版了很有分量的《史华慈学谱》，当该书被送到参加"史华慈与中国：纪念史华慈诞辰 90 周年"国际学术会议的美国与会专家手中时，他们都迫不及待地在书里找自己的名字。这本资料翔实的学谱是恩师和学术同行们分享他所查阅的史华慈档案的载体，该书的前言反映了其对史华慈学术研究的总体认识，但他最大的愿望是利用这些珍贵的档案资料，在有生之年写一本《史华慈评传》，作为对这位"他乡夫子"的致敬和自己毕生最大的学术交代。可惜，这本十分值得期待的著作由于恩师过早去世，未能如愿撰成。

海外中国学研究不但要"走出去"，还要"请进来"。华东师范大学海外中国学研究中心正式成立于 1996 年 3 月 26 日。这是当时国内最早的海外中国学研究机构之一。王元化、季羡林、张仲礼、张岱年、章开沅等学术界前辈应邀担任顾问。中心的成员是跨学科和跨院校的教授，哲学系的杨国荣教授、教育系的丁钢教授、中文系的陆晓光教授、古籍所的严佐之教授、法政系的周敏凯教授、历史系的盛邦和教授等应邀担任中心的研究员。当时还邀请法国的巴斯蒂（Marianne Bastid-Bruguiere 1940—　）教授，美国的柯文（Paul A. Cohen，1934—　）教授、魏斐德（Fred Wakeman，1937—2006）教授等担任中心的名誉顾问。后来恩师还陆续聘请中国社会科学院的耿昇教授、南开大学的孙卫国教授、上海社会科学院的王维江教授等为中心的客座成员。中心成立以后的第一件事情就是开展海外中国学研究状况的国际学术交流。当时好几位重要学者应中心的邀请来华东师范大学访问。他们是哈佛大学费正清东亚研究中心的柯文教授、美国芝加哥大学的何炳棣教授，以及法国国家科学研究中心的巴斯蒂教授。后来，中心还邀请过李学勤、汪荣祖、杜维运、严绍璗、周锡瑞、艾尔曼（Benjamin A. Elman，1946—　）、裴宜理（Elizabeth J. Perry，1948—　）、杜赞奇（Prasenjit Duara）、萨班（Françoise Sabban）、滨下武志、伊格尔斯、海登·怀特（Hayden White，1928—　）等著名学者来开会和讲学。特别是 2006 年 12 月的"史华慈与中国：纪念史华慈诞辰 90 周年"、2007 年 11 月的"全球视野下的史学：区域性与国际性"两次大型国际学术研讨会，云集了海内外"超豪华"的学术阵容，一时传为佳话，对海外中国学研究和史学理论的发展起到了积极推动作用。

恩师常讲，海外中国学的许多知识点不是很快就能从书本上找到的，而是需要在学术交往中逐步体悟和获得。他从海外实地考察中获益良多，又召开各种学术研讨会，邀请著名中国学家前来讲座，在这样的学术交流中碰撞思想，获取书本上所没有的新鲜认识与前沿观点。特别重视国际学术交流和“田野调查”，不单纯从书本上研究海外中国学，这恐怕是恩师海外中国学研究取得硕果的“窍门”，也是留给我们的宝贵经验。

三、永远的怀念

2013 年，谁也没有料到，曾经抗癌成功的朱政惠教授已经进入了生命的倒计时。上半年，他在做美国中国学发展史，7 月份结题审核通过了，在他 10 月下旬住进医院之前，75 万字的《美国中国学发展史：以历史学为中心》书稿已经交给了上海中西书局。此书是他十年心血的结晶。他一直想出一本《海外中国学研究导论》，对整个学科做一个统领概括、导论式的总结，主要是指导所带的学生边写、边讲，每一次上课都由一个学生针对之前确定的一个章节进行演讲，然后由朱老师作评论，最后大家讨论。到今年 9 月为止，这个导论还在准备中，没有最终定稿。中心系列丛刊《海外中国学评论》第五辑基本完成组稿。从暑假开始，恩师又在筹划撰写“美国中国学史年谱、大事记”。另外，他受 2012 年世界中国学论坛上一位越南青年学者阮俊强的启发，开始思考“书籍的流播史”课题，想从这个角度切入南亚的汉学研究。在最后的这几个月里，他还对一个研究纳西族的美国人约瑟夫·洛克（Joseph Charles Francis Rock）很感兴趣①。

从 7 月份起，恩师已经发现了颈部淋巴肿大的问题，并多处求医问药，都被告知没有大碍。国庆长假期间，朱家五兄妹家庭大团聚，为父母和老保姆“阿宝”扫了墓，回了江宁杨柳村故居。然而，死神却在这合家欢聚的时刻悄悄逼近。10 月 18 至 19 日，恩师原本要参加由北京外国语大学中国文化“走出去”协同创新中心主办的“中国文化与亚洲的价值国际学术研讨会”，然后准备在北京逗留几日，顺便去承德观光，再去天津参加 10 月 27 至 28 日南开大学举行的“中国史学史的基础建设与前沿探索”全国学术研讨会。他买好了火车票，提交了论文。然而此时他的健康状况已经开始恶化，但他仍然坚持要去开会，说“哪怕是去和朋友们做最后的告别也好”。这一次夫人坚决把他拦下来了，他心里非常难受，但也无可奈何。两个会议分别改由博士生刘莉和历史系同仁胡逢祥教授出席了。10 月 22

---

① 恩师最后的这些学术活动行踪，由我的师妹刘莉提供，在此对她表示感谢。

日，恩师开始发起高烧，也就是在这一天，南开的乔治忠教授才收到他因患癌无法与会的惊人消息。10 月 28 号，他动手术切掉了颈部的淋巴瘤，11 月 1 日住进长宁区中心医院。最后夺去他宝贵生命的病魔，不是先前所患的肺癌，而是可怕的晚期淋巴癌合并嗜血细胞综合征。11 月 12 日，华东师大历史系 100 多名学生报名准备为敬爱的老师捐献血小板，但这已经无法阻挡病魔的疯狂肆虐！13 日早上 9 时许，恩师怀着对他无比热爱的学术事业、对亲人朋友学生、对这个世界的无限眷恋，永远地离开了我们！从住进医院到离世，还不到两个星期，而从最后确诊病因到离世，更是不足一个星期，这个速度实在是超出了所有人的预期。

一直到弥留之际，恩师的意识都是十分清醒的。他身体浮肿、奄奄一息，仍然挣扎着用嘶哑的嗓音对前来探望他的学校和系里领导嘱托海外中国学研究的学科建设和人才培养事宜，托付他们要安排好没有毕业的学生。对来探望的学生们继续勉励，让他们一定要坚持下去。12 日下午 1 点多钟，我在恩师的病榻前，想多留一会儿，为他做点什么，哪怕静静地多看他一眼也好。可他用小得几乎听不出的声音对我说："你去接孩子吧。"我说还早。过了几分钟，他又艰难地把这几句话重复了一遍。看他这么坚定地要我走，我只好依依不舍地离开了。没想到，这竟是恩师留给我的最后遗言！我知道，之前他对我为了孩子、家庭而影响学术事业是有看法的，而最后他似乎宽恕我了。这更让我深感愧疚！恩师最后几天说话已经十分吃力，所以我不忍心让他多说话；而我其实很想说出对他培养我的师恩和知遇之恩的深切感激之情，但总觉得这好像是在永别，仿佛说出来就不吉利，怕大家都伤感，所以几番话到嘴边都咽了回去。没有想到永别来得如此之快，再没有机会对他当面表达了！

2006 年年底，恩师被查出患早期肺癌，其时他已 59 岁。如果换了一个人，很可能会选择保命要紧，可他是华东师大第一批终身教授之一，60 岁退不下来，而且他也根本不想退，因为他还有很多事没有完成。国家课题、培养学生、学科建设、开国际学术会议、出版专著、主编丛书、主编海外中国学评论、接待国内外来访学者等事宜，样样都离不开他啊！治疗是成功的，师母的照顾无微不至，恩师很快康复。就是在胸科医院手术化疗期间，他仍坐在床上用电脑工作，以至事隔 7 年，当他去世前回胸科医院检查时，当年的主治医生开口就叫"华东师大的大教授来了"。她说，之所以对"大教授"有这份深刻印象，是因为她从来没有碰到过像先生这样坚强乐观、将生死置之度外，在病床上还搞学问的癌症患者。只要他能够坐得起来，他一定会打开电脑工作，或力争第一时间回复邮件——他把及时回复邮件看成是基本的礼貌修养。就连去世前住进医院的头三天，他都还坐在床上用电脑工作，后来实在拿不动了，就由夫人为他捧着电脑，直到后来彻底地失去了气力。

他第一次患病康复后，就像童世骏说的那样，随着时间的推移，"不知从什么时候开始，我们渐渐淡忘了老朱经历过的生死考验；在谈起学校文科实力时，理所当然地把他列入强劳动力之列，期望他和他带领的海外中国学团队，为学校赢得更多荣誉”。恩师去世后，我惊讶地发现，从 2007 年到 2013 年，他主编出版了 8 本书，个人完成 75 万字专著一部，参与编辑一本书，发表论文和各类文章 54 篇，另外，组织召开两次国际学术会议，协助举办 3 届世界中国学论坛，培养硕士、博士生 25 名，承担 985 项目课题、国家课题等诸多课题。他的精神面貌，恰如叶文心教授所言，“全然不见丝毫自怜自叹的意味，孜孜于学术工作，仿佛这就是（或才是）生命”。

恩师逝世后，凡是与他交往过的人都发自内心地泪流满面。他的许多海内外同仁纷纷在第一时间发来唁文、唁电，对他的突然去世深表哀悼，高度赞扬他杰出的学术贡献、高尚的精神品质和忠厚为人。现仅略举其中几则，以窥一斑。

南开大学的乔志忠教授在得知噩耗的当夜挥泪作七绝四首，其中一首写道：

遥知儒雅又遭殇，戟手临轩斥上苍。

满眼泪花流不断，霎时顿觉日无光。

《历史研究》主编李红岩教授称“朱大哥在往生的世界里，你照样是文化英雄！”他写道：

朱教授之德，学界人所共知。朱教授以其淳厚之德，立言立功，硕果累累。前期治近代史学，不同凡响；后期治北美汉学，卓然大家。他品质高尚，意志亦坚韧不拔。他是纯正学人，但不失童真之心。我作为后学，一直把他视为典范。

加州大学圣地亚哥分校周锡瑞教授在唁电中写道：

朱政惠教授不知疲倦地努力研究，向中国学者介绍美国中国学的最新进展。作为一个坚持以各国文化友好交流为使命的人，我特别欣赏朱政惠教授为促进中美学者在中国历史、文化和社会等方面的交流所做的毕生不懈的努力。唯有通过相互理解，这个世界才会有持久的和平，而朱政惠教授为这一进程做出了巨大的贡献。

日本东京大学滨下武志教授在唁文中写道：

朱教授对美国中国学的研究，尤其是对本杰明·史华慈的研究，一直是处于世界领先的地位。他对跨太平洋思想史研究的学术成就是卓越且永久的。朱政惠教授的学术研究富含深刻见解和创新思维，总能为下一代学者的继续研究提出新计划和新视角。

在诸多的唁电、悼文和纪念文章中，除了大家一致高度赞扬朱老师的学术贡献和高洁忠厚人品之外，印象最深的一点，就是大家对他视学术为生命的感佩！这也是我对恩师最为敬重和佩服的地方，也是最为惋惜之处。他的生命因学术而璀璨，也因学术而过早凋谢。他以生命的宽度和厚度，牺牲了生命的长度，那本来可以做出更多贡献的生命的长度。他曾与家人谈起，他手上要写的书，即使是活到 90 岁，也写不完！他的兴趣非常广泛，退休后的有些写作计划甚至让人意外。师母告诉我，她有一次在整理房间时把朱老师搜集的几箱子住宅房型图和各种开发商广告，随手送给了打扫卫生的阿姨。这些房展资料是他多年的积累，一般人还真不会把这当回事，可这却是恩师的"宝贝"，所以他很生气，责备师母为什么未经许可就擅自处理。他本来准备退休后加以研究，写出一本上海城市建筑发展史，认为这些资料代表着每个时期人民对生活的需求和经济水平。

诗人臧克家在纪念鲁迅的诗《有的人》中说："有的人活着，他已经死了；有的人死了，他还活着。"恩师就属于后者。自他逝世之后，他在亲人、学生、朋友的心中、口中、文中是如此生动、如此顽强、如此真切地活着！直到今日，我们都还不敢相信这位真正的学者、儒雅的绅士、伟大的导师、真挚的朋友，真的已经永远地离开了我们，常常觉得也许转身就能再见他亲切的笑容。恩师，我们会去奉贤海湾园知青墓地看望您，瞻仰您奋笔疾书的雕像①，而您的精神丰碑，将永远安放在我们温暖的心底！

安息吧，恩师！

① 恩师遗愿，要埋在海湾园，跟知青朋友们在一起。要塑一个埋头写字的半身小雕像，在"那边"还要写。

附：朱政惠教授论著目录

（一）著作

A.学术专著

1.《史华慈学谱》，上海辞书出版社，2006 年。

2.《美国中国学史研究——关于海外中国学探索的理论与实践》，上海古籍出版社，2004 年。

3.《知青部落：黄山脚下的 10000 个上海人》（与金光耀合著），上海古籍出版社，2004 年。

4.《吕振羽学术思想评传》，北京图书馆出版社，1999 年。

5.《马克思主义史学新探》（与陈启能、于沛等合著），社会科学文献出版社，1999 年。

6.《史之心旅——关于时代与史学的思考》，华东师范大学出版社，1996 年。

7.《吕振羽和他的历史学研究》，湖南教育出版社，1993 年。

8.《美国中国学发展史：以历史学为中心》。（已交付上海中西书局出版，计划于 2014 年下半年出版）

B.主编学术著作

1.《北美中国学的历史与现状》（朱政惠、崔丕主编），上海辞书出版社，2013 年。

2.《海外中国学评论》第 4 辑（朱政惠主编，王东、姜进副主编），上海辞书出版社，2012 年。

3.《全球视野下的史学——区域性与国际性》（朱政惠、胡逢祥主编），上海辞书出版社，2011 年。

4.《美国学者论美国中国学》，上海辞书出版社，2009 年。

5.《中国学者论美国中国学》，上海辞书出版社，2008 年。

6.《海外中国学评论》第 3 辑（朱政惠主编，王东、姜进副主编），上海辞书出版社，2008 年。

7.《史华慈与中国》（许纪霖、朱政惠主编），吉林出版集团有限责任公司，2008 年。

8.《海外中国学评论》第 2 辑，（朱政惠主编，王东、姜进副主编），上海古籍出版社，2007 年。

9.《海外中国学评论》第 1 辑（朱政惠主编，王东、姜进副主编），上海古籍出版社,2006 年。

10.《中国文史百科 · 民俗卷》(张岱年、林大雄主编),浙江人民出版社,1998 年。

C.翻译著作

1.《费正清的中国世界——同时代的人的回忆》(柯文主编),朱政惠等翻译,金光耀校,东方出版中心,2000 年。

D.参加编著著作

1.《20 世纪中外史学交流》(张广智主编),北京师范大学出版社,2007 年。

2.《马克思主义史学在中国》(桂遵义主编),山东人民出版社,1992 年。

3.《中外关系史三百题》(石源华主编),上海古籍出版社,1991 年。

4.《社会风俗三百题》(胡申生主编),上海古籍出版社,1991 年。

5.《十大史学家》(裴汝诚、朱维铮主编),上海古籍出版社,1989 年。

6.《传统文化与近代中国》(上海古籍出版社编),上海古籍出版社,1989 年。

7.《昏君传》(朱绍侯主编),河南人民出版社,1988 年。

8.《名臣治家》(与邬国义、张鸿雁合著),辽宁大学出版社,1987 年。

9.《史学概论》(吴泽主编),安徽教育出版社,1985 年。

(二)论文、文章

1.《纪念中国学家费惟恺教授》,载于《文汇报》,2013 年 7 月 22 日。

2.《蔡美彪先生二三事》,载于《文汇读书周报》,2013 年 8 月 16 日。

3.《历史学视域中的海外中国学》,载于《中国社会科学报》,2013 年 9 月 6 日。

4.《中国学者对海外中国学研究的百年回顾——进程、特点和研究方法的若干思考》,收入《北美中国学的历史与现状》,上海辞书出版社,2013 年。

5.《“北美中国学的历史与现状”国际学术研讨会述要》,收入《北美中国学的历史与现状》,上海辞书出版社,2013 年。

6.《美国学者对中国史学的研究探要》,载于《史学理论研究》,2013 年第 3 期。(中国人民大学复印资料中心《历史学》2013 年第 10 期全文转载)

7.《北美中国学的历史与现状》前言,《北美中国学的历史与现状》,上海辞书出版社,2013 年。

8.《世界秩序变革中的海外中国学研究》,《中国社会科学报》,2013 年 4 月 3 日。

9.《柳暗花明又一村——关于海外中国学研究和史学研究的对话》(朱政惠、刘莉),载于《史学月刊》,2013 年第 4 期。

10.《应重视对海外中国文化的研究》,载于《探索与争鸣》,2013 年第 1 期。

11.《大陆学者对海外中国史学研究的关注及其理论思考》，载于《海外中国学评论》，第4期。

12.《缅怀先辈，做好工作》，载于《海外中国学评论》，第4期。

13.《海外中国学评论》第4期"后记"，载于《海外中国学评论》，第4期。

14.《"北美中国学的历史与现状"国际学术研讨会述论》，载于《史学理论研究》，2012年第1期。

15.《中国史学史研究的国际视野》，《学术月刊》，2012年第1期，又载于《执着的史学追求——仓修良80华诞庆寿文集》，华东师范大学出版社，2012年10月。

16.《在与外来思潮的碰撞中研究中国历史——追忆朱维铮先生》，载于《中国社会科学报》，2012年5月23日。

17.《西班牙汉学研究的新成果》，载于《文汇报》，2012年7月23日。

18.《80年前雷海宗对国际汉学研究的关注》，载于《中华读书报》，2012年9月26日。

19.《美国中国学：学术史研究的富矿》，载于《中华读书报》，2011年11月16日。

20.《反思是美国中国学发展的助推剂》，载于《社会科学报》，2011年8月25日。

21.《马克思主义史学在中国》，收入于张广智：《史学之魂：当代西方马克思主义研究》第10章，复旦大学出版社，2011年。

22.《关于美国中国学研究及其他——汪荣祖教授访问记》，载于《汉学研究》，第13辑，学苑出版社，2011年。

23.《美国学者对中国学研究的回顾与反思》，载于《江海学刊》，2011年3期，《高等学校学科学术文摘》，2011年第4期转载。

24.《史学理论与史学史研究的一个新思考——与海外中国学研究之若干问题的讨论》，载于《历史教学问题》，2011年第3期。

25.《史学理论与史学史的新思考——与海外中国学研究关系的讨论》，载于《安徽史学》，2011年第2期，中国人民大学复印资料中心《历史学》，2011年第8期转载。

26.《以学术研究回复知青本来面目——注意史学与现实的沟通》，载于《社会科学报》，2011年5月12日。

27.《北美中国学——研究概况与文献资源·跋》，中华书局，2010年。

28.《正确对待历史和未来——学术史视角思考圆明园罹劫研究》，载于《中国社会科学报》，2010年11月2日。

29.《美国大师重视中国学的综述》，载于《中国社会科学报》，2010年10月12

日，中国人民大学复印资料中心《历史学》，2010 年第 12 期转载。

30.《美国的中国研究：历史与现状——汪荣祖教授访问记》，载于《中国社会科学报》，2010 年 9 月 2 日。

31.《近 30 年来中国学者的海外中国学研究：收获和思考》，载于《江西社会科学》，2010 年第 4 期。

32.《章学诚的史学批评理论及其借鉴意义》（与陈勇合作），载于《史学史研究》，2010 年第 1 期。

33.《康乃尔大学的中国学研究》，载于《中国社会科学报》，2010 年 1 月 26 日。

34.《中美学者对话中国史学研究新动向》（作者还有：艾尔曼、葛兆光、王俊义），载于《社会科学报》，2010 年 1 月 7 日。

35.《史前期中国社会研究：殷周时代的中国社会 · 前言》，收入《湖湘文库》甲编第 413 卷，湖南教育出版社，2009 年。

36.《把握海外中国学研究的大机遇》，载于《中国社会科学报》，2009 年 12 月 15 日。

37.《美国中国学研究：以施坚雅模式社会科学化取向的考察 · 序》，上海人民出版社，2009 年。

38.《20 世纪美国的中国史学史研究》，载于《中国社会科学报》，2009 年 11 月 3 日。

39.《美国学者论美国中国学 · 前言》，上海辞书出版社，2009 年。

40.《倡议建立知青学》，载于《黑土情》，2009 年第 3 期。

41.《史景迁史学探要》，载于《史学月刊》，2009 年第 1 期。（《中国社会科学文摘》，2009 年 5 期摘要转载，中国人民大学复印资料中心《历史学》，2009 年第 5 期转载）

42.《我们对海外中国学研究的探索》，《海外中国学评论》，第 3 辑，上海辞书出版社，2008 年。

43.《中国学者论美国中国学 · 前言》，上海辞书出版社，2008 年。

44.《海外中国学评论》第 3 辑“后记”（署名：编者），上海辞书出版社，2008 年。

45.《中外文化交流史研究的新成果——读〈走出中世纪〉》（增订版）、《走出中世纪二集》，载于《探索与争鸣》，2008 年第 10 期。

46.《中国学者对海外同行的关注和研究》，载于《史学理论研究》，2008 年第 3 期。

47.《近二十年来国内海外中国学研究的基本状况及若干思考》（与吴原元合著），载于《汉学研究》，第 10 期，学苑出版社，2007 年。

48.《现代国外学者对中国史学的研究》（上），载《20 世纪中外史学交流》（张广智主编），北京师范大学出版社，2007 年。

49.《现代国外学者对中国史学的研究》（下），载《20 世纪中外史学交流》（张广智主编），北京师范大学出版社，2007 年。

50.《要多与海外汉学家打交道》，载于《中国图书商报》，2007 年 11 月 27 日。

51.《近二十年中国大陆海外中国学研究的若干思考》（与吴原元合作），载于《中国大陆研究教育通讯》（台湾大学政治学系），2007 年 3 月。（总第 79 期）

52.《会当凌绝顶，一览众山小——〈史学理论研究〉创刊 20 周年笔谈》，载于《史学理论研究》，2007 年第 1 期。

53.《关于史学史研究和海外中国学研究的若干问题》，载于《探索与争鸣》，2007 年第 1 期。

54.《史华慈的中国思想史研究》，载于《文汇报》，2007 年 1 月 4 日。

55.《马克思主义史学在中国的传承与发展》，载于《历史教学问题》，2006 年第 12 期。

56.《怀念魏斐德教授》（回忆），载于《中国社会科学报》，2006 年 11 月 16 日。

57.《海外各国学者对中国史学的研究及其反思》，载于《史林》，2006 年第 4 期。

58.《中国学研究热的表现与原因》，载于《社会科学报》，2006 年 9 月 14 日。

59.《美国的中国学专家》（学术综述），载于《社会科学报》，2006 年 8 月 24 日。

60.《美国主要的中国学研究机构》（学术综述），载于《社会科学报》，2006 年 7 月 27 日。

61.《海外中国学研究——一个正在发展的新方向》，载于《华东师范大学学报》，2006 年 5 月 24 日。

62.《英国的清史研究资源》（学术考察），载于《历史学家茶座》，2006 年第 2 期。

63.《史前期中国社会研究》（评论），载《中国史学名著评价》第 4 卷，山东教育出版社，2006 年 2 月。

64.《海外中国学评论》“写在前面”“后记”（署名：编者，评论），载于《海外中国学评论》，第 1 期，上海古籍出版社，2006 年。

65.《关于史华慈的两份重要档案文件·按语》（评论），载于《海外中国学评论》，第 1 期，上海古籍出版社，2006 年。

66.《美国中国学的职业化进程》，载于《海外中国学评论》，第 1 期，上海古籍出版社，2006 年。

67.《重新认识中国传统文化—— 儒家文化命运与当今中国新选择》（韩文本），载于《“亚洲民族文化的振兴与韩商标化”学术研讨会论文集》（2005 年 12

月)，又发表在《国学研究》(韩国国学振兴院，2006 年，第 8 辑)。

68.《中国近代史学科学化进程研究(1902—1949)·序》(评论)，载于《中国近代史学科学化进程研究(1902—1949)》(朱发建著，湖南师范大学出版社，2005 年)。

69.《20 世纪中外史学交流回顾》(与李江涛合作)，载于《史林》，2004 年第 5 期(中国人民大学复印资料中心《历史学》，2005 年第 1 期转载)。

70.《上海档案馆藏晚清租界外文文献概况》(学术综述，与李江涛合作)，《清史译丛》，第 4 期，2005 年。

71.《20 世纪 80 年代的一个重要学案——评史华慈对东亚政治秩序问题讨论(论文)的组织和研究》，载于《东亚汉文化圈与中国关系》(石源华主编)，中国社会科学出版社，2005 年 10 月。

72.《抗战时期史学研究·序》(评论)，载于《抗战时期史学研究》(田亮著)，人民出版社，2005 年 4 月。

73.《美国的韩国研究机构和韩国独立运动研究》，载于《中国抗日战争与韩国独立运动》(谢俊美主编)，韩国眼望一声出版社，2005 年。

74.《中国马克思主义史学的回顾与展望》，载于《现代化进程中的中国人文学科/史学卷》，上海人民出版社，2005 年。

75.《柯文教授的清史研究》，载于《清史译丛》第 3 辑，中国人民大学出版社，2005 年。(又载于《江西师范大学学报》，2004 年第 6 期)。

76.《纠结的历史方法》，载于《历史学家茶座》，2005 年第 1 期。

77.《关注国际上海学的前沿研究——对 138 篇博士论文的介绍和评析》，载于《海外上海学》(熊月之主编)，上海古籍出版社，2004 年。

78.《裴宜理小传》，载于《海外上海学》(熊月之主编)，上海古籍出版社，2004 年。

79.《裴宜理的〈上海罢工〉》(评论)，载于《海外上海学》(熊月之主编)，上海古籍出版社，2004 年 9 月。

80.《科学发展观和教育创新发展》(评论)，载于《华东师范大学学报》，2004 年 6 月 1 日。

81.《驰骋国际汉学界的骁将——拜访史景迁教授》，载于《探索与争鸣》，2004 年 5 期。

82.《相兰欣〈义和团战争的起源〉读后感》(评论)，载于《社会科学报》，2004 年 3 月 12 日。

83.《美国清史资料及其研究情况述略——以历史学为主线的考察》，载于《清译丛刊》，第 1 期，中国人民大学出版社，2004 年。(另载于《中国史研究动态》，

2004 年 1—2 期，中国人民大学复印资料中心《历史学》，2004 年第 3 期转载）

84.《20 世纪美国对中国史学史的研究》，收入《史学史研究》，2003 年第 4 期。（中国人民大学复印资料中心《历史学》，2004 年第 2 期转载）

85.《史华兹和他的严复研究》，收入《严复诞辰 150 周年纪念论文集：中国近代启蒙思想家》，方志出版社，2003 年。

86.《史华慈中国学研究析略》，载于《史学理论与史学史学刊》，2003 年 11 月。

87.《美国中国学研究的大本营——哈佛大学费正清东亚研究中心印象记》（学术考察），载于《近代中国的国家形象与国家认同》（复旦大学历史系主编），上海古籍出版社，2003 年。

88.《海外博士论文中的上海研究》，载于《档案与史学》，2003 年第 4 期。

89.《关于美国中国学家的总结和反思》，载于《历史教学问题》，2003 年第 4 期。

90.《美国对中国史学史研究的几个问题》，载于《历史教学问题》，2003 年第 3 期。

91.《美国中国学史研究中的若干问题》，载于《历史教学问题》，2003 年第 2 期。

92.《史华慈的中国学》（论文），载于《历史教学问题》，2003 年第 1 期。

93.《他乡有夫子——史华慈生平和学术谱略》（年谱），载于《世界汉学》，2003 年，总第 2 期。

94.《美国如何培育民族精神》（评论），载于《探索与争鸣》，2003 年第 2 期。

95.《史华慈和他的严复研究》，载于《中国近代启蒙思想家》（黄瑞霖主编），方志出版社，2003 年。

96.《我在哈佛过春节》（回忆录），载于《文汇报》，2003 年 2 月 9 日。

97.《史华慈：美国中国学大师》，载于《社会科学报》，2002 年 12 月 19 日。

98.《施拉姆教授和他的毛泽东研究》，载于《文景》，2002 年第 5 期。

99.《康乃尔大学中国学考察记》（学术考察），载于《社会科学报》，2002 年 10 月 17 日。

100.《加州大学圣地亚哥分校中国学考察记》（学术考察），载于《社会科学报》，2002 年 3 月 21 日。

101.《密歇根大学中国学考察记》（学术考察），载于《社会科学报》，2002 年 3 月 14 日。

102.《哈佛大学费正清研究中心的中国学考察记》（学术考察），载于《人民日报》（海外版），2001 年 11 月 21 日（美国《明报》2001 年 11 月 25 日转载）。

103.《美国中国学的大本营——哈佛大学费正清东亚研究中心》（学术考察），

载于（台湾）《历史月刊》，2001 年 11 月号。

104.《裴宜理教授的中国学研究——哈佛大学费正清东亚研究中心主任访谈记》，载于《史学理论研究》，2001 年第 3 期，中国人民大学复印资料中心《历史学》，2001 年第 12 期转载。

105.《沈津和燕京学社燕京图书馆古籍特藏部藏书研究》，载于《学术月刊》，2001 年第 3 期。

106.《美国的中国学研究重镇》，载于《人民日报》（海外版），2001 年 9 月 26 日。

107.《求真、求实、求新：法国中国学家巴斯蒂教授的中国学》，载于《学术论坛》（广东），2000 年第 6 期。

108.《法国近现代中国研究中心及其科研走向——法国中国学研究机构访问记》（学术考察），《史学理论研究》，2000 年第 3 期。

109.《裴宜理教授的中国学研究》，载于《世纪之窗》，2000 年第 3 期。

110.《记马克思主义史学家吕振羽》，载于《学林往事》（张世林主编），朝华出版社，2000 年。

111.《马克思主义史学家吕振羽》，载于《历史教学》，1999 年第 2 期。

112.《史坛呼唤史学评论——读〈史学与史学评论〉》，载于《探索与争鸣》，1999 年第 2 期。

113.《历史不容两岸分裂——斥李登辉“两国论”》（评论），载于（香港）《中国评论》，1999 年第 11 期。

114.《不可忘记另一边——关于海外中国学研究的若干问题》（访谈录），载于《文汇报》，1998 年 11 月 26 日。（《文汇报》记者施宣圆采访问答录，《文摘报》，1998 年 12 月 6 日介绍了其中的观点）

115.《东亚金融危机引起的文化思考》（评论），载于《文汇报》，1998 年 4 月 27 日。

116.《一位杰出汉学家的生动写照——英文版〈回忆费正清〉读后感》，载于《学术月刊》，1998 年第 3 期。（本文被中共中央党校、北京大学等单位评为“优秀文章著作”，载于《中国社会主义精神文明建设宝典》）

117.《简议严复进化论传播和中国近代史学发展》，收入《严复和中国近代化学术研讨会论文集》（福建省严复学术研讨会、福州市严复研究会编），海峡文艺出版社，1998 年。

118.《走中国马克思主义史学的开创之路——吕振羽学术思想述要》，载于《我的学述》，吉林大学出版社，1998 年。

119.《中国马克思主义史学的回顾和展望》，载于《马克思主义史学形态》，中国社会科学院出版社，1998年。

120.《1997年全国史学理论研究综述》（学术综述），载于《中国历史学年鉴》，1998年。

121.《研究海外华人学者中国学成就的必要性及其意义》，载于《上海统战理论研究》，1998年第2期，另载于《面向太平洋》，1996年第4期。

122.《面向未来的孙中山研究——近20年的情况和前瞻》，载于《孙中山和现代文明》，"孙中山与现代文明国际学术讨论会"文集，苏州大学出版社，1997年。

123.《东方国家现代化发展中的理论问题——第10届全国史学理论研讨会综述》，载于《光明日报》，1997年9月9日。

124.《东方国家的现代化道路——第10届全国史学理论研讨会观点综述》（学术综述），载于《史学理论研究》，1997年第4期。中国人民大学复印资料中心《历史学》，1997年第12期转载。

125.《百年喜回归，明珠更璀璨——写在香港回归的历史性时刻》（评论），载于《华东师范大学校报》，1997年7月1日。

126.《宝鼎熔铸华夏情——"香港宝鼎"诞生记》（访问记），载于香港《环球中华》，1997年7月号。

127.《传统在中国现代化进程中显示的力量》（学术座谈），载于《中国市场经济报》，1997年5月6日第8版。

128.《走中国马克思主义史学的开创之路》，载于《邵阳师专学报》，1997年第4期。

129.《塞纳河畔的中国通——法国学者巴斯蒂夫人访问记》（访问记），载于《史学理论研究》，1997年第3期。（又刊于《历史教学问题》，1997年第2期）

130.《1996年全国史学理论研究综述》（学术综述），载于《中国历史学年鉴》（中国社会科学出版社，1997年）。

131.《现代化和人文素质教育》（评论），载于《上海教育报》，1997年1月3日。

132.《吕振羽年谱简编》（年谱），载于《吕振羽中国历史研究纪念文集》，吉林大学出版社，1996年。

133.《吕振羽的史学致用思想与实践》，载于《吕振羽中国历史研究纪念文集》，吉林大学出版社，1996年。

134.《国魂之不灭者存焉——朴殷植史学思想之一瞥》（应韩国国史编撰委员、韩国民族运动史研究会会长、韩国诚信女子大学历史系教授李炫熙先生之邀而撰），载于《韩国研究丛书》第4辑，复旦大学韩国研究中心，1998年，收入韩国《李炫熙教授华甲纪念论丛》，李炫熙教授华甲纪念论丛刊行会主编。

135.《重"通"和践"今"——张广智〈现代西方史学〉读后感》（评论），载于《宁波日报》,1996年11月6日。

136.《美国中国学的由来和发展》(评论),载于《华东师范大学学报》,1996年第5期。

137.《美国的中国学和中国学者的反研究》(评论),载于《面向太平洋》,1996年第3期。

138.《大学校园呼唤人文素质教育》(评论),载于《探索与争鸣》,1996年第8期(该文被中共中央党校图书资料中心主办的《社科信息文萃》于1996年第19期转载)。

139.《重视史学发展前沿研究》,载于《文汇报》,1996年7月10日。

140.《探赜索隐,着眼未来——1995年史学理论述要》(学术综述),载于《史学理论研究》,1996年第3期,收入1995年度《中国历史学年鉴》,中国社会科学出版社,1996年。

141.《关注海外中国学发展,开展海外中国学研究》(署名郝雯,访问记),载于《华东师范大学学报》,1996年5月10日。

142.《论东方社会发展道路及其影响——第十二届全国史学理论研讨会观点综述》(学术综述),载于《史学理论研究》,1996年第2期。[美国《历史文摘》(*HISTORICAL ABSTRACTS*)和《美国:历史和生活》(*AMERICA: HISTORY AND LIFE*)刊载本文摘要]

143.《亲爱的母校,你信么?》(回忆录),载于《100个博士的少年情》(张鸿雁、林广主编),少年儿童出版社,1996年。

144.《五七连队创业记》(回忆录),载于《东方十日谈》(金永华主编),上海人民出版社,1995年。

145.《11—8公路开通记》(回忆录),《东方十日谈》(金永华主编),上海人民出版社,1995年。

146.《日益受到关注的海外中国学研究——当代中国史学趋势研究之五》,载于《华东师范大学学报》,1995年第6期。中国人民大学复印资料中心《历史学》,1996年2期全文转载,国家教委《高等学校文科学报文摘》,1996年第1期摘登其中观点。

147.《当前中国韩国学析略》,《亚太论坛》,1995年第12期,收入《韩国研究论丛(二)》,上海人民出版社,1996年。

148.《"胡适与中国新文化"国际学术研讨会综述》(署名正慰,学术综述),载于《光明日报》,1995年10月30日。

149.《关于中韩史学比较研究的若干问题》,载于《韩国研究论丛(一)》,上海人民出版社,1995年。

150.《1978 年以来亚细亚生产方式问题研究的若干思考——当代中国史学趋势研究之四》,载于《史学理论研究》,1995 年第 3 期,中国人民大学复印资料中心《历史学》,1995 年第 11 期转载,美国《历史文摘》(*HISTORICAL ABSTRACTS*)和《美国:历史和生活》(*AMERICA:HISTORY AND LIFE*)刊载本文摘要。

151.《敦煌学发展的三大态势——当代中国史学趋势研究之三》,载于《学术月刊》,1995 年第 9 期,中国人民大学复印资料中心《历史学》,1995 年第 11 期转载;《新华文摘》1995 年第 12 期,第 182 页作观点介绍;该文还被《甘肃日报》1996 年 1 月 25 日第四版转载。

152.《历史城市学的崛起——当代中国史学趋势研究之二》,载于《华东师范大学学报》,1995 年第 5 期(《中国史研究动态》1996 年第 4 期作观点介绍)。

153.《"天人合一"思想对中国纪传体史书发展的影响》,载于《社会科学》(上海),1995 年第 3 期(中国人民大学复印资料中心《历史学》,1995 年第 5 期转载;上海《报刊文摘》1995 年 4 月 13 日三版对其中观点作专门介绍。收入《中国"八五"科学技术成果选》《中国"九五"成就与探索》《中国当代社科研究文库》《中国改革成果通报》《史学研究新视野》《世界学术文库华人卷》《中国当代社科研究文库》《中国发展理论与实践文集》。

154.《方兴未艾的中国人口史研究——当代中国史学趋势研究之一》,载于《历史教学问题》,1995 年第 2 期。

155.《撼天的怒吼,血写的痛史——评朴殷植〈韩国独立运动之血史〉》,收入《韩国独立运动研究国际学术会议论文汇编》(复旦大学韩国研究中心,1995 年 4 月),载于《韩国独立运动血史新论》,上海人民出版社,1996 年,此文系"韩国独立运动研究国际学术会议"论文。

156.《唐代佛教略论》,载于《历史教学问题》,1994 年第 5 期。

157.《"坐书斋"、"出书斋"和"书斋现代化"》(笔谈),载于《探索与争鸣》,1994 年第 8 期。

158.《中国人文社会科学的现状与出路》(笔谈),载于《当代学术信息》,1994 年第 5 期。

159.《时代精神的回归与重建——"市场经济与人文社会科学的发展研讨会"综述》(学术综述),载于《社会科学报》,1994 年 7 月 21 日。

160.《"欲知大道,必先为史"——访问美国的历史纪念地》(学术访问记),载于《青年报》,1994 年 7 月 19 日。

161.《美国东亚研究机构的印象》(学术访问记),载于《青年报》,1994 年 5 月 17 日。

162.《"书是我们时代的生命"——访问美国大学的图书馆》(学术访问记),载于《青年报》，1994年4月21日。

163.《毛泽东与中国史学》，载于《华东师范大学学报》，1993年第6期。

164.《挽狂澜而奋进——当代中国史学思潮述评》，载于《探索与争鸣》，1993年第7期（中国人民大学复印资料中心《历史学》，1993年第8期转载）。

165.《当代中国史学思潮散论》（论文），载于《历史教学问题》，1993年第3期。

166.《关于比较史学研究的若干问题》（论文），载于《社会科学》（上海），1993年第1期（中国人民大学复印资料中心《历史学》，1993年第2期转载）。

167.《封建主义再批判》（学术综述），载于《中国80年代人文思潮综述》，学林出版社，1992年。

168.《史学危机与史学改革论》（学术综述），载于《中国80年代人文思潮综述》，学林出版社，1992年。

169.《关于史学功能、社会价值与学术价值的探讨》（学术综述），载于《中国80年代人文思潮综述》，学林出版社，1992年。

170.《历史发展道路多样性问题的探讨》（学术综述），载于《中国80年代人文思潮综述》，学林出版社，1992年。

171.《炽热的爱国主义精神——建国后郭沫若史学研究剖析》，《郭沫若研究》第10辑，文化艺术出版社，1992年。

172.《吕振羽的史学致用实践及其思想》，《史学理论研究》，1992年第4期（中国人民大学复印资料中心《历史学》，1993年第4期转载），收入《吕振羽纪念文集》，吉林大学出版社，1996年。

173.《时代发展和史学变革——上海市首届史学理论讨论会学术观点综述》（学术综述），载于《解放日报》“新论”1992年1月20日，《史学理论研究》，1992年第1期，《历史教学问题》，1992年第2期，《华东师范大学学报》，1992年第2期，《探索与争鸣》，1992年第3期（中国人民大学复印资料中心《历史学》，1992年第5期转载）。

174.《略说比较历史学中的“比较史学”》，载于《光明日报》，1991年12月31日。

175.《吕振羽的史学理论和史学成就》，载于《华东师范大学学报》，1991年第5期（中国人民大学复印资料中心《历史学》，1991年第12期转载）。

176.《论吕振羽〈殷周时代的中国社会〉》，载于《历史教学问题》，1991年第5期。

177.《论吕振羽〈史前期中国社会研究〉》的学术价值，《江淮论坛》，1991年第4期。

178.《中国马克思主义史学与中国共产党的革命事业》，《探索与争鸣》，1991

年第4期,载于《党史党建研究论文集》,上海人民出版社,1992年1月(此文获上海市社联1988—1992年度学术成果奖,中国人民大学复印资料中心《历史学》,1991年第9期转载)。

179.《论吕振羽〈简明中国通史〉》,载于《史学集刊》,1990年第4期。

180.《论吕振羽史学》,载于《历史研究》,1989年第4期。

181.《注意国际间史学交流情况的研究》,载于《光明日报》,1990年8月1日(中国人民大学复印资料中心《历史学》,1990年第8期转载)。

182.《吕振羽史学渊源的几个因素》,载于《邵阳师专学报》,1989年第4期。

183.《优秀史著是爱国心之源泉》(评论),载于《人民日报》,1990年7月20日。

184.《论司马迁〈史记〉的创造性思维》,载于《百科知识》,1988年第4期。

185.《历史学研究的时代性》,载于《时代知识》,1988年第5期。

186.《谈传统文化和现代化》(评论),载于《群言》,1986年第12期。

187.《从接受的角度研究史学》,载于《历史教学问题》,1986年第6期。

188.《从接受的角度研究史学——由接受美学引起的一个思考》,载于《社会科学》(上海),1986年第11期。

189.《胡思敬和〈盐乘〉》,载于《史学月刊》,1986年第6期。

190.《胡思敬和〈戊戌履霜录〉》,载于《社会科学资料》,1984年第9、10辑。

191.《顾炎武的经世致用思想》,载于《中学历史教学》,1984年第4期。

192.《世罕与匹的中国古代史学》,载于《历史知识》,1983年第4期。

(作者单位:华东师范大学海外中国学研究中心)

论汉学研究的阐释学意义

□李雪涛

摘要:本文从阐释学的角度,对汉学研究的历史性、“视域融合”及对汉学文本的全新阐释、汉学学术史及重构等汉学存在的正当性问题做了探讨。按照本文作者的观点,那种认为汉学文本、人物、思想只有唯一正确解释的想法本身是不符合阐释学的基本理论的。作者进一步认为,只有透过与海外汉学的对话和交流,我们才能真正认清自身,也才可能使国内的中国学术研究进入国际学术的语境,从而使得中国学术获得世界性的意义。同时,包括西方在内,当代的理论也必须接受中国当代的挑战,才能扩展自己的理论视野,成为名副其实的全球性理论。

关键词:汉学　阐释学　学术史　重构

Abstract: This article analyzes the legitimacy of Sinology and / or China studies from the perspective of hermeneutics, discussing the key issues concerning the historicity of China studies, the fusion of horizons with hermeneutics' new explanatory power for texts, the history of China studies scholarship and its restructuring. Such an idea as thinking there is only one correct understanding of the texts, people and thoughts in China studies is not in accordance with the basic theory of hermeneutics. Only through dialogue and communication with the academia of overseas Sinology can we have a better understanding of our own identity and put domestic China studies in the international academic context, thus attaining an international significance for it. Meanwhile, contemporary theories, especially those from the western countries, must meet the challenges of Chinese reality so as to consolidate their theoretical bases and facilitate their global applications.

Key words: Sinology, China studies, hermeneutics, history of scholarship, restructuring

一、从历史角度的切入

中国旅德学者李文潮于2000年出版了一本有关17世纪基督教于中国传教的著作，书名为《17世纪基督教在中国的传教——理解、不解和误解》。① 他在书中使用了“理解”(Verständnis)、“不解”(Unverständnis)以及“误解”(Missverständnis)三个德文词汇，用来描述17世纪时基督教在中国的接受情况，因为对理解的不确定性是当代学术最重要的特征之一，我们所期待的那种所谓的对他者的完全理解基本上是不可能实现的。在中西文明初识的阶段，由于文化传统的不同，势必引起诸多的不解和误解，这是再自然不过的事了。当时不论是耶稣会士，还是中国的学者，都希望对方能够真正理解自己。利玛窦(Matteo Ricci, 1552—1610)等耶稣会士与中国士人曾经有过相遇(Begegnung)，但并没有产生真正的对话(Dialog)。利玛窦的《天主实义》就是试图以中士和西士之间的对话，消解中国知识分子对天主教的“误解”。反之，以中国佛教为例，居士李汝祯以及华严宗雪浪大师三淮(1545—1608)也希望通过对话，让利玛窦等传教士理解中国佛教。由于没有基本的对话基础，这一希冀让对方理解自己的努力，最终也以失败告终。② 利玛窦一直认为，基督教义有一个固定不变的终极的意义，这个意义并不会随着时间和空间的变化而变化，因此，他认为中国人在接受基督教教义时，得到了错误的观念。利玛窦认为，跟佛教相比天主教的历史更为悠久，故而佛教中的诸如“地狱”“天堂”的概念显然是从天主教那里剽窃而来的，进而武断地否认佛教作为一种宗教的独立

---

① Wenchao Li, *Die christiliche China-Mission im 17. Jahrhundert. Verständnis, Unverständnis, Missberständnis.* Stuttgart: Franz Steiner Verlag, 2000.

② 1984年谢和耐(Jacques Gernet)的著名著作《中国和基督教》(*Chine et christianisme, action et réaction*, Paris: Éditions Gallimard, 1982)被翻译成德文，题为《基督教来到中国——第一次的相遇及其失败》(*Christus kam bis nach China. Eine erste Begengung und ihr Scheitern*, Aus dem Französischen übertragen von Christine Mäder-Virágh, Zürich und München: Artemis Verlag, 1984)。此书有两个中文译本：于硕等译《中国文化与基督教的冲撞》，沈阳：辽宁人民出版社，1989年[译自英文版：Lloyd, Janet (transl.), *China and the Christian Impact. A Conflict of Cultures*. Cambridge: Cambridge University Press, 1985]；耿昇译《中国和基督教——中国和欧洲文化之比较》，上海：上海古籍出版社，1991年(译自法文版：*Chine et christianisme, action et réaction*, Paris: Éditions Gallimard, 1982)。

性，这当然有其传教策略上的考虑。他在《天主实义》第三篇中写道："天主教古教也，释氏西民，必窃闻其说矣。凡欲传私道者，不以三四正语杂入，其谁信之。释氏借天主、天堂、地狱之义，以传己私意邪道。吾传正道，岂反置弗讲乎？释氏未生，天主教人已有其说。"①在《中国札记》一书中，他确切地指出佛教是耶稣纪元65年（东汉明帝永平八年）由天竺传入中国的，而这一时期正是巴多罗买（Bartholomew）在上印度——印度斯坦及其邻近国家——传道，同时多默（Thomas）正在下印度把福音传向南方的这段时间。利玛窦断定，"或者由于他们使臣方面的错误，或是因为他们所到国家的人民对福音的敌意，结果中国人接受了错误的输入品，而不是他们所追求的真理"②。很明显，利玛窦来华的使命在于恢复基督教义的"真实"意义。③

二、阐释学、汉学研究与对话

就阐释学（Hermeneutik）一词的语源学来看，它并非一门什么"学"（-logie）而是"技艺"（-ik），也就是说，它是一门关于阐释的实践技艺，而西方汉学本身正是这样的一门有关语言转换和交往实践的技艺。伽达默尔（Hans-Georg Gadamer，1900—2002）认为阐释学具有普遍性，一切存在无不都是阐释学的对象。伽达默尔在《真理与方法》（*Wahrheit und Methode*）中指出："我的出发点只是：历史的精神科学，即使当它离开了德国的浪漫主义并渗透了现代科学精神时，仍然保存了一种人文主义的遗产，这种遗产不仅使它区别于现代所有其他的研究，而且使它接近了完全是另外一类的非科学经验，尤其是艺术的经验。"④这显然也适用于汉学和中国学术研究方面，因为汉学本身就是与哲学经验、历史经验紧密相连的，它们都是对那些不能用自然科学方法证实的真理的经验方式。

顾彬（Wolfgang Kubin，1945—　）写道："1966年，我读了他（指伽达默尔——引者注）的书《真理与方法》，到现在我仍然相信，该书呈现的这种诠释学哲学，不仅是两个个体的存在性相遇的事情，而且也关乎不同文化、不同人民之间的相遇。"⑤汉学家对中国的文本、人物、思想以及信仰等的理解和阐释不仅涉及中国的

---

① 利玛窦著：《天主实义》（*The True Meaning of the Lord of Heaven*，edited by E.J.Malatesta，S.J.），台北：光启社，1985年，第142页。

② 利玛窦、金尼阁著，何高济等译：《利玛窦中国札记》，北京：中华书局，1983年，第106页。

③ 相关的研究见我的另一篇论文《传教士眼中的中国佛教》（上、下），见《普门学报》第21期（2004年5月），第27—70页，以及《普门学报》第22期（2004年7月），第83—114页。

④ 伽达默尔著，洪汉鼎译：《真理与方法——哲学诠释学的基本特征》（以下注释中简称"《真理与方法》"）"第2版序言"，上海：上海译文出版社，1999年，第5页。以下所引伽达默尔的《真理与方法》，均系此译本。

⑤ 顾彬：《"只有中国人理解中国"？》，见《读书》，2006年第7期，第21—22页。

学问，这无疑也是全部人类经验世界的一部分。就文本而言，其存在必须以被理解为前提。实际上，文本只有当我们理解了它，亦即当它对于我们来讲是“清楚”的时候，它对于我们才作为一种真正意义上的文本而存在。同样，汉学文本对于西方的意义也在于只有当它被理解时才具有。

唐代著名道教学者杜光庭(850—933)就曾对历史上对《老子》一书的不同的阐释指出“道德尊经，包含众义，指归意趣，随有君宗”①。接下来他列举了道家、佛家、儒家等不同思想家对《老子》的不同解释。他对此解释道：“道与世降，时有不同，注者多随时代所尚，各自其成心而师之。故汉人注者为‘汉老子’，晋人注者为‘晋老子’，唐人、宋人注者为‘唐老子’、‘宋老子’。”②实际上任何的注释者都是没有办法超越他所处的时代的，他必定要受到时代思潮的影响。再以孔子为例，1926年顾颉刚(1893—1980)在《春秋时的孔子和汉代的孔子》一文中指出：“各时代有各时代的孔子，即在一个时代中也有种种不同的孔子(例如战国时的孟子和荀子所说的，宋代的朱熹和陆九渊所说的)……”③以上两个例子充分说明，即便是在中国历史上，对中国经典的解读也从来不是一成不变的、固定的。对于相同的汉学文本，由于研究者的个人条件不同(例如历史背景、知识结构、文化修养、兴趣爱好、个人经历以及性格气质等)而具有不同的内涵，这是再自然不过的了。我想，这也是汉学对于西方研究者的魅力所在。因此，不论是汉学文本还是汉学家本人，两者都是开放的。汉学文本尽管是具有历史性的，但对它的阐释则是无限的、开放的。就研究汉学者的每个个体来讲，它虽然是有限的，具有时代性的，但就文化传承来讲，整个人类历史的发展，却又是无限的，因此人们对于汉学的阐释和经验也必然是无限的。汉学文本的开放性就在阐释者的有限性和无限性的矛盾统一中形成。这样就改变了传统汉学研究单纯寻找汉学文本所谓本真意义的倾向，把研究的主体转移到对文本的阐释上去，从而否定了所谓唯一正确的研究方法和结果的预设。

如果从海德格尔(Martin Heidegger，1889—1976)和伽达默尔的阐释学观点来看的话，海外汉学研究可以被看成汉学家与中国文本、中国文化之间的对话。

对话是阐释和实现汉学文本当代性价值的重要方式。海外汉学研究实际上为中国历史文化谋求在当代的发展以及将中国传统资源转化为当代的学术，进行了主动的、创新性的探索。这一对话包含了跨越古今和中外，亦即跨越时空的诸多思考。海外汉学家们将中国传统文化带入了他们当时的语境之中，例如在欧洲的启

---

① 杜光庭：《道德真经广圣义》洞神部玉诀类(五十卷)卷五。

② 杜光庭：《玄经原旨发挥》洞神部玉诀类(二卷)卷下。

③ 1926年10月3日在厦门大学演讲，收入顾颉刚编著：《古史辨》第二册，北京：朴社，1930年，第131页。

蒙运动、20世纪的68级学生抗议运动中等,汉学知识都成了这些运动的前奏或导火索。这同时也意味着,经过海外汉学家们的努力,中国学术超越了其产生的特定的历史时空,获得了另外的价值。回过头来,汉学家们的问题意识、提问方式、对汉学文本内涵的阐释以及价值判断等,对我们今天重新体认中国文化的当代性意义,也同时具有一定的启发性。

汉学研究无疑是研究者主体与被研究、被理解的汉学文本之间的一种对话,是通过汉学家对汉学文本的阅读和研究来实现的。"因为我们所论证的问和答的辩证法使得理解关系表现为一种类似于某种谈话的相互关系。虽然一个文本并不像一个'你'那样对我的讲话。我们这些寻求理解的人必须通过我们自身使它讲话。但是我们去发现'这样一种理解上的使文本讲话'(solches verstehendes Zum-Reden-Bringen),并不是一种任意的出于我们自己根源的做法,而它本身就是一个与文本中所期待的回答相关的问题。期待一个回答本身就已经预先假定了,提问题的人从属于传统并接受传统的呼唤(der Fragende von Überlieferung erreicht und aufgerufen ist)。这就是效果历史意识的真理。"①实际上,汉学文本要说的话也就是对于汉学家所期待的问题的回答。诚然,汉学家对中国哲学、历史、文学、宗教、语言等的研究和理解并不意味着与被理解的对象完全一致——也不可能一致,但这却为我们提供了个性化的、另外的理解可能性。这也是我们之所以愿意从事汉学研究之再研究的原因所在。

对话的基本结构是问和答,这是阐释学真理所常常采取的方式。在对文本理解中,与汉学文本对话,首先就是提问,也就是说,汉学研究主体提出了这样一个问题:"该汉学文本究竟要告诉我什么?"所谓使汉学文本向研究主体讲话,也就是要回答研究主体所提出的问题。另一方面,理解中的回答是双向的,这就是说,文本也向研究主体提出问题,要求他来回答。在阐释中所发现的意义,是海德格尔所谓的"无蔽"(aletheia,希腊文"真理"一词,按照海德格尔的解释,是"无"—"蔽"的含义,是对"蔽"的澄清),是黑暗的阐明。② 用伽达默尔的话来说就是:"对我们讲述什么的流传物——文本、作品、形迹——本身提出了一个问题,并因而使我们的意见处于开放状态。"③

对汉学家来讲,与异域文明所形成的对话,并不是任意的、由研究主体的主观意志所随意决定的。对话者受到对话的引导,而不可能预料一次对话会引出什么结果

---

① 《真理与方法》,第484—485页。

② 参考海德格尔著,陈嘉映、王庆节合译:《存在与时间》(*Sein und Zeit*),北京:三联书店,1987年,第41—42页。

③ 《真理与方法》,第480页。

来。这首先是因为,在对话中,汉学文本本身的内涵是无限的。在不同的时代、不同的场合,甚至不同的对话中,汉学文本会不断地揭示出自己意义的新方面。正因为汉学文本的意义是开放的,所以研究主体不可能预先完全掌握文本的意义,这样,对话也就不可能被研究主体的意志所左右。其次,正当性偏见(亦即"前见",见下文)的制约也使得研究主体——汉学家,不可能任意支配对话。包含在偏见中的内容有的是研究主体所明确意识到的,有的则不然,而是积淀在心理深层的潜意识因素。这些潜意识因素在对话中会不以研究主体的意志为转移,积极地参与主体与汉学文本之间的对话,这也是使得对话无法为研究主体所完全掌握的原因之一。

此外,对话显然是通过语言来进行的。在对话中,语言不仅仅是一种工具,同时也是展示整个社会生活背景的一种中介。在对汉学文本的理解中,汉学家对汉学文本的理解和翻译,都体现了对话和语言的相互依存关系,这充分揭示了其本身的语言性特征。1905 年王国维(1877—1927)有感于当时新词汇大量涌现于中国学术界,指出:"周秦之语言,至翻译佛典之时代而苦其不足;近时之语言,至翻译西典时而又苦其不足。"①我想,海外汉学家们在翻译汉学文本时所遇到的问题是同样的。翻译对于汉学家来讲,既是挑战,同时也是新的问题意识产生的出发点。

三、阐释学的一些基本观念及汉学研究的历史性

汉学家对汉学文本的解读在很大程度上依赖于其人生经历、性格爱好等个人因素,并受到社会环境的影响,从而自觉或不自觉地对汉学文本做出偏离中国语境的阐释,有时会产生多种解读的方式。这便是汉学研究的所谓"历史性"(Geschichtlichkeit),其前提首先是理解(Verstehen)的历史性,而理解的历史性又不可避免地构成了理解的偏见(Vorurteil),进而决定了理解的创造性和生成性。德文的 Vorurteil(拉丁文:praciudicium,法文:préjudice,英文:prejudice,翻译成"前见"更确切)是由"先/前+判决"构成的,最初的意思是正式法律判决之前的判决(亦即"初判"或"前判")②,后来引申为"先入之见""成见""偏见"的意思。实际上,"初判"或"前判"是正式的终审判决之前的合法初判,当时是具有合法性或有其存在

① 王国维:《论新学语之输入》,见王国维著《静庵文集》,沈阳:辽宁教育出版社,1997 年,第 116 页。

② 这个德文词跟英文词一样,起初并没有贬义,可以译作"先见"或"前见",直到文艺复兴以来,由于学者对理性的过分崇拜,才开始赋予此词以负面的内涵。启蒙时期的哲学家更是认为,偏见与真理和正义是相对立的,理应遭到摒弃。

的正当性的。[①] 但人类是无法摆脱其所存在的历史特殊性和局限性的，是与其生活经验、知识传统、文化氛围以及道德伦理等相互关联在一起的。黑格尔（Georg Wilhelm Friedrich Hegel，1770—1831）实际上很早就认识到了个人的局限性，他在《法哲学原理》（*Grundlinien der Philosophie des Rechts*，1820）的序言中写道："哲学的任务在于理解存在的东西，因为存在的东西就是理性。就个人来说，每个人都是他那时代的产儿。哲学也是这样，它是被把握在思想中的它的时代。妄想一种哲学可以超出它那个时代，这与妄想个人可以跳出他的时代，跳出罗陀斯岛，是同样愚蠢的。"[②]汉学家对汉学文本的解读，无疑也是他们时代的产物。这也验证了伽达默尔的名言："其实历史并不隶属于我们，而是我们隶属于历史。"[③]

跟他之前的哲学家对"误解"的看法不同，施莱尔马赫（Friedrich Schleiermacher，1768—1843）认为，误解是理解过程中正常的情况，是理解的必要条件。由于作者与解释者之间在时间、语言、境遇以及历史背景诸方面的差异，而产生了所谓的"主体间交往的中断"。伽达默尔引用施莱尔马赫的话写道："一部艺术作品也是真正扎根于它的根基和基础之中，扎根于它的周围环境中。当艺术作品从这种周围环境中脱离出来并转入到交往时，它失去了它的意义。它就像某种从火中救出来但具有烧伤痕迹的东西一样。"[④]所谓"烧伤痕迹"指的是由于时空和背景的差异而造成的误解。尽管施莱尔马赫的目的在于消除误解，但却给予了误解以相当的位置。伽达默尔才真正恢复了误解的权利。

中文语境中的"偏见"一词实际上也并不是从一开始就具有"错误"或"片面"的见解的含义。如《汉书·杜邺传》中有："疏贱独偏见，疑内亦有此类。"颜师古注曰："邺自谓傍观而见之也"即"从侧面观察到"的意思。不过很早人们就开始用"片面的"见解这一含义来解释"偏见"了。[⑤] 最晚从郭象（约 252—312）开始，这一词就已经有"片面的见解"的含义了：郭象在注《庄子·齐物论》"与物相刃相靡……不亦悲乎"时写道："各信其偏见，而恣其所行，莫能自反。"在这里显然是"片面的见解"的意思。从侧面来看或曰一孔之见，并不意味着一种错误的判断，它实际上包含了肯定和否定的含义。由于人们将"偏"的"不居中、侧面"的含义引申到"不公正""片面"乃至"错误"方面，所以后来"偏见"一词在汉语中几乎成为

---

① 《真理与方法》，第 347 页及以下。

② 黑格尔著，范扬、张企泰译：《法哲学原理》，北京：商务印书馆，1961 年，第 12 页。

③ 《真理与方法》，第 355 页。

④ 《真理与方法》，第 217—218 页。

⑤ 在"国学宝典"中检索"偏见"一词，共在 185 种中国古代典籍中出现过 340 次，只有个别的早期词义是"从侧面观察"的含义，其他都是"错误的见解"的含义。

"片面的见解"或"错误的见解"的代名词。而中文中的"误解"一词，全部都可以作"理解得不正确"或"理解得错误"解。① 以往的所谓"误解"实际上是跟绝对唯一正确的、合理"正见"相对而言的。

相对于杨、墨、老、庄、佛以及道等"异端"而言，孔子、子思、孟子以及扬雄等一系的"正统"地位并非"理所当然"，而是被唐代的韩愈(768—824)建构出来的。②德文的 Ketzrei 和英文的"heresy"所表示的"异端"或"邪说"，是指脱离了基督教正统教义，遭教会弃绝的主张。中世纪的欧洲，教会对异端的态度是："几乎每个人都同意，通过切除腐烂的肢体保全生命是智慧之道。很明显，罗马教会是生命，异端是腐肉。"③在天主教作为绝对权威的中世纪，教会甚至建立起异端裁判所来对付异端，并组成十字军讨伐异端。欧洲中世纪的"异端"显然是被天主教会建构出来的。如果本来就没有什么唯一正确的"正见""正解"的话，那么"偏见"和"误解"又从何说起？所谓的"偏见"和"误解"实际上是不可避免的，它不仅不是错误的源泉，而且是理解和阐释的一个先决条件，因此也具有正当性，也正因为此，理解才成为可能。顾彬从另一个角度阐述了误解的正面意义："误解允许我们以新的方式来看某事，允许我们发现它的深度，还允许我们以新的眼光来看我们自己。不被局限于关于一个对象的一种形象，不局限于看我们自己的一种观点，我们觉得在发现许多观点都是可能的时候，自己也丰富了。"④理解的历史性构成了偏见和误解，而正当的偏见和误解又是理解的前提和阐释学的真正推动力。

伽达默尔非常重视理解和阐释的历史性，离开了阐释者的境况，就无从谈起阐释："但是为了理解这种东西，他(指阐释者——引者注)一定不能无视他自己和他自己所处的具体的诠释学境况。如果他想根本理解的话，他必须把文本与这种境况联系起来。"⑤人只能历史地，而不能抽象地理解历史。伽达默尔十分详尽地分析了阐释得以完成的一系列基本条件：正当的偏见、传统、时间距离、视域融合、效果历史原则以及阐释学循环等。从中他得出的结论是，这一切都包含着鲜明的历史性，并要求为前见(偏见)正名："如果我们想正确地对待人类的有限的历史的存

---

① "国学宝典"中共有 87 种书 197 次使用"误解"一词，全都是"理解得错误"或"错误的理解"的含义。

② 参考葛兆光：《道统、系谱与历史——关于中国思想史脉络的来源与确立》，见《文史哲》，2006 年第 3 期(总第 294 期)，第 49 页。

③ 布鲁斯·雪莱(Bruce Shelley)著，刘平译：《基督教会史》(*Church History in Plain Language*)，北京：北京大学出版社，2004 年，第 237 页。

④ 顾彬：《误读的正面意义》，见《文史哲》，2005 年第 1 期(总第 286 期)，第 5—12 页。此处引文见第 9 页。

⑤ 同上，第 417 页。

在方式,那么我们就必须为前见概念根本恢复名誉,并承认有合理的前见存在。"① 他在海德格尔关于理解的"前结构"(Vorstruktur)的思想基础上,②进一步认为,"个人的前见比起个人的判断来说,更是个人存在的历史实在"③。因为每个人都生活在特定的时代,处于特定的历史和文化传统之中,并且由于特定的具体环境的影响,不可避免地具有自己的偏见。除了上帝有全能的视角之外,没有人能超越他所处的历史环境与文化传统。因此,偏见是历史的产物,有着其存在的正当性,这是任何人都无法予以彻底消除的。在论及汉学的理解方面,顾彬指出:"互相之间不能完全地理解,因此无论如何不是个灾难;忘记了我们习惯地缺乏理解,这才是灾难。"④我们可以说,偏见和误解是理解中的正常形态,同时他者不同的理解也是我们学会宽容的前提。顾彬甚至认为,所谓真正的理解不仅是不可能的,甚至是非常乏味甚至危险的:"因此,误解必须被恢复为人类的一种权利,也是我们寻求幸福的一个必要部分。⑤"

伽达默尔认为,在人文和社会科学领域所谓的"科学客观主义"态度是不存在的。他主张,理解并非一个简单的复制过程,根本没有什么所谓的历史真面目,因为作为主体的理解者总是带有自己的前见的。伽达默尔认为,前见对理解是有作用和意义的,正是这种"具有正当性的前见"构成了理解的历史性因素。他指出:"在理性的绝对的自我构造的观念下表现为有限制的前见的东西,其实属于历史实在本身。如果我们想正确地对待人类的有限的历史的存在方式,那么我们就必须为前见概念根本恢复名誉,并承认有合理的前见存在。"⑥实际上,前见并非都是消极的因素,它是与传统不可分割地联系在一起的,而传统是历史本身的一个要素。从根本上说,前见是历史传承的一部分。一方面,它是历史的一部分,不可能被彻底割断;另一方面,它也不是僵死不变的,它总是面临着被修正的挑战,并形成新的传统。而传统既具有对于过去历史继承性的一面,又具有对于将来开放性的一面。对汉学的理解必定要受到汉学家自身文化传统的制约,然而,作为研究主体的海外汉学研究者并不只是被动地接受传统,其本身也是传统的一部分,因为西方汉学传统是在研究者的参与下形成的。

对于同一个文本,每一个时代都有其时代的理解和解释。汉学文本更是如此,

---

① 《误读的正面意义》,第355页。

② 同上,第341页。

③ 同上,第355页。

④ 《"只有中国人理解中国"?》,第21页。

⑤ 《误读的正面意义》,第8页。

⑥ 《真理与方法》,第355页。

因为除了“时间的距离”之外，相隔半个地球的“空间的距离”也使得海外的汉学家们对文本有完全不同于本土的解读。由于理解的历史性，阐释者“前理解”(Vorverständnis)的存在，误读理所当然地有其正当性的一面。海外汉学家对汉学文本的解读，当然不是在真空中进行的，不论是哪一位汉学家，自然会受到各种主客观历史条件的限制。“不存在什么人，被人理解一次，就能被人永远理解；没有什么高级的书，翻译一次，就永远不需要再翻译。我们需要不同的解释和译本，因为我们一直在经历着变化，因此我们反思的对象随我们在变化着。在这方面，没有什么最终和真实的理解或翻译，有的只是瞬间的理解和翻译。”①这是对施莱尔马赫的著名主张“因为要解释的东西没有一个是可以一次就被理解的”的最好注解。② 历史性的误解是当时所处时代认可的理解，是由于社会历史因素影响的结果。理解主体不同的历史背景使海外汉学家与中国学者在对待同一文本时，具有不同的价值观，从而生成不同的偏见，进而在研究中做出不同的选择。

伽达默尔还对阐释学循环(hermeneutischer Zirkel)问题做了深入的阐述，认为它是理解必不可少的条件之一。所谓阐释学循环，指的是这样一条规则，即在理解中，必须根据构成文本的各个部分来理解文本整体，又必须根据文本整体来理解文本的各个部分。这是一个循环往复的过程。阐释学循环乃是一种矛盾运动，它是整体与部分之间的对立统一关系在理解中的反映。伽达默尔提出了“整体意义的预期”(Antizipation von Sinn)这一重要手段。他用海德格尔的说法来描述阐释学循环：“对文本的理解永远都是被前理解的先把握活动所规定。在完满的理解中，整体和部分的循环不是被消除，而是相反地得到最真实的实现。”③预期实质上是上文提到的“前结构”，即为文本预先设计一种意义。这种预先设计自然会受到前见的影响。同时，前结构在理解的过程中，一直被理解主体修正着。伽达默尔继续写道：“这种循环在本质上就不是形式的，它既不是主观的，又不是客观的，而是把理解活动描述为流传物的运动和解释者的运动的一种内在相互作用(Ineinanderspiel)。”④显然，伽达默尔的阐释学循环理论十分强调从整体与部分的辩证运动中理解文本，揭示出理解主体的主观能动性，同时也进一步突出了理解的历史性。

刘东在论及海外汉学对中国学术可能性的影响时写道：“恰因为‘汉学’在知识谱系上属于‘东方学’，能够‘全息’地舶来外缘文化观念，才反而更值得好好研读，以便既取其具体结论又取其基本方法为己所用。缘此，不光应当感激国外同行

① 《误读的正面意义》，第9页。

② 《真理与方法》，第248页。

③④ 同上，第376页。

的学术'洞见',促进了国人的多元自我意识,使大家广角地环顾着中国,甚至还应感激他们的文化'偏见',诱使国人去努力理解别人的立场,进而渐次管窥到了西方。"①承认多元的研究范式,没有谁可以穷尽所有的真理,进而以一种宽容的心态对待海外汉学家们的研究成就,我想,这是阐释学给我们的重要启示之一。这也是顾彬所强调的:"类比性的阐释学还意味着,我们必须容忍别人的意见,一如我们自己宽容的那样。正如别人能够依赖我们的宽容一样,我们也必须把得到他们的宽容视为当然。"②我们当然容许别人犯错误,允许他们在很多方面的想法是跟我们不同的。

从阐释学的角度来看,所谓固定和最终的理解是不存在的。顾彬也指出:"类比性的阐释学意味着不存在固定的和最终的知识,因此没有人能够拥有对他自己的或另外一个文化的最终理解。因此,理解和解释并不是结果,而是一个永无尽头的过程。这个过程将总是伴随着某些偏见的形成。只要我们已经学会对付偏见,偏见全然不是坏事。若无偏见,你就提不出问题。"③因此,在顾彬看来,理解的历史性以及偏见所具有的创造性是不容忽视的。实际上,海外汉学家正是通过对中国文化的"误读",实现了对中国文化和学术的创造性的解释。

四、海外汉学家所具有的前有、前见以及前把握

任何一项学术研究都不可能是按照学者自己的主观意志任意进行的,这是因为研究者是处在特定历史时代中的现实的和历史的人,因此这一所谓的研究主体具有海德格尔所谓的理解的"前结构"(先在结构,Vorstruktur)。④ 这一理解的"前结构"是由"前有"(先行具有,Vorhabe)、"前见"(先行见到,Vorsicht)和"前把握"(先行掌握,Vorgriff)构成的。海德格尔认为,"这种解释一向奠基在一种先行具有之中"⑤。在这里,"先行具有"指的是阐释者必然是某一特定的历史、文化中的存在,并且是塑造着我们的一切。其次,"解释向来奠基在先行见到之中,它瞄着某种可解释状态,拿在先有中摄取到的东西'开刀'"。⑥ 我们能够运用的语言,其观念和方式规定了我们理解的方式。他最终指出:"无论如何,解释一向已经断然地

① 刘东:《十年甘苦寸心知》,载于《国际汉学》,第五辑,郑州:大象出版社,2000年,第31页。

②③ 《误读的正面意义》,第9页。

④ 海德格尔著,陈嘉映、王庆节合译:《存在与时间》,北京:三联书店,1987年,第184—185页。

⑤ 同上,第183页。

⑥ 同上,第184页。

或有所保留地决定了对某种概念方式表示赞同。解释奠基于一种先于掌握之中。”[①]这也就是说，在我们理解之前，实际上已经具有了理解的观念和前提。“前结构”充分肯定了人是历史性的存在。如前文所述，汉学研究也有其历史性，把汉学研究放在特定的社会和历史中加以考察，从而超越了仅仅强调把握文本作者原意的方法论阐释学。海德格尔的这一总体思路为伽达默尔所继承。伽达默尔对“前见”概念的理解直接从此而来，而他对理解的历史性的极端重视也直接受到了海德格尔的启迪。

在《真理与方法》中，伽达默尔写道：“海德格尔所描述的过程是：对前筹划（Vorentwurf）的每一次修正是能够预先做出一种新的意义筹划；在意义的统一体被明确地确定之前，各种相互竞争的筹划可以彼此同时出现；解释开始于前把握（Vorbegriffen），而前把握可以被更合适的把握所代替：正是这种不断进行的新筹划过程构成了理解和解释的意义运动。”[②]伽达默尔认为，处于历史存在之中的阐释者具有不同的前理解，他承认“前理解”的正当性，并且在阐释中常常会产生积极的作用。正是在此基础上，伽达默尔指出：“每一时代都必须按照它自己的方式来理解历史流传下来的文本，因为这文本是属于整个传统的一部分……”[③]理解的历史性，使得文本意义的多种理解成为可能，文本从而开始向每一位阅读者开放，并不存在一种以往所认为的作者赋予文本的唯一的“终极意义”。对伽达默尔来讲，作品的意义只是构成物（Gebilde），根本不是作者的本来意图，而是作品所要告诉我们的“事物本身”（Sachen selbst），事物本身是会随着不同时代和不同人的理解而不断改变的。伽达默尔对此写道：“文本的意义超越它的作者，这并不是暂时的，而是永远如此的。因此，理解就不只是一种复制的行为，而始终是一种创造性的行为。”[④]后来的阐释者可以将文本放入作者整个生活时代中加以考察，而作者本人并不具备这一条件，因为他仅处于某一阶段之中。此外，对同一作品的不同理解是再正常不过的了，这是作者无法规定也无法预计的。换句话说，文本的解释权并不在作者那里，而是在阅读者一方。文本的真正意义并不存在于文本本身之中，而是存在于其不断被阐释之中。对于海外汉学家来讲，并不仅仅是处于文本产生的不同时代（即下文所提到的“时间距离”），而且处在不同的地域（即下文所提到的“空间距离”）。不同时代和不同地域的海外汉学家对汉学文本接受的不确定性，正是中国学术作为一门世界性学问的生命力的源泉。对汉学文本，亦即上文所提到的意义“构成物”的阐释，永远具有一个面向未来的开放结构。阐释学同时也给予了外国人依

① 《存在与时间》，第 184 页。

② 《真理与方法》，第 343 页。

③④ 同上，第 380 页。

据自己的文化传统对中国文本、概念以及人物所作解释的正当性,那种坚持认为中国学术应当按照中国文化传统来予以理解的想法,是完全没有道理的。①

阐释学避免了给予一个文本或事件唯一的终极意义,认为一切真理都有其相对性,每一个正确的回答都只是相对于其当时所面临的处境的回答,而这并非是让我们陷入了相对主义的漩涡,认为真理不存在,或知识是完全相对的,而只是强调真理和知识是有其历史性的,并非亘古不变的而已。按照伽达默尔的说法,只有那种要求绝对主义标准的人才会讲相对主义,只有涉及一种绝对知识的尺度或绝对真理时,才有相对主义。②

五、"视域融合"及对汉学文本的全新阐释

为什么汉学研究往往以历史上的文献或事件作为研究对象?伽达默尔从阐释学的角度解释为,我们对于同时代的文本的内容和意义,往往难以做出确定的判断。他以艺术作品为例予以了具体的说明:

> 每一个人都知道,在世间距离没有给我们确定的尺度时,我们的判断是出奇的无能。所以对于科学意识来说,关于当代艺术的判断总是非常不确定的。显而易见,正是由于这些不可控的前见,由于这些对我们能够认识这些创造物有着太多影响的前提条件,我们才走进了这些创造物,这些前见和前提能够赋予当代创造物以一种与其真实内容不相适应的过分反响(Überresonanz)。只有当它们与现时代的一切都消失后,当代创造物自己的真正本性才显现出来,从而我们有可能对它们所说的东西进行那种可以要求普遍有效性的理解。③

如果将伽达默尔的艺术论运用到汉学研究上,那我们可以这样认为,之所以认为我们不能把握同时代汉学文本的意蕴,原因在于我们与它们之间缺乏时间距离。伽达默尔在这里提出的实际上也是一种"阐释距离"说,主要是从时间方面来界定的。作为佛典汉译组织者的道安(312—385)在他著名的"五失本三不易"主张中,专门提到"删雅古以适今时""乃欲以千岁之上微言,传使合百王之下末俗"的困难,④都是针对"时间距离"而言的。除了时间上的距离外,海外汉学实际上还为研

---

① 《"只有中国人理解中国"?》,第 17 页。

② Hans-Georg Gadamer, *Hermeneutik* Ⅱ. *Wahrheit und Methode. Ergängzungen, Register*, in: *Gesammelte Werke*. Band 2. Tübingen: J.C.B.Mohr(Paul Siebeck), 1993. S.262.

③ 《真理与方法》,第 382 页。

④ 僧祐:《出三藏记集》卷八。

究者提供了“空间距离”。研究主体与对象之间之所以要有“时间距离”以及“空间距离”，是因为只有这样，主、客体之间才不会有太密切的利害关系，才不至于干扰我们对文本的理解。

伽达默尔认为，理解总是以历史性的方式存在的，不论是作为主体的理解者本人，抑或是作为理解的对象文本，无不处于历史的发展变化之中。这种历史性使得对象文本和阐释主体都具有了各自处于历史演变中的“视域”(Horizon)，这是理解的起点、角度和可能的前景。理解是对文本进行创造性的解读，理解者总是通过阐释在不断地扩大自己原有的视域。伽达默尔认为，“视域概念本质上就属于处境概念。视域就是看得见的区域(Gesichtskreis)，这个区域囊括和包容了从某个立足点所能看到的一切”①。任何文本都有着其自身的历史视域，而研究主体在理解文本时，则又具有由历史境遇所赋予的特定的视域。两种视域之间存在着的差距，是由于时间、空间以及历史情境变化所引起的，是无法消除的。因此，伽达默尔认为，理解的真正实现就是这两种不同视域的相互融合，亦即应在理解的过程中将阐释者与被阐释的文本的视域融合到一起去，达到“视域融合”(Horizonverschmelzung)。视域融合的结果就会形成一种新的视域，而这种新的视域又将成为理解新的文本的出发点。②

实际上，视域是一个不断形成又不断变化、更新的过程，从长时段看来它是不会固定下来的。伽达默尔认为：“人类此在的历史运动在于：它不具有任何绝对的立足点限制，因而它也从不会具有一种真正封闭的视域。视域其实就是我们活动于其中并且与我们一起活动的东西。”③当然，理解者和文本在多数情况下会互相碰撞，融合的过程也包括排斥和相互作用。

海外汉学研究是在跨文化的历史语境中进行的，具有历史性的海外汉学家们使自己的视域与汉学文本视域相互发生融合，从而形成新的视域。汉学家努力接近原作者的初始视域，从而去领悟文本原作者的本意。由于海外汉学研究跨越了时代、地域，创造性的转换是不可避免的。传统上认为任何一个汉学文本只有唯一的一个正确解释，而海外汉学家的目的是穷尽文本的意义，这样的认识在“视域融合”中得到了消解。这也同样提供了摆脱“真理—谬误”两极认识的一种方式。理解的本质并非施莱尔马赫所谓的“更好理解”(Besserverstehen)，而是“不同理解”(Andersverstehen)。④ 海外汉学迷人之处正在于它将汉学文本带入了一个原作者

① 《真理与方法》，第388页。

② 同上，第393页及以下。

③ 同上，第390页。

④ 同上，第380页。

所没有想象到的陌生语境,原作者的视域显然要跟新的阐释者的视域相互碰撞、排斥之后,形成视域融合。文章的开头我谈到汉学研究可以看作是汉学家与汉学文本之间的对话。在这一对话中,文本向阐释者敞开,这样,汉学家与汉学文本都可以超越原来的视域,实现"视域融合"。

宇文所安(Stephen Owen,1946—)以文化意象的研究方法,对中国古典诗歌进行阐释,特别是他所提出的超越时(古—今)、空(东方—西方)的独特的阐释套路。与其说宇文所安是一位卓越的汉学家,毋宁说他是欧洲诗歌、思想、文化传统方面的专家。当他的欧洲文化视域与中国古代诗歌的视域发生融合的时候,《迷楼》《追忆》这样的作品出现了。①

斯洛伐克的汉学家高利克(Márian Gálik)曾从《圣经》的角度对20世纪中国的现代文学进行过研究。他认为,如果我们不了解《圣经》的话,就不会了解一百年来在中国发生的事情。他举例说,郭沫若的诗集《女神》里有一首诗叫《天狗》,每一行都是以"我是"开头。我们可能认为这也许是受美国诗人惠特曼(Walt Whitman,1819—1892)的诗集《草叶集》(*Leaves of Grass*,1855—1892)的影响。然而,惠特曼并不是第一个用"我是"这种方式写作的诗人,实际上"我是"第一个说法出自《圣经·旧约》里的上帝耶和华。郭沫若早年受到基督教的很大影响,这不仅表现在思想方面,也表现在他吸收了《旧约》的表达方式上。②

由于汉学家的视域跟文本的初始视域不可能一致,对汉学文本创造性的阐释,是海外汉学研究的必然结果。汉学文本经过宇文所安和高利克的全新阐释,"视域融合"后所产生的创造性,是显而易见的。

六、海外汉学研究及其对自身的研究

有关"理解",狄尔泰(Wilhelm Dilthey,1833—1911)曾有句名言:"理解就是在你中重新发现我。"③因此,理解是在他者之中重新发现自我的过程。伽达默尔也将对文本的理解看作是与研究主体对自身存在、自我理解的认识相结合的活动,那么汉学研究的目的也可以看作是研究者对自身的理解。汉学文本尽管是几千年来

---

① 宇文所安著,程章灿译:《迷楼》(*Mi-Lou:Poetry and the Labyrinth of Desire*),北京:三联书店,2003年。宇文所安著,郑学勤译:《追忆》(*Remembrances*),北京:三联书店,2004年。

② Marián Gálik,Irene Eber,*Influence,Translation,and Parallels:Selected Studies on the Bible in China*(《影响、翻译以及平行段落——〈圣经〉在中国研究选集》)(Collectanea serica).Sankt Augustin:Monumenta Serica Institute,2004.

③ Wilhelm Dilthey,*Der Aufbau der Geschichtlichen Welt in den Geisteswissenschaften*. Frankfurt/M. 1968 [1910],S.235.

中国人对人类与世界的思考结果,但我们必须承认,它们是由人类并且是为了人类而创造的,汉学文本就是这样只是为了与我们对话而存在的。

在汉学的文本中,我们所看到的是一个完整的世界,这就是中国的世界——天下,但同时,我们也透过这个世界学会了对于自身的理解。既然这样,从严格的意义上来说,对汉学的研究就是对人类的认识。汉学家当然可以通过汉学世界——人类认识其自我存在的一种方式,认识存在本身。而在伽达默尔看来,存在其实就是真理的代名词。伽达默尔在论述黑格尔对"教化"(Bildung)的认识时,指出:"在异己的东西里认识自身、在异己的东西里感到是在自己的家,这就是精神的基本运动,这种精神的存在只是从他物出发向自己本身的返回。"①德国哲学传统特别重视"教化"的作用,认为人类崇高的品德以及对于人道主义来讲至为根本的本源性和普遍性,只有经过教化才能实现。他者的存在让自我更加清楚地理解自己的使命,认识自己存在的价值,从而达到黑格尔所谓"向普遍性的提升"。

伽达默尔在解释理解的循环时,认为一切有意义的对话都是从熟悉性(Vertrautheit)开始的,并且从中展开新的领域。正是基于儒家传统中的人道主义,晚清的中国知识分子才能如此容易地接受西方的人权理论。余英时认为:"如果历史是一种导引,那么中西文化之间在基本的价值上似乎存在着大量重叠的共识。"②伽达默尔同时主张,在理解的过程中存在着熟悉性与陌生性(Fremdheit)的两极对立(Polarität),"而阐释学的任务是建立在这一两极对立的基础之上的……流传物对于我们所拥有的陌生性和熟悉性之间的立场,也就是间于历史上所谓疏离的对象性与某一传统的从属性之间的地方。正是在这一中间地带,是阐释学的真实所在"③。熟悉性是对话产生的基础,而陌生性则显示出了差异对比下各自的特点。

今天看来,汉学文本本身固然有价值,对今天的研究者来讲更重要的是,不同时代的特别是来自异域的研究者对于这些汉学文本的理解和阐释。其次,汉学文本本身并非静止不动的,而总是要与理解者、阐释者说话。把汉学文本看成既是自我言说,又是为研究者而存在,这就进一步证明了文本是向研究者说话这一基本事实。实际上,汉学研究最重要的并非文本本身,其真正的主体是汉学研究所搭建起的研究者与文本之间的互动关系。

在 1935 年和 1936 年的《汉学》(*Sinica*)杂志专刊上载有汉学家傅吾康

---

① 《真理与方法》,第 17 页。

② 余英时著、邵东方编:《史学研究经验谈》,上海:上海文艺出版社,2010 年,第 83 页。

③ Hans-Georg Gadamer, *Hermeneutik* Ⅱ. *Wahrheit und Methode. Ergängzungen*, *Register*. In: *Gesammelte Werke*. Band 2. Tübingen: J.C.B. Mohr (Paul Siebeck), 1993. S. 63.

(Wolfgang Franke,1912—2007)所译的胡适的文章《说儒》。[①] 胡适认为,在商王朝灭亡五百年后,尽管孔子仍说他自己是"殷人也",但"五百年必有王者兴"的预言却使孔子成了"把殷商民族的部落性的儒"扩展到了"以仁为己任的儒"。也就是说,孔子不仅不是一个复辟的保守者,而是一位革新家、革命者。通过阅读傅吾康的这一译文,雅斯贝尔斯(Karl Jaspers,1883—1969)接受了胡适的这一观点。后来他在《大哲学家》(*Die groβen Philosophen*,1957)一书中的"孔子"一文中便认为,孔子所谓的复兴古代,实际上是希望借此建立一个新世界。想要恢复周礼的孔子,是要将外在的礼建立在内在的礼(仁)的基础之上,因为只有拥有了"仁",才能证明人之真正为人。跟胡适一样,在雅斯贝尔斯看来,孔子并非像一般人所认为的那样,只是一个想复辟周礼的守旧派,而是一个由于对"礼崩乐坏"感到失望,希望建立一个新世界的革新家。[②] 正是由于中国哲学的参与,"轴心时代"(Achsenzeit)这一概念才得以出现。雅斯贝尔斯对孔子的研究显然并非出自严格意义上的汉学兴趣,对中国哲学的认识是构建其"世界哲学"蓝图的一个重要步骤,而将孔子作为思想范式的创造者,正是他运用"轴心时代"的思想,排除特定信仰内容,使之成为让西方人、亚洲人乃至全人类都可以信服的尺度的尝试。反过来,正是借助于作为存在哲学大师的雅斯贝尔斯的复述,孔子和老子的思想变得鲜活起来,从而更符合时代的要求。如果没有新的研究者的话,汉学文本本身并没有任何意义。正是透过汉学文本与当代哲学家的对话,产生了震撼世界的新思想。

伽达默尔还从本体论的角度进一步分析理解中的语言问题。[③] 他认为,人是具有语言的存在,通过语言,研究主体不仅理解了文本,同时也通过作为他者的文本而理解了自身。同时,语言又构成了文本存在的一部分。因此,他把存在作为语言加以理解,认为存在只有在"语言之家"存在,也只有在"语言之家"中才能被理解。[④]

伽达默尔认为,"每一时代则是对这整个传统有一种实际的兴趣,并试图在这传统中理解自身"[⑤],同时认为,"所有这种理解最终都是自我理解

① Wolfgang Franke,"Der Ursprung der Ju und ihre Beziehung zu Konfuzius und Lau-Dsi",von Hu Schi,in:*Sinica Sonderausgabe* 1935,Teil 1;S.141—171;Teil 2:1936,S.1—42.

② 雅斯贝尔斯著、李雪涛等译:《大哲学家》,北京:社会科学文献出版社,2010年(修订版),第125—162页。

③ 《真理与方法》,第560页及以下。

④ "语言是存在的家。人以语言之家为家。思的人们与创作的人们是这个家的看家人。"海德格尔:《关于人道主义的书信》,收入孙周兴选编:《海德格尔选集》,上海:三联书店,1996年,第358页。

⑤ 《真理与方法》,第380页。

(Sichverstehen)……谁理解,谁就知道按照他自身的可能性去筹划自身"①。因此,从这个意义来讲,汉学家们对汉学文本的解读从根本上来讲既是"自我理解",同时又是"按照他自身的可能性去筹划自身"。归根结底,有着独特问题意识的汉学家们,是要通过汉学追寻其自身存在的意义。

在回答为什么要关心中国这个问题时,顾彬写道:"对我而言,关心中国是重要的,那是加强我的自我认识的一个手段:以自我为参照,我是不可能理解我自己的,我只能参照那个不同的东西。只有借助于知道我确实不是什么的那个东西,我才能确定我潜在的可能是什么。"②尽管这是一个看似个性化的回答,却揭示了海外汉学研究的真正目的所在:是解决汉学家自身的问题。

顾彬在同一篇文章中,同样谈到他者对于自我认识的重要性:

> 在谈话中,我们不仅创造了他们讨论的话题,而且也创造了我们自身以及我们与别人的联系。对于自我发现而言,别人是至关重要的,因为,在我们说话的时候,我们既听不到别人听到的声音,也看不到我们自己的脸(若不是借助于镜子)。单靠我们自己,我们是不能否定别人对我们的声音或者我们的脸的那些说法的。成千上万的人对我们都有说法,在他们面前,我们孑然孤立,守着我们对自己的说法。从某种意义上说,我们现在可以说:只有别人能理解我,只有非中国人能够理解中国;相反,只有中国人不理解中国。③

对于中国人来讲,汉学研究亦有其独特的意义:因为海外汉学关乎我们的形象,而对此我们常常是听不到、看不到的。站在自我的文化立场去研究一个他者,跟站在自我的立场去研究自身当然是很不相同的。海外汉学家外求于中国学术而成就其自身的思想和理论的尝试,同时也给中国的学者提供了理解自己文化的新视角。

如果将阐释者作为"我"的话,那么"你"就是"我"进行阐释的对象。伽达默尔以你我关系为例,分析了三种可能的阐释学经验。伽达默尔反对第一种可能的关系,亦即将"你"作为一种手段,他引用康德(Immanuel Kant,1724—1804)的话批判了这一观点:"我们不应把其他人只作为工具来使用,而应当承认他们本身就是目的。"④这实际上是将"你"作为工具来看待的客体的做法。实际上很多汉学家仅仅是将汉学文本对象化、工具化,这是伽达默尔极力反对的,他认为这一方法是模仿自然科学方法论的陈词滥调,从而"使诠释学经验的本质失去了固有的光泽"。⑤在第二种关系中,尽管我承认你是另一个主体,但双方都固守着自己的观点,肯定

---

① 《真理与方法》,第335页。

② 《"只有中国人理解中国"?》,第18页。

③ 同上,第21页。

④⑤ 《真理与方法》,第461页。

自我，排斥对方，这是历史意识的阐释学方式。只有第三种关系，亦即我以完全开放的态度承认你是另外一个主体，真正把你作为经验，认真倾听你所说的东西。“如果没有这样一种彼此的开放性，就不能有真正的人类联系。”①正是在这一关系中，过去或传统开始对今天讲话。我认为，也只有在第三种的主体间性之中，海外汉学才能与中国学术之间产生真正的良性互动，实现动态的转化，当代意义上的阐释学才能得以完全展开。

反过来，中国在近现代对西方学术的吸收也不例外。清末民初，面对西方思想和科技的滚滚大潮，中国学术不得不按照近现代的学科分野重组。传统道统得以终结，非主流和异端逐渐受到重视。中国学者开始依据西洋的学科规范重新书写中国学术史。1929—1933年间，冯友兰完成了他的《中国哲学史》，所使用的方法是在“中国历史上各种学问中，将其可以西洋所谓哲学名之者，选出而叙述之”②。这种新的“格义”方式，反而在陈寅恪的审查报告中得到了称赞：“取西洋哲学观念，以阐明紫阳之学，宜其成系统而多新解。”③20世纪初的中国知识分子，正是在接触和运用西方学术方法的基础之上，使得中国本土的人文研究重新焕发了活力。④ 其原因也是要透过西洋的方法，使得作为传统资源的中国哲学重新被激活，经过重新解释和系统化，获得新观念、新思想。

七、汉学学术史及“重构”

汉学学术史对于我们来讲，其意义究竟在什么地方？国外学者在汉学研究方面所取得的成就，为各个汉学学科的发展做出了贡献，这是毋庸置疑的。不过，对学术史来讲，他们的研究兴趣、研究方法以及研究范式等必然是与他们所处的时代密切相关的。近年来，我所关注的比较多的问题逐渐从“事实是如何发生的”过渡到“事实是何以如此发生的”方面，亦即如何认识史实背后的动机和思想的问题。

---

① 《真理与方法》，第464页。

② 冯友兰：《中国哲学史》（上册），北京：中华书局，1984年，第1页。

③ 陈寅恪：《冯友兰〈中国哲学史〉下册审查报告》，见《金明馆丛稿二编》，北京：三联书店，2001年，第282页。陈寅恪在评判王国维的文学研究时同样写道：“取外来之观念与固有之材料，互相参证，凡属于文艺批评及小说戏曲之作，如《红楼梦评论》及《宋元戏曲考》等是也。”见陈寅恪：《王静安先生遗书序》，收入王国维著《宋元戏曲史》，南京：凤凰出版集团，2010年，第180页。

④ 梁启超认为：“但使外学之输入者果昌，则其间接之影响也使吾国别添活气，吾敢断言也。但今日欲使外学之真精神普及于祖国，则当转输之任者必邃于国学，然后能收其效。”（见夏晓虹编校：《中国现代学术经典·梁启超卷》，石家庄：河北教育出版社，1996年，第120页）换句话说，西方学术的功效在于其与中国固有学术的结合。

我认为,只有如此才能确切地知道海外汉学家何以在某一时刻对某一汉学文本作如是之阐释的原因。正是在知道对永恒的真理的追求是徒劳的时候,福柯(Michel Foucault,1926—1984)开始探索"真理的历史"。[1] 法国年鉴学派的历史学家费弗尔(Lucien Febvre,1878—1956)特别强调所谓"问题史学":"提出一个问题,确切地说来是所有史学研究的开端和终结。没有问题,便没有史学。"[2]因此,揭示出海外汉学家们研究出发点背后的历史及思想史的意义,亦即探讨隐藏在汉学家们研究背后同时构成这些活动内在成因的个人的活动,理应是汉学学术史所要求的。汉学学术史首先应当是问题史,对汉学史深层结构与现象的复杂性及其各种内部、外部联系进行探讨和认识。阐释学产生之后的历史学已经不再将重点放在探寻历史的本来面目了,更重要的是揭示我们认识历史的过程。我们希望从历史和传统中寻找今天汉学研究以及中国问题的出路,但绝不是单纯回到过去,而是立足现在,以当代的目光和问题意识来审视历史和传统。

尽管从《庄子·天下篇》开始,[3]中国学者就已经关注学术思想的渊源和嬗变,但直到黄宗羲(1610—1695)《明儒学案》(1676)才有真正系统总结和记述一代学术思想发展演变及其流派的学术史专著。这是梁启超所谓"中国之有'学术史',自此始也"[4]。章学诚(1738—1801)在《校雠通义序》曰:"校雠之义,盖自刘向父子,部次条别,将以辨章学术,考镜源流,非深明于道术精微,群言得失之故者,不足与此。"[5]这里尽管讲的是目录学,但"辨章学术,考镜源流"显然是学术史的面相。

2004年春天,我从波恩回北京后,供职于北京外国语大学中国海外汉学研究中心,主要从事德国汉学的研究工作。对任何一位德国汉学家,不论是历史上的,还是当代的,我所思考的问题基本上是此人的汉学研究之所以得以成立的历史原因,以及这些研究的思想史的意义所在。实际上,学术史是要靠一个个人来彰显的,因为它涉及的是有关个体的知识,绝非一般的、普遍的知识。梁启超说:"善为史者,以人物为历史之材料,不闻以历史为人物之画像;以人物为时代之代表,不闻以时代为人物之附属。"[6]通过个人的活动,特别注重汉学家们在具体社会条件下所面临的问题,他们的个人学说在整个学术谱系中的定位及其学说和当时社会的

---

① 请参考何乏笔(Fabian Heubel):《从权利技术到美学修养:关于福柯理论发展的反思》,见《哲学与文化》,第37卷第3期(2010年3月),第87页。

② 转引自姚蒙:《法国当代史学主流——从年鉴派到新史学》,香港:三联书店,1988年,第47—48页。

③ 《庄子·天下篇》将"百家之学"分为七派:一、邹鲁之士;二、墨翟、禽滑厘等;三、宋钘、尹文;四、彭蒙、田骈、慎到;五、关尹、老聃;六、庄周;七、惠施、桓团、公孙龙。

④ 梁启超:《清代学术概论》,见《梁启超史学论著四种》,长沙:岳麓书社,1998年,第33页。

⑤ 章学诚:《校雠通义》(嘉业堂刊《章氏遗书》本)卷一。

⑥ 梁启超:《中国之旧史学》,见《梁启超史学论著四种》,第243页。

互动，来进行学术史的“辨章学术，考镜源流”的工作。对我来讲，这样的研究工作，当然具有挑战性，但确实也很有意思和意义。

科林伍德（Robin George Collingwood，1889—1943）同样认为，“所谓的历史，都是人事的历史”。① 他更进一步将历史事件分为内部和外部：“所谓事件的外部，我是指属于可以用身体和它们的运动来加以描述的一切事物……所谓事件的内部，我是指其中只能用思想来加以描述的东西……历史学家决不会只关心这两个之中的任何一个，而把另一个排除在外。他进行研究的不是单纯的事件，而是行动；而一个行动则是一个事件的外部和内部的统一体。”②因此，汉学家的逸事等外在行为，并不是无关紧要的，这些是与其内在的思想紧密联系在一起的。我试图通过钩沉出汉学家作为外在人的事迹与其思想的关联，着重来解读其思想。也正是通过内与外的因果关系的研究，我们可以窥见这些汉学家们研究思想的历史变化。

此外，汉学史所提供的人物，常常是不见经传的小人物们，毕竟汉学本身在西方的学术谱系中就是边缘的。我认为，这样的研究本身正可避免历史研究的简单化、贫乏化的倾向，因为真正的历史人物绝不仅仅限定在历史上的政治、军事以及文化上的精英人物。汉学学术史研究，特别是德国汉学史的研究，让我们清楚地认识到，历史绝不仅仅是伟人们的传记资料汇编。这样的个案研究，我认为有助于多层次、多方面对历史进行整体把握。伽达默尔所认为的阐释的历史性，也让我们可以通过对汉学家生平，特别是生命历程的分析，对其学说进行阐释。罗志田说：“历史的共性，本蕴藏于，也可以展现在个人的经历和体验之中。所谓学术史，最好让读者看到学者怎样治学，并在立说者和接受者的互动之中展现学术思想观念的发展进程。”③我认同这一对学术史的看法。

在史料使用方面，由于互联网的普及，以往认为不可实现的、找不到的各种文献资料都很容易获得。目前的问题根本不是没有史料，而是史料过多。从汉学家的档案（包括在国外的旅行证明、身份证明、留学登记簿等）、手稿、日记、书信，到他们的著作，已经大大超出了以往所谓的官方文字资料了。历史学家黄一农还提出了“e-考据时代”，认为可以通过有效的网络电子资源来解决史学的问题。④ 但他同时指出，“别忘了‘e-考据学派’的研究方法，不仅得熟悉网络或电子资源，还必须建立在深厚的史学基础之上！而清晰的问题意识与灵活的搜寻技巧，亦将是

---

① 科林伍德著，何兆武、张文杰译：《历史的观念》（*The Idea of History*），北京：商务印书馆，1997 年，第 299 页。

② 同上，第 300—301 页。

③ 罗志田：《学术史：学人的隐去与回归》，见《读书》，2012 年 11 期，第 10—11 页。

④ 黄一农：《两头蛇》，上海：上海古籍出版社，2006 年，第 64 页。

考据功力的深浅所系”①。实际上，历史研究是建立在对史料的甄选的基础之上的，同时也是对历史事实的选择。章学诚认为“大抵学问文章，善取不如善弃”。②由于史料本身在当事人记录时必然采取利于自身的标准和角度，当然不可能是所谓客观真实的，而史学家对不同的史料又会有不同的看法和解释。有了问题才会找文献，因此只要有问题意识，各种文献就会层出不穷。

尽管汉学学术史需要从编年史的材料出发，但我还是要尽量避免将这些死的材料进行堆积，即科林伍德所谓剪刀加糨糊的历史学，③而是希望以今天自己对这些文本、人物以及思想等的认知与体认为前提，将其激活。我想这也是克罗齐(Benedetto Croce，1866—1952)所谓“一切真历史都是当代史”④命题的意义所在吧。仅仅按照时间顺序罗列的史料，既没有办法体现出历史事件之间的关联性，同时也没有办法产生真正的问题意识。今天我们所关心的历史上的思想、人物和事件，是因为这些跟我们当下的现实生活有关联。也就是说，历史只有跟当代的生活结合在一起的时候，才可能变成活的历史。此外，每一位汉学家都是有血有肉的活生生的现实人物，他们在汉学史上演出这一幕幕扣人心弦的人生和学术的大戏。从所收录的文章也可以看出，我的大部分研究汉学个案或实例的具体研究，很少有宏大叙事。在德国学术传统上，将历史学归在“精神科学”(Geisteswissenschaften)之中的原因在于，人们可以从内部体验(erbeben)之，亦即通过自身内在的体验进入他人内在的生命，从而进入人类精神世界，并对之加以认识(erkennen)。⑤

雅斯贝尔斯曾在心理学史上第一次对“解释”(Erklären)和“理解”(Verstehen)作了界定，在当时几乎只进行解释的客观心理学的基础之外，创立了以理解为主的“主观心理学”(subjektive Psychologie)：

> 对雅斯贝尔斯来讲，在方法论上作这样的区分究竟得出什么样的结论呢？一位心理学家他不只是问：“什么是可以认识的？”而是更进一步地问：“当我

① 《两头蛇》，第65页。台湾政治大学中国文学系教授郑文惠在2012年11月22日在日本关西大学举办的“档案与知识的重构”学术研讨会上，在介绍“中国近现代思想及文学史专业数据库(1830—1930)”的时候，特别提出了由历史语义学朝数位人文学的转向，同时要建构观念史数位人文学研究的理论模型与方法。

② 章学诚：《章氏遗书》卷二十二，转引自章学诚著、仓修良编：《文史通义新编》，上海：上海古籍出版社，1993年，第621页。

③ 《历史的观念》，第358页。

④ 克罗齐著、傅任敢译：《历史学的理论和实际》(*History：Is Theory and Practice*)，北京：商务印书馆，1982年，第2页。

⑤ 狄尔泰在《精神科学导论》(*Einleitung in die Geisteswissenschaften*，Erstausgabe，1883)中的第14—17章，对此有充分的论述。

理解性地去观察时，我能认识到什么？当我解释性地观察时，又能认识到什么？并且在作这两种观察时，我是怎样去认识的？"这样他便把这位心理学家的认知方式引进了心理学，以便唤起对本人的反思。如果他接受了这样的看法，即主观的认识根本就是真正的认知方法，将同感（Mitempfinden）作为方法的组成部分，将明了（Evidenz）作为认知的根本，那么他便会引导这位心理学家不只是做登记、整理，对方法进行思考的理解工作，而更是作为重新体验的个体（nacherlebendes Individuum）而存在。①

雅斯贝尔斯心理学的出发点是承认并尊重每一个个体的无限性，并设法把人的这种无限性从各种理论的践踏中解放出来。他的《大哲学家》一书，在很大程度上是借助于广义心理学的方法，把历史上的哲学大师作为心理学考察的对象来描述的。"作为哲学阐释的这一种考察，成为了同思想家们的新交往，从而开创了一个全然不同的维度。"②

雅斯贝尔斯的哲学家王国，是超越了时间和空间概念的王国。在这个王国中，哲学家总是直接对我们说话，我们变成了与哲学大师们共同从事哲学思考的人。所以在这里，我们同大师们在时间和空间上的差别，变得不重要了。大师们所关心的问题，对我们来说也都是当下的问题。因为哲学思考的意义只在当下。重要的是，如何去同这些思想家们共同感受以及重新体验他们曾经面临过和思考过的生存问题。也就是说，对雅斯贝尔斯来讲，哲学史是不可以用所谓科学的方法去描述的，而是要借助于体验性的思维。所谓体验性的思维是说我们应当介入到历史事件中去，去跟思想家们一同体会他们思维的力度，分享他们获得发现时的喜悦。我认为，理解他们的人生和时代背景是理解汉学学术史的前提。这也是我为什么特别重视钩沉出海外汉学家们的生平、逸事以及他们与中国学者交往史实的原因。

跟有多种学案传统的中国学术界不同，德国汉学界不太注重学术史的梳理。1953年傅海波（Herbert Franke）撰写了《汉学》（*Sinologie*）一书，作为"精神科学科学研究报告系列"（Wissenschaftliche Forschungsberichte, Geisteswissenschaftliche Reihe）之"东方学"的第一部分（Orientalistik, I. Teil）。③ 这部加上索引一共216页的著作，尽管以德语国家的汉学研究为主，主要还是以主题为中心，对欧洲汉学在"语言与文字""哲学与古典文献""宗教、习俗、民俗""历史""法律""文学""艺术"以及"自然科学、技术、物质文化"所取得的成就进行了梳理。

目前德语国家全面汉学史的研究论著，仅有马汉茂（Helmut Martin，1940—

① Hans Saner, *Karl Jaspers*. Reinbek bei Hamburg: Rowohlt Taschenbuch Verlag GmbH. 1970. S. 74.

② Ebd., S. 77.

③ Herbert Franke, *Sinologie*. Bern: A. Francke AG. Verlag, 1953.

1999）主编的《德语世界的汉学发展：历史、人物与视角》（*Chinawissenschaften-Deutschsprachige Entwicklungen：Geschichte，Personen，Perspektiven*）论文集。① 这是马汉茂1997年10月在柏林洪堡大学主持召开的德国汉学协会（Deutsche Vereinigung für Chinastudien）第八届年会的论文集。这部论文集从“学术理论、方法及中国形象”“汉学史述略”“二战后东、西德汉学的发展”“人物：接受与影响”“图书馆与翻译”等几个方面，比较全面展示了德国学者在德国汉学史研究方面所取得的成就。傅熊（Bernhard Führer）的《忘与亡：奥地利汉学史》（*Vergessen und Verloren：Die Geschichte Derösterreichischen Chinastudien*）也已由华东师范大学出版社出版。② 此外，原柏林国家图书馆的魏汉茂（Hartmut Walravens）博士对德国乃至欧洲早期汉学家的研究，也是非常值得关注的。只可惜，在德语世界这方面的研究成就并不多。

中国并非一个不变的客体，它会随着主体的不同理解而呈现出不同的形态。显然，理解是一个不断建构的过程。在建构一个他者的中国的同时，重新建构自己。正如乐黛云所认为的那样，汉学研究“是西方反省和重新认识自己，是自身文化获得更新的重要途径。新的汉学研究不只是介绍，而是直接进入双方文化对话和重建的主流”③。

在谈到黑格尔之所以超越施莱尔马赫的时候，伽达默尔认为：“这里黑格尔说出了一个具有决定性意义的真理，因为历史精神的本质并不在于对过去事物的恢复，而是在于与现实生命的思维性沟通（in der denkenden Vermittlung mit dem gegenwärtigen Leben）。”④实际上，“与现实生命的思维性沟通”是对以往精神的重构，而不是直接的恢复。

伽达默尔指出：“施莱尔马赫把理解活动看成对某个创造所进行的重构（den rekonstruktiven Vollzug einer Produktion）。这种重构必然使许多原作者尚未能意识到的东西被意识到。”⑤对文本的理解是要知道如果将这一文本的意义运用到我们现实的境遇之中的问题，过去的文本之所以对我们今天的问题“讲话”，这是理解过去文本的意义所在。传统本身并不一定具有深刻的意义，这需要我们用今天的眼光和问题意识去与之对话，从而激活这些资源。同样，在如何“重构”中国哲学和文化方面，罗哲海（Heiner Roetz）提到了哈贝马斯（Jürgen Habermas）的《重构历史唯物主义》

---

① 由于在编辑和翻译成中文的过程中去掉了有关奥地利和瑞士的德语汉学部分，此书的中文译本为马汉茂、汉雅娜、张西平、李雪涛主编：《德国汉学：历史、发展、人物与视角》，郑州：大象出版社，2005年。

② 傅熊著，王艳、儒丹墨译：《忘与亡：奥地利汉学史》，上海：华东师范大学出版社，2011年。

③ 乐黛云：《迎接汉学研究的新发展》，见阎纯德主编：《汉学研究》，第四辑（2000年1月），第2页。

④ 《真理与方法》，第221页。

⑤ 同上，第248—249页。

(*Zur Rekonstruktion des Historischen Materialismus*,1976)一书的方法。按照哈贝马斯这本书中的说明,重构历史唯物主义,并非简单地回到马克思那里,而是要赋予历史唯物主义理论以新的形式,从而达到马克思的历史唯物主义未曾达到的目的。[①] 在此基础上,罗哲海认为,"'重构'(Rekonstruktion)意味着以一种与古人之真实意图相应的方式对其思想加以重新整合,而取代复述他们那些相当庞杂不清的理论;并且要根据我们今日所面临的伦理学问题而加以充分利用"[②]。当然,对过去思想的"重构",最重要的是要将以往的思想包括在当代的问题意识和活的思想之中。

实际上,认为汉学文本、人物以及思想有唯一正确解释的想法本身,是不符合阐释学的基本理论的,汉学家们有着独特的问题意识、一套自己的话语系统,以及其背后的社会思想背景,我们根本不可能要求他们向西方读者介绍一个什么真实的中国,因为所谓真实的中国根本就不存在。"设想有一个固定不变的对象,即中国,全部时代的全部的人,都能以相同的方式来理解之,这大错特错。如果有那么一个中国,中国将会多么贫乏无聊,汉学领域也会极度单调乏味。"[③]汉学家们的贡献在于从一个完全不同的文化立场出发,对中国文化、学术予以观察和研究。这一他者的视角,对我们来讲,具有极强的互补性和参照性,为我们的同主题研究提供了他者的新思路和新方法。余英时指出:"如果仅仅用一副眼镜,你只能看出一个面貌。而如果你有很多副眼镜随时换着看,就可以看出不同的面貌来。在不同的面貌中间,你可以找出中国历史上某些大的变化、大的阶段,我想这就是我们要建立的东西。"[④]从阐释学的观点来看,汉学学术史的研究应当具有强烈的历史感,注重从汉学文本与社会、与人的内在联系中探寻海外汉学研究的意义,从而超越传统汉学研究。我认为,只有透过与海外汉学的对话和交流,我们才能真正认清自身,也才可能使国内的中国学术研究进入国际学术的语境,从而使得中国学术获得世界性的意义。同时,当代的理论包括西方理论在内,也必须接受中国当代的挑战,才能扩展自己的理论视野,成为名副其实的全球性理论。

(作者单位:北京外国语大学中国海外汉学研究中心)

---

① Jürgen Habermas, *Zur Rekonstruktion des Historischen Materialismus*. Frankfurt am Main: Suhrkamp Verlag, 1976.S.9.

② 《轴心时期的儒家伦理》,第7页。

③ 《"只有中国人理解中国"?》,第17页。

④ 余英时:《史学研究经验谈》,见余英时著、邵东方编:《史学研究经验谈》,上海:上海文艺出版社,第7—8页。

中西文学阐释学的对话及现状*

——与张隆溪教授的访谈

□梁建东

2010年11月至12月间，张隆溪教授专程来苏州访问讲学，我担任张教授的临时助理，因而得以与只闻其名而未见其人的"大人物"见面。张教授平易近人、学识渊博、谈吐幽默，令我颇受启发。其间，与张教授作了关于文学、历史和文化等方面的系统访谈。几天下来，竟然积累了十几个小时的谈话录音，初稿成文近十万字，我将这些文字寄给张教授审阅，这里呈现给读者的是其中关于中西文学阐释学的讨论内容。

梁建东（以下简称梁）：您去美国之后出版的第一部英文著作就是 *The Dao and the Logos*：*Literary Hermeneutics*，*East and West*（《道与逻各斯：东西方文学阐释学》，以下简称《道与逻各斯》），您曾经说过写作这部书的主要动机是由于您当时不满于后现代解构理论在文学、文化中对差异的过分强调。您为此曾经与德里达（Jacques Derrida）有过面对面的对话，德里达当时除了承认不会中文外，似乎并不愿意否定自己的根本立场，为什么他这么难以说服？

张隆溪（以下简称张）：德里达之所以难以说服，可能是因为他认为自己的影响非常大，不能随便认错吧。他是一个大哲学家嘛！他对我的质疑其实是没有办法反驳的，他并不喜欢我

* 本文为"2012年度教育部人文社会科学研究青年基金项目——解读当代中国文学在美国的批评与接受（12YJC751049）"研究成果。

① 张隆溪：《道与逻各斯：东西方文学阐释学》，南京：江苏教育出版社，2006年。

说这些东西。我有一位美国朋友很赞同我对德里达的批评,他是研究希伯来文学的专家,有一次去以色列开会的时候遇到了德里达。他在会上宣读的论文引用了我的文章,也批评了德里达。他后来打电话给我说:"德里达对我很不高兴,但对你更不高兴。"哈哈……我想这也无所谓啦,德里达高不高兴其实并不重要。我指出他错误的地方,他无法反驳,这就行了,他承不承认自己的局限就又是另一个问题。很多人到了一定阶段,尤其是成了名人之后,就很难接受批评。我的目的本来不是要说服他,而是要指出他的错误。很多人也认为我是对的。

梁:德里达的态度是不是代表了西方思想家在看待中国文化时一种根深蒂固的成见?

张:对,在西方尤其是在法国,确实存在着这样一个传统,他们很想把中国作为西方文化的对立面,我在《非我的神话:论东西方跨文化理解问题》这篇文章里讲过这一点。① 在西方存在着这样一个传统,总是把东方看成他们的对立面,这就是萨义德(Edward Wadie Said,1935—2003)所批评的那种东方主义:西方学者建构的东方并不是现实的东方,而是他们想象中的东方。

梁:《道与逻各斯》的副标题"东西方文学阐释学"标示着您肯定了"中国文学阐释学"的存在,但您在这本书中并没有用专门的篇幅来定义"中国文学阐释学",这是为什么?

张:我当然认为中国有自己的文学阐释学,我在《比较文学研究入门》②这本书里讲过,中国的文学阐释学并不是要把西方阐释学的理论强加到中国文学之上,而是要把它还原到基本的问题上来。阐释学的基本问题是什么?是语言、表达、理解以及解释,中国文学传统中当然也讲语言、表达、理解和解释这些问题,而且讲得非常多。

梁:可不可以这样认为:中国有阐释的传统,但没有真正的阐释学?

张:什么叫阐释学?是不是一定要用德文写的才是阐释学,别人写的就不是?阐释传统和阐释学的区别在哪里呢?

梁:区别应该在于有没有体系吧?

张:没有体系,我们可以建立一个体系啊!体系有否其实并不重要。一定要把什么都变成像西方理论那样有系统的表述才是一种学问,其他的好像就不是学问了。钱锺书先生向来就反对这种观点,他说中国传统中其实有很多非常精辟的看法,他在《读〈拉奥孔〉》中举了一个例子来说明这个问题。狄德罗(Diderot)曾经说演员要认识到自己是在演戏而不是真的当事人,他认为最好的演员是冷静的演员,

---

① 张隆溪:《中西文化研究十论》,上海:复旦大学出版社,2005年。

② 张隆溪:《比较文学研究入门》,上海:复旦大学出版社,2009年。

虽然在演出的过程中会表现得非常认真、非常投入，但这些都是表演出来的，而不是真正地在经历某种事件。钱先生说自己小时候就听过一句俗语："先学无情后学戏。"先要学会无情，然后再演戏，一个演员如果真的认为自己就是关公，或者刘备，或者张飞，那在精神上是会给自己造成很大负担的。所以，演员和他表演的角色之间是有距离的。你看，中国人很早就意识到了狄德罗所说的问题。当然，在中国没有形成系统的理论，不像狄德罗那样写了一本书来讲这个问题，但这本书的主要意思其实就是这一句俗语所讲的道理。

梁：《道与逻各斯》的这个副标题也暗含了您试图推进东西方阐释理论之间进行对话的动机，您将来有没有计划再做类似的研究？

张：其实我现在准备用中文重写《讽喻解释》，这将会是一本比较大的书。具体的论题会有些变化，但我仍然会在这本书里继续这种对话。

梁：伽达默尔（Hans-Georg Gadamer，1900—2002）在您的《道与逻各斯》中占有很重要的地位，在西方阐释学的大家当中，您为何特别重视他的观点？

张：伽达默尔有一个基本观念是任何人在理解一个问题的时候，都不可能完全摆脱自己的成见和主观愿望，不可能有一个完全客观的看法。19世纪欧洲的传统阐释学要求尽量地客观，但这种"尽量地客观"其实是不可能做得到的，反而会有害于我们对理解的信任以及形成真正、有效的认识。因为我们在理解的时候，每个人都有自己的生活、文化以及语言的背景，每个人都是不一样的，每个人都不可能完全摆脱这些影响因素，所以从纯粹客观的意义上去认识世界是不可能的。

我认为他的这种观点是符合实际的，其实中国古代也有很多类似的观点，所谓"见仁见智"就是这个意思。清人薛雪《一瓢诗话》的第二二九节说："杜少陵诗，止可读，不可解。何也？公诗如溟渤，无流不纳：如日月，无幽不烛；如大圆镜，无物不现，如何可解？小而言之如《阴符》《道德》，兵家读之为兵，道家读之为道，治天下国家者读之为政，无往不可。所以解之者不下数百家，总无全璧。"不同的人读杜甫的诗会有不同的理解。同样，金圣叹评《西厢记》是"文者见之谓之文，淫者见之谓之淫耳"。可见，中国的古人对阐释学的问题也是很有认识的。

伽达默尔的这个观点是有道理的，与此同时他并没有因此而陷入相对主义，认为理解没有共同的标准。在相对主义看来每个人都有自己的理解，每种理解都是同样有效的。伽达默尔反对相对主义，他说理解是有高低的，而且他也非常警惕阐释学中的相对主义有可能会带来的虚无主义，任何理解都同样有效就是一种虚无主义。他的这种观点我是很认同的，另外他还强调阐释学不是一套方法，不是学好了以后就可以按部就班加以操作的工具；伽达默尔反复强调阐释学是一门艺术，不像数学那样可以遵循某种公理、公式取得一个确定的结果。这是很有道理的。

梁：您写《道与逻各斯》的时候有没有见过伽达默尔？

张:我到美国的时候,伽达默尔正好也在美国讲学,于是我就给他写了一封信,想向他请教些问题,但很久都没有收到他的回复。我当时想,他这样的大教授对我这位刚从中国来的学生不加注意,也是很自然的事。可过了好几个星期之后,我突然接到他用德文写的回信。他在信里说,他非常惊恐地发现我的信被压在他书桌上的一大堆书下面,没有及时看到,很抱歉。他自我调侃说,这是老年带来的坏处之一——健忘。他还表示如果我有时间的话,可以和他去面谈。于是,有一天下午我先打电话与他约好时间,然后就开车去了他那儿。我们一开始谈咖啡、茶这类东西,过了不久进入正题。我们谈得非常好,非常愉快。他的英语说得很好,也夸奖我的英文讲得不错。他回忆说他十几岁的时候,他的父亲总会邀请一些留学生到家里来做客。伽达默尔的父亲是德国一位著名的化学教授,他的学生里有中国学生,也有日本学生,伽达默尔当时的印象就是中国学生的德文都讲得很好,而日本学生的德文却讲得很糟糕。

梁:伽达默尔的《真理与方法》读起来还是相当有难度的,读您对他的介绍要容易得多。

张:可能还是汉语翻译的问题,德国哲学家写的书一般都很厚,里面的概念又非常多,相对而言,《真理与方法》已经算是很好读的一本书了。

梁:阐释学强调创造性和开放性,在我看来所有真正有价值的学术研究莫不如此,学者个人要秉持民主、平等的立场来对待不同的意见,而学者所在的学术机构也要具备相当的独立性、自主性,不能成为特权或意识形态的依附,中国现在的学者和学术机构具备这些研究条件吗?

张:相对而言,中国现在的情形比起30年以前已经有了非常大的进步。别说30年前,就在我1983年去美国的时候,当时全国正搞"清除精神污染"运动,批评什么"人道主义",那都是大张旗鼓的宣传,《人民日报》《光明日报》都发了文章来号召大学讨论,批判朱光潜的"人性论",诸如此类的运动在那个时代非常普遍。现在已经没有这些了,当代学者的学术空间已经扩展很多了,这是一种很好的进步,我们应该看到这些巨大的进步。

确实,每一个学者在研究过程中应该尽量保持独立。但我们每一个人在任何环境里,无论是在西方还是在中国,其实都会受到一些限制,但即使我们的研究受到了一些其他因素的干扰和影响,独立思考在任何时候都是应该坚持的。

梁:费什(Fish)为防范主观主义的危险,曾经提出过"阐释的共同体"(interpretive community)概念,他认为这个共同体决定了读者以什么样的方式来关注文学。在一般人看来这只是一个纯粹的文学概念,但您却指出这个概念背后可能潜藏着危险的政治内涵,即个人的选择应该由一个更高的权威以集体的名义来加以决定。您的这种对文学理论可能具有的政治性内涵的解释令人印象深刻,但这种解释会不会有过于政治化的嫌疑？这种强烈的政治敏锐性是不是与您的个人经历有关？

张：这种观点确实与我的个人经历有关，但是，关于"阐释共同体"所具有的政治意义的分析，在美国也有人提出过。费什强调读者创造意义，他所谓的"读者反应批评"（reader response criticism）到最后不再是"读者反应"了，而是变成了"读者创造一切"，所以我批评了他的"读者反应批评"。所谓"response"是指读者对某个对象作出反应，如果没有这个对象怎么会有反应呢？费什还写过一本书，题目叫"Is There a Textbook in This Class?"翻译成中文就是《这教室里有教科书吗？》，他自己的回答是"NO（没有）"。他说读者认为什么是文本，什么就是文本，也就是由读者来决定什么是教科书，什么是文本，什么是文学及其意义。有很多人批评他这种观点是完全主观、错误的。

到了后来费什可能自己都觉得有点过分了，于是改变了说法：读者创造一切。但读者生活在一个阐释的共同体当中，即一个 community 当中，这个 community 有很多要共同遵守的原则，读者是不能跳出这个共同体的。也就是说，无论读者怎样去理解或解读文本，都没有跳出共同体的可能。这样一来，反而是 community 决定一切。在我看来，他的这种说法同样是错误的。他之前说读者决定一切，读者创造一切，就失之主观，现在又说读者是由一个 community 来决定的，这反而是限制了读者的自由。他的观点要不就是读者完全创造一切，要不就是读者什么也没有创造，一切都由 community 来决定，这背后其实就是一种决定论。这种观点和政治上的极权主义有很大的关联，费什本人就是一个非常注重权力的人。从政治角度来看，这就是在以集体的名义来抹杀个人自由。我个人在"文革"时期对这些深有体会，警惕文化概念或理论背后的政治性内涵并不是一种过分的政治化。

梁：费什的前后两种观点看来都显得极端甚至荒谬，先说读者决定一切，到最后又说读者一点自由都没有，极端的观点对于真正理解的形成是没有任何好处的。

张：没错。真正合理的情况应该是，我们每一个人都生活在一定的社会环境里，这个环境中的各种因素都会对我们阅读、理解和阐释文本造成影响，但这并不等于我们的阅读、理解和阐释完全是由环境决定的。任何一本书，在同一个环境中由十个读者来阅读，每个人的解释都不会完全一样。这十个人都处在同一个"interpretive community"当中，可为什么对文本的理解会有不同呢？关键就在于每个人都有自己的特殊性，每个人都有不同的人生经历，而费什却完全抹杀了这些个人的特殊性，这显然是不对的。

梁：个人和共同体之间其实还可以形成良性的互动，共同体本身也是由读者个体创造出来的。

张：个体与共同体之间同样不应该是一种决定与被决定的关系。

梁:《道与逻各斯》的第三章讲“无言之用”,除了陶渊明之外,相对于您在前面曾详细论述的莎士比亚、艾略特(T.S.Eliot)、里尔克(Rainer Maria Rilke)、马拉美(Stéphane Mallarmé)等好几位西方诗人而言,中国诗人中被举例并加以研究的并不多,在我看来这使得您的论证在整体上似乎显得有点单薄。

张:我在后面论述中国的批评传统时,其实也引述了很多中国诗人和理论家的作品和观点,比如历史上对李商隐的《无题》的多种解释、杜甫的一些作品,并且还补充了《文赋》《诗品》中的不少观点。在强调“意在言外”的时候,我讲国外的诗人的内容确实要多点,当然也不全是从诗人入手。如果一定要有所区分的话,我们不应该笼统地讲西方。莎士比亚是英国人,艾略特是美国人,里尔克是德国人,马拉美是法国人,这些诗人分属于不同的文学传统,其实也是不能混为一谈的。当然,我现在也认为如果当初能够多举些中国诗人的例子的话,论证效果可能会更好些。

梁:您在《中西文化十论》的第一章“非我的神话:论东西跨文化理解的问题”中引用了法国哲学家列维纳斯(Emmanuel Levinas)关于“他者”的观点,这是在您以前与此有关的论述中所没有的。列维纳斯在丰富您关于“非我”的理解的过程中具有什么样的意义?

张:列维纳斯对我来说很重要的启发就是他认为,我们对待“他者”应该负有伦理和道德的责任感。“他者”并不只是“他者”或是与我完全不同的存在,“他者”应该是邻居,因此我们对“他者”承担着必要的责任。列维纳斯的这种观点可以帮助我们更好地去理解不同的文化和不同的传统。怎样去理解?理解会造成什么样的后果?这两个方面都有伦理的、道德的责任在其中。这种观点其实是西方传统中不太讲的,而列维纳斯却讲得非常好、非常深刻。如果我们能把不同文化中的人看成是自己的邻居的话,就不会一味地去强调文化之间的差异了。列维纳斯的这种观点刚好和亨廷顿(S.P.Huntington)的文明冲突论是相反的。

梁:您在长期的研究中始终认为不同的文化之间是可以进行沟通和交流的,我想除了坚信有共同的人性与真理这些学理上的理由之外,您的这种立场和实践是不是还与您个人的经历有关?

张:多年来,我的工作基本集中在中西文学与文化的比较研究上,我确实相信中西之间是可以沟通、交往的,因为它们存在着共同、共通的基础。为什么我要这样做呢?我想至少有两个方面的原因:首先就是你所说的我“坚信有共同的人性与真理”;另外就是与我个人的学术兴趣以及我与钱锺书先生的交往有关。钱先生对东西方文化都非常熟悉。在我这一辈人里,我和钱先生的交往算是比较多的,之所以如此,有些偶然的机缘在里面,但很重要的一点是我个人的生活经历帮助了我。

我读研究生之前没有正式上过大学，年少的时候不得不完全依靠自学。也正因为如此，我反而能摆脱一些体制性、学科性的局限，凭自己的兴趣广泛读书，不受专业的束缚。我自小就对传统文化很入迷，读了不少历史和文学方面的书籍，也背诵过很多古典诗词，而且我还很喜欢传统的绘画艺术；同时我对西方文化也非常感兴趣，对希腊神话、悲剧，还有《圣经》、欧洲文学尤其是英国文学都抱有极大的兴趣。我这种比较广泛的兴趣与钱先生是有点相似的，钱先生第一次见我的时候，发现我对中国的传统知道一点，西方的也知道一点，就觉得我这个年轻人与他有不少相似的地方。当然，我不可能与他相提并论，也可能就是因为这个原因，钱先生对我特别好，我后来的研究其实就受到他很大的影响。钱先生曾经说过："东海西海，心理攸同；南学北学，道术未裂。"在我看来，这正是他本人最根本的学术立场，这种立场也是我所深深认同的。这就是我后来之所以长期从事中西文学、文化比较研究的一个重要原因。

梁：还是回到您的著作上来，您最初在写《非我的神话：西方眼中的中国》(The Myth of the Other: China in the Eyes of the West)这篇英文论文的时候并没有提及列维纳斯，您应该是在后来才加入了他的相关观点的吧？

张：对，《非我的神话：西方眼中的中国》正式发表的时间是在1988年秋天，最初写这篇文章的时候，我还没有读过列维纳斯的作品。我是到20世纪90年代准备出版 *Mighty Opposites*（《强力的对峙》）这本书的时候，才开始接触他的著作。《强力的对峙》里很多文章的初稿本来都已经在美国的一些学术刊物上发表过，其中有些文章是在20世纪80年代初发表的，《非我的神话：西方眼中的中国》就是其中之一。1998年的时候，我遇到了一个难得的机会，斯坦福大学同意把我从20世纪80年代到90年代发表的一些文章结集出版。美国的大出版社一般都不太愿意这样做。因此，我在准备出版这部书的时候，就决定对其中的部分文章作些修订。当时我正好在阅读列维纳斯的书，觉得他的思想非常重要。于是，我在《非我的神话：西方眼中的中国》中加入了我对列维纳斯的一些理解，而翻译过来的中文稿就放在《中西文化研究十论》当中，它和斯坦福出版的那本文集的内容是对应的。

梁：您在写完《非我的神话：西方眼中的中国》之后，似乎就很少再大量地、系统地讨论西方当代重要的思想家了。

张：我也不是完全不喜欢当代的一些理论家，其实这其中也有我敬佩的。比如托多洛夫(Todorov)，他是保加利亚人，研究俄国形式主义，懂俄文，写过很多书，我很喜欢他，他现在应该还健在。另外，我也比较喜欢意大利的艾柯(Umberto Eco)，就是写《玫瑰之名》的那位。他也是最早讲读者的作用的理论家之一，比如《读者的角色》和《开放的作品》，但他非常反对费什的那种极端、主观的说法。他的《诠释与过度诠释》写得非常好。

梁:您在《同工异曲》的"前言"中提到,这部书是由您在加拿大多伦多大学的亚历山大讲座的讲稿的基础上整理出来的,您能不能简单地介绍一下这个讲座的情况?

张:可以。这个讲座从1928年就开始了,多伦多大学每年会邀请一位学者去那里做三到四次讲座,然后再整理出一本书。这个讲座很有历史意义,几十年来基本上没有断过,中间只停办过两次:一次是在第二次世界大战期间,他们邀请的一位法国学者因为战争的阻碍没有去成;还有一次是在20世纪50年代,一位学者本已接受了邀请,但在去多伦多之前突然去世了。这个讲座所邀请的学者基本上都是欧美学界比较重要的学者,讲座的内容在传统上是以英国文学为主,但近年来讲座内容扩大到了文学理论。例如1999年是朱丽娅·克里斯蒂娃(Julia Kristeva)做亚历山大讲座,2004年请了伊格尔顿(Terry Eagleton)。2005年我是第一个在英美之外获得邀请的非西方学者,也是第一个从事东西方比较研究的学者。

梁:我读过英文版的《讽寓解释》(*Allegoresis*)的部分内容,为何它的中文版到现在还没有正式出版?

张:还是翻译的问题,本来国内有出版社想出这本书的,版权都买了,但没有找到合适的翻译。苏州大学的季进教授建议我自己把《讽寓解释》翻译出来,我觉得这个建议很好,这本书的好几部分内容已经有中文稿了。《中西文化研究十论》中关于"乌托邦"的那一章原本就属于《讽寓解释》,是我后来用中文改写的;"自然、文字与中国诗"也是这部书中的一部分。当然还有很多内容还没有被改写成中文。

我希望我的书在国内出版的时候,能够有较好的翻译,《道与逻各斯》的翻译还是很不错的。现在国内外学术书籍的翻译质量大不如前,你看朱光潜先生的翻译多漂亮,他当时没法做其他研究,就只能做翻译了,但也正是因为这个原因,翻译质量才那么高。现在好像是什么人都可以去做翻译,有时候出于商业的目的,几个人合译一本书,质量都很成问题。当前有人正在努力推动把中文学术著作翻译到西方去,我自己就为荷兰布里尔(Brill)出版社的中文学术丛书做主编,但寻找好的译者成了一个大问题,做得不好会直接影响到这种努力的效果。

梁:奥尔巴赫(Erich Auerbach)的《模仿论》①的第一章讲《圣经》与"荷马史诗"叙事模式的对比,非常精彩,这部分内容有没有对您在《讽寓解释》中比较《诗经》与《雅歌》的过程中产生过什么影响?

张:这倒是没有。《模仿论》的第一章讲了西方文学两个重要的来源:希腊和

---

① [德]奥尔巴赫,吴麟绶等译:《模仿论》(*Mimesis*),天津:百花文艺出版社,2002年。

希伯来，这两种不同的文化对西方文学来说都是非常重要的。《模仿论》的第一章确实相当精彩，也很重要。奥尔巴赫分别从《圣经》和“荷马史诗”取两段文章来谈论叙事的问题，从具体的文字出发来阐述自己的观点，这有点像钱锺书先生的做法。奥尔巴赫指出《旧约》文体的特点是文字非常简略，很多东西都不会明确说出来，但能给读者留下巨大的想象空间和阐释余地。在某种意义上，这很像中国传统的文体。很多人把东方与西方对立起来，认为西方文学的叙事特色是清楚明了，而东方文学则是隐晦、模糊，其实《圣经》文体同样是非常简略的，充满了象征、暗示这类隐晦含蓄的手法。

梁：您的《五色韵母》(*Colors of Rhymes*)已经在台湾出版了，可惜我一直没有机会拜读，从题目上看它的内容应该与多元文化有关吧？您另外是不是还写过一些与马可·波罗(Marco Polo)有关的文章？

张：《五色韵母》其实是一部文集，并不是一部新的专著，这个书名是我的台湾朋友郝明义先生取的，他是这本书的出版者。这本书最初有个书名，但他觉得太学术化了，对读者缺乏吸引力。书中的一篇文章与诗有关并引用了法国诗人兰波(Arthur Rimbaud)的一首诗《元音》，第一句是这样的：“A 黑、E 白、I 红、U 绿、O 蓝：韵母啊”。郝先生觉得这句话很有意思，于是就用“五色韵母”做了书名。

我确实写过几篇与马可·波罗有关的文章。很多年以前，在多伦多大学召开过一次关于马可·波罗的学术会议，邀请我做主题演讲。会议的组织者们认为自从萨义德的《东方主义》(*Orientalism*)出版之后，大家谈东西方的问题尤其是在谈东方的时候，基本上都只能谈殖民主义。他们认为这是有偏颇的，因为东西方的交往并不是到了近代殖民时代开始之后才发生的，这种交往在古代早就已经存在了，马可·波罗就是这种东西文化交流的代表。在元代的时候，东西方之间的关系并不是一种殖民与被殖民的关系，这种关系需要从一种新的角度来加以考虑。我觉得这种想法很好，就写了一篇文章并在会上作了发言。从元代的马可·波罗一直到后来的利玛窦(Matteo Ricci)，其实代表了东西方交往的另外一种模式，而不是东方主义的模式。东方主义虽然影响很大，但还是有相当大的局限性的。

梁：您在十几年前就批评过萨义德的《东方主义》可能会带来的负面影响，①而这些年您所从事的工作其实早已超越了萨义德关于东方的论述，摆脱了一种纯粹受害者的心态和自我定位，从一种平等的立场来参与东西方之间的对话。

张：中国和印度、伊斯兰国家的情况其实是很不一样的，萨义德自己在《东方主义》第二版中有一篇很长的“跋”，他在其中说，他自己也后悔这本书被一些民族主义者和原教旨主义者利用了，有些人认为这本书是完全反西方的，而他自己的本

---

① 张隆溪：《关于几个时新题目》，载《读书》，1994 年第 5 期，第 89—98 页。

意并不是如此。

梁：现在不少人一说到东西方关系也只知道东方主义，除此之外，好像就没有什么其他有价值的论述了，像您这样自信地进行东西对话的人实在太少了。我们并不是完全缺乏这种对话的基础，只是有太多人视而不见罢了。

张：所以，我们应该走出这样一个关于理解和阐释的文化封闭圈。

（访谈者单位：海南师范大学文学院）

香港中文大学崇基神学院卢龙光教授采访记

□吴 青

卢龙光教授是香港中文大学崇基神学院院长,也是一位著名的《圣经》研究学者。他出生于香港,在台湾接受大学教育,后获香港中文大学神道学硕士和英国德伦大学(Durham University)新约研究哲学博士学位。卢教授兼任汕头大学、香港中文大学基督教研究中心主任,也是南开大学等国内著名大学的客座教授。

卢龙光教授的研究方向包括新约历史与文化、保罗神学、新约《圣经》诠释、香港牧养神学和中国基督教史等。他的研究专长为新约《圣经》《保罗书信》及《罗马书》。卢教授编著书籍三十余种,在国内外刊物发表学术论文五十多篇,著有《论尽罗马——透析保罗写罗马书之目的》(*Paul's Purpose in Writing Romans*)、《保罗新观——罗马书的主题与目的》、《基督教身份寻索——〈使徒行传〉和新约书信导论》、《苦难中成长的教会——英国循道公会佛山传教发展(1851—1949)》等,主编《基督教〈圣经〉与神学词典》等。1979年,卢教授被按立为香港循道卫理联合教会的牧师。1994年,他被列入《香港名人录》。他在服务香港教会三十多年的时间里,担任循道卫理联合教会会长6年(2006—2012),还曾担任东南亚神学教育协会主席(2001—2005)及香港神学教育协会主席(1996—1998;2003—2005)。在教会牧养方面,他成果丰厚,著有《时代浪潮中的反思》《爱你的邻居——教会社区工作理论与实践》《像样的教会管理》等。

基督教中国化与海外汉学研究有着相当重要的关联。今天我们研究海外汉学,大都以基督教的宣教历史为起点,而传教士往往是中外文化交流的较早桥梁或媒介。卢龙光教授在大陆和香港开展宣教活动,培养研究人才,恰恰扮演了文化交流使者的角色。

卢教授祖籍广西容县,父母皆是由大陆来港的知识分子,他虽出生于香港,但自幼受国家民族主义的影响,对中国大陆有深厚的感情。无论身处何地,一颗燃烧的中国心是他的写照。自 1995 年任职崇基神学院(组)以来,他为中国大陆与香港的神学教育和基督教研究搭建桥梁,不仅为内地学者和学生提供赴港研修的机会,还亲自培养来自内地的博、硕士生和神学生,为中国的基督教教育播种人才。

2005 年至 2008 年,笔者有幸师从卢教授攻读中国基督教史方向的博士学位,得到先生的悉心指导和精心栽培,终身受益。2012 年 7 月,卢教授在崇基神学院新圣堂的院长办公室接受了笔者的访问;2012 年 8 月,笔者又随卢教授夫妇一行赴新疆考察,旅行途中零星记录下他的人生经验与神学思考,作为访谈的有益补充。本访谈集中于卢龙光教授的个人生平、神学教育、《圣经》研究、基督教研究及当前中国社会等话题,希望通过访谈的内容增进人们对香港与中国的宗教、神学及基督教教育的了解和思考。

一、神学教育与基督教研究

吴青(以下简称“吴”):您从 1995 年始就担任崇基神学组主任,2004 年神学组改为神学院,此后您一直担任崇基神学院院长至今。不知不觉,您投身神学教育已近二十年。可否介绍一下崇基神学院的发展情况及其特色?

卢龙光(以下简称“卢”):崇基神学院成立于 1963 年,是目前中国乃至亚洲的公立大学中唯一的神学院。神学院的前身是崇基神学组,2004 年 8 月 1 日起正式更名为香港中文大学崇基学院神学院。这么多年来,崇基神学院的发展规模不断扩大,从当初由神学组聘任的三位专任教员及一位客座教授,增加至目前十位全职教员,另有五位宗教研究的专任教员,行政人员也增加至十多位。学生人数由当时不足五十人,到现在的三百余人。神学院的首任校长是容启东博士,他也是当时崇基学院的校长。神学院负责学术与行政事宜的首任执行院长是赵友仁牧师(Rev. Paul Jeffries),1966 年由芮陶菴博士(Dr. Andrew Roy)接任,他也是崇基学院的副校长。1968 年,神学院工作由崇基神学组接续,神学组成为崇基学院哲学及宗教系的一部分。自 1978 年起,香港中文大学设立独立的宗教系,神学组乃在宗教系下运作。1969 年,神学楼落成,神学楼为一所设备完善又使用方便的楼宇,有办公室、教室、学生及老师宿舍。然而,因资金的限制,礼拜堂当时未能按计划兴建。直到2011年，崇基神学院新圣堂在各方的捐助和大力支持下，才得以建成并启用，命名为容启东纪念楼。建成后的新圣堂除了一个能容纳三百多人的礼堂外，还加上祈祷室、活动室、档案室和研习室等，极大地丰富了神学院师生的灵修和学习空间。因为崇基神学院是崇基学院的一部分，因此，顺理成章地成为香港中文大学的一个学术单位。然而，根据香港中文大学条例，崇基学院神学教育的经费只可依靠私人款项支持。这个独特的条件，让神学院在公立大学拥有“私有”空间，也成为一所公费资助的校园中高度自主的单位。同时，崇基神学院也是中国和中国教会的一部分，这些年来与内地神学院和高校的交流日益频繁，向内地学习，放眼亚洲和世界乃是大势所趋。作为一所心怀中国、放眼世界的学府，崇基神学院近年来吸引了越来越多的中国内地和世界各地的学生前来学习。我认为现在是一个回馈内地教会和中国高等教育的时候，我们需要不断加强与内地的合作，并相互学习。我相信通过这样的交流与合作，香港的基督教将有更大的发展，香港的神学院也可以为中国做出贡献。

由于受不同宗派的教会支持，崇基神学院对神学研究采取开放的态度，兼顾各家所长。“彼此接纳，互采所长”是长期坚持的一贯准则，也是崇基的特色。香港的神学院因基督教各宗派及地方独立堂会的自由发展，呈现出百花齐放、百家争鸣的景象。特别是有宗派背景的神学院，都非常看重自己的宗派神学传统。香港大部分的神学院，都强调福音派的神学立场。我们崇基神学院由五个大公教会传统的宗派支持，因此在神学立场方面以历史性大公教会的信经为依归，采取开放接纳及互采所长的包容态度。此外，崇基神学院也是大学的学术单位，我们既重视为教会培育传道人和牧师，也重视设立研究课程和研究中心，培育学术人才。崇基神学院的历届毕业生，约半数已被教会按立为圣职人员，服务于海内外教会，另约有一半在高等院校、神学院、基督教机构、教育及社会服务机构、工商界及其他专业界服务。

吴：神学教育可谓是基督教会一项最重要的事工。神学教育为教会和社会培植人才，对社会做积极而建设性的参与。香港的神学教育发展至今已有六十余年历史。我们可否分享您对香港基督教神学教育的一些心得？

卢：我对香港的神学教育充满希望，曾思索过五个较为宏观的课题：一、为未来定位——香港与中国；二、为未来定向——教学与研究；三、为未来定对象——专职牧者与信徒；四、为未来重订教育模式——理论与实践；五、为未来重整资源——独立与合作。以上五点，可谓是我对神学教育的一点心得。

在我看来，“香港与中国”的定位是香港神学教育发展所必须面对的首要课题。在香港的神学工作者当然不能忽视中国因素，也不能漠视与内地教会和神学院交流的意义与重要性。但与此同时，香港神学教育也要确定服务香港教会与社会的首要立场,配合香港教会与社会的发展特色来建立我们的特色。在站稳香港本土的立场后,才能更长远地对中国教会及神学教育发展做出贡献。站稳为香港教会服务和培养人才的立场,并非不重视与内地教会和神学教育机构的关系。事实上,内地神学教育曾中断了差不多二十年,在目前的情况下,面对资源不足及教会巨大需求的种种压力,香港的神学教育机构可以支援内地神学教育的发展。我们可以主动与内地神学教育机构交流和学习,内地教会四十多年来的经历与特色,也有很多值得我们学习和反思的地方。

"为未来定向"的问题是我考虑的第二个方面。神学教育的首要任务是教导与培育学生,这也是香港神学院一直以来的任务。但是面对如今急速变化的多元化社会,知识的更新与积累一日千里,如果教导没有研究做基础的话,教导的内容与效果可能与实际处境脱节。因此,香港神学教育应该重视研究,平衡好教学与研究的关系,凝聚各类专业人才成为神学教育的智囊团,协助信徒掌握社会急剧变化的处境,这样才能提供更优质的神学教育。多元的宗派传统是基督教在香港的特色和传统,珍惜和认识这些传统,且彼此对话和互相补足,并反省过往经验,不但能使香港教会更积极地延续西方与中国的教会历史,而且能运用内地所没有的环境和资源,使华人神学的内容更丰富,也更配合香港社会的多元化,实在是香港神学教育不容忽视的发展方向。

第三,"为未来定对象"的问题。过往的香港神学教育,主要是为教会训练传道人,然而,现在越来越多的信徒愿意接受训练的事实与福音机构发展的需要,促使神学院开设了更多的神学课程,也录取了更多的信徒学生。从1996年开始,崇基神学组每年都举办"传经讲座",这个讲座是由曾经担任循道卫理联合教会副会长的黄炳礼先生为纪念其父亲黄传经而捐款设立的。第一届传经讲座由崇基神学组与台湾神学院合作,邀请马贺比教授(Prof. A. J. Malherbe)及巴列特教授(Prof. C. K. Barrett)主讲。而今年第十八届传经讲座是由美国耶鲁神学院前院长艾德治教授(Prof. Harold W. Attridge)主讲,主题为"约翰福音中的叙事修辞、历史和神学"。传经讲座的开办,一方面请世界著名的学者主讲,与世界接轨,另一方面出版英文学术著作,其目的是为香港的基督徒提供高素质的神学课程。为鼓励香港基督徒的参与,也为了信徒和其他神学院学生的方便,讲座特地在市区的教会举行。因此,为专职牧者和信徒提供高素质的神学训练,是香港神学教育的使命。

第四,"为未来重订教育模式"。我们知道神学教育的目标是为教会培育人才,无论是专职教牧人员,还是信徒义工,训练他们借着生命特质与专业知识和才干,透过与人接触来建立个人与群体的关系。因此,神学教育是一种着重实践的专业教育,若与其他职业相比,它比较接近于社会工作者、医护人员、律师等。谈到神学教育的内容与模式,一般说来,《圣经》研究与教会历史都属于历史研究,系统神学着重于抽象思维,实用神学的讲道学、辅导、圣乐等科目往往只着重技巧的训练。结合历史经验、抽象思维以及今天教会事工的实况,透过专职牧者及信徒义工的实践建立个人和群体的工作,在实践中有反思,在反思中继续实践,评估实践的效果与缺失,进而不断修正,这种教育模式的更新,才能使神学教育与教会实际处境有所结合。

第五,"为未来重整资源"。香港的神学教育因各自的宗派传统、神学立场、历史特色以及训练对象的不同而各自独立发展,可以说,小型院校及相同神学立场的神学院合并、重组的机会并不大,主要原因是香港社会与教会仍可提供生存的空间及资源。在这样的情况下,随着中国因素和各自神学路线的强化,香港各神学院独立发展的可能性更大。然而,由于年青一辈学者的不断增加,超越院校的非正式交流与合作的前景是乐观的。香港作为一个国际城市,在"一国两制"下,我们更需要进一步发展与亚洲和西方的神学传统交流,使我们的神学教育内容更丰富。

吴:目前的基督教学术研究,特别是中国大陆的基督教研究,有越来越多的学人参与进来,呈现出百花齐放的状态。中国的基督教研究大致分为教会神学院和大学基督教研究两个系统,为何会出现这样的情况?您对中国教会神学院和大学的基督教研究现状如何评价?您认为这两个系统的相互关系及其未来发展如何?

卢:基督教是一种宗教现象。在中国,基督教被指定在一定的范围和人群内活动,但基督教本身不能被限定,也无法被限定。因此有一部分人开始在外围进行研究,而且外面的圈子更大。教会系统有其特殊性,为了延续教会的群体和制度,需要按照教会的制度来行事,加上教会系统本身有生存的要求,并且生存是教会最大的关注点。目前台湾的公立大学中仅政治大学一家有基督教研究,新加坡的公立大学还没有基督教研究,但香港和中国内地的公立大学都有基督教研究。中国内地排名前10位的大学都有基督教研究。为何会出现这样的情况?中国经历了"文革","文革"几乎将中国文明和文化摧毁,人性的问题也随之暴露。"文革"之前基督教被批判,因为"文革"的缘故,中国人对自己的传统产生质疑。改革开放为中国人提供了一些思考和探索的空间,基督教重新被审视,基督教研究也开始在中国获得发展。在一个非基督教的空间内,基督教研究反而能够百花齐放。

我认为教会内和教会外这两个系统的人不可能完全对话,基督教始终是一个有信仰群体的宗教,如果没有信仰群体就脱离了它的宗教性。所以今天我们可以讨论基督教的哲学、历史、文化、艺术等方面,但唯独不讲《圣经》,我们的研究离开了《圣经》这个文本。因为阅读《圣经》的人大都是信徒,信徒做研究又受到很多限制,他们中很多人无法出去进修,这样就逐渐脱离了研究的客观性。即使在国外获得《圣经》研究博士学位的信徒,由于各种原因也没有能够都回来。长期来讲,如果教会与信徒学者两者不能很好地结合,都将会失去生命力和自由的学术空间。

另一方面,外围的研究如大学体制内的基督教研究,目前还有不少有兴趣的群体,有他们生存的空间。但随着社会的改变,从长远来看,这样的群体和研究兴趣有可能会出现变化。

吴:为推动中国大陆的基督教研究和神学教育,崇基神学院具体做了哪些工作?

卢:我们与中国内地的数十所大学和科研机构建立了合作计划。如北京大学研究生院与中文大学研究院协议合作培养博士生,本院特别负责基督宗教范围的培养。联合培养的研究生在北大就读一年后,获北大推荐到本院就读三学期至两学年。北大与我们每两年召开学术研讨会,分别于北京和香港举行。此外,我们与中国社科院世界宗教研究所也建立了合作关系,赞助中国社科院世界宗教研究所基督教研究中心每年召开年会,全国各地从事基督教研究的学者都积极参会,本院为该学术会议的协办单位之一。崇基神学院每年还与武汉华中师范大学东西方文化交流研究中心合办"中国基督教史"青年学者论坛。此外,河南大学、暨南大学、四川大学、南开大学、武汉大学等国内知名高校都与本院有合作计划,每年选派基督宗教研究的硕博士研究生来本院进修,崇基神学院负责这些学生在港所有的学费、住宿费和生活费。近年来,本院还与汕头大学基督教研究中心合作,举办各项研讨会、学术讲座、合办课程、交流互访等,共同推动潮汕基督教研究和生命教育的发展。

在与中国内地教会的学术交流方面,本院与中国基督教协会不定期协办研讨学习交流课程,并提供各地神学院老师进修的奖学金。每年暑期我们都组织师生交流团,前往国内访问教会和神学院,作教学交流。南京、上海、杭州、福建、四川、内蒙古、云南、贵州等地的神学院我们都访问和交流过。此外,我们还与广州市基督教协会达成协议,每年派神学生到广州市做两个月的暑期牧职实习。

吴:崇基神学院在与海外学术交流方面有何建树?

卢:本院成立至今,竭力以香港本地的关怀出发,沟通中西神学学术,让师生有机会接触多元文化和传统,建立全球视野。本院致力于与国内外的学术机构建立伙伴关系和交流平台。崇基神学院成立不久,即与亚洲地区的神学院,如新加坡三一神学院、台南神学院等建立了密切的伙伴关系。此外,本院还是东南亚神学教育协会的会员,也是该会东南亚神学研究院香港分院的成员学院,本院与 16 个亚洲国家及地区共 104 所神学训练院校在神学培育上有紧密的合作。从 1998 年开始,本院开始与缅甸的神学院分享教学资源,透过缅甸各神学教育协会(ATEM)及缅甸循道卫理神学院(MTC),培训缅甸各神学院的老师。近十年,本院更广泛地与世界各地的神学院发展合作关系。例如,1999 年至 2006 年,本院与英国牛津的威斯敏斯特学院(Westminster College)合作提供远程课程,毕业生获牛津大学颁发神学学士。其后，威斯敏斯特学院加盟牛津布鲁克大学（Oxford Brookes University），此课程亦同时提供由该大学颁发的文学学士主修神学学位的课程。2011 年开始，我们与安格利亚鲁斯金大学（Anglia Ruskin University）及剑桥神学联盟（Cambridge Theological Federation）合作培育实践神学专业博士生（Professional Doctorate on Practical Theology）。在 2004 年、2007 年、2009 年及 2013 年，本院分别为美国波士顿安德沃牛顿神学院（Andover Newton Theological School）、美国伯克利联合神学研究院（Graduate Theological Union，Berkeley）、美国南卫理大学的柏金斯神学院（Perkins School of Theology at Southern Methodist University）、美国德鲁大学神学院（Drew University Theological School）提供实地考察课程。自 2010 年起，本院与美国耶鲁大学神学院签署交流协议书，每年提供学生交流名额，此外与韩国首尔监理教会神学大学校、瑞士苏黎世大学、亚洲基督教高等教育联合董事会等长期的合作关系，都反映了崇基神学院参与国际神学教育的历程，也是本院对国际神学教育承担与融入的写照。

二、成长之路

吴：从 2003 年起至今，崇基神学院的当代基督宗教教学资源中心举办了十次暑期密集课程班，为中国大陆的基督教研究培养和训练了大批的学者和研究生。对您个人来说，是什么样的动力使您能够如此投入地从事这一工作？

卢：这与我的家庭背景及自身成长经历受民族主义影响有一定的关系。我从小就对国家和民族有很深的感情。1975 年，我还在崇基念书的时候，就开始思考如何令基督教对中国有所贡献，我一直都希望有一天能服务中国。1975 年，我发起组织了一个“主爱中华”为中国大陆祷告的小组。通过这个祷告小组，我发现上帝就是你信仰的意义，上帝本身是至高无上、超越性的，上帝爱中国人，为中国人带来祝福。在当年的 12 月，我第一次踏上了中国大陆的土地。而我人生的意义就在于对中国有所贡献。我早期的基督教信仰，认为基督教可以救国。后来我遇到信仰的功能性问题，即国家是上帝，还是上帝是上帝？后来我发现基督教信仰不是功能性的。当我在台湾完成大学学业，回港攻读神学的时候，面对中大兴起的学运，我认为，基督教信仰对中国有价值，基督教对中国有贡献。

1995 年我来到崇基神学组，希望通过服务香港的神学教育对中国有所贡献。2003 年，我们成立了当代基督宗教教学资源中心，在我们一帮同事的努力下，特别是温伟耀教授为该中心积极募款，暑期密集课程一直坚持开办了十年。这十年来，从中国内地来中大的学者和研究生达到五百位，他们通过为期四周的暑期研修，系统地学习了有关基督宗教和神学的课程，并在这里查阅研究资料，撰写研究报告。

尽管已经办了十个年头,我想我们还会继续办下去,希望我们所做的努力能为他们的研究提供帮助,也希望今后可以为更多的内地学者和研究生来此学习提供机会。

吴:刚才您提到了家庭背景和成长环境。据我了解,您在充满着国家民族情怀的环境中长大,并在台湾接受大学教育。可否介绍一下您的成长之路,尤其是大陆、香港、台湾的生活经验对您一生的影响和塑造?

卢:我 1951 年生于香港,是家中唯一在香港出生的成员。我的父母亲都是知识分子,父亲曾是国民党的官员。1949 年大陆“解放”,父亲因属国民党桂系,去台湾也不尽如人意,加之他有意归田,不问国事,在母亲的劝说下,一家人来到香港。在香港,因为父亲生病的缘故,一家的生活重担落在了母亲身上,曾经是官太太的她成为香港一位知名传媒人的家佣,之后担任老师来维持生计。我自小跟着母亲去帮人补习,去夜校教书,后来也读了英文学校。母亲的自强不息和隐忍负重对年少时的我影响很大,也为我日后接受高等教育,又时刻关注基层、关心社会埋下了种子。我自小向往野外“泰山”式的生活,倾慕森林医生史怀哲(Albert Schweitzer)、利文斯敦(David Livingston)的生涯,希望从事森林布道工作。后来,我选择去台湾念大学,而且要念森林系。1973 年,我从台湾“国立中兴大学”森林系毕业,接着到香港中文大学崇基学院念神学。我回到香港后,经历了学生运动。当时的中大校园,俨然是一个“解放区”,不少同学穿着解放装,头戴红星军帽,背着“为人民服务”的书包,学生会、宿舍不时传出“大海航行靠舵手”的歌声,各学院的学生会、饭堂的展板都贴着宣传大陆如何自力更生,介绍马克思、列宁和毛泽东思想的海报。这对于刚从台湾毕业回来的我而言,冲击性非常大。自小听父母谈论祖国,总是悠然神往,梦想着有一天能踏足祖国的大地。1975 年的冬天,“文革”仍未结束,我第一次回祖国探亲。这次旅程我去了广东、广西和湖南等地。由于是第一次回乡,我找了一位友人同行,但到了深圳口岸申请回乡证的关卡,我与友人便被迫要分道扬镳,因为我是广西人,可获准前往广西,但友人是广东人,却不被批准前往广西;我苦苦哀求负责的同志考虑我第一次回乡探亲,能批准我和友人同行,但他当时的回答是:“你以为我们内地的治安像香港吗?你根本就不需要同伴同行!国家说不准就不行,你不满意,可以向上反映!”我当时被他这个不近人情的权威答案吓得目瞪口呆,只有硬着头皮,独自一人返乡探亲。这次回乡的旅程是痛苦的,我到家乡听说了不少“文革”旧事,亲身体验了中国的现实,感叹政治的不济和人世的苍凉。我对中国开始有了重新认识,肯定共产党在历史上的贡献,认识了马列的社会和历史分析法,经历了大陆的贫穷和政治斗争,稍微体会了大陆人民的重重压力和无奈,学生运动中表现出的狂热和幼稚令我体会到香港大学生的肤浅。每个社会都在面对自己的问题。香港的年轻人刚刚一片红的时候,港英政府要处理贪污腐败的问题,我在台湾的经历让我看见台湾进步与落后的一面,中国大陆的政治和社会让当时的我感受到切肤之痛。这样的重新认知，综合了我对香港、台湾和大陆的真实感受，使我对中国的理解更深刻，对中国的爱也变得更实在。

三、《圣经》研究

吴：您研究《圣经》已近四十年的时间，那么，您认为《圣经》是一部怎样的书？人们应该怎样去读它？研究者又该如何研究它？

卢：从研究的角度来看《圣经》，我1973年来崇基神学院读书，已经有39年的历史。一般信徒读《圣经》，是一种灵修的经验。但《圣经》作为客观的古籍，是人类社会共同的遗产，它不是西方的，而是亚洲人的作品，是古老犹太人的作品。《圣经》的特点在于它是一部宗教典籍。它主要的关注点就是上帝与人立约，向人启示他自己。研经则采用历史、社会、文学等分析法，旨在研究《圣经》的真义，增进人们对上帝真道的客观认识，并重新了解《圣经》对时代及教会之信息。旧约是讲一个民族的形成，从人类到一个民族，这个民族就是犹太人，他们从人类的发展当中确认自己是上帝的选民。新约中选民的概念不只是一个民族，而是上帝要透过犹太人将福气传递给万族万民，这正是旧约里面拣选他们的目的。亚伯拉罕在"创世记"里说，上帝拣选他，是要借着他让万民得福。新约是讲上帝将福气打破民族的垄断，从一个民族到万族万民的身上。因此，这个经典从人类一个民族的经典，变为与全人类都有关的经典。这个经典通过两千年的发展，从公元1世纪开始，由一个民族的群体，就一直扩展。在扩展过程中，保罗扮演着一个很重要的角色。他确认上帝的拣选与福气是给全人类的，福音就通过他到了罗马和希腊，随之通过希罗文化扩展到整个地中海，然后从地中海到整个欧洲。欧洲的历史也就是随着地理大发现，跟《圣经》的传播历史结合在一起了。地理大发现到了美洲，到了欧洲，到16世纪开始，也在亚洲扩展了。

《圣经》研究已有1900多年的历史，但现代的《圣经》研究则是19世纪才得以蓬勃发展。受到科学发展的影响，现代《圣经》研究讲求以客观事实为依据，是一个复杂的、跨学科的、科学的研究，更牵涉不同语言，如希伯来文、希腊文、亚兰文、拉丁文、德文以及英文等。《圣经》作为一本历史的文学作品，必须经得起历史研究法及文学研究法的考验，因此19世纪的《圣经》研究多着重于文本的考证、不同版本的对照，以梳理出较接近原初的面貌，通过研究产生《圣经》各书卷的社会历史、思想文化和宗教信仰等背景状况，努力确定各书卷的作者、成书年代、地点、成书过程及其文学风格、数据来源等，以便可以更有把握地解释《圣经》的内容，以期找出各书卷成书时的原意，通过研究文字、文法、语句结构和同时代作品的关系，了解各书卷的内容。这种研究方法被称为现代《圣经》研究的"历史文法评鉴法"

(historical-grammatical criticism),被广泛认为是现代释经方法的基础。虽然对于一些如诗歌、智慧书等超越时间和地域的作品,这种方法在应用上有不少困难,甚至一些经历较长成书过程的书卷,如旧约的历史和新约的福音书,该方法也需要配合其他如“形式评鉴法”(form criticism)、“新文学评鉴法”(new literary criticism)及“社会学进路”(sociological approach)等去了解书卷成书过程中,处境和数据本身的变化和数据的多元来源等特质来解释经文的意思。

研究《圣经》就有几重层次,一为文本,文本本身一定要有一个语境(context),即整个社会历史的文化脉络。文本处于历史、文化、政治、社会和文学的脉络当中,需要被诠释。一方面是文本本身的诠释,另外一方面是在整个历史、政治、文化和宗教的脉络中进行诠释。此外,文本还有传递的过程,它不断被阅读,不断被诠释的过程令这个古籍拥有生命力。因为它不断被诠释,诠释一定受两方面的影响,一个就是它本身的历史,另一个是解释它的人的历史。如何去阅读它?怎么去诠释它?我们所谓做《圣经》的研究,一方面,认定宗教典籍是它本身的性质,另外一方面,在人类历史发展当中赋予它生命力。所以这不仅是一个宗教的关注点,还是全人类发展的关注点。它在人类历史中,影响了什么人?产生了什么影响?对当时社会文化的发展有怎样的冲击和贡献?因而,你会发现,人类的文本是一个犹太人的文本结合希罗文化的诠释,又影响了西方文化。《圣经》就是从犹太民族到西方的发展过程中,成为西方文化的重要典籍。今天我们往往看到它是西方文化的典籍,忘了它本来是在近东、亚洲的环境里面发生的。它传递的过程中结合希罗文化,影响了欧洲。跟随欧洲的发展,又影响了美洲、非洲,然后来到亚洲。

我们对《圣经》的印象就是它是人类的遗产。文本是不能改变的,是死的,文字都是死的。《圣经》为何能在历史传递过程中,拥有生命力并维持影响力?一方面是因为它在创造人类的文化,无论是艺术、文学甚至科学,都在不断地影响人类,塑造他们的价值观。另外,《圣经》也在跟人类不断发展的世界观发生不断的冲突,如欧洲的困苦,当年的黑死病以及战争等。《圣经》所建立起来的教会群体又跟社会群体有时候重叠,有时候不重叠。在教会群体与社会群体之间,有些像西方中世纪的教宗与皇帝的关系,大家有一个共同点,即都是以《圣经》为基础,但是在发展的权力斗争中,又将对《圣经》的看法变成他们不同领域的思想控制。一方面教会支持皇权,皇权又被教权控制,双方的权力因为共同的基础——《圣经》的缘故,对比他们更高的权柄达成共识。这个权柄造就了今天西方独特的文化,所谓西方的民主。因为西方历史当中,皇权与教权的斗争,又有共同的更高的权威,彼此又制衡对方。所谓历史当中人性丑陋的一面,既在教会里,又在皇权中。因为在这种互相制衡当中,给不同的意见主张者生存的空间。存在更高的权威,在更高的权威底下,就变成彼此之间的冲突,并不断突破。因为没有人是绝对的权威,每个人都可以表达自己不同的看法。随着所谓人类文艺复兴、理性主义，宗教改革都是在共同的基础上，又斗争又合作，在彼此制衡当中不断突破。像马丁·路德（Martin Luther）这个人物因为他诉诸更高的权威——《圣经》，才能抗衡教宗，也因为他阅读《圣经》而来的灵感，才有宗教改革——基督新教的出现。文艺复兴时期理性抬头，对权威的抗议，这些都发生在他们那个时代，是马丁·路德等从《圣经》诠释当中得来的，产生了巨大的影响力。

诠释就是一个空间，大家都可以用他们当时人的经验，作为自身权威的来源。他的名言是唯独《圣经》，教宗不是最终的权威，《圣经》才是，《圣经》不会自己讲话，要诠释才变成上帝的话语。要去诠释《圣经》，且不断有新的诠释，没有人的诠释是绝对的，《圣经》不经过诠释，也就没有人明白它的意思。但诠释本身不是权威，《圣经》才是权威，且需要不断诠释，可见《圣经》对西方的影响多么大。对原典的研究，从口述开始，不断口述，才变成文字，文字形成文本，从文本变成书卷。在这个传递过程中，书卷不断被诠释，从讲话到文字，文字又不断进行叙述，叙述的过程又变成文字。旧约就是记录历史发生的事情，超越上帝与人类之间的互动，成为犹太人的经验，变成活的东西，成为故事。而箴言就是语录。

《圣经》本质上是一部信仰的书，一部寻找生命意义的书。

吴：作为《圣经》研究的学者，你的学术专长是新约，特别是《保罗书信》的研究。与其他经典相比，《保罗书信》的特别之处是什么？它在《圣经》研究中的地位如何评估？

卢：《保罗书信》是《新约圣经》中最早成为文字的、保存最早的基督教作品。《保罗书信》的特别之处在于，它是当下的作品，不是口述传递一段时期才变成的文字。保罗自己没有亲笔写过任何一封书信，而是由他的秘书记录的。这些记录又是书信性质的，是生活的，是用来传阅的。《圣经》不是为了写经典而写，而是生活经验的记录，是他们领受上帝的话语。记录者绝对不会想到，两千年之后，在中国会有人看他们当时的记录。《保罗书信》的研究就有这个特点。相比之下，保罗这个人物更重要。可以说，没有保罗就没有基督教。耶稣是一个没有离开过巴勒斯坦的犹太人，是信仰的核心。保罗是出生在外邦的犹太人，罗马公民，当年他从外邦的出生地回到耶路撒冷，加入了犹太人中最激烈的群体，这个群体迫害耶稣的跟从者。然而就是这个在外邦出生的犹太人，自己最后成为跟随主耶稣的人，并成为在外邦人中的信仰传递者。

《保罗书信》里没有"基督徒"这个词，他觉得信耶稣是"基督"属于犹太人传统的一部分，耶稣是犹太人，是救主。保罗不是改变宗教，而是认为基督还是犹太的宗教，耶稣是犹太人的救星，也是普世人类的救星。而其他犹太人的诠释，一方面争辩耶稣是不是救主，认为耶稣本身的形象就是政治的救主。他死的罪名是犹太人的王,他的大部分门徒也希望他如此。犹大福音的出现是为平反出卖耶稣的罪名,犹大完成了耶稣的救恩,是耶稣要他这么做的,耶稣都知道他要干什么,犹大是犹太激烈的民族主义者,不可能为30两银子出卖耶稣,出卖耶稣的目的是要他成为政治的救主,所以犹大也自杀了,因为耶稣没有成为政治的救主。耶稣一直是双重的形象,他是精神的救主,超越时空的救主。这种超越生命,从死里复活的信仰,带来生命的突破。佛教面对的是如何解决苦难的问题,而基督教面对的是解决死亡的问题。苦难是人生最大的敌人,要脱离苦海。基督教认为不怕死亡才可以得新的生命。耶稣带来信仰的全部内容值得全世界人的关注。保罗将耶稣的意义传给外邦人,因此,耶稣不仅是犹太人的救主,也是全人类的救主。今天有些保守的犹太人,认为耶稣是拉比,是犹太人的老师,将保罗视为叛徒,因为他将上帝应许给犹太人的福气也送给外邦人,却不要求外邦人过着与犹太人一样的生活。

吴:2006年您曾受邀在台湾东海大学"路思义神学讲座"讲学,您以"罗马书的主题与目的"为讲题,阐述了"保罗新观"的研究意义。在您看来,保罗当年撰写罗马书的目的何在?"保罗新观"在西方学界的研究地位如何?您为何选择它作为您的研究方向?

卢:保罗为何要写罗马书?对于一些基督徒来说,可能从未想过这会是个问题,也可能看不出这个问题有何意义。不重视这个问题的原因,是因为很多基督徒在研读《圣经》时,其最主要的目的,并不是要明白经文的原作者在当日书写时的原本意义,而只关注今天读该段经文对我们有何意义。其实,当我们读经时,必须平衡客观与主观研读经文的方法。要真正了解《圣经》中经文的含义,我们也必须通过两个步骤去接触经文。首先要尝试了解这段经文在当时的原本含义,第二步才去问如果经文在当日的处境中是何种意思,那么今天它要对我们说些什么呢?那时的作者与今天的读者都信奉同一位上帝,上帝要透过一段经文向我们说话,该信息必然与那时的信息有关。所以我们不能随着自己的感受任意解释。

"保罗新观"(New Perspective on Paul)在西方《新约圣经》的学术圈已讨论了超过二十年,但在华人的圈子仍鲜有讨论。"保罗新观"在西方的讨论,往往与马丁·路德"因信称义"教义相提并论,甚至被错误地以为是彼此对立的。然而,"保罗新观"的进路不但已在西方被广泛接受,更重要的是其对华人信徒从华人文化及处境去了解保罗,可以带来更适合的角度,因此实在不容华人教会忽视。1984年3月31日,我在英国曼城讲道时有机会第一次接触"保罗新观"的观点,自此我不断寻索此观点的基础、论点及引申意义。事缘我当日前往曼城大学著名的约翰·赖兰德(John Rylands)图书馆参观,购得了其后成为本人博士论文指导老师邓雅各教授(James D.G.Dunn)于1982年11月4日主讲的"曼逊纪念讲座"讲词:"The New Perspective on Paul"(《保罗新观》)。我在开始阅读之后便无法放下,一口气将文章读完。我当时离开校园,全身投入社区及堂会工作已八年,看得颇为吃力,但却又觉得内容如此引人入胜,与我的信仰、知识、经验和关注的课题如此息息相关。

"保罗新观"的起源可分别追溯于两份重要的著作:1963 年由瑞典信义会牧师(后为主教)并担任美国哈佛神学院教授的史坦道(Krister Stendahl)所发表的文章《使徒保罗与西方的内省良知》("The Apostle Paul and the Introspective Conscience of the West")及 1977 年由桑达士(E.P.Sanders)所写的巨著《保禄与巴勒斯坦的犹太宗教》(*Paul and Palestinian Judaism*)。史坦道的贡献在于他作为一位信义会的学者却勇于挑战自 16 世纪以来马丁·路德的"保罗基督教"(Pauline Christianity)立场。其实,敢于挑战教会传统,不以教会传统作为绝对标准,正符合马丁·路德的宗教改革精神。史坦道的文章对教会传统的保罗观点产生了极大的冲击,动摇了传统对犹太教及保罗立场的根基,指出犹太教并不是一个以善行得救的宗教,而保罗也不是因不能符合犹太教的要求而改信基督教;但这只能催迫着学者要为保罗研究寻找新的方向;而真正为"保罗新观"奠定基础的乃是桑达士 1977 年的著作。史坦道对保罗的观点及桑达士的"犹太教新观"为"保罗新观"提供了进路和基础,可惜的是他们没有在各自的贡献上继续发展下去,史坦道只停留在强调保罗的关注点乃犹太人与外邦人的关系上,而桑达士则认为保罗在书信中对律法的看法经常自相矛盾,他将保罗与犹太教继续放在对立的位置上。邓雅各在史坦道及桑达士所开启的道路上发展了"保罗新观"的进路,而这进路的最重要关注不是要推翻"因信称义"的教义,而是强调我们必须在第 1 世纪犹太教的基础上去了解保罗,而非以 16 世纪的天主教来代表第 1 世纪的犹太教,更不应以"路德保罗"来代替第 1 世纪的"历史保罗"。

由此可见,"保罗新观"可以协助我们回到保罗的处境从而去了解保罗,使我们了解到罗马书是一本与现实密切相关的血肉丰满之书,而非仅是一卷不食人间烟火的经院式神学著作,保罗撰写罗马书的目的,是牧养的、神学的、宣教的,与我们今天的处境密切相关。今天,罗马书的信息仍然适切,上帝仍透过罗马书向我们讲话。

四、社会担当

吴:您不但是一位《圣经》学者,还是一位牧师,曾在地区堂会侍奉长达 19 年,后来担任香港基督教循道卫理联合教会的会长。您对香港基层社会有深切的关注,是基督徒参与社会行动的先驱者。可否谈谈您对教会与社会参与问题的看法?

卢:我坚持做了 19 年的堂会牧师才来到神学院,我相信堂会牧养的经验和神学教育紧密联系非常重要。20 世纪 80 年代我参与香港基督教基层服务及社会行动，如反对公共汽车加价，争取兴建东区医院，开展“我爱香港”运动等。当年我在循道爱华村服务中心工作，这个社区教会的服务包括礼拜堂、幼稚园、儿童、青少年及老人中心、学校社会工作、家庭生活教育、蓝领服务计划与社区健康计划。我希望能将教会、传道、教育、社会服务及社区参与完整地结合起来，成为一个真正意义上的社区教会。而香港教会所享有的活跃的社会参与度，其实是基于教会本身信仰的要求并配合社会的需要。教会在历史中，其实是不断地在不变的信仰与变动的社会需要之张力中前进。在社会参与方面，教会信仰本身的要求就是重建一个属于上帝的人类群体。面对社会，教会本身不会提出任何独特的社会分析，而是以背十字架的精神与大众一同去承担一切痛苦，对抗罪的势力。

香港从 20 世纪 50 年代到 80 年代的社会变迁中，由一个战乱后果的承担者，变为一个经济奇迹的创造者；由一个难民避难所，变为一个富裕而贫富悬殊的社会。教会在社会参与中也经历着几个不同的阶段。从 20 世纪 50 年代至 60 年代初期教会参与社会的方式是救济、协助难民重建家园与解决生活的基本需要。从 20 世纪 60 至 70 年代，教会的参与方式是服务，教会办理教育、医疗、社会福利，协助香港人提高生活质量，自力更生，由接受救济到学习自助。在此阶段，香港教会逐渐建立，参与方式是与政府合作。从 20 世纪 70 年代到 80 年代，香港社会的动力由被动变为主动，自主独立的新社会化关系与秩序正在形成。教会参与社会的方式是促成建立一个关怀、友爱与公义的社会，法制的建立是这个社会的基础。在此阶段中，香港教会必须与那些在社会中被忽略的、不被保障的受害者站在一起，共同抗拒一切压迫的势力。总之，教会是一个有生命力的群体，面对急剧变化的社会挑战，必然要作出相应的回应。

吴：您认为基督教在当代的中国社会处境之下应发挥怎样的作用？

卢：在人类历史里面，基督教面对人的罪恶，能承认和接纳，希望建立一个健康的、彼此接纳和好的关系，这样才能有真正的沟通和关心。社会服务就是建立真正的邻舍关系，彼此接纳，彼此守望，彼此包容。如今的中国社会，看重物质利益，功利性和物质性很重，人与人之间充满了不信任，有人为了自我保卫甚至攻击别人，这样的社会关系失去了人本身的关系价值。面临这样的社会处境，如何才能建立彼此尊重相爱的社会关系？这是基督教在中国要面临的挑战。基督教过去的历史和本身对这些东西的看法彼此互有补充。基督教的十字架是罪恶和赦罪，是牺牲的爱和舍己的爱。基督教带来复活的信息，死亡不是结局，黑暗不是最后的结果，诅咒要变成祝福，苦难也要变成祝福。这是社会价值观需要的。保罗就说，信、望、爱，三者中最大的乃是爱。马丁·路德高举唯独信心，唯独恩典，唯独《圣经》。信是分别的关系，爱是统一和好，基督教是令人和好，爱是基督教的本质，不分信与不信。

在20世纪五六十年代的香港，基督教秉承以行动服务社会的使命，对战后香港社会的重建发挥了重要作用；在当今的中国，基督教仍需开展社会服务，通过社会服务和慈善活动等社会事业传递爱，播种爱，为当今的中国社会提供建立彼此接纳、相互信任的渠道。

吴：您认为基督教在中国遇到的最大的问题和挑战是什么？

卢：中国基督教存在三多现象，即老人多、妇女多，低学历者多。基督教信仰在中国面临的问题是，信仰要不然是内心的，要不然是功能性的。基督教信仰存在心里面，无法在外在的环境中实践它。所以基督教在中国大陆所遇到的最大的问题和挑战，是如何变为一个实践的信仰。变为活的信仰是一个难题，表现为三方面：第一，信仰要实践，会与权威等产生冲突；第二，表达信仰的思想无法完整地表达出来；第三，信仰成为心灵方面的安慰。这些都不是基督教，不是基督教完整的表达，基督教是一个看重实践的信仰。但实践又受到很多限制，基督教是一个重思考的信仰，但这种思考又出现了断层。如果信仰成为心灵的安慰，那么《圣经》只是作为一种道德和行为的手册，读经只是按照字面了解《圣经》，而不是按照《圣经》里面当年的生活处境来理解。真正的基督教不是靠规范，很多的约束和规范会令其失去社会性与实践性。如果没有活出基督的精神，就不能成为完整的价值观。

五、退休之旅

吴：您在2012年第11期的《神学院通讯》中表示自己即将踏上退休的旅程，对于投入工作36年，甚至被认为是超负荷“工作狂人”的您而言，退休之旅将是怎样一种状态呢？

卢：说起退休，我于2007年3月被发现患上脑血管瘤这一危险的疾病时，还未想到退休。1976年，我从神学院毕业后，便将自己个人的使命与教会的使命结合作为我生命的归依。正如瑞士神学家卜瑞纳(Emil Brunner)所说：“教会乃借着使命而存在，正如火焰乃借着燃烧而存在一样，没有使命就没有教会！”在我看来，教会的使命也是我个人的使命。三十多年来，我凭信心接受了教会所托付的责任和安排。虽然当初也曾经考虑过，在担任牧职后十年便准备做海外差遣员，去森林地区侍奉，记得1969年，我去台湾攻读森林系的时候就是抱着准备做森林传教士的心愿的。我的一双儿女，一个叫建灵，一个叫建森，他们的名字承载着我的希望和梦想。作为一个森林系的毕业生，我一生未有机会在森林中侍奉，始终是个遗憾！到目前为止，我依然祈求上帝的带领，希望有朝一日能去森林地区侍奉。

当我开始有了退休的思考，我发现自己踏上的原来是一个退休的旅程，这个旅程并非人生的一个焦点，而是一个顺其自然的过程。我要从四个职位退下来，包括了会长、牧师、院长和教授。这将是一个为期两年的退休之旅，我在 2012 年的 5 月 25 日，退下了会长的职分；9 月 3 日，我退下了调派的牧师职分而成为一个退休牧师。如无意外，2013 年 7 月 31 日，我将退下院长的职位，而在 2014 年 7 月 31 日，我也将从大学教授的职位退休。能够拥有这样一个两年时间的退休之旅，我非常感恩，这个旅程让我感到放松，对自己的信仰、事业、生命和家庭都有了更新的感受和体悟。退休乃是过去的工作责任和权力离我而去的时候，但是也是我可以主动找寻和选择新工作和侍奉机会的时候。

吴：您对退休之后的生活有何设想？

卢：作为一个学者，的确有不少书想读，有一些书想写，这些都是退休之前非常奢望的事情，今后，我可以拥有更多时间投入研究和写作，弥补之前欠下的债。作为一个牧者，我知道还有不少人需要去牧养和带领，以前未有时间，今后可以全情投入。还有一些因人手不足而未有发展的教会工作，也需要有经验的牧者去带领，我希望有机会能参与其中。作为一个在中国大陆、香港、台湾生活过的人，面对如今的香港、台湾和内地正经历着相互融合和互动的过程，岂不是一个充满着侍奉的机会吗？

退休是得自由的时候，也是透过更深的服务去获得尊重和授权的时候。我看得见的退休旅程不止两年，还可能有更长的日子。正如传道书 3:1—11 所言："生有时，死有时；栽种有时，拔出有时……拆毁有时，建造有时；哭有时，笑有时；哀恸有时，跳舞有时；丢石头有时，捡石头有时……寻找有时，失落有时；保存有时，抛弃有时……沉默有时，说话有时……上帝造万物，各按其时成为美好，又将永恒安放在世人心里；然而上帝从始至终的作为，人不能测透。"对我而言，我当学习："工作有时，退休有时；拿起职责有时，放下责任有时。"上帝在我生命中的作为是奇妙的，希望我能继续在他的带领下为主做工，也期望我的人生继续充满恩典。

作为崇基神学院的院长，卢教授二十年来对中国神学教育和基督教研究做出了卓越的贡献。他热爱《圣经》研究，对学问、研究孜孜不倦，锲而不舍；对教学热诚，倾心尽力，犹如春风化雨，以身教、言教启导学生。作为一位基督教教育家，他时刻不忘关怀中国，亦关注香港地区教育政策的利弊，积极给予评论和意见。他将香港的神学教育与基督教研究和中国大陆紧密连接起来，可能我们现在并未充分意识到这种连接的重要性。当历史渐行渐远的时候，也许我们才能看到那天际处隐约模糊的地平线越来越清晰地呈现。

（访谈者单位：暨南大学中国文化史籍研究所）

《碑记赠言合刻》版本篇目互校*

□纪建勋

摘要:国家图书馆藏有线装本汤若望撰《主制群征》,该书后附有《赠言》一卷。《赠言》是汤若望在华传教期间所交游的士人所赠诗翰合刊本,其题赠者多为当时的名士,他们组成了一个庞大的社会关系脉络,据此可以探讨当时士大夫的精英群体对西学、西教的认可和接受程度。由于《碑记赠言合刻》较为罕见,国内外学界对其尚缺乏系统深入的研究。本文首先尝试厘清合刻诸多版本之间的差异,进而利用现有的几个版本,以维也纳奥地利国家图书馆藏顺治十八年刊本《碑记赠言合刻》为基础,对其进行一版本篇目互校工作,以利学界。

关键词:碑记赠言合刻　汤若望　天主教　版本互校

Abstract: The text *Zengyan* is appended to a thread-bound edition of *Zhuzhi Qunzheng* by Johann Adam Schall von Bell, which is held in National Library of China. This work is a collection of poems by literati who wrote to Adam Schall when he was in China. From these poems, we can get some ideas about how these scholar-official regarded western learning. It is not easy to have access to

* 本文为上海市教委科研创新项目"明末上帝论与儒家基督徒信仰进路研究"基金项目(项目编号:14YS034)成果;此项目为上海高校一流学科(B类)建设计划规划项目。笔者感谢台湾"中央研究院"院士黄一农先生无私馈赠相关珍稀文献,使《碑记赠言合刻》诸版本的互校工作顺利完成。

Zengyan, and this text has not been studied thoroughly yet. I am attempting to clarify the differences among various versions of *Zengyan* and collate and annotate each poem on the basis of the edition published in 1616 that is now held by the Austrian National Library.

Key words: "Beiji Zengyan Heke", Johann Adam Schall von Bell, Catholicism, collation

笔者在国家图书馆发现了线装本汤若望(Johann Adam Schall von Bell, 1592—1966)撰《主制群征》。该书前附有陈垣《三版主制群征跋》,后附有《赠言》一卷。《赠言》是汤若望在华传教期间所交游的士人所赠诗翰合刊本,其相关作者多达22人。据考证,这些诗文作者上有名公巨卿,下至平民布衣,身份颇为复杂。内中既有虔心奉教的教徒,也有关心教务的友教人士;既有忠于前朝的已故高官和以身殉国的忠臣烈子,更多的则是重仕新朝的所谓贰臣;既有前朝的遗民,也有清廷的新贵。因此可以说,这些社会名士组成了一个庞大的社会关系脉络,据此可以探讨当时士大夫的精英群体对西学、西教的认可和接受程度。① 而长期以来,除少数学者偶尔引用文中内容之外,从未见有人对这个社会精英群体所涉及的相关士人身份及其作品内容进行过全面而深入的探析。与之相关的研究有如台湾学者方豪在其《中国天主教史人物传》中提到汤若望《赠言》一事并对赠言内容有一简短论述②;黄一农的论文《王铎书赠汤若望诗翰研究》③曾就其中士人之一王铎与汤若望之间的交往有精辟而深入的研究,并且注意到了清初贰臣与耶稣会士的交往问题;黄氏的论文《耶稣会士汤若望在华恩荣考》④对汤若望的在华历官过程与所受各种荣耀作出了详细的考证;《康熙朝汉人士大夫对"历狱"的态度及其所衍生的传说》⑤《张宸生平及其与杨光先间的冲突》⑥则关注到了汤若望与清初西历正统化的问题

---

① 有关这个社会精英群体所涉及士人身份的详细考证,详请参见拙文:《三版〈主制群征〉附录赠言相关士人考》,载《基督教文化学刊》,第19辑,第183—202页。

② 方豪:《中国天主教史人物传》(中),北京:中华书局,1988年,第13—14页。

③ 黄一农:《王铎书赠汤若望诗翰研究》,载《故宫学术季刊》,第12卷第1期,1994年,第1—30页。

④ 黄一农:《耶稣会士汤若望在华恩荣考》,《历史与宗教:纪念汤若望四百周年诞辰与天主教传华史学国际研讨会论文集》,台北:辅仁大学出版社,1992年,第42—60页。

⑤ 黄一农:《康熙朝汉人士大夫对"历狱"的态度及其所衍生的传说》,载《汉学研究》,第11卷第2期,1993年,第137—161页。

⑥ 黄一农:《张宸生平及其与杨光先间的冲突》,载《九州岛学刊》,第6卷第1期,1993年,第71—93页。

以及汤若望与明清汉人士大夫之间的交游往来。大陆学者李兰琴的专著《汤若望传》①曾就汤若望七十寿辰时相关士人的寿文和其他赠诗的背景和内容有过大致的描述；刘耘华教授的论文《杂糅的信仰与情感世界——清初上海的天主教文人许缵曾再论》②则进一步从姻亲与交游网络两方面讨论了清初士人徐光启的曾外孙许缵曾与西学西教之间的关联。不过，如上所述，由于《碑记赠言合刻》这一文献较为罕见，目前只有极少数学者零星引用过其中内容，并对赠言所涉个别士人有所瞩目，国内外学界对其尚缺乏系统深入的研究。③

《碑记赠言合刻》（以下有的地方简称《合刻》）初刊于顺治十八年（1661），原藏于上海徐家汇天主教藏书楼④，也见收于维也纳奥地利国家图书馆（编号为 Sin. 58）。陈垣先生在 1919 年将自己所藏的钞本附录于第三版《主制群征》之后。方豪在为汤若望所作传记中曾言：

> 《主制群征》上下两卷……八年十月重印，陈援庵先生跋，末附赠言，乃从上海徐家汇藏书楼抄得，除前引贺寿序及贺荣荫序外，尚有名士赠若望诗十余首。⑤

另外，黄伯禄《正教奉褒》全部收录了《合刻》中的寿序和荣荫序。据学者韩琦研究，黄氏在书中收录部分正是摘自徐家汇藏书楼所藏之《赠言合刻》。⑥ 圣彼得堡俄国公共图书馆（The Russian Public Library）藏有刘凝编《天学集解》钞本九卷，除全部收录寿序、荣荫序外，对两篇碑记也是照单全收。原先《合刻》中文章除交代相关作者外，仅有两篇碑记有篇名，分别为《大宗伯胡老先生赠修新历文》和《弘文院学士刘老先生赠天主新堂记》，其余寿序和荣荫序都没有篇名。据台湾学者黄一农在其著作中所列的一个有关《天学集解》中由进士所撰之文章的统计表格

---

① 李兰琴：《汤若望传》，北京：东方出版社，1995 年，第 75—76、89—90 页。

② 刘耘华：《杂糅的信仰与情感世界——清初上海的天主教文人许缵曾再论》，《上海师范大学学报》（哲学社会科学版），2008(04)，第 72—77 页。

③ 本节中所引文字除特别说明外，其余均请参见：北京国家图书馆藏民国八年（1919）万松野人英敛之重刊本汤若望撰《主制群征》附录之《赠言》；维也纳奥地利国家图书馆藏顺治十八年刊本《碑记赠言合刻》（编号为 Sin.58）；韩琦、吴旻校注：《中外交通史籍丛刊 · 熙朝崇正集 · 熙朝定案（外三种）》，北京：中华书局，2006 年。

④ 现已出影印版：《汤若望贺文（赠言）》，载钟鸣旦、杜鼎克、黄一农、祝平一等编：《徐家汇藏书楼明清天主教文献》第二册，台北：方济出版社，1996 年，第 955—993 页。该版本虽较为原始，唯内容上有所缺漏，具体请见下文。

⑤ 方豪：《中国天主教史人物传》（中），北京：中华书局，1988 年，第 9 页。

⑥ 韩琦、吴旻校注：《中外交通史籍丛刊 · 熙朝崇正集 · 熙朝定案（外三种）》，北京：中华书局，2006 年，第 15—17 页。

可知，在《天学集解》中它们所署作者和篇名分别是：胡世安《修历碑记》；刘肇国《天主新堂记》；金之俊、魏裔介、龚鼎孳《寿汤道未七秩文》三篇；胡世安、王崇简《贺道未翁汤先生荣荫序》两篇。①

碑記
大宗伯胡老先生贈修新曆文
叅圖禪闡策蕩華紀於綿衍序官法表律衡合
符於章蔀中氣遵纘多而人統歷殷周以建迹
莫不御協三辰用和萬國雖經九黎之亂何改
六德之施三代以來七政漸謬閏餘乖次春秋
有晦食之譏推步踈浮淺世失歲差之理爰太

天地如環距赤道之高卑以至星宿有本行本

（图片来源于维也纳奥地利国家图书馆藏顺治十八年刊本《碑记赠言合刻》，编号为 Sin.58）

这样，就笔者目前所掌握的资料来看，《合刻》计有两个版本：一是见收于上海徐家汇藏书楼的《赠言合刻》，一是见收于维也纳奥地利国家图书馆的《碑记赠言合刻》。从书中内容和相关资料来看，两个版本的刊刻时间都应该在顺治十八年，即 1661 年。但两者在所收内容上有所出入，前者收有寿序、荣荫序和汤若望所交游的士人所赠诗文，后者则在全部收录前者内容的基础上增加了两篇碑记。这里，有一点需要说明，那就是三版《主制群征》后附录的陈垣的《赠言》钞本。从陈垣的叙述和所收内容来看，此钞本是陈垣录自徐家汇藏书楼无疑，但是经过笔者仔细比照手边诸版本的内容，发现陈垣的《赠言》钞本在内容上与以上两个版本又有所不同，一是因为其内容是录自徐家汇藏书楼，固然没有《碑记赠言合刻》中的两篇碑

① 《天学集解》，圣彼得堡俄国公共图书馆（The Russian Public Library），钞本；《天学集解》所载书目，参见 Ad Dudink，"The Rediscovery of a Seventeenth-Century Collection of Chinese Christian Texts：The Manuscript Tianxue Jijie"，*Sino-Western Cultural Relations Journal* 15（1993），1—26；黄一农：《两头蛇：明末清初的第一代天主教徒》，上海：上海古籍出版社，2006 年，第 72—74 页。

记;二是其所收士人赠诗与其他诸本也不完全相同。主要是增加了布衣学者谈迁的赠诗,其文曰:

> 查慎行《人海记》云:吾邑谈孺木先生,留心明朝典故,不以诗名,然其《北游集》中,如赠汤道未太常云:休屠祭后全非像,博望归时不待槎。如此之类,皆名句也。

而查慎行活跃于清廷政坛的时间段和文中"查慎行《人海记》云""如此之类,皆名句也"等的行文格式与其他诗文存在明显差异让笔者产生了疑惑。查慎行(1650—1727),浙江海宁人,与谈迁同籍。顺治七年出生,康熙四十二年(1703)进士,授翰林院编修。《赠言合刻》刊于顺治十八年(1661),当时查慎行仅12岁,是不可能写出其康熙年间客居北京三十余年的见闻杂录的。因此,唯一的解释就是谈迁的这首赠诗在当时并没有被收进《赠言合刻》,而是陈垣先生自己平日阅读所见,后来陈垣就借《主制群征》三版之机,把自己的徐家汇钞本附录于后,也就顺便把自己搜集到的这一首谈迁赠诗增添了进来。经过笔者对几个版本内容之间的比较和查阅查慎行著《人海记》,这一点也得到了完全的证实。① 因此,尽管陈垣钞本是录自徐家汇藏书楼,但是因为其内容上存在不同,我们不妨也将其单独列为一个版本。这样,《合刻》可以说有三个版本,它们分别是:《赠言合刻》,顺治十八年刊本,见收于上海徐家汇藏书楼;《碑记赠言合刻》,顺治十八年刊本,维也纳奥地利国家图书馆藏;陈垣《赠言》钞录本,民国八年(1919)万松野人英敛之重刊本,汤若望撰《主制群征》附录,北京国家图书馆藏。从以上三个版本之间内容的渊源关系上来看,显然上海徐家汇藏书楼是母本。陈垣《赠言》钞录本内容之不同,我们已经给出了一个较为合理的解释,而《碑记赠言合刻》在大陆则未见流传,也鲜有学者引用,盖耶稣会士在中国刻印成书以后,每每呈送回国之故。另外,据李兰琴《汤若望传》载在德国慕尼黑图书馆手迹部也收有《赠言合刻》,笔者并未亲见,唯从其所引碑记来推测其应与维也纳奥地利国家图书馆藏《碑记赠言合刻》同属一个版本。②

---

① 详请读者参见石继昌:《人海行》(点校说明),北京:北京古籍出版社,1989年;查慎行:《人海行》,北京:北京古籍出版社,1989年,第12—13页;拙著论文:《三版〈主制群征〉附录赠言相关士人考》,《基督教文化学刊》第19辑,第183—202页。

② 李兰琴:《汤若望传》,北京:东方出版社,1995年,第140页。

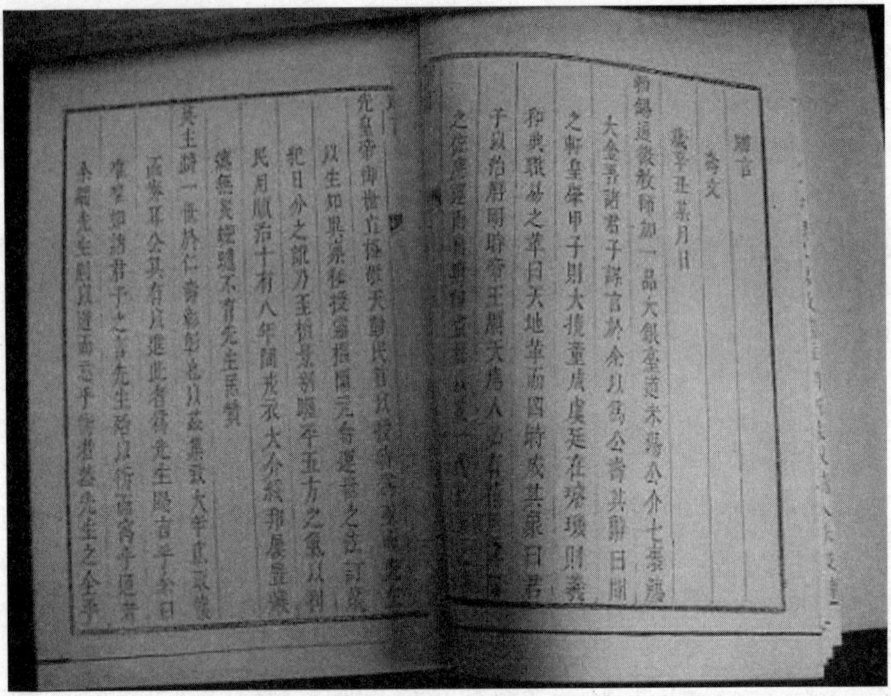

（图片来源于维也纳奥地利国家图书馆藏顺治十八年刊本《碑记赠言合刻》，编号为 Sin.58）

《碑记赠言合刻》共 26 页，半页 9 行，每行 20 字，左右双边，单鱼尾，版心上方根据不同部分内容分别书“碑记”“赠言”字样。计收录有碑文两篇，寿文三篇，荫文两篇，诗 22 首。总计 29 篇，相关作者 22 人。应该说，其涉及面和信息承载量都是比较大的。两篇碑记一记顺治元年（1644）朝廷采用了汤若望用西洋历法编纂的时宪新历并任命汤若望掌钦天监监正印，从而开创了用西人治历和执掌钦天监的历史；另一篇记载为顺治七年（1650）“上赐汤若望宣武门内天主堂侧隙地一方，以资重建圣堂”事情，汤若望这座教堂就建在原来利玛窦（Matteo Ricci）在明朝所建教堂的旁边，命名为无玷始胎圣母堂，据刘肇国在碑记中所述，堂的正中应该供奉的是圣母玛丽亚像，“西式应尔也，檐溜之壁有两石焉”，此处两石，一石刻汤若望自撰的《都门建堂碑记》，另一石所刻就应该是刘肇国所撰的《赠天主新堂记》。顺治九年（1652）天主堂告竣时，上赐“钦崇天道”匾额并礼部尚书与孔子六十六代裔孙各题赠堂额。[①] 三篇寿文作于顺治十八年（1661）五月一日，为祝贺汤若望七十大寿而作。两篇荫文作于顺治十八年九月，此时康熙皇帝御极恩诏三品以上咸得荫一子入国子监修业，而若望是外国人并无子嗣，故康熙降特旨荫其孙汤士弘以

① 黄伯禄著，韩琦、吴旻校注：《中外交通史籍丛刊 · 熙朝崇正集 · 熙朝定案（外三种）· 正教奉褒》，北京：中华书局，2006 年，第 281—282 页。

示优渥。22首诗则大都为汤若望日常交游和布教相关士大夫们的赠诗。《合刻》对中国天主教史的研究、对天主教与中国文学文化关系研究,乃至对中西比较文化研究具有较高的学术价值,但是此前学界囿于资料有限等种种原因,对其重视和利用还远远不够,相关研究也没有深入开展,因此,笔者决心利用手头的各个版本,以维也纳奥地利国家图书馆藏顺治十八年刊本《碑记赠言合刻》为基础,对其进行校注,以飨同好。原文并无句读,标点和段落均由笔者酌定,并依据相关资料,略加注释。

碑记赠言合刻

一、碑记

赠修新历文

大宗伯胡老先生,台号菊潭

盖闻祥开策鼎,肇纪于综术,序官法,表律衡,合符于章蔀①,中气溯颛夏而人统历殷周以建殊,莫不御协三辰,用和万国。虽经九黎之乱,何改六德之施?三代以来,七政渐谬,闰余乖次,春秋有晦食之讥,推步疏浮,汉世失岁差之准,繇②太初至大统,敬授精研,考合朔与交宫,承讹徯③订?惟西儒道未汤先生,沉酣天学,涉猎象占,胸鲜十二家之争,长仰观恒,足迹周八万里之遐讨,参晷弥亲,载宝笈而燕游。适正朔之廷议,玄扈徐文定公探储促膝,快容成之。再逢辟局操觚,识守敬其未密。④ 先生亘新仪,制测算,拾前人所遗。几阅寒暄规画,求历本攸当。无胶瑟柱,动四气之和;止转浑球,定千岁之至。如度分纬经于天地,如曜距赤道之高卑,以至星宿有本行、本轮,岁月有真会、视会,岁差环转,岁实参差,节候分地而移,蒙气冯⑤虚而异,阳限不在二至,交食见各方隅。略举数端,章明新法,咸畴人未及津

---

① 亦作"章部",我国古历法名词。汉初所传的六种古代历法以十九年为一章,四章为一蔀,二十蔀为一纪,三纪为一元。冬至与月朔同日为章首,冬至在年初为蔀首。

② 此处读yóu,介词,从,自之意。《尔雅》中有:"繇膝以下为揭,繇膝以上为涉。"又《史记·文帝本纪》:"盖闻天道祸自怨起而福繇德兴。"

③ 音xī,等待之意,《尚书·商书·仲虺之诰》:"徯予后,后来其苏。"

④ 此处分别指崇祯三年五月徐光启举荐汤若望和罗雅谷襄授制器演算诸法事和前因钦天监推法差误,徐光启、汤若望等又奉旨特置西法历局着成新历书两事。《中外交通史籍丛刊·熙朝崇正集·熙朝定案(外三种)·正教奉褒》,第271—277页。

⑤ 音píng,古同"凭",凭借,依靠。

逮，固灵台所应珍藏。百卷著自崇祯，尚稽告朔，时宪颁诸，顺治遂正。抚辰浑周髀勾股之异同，匪蠡测管窥之浅略，等一世于百世，洵可法而可传。纶命付史馆，弘宣肄习，着官生永守以述[①]，明光圣作，奥抉天人，取征信，释群疑，见超今古。从兹克调，玉烛继日，策于轩皇，爰在璇衡。振风动于唐后，功非小补，学有偕宗。先是辞禄，靖共兼秩，以常卿莅事。今者疏荣制谕，锡名通玄教师，诏富之典倍增，崇贤之恩特焕。[②] 监弟子刘有庆等，贷灵丽泽，授指钦天，高宠辱之无惊，游情造物，淑理数于俱晰。创则明时，拟勒坚珉，用昭异数。以仆从游，夙谊成，美同心，辄邀笔墨之缘，载阐泽火之治，于时斗杓东指，庭卉南萌，俶四序之如环。春熙芸案，归两仪于太极，钥叶葭灰，证考验之一班。仰智能之双绝，敬书端委，章示来兹。

赠天主新堂记[③]

弘文院学士刘老先生，台号阮仙

顺治七年，岁在析木，日在鹑火，孟秋之望，肇国过从泰西汤先生所，闻匠石声，叩之，云：稍新堂构，以事天主也。爰请得而瞻仰焉。见其实实枚枚也，殖殖哙哙也，制有纵横，印持十字，倨[④]句有伦，崇卑中度，朴属坚好，周以瓴甋，即古人所谓审曲面势，执悬视景者，未易及此。汤先生曰："西式应尔也，檐溜之壁有两石焉。"先生指而言曰："一以着主教之因，一以叙建堂之缘起也。主教之说，非子所悉，余已自引其端，子稍知历，幸为我言治历之事也。"肇国谢不敏，先生固请，肇国敛容曰："治历者，先生久留之故；传教者，先生远来之故也。肇国虽未悉先生之教，然亦闻其梗概矣。"先生曰："惟子言之。"肇国唯唯。因言曰：尽性知天，事匪细也；格物穷理，功匪易也。望而却步，谦让弗遑者，窒也。实见得是，高谈侈论者，也未能无敝也。泰西诸儒，溯原竟委，大无不括，小无不关，知天所以生人之意，知人所以事天之理。以至设度审数，制器尚象，明其当然，又明其所以然，可变可通，可大可

---

① 汤若望于顺治二年(1645)呈上由他捐资刊刻的新法历书，并奏请"宣付史馆用，著本朝历法度越前代，为亿万年历数无疆，永以为训"，上准其所请，并传令天文官生"用心肆习，永远遵守"。于是汤若望也借机培养自己在钦天监中传习西学的骨干，并于顺治元年(1644)十月以《时宪》新历法颁行天下并适会新皇御极为名，为参与修订历法的诸位监生请功，其提请朝廷叙劳行赏的 21 人大名单当中就包括下文中提到的刘有庆，这些人也大都是西洋新法的拥护者。《汤若望奏疏》卷首，清顺治间刻本，中科院图书馆藏。

② 顺治元年(1644)十一月，奉上谕钦天监印信著汤若望掌管；顺治三年(1646)六月，吏部题称钦天监监正汤若望创立新法，勤劳懋著，奉旨加太常寺少卿衔；顺治十年三月，上赐汤若望号"通玄教师"。《中外交通史籍丛刊·熙朝崇正集·熙朝定案(外三种)·正教奉褒》，第 280-282 页。

③ 顺治十一年(1654)，顺治又将阜成门外利玛窦坟茔两旁地亩赏给汤若望，为日后窀穸之所，汤若望又在此地建造圣母堂一座并也题有两篇碑文，一记上赐安立坟茔地亩事，一记建造圣母堂事，而刘肇国所题碑文为顺治七年宣武门内天主堂，两事不可混淆。顺治十四年又御赐宣武门内天主堂"通微佳境"匾额，并御制天主堂碑记。《中外交通史籍丛刊·熙朝崇正集·熙朝定案(外三种)·正教奉褒》，第 283—287 页。

④ 读"勾"，句，曲也。《说文》段注："凡曲折之物，侈为倨，敛为句。考工记多言倨句。"

久,曲鬯旁达,左右咸宜。所谓不规而自圆,不矩而自方者,非耶?又不敢自私其学,舟航八万里来入中国,亦为弘演教旨。俾大圜之内,厚载之上,凡具耳目身心者,罔不修身立命,无忝所生,始满厥愿云尔。而乃今以历法特闻,不知历法仅其绪余也。虽探天地之高深,步日星之远近,仰观俯察,亦昭事之一端,要之心性学问实不在此,然而先生亦良苦矣。适馆授餐,殚精研思,所制测验仪器凡数十事,皆古来历家所未及见者也;翻译载籍几数百卷,其所言岁差环转,岁实参差,天有纬度,地有经度,宿有本行,曜有本轮,以及真会、视会诸法,皆古来历家所未及言者也;其所测日月交食,五星顺逆,显而可见者,无不密合,又治历诸家所大相径庭者也。彰明较着如此,尚犹豫因循,未能厘正者几及廿年,况心性大事乎?虽然,识者知其有待也。逮皇清启运,统一寰宇,曰远人犹吾人也,癝饩有加,干止如故,可不谓殊恩欤?圣政聿新,首察玑衡,旨曰:"治历明时,帝王首重,旧历差讹,新法详审用以正历。"敬迓天庥,名曰"时宪"。适仲秋之朔,日有交食,先生以时刻分秒、起复方位进。爰命大学士冯老师率官公同测验。冯师素精于历者,登台比勘,而诸法皆舛,而新法若符契然,乃覆奏报。旨曰:"新法密合天行,尽善尽美,见今定造'时宪'新历,颁行天下,悉依此法为准,以钦崇天道,敬授人时。"夫以廿年筑舍之议,决之一旦,行之普天,又可不谓快举欤?先生乃私幸曰:"非远人之功也,使远人不负数十年苦心者,天主之能力也。"迄今数年,遵用不忒,肆习者亦稍广,先生乃因东偏之隙地构兹新堂,以报天主之仁慈,以明朝廷之优渥,先生之用心至此益苦矣,抑肇国睹斯堂而有感也。存心养性所以事天主,仁孝忠睦,百伦具举,傲妒贪淫,百罹悉蠲,不能触目而儆心,乃拘墟而愕眙之乎?生尔眇者,揣钥扣盘,疑以为日,知不然矣。不知天者,请视夫日;不知日者,请视夫历;不知历者,请视仪器。勿曰艺成而下也,技进乎道,道成而上矣。圣人既竭目力,继之以规矩准绳,规矩方圆之至,圣人人伦之至,凡睹斯堂者其也重有感也夫!

二、赠言

1.寿文

金文通公贺汤若望七帙寿文

岁辛丑某月日(陈垣抄本为四月朔日),敕赐通微教师加一品大银台道未汤公介七帙觞，大金吾诸君子①谋言于余，以为公寿。其辞曰：闻之轩皇肇甲子，则大挠董成，虞廷在璇玑，则羲和典职。《易》之《革》曰："天地革而四时成。"其《象》曰："君子以治历明时。"帝王顺天应人，必有精思博闻之佐，应运而出，穷神尽智，以成一代钦若之宪。先皇帝御世立极，敬天勤民，首以授时为亟，而先生以生知异禀，密授灵枢，阐元会运世之法，订岁纪日分之讹，乃至析景别躔，平五方之气，以利民用。顺治十有八年间，戎衣大介，绥邦屡丰，瘯疠无灾，蜚蛇不育，先生匡赞英主，跻一世于仁寿，彰彰也，以兹集致大年，直取怀而券而。公其有以进此者为先生扬言乎？余曰：唯唯，如诸君子之言，先生殆以术而寓乎道者，余谓先生则以道而忘乎术者。盖先生之全乎道，非以术教而以身教者也。先生综洽过偃韦，悬裁超甘石，其学不为不博。毋俟稽谶披图，而占纬常符，不假登台上库，而休咎毕协，其智识不为不精。遭熙时，展硕抱，服被五帝，位阶九列，锡号媲于上真，其名业不为不尊以显。然而学博不以长矜，诗精不以市诡，名业尊显，不以形骄倨，士大夫之朝夕习于先生者，钦其卑牧，饮其和醇，而知骄阳不介于其躬也。坦坦愉愉，绝町畦，捐城府，无刻核以示厉，而知沴阴不萌于其虑也。举一切世态物情之为寂雷震霆、凄风苦雨，无不有感而立消，忘言而自化，是以呰窳夭扎之患，蔑由而致。岂藉斤斤亶昏夕之期，候耕耘之节，以祛眚戾而召休嘉者乎？谓先生之寿其身以寿世，在此不在彼，讵曰不然！更进之而宣幽疏滞，摄护新天子冲德，大之衍应五事，以验庶征，小之寓规折柳，以扶化育，祈天以永命，无疆惟休，先生之学，于是全乎大道；先生之寿，于是结为大年也已。诸君子跃然曰：是足以觞先生。遂书之为祝。光禄大夫、太傅兼太子太师、吏部尚书、中和殿大学士、前少傅兼太子太傅、充纂修顺治大训总裁、乙未科会试大主考、少保兼太子太保、吏兵工三部尚书、都察院左都御史、吏兵二部右侍郎、充丙戌乙丑乙未三科殿试读卷官、由己未科进士出身、通家侍生金之俊顿首拜撰。

魏文毅公贺汤若望七帙寿文

盖闻命世大才、经纶名教者，不必华宗夏士；拨烦理乱，澄氛济世者，不必八索九丘。信哉其言之也！以余观于道未汤老先生，殆器大神宏，而无愧于古之圣贤者欤！先生生于西海之滨，航海数万里至中华之地。大海茫茫，风波万丈，蛟蜃鱼龙，

① 此处大金吾应指其义子时任锦衣卫治仪正的潘尽孝，王崇简文中也有"先生之门有金吾潘君尔力，事先生久，凡先生夙夜在公，君左右之，章皇帝心鉴其勤劳，畀以今官，而今荫孙汤士弘，又即君之子也。然则尔力之获庇于先生者甚厚，而先生真可谓泽及于其后，庆余于其家也欤"等语。顺治十八年(1661)九月，顺治皇帝念汤若望矢志贞修，苦独无依，令其抚养一幼童作为义孙，康熙帝御极后，又特旨让其过继之义孙汤士弘入监肄业。潘尽孝当时是汤若望的门下兼仆人，若望过继的义孙汤士弘原是潘尽孝之子。《中外交通史籍丛刊·熙朝崇正集·熙朝定案(外三种)·正教奉褒》，第300页。

扬鬣奋舞，或遇山石错锷，险若锋刃，舟触之则立碎，又海水盐卤，不可下咽，令人干喝。所历数十国，多鸟言卉服，鬼神出没，而先生风帆数载，若履平地，所谓以道德为干橹，仁义为甲兵，水不濡而火不热者，先生之谓也。前此，先生未至中华时，有利先生玛窦者，宣扬其教，一时颇有信从之者，然犹沕暗未着。自先生由海壖北上，广着鸿书，阐发至论，如《群征》《缘起》《真福》诸籍，①与此中好学之士，共闻共见，而又接引后来，勤勤不倦，乐于启迪。所谓青天白日心事，光风霁月胸怀，先生之谓也。自古帝王治天下，最重历法，尧命羲和，敬授人时，以闰月定四时成岁，允厘百工，庶绩咸熙。夏小正及周礼月令诸书，莫不钦若昊天，茂对育物。降及汉唐，至于明初，皆以太史掌之。诚有见于天道为人事之本原，而敬天乃治民之实事也。故风雨以时，灾沴不作，百姓和乐，则天下太平。否则，衡石程书，无益于治；智尽能索，反滋之乱也。乃先生精详历法，测验布算，占星以分度，立表以穷景，日躔盈缩，月离疾迟，去极远近，十二宫辰，不越掌握径寸而得之，而岁差环转，岁实参差，天有纬度，地有经度，宿有本行，日月五星有本轮，日月有真会视会，又发前人所未发。是以密合天行，特膺纶眷，所谓博物君子，学贯天人者，先生之谓也。天下甚大，九州岛之外，复有万国，其安危理乱，总以中华为转移，中华，万国之斗杓也。故海不扬波，则越裳重译而来朝。大林国有神铁之山，若中国之君有道，神铁即自流溢，镕之为剑，以贡方物，此类不可胜纪。然斗杓之转，又在人主一心，先生任太史之寄，登灵台，望云物，如氛祲灾祥，知无不言，言无不尽，而国家大事，有关系安危者，必直言以争之，虽其疏章谨密不传，然而调燮斡旋，不止一端。维衮有阙，仲山甫补之，所谓以犯颜敢谏者为忠，救时行道为急者，先生之谓也。或曰：先生之人，确然有道者也，先生之教，疑之者半，信之者半，与儒者有异同。吾子将何择焉？余曰：子未熟察夫先生之教也。夫先生之教，以天主为名，原夫太始之元，虚廓无形，天地未分，混沌无垠，冥昭瞢暗，谁能极之？阴阳之合，何本何化？九重庶营？八柱何当？凡皆天帝之所为也。主教尊天，儒教也尊天；主教穷理，儒教也穷理。孔子之言曰：下学而上达，知我者其天乎！又曰：天生德于予。又曰：获罪于天，无所祷也。孟子曰：存其心，养其性，所以事天也。夭寿不贰，修身以俟之，所以立命也。《易》曰：天行健，君子以自强不息。古圣贤凛凛于事天之学者如此，而后之儒者乃以隔膜之见，妄为注释，如所谓天为理也，含糊不明。儒者如葛屺瞻诸人，固已辨其非。先生之论，岂不开发群蒙，而使天下之人各识其大父而知所归命哉！谓先生为西海之儒，即中华之大儒可也。先生之言曰：各国各安，安于各法；万国各安，安于公法。法之公，尚有公于天主者哉？至于辟佛老纵横逍遥之说为不足致太平，此尤广厦细

① 指汤若望所著的三本神学书籍：《主制群征》《主教缘起》和《真福训诠》，详见徐宗泽：《明清间耶稣会士译着提要》，上海：上海书店，2006 年，第 118、133、51 页。

桷之上所宜切切留意者。又如教戒贪淫，教戒欺诈强暴等恶，尤为理性平情之要旨。克己复礼，即参赞位育，皆可由此以致之，而谓先生之教与儒者有异同乎？余向聆先生之绪论，见其谆谆以兴起教化为念，而其着书之奥博宏赡，当愧不能穷究其说。今春届先生七帙之期，其门下诸君子以文为请，余惟先生心同太虚，学超物表，方将延大椿之年，以八千岁为春，八千岁为秋，与广成先生入无穷之门。篯铿安期之流，固不足道。特为述先生之为人，与先生之为学，足以寿世寿国寿民，其器大神宏有如此，而百家之自私自利者，可以改弦易辙，而知所趋向矣。是为序。都察院左都御史、前加太子太保、左副都御史、提督四驿馆、太常寺少卿、兵科给事中、翰林国史院庶吉士、赐进士出身柏乡魏裔介顿首拜撰。

龚端毅公贺汤若望七帙寿文

道未先生，崛起海表，不远八万里，税驾乎京师，道德洽闻，倾动朝着，时则贵臣拥彗，当宁访畴，开局治书，都为百卷，灿然明备，待时而行。我国家肇造九有，卜年万禩。敬天授人，首膺召命，先生以精微之学，仰赞钦文，测景别躔，提羲契和，化讹成易，上协乎辰纪，析因夷隩，俯考乎方舆，简仪日晷，极制器尚象之能，三角割圆，有精义入神之法，于是两仪之纬度经度，星宿之木行木轮，二曜之实会视会，以至环转参差，岁差岁实之别，因时相地，交食凌犯之详，莫不运以密心，深乎灵契，元会运世，表天官之书，迎日推策，布容成之算，是固一行之所却步，守敬于焉逊心者矣。我世祖章皇帝蕴剖轩图，悟兼性道。崆峒之问，遂叶风云；柱下之言，并参帷幄。登灵台而望云物，正朔肇颁；执谮人以投虎豺，群棼底定。锡之师号，爵以上卿，夜半受厘，时席前于宣室，宸游多暇，亦辇降于丹房，东第之冠舄如云，尚方之问劳日至，鱼水之合鸫行所稀，先生因是感激恩知，誓捐形迹，睹时政之得失，必手疏以秘陈，于凡修身事天，展亲笃旧，恤兵勤民，用贤纳谏，下宽大之令，慎刑狱之威，盘固人心，镞励士气，随时匡建，知无不言。贾生太息，方当极治之朝；魏征十渐，以成贞观之盛。乃至猎阻相如，表抗韩愈，抵触忌讳，罔摄震霆，微闻拂耳，终谐纳牖，最后则直陈万世之大计，更为举朝所难言。① 司马公之累表待罪，范忠宣之头须尽白，血诚轮囷，早见常虑。方诸古人，殆有过之无不及焉。先皇帝神圣之姿，群下莫及，独与先生危言极论，化吁咈为都俞，止辇转寰，欣然乐受，岂非以其至诚，约结焚草之

---

① 清廷曾在顺治立嗣问题上征求过汤若望的意见，因顺治系得天花而死，当时落后的医疗条件连皇室都对这种病尚缺乏有效的治疗办法，一般士人更是谈痘色变，汤若望的建议是立幼时曾出过天花的玄烨为帝，这一观点与孝庄皇太后及朝中满族显贵观点相合，遂一言定鼎。下文龚鼎孳赠汤若望诗中也有“忠深献纳传封事”之句，所指也应是此事。详见[德]魏特著，杨丙辰译：《汤若望传》下册，上海：商务印书馆，1949年，第325—326页。

忠。匪同讦激，而孤踪独立批麟之勇，不由旁赞哉。迄今龙髯初远，丹槛犹新，乃是发箧陈书，泫然流涕，感圣度之如天，庆孤臣之遭遇，而与先生游者，乃幸得窥伏蒲叩阍之一斑，想造膝补天之盛事。举手加额，信仁贤之有益人国，而益以见先皇帝虚怀从谏，贻宗社无疆之庥，为千古所不再覯也。新天子手握干府，光昭继述，当周成负扆之年，正旦奭辅天之日，先生以老成宿望，再被温纶，晋号通微，俾仍师席。鞶带三锡，矢卷阿鸣鸟之音；精白两朝，迟黄石赤松之驾。爰值清和之合朔，蔚为杖国之嘉辰。绿瞳赤舄，无须鸠玉之扶；鹤盖文茵，均切凫藻之忭。高足弟子金吾潘君辈，以余缘殷圯履，赏辱爨琴，结缟带之无惭，披翟罗而授简。《书》曰：询兹黄发。言国家图任耆硕，敦庞纯固，以保我子孙黎民也，为天子祝万年焉。又曰：天寿平格，言世之正人君子，期颐难老，以其嘉言懒行，集纯嘏而绥邦家也，为先生诵九如焉。天休兹至，咸有一德，景星卿云，诸福总萃。然则先生之身，视乎国家之景运，绵绵其未有艾也。安期羡门，窈渺无征之言，乌足以申介眉，而侑康爵哉？国子监助教，前都察院左都御史，充乙未文武廷试读卷官，户、刑二部左右侍郎，翰林院，提督四译馆，太常寺少卿，吏、礼、兵科都给事中，同进士出身，通家侍生，淮南龚鼎孳顿首拜撰。

2.荫文

胡少傅奉贺道翁汤老先生荣荫序

道未先生以治历上襄圣治，中外奉正朔者几达八维，新皇御极，疏恩大小臣工，而三品以上咸得荫一子入成均，昭异数也。先生以大银台加品加级，而例格于教，或谓缺典，九月初旬，奉特旨：汤若望系国外之人，效力年久，原无妻室，不必拘例，其过继之孙著入监。钦此。遂得以抚养幼孙汤士弘，咨送国学，岂非异数中之尤异者哉？都人士莫不手额圣朝立贤之无方，而先生邀恩之独渥也。门下士某等丐余言志庆，余谓先生昌明天学，讵芥蒂于身后，矧复计承祧载贲耶？然而国家酬庸大典，周洽靡遗，前者考绩疏荣，及其先代，今又曲体其启佑同伦，推锡嗣裔，从古未膺之荣，自先生而始被，非夙昔宣劳，上彻黼扆，乌能叨兹异数哉？《小宛》有云：螟蛉有子，蜾蠃负之。先生胞与殷怀，不独善其身之谓也。《法言》亦云：蜾祝类我，久则肖之。在士弘，异日者黾勉于学，思姱修立名，图所以肖先生，以上报特恩，斯亦诸士所共愿然者矣。光禄大夫、少傅兼太子太傅、兵部尚书、武英殿秘书院大学士、进士出身西蜀胡世安拜撰。顺治辛丑长至日。

王宫保奉贺道翁汤老先生荣荫序

《易》称余庆，必归积善之家。王者恩施逮下，既被其躬，又及其子若孙。夫荣宠人心所希，而且及于数世，谓之余庆，信非诬已。士之有益当代者，揣摩攻苦，致身青云，因而功见名立，光增祖烈，泽荫孙枝，盖往往而有也。至欲以绝域孤踪而渥帝眷，清修道范而传世家，此则未之前闻。而运际休隆，明良契合，其鱼水相欢，恩遇创见，又有非恒情所可逆记者。若我道翁汤老先生，产自西海，龆龄悟彻性命，辞骨肉，入修士会。年壮抱道东来，迪我中夏，如揭日月而行中天。嗣典历务，感激世祖章皇帝特达之眷，昌言伟论，云蒸霞蔚，末陈万世大计，老成谋国，社稷实永赖焉。今皇上继立天极，推恩格外，特允送其抚养孙男，读书太学，一时称为异数。而余以为先生物外高人，结知英主，力佐创垂，功同补浴。悃款报国之衷，超秩古今，则国家之所以报先生，又何得以拘例乎？此为非常之恩，独于先生有得当也。先生之门有金吾潘君尔力，事先生久，凡先生夙夜在公，君左右之，章皇帝心鉴其勤劳，畀以今官，而今荫孙汤士弘，又即君之子也。然则尔力之获庇于先生者甚厚，而先生真可谓泽及于其后，庆余于其家也欤。司天诸君子，谬谓余知言，索文为先生侑一觞。余义不敢辞，遂泚笔敷陈其概云。太子太保、礼部尚书、前吏部左右侍郎、内翰林国史院学士、詹事府少詹、弘文院侍读学士、国子监祭酒、秘书院侍读检讨、国史院庶吉士、纂修明史、会试同考官、武会试总裁、武殿试读卷官、侍经筵、进士出身、通家侍生王崇简顿首拜撰。顺治辛丑菊月之谷日。

3.诗

道未先生邀同行屋贰公饮和兰贡酒①

胡世安

遐陬扇皇风，一十有三载。古昔不庭区，梯航来每每。
和兰轻重洋，修贡自西海。异物匪朝珍，倾葵应有綷。
奇酿罗诸邦，瓶贮色争璀。丹宸凛禹箴，恶旨寓下逮。
颁予通微师，故国味斯在。秋色老梧桐，幽轩殊芳蔼。
招饮共献酬，甘洌资浇磊。手捧玻璃杯，心惟酒诰谐。
沉湎绝九重，衎宴及臣寀。先生广此意，殇政赠一解。

汤先生招饮上赐和兰贡酒

薛所蕴

声教被遐荒，和兰重译至。方物多珍奇，不贵越裳雉。
维酒清且烈，各国酿有制。一种三器盛，四种十二器。
玻璃制精巧，灿灿文理具。罂实色互映，表里如一致。

---

① 此“和兰贡酒”乃汤若望担任当时中荷初交中的通事后顺治皇帝御赐的。并且当时汤若望为了宗教信仰上的原因和为保证葡萄牙人对华贸易物质利益考虑，在此一中荷贸易谈判中担任了一个并不十分光彩的角色，他通过向顺治皇帝施加自己的影响而使荷兰的对华贸易计划搁浅。详见包乐史（Leonard Blusses）、庄国土：《〈荷使初访中国记〉研究》，厦门：厦门大学出版社，1989 年，第 37 页。

舟航天际来，蛟龙应所嗜。扃钥固重篋，三年得供御。

异人汤先生，上前全拜赐。持归通微堂，馨闻庄逵暨。

叩友二三人，相延就客次。启罂欢命酌，开樽心已醉。

珀光与珊瑚，精彩难逼视。甘露和琼液，不知何位置。

盈盈异香浮，霍尔消积滞。平生耽曲蘖，市酤甘酣寐。

岂知天壤宽，海外有此异。谯楼笳声急，严城将欲闭。

醺然促归舆，仰叹文德备。

过访道未汤先生亭上登览闻海外诸奇

王铎

道未先生学贯天人，养多玄秘，心服其为人中龙象也。予曾书一卷被盗去，因再书此以赎遗失之愆，知道翁必大笑也。

其一

风动铃旗树影斜，漆书奇变尽堪嗟。他山鸟兽诸侯会，异国琳球帝子家。

可道天枢通海眼，始知日路小瓜洼。需时与尔探西极，浩浩昆仑未有涯。

其二

殊方别自有烟峦，一叶艅艎世外观。地折流沙繁品物，人穷星历涉波澜。

眉间药色三光纳，匣里龙形万壑寒。好向橘官延受箓，知君定不吝琼丹。

其三

八万遐程燕蓟中，如云弟子问鸿蒙。惯除修蟒箐风息，屡缚雄鳅瘴雾空。

灵药施时回物病，玉衡齐后代天工。幽房剩有长生诀，一笑拢须遇苑风。

其四

图画充厨始摄然，何珠曾阁揖真仙。醉吟心映群花下，闻卧情游古史前。

琴瑟中和秋独奏，锟铻光怪夜双悬。欲从龙拂求灵液，只恐鸾车泛海烟。

自白下闻汤先生之名今始见之而受经听讲感喜而为之赋二律

沈光裕

其一

多才多艺者，吾土谓周公。公欲教天下，自能超世中。

劳谦无贵贱，晋接一西东。如此方称圣，无令愿落空。

其二

博颡通尼父，修髯戒长公。千言明一向，万国域其中。

旨出尔行地，历成吾道东。君粮不徒与，我信岂成空。

题扇

魏裔介

大道先从沕漠开，羲文妙义一中裁。异端久溺虚无内，圣教还由敬慎来。

凛凛心源思奉事，昭昭帝鉴在胚胎。堪怜愦愦多时辈，谁向洪钟叩几回？

龚鼎孳诗

先生奥学贯人天，南极星辉绮里年。八万路趋丹阙迥，五千言就谷神全。

忠深献纳传封事，①道似羲文启后贤。惭愧小儒难蠡测，也容进履圯桥前。

徐元文诗

高冥有真宰，裔牒承其休。秉此西来符，沛乎塞四州。

衍译无剩义，正始匪旁流。两间一大块，付形百形投。

苟能择所全，奚必论刚柔。先生独全此，寄迹传虚舟。

用托冠盖中，时以告王侯。二曜补元气，瞬息同千秋。

坚凝若混敦，象教莫能俦。怆此群生者，万烁皆自谋。

独峙一标鉴，旷然遗浮丘。

霍叔瑾诗

云海荡落日，君犹此外家。西程九万里，东泛八年槎。

蠲洁尊天主，精微别岁差。昭昭奇器数，元本浩无涯。

吕缵祖诗

维天开景运，间世钟奇人。燮理分黄阁，钦崇佐紫宸。

辩方识大块，裁刻见洪钧。宝号承君宠，应传万万春。

庄冏生诗

客有多髯者，天涯结德邻。技余奇器录，心印古时人。

问俗谈偏胜，探文理入新。往来知不厌，长此饮光醇。

邵夔诗

敷扬真学历埏垓，九万风波航海来。教主一天非异术，功专七克化群才。②

与图广核通虚界，时宪新推列象台。宣夜从今规独制，却惭星聚奏云台。

吴统持诗

此邦谁可语，西学自无邻。海外推才子，寰中景异人。

天心通两代，历法胜千春。愧我曾投契，重过又问津。

陈许庭诗

发轫由西陆，赢粮渡沃洲。缥囊虫篆古，名理赑碑留。

---

① ［德］魏特著、杨丙辰译：《汤若望传》下册，上海：商务印书馆，1949年，第325—326页，汤若望建议立玄烨为帝事。

② 此处"七克"是指于1600年来华的西班牙传教士庞迪我（Didace de Pantoja，1571—1618，字顺阳）所著的神修书《七克》（明末李之藻辑《天学初函》第二册，收入吴相湘主编：《中国史学丛书》，台北：台湾学生书局，1978年）。

司契天为撰，标风谊更优。摄提欣再整，诺厄慰重修。
勾股三层外，卢牟六合周。方闻逾象表，博识遍荒陬。
异雀星初记，金鱼曜始收。辰枢两度辨，觜宿五分求。
晷影标新测，浑仪正昔谬。佐时今太史，典职旧羲侯。
洛下重逢圣，区中自罕俦。虚怀弘翕受，迈齿着谦裒。
海畔遥瞻紫，燕台幸御驺。尚期下遥榻，摩顶答崇丘。

钱路加诗

吾师从西来，大道契无始。钦事天地尊，三一总非二。
嗟我中原人，竞为邪所坠。自闻天铎音，始悟超性事。
拯溺在于渊，明星导其自。救焚在于烈，圣水灭其炽。
正教震京华，八埏赖之利。谁谓凤祯奇？谁云麟祥异。
有此天际人，诚为国之瑞。吾师有三绝，财色与私意。
吾师有双绝，治历与演器。勾测贯几何，郭李失其智。
天子重师学，借以为卿贰。绅士高其风，辄以弟子侍。
忆师离家思，九万里余地。浮槎弱水西，三载始云至。
布教在东方，一百有余季。总其劳勤时，六十又将西。
不数世间年，自有天国岁。道既证其全，犹逊以为未。

艾吾鼎诗

大西汤氏老，道术果异哉！格物无遗理，穷天能见胎。
学从羲和始，历为帝王开。古法流于外，今堪圣主裁。

董朝仪联

拟为先生书一联，作十字曰：穷道脉源流，夺天地造化。不识有以颂先生之万一否？是为问。

潘治诗

谁道西来阻且长？乾坤何处得相忘？大声永夜呼将旦，胼足泥土种出香。
萍寄中原四十载，薪传弟子数千行。功成天国自南面，不共人间臣素王。

谈迁诗句

查慎行《人海记》云：吾邑谈孺木先生，留心明朝典故，不以诗名，然其《北游集》中，如赠汤道未太常云：休屠祭后全非像，博望归时不待槎。如此之类，皆名句也。

（作者单位：上海师范大学比较文学与世界文学研究中心）

适应与转变:英国浸礼会来华后的本色化历程探微

□张德明

摘要:英国浸礼会1846来华传教,先后开辟了山东、山西、陕西三传教区,直至1952年撤出中国,为近代来华典型的新教差会之一;浸礼会由于传教士数量有限,比较重视中国布道员的培养,提倡教友自己管理教会;因经费所限,浸礼会多提倡教徒捐献,供应本土职员所需薪金,自养程度甚高;浸礼会还鼓励平信徒参与布道,组织国内布道团,推动教会自传;浸礼会根据中国社会的需要,积极调整传教策略,促进了中国教会的本色化,但因政治局势、经济条件等原因,其本色化历程并未真正实现。

关键词:英国浸礼会　自治　自养　自传

Abstract: After British Baptists came to China in 1846, they successively set up three missionary districts—Shandong, Shanxi and Shanxi, which remained three models of missionary society until their withdrawal from China in 1952. Due to the minimum number of staff, British Baptists placed more emphasis on the training of Chinese Evangelists, encouraging them to be self-governing. Lacking management funds, they encouraged the followers to donate in order to supply the required local staffs with salaries. Consequently they enjoyed a high degree of self-support. British Baptists also encouraged the laity to participate in preaching and to organize domestic missions to promote the church' s self-propagating ability. They adjusted their missionary strategy to the Chinese situation and pushed forward the localization of Chinese churches. Ultimately, however, due to the political and economic situation in China, the localization process failed to put into practice.

Key words: British Baptists, self-supporting, self-governing, self-propagating

基督教自传入中国后,作为西方宗教,如何与中国社会及中国文化相融合,实现教会的本色化,是传教士及中国基督徒一直追求的目标。关于教会本色化定义,学界历来众说纷纭,但大体包括基督教摆脱西方色彩,彻底与中国社会相融合,实现自治、自传、自养等要求,教会由中国教牧人员自治,经费由华人捐助,不再接受西差会接济,传教事业不依靠外国教士,重在发动本国信徒布道,独自开辟传教区域,不断调整传教策略,以适应中国的社会与文化的客观现实等。英国浸礼会来华后,因经费、传教士数量有限,入华伊始就注意教会本色化,意图实现教会自治、自养、自传,为当时在华新教差会本色化的典范。

一、英国浸礼会在华传教概况

英国浸礼会成立于1792年,属于浸礼宗的分支,为当时首个海外宣教差会。鸦片战争后的1845年,浸礼会总部决定派传教士胡德迈(Thomas H.Hudson)、耶伦(W.Jarrom)夫妇来通商口岸宁波传教,翌年到达宁波,正式开始在华活动。但由于对当地语言不熟悉及中国民众的强烈抵外情绪,入教者甚少,加之经费紧张,浸礼会在1870年代将教务交给英国偕我会管理。①

第二次鸦片战争后,浸礼会又派传教士夏礼(Charles J.Hall)夫妇于1861年到达通商口岸烟台,开始了在山东的传教工作,后陆续有传教士被派遣到烟台传教。1875年,由于布道效果不佳,在烟台传教的李提摩太(Timothy Richard)转赴山东青州传教,将烟台教会转交美南浸信会。李氏在青州走上层传教路线,结交当地官绅,尤其通过"丁戊奇荒"中的赈灾活动扩展了山东教务。1877年底,李提摩太又赴山西赈灾,借机开辟了太原教区,青州教务转由仲钧安(A.G.Jones)管理。浸礼会传教士特纳(J.J.Turner)则于1885年开辟沂州为山西第二个总站,教务向太原以北发展。1889年,仲钧安又在邹平设立山东第二个传教区,并开始向博兴、滨县发展。1891年,浸礼会派在山西传教的敦崇礼(Moir Duncan)、邵涤源(A.G.Shorrock)等先后进入陕西,在三原福音村建立浸礼会在陕西的第一所教会,成为其在陕西境内活动的第一处总堂,教会时有信徒50名②。后敦崇礼于1892年又开辟西

① 谢洪赉:《中国耶稣教会小史》,上海:上海美华书局,1911年,第88页。

② Baptist Missionary Society, *Ter-Jubilee Celebrations* 1942-1944.London: The Alden Press, 1945, p.139.

安为总站,向四乡布道。“1894年,陕西已发展到16个布道站,650名慕道者参加礼拜活动。”①1892年,浸礼会又在山西代州成立总站。1893年,英国浸礼会女布道会首派沙尔德茨(L.M.Shalders)和柯克兰德(A.O.Kirkland)两名女传教士来到青州,后二人又陆续在山西、陕西开展工作。1898年时,“浸礼会在华有25名传教士,76名中国布道员,293处布道站”②。但好景不长,随着义和团运动在山东兴起,浸礼会各地教务大受影响。

在义和团运动中,山东、山西两地浸礼会损失尤其严重,传教士及教徒的生命财产受到极大破坏,布道工作被迫停滞。陕西浸礼会因受到巡抚端方保护,受损较小,传教士也暂时离境。待《辛丑条约》签订后,浸礼会传教士陆续返回,恢复教务。1903年,原“耶稣教寿阳自立会”合并于山西浸礼会,扩展了布道区域。然山西教区经受义和团重创后,入教人数增长缓慢,1905年时,“浸礼会在山西有7名传教士,15处布道站,128名教徒”③。在陕西教区,浸礼会教士于1901年返回后,则组织布道员四乡布道,不断扩展支堂,“1902年新增8处,到1905年又新增14处”④。1905年,浸礼会又在陕西正式建立了延安总站。在辛亥革命前夕,“陕西教区的布道点已经达到55个,教徒也由最初的41人增长到1200人”⑤。山东教区方面,教务发展更快,1904年后,浸礼会在山东陆续成立了周村、北镇、济南、潍县四大总站,其在山东传教区正式定型。到1910年时,“浸礼会在山东有291处布道站,4242名教徒”⑥。民国成立后,推行宗教信仰自由,局势稳定,浸礼会获得发展良机。1914年时,“浸礼会共有外国传教士105人,教徒7286人”⑦。一战爆发后,部分传教士回国参加战地服务,教会多靠中国职员维持,教会经费也颇为拮据。据《中华归主》1920年统计,英国浸礼会在华“有总堂11处,正式教堂447所,布道

---

① Donald MacGillivray ed., *The China Mission HandBook*. Shanghai: American Presbyterian Mission Press, 1896, p.49.

② *One Hundred and Sixth Annual Report of the Baptists Missionary Society*. London: The Mission House, 1898, p.207.

③ D.MacGillivray, *A Century of Protestant Missions in China, 1807-1907*, Shanghai: The American Presbyterian Mission Press, 1907, p.86.

④ 《陕西浸礼会历史》,载于《神学志》,1925年,第11卷第4期,第166—167页。

⑤ E.H.Edwards, *China Missions and the B.M.S*, London: The Carey Press, 1912, p.67.

⑥ R.C.Forsyth, *Shantung, the Sacred Province of China in Some of Its Aspect*, Shanghai: Christian Literature Society, 1912, p.268.

⑦ J.P.Bruce, "Baptist Missionary Society", *The China Mission Year Book*, Shanghai: The Christian Literature Society for China, 1916, p.69.

区415处,男信徒5089人,女信徒2848人,基督教团体10412个"①。

1922年,随着非基督教运动兴起,反教之声遍布全国,浸礼会教务也受到影响,各地教堂屡受冲击。如当时山西老教徒日益减少,新入教者寥寥无几,教会门庭冷落,"经常守礼拜的男女不过十余人,教会势力受到了沉重的打击,教徒人数在1923年也仅有250人"②。后又因五卅惨案及北伐战争爆发,浸礼会在华传教事业趋于停顿,部分传教士也被迫离开。南京国民政府成立后,随着局势的稳定,浸礼会又逐渐恢复教务。此时期受世界经济大危机影响,英国总部差会经费减少,教会无奈裁员减薪,然各地义务布道人员增加,积极参加中华基督教会发动的"五年奋进布道运动",故布道工作有增无减。据1935年的统计报告,"浸礼会在山东教区组成教会278处,受餐者5389名;山西教区组成教会18处,受餐者1207名;陕西教区组成教会94处,受餐者3186名"③。

抗战全面爆发后,浸礼会所在山东、山西成为沦陷区,教堂、学校、医院等教会财产受到严重破坏,传教士及基督徒的正常生活、人身财产都遭受了不同程度的损害,陕西教区未沦陷却也常遭飞机轰炸,浸礼会刚刚在非基督教运动后恢复起来的教务又进入低谷。1941年,"浸礼会在华有36名男传教士,女传教士58名,教徒则有10606人"④。随着太平洋战争的爆发,英国浸礼会在华传教士或被日军关进集中营,或回国避难,也有赴国统区躲避者,教会的正常活动也大受影响。抗战胜利后,传教士陆续返回,但又经国共内战,教务复苏较慢。1949年初,"浸礼会在华有34名男传教士,47名女传教士"⑤。新中国成立后,因英国承认新中国,中国人对英国传教士印象较好,浸礼会的教务暂时得以继续维持。但随着抗美援朝战争爆发及受意识形态的影响,浸礼会传教士被迫相继撤离。到1952年9月9日,随着浸礼会驻上海总干事苏佩礼(H.W.Spillett)的离开⑥,浸礼会传教士全部撤离中国,三省教务移交给中国教会管理,也结束了其在中国活动长达百年的历史。

---

① 中华续行委办会编、蔡咏春等译:《1901—1920年中国基督教调查资料》上卷,北京:中国社会科学出版社,2007年,第809页。

② E.W.Burt, *Fifty Years in China*, London: The Carey Press, 1926, p.99.

③ C.L.Boynton, *Handbook of the Christian Movement in China under Protestant Auspices National Christian Council of China*, Shanghai: The Kwang Hsueh Pub House, 1936, pp.19-21.

④ *One Hundred and Fiftieth Annual Report of the Baptists Missionary Society*, London: The Mission House, 1942, p.8.

⑤ *One Hundred and Fifty-Seventh Annual Report of the Baptists Missionary Society*, London: The Mission House, 1949, p.11.

⑥ Brian Stanley, *The History of the Baptist Missionary Society, 1792-1992*, Edinburgh: T&T Clark, 1992, p.331.

二、英国浸礼会与教会自治

在中国教会本色化方面，因中国教会极度缺乏经费与人才，自治为其中最难者。正如时人所言："夫教会果能自养，亦未必果能自治，以自治之道，弱半恃乎金钱，强半恃乎人才，果有自治之能力否也。欲企望教会自立，非极力注意教会有自治之资格，教众有自治之能力不可。"①英国浸礼会来华之初，在宁波、烟台传教之时，多是由差会出资，传教士出力传教，而忽视了中国信徒的作用。浸礼会传教士很快就意识到，仅靠外国差会而不依赖当地人进行传教，是根本行不通的。如李提摩太当时认识到，"中国人在开展教育与宗教教义传播上，有他们自己的一套方法，他们的组织是自养与自治的，我突然想到实现基督教本色化的最佳方式则是采用中国人的传播方法"②。故李提摩太开始采用中国人协助传教并管理教会的方式，在青州府的教会推行，取得较好效果。李提摩太离开青州后，接替他的钟钧安为了使教育有稳固的根基，就坚持实行教会自治，凡教友能办到的事情就不插手，如此造就他们的自治观念。在青州传教的白向义（E.W.Burt）曾说："对于乡村礼拜堂及校舍，差会未曾有什么花费，这是因为教友自己设置了。他们聚集在简陋的村舍里，自己处理教会的事宜。这样便被训练成实践自治的原理了，这是山东西教士们所始终坚持不变的主义。"③

英国浸礼会还实行中国教徒的内部管理，各地区的基督徒被划分成几个小组，每组选出德才兼备的教会领袖进行领导。浸礼会还印刷大量的布道书、教义问答、圣诗集等宗教宣传品，分发给各地教会领袖使用，在农闲期间，教会领袖们则集合前往固定地点接受培训。"1890年，仲钧安在青州向伦敦报告说，他们已实现了自养自传的目标。青州已被分为6个布道区，每区都向中心教区提供服务。每个教区选出有经验的牧师，并配有年轻助手。"④浸礼会在华建立的教堂，一般都由经过培训的牧师管理，传教士一般只起指导作用。1910年，浸礼会还在山东成立了浸会统会，将教会的管理与财政大权责任交给统会，并聘用部分中国信徒作为代表参加统会管理。

---

① 张西平、卓新平主编：《本色之探：20世纪中国基督教文化学术论集》，北京：中国广播电视出版社，1999年，第355页。

② Timothy Richard, *Forty-Five Years in China, Reminiscences*, London: T.Fisher Unwin Ltd., 1916, p.107.

③ 吴立乐：《浸会在华布道百年略史》，上海：浸会书局，1936年，第163页。

④ D.MacGillivray ed., *A Century of Protestant Missions in China, 1807—1907*, Shanghai: The American Presbyterian Mission Press, 1907, p.90.

1922 年掀起的非基督教运动,使教会转立于自保的地位,教会本色化步伐加快,中国教会要求自立、自治的呼声越来越高。当时教会人士也对浸礼会充满敌意,主要因为:不平等条约不仅让教会蒙羞受攻击,而且日益成了传教之门的最大阻碍;中国教会长期依赖差会供给,一方面造成教会的软弱,另一方面也让信徒背负着洋奴、走狗的骂名;从西方传来的基督教不仅带有外国色彩,甚至有教堂还书"大英国某会浸礼拜堂,遇有较大或有喜庆意义的集会,有的甚至扯上了外国的旗子,给中国人耻辱"①。基于上述原因,中国信徒认为,中国如长此不图自立,老做幼弱之教会,势必做奴隶之教会。故此,1925 年,浸礼会效法美北长老会,选取中国人担任教育、布道、宗教委员会的负责人。1927 年,"中华基督教全国总会"成立后,当时凡赞成"三自"原则的各派基督教组织,纷纷加入中华基督教会,浸礼会山东、山西及陕西三教区也于 1929 年、1933 年相继加入,分别组成中华基督教会山东大会、山西大会、陕西大会。虽然基督教大会名义上是一个统一的组织,是教会的最高团体,而实际上各差会的组织系统并未改变,教会的一切大权,仍掌握在各差会手中。山东大会副会长张伯怀在报告中说:"山东大会虽说叫中华基督教会,其实就真情实际而论,仍有六成是宣教区域,凡事以差会为中心者多,以教会为中心者少。旧浸礼会,就教会本身而论,已是自立、自养、自主,一切教牧皆不受差会薪水,但组织上差会仍掌握最后之权。名义上统会虽是最高团体,实际上司会权柄还在统会之上。"②故浸礼会的名称虽然不用了,但原浸礼会的人事经济等关系变化不大,所谓"三自"的目标也名不副实。

长期以来,传教士因种种原由不愿或不能放手让本土教徒管理教会,而遭受教内外人士批评。自非基督教运动后,浸礼会开始着重培养本地基督徒,对他们进行基督教义、教会规程等方面的训练,以培训普通信徒参与教会管理。在这时期,英国浸礼会的传教士工作逐渐减少,凡属浸礼会的教会都呈现出没落气象,传教士的工作勉强维持。受经费所限,中国传道人员的一部分生活费用由中国信徒负担,浸礼会也开始移交教会权利,华人地位渐突出。1937 年出版的英文《中国差会年鉴》也专门提到了英浸会的教会自治政策,"三省教区的中国教会实现了自治,但差会还应派代表参与管理,实行中西合作比较适合"③。陕西教区成立时间最晚,却"自始即求自立自养,差会对此地的教会也没有什么大的帮助"④,故教会自立程度却最高,处于三教区的前列,但因教会实力本身有限,也使得在事业上难有大的进展。

---

① 中华全国基督教协进会编:《中华基督教会年鉴》,第 7 期,上海,1924 年,第 20—21 页。

② 中华基督教会全国总会编:《中华基督教会全国总会第二届常会纪念册》,广州,1931 年,第 205 页。

③ Frank J.Rawlinson ed., *China Christian Year Book*, Shanghai: Christian Literature Society, 1937, p.199.

④ 中华全国基督教协进会编:《中华基督教会年鉴》,第 11 期,上海,1931 年,第 125 页。

时陕西教区也通过兴办实业来为教会增收。如1928年,陕西浸礼会基督徒李海峰购地三十顷,完全捐出,成立西北农工改进会,组织会员从事农工实验,且会员须为教徒①,既可以振兴当地农工实业,又可以为教会增加收入。1948年时,浸礼会基督徒王子元等还在三原创办西北农工学院,由教友捐助钱粮,自办饮食,不足则由王子元家补充,坚持创办符合中国民情的教会,不接受差会的资助。

三、英国浸礼会与教会自养

经济自养也是实现教会本土化的重要手段,基督教在华传播需要大量资金支持。首先,专职教务人员维持自身生活需要物质支持;其次,举行宗教活动的场所,例如教堂、礼拜所等的修建需要一定的资金;再次,宗教教义的传播、宗教人员和牧师的培养,都离不开经济上的支持。彼时中国教会经费多依靠西方差会,浸礼会在华经费来源主要有三:一是英国浸礼会拨款,这是主要来源,占全部经费的百分之八十以上。二是中国信徒的捐献,按个人经济能力,量力助献,既不勉强,也不摊派,这笔资金为数有限。"1933年,太原浸礼会捐款每年捐款500余元,皆作为本堂经费。"②三是浸礼会在华开办学校、医院及实业等部分收费收入,但为保持此类机构的慈善性质,收费普遍不高,在经费中所占比例不大。浸礼会总部经费主要来源于国内教徒自愿捐献与募捐,其对华历年拨款如下:"1905年,5078英镑;1910年,11275英镑;1915年,17190英镑;1920年,27926英镑;1925年,29320英镑;1930年,14358英镑;1935年,7697英镑;1940年,4178英镑;1945年,4126英镑;1947年,16300英镑;1949年,14600英镑;1950年13000英镑"③。浸礼会所拨的这些经费用于外国传教士本身衣食住行、购置必要的土地和修建教堂,建立教会学校、医院、博物馆花销,支付受雇当地传教人员的报酬等费用。其中,英国富豪捐献给浸礼会的阿斯辛顿(Arthington)基金为在华教务提供了雄厚资金支持。"1910年代,英浸礼会利用该基金出资的6万英镑,先后建成了济南的广智院、山东共合医道学堂、青州神道学堂、西安广仁医院、山西博爱女医院等著名教会机构,后还每年对华提供5000英镑的资助。"④

---

① 王云白:《陕西浸礼会的过去及现在》,载《真光杂志》,1933年32卷5号,第57页。

② 中华基督教会全国总会编:《中华基督教会全国总会第三届常会议录》,厦门,1933年,第124页。

③ H.R.Williamson, *British Baptists in China, 1845—1952*, London: The Carey Kingsgate Press Limited, 1957, p.278.

④ B.M.S Arthington Fund, *The China Mission Year Book*, Shanghai: The Christian Literature Society for China, 1914, p.507.

英国浸礼会在经费花销上有明确分工,中国教堂负责牧师薪水、教堂建筑、乡村学校的花费,教堂的日常花销由布道员提供,乡村学校、高级中学、学院的教员也被要求提供小数额的钱用于支出。差会的资金用于训练牧师、布道者、教师、医生护士,后期当差会经费减少时,大部分花费从学校医院的收入中获得。浸礼会还专门成立了专项基金与管理委员会,“成员由 4 名外国传教士、12 名本土布道员组成,他们由推选产生。16 人组成决策委员会,但他们由每年一度的大会管理,大会人员由传道者和每布道区成员组成”①。以山东教区花费为例,来看一下教会的具体收支状况。“1906 年,山东浸礼会教堂花费 900 墨西哥洋,用于 18 个布道人员支出,占全年花费的 60%。至于本土教堂的收入,现在上海有 1540 海关两的存款,利息 5%,每年利息用于布道者的津贴支出,基金在灾荒时会派上用场。”②特别是非基督教运动爆发后,山东教会的自养进程加快,“1925 到 1928 年,母会对中国浸礼会资金支持减少了 12%,山东完全实现了教会自养”③。陕西教区自立一直走在陕西新教教会的前列,乡村中心都有自己的小教堂,由教民自己设立维持。“1912 年,当地教会收入足以支付 3 个布道员的薪水以及 31 个教师一半的薪水,其余一半由学生父母提供。”④山西教区的自养相对缓慢,1924 年,太原东夹巷教堂建立。“本堂经费常年 900 余元,由华人担负。华牧薪水,每月西差会提供十分之六。”⑤当然受经济条件限制,如太原的桥头街教堂的经费则完全由浸礼会负责。山西教区因教友经济困难,自养程度不高,但到 1937 年业已基本实现。因缺少差会经费支持,就普通教会而言,凡是自养程度愈高,其传道的薪金标准愈低。如:“山东英浸礼会,它的自养程度,继长增高,可是传道人的薪金标准,反而日见降低,因为当今的情形之下,有许多地方,欲教会供给差会所供给那种程度的传道人,实在是办不到的。”⑥

长期以来,皆是西方差会资助中国教会,因此形成了依赖心理。1929 年到 1934 年间,因正逢西方世界经济大危机,绝大多数外国差会对在华教会的资助均有不同程度地下降。西方差会经费的减少对教会日常活动大有影响,传教士人数

---

① D.Macgillivray ed., *A Century of Protestant Missions in China, 1807–1907*, Shanghai: The American Presbyterian Mission Press, 1907, p.71.

② Ibid, p.71.

③ H.R.Williamson, *British Baptists in China, 1845–1952*, London: The Carey Kingsgate Press Limited, 1957, p.254.

④ Thos.Cochrane, *Survey of the Missionary Occupation of China*, Shanghai: The Christian Literature Society for China, 1913, p.230.

⑤ 张近衡:《山西浸礼会之经过及现状》,载《总会公报》,1933 年第 5 卷第 1 期,第 1187 页。

⑥ 韦格尔编:《培养教会工作人员的研究》,上海:广学会,1935 年,第 16 页。

也有所减少，但客观上也提高了中国教会的自养水平。面对教会经济危机，浸礼会也提倡受托主义，鼓励教友捐献，同时采取多种措施加强教会自养，如减少教牧人员薪水、自给传道、副业增收等，成效显著。教会自养，最主要是为增强教友捐助的能力，而这需要提高他们的生产力，故必须加强对教友技能和知识的训练，需要培养专门的人才。故此，加强义务领袖训练，因他们有固定的生活来源，不收教会津贴，完全凭信仰服务教会，提高教会事工的效率，却不增加教会的财政负担。① 1937 年，随着抗战全面爆发，英国国内也忙于应对德国侵略，英国总部差会对华的拨款虽有所减少，但每年仍向中国提供部分资金开展各项社会事业，但教会的自养程度却因教徒的减少受到影响。现据浸礼会年度报告对 1938 年、1939 年英国浸礼会对华经费各项支出作一介绍，具体见下表：

1938—1939 年英国浸礼会在华经费统计表②

单位：英镑

事业 \ 年份	1938 年	1939 年
日常支出	13608	13478
妇女工作	4278	3909
医学工作	9118	8428
文字出版工作	455	452
慈善救济工作	948	1963
总计	28407	28230

1941 年底，随着太平洋战争爆发，英日成为交战国，浸礼会在华教士基本停止了活动。这虽加深了中国教会的困难，但对教会人士长期以来一直呼吁的教会本色化运动提供了难得的契机，中国教会的自治、自传、自养进程加快，这也是日本侵华战争所带来的有利影响。然而，教会自养与自立紧密相关，而综观浸礼会的自养历程，来华传教士只是希望中国教会在经济上能够减轻差会负担，却不希望中国教会实现真正的独立。大多数传教士担心中国教会实现自养后会真正独立，脱离了他们的管理，从而导致其地位下降，而这种心态也影响了教会自养的实现。

四、英国浸礼会与教会自传

在教会本色化方面，自传为最根本之所在，然自西方差会踏入华夏大地以来，

① 中华全国基督教协进会编刊：《中华基督教会年鉴》，第 12 期，上海，1934 年，第 78 页。

② *One Hundred and Forty-Seventh Annual Report of the Baptists Missionary Society*, London: The Mission House, 1939, p.215.

传教士始终是传播福音的主力,普通的教徒更是被动接受,而无自觉传播福音意识,“在教会中,做礼拜、捐款、学习祈祷,就算尽了教友的本分”①。浸礼会传教士来华后,发现因受语言障碍、文化冲突等影响,要在中国开展传教工作,必须依靠本地助手的协助,因此也格外重视对本土布道员的培养。在近代中国恶劣的政治及社会环境下,本地布道员对传教士来说不可或缺,若无他们协助,传教士的工作极难开展;而通过本土人员的帮助,传教士在传教时往往能达到事半功倍的效果。浸礼会训练本土布道员,初期亦仅采用学徒制,由传教士向他们的传道助手提供在职培训,后随着对布道员素质要求提高,又开设正规神学学校,进行全面的神学教育。综观浸礼会来华后各个时期,都不间断地开设神学科、神学班,著名者如青州神道学堂、西安关中道学院、周村明道神学院等。即使在普通学校中也附设神学班,连日伪时期青州守善小学之内,也设有“查经班”。通过这些神学机构,一代接一代地培养牧师、传教士和布道员,以山东为例,“1900 年,浸礼会在中国布道员有 92 人;1919 年,则达到 142 人;1937 年,增长到 412 人”②,浸礼会培养的本土布道员与传教士密切合作,或在教堂宣教,或在乡下城里旅行布道,逐渐成为浸礼会在中国开展布道事业的骨干。

在教会自传问题上,则以山东浸礼会联合会国内布道会最为典型。该会成立于 1909 年,宗旨是对山东省内未有宣教事业的地方进行布道,布道人员则全是中国人。而该会布道款项募集的方法,则是将宣教会的区域分成 25 个区,每区教会由执事和长老负责筹措牧师的薪水,而募集布道捐款则由牧师负责。由于教徒贫困,捐献有限,而经费缺乏,且需要增加受过训练的领袖们的薪水,外国传教士不得不承担了少数布道员的薪水。“有一个教堂仅提供两个布道员的薪水。这些布道员月薪七元。他们每年八个月从事布道工作,其余四个月在田地里劳动。”③虽然该布道团的布道区域有限,但许多地方热心的教徒仍然捐献足够的款项用以派遣布道员到未开辟的地区去传教,并且他们在挑选布道员时十分慎重,这对促进教会自传无疑帮助巨大。1920 年时,该会“布道区中有一个布道员在进行工作。有一个县城的工作很令人鼓舞,此外没有做出什么显著的成绩。常年捐款未曾超过 400 元。”④

浸礼会来华之初,多去乡村旅行布道,散发并出售圣经与基督教小册子,中国布道员也陪同传教士布道,后组队单独布道。当时在山西浸礼会教区,“华人传道

---

① 戴淑明:《我对于基督徒应任义务布道的几句话》,载《金陵神学志》,1932 年第 14 卷第 3 期,第 24 页。

② Norman Howard Cliff, “A History of the Protestant Movement in Shandong Province, China, 1859—1951”. Ph.D Dissertation of University of Buckingham, 1994, p.390.

③④ 《1901—1920 年中国基督教调查资料》,第 1022 页。

人组成3队,前往太原府附近的阳曲、太原、榆次、寿阳、忻州、定襄6县,每月做3星期旅行布道”①。由于乡村布道没有固定场所,浸礼会还从1923年起采用了帐篷布道的方法,并成为中国布道员常用方式。当时,由浸礼会向中国布道人员提供节假日期间使用的帐篷设备及生活经费,并配备了男女志愿工作人员,一般可容250到500人。1924年,“浸礼会在山东资助了5人的帐篷布道团,曾经在18个中心地区举行布道,平均每个中心停留时间为8天,每天聚会3次。最终接受了400多名渴望学习基督教义的男女”②。1930年,中华全国基督教协进会为扩大布道,发动了“五年奋进布道运动”,协进会看到单纯依靠布道员传教的范围有限,故强调平信徒有责任宣传福音,而非仅在教会挂名,故积极提倡个人布道,引导他人归主。现以中华基督教会陕西大会为例说明,1933年11月7日,为响应教会五年运动,陕西大会在西安崇道中学召开特别布道运动筹备大会。此次运动分为播种、培养、灌溉、收成四时期,专门从中国布道人员中选10人为组长,负责组成10个特别布道区,每组中有男女教友各二人为组员,连同组长共五人,全会110处支会由10区负责。1934年1月15—25日,浸礼会又在西安东关崇德女校召开10组长及40组员参加的布道运动研究会,讨论布道材料、各地布道征友会、教诗歌等事项,并为各小组进行授旗礼。“此后相继成立布道征友会90余处,会员1700人,凡在教友中宣布引人归主,并按时赴会均可入会。”③特别布道运动的开展近一年时间里,布道成效显著,在陕西教会“记名者有686人,领洗者有683人”④。故在20世纪30年代后,随着传教士来华人数的减少及本土培养的布道员增多,中国本土布道员逐渐在布道中占据主导地位,传教士转而进入指导,推动了中国教会的自传化进程。

近代传教士来华后,由于中西文化冲突、民族主义高涨等原因,各地教案频发,迫使基督教会逐步调整传教策略,以适应中国社会的特殊民情,浸礼会在此方面尤为引人注目。李提摩太在山西传教时期,仍然推行其在青州府传教所用的中国化传教方式,其在名为《中国需要好心人》的小册子中,提到了在中国传教应当雇佣当地人,而且“每一位新来的传教士除了学习语言外,应被要求去研究当地的本土宗教、学习传教方法,这会提高其工作效率,也十分必要”⑤。但浸礼会在雇佣本土布道员问题上比较谨慎,有的地区本土布道员则是完全义务性地为教会服务。因浸礼会曾在同一

① 汤清:《中国基督教百年史》,香港:道声出版社,1987年,第408页。

② Henry Theodore Hodgkin, *Tent Evangelism in Shantung*, *The China Mission Year Book*, Shanghai: Christian Literature Society, 1925, p.201.

③ 朱晨声:《陕西中华基督教会五运布道会概况》,载《中华归主》,1935年第152期,第19页。

④ 《华北五运促进会的消息》,载《中华归主》,1935年第152期,第18页。

⑤ Timothy Richard, *Forty-Five Years in China*, *Reminiscences*, London: T.Fisher Unwin Ltd., 1916, p.199.

地区试行新、旧两种方法,结果发现那些有酬的布道员所建立的教会,其发展并不顺利,而建立在自传基础上,由义务布道员管理的教会则一般较有生机。浸礼会在华的布道工作,也充分考虑到了中国风土人情习惯,以便传教工作的开展。曾在山东传教的浸礼会女教士林惠生夫人(Mrs.S.B.Drake)直言不讳地提到传教工作应抛弃雇佣观念,多从中国人的角度考虑问题:"如果为中国人安排开会、礼拜、上课或是社会交往等活动的时间时,我们应当考虑他们而不是我们的方便;而且在教学时也应当遵循一原则,以利于激发和提高本土化观念;换句话说,我们应当去研究听众的需要,并尽力以合适的方式满足这些需求,这将会对他们极有帮助。"①这些原则是传教士在华布道主动作出的调整,也为浸礼会各教区传教士所沿用,以利于提高中国教会的本色化程度,也为中国布道员的自传创造了有利条件。

五、结语

综观英国浸礼会在华百余年活动,其对中国教会最重要的贡献,可说是引导他们自治、自养、自传,这一进程处于来华新教差会的前列。正如基督教协进会人士所说:"我不曾在中国见过这样能自治、自养、自传的教会礼制,像浸礼会传教士在山东所创设的那样,该教会为信教而结成的牢固的团契,成效显著。而该传道会在山东引领组织的教会先道,都是才能卓越、最能洞察当地情形之人,所以他们的设施,恐怕无人能及,完全适合中国的情境,别处教会也应当以他们的组织为标本。"②当然浸礼会在教会本色化程度上之所以较高,也是与其传教士人数、经费有限有关,其情形本身有益于推动中国基督教本色化进程。而英国浸礼会虽然在教会本色化方面做出了有益探索,但与其他英美新教差会类似,西方差会仍然提供主要活动经费,其传教士也在教会管理中起决定作用,中国基督徒并未在教会组织体系中占据主导地位,只是在局部实现了本色化。真正的教会本色化还需要中国教徒自己完成,然受财力、人力等种种条件所限,虽然大部分中国基督徒呼吁本色化,而实际付诸行动者不多,且始终存在对西方差会的依赖,这也是基督教未能在中国真正实现本色化的关键原因,直到新中国成立后通过"三自"爱国运动才得以完全实现。

(作者单位:中国社会科学院近代史研究所)

① *Records of the Second Shantung Missionary Conference at Wei-hien,1898*,Shanghai:The Presbyterian Mission Press,1899,p.83.

② 《浸会在华布道百年略史》,第173页。

《汉语札记》英译本研究

□李　真

摘要：在世界汉语教育史领域，国内外学界正在从对西方人汉语研究历史的总体论述逐步转向对个案的考辨和研究。本文从文献学角度出发，对明清之际来华耶稣会研究中国语言的奠基之作《汉语札记》进行文本考察，重点研究其英译本及学术影响，对英译本和拉丁文刊本进行比较分析，总结19世纪远东学术界对于该书的评论，从而对该书文本与文本之间的传承与流变有了较为清晰的把握。

关键词：《汉语札记》　英译本　拉丁文本　对比研究

Abstract: Regarding the history of westerners' learning and studying the Chinese language, the research trend in China and abroad is gradually changing from general description to the individual case study. From the perspective of bibliographic studies, this essay studies *Notitia Linguae Sinicae*, which is the fundamental work of philology by Jesuits who came to China during the Ming and Qing Dynasties. It focuses on the English version of this Latin text and its influence in academic circles, comparing and analyzing the Latin original and the English translation. This article also summarizes the comments and reviews about this work among Asian academics in the 19th century. Accordingly, we can have a better grasp of the textual inheritance and changes of *Notitia Linguae Sinicae*.

Key words: *Notitia Linguae Sinicae*, English translation, Latin original, comparative study

一、《汉语札记》概况

《汉语札记》是康熙朝来华的法国耶稣会士马若瑟(Joseph Henri de Prémare,1666—1736)研究中国语言的代表作,也被西方汉学界称为来华耶稣会对中国语文学最重要的贡献。这是西方汉语研究史上第一部同时介绍白话和文言的语法著作,篇幅浩大,例证丰富,书中引用例句多达一万两千余例,汉字逾五万个;除语法知识外,还汇编了文字、音韵、修辞、民间俗谚、礼仪文化、文学写作等内容,堪称早期西洋研究汉语语法的一部巨著。该书最突出的特点在于在西方人研究汉语的历史上首次从学习者的视角来审视和描述汉语语法现象,尊重汉语的语言规律,有意识地突破拉丁文法的描写范式,对西方汉语研究史和欧洲汉学史都产生了深刻影响,具有很高的学术价值。

虽然《汉语札记》1728 年就已完稿,但由于种种原因,迟迟未能出版。① 直到 19 世纪上半叶,通过马礼逊及马六甲英华书院数年的努力,终于在 1831 年正式出版了拉丁文版。之后,来华的美国传教士又对该书进行了英译本的翻译和出版工作。可以说,《汉语札记》在英语世界的传播是西方汉学史上一个典型的个案。

二、《汉语札记》英译本概况

(一)译者介绍

《汉语札记》的译者为美国公理会传教士裨雅各(James Granger Bridgman,1820—1850)②,他是新教来华的第一位美国传教士裨治文(Elijah Coleman Bridgman,1801—1861)的堂弟,曾任《中国丛报》(*Chinese Repository*)的主编。裨雅各与裨治文都来自于美国马萨诸塞州的阿默斯特(Amherst)家族,1844 年来华后,他应堂兄裨治文的请求,开始着手翻译《汉语札记》,历时三年,一直到 1847 年 4 月 13 日,终于完成了这项艰巨的工作。

(二)英译本概况

1847 年的英译本由《中国丛报》社出版。全书由前言、绪论、正文和附录四个

---

① 关于该书曲折的出版过程,请参见拙作《西方汉语研究奠基之作——〈汉语札记〉出版过程考》,《西学东渐与东亚近代知识的形成和交流》,上海:上海人民出版社,2012 年。

② 译名参见《近代来华外国人名辞典》,北京:中国社会科学出版社,1981 年,第 58 页;又名裨杰斯,参见苏精:《上帝的人马:十九世纪在华传教士的作为》,香港:基督教宗教文化研究社,2006 年,第 26—28 页。

部分组成，英译本正文有323页，另附4页的简要索引。

扉页写有"*The Notitia Linguae Sinicae of Prémare* translated by J.G.Bridgeman"的书名、作者名和译者名，题目下方用英文标明出版地在广州，出版机构为《中国丛报》社，出版时间为1847年，封面没有汉字。

全书汉字从左到右排列，注音按新教传教士使用的英式注音方式重新转写。

英译本每页均有页眉两行，第一行中间为章名，页角有页码，第二行左边为小节名，旁边为本页内容的扼要说明，按内容数量依次列出要目。如下图所示：

THE SPOKEN LANGUAGE AND FAMILIAR STYLE 135

Section 3 of Figures § 1.Repetition A character twice or thrice repeated

扉页之后就是裨雅各的前言，他在前言中说明了在翻译中对1831年拉丁文版的增删和改动情况，包括对序言、音节表、例句、索引、注音方式以及翻译中的删改。

笔者将英译本前言试译如下：

在把这部著作介绍给公众之前，有必要说明的是拥有这部作品原抄本的译者，对抄本做了一些修改。这一抄本正如当初所得时那样，不仅尚未完工，例如结尾部分并未按照作者的原定计划予以增补；而且文中还有相当多的印刷排版错误（指的是1831年在马六甲英华书院刊行的拉丁文版——译者注），这也在一定程度上给推断文句的准确含义造成了困难，同时也引起了某些翻译上的差异。

一些看来不太实用的句子，以及作者序言中的一大部分内容都被删去了，其中包括附录中所含的一张列举了汉语各种音节的简表。在书的正文部分，为了顺应从左至右的阅读习惯，汉字的顺序也做了相应的调整。在翻译中，基本上尽最大可能地表达了作者的意旨。少数例证改变了作者的原意，是为了更好地符合中文思想表达的准确形式。

原书的索引部分由于内容的扩充超出了必要的范围，因此也被删减了；而译者则使用了另一份简洁实用的索引。在修订该书的过程中，译者基本遵循了便捷实用的原则，书中的注音方式与卫三畏的《英华韵府历阶》（*An English and Chinese Vocabulary*）①一书相同，借用其"序言介绍"中的全部谐音字列表。在这一表中，包括了绝大部分常用字和准确的注音。其中，把ping"平"、

① 该书是指卫三畏于1844年在澳门出版的一部工具书：*An English and Chinese Vocabulary*，这是一部英汉词汇手册，按照英文字母顺序依次列出单词和词组，并给出中文的解释和官话注音。该书中文书名为：《英华韵府历阶》，澳门香山书院1844年刊行。参见顾钧：《卫三畏与美国汉学》，北京：外语教学与研究出版社，2009年，第56页。

sháng“上”、k’ü“去”、juh“入”四声分为两部分,即升调和降调。下面是一些例子:“。边”“°贬”“变°”“必。”“。时”“°恃”“侍°”“十。”。

因为缺乏其他国家所拥有的印刷设备,一些印刷排版上的错误是无法避免的。尽管如此,这些错误丝毫不会减损这部作品的整体水平和内在价值。我没有必要在这里特别强调这些。对那些学习中文的学生,特别是正要开始研习这门语言的学生而言,这本书的优点足以证明其重要性。像这样一部作品,我特地将它推荐给生活在这个伟大帝国土地上的宽容的人们。如果它能够给这个封闭的民族指出一条通向他们家园和心灵的道路;如果它能促进中国与西方之间的交流;如果它能给长期生活在黑暗中的人们带去一盏文明与基督的灯火,那么,作为译者,他向上帝的祈祷便有了回应,同样他所付出的心血也得到了最高的奖赏。

一八四七年四月十三日于广州　裨雅各

前言之后,英译者裨雅各编排了一个简要目录,笔者试译如下:

目　录

（三）英译本与拉丁文刊本对比研究

笔者对《汉语札记》1831年出版的拉丁文版和1847年出版的英译本进行了文本对勘和比较，发现英译本对原书做了一定的调整和增删，有的有一定的合理性，有的却违背了作者的原意，现大致总结如下：

1.注音方式

由于读者对象的区别，两书的注音方式也有所不同。马若瑟在绪论第二章第二节“论汉字的发音”中提到了自己来中国学习汉语之初，学的是法式注音，因此在书中也用的是这种注音法。考虑到该书是为新来传教士学习汉语所用，并不只针对法国读者，马若瑟也特别提醒西班牙或葡萄牙读者，西文和葡文字母与法文字母在给汉字注音时的一些区别，如西葡文中的“x”在书中都注为“ch”等等。英译本的译者裨雅各考虑到译本更多是为英语读者之便利，于是将书中例句的汉字注音都改为当时通行的英式注音。以“中国的人”一句为例，拉丁文本中注音为“tchōng koüĕ tĭ gîn”①，英译本中注音为“chung kwoh tih jin”②。

2.汉字的排列方向

1831年拉丁文刊本以法国汉学家儒莲（Stanislas Julien，1797—1873）的抄本为底本刻印，全书汉字是从右到左排列，阅读起来十分别扭。据考狄（Henri Cordier）在《西人论中国书目》（*Bibliotheca Sinica*）中介绍，儒莲受到保持语言纯正传统的影响，在抄写时按中国书籍版印样式中的行款习惯将汉字从右到左排列，拉丁文刊本亦从此例。其实，在中国古代雕版印刷技术中，版式行款包括字序和行序，古籍为汉字直排者多，其字序自上而下，行序自右而左，儒莲对此并不十分清楚，以为汉字横排也遵循这样的惯例，因此造成了拉丁文本汉字排列的问题。英译本在出版时，将所有例句的汉字顺序调整为从左到右排列，符合通常的阅读习惯，这是一个合理的改进。

3.音节表

《汉语札记》拉丁文版“绪论”部分的第三章附录了一份“汉语音节总表”。该表按照汉字拉丁字母注音的韵尾排序，划分成a、e、i、o、oŭ、ou、u、n、ng共9类，再依次按照a，ya，oua，e，ie，oue，yue，i，ai，ouai，yai，ei，uei，oui，o，ao，yao，ouo，ŏ（oŭ），ou，eou，yeou，u，yu，l，an，en（yen，ouen，uen，in，yun），ng（yang，ouang），eng，yng，ong顺序排列，共计39个韵母。全表实际收录1334个字音，每页分两栏排列，每栏分三

① Joseph Prémare, *Notitia Linguae Sinicae*, Malacca, Cura Academia Anglo Sinensis, 1831, p.40.

② Joseph Prémare, *The Notitia Linguae Sinicae of Prémare*, translated into English by J.G.Bridgeman, Canton: the Office of *Chinese Repository*, 1847, p.28.

列,第一列是一个注音①,第二列是对应的汉字②,第三列是对应的拉丁文或者法文的释义。

裨雅各在英译本前言中就明确指出,他考虑马若瑟所总结的"音节表"已不符合当时(19 世纪中期)读者的需要,遂将其删去,代之以另一份"谐音字表"。同时删去的还有马若瑟附在"音节表"后的两页附注和说明。裨雅各声称自己这份字表参照借用了卫三畏的《英华韵府历阶》序言中的字表,按谐音字为小类来收录的,以汉字拉丁注音的第一个字母排序,从"a"一直到"yung"共收入 533 个音节,4296 个汉字。卫三畏的《英华韵府历阶》实际收入的汉字数量为 4297 个③。细考下来两表竟相差一字,而且收入汉字情况还略有区别,如下表所示:

卫三畏谐音字表与裨雅各谐音字表之区别

	总数	差别一	差别二	差别三
卫三畏	4297	p.xviii:shí 逝	p.xx:siuen 選	无此字
裨雅各	4296	无此字	无此字	p.xxxiii:yen 汐

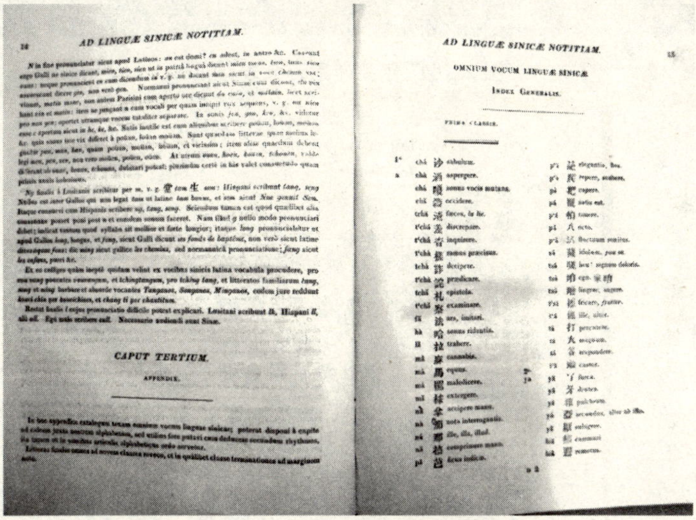
AD LINGUÆ SINICÆ NOTITIAM.

CAPUT TERTIUM.

APPENDIX.

AD LINGUÆ SINICÆ NOTITIAM.

OMNIUM VOCUM LINGUÆ SINICÆ

INDEX GENERALIS.

图 1:1831 年拉丁文本音节表首页

① 其中有 17 个汉字旁边标注了两个或三个读音,包括:師、時、屎、是、直、尺、物(三个读音)、微、尾、味、唆、些、慶、王、罔(此字在 1831 年刊本中有刻印错误,1893 年再版本已更正)、望、朋。

② 其中有 18 个字音的汉字有两个,有的是通假字,有的是同音字,有的是异体字,有的是组词,情况不一。包括:咱(咱家)、泄(洩)、杓(勺)、呵(打)、(一)个、娜(婀)、唆(哄)、摸(模)、蘇(甦)、睹(覩)、受(授)、番(一)、版(板)、温(此字无法打出,一个"日"加一个"昷")、嗔(謓)、唱(倡)、顷(刻)。

③ 卫三畏在编纂谐音字表后说明中说此表包括 533 个音节,4013 个汉字;这个数字也有误,笔者经核查共计 4297 个汉字,比卫氏自己所说多了 284 个汉字。

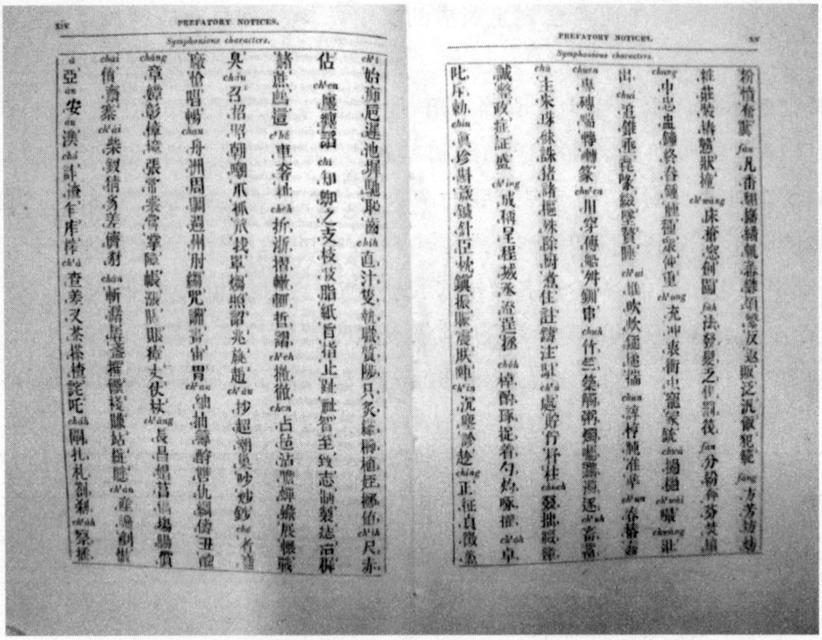

图 2:1847 年英译本音节表首页

INTRODUCTION. liii

Syllables in the Court Dialect.	Homophonous Characters
7 ch'áh	察挿
8 chái	債齋寨
9 ch'ái	柴釵犗豸差儕豺
10 chán	斬瀶孱盞撰饌棧賺站綻駹
11 ch'án	產讒剷懺
12 cháng	章嫜彰樟樟張常裳嘗掌障帳漲脹賬瘴丈仗杖
13 ch'áng	長昌娼菖倡場腸償廠愴唱暢
14 chau	舟洲周賙週州肘縐咒詶晝宙冑
15 ch'au	紬抽籌酧讐仇綢儔丑醜臭
16 cháu	召招昭朝嘲爪抓笊找罩燭照詔兆旐趙
17 ch'áu	抄超潮巢吵炒鈔
18 ché	者遮赭蔗鷓這
19 ch'é	車奢扯
20 cheh	折浙摺轍輒哲謫
21 ch'eh	撤徹
22 chen	占毡沾瞻蟬蟾展輾戰佔
23 ch'en	廛纏諂
24 chí	知蜘之支枝肢脂紙旨指止趾祉智至致志制製痣治稺
25 ch'í	始痴卮遲池墀馳恥齒
26 chih	直汁隻執職質陟只炙織櫛植姪擲值
27 ch'ih	尺赤叱斥勅

图 3:卫三畏《英华韵府历阶》谐音字表

其实仔细比较后可以看出,拉丁文刊本与英译本所列出的两份字表各具特色,马若瑟的"音节表"以汉字发音的韵尾排序,体现了汉语"声、韵、调"三者合一的音节构造特点;裨雅各的"谐音字表"以汉字注音的英文字母首字排序,符合西方读者的语言习惯。马若瑟在"音节表"后所附的六段注解,不仅是对该表内容的补充说明,而且提出了标准语和方言的问题。他指出各地方言与"官话"(linguâ mandarinâ)发音是有区别的,强调传教士在学习汉语发音时应当以官话为标准音。此外,马若瑟建议学习者应以这个"音节表"为基础,当碰到字表中没有的生字时,随时进行添加,逐步扩大自己的词汇量,最终形成一份带有自己个人特色的字典。显然,马若瑟的这些建议来源于他自己的汉语学习经验,非常实用。

遗憾的是英译本不仅删去"汉语音节总表",还一并删去了后面的附注,如果裨雅各能将马若瑟的"音节表"和附注保留,同时增加适合当时英语国家读者使用的汉语语音"谐音字表",相信对学习者而言,将会对汉字读音的历史嬗变有更为全面的认识。

4.文本内容

通过比较两个版本的目录表可以看出,除了个别章节名翻译有出入外,英译本基本保留了拉丁文本的绝大部分内容,较大的删节出现在绪论的第二章"论汉字的发音"中的第二节"汉字的音韵"。

在拉丁文本中,马若瑟有长达10页关于汉字音韵的具体阐述,分别论述汉语音韵中的声母、韵腹和韵尾。他指出当用西文字母来转写汉字时,为了使发音准确,应该特别重视音节的开头字母(即声母)、音节的中间字母(韵腹)和音节的末尾字母(韵尾)。在三个小节中,马若瑟简明扼要地通过将法式注音与西班牙、葡萄牙注音进行比较的方式,逐一讲解了有关声母和韵母的基本知识和需注意的要点,例如他提到法式注音中的"ch"在西班牙文和葡萄牙文中的注音为"x",因此在西葡式注音中的"chā"和"xā"是一样的。在这一部分最值得一提的是,马若瑟对汉语音节的特性做了精确的剖析,他指出"汉语的语声①是由单音节构成"(quod omnes voces sinicae pro unicâ syllabâ supponunt)②,这一特点正是汉语的单音节性,这是一个对汉语语言要素非常重要的阐释。然而,不知何故,英译本在第二节"汉字的发音"中只保留翻译了第一小节"声调"部分,而删节了关于"音韵"的全部内容。在英译本的小节标题"汉语的音韵"(of the Chinese Sounds)下面只有短短两段对后面新的"谐音字表"的说明。这样一来,英译本中对汉语语音的介绍仅限于声调,遗漏了音韵方面有关声母、韵母等重要的知识点。

---

① 原文为"voces",指发出声音的词。

② Prémare, *Notitia Linguae Sinicae*, p.12.

此外，英译本正文内容中还对某些例句的注解做了删节，中文例句方面也多次出现一些错漏、脱衍的地方，主要的问题包括删节、讹字、文字顺序错乱等。

例一：删节

1831 年拉丁文本第 214 页，在讲解“连文”这种修辞格时，马若瑟插入了一大段关于宋代理学的基本命题“格物”的分析，但英译本第 256 页将此全部删去，未见此段内容的译文。

例二：讹字

1831 年拉丁文本第 120 页，例句“默默不语”；1847 年英译本第 135 页，例句则为“點點不语”，显然将“默”字误为繁体的“點”字。

例三：文字顺序错乱

1831 年拉丁文本第 142 页，“民间俗语汇编”第 128 条“廊廟之材非一枝之木”；在 1847 年英译本第 165 页，变为“廟廊之材非一枝之木”，显然将“廊”和“廟”两个字的顺序颠倒了。

5.索引

拉丁文本附录的是由雷慕沙（Jean Rémusat，1788—1832）编制的一份比较详细的索引，共 28 页，以汉字西文注音的首字排序，计有 1736 个关键字，读者可以方便地查找到书中绝大部分语法点及例字；而且，如果同一个字在不同地方出现，均注明多个页码。英译本中没有借鉴雷慕沙的索引，而是裨雅各自己编制的一份特别简要的索引，只有短短 4 页，仅将目录标题和内容按英文字母排序，共计 182 个关键字，太过简单。

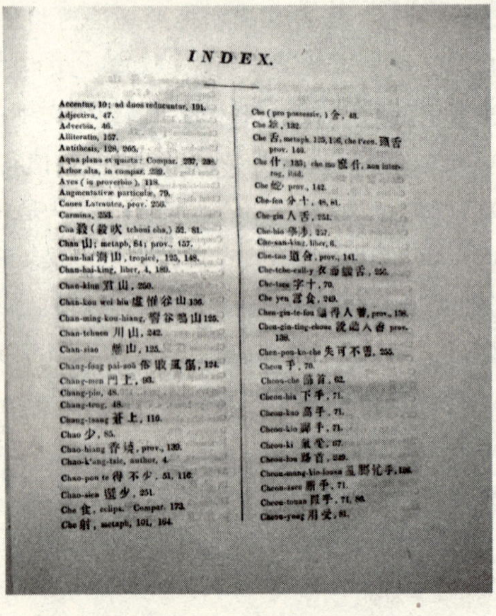

INDEX.

图 4：1831 年拉丁文本索引页（雷慕沙作）

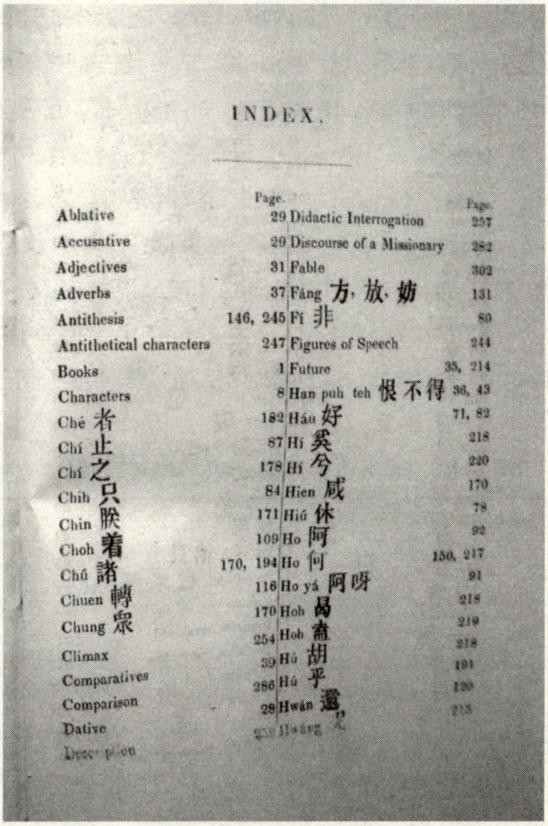

INDEX.

	Page.		Page.
Ablative	29	Didactic Interrogation	257
Accusative	29	Discourse of a Missionary	282
Adjectives	31	Fable	302
Adverbs	37	Fáng 方, 放, 妨	131
Antithesis	146, 245	Fí 非	80
Antithetical characters	247	Figures of Speech	244
Books	1	Future	35, 214
Characters	8	Han puh teh 恨不得	36, 43
Ché 者	182	Háu 好	71, 82
Chí 止	87	Hí 奚	218
Chí 之	178	Hí 兮	220
Chih 只	84	Hien 咸	170
Chin 朕	171	Hiú 休	78
Choh 着	109	Ho 阿	92
Chú 諸	170, 194	Ho 何	150, 217
Chuen 轉	116	Ho yá 阿呀	91
Chung 衆	170	Hoh 曷	218
Climax	254	Hoh 盍	219
Comparatives	39	Hú 胡	218
Comparison	286	Hú 乎	191
Dative	28	Hwán 還	120
Description	[illegible]	Hwang [illegible]	[illegible]

图 5:1847 年英译本索引页(裨雅各作)

综上所述,马若瑟原书中有不少精心编撰的内容都被英译本删节或替换了,这既有因两个版本读者对象不同造成的改动,也有因译者未能理解作者写作意图而造成的误译。马若瑟撰写本书时已在中国生活了三十余年,对中国语言和文化感悟颇深;而英译者裨雅各 1844 年刚到中国就受命翻译这样一本有关汉语的集大成之作,对其中有关汉语的本质特征以及涉及中国传统思想、文化、民间习俗及经典文学作品等的理解都无法和马若瑟相比,翻译难度可想而知。因此,如果进一步对两书的具体内容加以比较,应该还可以考察出译者的文化选择和翻译策略等问题,这应属于一个新的关于文化翻译理论的研究课题,故不在本文探讨的范围之内。

三、《汉语札记》在远东的影响

《中国丛报》是由《汉语札记》的译者裨雅各的堂兄裨治文在中国创办的第一份主要以中国为报道、研究对象的英文刊物,所刊文章涉及中国政治、经济、地理、历史、法律、博物、贸易、语言等方方面面,且详细记录了第一次鸦片战争前后中国的政治、经济、文化、宗教和社会生活等内容。这些记录均来自早期传教士的耳闻目睹，为珍贵的第一手史料，对研究晚清中外关系史具有极其重要的价值。

作为当时沟通中西文化的一个重要媒介，《中国丛报》上刊登的有关语言方面的文章多达94篇，其中检索与马若瑟《汉语札记》直接有关的文章有6篇之多。除了1841年12月刊登了翻译雷慕沙用法文撰写的《马若瑟神父小传》的英译稿①，以及1849年8月发表的一个中国主题书籍汇编目录中收录了《汉语札记》拉丁文及英译本以外，其余四篇文章均对马若瑟和《汉语札记》进行了详略不等的介绍和评述。这份英文期刊对《汉语札记》一书进行了大力的宣传，极大地促进了该书在来华西方人群体中的影响，以至于当时"侨居中国求精研华语之人，不惜以重价求之，致成罕观"②。

《中国丛报》刊登有关马若瑟及《汉语札记》文章一览表

时间、卷数	文章题目	页码
Chinese Repository, 1:4 (1832.08)	"Literary Notices: Notitia Linguae Sinicae, Auctore P. Prémare". Malaccae: Cura et sumtibus, Collegu Anglo-Sinici. 1831	152—155
Chinese Repository, 7:3 (1838.07)	"Review of the facilities existing for the study of the Chinese language, especially as regards England and America"	113—121
Chinese Repository, 10:2(1841.10)	"Biographical notice of Père Joseph Prémare". Translated from Rémusat's Nouveaux Asiatiques	668—675
Chinese Repository, 15:3(1846.3)	"Chinese proverbs, selected from a collection in the English version of P. Prémare's Notitia Linguae Sinicae"	140—144
Chinese Repository, 16:5(1847.5)	"Notices Notitia Linguae Sinicae of Prémare, translated into English by J.G.Bridgeman. Canton: printed at the office of the Chinese Repository, 1847"	266—268
Chinese Repository, 18 (1849.8)	"List of Works upon China, principally in the English and French language: 1. Philological works; 2. Translations; 3. General accounts, Travels, &c."	402—444

1831年《汉语札记》拉丁文刊本出版后，1832年8月《中国丛报》刊登了一篇佚名书评："Literary Notices: Notitia Linguae Sinicae, Auctore P. Prémare. Malaccae: Cu-

① 该文英译名为"Biographical notice of Père Joseph Prémare"。Translated from Rémusat's *Nouveaux Asiatiques* by S.R.参见 *Chinese Repository*, vol.X(1841), pp.668—675。

② 费赖之著，冯承钧译：《在华耶稣会士列传及书目》，北京：中华书局，1995年，第531页。

ra et sumtibus, Collegu Anglo-Sinici. 1831"①,这篇书评对作者马若瑟的生平和学术成就只字未提,只是按《汉语札记》的章节逐一简单作了介绍,最后对该书进行了总体的评论。书评称赞这本书博采众长,内容丰富,通过大量选自中国本土作品中的例句来表现汉语的语法规则,使得学习者能非常满意地获得关于中国语言特点与本质的知识。书评的最后肯定了马若瑟在汉语语法研究上的成就,认为他为世人贡献了一部优秀实用的中国语文学著作。②

《中国丛报》(1838 年 7 月第三卷)发表了由马礼逊的儿子马儒翰(John Robert Morrison, 1814—1843)所撰的一篇较长的论文,题目是"Review of the facilities existing for the study of the Chinese language, especially as regards England and America"。马儒翰在文中对当时有关中国语言的著述进行了评述。由于他认为雷慕沙的语法是对马若瑟语法的一个继承,因此以《汉文启蒙》为参照对象,对马若瑟的《汉语札记》作了点评。马儒翰认为《札记》相当实用,学习者从中能获得有关中国语言最本质的知识;但同时也含蓄地批评其最大的不足是忽略了从如此广泛的一手材料中概括出总体的语法体系与规则。看得出马儒翰对马若瑟讲解汉语语法的方法略有些微词,他提到《札记》的作者关注特殊词、短语的用法和意义,以及与动词或名词搭配的位置,这些通行的语法原则在书中主要通过大量实例而非规则的形式展现出来。③ 尽管如此,他仍然极力推荐该书,认为这部书对于高级阶段的学生具有很高的价值。

在英译本的翻译过程中,《中国丛报》(1846 年 3 月)刊登专文,展示了选自《汉语札记》谚语汇编部分的 67 个民间俗谚,同时发表了一则公告,声明《汉语札记》的英译工作已经完成一半,并交付了部分译稿给《中国丛报》的印刷机构。公告中声称马若瑟的《汉语札记》被公认为是目前帮助学生们学习汉语的最佳作品。④

英译本于 1847 年 4 月付梓出版后,同年 5 月的《中国丛报》马上就刊登了英译本新书出版通告暨书评,简要介绍了马若瑟的生平和译者,并摘录了裨雅各英译本

---

① 潘凤娟认为此文为《中国丛报》主编裨治文(Elijah C. Bridgman, 1801—1861)所撰,参见潘凤娟:《马若瑟、雷慕沙与〈中国丛报〉》,《辅仁大学华裔学志丛书系列之十:辅仁大学第六届汉学国际研讨会"西方早期(1552—1814 年间)汉语学习和研究"论文集》,台湾:辅仁大学出版社,2011 年,第 608 页。

② "Literary Notices: *Notitia Linguae Sinicae*, Auctore P. Prémare. Malaccae: Cura et sumtibus, Collegu Anglo—Sinici. 1831", *Chinese Repository*, 1832.08, pp. 152-155.

③ "Review of the facilities existing for the study of the Chinese language, especially as regards England and America", *Chinese Repository*, 1838.07, p. 114.

④ "Chinese proverbs, selected from a collection in the English version of P. Prémare's Notitia Linguae Sinicae", *Chinese Repository*, 1846.03, p. 140.

的前言部分。文中大力提倡马若瑟所采用的汉语学习方法，高度赞扬马若瑟及其这部作品，称“作为汉语的研究者，没有一个外国人可以超过马若瑟。他的著作不是一部简单的语法书或修辞学的著作。他摒弃了拉丁语法的模式，建构起一套全新的汉语分析框架”①。

四、结语

由于英译本对马若瑟的原稿进行了一定程度的删改，某些翻译也有未尽人意的地方，因此遭到了一些学者的批评，其中以挪威当代学者何莫邪（Christoph Harbsmeier）的批评较为严苛，他在李约瑟（Joseph Needham）主编的《中国科学技术史》（*Science and Civilisation in China*，1998）卷七之《语言与逻辑》“Language and Logic”一章中谈到了他对1847年的英译本的看法，“对那些不熟悉拉丁文的人来说，只能借助于裨雅各1847年的英译本。但是出于某些原因，英译本通篇令人惊奇地曲解了拉丁文原稿的意思。译者经常试图把马若瑟的原意理解为相反的意思，而且总是删略那些颇为有趣的题外话，那恰恰是马若瑟用拉丁语所要表达的绝妙的见解……”②

通过对译本和原著的对比分析以及后续的影响研究，我们可以看出，尽管由于译者本身的文化素养和翻译水平，兼之对中国语言文化的理解差异等多种原因，使得《汉语札记》英译本有着这样那样的一些缺憾，但不可否认，正是在新教传教士的直接帮助下，通过出版手稿、翻译原著以及利用报纸媒介进行宣传等多种手段，作为19世纪以前西方汉语语法研究最高成就③的《汉语札记》才在更大的范围内被世人所认识和使用，被学界研究和讨论，为这部经典之作在19世纪甚至更长时间里的推广与影响起到了推波助澜的作用。

（作者单位：北京外国语大学中国海外汉学研究中心）

① “*The Notitia Linguae Sinicae of Premare*, translated into English by J.G.Bridgeman, Canton: Printed at the Office of *Chinese Repository*, 1847”, in *Chinese Repository*, 1847.05, pp.266-268.

② Christoph Harbsmeier, “Language and Logic” in Joseph Needham, *Science and Civilization in China* Vol.Ⅶ. Cambridge: Cambridge University Press, 1998, p.16, annotation 3.

③ 法国当代汉学家戴密微曾称赞该书为“19世纪以前欧洲最完美的汉语语法书”，参见［法］戴密微：《法国汉学史》，［法］戴仁主编、耿昇译：《法国当代中国学》，北京：中国社会科学出版社，1998年，第27页。

耶稣会士与北京的数学科学

□[美]斯坦尼斯拉夫·叶茨尼克(Stanislav Juznic) 著

□周萍萍 译

译者按:刘松龄(Auguštin Hallerstein,1703—1774)是斯洛文尼亚与中国之间文化交流的第一人。他于1738年来到中国,以宫廷天文学家和数学家的身份奉旨进京,在钦天监任职三十余年。他是来华耶稣会士杰出人士之一,无疑也是耶稣会最后一位天文学家,因为他死后不久,耶稣会宣告解散。本文译自美国俄克拉荷马大学斯坦尼斯拉夫·叶茨尼克教授的著述《刘松龄——旧耶稣会在京最后一位伟大的天文学家》(*Hallerstein, the Last Great Jesuit Astronomer at Beijing*)中的第四章"北京的数学科学",描述了刘松龄之前在华耶稣会士科学家及其同时代的耶稣会士科学家以及中国和朝鲜科学家的活动概况。

一、刘松龄的前辈

作为一位未来的传教士,刘松龄对在京耶稣会前辈科学家的成就如数家珍。1743年,他作了关于意大利耶稣会士利玛窦(Matteo Ricci)[①]成就的报告。1577年前,利玛窦在罗马修院追随克拉维乌斯(Christopher Clavius,1537—1612)学习。1577年至1582年,利玛窦在印度传教。根据刘松龄的记述,万历朝时

---

① 利玛窦,字西泰,1552年10月6日出生于马契拉塔,1571年在罗马加入耶稣会,1610年5月11日在北京去世(Joseph Dehergne, *Répertoire des Jésuites de Chine de* 1552 *a* 1800, Rome: Institutum Historicum S.I., 1973, p.219)。

利玛窦于1601年进京，开始了耶稣会的传教使命。在利玛窦之前，北京钦天监由回族人掌管，他们依据阿拉伯数表计算历法。回族人掌管天文机构开始于1268年，他们用的是中国人并不太了解的测量法。在稍低的部门，官吏负责观测天象①。

利玛窦把欧几里得（Euclid）《几何原本》的前六卷、克拉维乌斯的论文及论著的节选本翻译成了中文。1607年，他用中文出版了《测量法义》②。耶稣会士把等数符号以及代数的其他要素等相对先进的欧洲成就引入了中国③。

除利玛窦外，刘松龄还介绍了建筑师汤若望（Johann Adam Schall von Bell）④的成就。汤若望在罗马修院跟随接任克拉维乌斯的波西米亚德国人格林伯格（Christoph Grienberger，1564—1636）学习数学。1618年，汤若望抵达澳门。因为旧的《大统历》推算1630年的日食时发生偏差，崇祯皇帝令汤若望继续修订旧历法。汤若望邀请耶稣会士罗雅谷（Giacomo Rho）⑤接替去世的邓玉函（Johann Schreck Terrentius）⑥协助其治理历法。

汤若望和罗雅谷得以参与修订历法是由于中国天主教徒徐光启⑦的大力举荐。徐光启曾于1604年至1607年间与利玛窦交往频繁。汤若望还研究了地震⑧。1640年，他制造了一个带指南针的便携式日晷⑨。日晷是耶稣会士的主要研究领域之一，而后来罗马的基歇尔（Athanasius Kircher，1601—1680）尤其精于此道。

汤若望在中国生活了47年。他和同伴一共编写了150本中文天文学书籍，内容包括日月食、望远镜、宇宙天体的阴影、测量法和历法。汤若望修订了历法和历

---

① Jean Étienne Montucla, *Histoire des mathématiques*, Ⅱ, Paris: Henri Aloais, 1799, p.474; Toby E. Huff, *The Rise of Early Modern Science: Islam, China, and the West*, Cambridge: University Press, 1995, p.241.

② Joseph Needham, Wang Ling, *Science and Civilization in China*. Vol.3. Mathematics, Astronomy, Geography, Cartography, Geology, Seismology and Mineralogy, Cambridge: Cambridge University Press.1959, p.110.

③ Ibid, p.114.

④ 汤若望，字道未，1592年5月1日出生于科伦，1611年10月21日在罗马入耶稣会，1666年8月15日在北京去世（Dehergne, op.cit, p.241）。

⑤ 罗雅谷，1592年1月29日出生于帕维亚；1614年8月24日在阿罗纳入耶稣会；1638年在北京去世（Dehergne, op.cit, p.215）。1617年，罗雅谷乘船前往中国。

⑥ 邓玉函，字涵璞，1756年出生于巴德大公国的康斯坦茨城；1618年4月17日在卡洛斯入耶稣会；1630年5月11日在北京去世（Dehergne, op.cit, p.242）。1618年，邓玉函抵达北京。

⑦ 徐光启（徐保禄），1562年出生于上海，1633年去世。在王重民的《徐光启集》（1963年，第31页）中，徐光启于1630年去世。

⑧ Augštin Hallerstein, Eight Letters from Beijing to His Brother Vajkerd, Sent between October 6, 1743 and September 24, 1766.（1743年10月6日至1766年9月24日，刘松龄从北京寄给其弟维切特的八封信。）

⑨ Needham, Wang Ling. op.cit, p.312.

表中的错误。1644 年,当新的清王朝执政时,汤若望担任钦天监第一位西洋监正,因此延续了邓玉函以前的工作。汤若望还是八旗入关后第一位皇帝顺治的老师①。1651 年,顺治尽管尚未成年,但他在摄政王死后执掌国家大权。1658 年,汤若望受封为一品大员。但是顺治帝在三年后仅 23 岁时就去世了。继位的康熙帝不喜欢汤若望。汤若望被控推定皇族大婚的喜庆日子有误,这是大逆不道的行为。在杨光先的指控下,朝廷对汤若望进行了审问。与攻讦者相比,西洋传教士能够更准确地预测 1665 年 1 月 16 日发生的日食,因此汤若望被免于一死。汤若望在京的工作由助手南怀仁(Ferdinand Verbiest)②接管。1665 年 5 月 15 日,南怀仁向皇太后请求允许汤若望返回京城,第二年,汤若望在北京去世。汤若望刚去世,基歇尔就出版了其传记③,但是该书像许多现代史书籍那样没有运用中国记载的史料。直至 1668 年底、1669 年初,南怀仁计算了星体位置、预测了正午日影所至,以此证明了西方天文学的优越性后,耶稣会士才走出困境。

利玛窦在京的耶稣会同伴金尼阁(Niklaas Trigault)④曾经携带 7000 部西洋书籍来华,其中有德国科学家阿格里科拉(Georgius Agricola)所著的《矿冶全书》(*De re Metallica*)。崇祯初年,汤若望偕同众人在 1638 年至 1640 年间把它翻译成了中文(《坤舆格致》——译者注)。崇祯帝希望把它作为国家采矿的参考。但是,户部尚书倪元璐反对这个想法,因为他担心过度采矿会损害百姓的利益。这场争论随着 1644 年 6 月 4 日清军占领北京而告终。

刘松龄没有提到克罗地亚传教士、天文学家邬若望(Ivan Ureman)⑤。1615 年,邬若望抵达中国,大部分时间住在澳门。基歇尔在罗马出版了邬若望那些涉及磁偏角的书信⑥。

在刘松龄的前辈中,南怀仁亦曾担任钦天监监正。他于 1658 年抵达澳门,两年后赶赴京城。他用中文出版了三本神学、九本哲学和博物学方面的著述。南怀

---

① Montucla, op.cit, pp.469-470.不同的资料见于 Needham, Wang Ling, op.cit, pp.444—445。

② 南怀仁,字敦伯,1623 年 10 月 9 日出生于布鲁日附近的皮塞姆小村;1641 年 9 月 29 日在梅赫伦入耶稣会;1688 年 1 月 28 日在北京去世(Dehergne, op.cit, pp.288-289)。

③ Athanasius Kircher, *China monumentis, qua Sacris qua profanis, nec non (variis) naturae et artis spectaculis, aliarumque rerum memorabilium argumentis illustrata*, Rome: Varesi; Amsterdam: Jansson, 1667, pp.110-112.

④ 金尼阁,字四表,1577 年 3 月 3 日出生于杜埃城;1594 年 11 月 9 日在图尔奈城加入耶稣会;1628 年 11 月 14 日在杭州去世(Dehergne, op.cit, p.274)。

⑤ 邬若望,字瞻宇,1583 年 4 月 6 日出生于今克罗地亚境内的斯普利特,1600 年在罗马加入耶稣会,1620 年 4 月 22 日在南京去世(Dehergne, op.cit, p.277; Žarko Dadić, *Povijest egzaktnih znanosti u Hrvata*. Zagreb: SNL, Vol.1, 1982, pp.198—201)。

⑥ Žarko Dadić, *Hrvati i egzaktne znanosti u osvitu novovekovlja*, Zagreb: SNL, 1994, p.196.

仁首先在中国使用蒸汽机驱动船舶,这比富尔顿(Robert Fulton,1765—1815)还要早许多年。1670年,他制作了一个在巨大大气压力影响下工作的温度计,这与伽利略(Galileo)的发明有点相似。这种温度计用的是动物内脏进行观测,而中国人很早就用炭观测过①。中国天文学家对南怀仁不使用中国传统天文仪器而使用欧洲仪器十分不满。但是南怀仁离开欧洲太早,以至于他不知道卡西尼(Giovani Domenico Cassini,1625—1712)、哈雷(Edmond Halley,1656—1742)、弗拉姆斯提德(John Flamsteed,1646—1719)和皮卡尔(Jean Picard,1620—1682)的现代科学②。纪理安(Kilian Stumpf)③用中国古代天文仪器中的材料制造了象限仪。当中国数学史官梅瑴成④为此指责他时,纪理安辩解说用的仅仅是一位官员带来的一件熔化了的黄铜工艺品,对此他敢作保证⑤。梅瑴成在数学方面很有成就,他是著名数学家梅文鼎(1633—1721)的孙子,梅文鼎的算学书籍《历算全书》于1726年再次刊刻出版。梅瑴成坚信中国传统天文学的实力,他与何国宗合作,不愿改变自己祖父的算学方法。梅瑴成把天文学从占星术中分离出来,因为天文学属于儒家范畴,而占星术不是⑥。1810年出版的四卷本《畴人传》中载有梅瑴成的成就。《畴人传》记载的都是些伟大的天文学家和数学家,在附录部分列举了大约从1645年开始的汤若望等来华西洋天文学家的资料⑦。

---

① Needham, Wang Ling.op.cit, p.466, p.470.

② Montucla, op.cit, p.470.皮卡尔,1620年7月21日出生于拉·弗勒希,1682年7月12日去世。

③ 纪理安,字云凤,1655年9月13日出生于维尔茨堡,1673年7月17日在美因茨入耶稣会,1720年7月24日在北京去世(Dehergne, op.cit, pp.261—262)。

④ 梅瑴成,1681年5月19日出生;1763年去世(王重民,1963年,第35页;Nathan Sivin, On "China's opposition to Western Science During Late Ming and Early Ch'ing".ISIS.1965, 56:202; Catherine Jami, Han Qi, The Reconstruction of Imperial Mathematics in China During the Kangxi Reign(1662—1722).*Early Science and Medicine*.2003, 8/2:105).

⑤ Karel Dežman, "Ein Krainer als Hoffastronomer in Beijing 1739—1774", *Laibacher Wöchenblatt. Organ der Verfassungs-Partei in Krain. Gedr. bei Leykam in Graz*, Laibach: Kleinmayr & Bamber, No.50—55, 1881, p.14; Needham, Wang Ling, Vol.3.1959, p.380, p.452.

⑥ Chu Ping-Yi, "Technical Knowledge, Cultural Practice, and Social Boundaries: Wan-nan Scholars and the Recasting of Jesuit Astronomy, 1600—1800". Dissertation, University of California Los Angeles. 1994, p.196, p.197, p.200, p.201.

⑦ Chu Ping-Yi, "Remembering Our Grand Tradition: The Historical Memory of the Scientific Exchange Between China and Europe 1600—1800". *Hist. Sci*, 2003, 61: 193, p.213.

戴进贤(Ignatius Kögler)①和徐懋德(Andrés Pereyra)②也受到类似的指控,他们成功地为自己作了辩护③。为确保平安,戴进贤请康熙帝圣驾光临耶稣会修院,并进奉给他一瓶巴西产的烟叶,康熙帝欣然接受④。

二、刘松龄的合作者

1.葡萄牙传教士⑤

1739年3月1日,刘松龄以宫廷天文学家和数学家的身份前往北京,在那度过其35年余生。同行的还有魏继晋(Florian Josef Bahr)⑥和鲍友管(Anton Gogeisl)⑦两位神父,他们都有天文观测方面的经验。鲍友管被任命为数学家,魏继晋被任命为乐师⑧。那时,北京有三十多位耶稣会神父和一些俄罗斯东正教神父。

---

① 戴进贤,字嘉宾。1680年5月11日出生于上德意志巴伐利亚邦的兰次堡—阿姆—利奇;1696年10月4日在兰次堡入耶稣会;1746年3月29或30日在北京去世(Dehergne, op. cit, pp.136—137; Louis Pfister, *Notices biographiques et bibliographiques sur les Jésuites de l' ancienne mission de Chine 1552—1773*. Ⅱ. Chang-hai: Imprimerie de la Mission Catholique, 1934, p.643; Dežman, op. cit, p.11, p.14; Montucla, op. cit, 2: 471; Josef Koláček, Čínské epištoly. Velehrad: Refugium Velehrad-Roma. 1999, p.24)。

② 徐懋德,字卓贤,1689年2月4日出生于波尔托[在 Pfister(1934, p.652)的著述中,徐懋德出生于1690年2月4日];1707年6月17日入耶稣会;1743年12月2日在北京去世。

③ Viktor Steska, Kranjec P. Avguštin Hallerstein, *Slovenska družina*. 1918, 1/6—7: 146.

④ 1743年10月6日至1766年9月24日间刘松龄从北京寄给弟弟维切特的八封信,《刘松龄——耶稣会在京最后一位伟大的天文学家》,1781,第45页。

⑤ 15、16世纪是葡萄牙的全盛时代,它享有对东方的"保教权",即所有前往东亚的传教士应向葡萄牙政府登记、宣誓向葡萄牙国王效忠、搭乘葡萄牙的商船,葡萄牙政府负责提供传教经费。当时,在中国的传教事业几乎为葡萄牙所垄断。后来随着法国国力的日益强大,国王路易十四一心想削弱葡萄牙在东方的势力,遂自行派出传教士前往中国,导致双方在华传教士关系并不融洽——译者注。

⑥ 魏继晋,1706年出生于法耳肯堡,1726年在波希米亚教区入耶稣会,1771年在北京去世(Koláček, op.cit, p.300)。

⑦ 鲍友管,1701年10月30日出生于巴伐利亚的锡根堡城;1720年9月13日在上德意志教区入耶稣会;1738年抵达中国;1771年10月12日在北京去世(Dehergne, op.cit, pp.110—111)。

⑧ Dežman, op. cit, p. 10. Godefridus Laimbeckhoven, *Neue umstandliche Reiss-Beschreibung R. P. Godefridi Laimbeckhoven der Gesellschaft Jesu von Wienn nach China abgeschickten Missionarii, darinnen diesen ungemein beschwerlich u. gefährliche Schiffart von Genua bis Macao mit beigemengten vielen gar lehrreichen astronomisch und geographischen Anmerkungen beschrieben, und auf vier Weriangen ihrer Annehmelichkeit halber samt zwei von dem Authore selbst auf eigenen Augenschein fleissigst verfertigten Wasser und Landkarten zum Druck befördet worden.* Wien: Gedruckt Bei Gregor Kurtzböck. 1740, p.424.

南怀仁指出1551年至1681年间中国有105位耶稣会士①。1580年至1773年间，有920名耶稣会士来华。1701年，在华耶稣会士人数最多，达到96名，其中很多是法国耶稣会士。不过，与散布全球的22000名耶稣会士相比，这只是很小一部分。1731年至1743年间，在华法国耶稣会士人数较多。1748年至1767年间，中国籍耶稣会士人数较多，法国耶稣会士仅在1755年超过他们。18世纪中期，中国籍耶稣会士占了在华传教士的三分之一。一般而言，耶稣会士在华平均时间为20.5年②，他们中四分之一都出身于贵族③。

刘松龄在1739年和1740年寄出的那些信中，描述了自己的新同伴。林济各（Franciscus Stadelin）是在京最有趣的耶稣会士之一④，他在瑞士和欧洲的各大城市研究了18年的钟表。1689年至1700年，他在布雷斯劳（Breslau），后来在布吕恩（Brünn）、利格尼茨（Liegnitz，波兰的莱格尼察）以及其他地方担任"钟表主管"。1707年，他抵达北京。康熙和宫廷人员发现林济各的器械非常有趣。中国人喜欢察看欧洲的机械钟表，却没有视其为自己在8世纪时一项发明的改进⑤。1739年底前，刘松龄搬到圣若瑟教堂附近的处所，在那里他与长者陈善策（Dominic Pinheyra，1688—1748）、魏继晋、画师兼建筑师郎世宁（Giuseppe Castiglione）⑥以及来自佛罗伦萨（Florence）的雕刻师兼泥水匠利博明（Andrcas Moggi，1684—1761）住在一起。徐懋德、葡萄牙传教士高尚德（Karl de Resende，1664—1746）、傅作霖（Felix de Rocha）⑦、戴进贤、鲍友管、来自那不勒斯（Naples）的医生兼药剂师罗怀

① Dežman，op.cit，p.1.

② Nicolas Standaert，The Jesuit Presence in China（1580—1773），*Sino-Western Cultural Relations Journal*，1989，No.1：4，8，9，15；Koláček，op.cit，p.140.

③ Jean-Peirre Duteil，*Le mandat du Ciel*，Paris：Argumenti.1994，p.30.

④ *Hallerstein*，op.cit.*Hallerstein*，AS 730（斯洛文尼亚共和国档案馆，卷宗730），Manor Dol，fasc.1737，194：844.林济各，字雨苍，1658年1月18日出生于瑞士的祖格城；1740年4月14日在北京去世（Dehergne，op.cit，p.260）。

⑤ Robert Temple，*The Genius of China*，3000 *Years of Science*.London：Prion.1991，p.9，pp.103—104.

⑥ 郎世宁，1687年7月19日出生于米兰；1707年1月16日在热那亚入耶稣会；1766年7月16日在北京去世（Dehergne，op.cit，pp.48—49）。1715年12月22日，郎世宁抵达北京（*Hallerstein*，op.cit，p.49；Laimbeckhoven，1740，p.426；Koláček，op.cit，p.27），依据其他资料则是在1749年去世（Steska，op.cit，p.148）。

⑦ 傅作霖，1713年出生于葡萄牙里斯本，耶稣会士，1781年在北京去世。1751年，傅作霖效力于钦天监。

忠(Giuseppe de Costa)①、北京主教索智能(Polikarp de Souza)②、鲁仲贤(Jan Xaver Walter)③以及中国传教士程儒良(Julian Chim)和范·路德维希(Ludwig Fan)住在葡萄牙耶稣会住院里④。1743年,罗怀忠在御医们束手无策之际,治愈了皇后的疾病⑤。

戴进贤是刘松龄科学上的良师,他承继了利玛窦的学术传教路线,用精确的数表激发了皇帝的兴趣,"所有来华传教士被称誉最多的除了天文学外就是数学了,尤其是天文计算"⑥。

1712—1714年,戴进贤是德国英戈尔斯塔特(Ingolstadt)大学的数学教授。后来,他乘船前往中国,于1716年8月30日抵达。比他小四岁的学生格拉马蒂西(Grammatici,1684—1736)接替了他在英戈尔斯塔特的教学工作。格拉马蒂西在英戈尔斯塔特和弗赖堡(Freiburg)进行研究,后来在特里安(Trient)学院高级班讲授语法和诗歌,在安贝格(Amberg)高等学校讲授神学。1720年,格拉马蒂西成为英戈尔斯塔特大学的希伯来文和数学教授。他翻译了牛顿和哥白尼的思想。国王腓力五世(Philip V,1683—1746)邀请他到马德里(Madrid)为贵族而办的新神学院讲授数学。三年后,格拉马蒂西返回英戈尔斯塔特。1730—1732年,他在安贝格高等学校讲授道德神学,后来去了雷根斯堡(Regensburg)。戴进贤把格拉马蒂西的日躔月离表翻译成了中文。

徐懋德是戴进贤的助手,他是在京唯一一位有英国血统的耶稣会士。徐懋德是杰克逊(Jackson)家族的后裔。因为从事葡萄酒贸易,他们搬至波尔图(Porto)并加入了葡萄牙国籍⑦。徐懋德深为康熙的儿子雍正所信任。1724年,雍正下令禁止天主教在华传播,但是允许徐懋德继续传教⑧。

---

① 罗怀忠,1679年出生于那不勒斯王国,在那不勒斯王国入耶稣会。1747年在北京去世(Koláček,op.cit,pp.150—151,p.190)。

② 索智能,1697年1月26日出生于科英布拉城,1712年10月31日在葡萄牙入耶稣会,1757年5月26日在北京去世(Pfister,op.cit,p.701)。

③ 鲁仲贤,字尚德。1708年1月6日出生于波希米亚西北面的西利那城;1729年10月10日在波希米亚入耶稣会;1759年6月24日在北京去世(Dehergne,op.cit,p.296;Koláček,op.cit,p.299)。1742年,鲁仲贤以画家身份抵达北京。

④ Šmitek,op.cit,p.101,p.102;Dežman,op.cit,p.11.

⑤ Dežman,op.cit,p.15.Steska,op.cit,p.147.

⑥ Laimbeckhoven,op.cit,p.424,p.426,p.430.

⑦ Needham,Wang Ling,op.cit,p.448.

⑧ Šmitek,op.cit,p.133.

2.法国耶稣会士

1739年,北京的法国耶稣会住院里有13人。他们是宋君荣(Antoine Gaubil)①、巴多明(Dominique Parrenin)②、冯秉正(Joseph Marie Anne de Moyriac de Mailla)③、孙璋(Alexandre de La Charme)④、殷弘绪(Francois-Xavier D' Entrecolles)、白晋(François Joachim Bouvet)⑤、吴君(Pierre Foureau)⑥和两位中国神父⑦,此外,会长沙如玉(Valentin Chalier)⑧是钟表匠,他和同行杨自新(Gilles Thébault,1703—1766)都供奉于内廷,他为皇帝制作了放在盒子里的翡翠钟表⑨,王致诚(Jean-Denis Attiret)⑩修士是备受内廷赞誉的画师,安泰(Etienne Rousset,1689—

---

① 宋君荣,字奇英,1689年7月14日出生于盖拉克城;1704年9月13日在图卢兹入耶稣会;1759年7月24日在北京去世(Dehergne,op.cit,p.106)。1722年6月26或27日,宋君荣抵达广州。

② 巴多明,字克安,1665年9月1日出生于贝藏松主教区的大鲁赛镇;1685年9月1日入耶稣会;1741年9月20日在北京去世(Carlos Sommervogel,*Bibliothèque de la Compagnie de Jésus.* Bibliographie par les Pères Augustin et Aloys de Backer,Nouvelle Édition par Carlos Sommervogel,S.J.Strasbourgeois,Bruxelles-Paris:publiée par la province de Belgique,1890—1900,Tome 6:284,9:757;Pfister,op.cit,pp.501—517)。

③ 冯秉正,字端友,1669年12月16日出生于迈拉堡;1686年入耶稣会;1741年9月20日在北京去世。

④ 孙璋,字玉峰,1695年7月18日出生于里昂;1712年9月7日在里昂入耶稣会;1729年3月抵达北京;1769年6月27日在北京去世。

⑤ 白晋,字明远。1656年7月18日出生于勒芒;1673年10月9日在法国入耶稣会;1730年6月28日在北京去世(Dehergne,1973,p.34)。他和刘应[字声闻,1656年8月12日出生于法国布列塔尼州;1673年6月5在法国特雷布里入耶稣会;1737年11月11日在印度本地治里去世(Dehergne,op.cit,pp.294—295)]、洪若翰[字时登,1643年2月17日出生于布列塔尼州的圣波尔德来翁主教区;1658年2月18日在巴黎入耶稣会;1710年1月16日在巴黎去世(Pfister,op.cit,p.419)]、李明[字复初,1655年10月10日出生于波尔多;1671年10月15日在波尔多入耶稣会;1728年4月19日在波尔多去世(Dehergne,op.cit,pp.146—147)]、达切德[1648年出生于马勒松;1668年9月20日在波尔多入耶稣会;1712年10月21日在孟加拉的尚德纳戈尔去世(Dehergne,op.cit,p.263)]和张诚肩负路易十四的使命出发。1685年,路易十四派出这六位传教士携带礼物及最先进的测量仪器前往中国。达切德描述了其航程。1699年,康熙帝派白晋带着礼物返回欧洲。1700年,白晋回到广州,后又至京。白晋和张诚一起向康熙帝讲授数学,并建立了中国第一个化学实验室。

⑥ 吴君,字多禄,1700年11月13日出生于勒芒;1720年9月26日入耶稣会;1749年11月10日在巴黎去世。

⑦ Šmitek,op.cit,p.102.

⑧ 沙如玉(字永衡,1679年12月17日出生于布里昂松;1715年9月8日在法国入耶稣会;1747年4月12日在北京去世)于1733年12月3日(一说12月12日)抵京,钟表匠(Pfister,op.cit,p.718)。

⑨ Duteil,op.cit,p.289.

⑩ 王致诚,1702年7月31日出生于多耳城;1735年7月31日在阿维尼翁入耶稣会;1768年12月8日在北京去世(Jean-Joseph Maria Amiot,"Le frere Attiret au service de K'ien-Long(1739—1768).Sa premiere Biographie écrite par le P.Amiot,rééditée avec notices explicatives et commentaires historiques par Henri Bernard.S.J." *Bulletin de l' Université l' Aurore.série.* Ⅲ,1943,tome 4,n° 1;n° 2:472;Koláček,op.cit,p.27)。

1758）修士是位医生①。1743 年，法国住院里仅有 6 位耶稣会神父和 4 位修士。

1698 年，巴多明抵达北京。他是雍正禁教后，得到皇帝恩准、住在京城的少数几位欧洲人之一。作为翻译家和自然哲学家，他侍奉过康熙、雍正、乾隆三位皇帝，在京主持为清朝青年学习拉丁文的学馆，以培养日后跟俄罗斯打交道的人才。巴多明为清朝亲王苏努一家授洗，并把欧洲解剖学的新成就介绍到中国。他一直与拜尔（Teophil Siegfried Bayer）②以及尼古拉·弗雷列（Nicolas Fréret，1688—1749）互致信函。18 世纪 30 年代，梅朗（Jean Jacques Dorotheus de Mairan）③定期与巴多明通信，信中讨论了中国天文学和语言④。梅朗是气象学专家、巴黎科学院的成员，后来担任巴黎科学院的秘书。

宋君荣多次在信中高度赞扬其年轻同伴刘松龄的测量法⑤。1730 年 3 月 16 日，宋君荣成为圣彼得堡（Petersburg）科学院的外国会员。宋君荣是植物学家、天文学家和制图师。1742 年至 1748 年间，他是在京法国传教会的会长。宋君荣与巴黎的卡西尼以及马拉尔蒂（Giacomo Filippo Maraldi）⑥开展合作研究，第一个向欧洲介绍了中国古老的天文观测记录⑦。一个世纪后，拉普拉斯（Pierre-Simon marquis de Laplace，1749—1827）出版了宋君荣的手稿，这份手稿记述了中国古代

---

① Dežman，op.cit，pp.11—12；Hallerstein，1781，p.44.

② 拜尔，1694 年出生于波希米亚；耶稣会士；1738 年在圣彼得堡去世［Jean-Claude Martzloff，"Les activités scientifiques（mathématiques，astronomie）des missions catholiques au Japon et en Chine du milieu du XVIe siècle au milieu du XIXe siècle." *História das Ciencias*.2000，p.315；Arthur Viegas，"Ribeiro Sanchez e os Jesuitas Amigo ou inimigo?" *Revista de historia.Lisboa Empresa Literaria Fluminense*.1921，10A/10：257—259］。

③ 梅朗，1678 年 11 月 26 日出生于贝济耶；1771 年 2 月 20 日在北京去世。

④ Jean-Jacques Dortous de Mairan，*Lettres de M.De Mairan au R.P.Parrenin，Missionnaire de la Compagnie de Jésus à Pékin*.Paris.Druga izdaja，*Lettres Au R.P.Parrenin，Jésuite，Missionnaire a Pékin：contenant diverses questions sur la Chine*.Nouvelle édition，revue，corrigée & augmentée de divers Opuscules sur différentes matieres.A Paris：de l'Imprimerie Royale，1770（XI，368 pp.Illustrated，21 cm）.Reprint：*Lettres d'un missionnaire a Pekin：contenant diverses questions sur la Chine，pour sevir de supplement aux Mémoires concernant l'histoire，les sciences，les arts，les moeurs，les usages des Chinois*.2nd ed.Paris：Nyon l'aine，1782.Gough，J.B.1981."The Origins of Lavoisier's Theory of the Gaseous State".*The Analytic Spirit*（ed.Harry Woolf）.Cornell：University Press，1759，p.20.

⑤ Isaia Iannaccone，"Documents relatifs à l'histoire de l'astronomie Chinoise et aux raports scientifiques entre l'Europe et la Chine（XVIIe—XIXe siècles）conservés à la bibilothèque de l'observatoire de Paris".Second Part，2005，*Nuncius*，20/2：371—399.

⑥ 马拉尔蒂是卡西尼的侄子，1665 年 8 月 21 日出生于尼斯附近的佩里纳尔多；1729 年 12 月 1 日在巴黎去世。

⑦ Ho Peng-Yoke，"Ancient Chinese Astronomical Records and Their Modern Applications"，*Phys.Bulletin*，1970，21：261；Pierre-Simon Laplace，*Exposition du systeme du Monde*，Paris：Translation，1982.Izloženie sistemy mira.Leningrad：Nauka，p.280.

的天文观测结果，如太阳运行轨道的位置、围绕太阳运转的地球轨道、岁差以及其他天文观测①。

蒋友仁(Michel Benoist)②是最重要的法国耶稣会天文学家之一，他为乾隆服务了30年。蒋友仁毕业于第戎(Dijon)和巴黎的圣叙尔皮斯(Sulpice)修院。经过三年不断地请求到中国传教，最终他如愿以偿。离开之前，他不得不结束了与德利斯尔(Joseph Nicolas Delisle)③、拉卡伊(Abbé Nicolas Louis de Lacaille)④以及勒莫尼埃(Pierre Charles de Monnier,1715—1799)在巴黎的天文合作研究。后来，他在中国一直与他们保持书信往来。1745，蒋友仁获得"国王的数学家"头衔⑤。蒋友仁到达北京之际，在京传教士处境艰难，但是他凭借渊博的学识在宫中得到重用。蒋友仁奉命在圆明园设计建造巨大的喷泉(大水法——译者注)⑥，经过多年努力，那项工程十分成功。他在圆明园里建造了欧洲风格的房屋，把有趣的水时计置于意大利风格的房屋前面。他运用中国本土题材，采用十二生肖来标识一天中的24小时。在三角形蓄水池的两侧，蒋友仁放置了三种动物的雕像。在一个机械装置的引导之下，水每隔两小时从一种生肖的口中轮流喷出。1766年5月21日，蒋友仁和王致诚拜访大臣，领命为宫殿绘制装饰图画⑦。

法国国王路易十五(Louis XV,1710—1774)令蒋友仁另外制作几份《乾隆平

---

① Needham, Wang Ling, Vol.3.1959, p.173, p.761.

② 蒋友仁，字德翊，1715年10月8日出生于第戎城；1737年3月19日在南锡入耶稣会；1744年7月12日抵达北京；1774年10月23日在北京去世(Dehergne, op.cit, p.30)。

③ 德利斯尔(1688年出生于巴黎；1768年去世)，1714年成为巴黎科学院会员，1726年至1746年间任圣彼得堡科学院首席天文学家、柏林和伦敦科学院的院士。他的哥哥吉尧姆·德利斯尔(Guillaume Delisle, 1675—1726)是地理学家、"学生"(1714年)以及巴黎科学院会员(1716年)，1718年后，他是国王学院数学教授(Hary Woolf, *Les Astronomes Français, le passage de Vénus et la diffusion de la science au* XVIII*e siècle*, Paris: Imdiameterie Alan Çonnaise, 1962, p.7)。1757年，他的亲戚让·巴蒂斯特·罗姆·德利斯尔(Jean Baptiste Romé de l' Isle, 1736年出生于灰度，1790年在巴黎去世)是印度本地治里炮兵部队秘书。在本地治里，他们在七年战争中与英军作战。1764年，他回到巴黎，出版了许多书。1778年，他撰文批评布冯伯爵的理论。1775年，他与刘松龄的朋友扎加尔一起被哈雷市"自然爱好者学会"授予"阿基劳斯第二"学术头衔。

④ 拉卡伊，1713年出生于吕米尼；1762年在巴黎去世。1741年他是巴黎科学院会员。

⑤ Aimé-Martin, *Lettres édifiantes et curieuses concernant l' Asie, l' Afrique et l' Amérique*, II—IV. Paris: Société du Panthéon Littéraire, 1838, 1843, 4: 122；蒋友仁于1767年11月16日从北京寄给德·奥特罗什(Papillon d' Auteroche)的信。

⑥ Šmitek, op.cit, p.113；刘松龄一封落款时间为1749年11月28日的信件(Georg Pray, *Imposturae CCXVIII in dissertatione r.p.Benedicti Cetto, Clerici Regularis e Scholis Piis de Sinensium imposturis detectae et convulsae. Accedunt Epistolae anecdotae r.p.Augustini e comitibus Hallerstein ex China scriptae*, Budae: Typis Regiae Universitatis, 1781, pp.28—29)。

⑦ Amiot, op.cit, n° 2: 470.

定准部回部战功图》16 幅铜版画的副本。为此，蒋友仁发明了浸润画纸和用墨的新方法。

北京有如此重要的科学家团队，刘松龄很乐意参与其中。作为一名新人，他向中国信徒学习语言和书写。中国教区新任视察员徐大盛（Giacomo Filippo Simonelli）支持刘松龄①。乾隆很高兴看到刘松龄学习中文的速度很快。1740 年 11 月，刘松龄把日食和月食的计算结果寄给弟弟维切特（Janez Vajkard）②。不久，人们发现刘松龄有极好的组织才能，因为他知道如何从葡萄牙修院中选择适当的合作者。最初，一同来华的鲍友管对他帮助最大。后来，傅作霖和高慎思（José d' Espinha，1722—1788）于 1751 年从菲律宾半岛来到中国。在他们到来的前一年即 1750 年，学识鸿博的钱德明（Jean-Joseph-Maria Amiot）③来到中国，并很快成为法国耶稣会士中刘松龄的最佳合作者。钱德明翻译了中国兵法和地图方面的书，修正了安多（Antoine Thomas）④自 1702 年开始测量的北京经纬度⑤。1760 年，钱德明出版了关于孔子生平的著述《孔子传》。尽管刘松龄没有神学方面的文章，但是他向弟弟维切特仔细地描述了自己对伊斯兰教徒的印象以及中国的政治环境和自己在内廷的

---

① Šmitek，op.cit，p.109，p.136；Steska，op.cit，p.147；Needham，Wang Ling，op.cit，p.454；Laimbeckhoven，op.cit，p.427.徐茂盛，出生于意大利马切拉塔；1754 年在澳门去世。中国有名的耶稣会士科学家是艾若望神父（1716 年出生于江西省；1784—1785 年的教案中被关进大牢）。另两位有名的中国耶稣会士科学家是胡若翰（1744 年出生；耶稣会士；1773 年去世）和黄巴桐（1711 年出生于北京；1776 年在中国去世）。1729 年至 1763 年间，黄巴桐在那不勒斯的圣约瑟学院学习、授课。

② 维切特·哈勒施泰因男爵，1706 年 1 月 5 日出生于孟格斯的霍夫曼城堡，1723 年 10 月 15 日入耶稣会，1780 年 10 月 9 日在多尔去世［SBL（《斯洛文尼亚传记词典》），1925—1932，1：290；Zmago Šmitek，*Sre č evanja z druga čnostjo，slovenska izkustva eksotike*，Radovljica：Didakta.1995，p.93.］。

③ 钱德明，字若瑟，1718 年 2 月 8 日出生于土伦；1737 年 9 月 27 日在里昂入耶稣会；1754 年 11 月 1 日抵京；1793 年 10 月 8 日或 9 日在京去世（Dehergne，op.cit，p.12）。他的父亲是国王公证人。他在土伦研究了三年哲学和一年神学，在阿维尼翁任见习修士。1739 至 1741 年，钱德明在贝桑松讲课；1742 至 1744 年，在阿尔勒和艾克斯的耶稣会中学高年级；1744 至 1745 年间，在尼姆讲授修辞学；1749 年 11 月 21 日，乘船前往中国，第二年抵达澳门。1749 年 11 月 19 日，在去世前两天，钱德明寄出致德利斯尔的信（Camille de Rochemonteix，*Joseph Amiot et les derniers survivants de la mission Française a Pékin*（1750—1795），Paris：Librarie Alphonse Picard et Fils，1915，p.6，p.8，p.11）。

④ 安多，字平施，1644 年 1 月 25 日出生于纳缪尔；1680 年 9 月 8 日在纳缪尔入耶稣会；1709 年 7 月 28 日在北京去世（Dehergne，op.cit，pp.270—271）。安多曾打算赴日本传教。1682 年至 1685 年，他离开澳门赴广州；1685 年，在南京，年底在北京继南怀仁职。闵明我回欧洲期间，安多代为钦天监监正。1688 年，他和曾担任南怀仁秘书的徐懋德一同随康熙皇帝巡行塞外。1695 年 11 月 12 日，他从北京写信寄回欧洲。

⑤ Hallerstein，AS 730（斯洛文尼亚共和国档案馆，卷宗 730），Manor Dol，fasc.1761，194：851；1781，pp.37—38，p.42；Šmitek，op.cit，p.114.Montucla，op.cit，2：478.

工作①。

耶稣会士在直隶、山西、陕西、山东、河南、四川、湖广、江西、江南、浙江、福建、广东和广西等省都有传教处所。因为他们与中国皇帝、大臣之间存在“礼仪之争”等许多问题，故而刘松龄所处的时代，他们劝化的中国人并不多②。他们做得更多的是把欧洲科学家尤其是天文学家的重要发明介绍给中国人，但是这些知识并没有给中国的社会系统带来多少影响③。

3.中国合作者

1754 年的钦天监官员名册上记载了刘松龄的中国合作者。康熙的第十六子庄亲王允禄④担任总理监务大臣。在其父亲执政时期，允禄与同父异母的兄弟们关系并不好。但当雍正夺取皇位时，他和同父异母的哥哥皇十三子胤祥（1686—1730）都支持雍正（胤禛）。1723 年 3 月，雍正命其出继为庄亲王博果铎（1650—1722）后嗣，承袭庄亲王爵位。博果铎是皇太极的孙子，去世后没有子孙。允禄精于数学、乐律，参与编修了新的《律历渊源》大全，可能也参与编修了《古今图书集成》，这两部大书都由精通历法和数学的允祉负责⑤。

钦天监的第二位负责人是三等王公、前兵部尚书鄂尔泰；第三位是刑部尚书张照⑥，他工于书法。1733 年至 1742 年间，他历任刑部侍郎、刑部尚书。1736 年，张照获罪被判死刑，但其“天骨开张，气魄浑厚”的书法深得乾隆的垂青，实在无人可与之媲美，乾隆最终赦免了他。张照兼管理乐部大臣事务。

除三位大员外，观象台还有两位兼管钦天监监正事务。一位是理藩院左侍郎、镶红旗满洲副都统觉罗勒尔森，另一位是何国宗（1766 年去世）。何国宗是数学家、《律历渊源》的主编，该书于 1723 年首次印刷。1739 年，何国宗是国子监的算学总管。1755 年和 1756 年，他与高慎思合作绘制了额鲁特和鞑靼地区地图⑦。1757 年初，何国宗担任礼部尚书。1757 至 1759 年间，他在皇宫为皇子们教授数学

---

① Ibid.:852;*Imeli so dve domovini*,1988,p.46;Dimitz,1861,p.84.

② A.N.Forgeot,Letter from Beijing sent to his friends in France,AS 730,Manor Dol,fasc.1747,194:918.

③ Huff,op.cit,p.361.

④ 允禄（1695—1767）承袭了庄亲王的爵位。

⑤ Arthur W.Hummel(ed.),*Eminent Chinese of the Ch'ing Period*(1644—1912),Washington:Government Printing Office(Reprint 1970),1943,1944,p.926;Chu,Ping-Yi.Technical Knowledge,Cultural Practice,and Social Boundaries:Wan-nan Scholars and the Recasting of Jesuit Astronomy,1600—1800.Dissertation.University of California Los Angeles.p.390.

⑥ 张照，1691 年出生于江南娄县（今属上海市——译者注）；1745 年 2 月 19 日去世。

⑦ Amiot,op.cit,p.436,p.438.

（南书房，尚书房）①。

天文学家有钦天监监正兼礼部侍郎戴进贤、后来继任监正的刘松龄和监副鲍友管。1755 年，傅作霖加入。

有九人拥有天算学家头衔，他们中首推明安图②。明安图在钦天监负责一年的节气。1721 年，他已经在历局工作。

1756—1760 年，明安图与傅作霖、高慎思一起参加新疆西北地区的地理测量工作。新疆是乾隆刚征服的省份。1759—1762 年，明安图与钦天监继任监正刘松龄进行了测量工作，他撰写了一部三角函数及圆的平方速算方面的书。虽然该书于 1774 年已经完成，但却迟至 1839 年才出版。明安图在书中使用了无穷级数，这在中国是史无前例的③。

1754 年，明安图手下有三位负责季节（春季、夏季和冬季）的官正。此外，他们还有五位国子监算学博士。

钦天监有五名学生（天文生）。他们中有著名画家张庚④。张庚师从陈舒（1660—1736）学习之后，出版了几本有关绘画史的书籍。此外，钦天监里还有一位画家和其他三名学生。

三、刘松龄与朝鲜科学家

刘松龄所处的时代，欧洲人无法访问朝鲜或日本。日本在 1616 年至 1720 年间完全闭关。1725 年，日本建造了第一座现代天文观测台，由大臣中根元圭（Nakane Genkei，1661—1733）负责。日本人完全接受哥白尼学说。

朝鲜人在中国典籍中了解到欧洲的科学、技术和宗教。西方数学、天文学和科技远比宇宙学更受他们欢迎。

由于计算上的失误，朝鲜历法的误差非常大，历表中对天象的预测都不准确。因为每个历法都有错误，朝鲜人对此已经作过几番修改。既然星辰和辰星都不再于预测的位置出现，因此他们不得不改变整个星图。韩兴一（Han Hungil，1587—1651）在北京获得一本介绍西洋历法的书。但对这本书研究了十年之后，朝鲜人

---

① Hummel，op.cit，p.286；Chu Ping-Yi，1994，p.380；Catherine Jami，*Learning Mathematical Sciences during the Early and Mid-Ch'ing*，*Education and Society*，1994，p.241.

② 明安图，1712 年出生，蒙古人；1764 年去世。

③ Catherine Jami，*Les méthodes rapides pour la trigonométrie et le rapport précis du cercle*（1774），Paris：Collège de France，Institut des hautes études Chinoises，1990，p.39，p.156.

④ 张庚（1685—1760），原名焘，字溥三，后改名庚，字浦山、公之干，号瓜田逸史，又号弥伽居士、白苎村桑者，秀水（今浙江嘉兴）人。雍正十三年（1735）应鸿博诏。——译者注

仍然无法编修出一部完全有用的历法。

从公元前370年直到1742年，中国人依据夏至测量的常数、行星的运动以及日、月、年的长度编修了100种历书或各式天文历表①。1636年至1637年间，他们接受了西洋计算历法的方法。后来，新的中国历法影响到其邻国朝鲜。但是作为外国人，朝鲜人不能观看中国历法的推算过程。因此，朝鲜人从钦天监通事（译人）那里获得新历表的副本。从那时起，他们开始研究历算的方法。

朝鲜高级官员金堉（Kim Yuk，1580—1658）赞成使用西洋新法来计算历法。1645年，作为孝宗时期的观象监提调天文台和气象台的长官，他成功说服孝宗接受历法中的西洋科学技术。1653年，朝鲜王国亦抛弃自古以来《七政算外篇》而采用西洋历法“时宪历”。

尊崇西洋历法并不一定代表尊崇所有西方文化。朝鲜人乐意接受西方科学技术，却对欧洲人的评价不高。科学家的地位要低于儒学家。

利玛窦认定儒学科学家易于接受欧洲新事物。朝鲜人获得的第一部准确介绍地理知识的西书是《职方外记》，由意大利耶稣会士艾儒略（Giulio Aleni，1582—1649）于1623年撰写而成②。艾儒略绘制了文艺复兴时期的世界地图，附以各个民族和文化的准确描述。获得这个新信息，李瀷（Yi Ik，1681—1763）感到很高兴并期待朝鲜人能够接受。如在他之前的金万重（Kim Manjung，1637—1692）那样，李瀷还介绍了艾儒略的“世界地理书”，视其推动了儒家传统地理观的变革。

按照朝鲜人的观念，地球位于宇宙的中心。地球是静止不动的，而宇宙每天转一圈。因为宇宙很大，就需要巨大的向心力使所有的恒星固定在自己的位置。因此，朝鲜人旧的宇宙观与其说接近哥白尼学说不如说更接近托勒密学说。

朝鲜人只能在中国遇见欧洲人。1631年，向中国朝贡之际，郑斗源（Chong Tu-won，1581年出生）见到了来自日本耶稣会省的传教士陆若汉（João Rodrigues）③。陆若汉送给他一些欧洲书籍和工艺品，后来郑斗源把它们都带回国了。礼物中还有一个望远镜，但是郑斗源只把其用于军事上，而不是用于天文观测。在清朝入关之前，陆若汉于1632年到了澳门④。

18世纪初，李颐命（Yi Imyong，1658—1722）在京拜访了两位耶稣会士——葡

---

① Needham, op.cit, 3:210.

② Needham, Wang Ling.op.cit, p.584.

③ 陆若汉，1561年出生于葡萄牙拉梅古教区的塞南赛勒；1580年12月在日本入耶稣会；1633年8月1日在澳门去世（Dehergne, op.cit, p.227）。

④ Needham, Lu Gwei-Djen, John H.Combridge, John S.Mayor, *The Hall of Heavenly Records*; *Korean Astronomical Investigations and Clocks 1380—1780*, Cambridge: University Press, 1998, p.176.

萄牙传教团的戴进贤和葡萄牙人苏霖（Joseph Suárez）①。他们一起讨论了西方天文学和神学。苏霖于1692年从北京寄出的介绍中国基督教的信件引起著名学者莱布尼茨（Gottfried Wilhelm Leibniz，1646—1716）的关注。

1708年，一位名叫Tyentung Sanguiko（汉译名待考）的朝鲜人出版了一本重要的书，书中描述了东方天空出现的异象②。1741年，朝鲜天文学家安国麟（An Kukpin）在北京耶稣会院跟随徐懋德学习天文知识。日官安国麟与译官卞重和（Pyon Chunghwa）都是朝鲜来华使臣。戴进贤给了他们日、月和行星的推算表、对数表、日月交食表、《数理精蕴》，以及他自己绘制的平面天体图副本③。

刘松龄特别尊重聪明的朝鲜人，他们总爱询问却并不索取答案。1766年，朝鲜人洪大容（Hong Taeyong，1722—1809或1731—1783）在北京拜访了刘松龄和鲍友管。他们讨论了朝鲜人感兴趣的天文学和耶稣会士感兴趣的神学。洪大容曾任过一些小官职并直至郡守，退隐后大部分时间都用于学术研究。他的叔叔是朝鲜赴华使臣。因此，他是那个时代极少数能够访问儒家文化的中心——中国——的朝鲜人。在夏季访问中国期间，他研究了朝鲜宇宙学和哲学的基础。他把自己的问题视为传统新儒学与一位来自中朝边境辽宁省医巫闾山思想相对自由的人之间的对话。实学派假定地球不仅仅是圆的，而是每天围绕其轴心旋转的球体。这个假设不完全是哥白尼学说，因为它没有否定地球中心说。洪大容也没有深思地球自转的任何科学原因，他的哲学假设并不是建立在经验的基础之上。这反映了在欧洲人影响之下朝鲜人思考问题的新方法。

1759年至1761年，洪大容在朝鲜建立了一个私人天文台。他利用重力来推动天体仪和钟表，利用水力来转动星球仪。1777年，该天文台得到修缮④。

（译者单位：同济大学人文学院）

① 苏霖，字沛苍，1656年2月15日出生于克英布拉附近的圣京信道；1673年3月入耶稣会；1736年9月15日在北京去世（Dehergne，op.cit，p.256）。

② Needham，Wang Ling，op.cit，p.683.

③ Šmitek，op.cit，p.117；Needham，Lu Gwei-Djen，John H.Combridge，John S.Mayor，op.cit，pp.178—179.

④ Needham，Lu Gwei-Djen，John H.Combridge，John S.Mayor，op.cit，p.98，pp.113—114，p.168.

首部《四书》英译本成书过程刍议

□郭 磊

摘要：英语世界首部《四书》全译本（*The Chinese Classical works, commonly called the Four Books, Translated and Illustrated with Notes*）是由伦敦会传教士柯大卫（David Collie, 1791—1828）于1825—1826年间在马六甲完成，1828年由马六甲传道出版社出版，从此结束了西方世界没有《四书》英文全译本的历史。本文以柯氏译本及相关事实材料为依据，首先就其底本问题进行考证——从文本内外两个角度（文本内又分正文、注释两个层面）对柯氏译本进行了较全面考察，认为柯氏翻译《四书》的底本应为朱熹本；而后从成书时间、出版经过、中国助手几个方面对其成书过程给予梳理。

关键词：首部《四书》 英译本 底本 成书过程

Abstract: The first version of complete translation of *the Four Books* was finished by a protestant missionary named David Collie during the years 1825—1826, and was published in 1828 by Mission Press, which marked the end of the history of incomplete English versions of *The Four Books* in the western world. On the basis of this text and other related materials, this essay firstly argues that the Zhuxi version should be the Chinese text that was translated, and then analyses the process of production.

Key words: the first English version of *the Four Books*, translated text, process of production

在中国文化典籍外译史和思想传播史上，柯大卫①的《四书》译注本具有鲜明的时代特征：既不同于天主教传教士译本的“合儒”，也有别于其他新教传教士译本的“补儒”，而是典型的“批儒”。② 该译本刊行以来对英美文化界都产生了一定的影响：理雅各在翻译《中国经典》前两卷时参考了该译本③；卫三畏在其《中国总论》里论及儒家圣人之德时直接引用了该版本译文④；美国超验主义的两个代表人物爱默生、梭罗在其所办杂志《日晷》里也多处引用该译本。1843 年《日晷》10 月刊编者按对该译本给出如此评价：“The most valuable contribution we have yet seen from the Chinese literature…”（这是我们所看到的有关中国文学译介方面作出的最有价值的贡献……）⑤目前国内外学界对该译本都关注不够，国内仅有几篇论文对其作简单概述，系统研究尚待展开。本文现仅就该译本的底本和成书过程两个方面做出大致判断，以求教于方家。

一、底本问题

关于该译本的底本选择问题，译者在序言里并没有直接说明，笔者也没发现其他学者对此问题的相关考证。经过仔细比对柯氏译本与朱熹的《四书章句集注》本，再结合译本序言、注释和正文译文等其他相关证据，笔者认为：柯氏在翻译《四书》的过程中采用的底本应为朱熹的《四书章句集注》。

1.文本外证据。1826 年《英华书院年报》第 6 页说得清楚：在过去的一年里，一部通常被称作《四书》的古代经典翻译完成，并附有主要来自朱夫子（Choo Foo Tsze）的注释以及对中国古代宗教、哲学偶尔阐发的评论。该朱夫子是否就是南宋大儒朱熹呢？笔者在伦敦大学亚非学院访学期间发现了一本名为 *The English and Chinese Student's Assistant* 的小书，该书正是柯大卫为英华书院学生编写的中英对

---

① 这是国内首次对柯氏生年的记载，详见拙文《首位〈四书〉英译者，虔诚的新教传教士——柯大卫生平诸事考述》，载《北京行政学院学报》，2013 年，第 6 期。

② 1711 年比利时传教士卫方济（François Noël，1651—1729）翻译的《中华帝国六经》（*Sinensis Imperii Libri Classlcl Sex*）在布拉格出版，其中包括《四书》《孝经》《小学》的全部拉丁译文，是现存最早的《四书》全文西文本。

③ James Legge，*The Prologomena to the Chinese Classics of Confucius and Mencius*，Oxford：The Oxford University Press ，1907，p.35.

④ S.Wells Williams，*The Middle Kingdom*，Volume 1，London：W.H.Allen & Co.，1883，pp.654—655.

⑤ Lyman V.Cady，“Thoreau's Quotations from the Confucian Books in *Walden*”，*American Literature*，Vol.33. 1961.p.21.

照学习教材。① 该书第46页有这样一组中英对照的句子：Choo Foo Tsze，who lived about 600，or 700 years ago，wrote a commentary on the *Four Books*（"朱夫子大约出世有六七百年写了《四书》注解"）。虽然中文表述不太规范，但并不影响我们得出正确结论：该朱夫子正是南宋大儒朱熹（1130—1200）。

2.文本内证据。笔者逐句逐字比对了柯氏译本、朱熹本、杨伯峻《论语译注》及《孟子译注》本，发现柯氏的中文底本应为朱熹本，并且其译注本以简明扼要的语言比较忠实地表达了朱熹的思想（不包括译者在序言和脚注里的评论部分）。下面分别从《大学》《中庸》《论语》《孟子》四篇取证以证明之。

1)《大学》篇。就正文部分而言，朱熹在经末对经传部分做了以下说明："右经一章，盖孔子之言，而曾子述之。其传十章，则曾子之意而门人记之也。旧本颇有错简，今因程子所定，而更考经文，别为序次如左。"柯氏对这段说明也照译不误并混入译本正文。其译文如下：The above section contains the words of Confucius，recorded by Taang Tsze.He delivered ten sections which contain his own ideas，and were recorded by his disciples.In the ancient copies there were some errors；—the present，as corrected by Ching Tsze，and the text as examined by us，stands regulated as below.②

不仅如此，柯氏把朱熹对传之十章的说明及总结也都一一翻译出来。另外，传之五章原本亡佚而朱熹补之，柯氏把该补传部分也翻译下来：The fifth section，which illustrated the proposition，"the perfection of knowledge lies in a thorough investigation of the nature of things，" is now lost. I，after having deliberately considered the subject，adopt the ideas of Ching Tsze to supply the deficiency...③

就脚注部分而言，柯氏译本的脚注由两部分组成。大部分是柯氏的注释（主要参考甚至直译朱注），另一部分为柯氏的评论。在《大学》篇，注释类型的脚注共11个。其中直接译自朱熹本的有两个，其余9个来自别本或为柯氏本人据朱注而做的文本注疏。以下仅列朱熹本的一个注释及对应的柯氏译文。

国无游民，则生者众矣；朝无幸位，则食者寡矣；不夺农时，则为之疾矣；量入为出，则用之舒矣。④

Let there be no idle people，then there will be many who raise revenue；Let

---

① 详见拙文《首位〈四书〉英译者，虔诚的新教传教士——柯大卫生平诸事考述》，载《北京行政学院学报》，2013年，第6期。

② David Collie，*The Chinese Classical Works，Commonly Called the Four Books，Translated and Illustrated with Notes*.Malacca：The Mission Press，1828（TA HEO：2）.

③ *The Chinese Classical Works，Commonly Called the Four Books，Translated and Illustrated with Notes*（TA HEO：5—6）.

④ 朱熹：《四书章句集注》，北京：中华书局，2012年，第12页。

there be no sinecures, then the number of those who consume revenue will be small. Never employ the people in government service, during seed time and harvest, then they will have an opportunity of raising sufficient supply, regulate the expenditure by the income: this is a proper economy.①

2)《中庸》篇。就正文部分而言,柯氏在《中庸》篇开头并没有把朱熹的《中庸章句序》译出作为引言,而是把朱熹在正文开头的题解部分翻译下来作为本篇的引言。

子程子曰:"不偏之谓中,不易之谓庸。中者,天下之正道;庸者,天下之定理。"此篇乃孔门传授心法,子思恐其久而差也,故笔之于书,以授孟子。其书始言一理,中散为万事,未复合为一理,'放之则弥六合,卷之则退藏于密',其味无穷,皆实学也。善读者玩索而有得焉,则终身用之,有不能尽者矣。②

Ching Tsze says, that not to incline to either side, is called Chung (middle); and not to change, is called Yung. Chung is the path of universal rectitude. Yung is the fixed law of the universal. This treatise was handed down memoriter by the followers of Confucius. Tsze sze, fearing lest through lapse of time it might be corrupted, committed it to writing, and delivered it to Mung Tsze. The Essay commences with one principle, —towards the middle it is extended to all things and at the close is again wound up in one. If you extend it, it will reach to every part of the universe; fold it up and it retires into deep obscurity. The relish is inexhaustible. It is genuine learning. Good reader! Muse on it with delight, and having made it your own, practise it to the end of life: —you cannot exhaust it.③

另外,柯氏还分别把朱熹本第一章末、第十二章末、第二十一章末、第三十三章末的朱熹的说明性文字都一一对应地作为正文内容翻译出来,把其中第二十一章末的说明性文字误归到第二十二章中,第三十三章末的朱熹的说明性文字作为整篇的结论。

就脚注部分而言,柯氏译本《中庸》篇的注译共 27 个。其中 15 个出自朱注,其余的注译或出自别本或为柯氏据朱子之意对文本的注疏。兹举两例如下:

盖天地万物本吾一体,吾之心正,则天地之心亦正矣,吾之气顺,则天地之气亦

① *The Chinese Classical Works, Commonly Called the Four Books, Translated and Illustrated with Notes* (TA HEO:13).

② 《四书章句集注》,第 17 页。

③ *The Chinese Classical Works, Commonly Called the Four Books, Translated and Illustrated with Notes* (CHUNG YUNG:1).

顺矣。①

> Heaven, earth and all things are substantially the same with me. If my heart be correct, the heart of heaven and earth will be correct, and if my Ke (spirits) act regularly and accordingly to nature, so will the Ke of heaven and earth.②

索隐行怪,言深求隐僻之理,而过为诡异之行也。然以其足以欺世而盗名,故后世或有称述之者。此知之过而不择乎善,行之过而不用其中,不当强而强者也,圣人岂为之哉?③

> By searching into mysteries and working wonders, the sage means, deeply investigating obscure, low, or vile principles, and practising strange feats in order to impose upon the world and steal a name. Such things, the sage was incapable of. It does not appear that Confucius wished to publish false, unfounded principles, or to impose upon mankind either by abstruse speculations, or by pretensions to miraculous powers, but, that he has, through gross ignorance of that truth of all others the most important to man, deceived millions of immortal beings, must be evident to every impartial mind, which has studied his system(该注前一句为朱注的译文,后一句则是柯氏的评论)。④

《论语》《孟子》两书不同于《大学》《中庸》,《大学》《中庸》中的注释称为"章句",而《论语》《孟子》中的注释集合了众人说法,称为"集注"。也就是说,前两篇注主要是朱熹所做,而后两篇注因引用二程、程门弟子及其他人的说法较多,故称"集注"。朱子对前两篇章句作了较为详细的阐释:每篇皆有导入说明,每章皆有大意总结(《中庸》并非每章皆有),柯大卫也对之作了相应的翻译并插入正文,所以底本证据较为明显。而后两篇则无此证据,所以对后两篇除了运用脚注证据外,笔者欲从文意角度(柯氏在翻译文本时依朱子之意)来考察底本问题。

3)《论语》篇。就正文部分而言,子夏曰:"贤贤易色,事父母能竭其力,事君能致其身,与朋友交言而有信,虽曰未学,吾必谓之学矣。"这是《学而》章第七节的一段话。其中"贤贤易色"究竟何意,历来有不同解读,而柯氏对之的译文为:He who

---

① 《四书章句集注》,第18页。

② *The Chinese Classical Works, Commonly Called the Four Books, Translated and Illustrated with Notes* (CHUNG YUNG:2).

③ 《四书章句集注》,第22页。

④ *The Chinese Classical Works, Commonly Called the Four Books, Translated and Illustrated with Notes* (CHUNG YUNG:7).

esteems the virtue of others, and turns his mind from the love of lust...①这与朱熹的理解:"贤人之贤,而易其好色之心"②是一致的。再看第五章《公冶长》第十二节。子夏曰:"夫子之文章,可得而闻也"其中"文章"二字是这样处理的:the virtue and elegant manners of our master, we may obtain the knowledge of...③柯氏把其中"文章"二字译成"德和优雅的仪态",这也与朱注高度一致:"文章,德之见乎外者,威仪文辞皆是也。"④这样的例句还有许多,恕不一一列举。

就脚注部分而言,柯氏本《论语》篇共有 233 个注,其中直接译自朱注的约有 107 个,不包括据朱注之意所做的注疏。下略举几例:

《学而》章第十五节经文下有一朱注:"子贡自以无谄无骄为至矣,闻夫子之言,又知义理之无穷,虽有得焉,而未可遽自足也,故引是诗以明之。"⑤

柯氏翻译如下:Tsze Kung having heard what the sage said of being able to rejoice in the midst of poverty, and to delight in propriety even when rich, inferred that he meant more than he had expressed; wherefore the sage complimented him on being able to quote the poets in illustration of his master's ideas.⑥

《八佾》章第五节——子曰:"夷狄之有君,不如诸夏之亡也。"其下朱注引尹氏一句话:"孔子伤时之乱而叹之也。亡,非实亡也,虽有之,不能尽其道尔。"⑦

柯氏译文如下:Yin she says, Confucius was grieved at the disorders of the age, and thus lamented them. They had not completely lost their rulers, but those they had, could not do their duty; and the distinctions of society were nearly lost.⑧

《阳货》章第十九节——子曰:"天何言哉?……"下有一注:四时行,百物生,莫非天理发现流行之实,不待言而可见。圣人一动一静,莫非妙道精义之法,亦天

① *The Chinese Classical Works, Commonly Called the Four Books, Translated and Illustrated with Notes* (SHANG LUN:2).

② 《四书章句集注》,第 50 页。

③ *The Chinese Classical Works, Commonly Called the Four Books, Translated and Illustrated with Notes* (SHANG LUN:17).

④ 《四书章句集注》,第 79 页。

⑤ 《四书章句集注》,第 53 页。

⑥ *The Chinese Classical Works, Commonly Called the Four Books, Translated and Illustrated with Notes* (SHANG LUN:3).

⑦ 《四书章句集注》,第 62 页。

⑧ *The Chinese Classical Works, Commonly Called the Four Books, Translated and Illustrated with Notes* (SHANG LUN:8).

而已,其待言而显哉?①

柯氏译注如下:That the four seasons constantly revolve and all things are produced, certainly manifests the constant operations of heaven. There is no need for words to make them obvious. Every movement of the sage was nothing else, but the manifestation of wonderful doctrines, and pure rectitude, why wait till he speak to illustrate them! This is truly heaven.②

下面再补充另外一种方式来考察本篇底本问题。子曰:"博学于文,约之以礼,亦可以弗畔矣夫!"这是《颜渊》章十五节的内容。柯氏在其译本里没有翻译此节。原因何在? 漏译乎? 在整部译本里,柯氏漏译的现象是存在的,但为数不多,并且都是一节里的个别字词或某个句子,整节漏译现象未曾出现,这说明只是一时疏忽大意而已。笔者认为柯氏在这里不译此节另有原因。在此节的注里朱熹以"重出"二字作结,这才是柯氏不译此节的原因。笔者查对其他章节发现:凡朱注出现"重出"的章节柯氏都一概不译。

4)《孟子》篇。正文部分:《滕文公》章句上第二节有一段话:……然友反命,定为三年之丧。父兄百官皆不欲,曰:"吾宗国鲁先君莫之行也……"根据朱子的理解文中"父兄"二字应理解为"同姓老臣",而杨伯峻在其《孟子译注》里译为"父老"③,可谓差异不小。而柯氏的译文如下:Jen Yew returned and delivered his report, and three years mourning were fixed upon. The old ministers of the same family name with him, and all the officers objected...④不难发现:柯氏的译文完全按照朱子的理解来译。

《离楼》章句上第二十二节:孟子曰:"人之易其言也,无责耳矣。"杨伯峻先生翻译此句说:人把什么话都轻易地说出口,那便不足责备了。⑤ 朱熹的解读为:人之所以轻易其言者,以其未遭失言之责故耳。盖常人之情,无所惩于前,则无所警于后。非以君子之学,必死有责而后不敢易其言也……⑥另外还有不同的解读,甚至断句也不同。而柯氏的译文是:Mencius says, the reason why men speak lightly, is

---

① 《四书章句集注》,第181页。

② *The Chinese Classical Works, Commonly Called the Four Books, Translated and Illustrated with Notes*(XIA LUN:86).

③ 杨伯峻:《孟子译注》,北京:中华书局,1960年,第115页。

④ *The Chinese Classical Works, Commonly Called the Four Books, Translated and Illustrated with Notes* (SHANG MUNG:73).

⑤ 《孟子译注》,第181页。

⑥ 《四书章句集注》,第181页。

that they are not reproved.①柯氏在这里以简练的语言表达了朱子的意思。

《万章》章句下第四节：万章曰："……今有御人于国门之外者……殷受夏，周受殷，所不辞也。于今为烈，如之何其受之？"柯氏略译"所不辞也。于今为烈，如之何其受之？"这部分，笔者以为此处略译事出有因。朱子在此段经文下做注时，先引李氏认为有断简或缺文的观点，然后提出自己的看法：愚以其直为衍字耳。然不可考，故缺之可也。② 可见柯氏的这一略译做法是依朱子旨意而为也。

脚注部分：柯氏本《孟子》篇注释共有 263 个，其中约 177 个直接译自朱注或者是对朱注的注疏。兹举数例如下。

《离楼》章句下第十七节。孟子曰："言无实不祥。不祥之实，蔽贤者当之。"针对此节柯氏有一注释："Choo Foo Tsze says, that the sense of this passage is doubtful. He suspects that the text is incomplete."③此注不仅是对朱注的翻译，而且也是唯一的一次在注里直接提及朱子的名字。

《公孙丑》章句上第二节。"……孟施舍似曾子，北宫黝似子夏……"其下朱子有一注释：黝务敌人，舍专守己。子夏笃信圣人，曾子反求诸己。故二子之与曾子、子夏，虽非等伦，然论其气象，则各有所似。④ 柯氏的注释为：Yew bent his attention to the obtaining of victory over others. Shay exerted his strength to govern himself. Tsze Hea firmly believed the sages. Tsang Tsze examined himself. Hence, these two heroes although not of he same class with Tsang Tsze and Tsze Hea, yet, if you speak of their dispositions, each of them resembled one of these worthies.⑤显然，柯氏之注是对朱注的直接翻译。

以上笔者从文本内外两个角度（文本内又分正文、注释两个层面）对柯氏译本进行了较全面考察，认为：柯氏翻译《四书》的底本应为朱熹本。理由如下：第一，柯氏在译《大学》《中庸》篇时，不仅依朱子之意翻译了正文部分，而且还把朱子为每章节所做的章句都一一译出并插入正文。第二，柯氏本的注释部分多处直接译自朱本。第三，《四书》作为儒家经典，诸家历来有不同的理解，尤其是对疑难字句的理解上争议颇多，而柯氏译本总体上都符合朱子的观点。最后，个别文意理解之

---

① *The Chinese Classical Works, Commonly Called the Four Books, Translated and Illustrated with Notes*（HEA MUNG：107）.

② 《四书章句集注》，第 324 页。

③ *The Chinese Classical Works, Commonly Called the Four Books, Translated and Illustrated with Notes*（HEA MUNG：111）.

④ 《四书章句集注》，第 231 页。

⑤ *The Chinese Classical Works, Commonly Called the Four Books, Translated and Illustrated with Notes*（SHANG MUNG：37）.

处柯氏译本与朱熹本虽不尽一致，也是因为参校别本或吸纳当时在马六甲英华书院中文助手（中国先生）之意见罢了。

不可否认，译注本与朱熹本在外在形制上略有不同之处：其一，译注本注释较少且与后者不尽一致，关于此点译者在序言里说得明白："脚注并不都是对哪一个评注者的注释所进行的直译，而是各家注释的要旨归纳。"①其二，前者较后者多出了《孔子传》(*Memoirs of Confucius*)和《孟子传》(*Memoirs of Mencius*)两部分，但阙译了《大学章句序》《中庸章句序》《论语序说》和《孟子序说》，当然也有其他漏译及不一致之处，兹不详述。

关于参考其他译本材料的情况，译者本人在序言及脚注部分做出了说明：译者本人利用了他能得到的前人所译的《四书》部分拉丁文和法文、英文译本。② 结合相关脚注③，我们可知译者在翻译过程中曾参考过以下前人翻译材料：马礼逊博士(Dr. Morrison)的《大学》英文本；1814 年在塞兰坡出版的约翰·马士曼(Mr. John Marshman)的《大学》英文本；1809 年在塞兰坡出版的马士曼博士(Rev. Dr. Mashman)的《论语》(上论)英文本；1817 年在巴黎出版的雷慕纱(Abel-Remusat)的《中庸》法文、拉丁文本；1824 年儒莲(Stanislaus Julien)的《孟子》拉丁文本第一卷。

二、成书经过

柯氏译本从最初的手稿到最终的出版发行经过一个相当长的阶段，其中既有译者本人的态度问题，也有不利出版的外界因素。后来由于译者的态度发生了改变，再加上译本征订工作的顺利进行，1828 年 3 月译本才得以公之于众。可惜柯氏本人已于同年 2 月离开人世。

1.成书时间

19 世纪初伦敦会来华传教士有一个共同点：通过翻译儒家经典来学习汉语。马礼逊翻译《大学》，马士曼翻译《论语》(上论)，柯大卫翻译《四书》等等都有此因素。译者在其前言里开篇就说"当初翻译'四书'只是为了获得一些中文语言知识"。但是柯氏何时接触《四书》，目前尚不确定。

根据 1826 年《英华书院年报》：一部通常被称作"四书"的中国古书在过去的一年翻译完成，该书附有主要来自朱夫子的注释以及译者对中国古代宗教、哲学偶

---

① *The Chinese Classical Works, Commonly Called the Four Books, Translated and Illustrated with Notes* (Preface: 6).

② Ibid.

③ Ibid (Preface: 3—5).

尔阐发的评论。该译本为英华书院所用,所附评论是为了让当地的学生知道儒家思想中的一些极其危险的错误。据上述可知:该译本的完成时间为1825至1826年,但其并不是其最初的样态。因为1828年出版的《四书》译本前言说得很清楚:“首先,当初翻译‘四书’只是为了获得一些中文语言知识。译完之后,译者想:如果仔细加以修订,再引用大家公认的《四书》集注以及译者不时对‘四书’中有关宗教和道德的根本性错误做出评注(该书中有很多这样的例子),这本《译注》也许会对在英华书院学习英文的华人有所帮助,不仅有助于他们学习英语语言,而且更为根本的是,引导他们对其圣人所宣传的致命错误做出认真反思。”①

显然,1826年《英华书院年报》里提到的《四书》译本并非最初稿,而是加了注释和评语的修订本,供英华书院学生所用,以达到其译儒攻儒、传播福音的目的。第一稿只是译者学习中文的习作罢了,而且完成的时间更早。

2.出版经过

马礼逊(Robert Morrison,1782—1834)、米怜(William Milne,1785—1822)创办英华书院的宗旨是进行中西文化交流和传播基督教,一方面使欧洲人能接触中国语言文化,另一方面使恒河以东以中文为书面语言的远东、东南亚各民族能接触英语和欧洲的文化、科学。柯氏《四书》译本正好能满足西人了解中国历史、哲学、风俗之需要,理当及时出版公之于众。至于出版滞后的原因主要是因为译者无心与资金短缺两个因素。现结合相关材料简析如下:

译本完成后柯氏并无出版的打算,只是将其以手稿的形式作为英华书院学生的教材,正如译本前言所讲:虽然其本人因不乏学习汉语的热情而不像大多数读者那样,认为《四书》无聊和平庸,但也不至为其所学习热情所遮蔽而误以为会引起大多数读者的兴趣。柯氏的这一道白也反映了当时的实情,“当时的欧洲人对中国这个‘天朝大国’并不好奇,以至于任何有关中国作品的纸张和印刷费用都不会支出的,除非作品出自享有高度文学声誉之人的手笔”②。更不用说英国这个与中国在地理环境、民族性格及风俗习惯迥异的“日不落帝国”,其对中国的冷漠、对儒家思想的无知不足为奇。

后来,在朋友的鼓励下,他的态度发生了改变,并认识到《四书》作为其形成时期人们在道德和信仰方面所遵循的标杆,并非所有人都不感兴趣,对于那些想学汉语而又没有老师辅导的人而言会有相当大的帮助,也会引起那些乐于多方探索人类心智者的兴趣。

---

① *The Chinese Classical Works, Commonly Called the Four Books, Translated and Illustrated with Notes*(PREFACE:I).

② *Anglo-Chinese Annual Report 1826*, p.6.

尽管如此，对这部《四书》译本后来耗资 120.50 西班牙银元[1]的出版，柯氏还是做了出版前的推介工作。因为英华学院所有的费用都来自伦敦会等差会组织、当地政府及个人的赞助，任何支出都要按照赞助人的意愿专款专用，并且还要公之于众。当时书院经费紧张，以至于柯大卫从 1824 年 4 月起主动放弃任何服务报酬。[2]

在其推介说明里，柯大卫就该译本内容、费用等相关情况作了解释。首先指出《四书》包含了众多通过历史事实进行阐释的儒家哲学的重大原则，认为附有注解的现行本对两千多年来一直统治着数以千万计人的这一奇异哲学体系做出了相当准确的表达。在他看来，这部作品不可能对哲学家、伦理学家、神学家都产生不了兴趣。随后提到《四书》只有一小部分有英译本，因此他的这部英文全译本尽管有缺陷，但可想而知该译本对英国公众而言并非完全不可接受。关于价格及相关事宜，柯氏也都给予交代：不带原文的征订价为 15 先令。木刻版的中文原文部分单独印刷，若需要，应再付 4 先令。该译本即将付梓，尽快会到订户手中。若以后华人有购买者，要求把二者合而为一，英文版就要做出改变满足这一要求。今后要求征订者在征订时说明是否需要原文，为方便参考，原文和译文的章节与段落都要做出标号。最后还交代了订户征订时可申请的联系人及地址：马礼逊博士，中国；J.柯拉尼，L.L.D.，曼彻斯特大学；D.克拉克书商，阿伯丁；传教士汉密尔顿和亚当斯，伦敦帕塔努斯特路；传教士伍德和叶兹，都柏林格拉芙吨大街；乔治·H.哈特曼先生，加尔各答新闻处；艾德芒·克里斯普牧师，马德拉斯；亚历山大·菲弗牧师，苏拉特；托马斯·贝盾，槟榔屿；《马六甲观察报》编辑。[3]

该书出版之后，销量还不错，售出许多本，只有少量存货。不带中文原文每本价格为 5 西班牙银元，附原文的每本 6 西班牙银元。[4]

3.中国助手

在成书的过程中，少不了当地华人或受雇于英华书院的中国内地人士的帮助。因为柯大卫在马六甲共待了六年左右（1822—1828）的时间，虽然受过马礼逊几个月短暂的中文教育，加上自己刻苦学习，但以其中文水平来翻译儒家经典难度可想而知，况且当时也有求助于当地华人及内地前往马六甲的中国人的条件。

根据 1823 年马礼逊的《致英国公众》（“to the British Public”）报告及 1824 年至 1829 年《英华书院年报》，担任中文教师的共有 4 位先生。他们分别是：李先生

---

① *Anglo-Chinese Annual Report 1828*, p.17.

② *Anglo-Chinese Annual Report 1825*.

③ *Missionary Chronicle 1828*, p.168.

④ *Anglo-Chinese Annual Report 1828*, p.11.

(Le Seen Sang)、游先生(Yaou Seen Sang)、严先生(Yim Seen Sang)、朱先生(Choo Seen Sang)。其中李先生的名字出现在历届年报上,游先生出现在1825年、1826年报上,严先生出现在1827年年报上,朱先生出现在1829年年报上。作为英华书院的中文教师,他们的职责是:教授中国经典,用中文阅读《圣经》和其他基督宗教书籍,帮助外国学生学习汉语,教授当地学生及外国学生中文写作。① 其中,游先生是马六甲当地人,首位英华书院的留校毕业生。当时书院会雇佣优秀毕业生作为助教、华人宣道师或圣经校对员②。李先生是米怜前往马六甲时从广州带去的私人老师,后来作为英华书院的中文教师,一直持续到1832年(1832年年报又出现该人的名字)。朱先生(朱精)也来自广东,秀才出身,米怜创建马六甲布道站时就雇用了他,后来在英华书院教官话课程,1832年回到中国由马礼逊施洗,并成为他的中文老师。③ 关于这位朱先生,美国商人亨特在其《旧中国杂记》也提到过:朱先生对自己讲的官话十分得意,我也特别用功学。在他的陪伴下我已经通读了《四书》《三国志》《上论》和《下论》以及其他经典著作。④ 亨特在英华书院的学习时间为1825—1826年间,正是柯大卫翻译《四书》的关键阶段。

所以,我们可以得出以下结论:在柯氏翻译《四书》的过程中,这几位先生中肯定有人起到重要作用,他们应当是柯氏在序言里所说的帮助过他的"本土人"。柯氏在译本序言里如是说:"因为翻译该译本是经过深思熟虑的,还有优秀'本土人'的帮助,并且在他们的帮助下逐页与原文又进行了核对……"⑤

限于篇幅,本文仅就该译本的底本与成书经过进行考证、梳理,至于翻译动机、翻译策略、译本特色、译本影响等诸多内容将另文详述。

(作者单位:郑州师范学院外国语学院　北京外国语大学中国海外汉学研究中心)

---

① *To the Public Concerning the Anglo-Chinese College*, 1823, p.16.

② Brian Harrison, *Waiting for China*, Hong Kong University Press, 1979 .p.128.

③ 参见 *Waiting for China*, p.117;苏精:《马礼逊与中文印刷出版》,台湾:学生书局 ,2000年,第76—77页。

④ 苏精先生认为:1825年至1828年朱精的名字从布道站和书院两方面的文献中消失,他应该是回到中国了。这与亨特的记载有扞格之处。详见朱精:《中国,开门!》,香港:基督教中国宗教文化研究社,2005年,第263页。

⑤ *The Chinese Classical Works, Commonly Called the Four Books, Translated and Illustrated with Notes* (Preface: Ⅴ—Ⅵ).

《三国演义》在泰国的本土化及其重要价值

□裴晓睿

摘要:本文从文学译介和文化传播的角度审视《三国演义》的第一个泰文翻译文本洪版《三国》在泰国的本土化过程、影响及其意义。《三国》新颖的小说文体、宏大叙事的历史故事魅力和文学家高超的泰语水平,共同铸就了它在泰国的"国家文学"地位。两百余年以来,各类仿作"《三国》文体"的文学文本和派生文本以及相关学术研究著作不断涌现,《三国》文化的价值不断被发掘,影响层面日益扩展。这一现象在文学和文化传播领域具有重要研究价值。

关键词:《三国演义》 《三国》 本土化 文学译介 文化传播

Abstract: This study, from the perspective of literary translation and cultural transmission, examines the history, influence and significance of the localization of the Chinese novel *Sanguo Yanyi* (*The Romance of Three Kingdoms*) as translated by Chaophraya Phrakhlang Hon, who did the first Thai version of this novel under the title of *Samkok*. Its classical novelistic style, the charm of the grand narratives of the historical stories, and the writer's superb level of Thai literacy have created the status of the novel as a masterpiece in the national literature of Thailand. During the past two-hundred-some years, all kinds of texts derived from *Samkok* have continuously appeared, as well as related academic research. The cultural values of this translated novel have been constantly used, and its influences have been ever expanding at many different levels. This phenomenon has great research value in the area of literature and cultural communication.

Key words: *Sanguo Yanyi*, *Samkok*, localization, literary translation, cultural communication

一、《三国演义》故事传入泰国的社会历史背景

中国的《三国演义》大约是在18世纪中期阿瑜陀耶王朝时，由大批移居暹罗（泰国旧称）的华人传入泰国的。传播经历了从华人社会逐渐扩展到整个泰国社会的过程，主要是通过口头传播、神庙信仰、戏剧表演和泰文版文学文本四种途径逐步实现的。

18世纪末至19世纪初，《三国演义》的第一部泰文经典译本——洪版《三国》[*Samkok Khong Chaophraya Phrakhlang*(Hon)]问世①。在此之前，《三国演义》的故事和戏剧表演等早已在民间乃至上层社会流传。1685年至1687年间几位西方传教士和外交使节阿贝·德·舒瓦齐(Abbé de Choisy)、Chaophrayawichayin(汉名待考)、达夏德(Guy Tachard)、娄贝雷(Simon de La Loubère)的著作中都有中国戏剧在暹罗王家仪典或王室盛宴等重要场合表演的记载②。民间的神庙活动和各类节庆场合也有中国戏剧的表演。18世纪末开始，暹罗成为潮剧在东南亚的演出中心，早期演出的重要剧目之一就是“三国”戏。泰国南部的古代诗体文学作品中对中国戏曲表演进行了非常生动的描述：

大戏演“三国”，髯口当胡须。
泰人听不懂，“做”“打”却有趣。
棍棒刀枪剑，虚晃即若离。
我等如上台，劈头何所惧！③

---

① 《三国演义》在泰国的第一个翻译文本是曼谷王朝一世王谕令昭帕耶帕康(洪)主持翻译的《三国》，本文简称洪版《三国》。昭帕耶帕康(洪)是吞武里王朝和曼谷王朝两朝重臣，著名宫廷诗人。“昭帕耶”为爵衔，相当于公爵，“帕康”是财政大臣职衔，“洪”是其名字。

② [泰]乃恰里·宛纳里:《中国戏曲在泰国》，载《皇恩荫庇下的华人200年》(特刊)，曼谷:经济之路出版社，1987年，第168页；蓬潘·詹塔罗南:《潮州戏的由来及在泰国的传播》，载《艺术家》学刊，1983年3月，第1期，第15页。

③ [泰]宽迪·阿达瓦乌提采:《汉文学对拉达那哥信时期文学和社会的影响》，论文发表于“汉文学对泰国文学的影响学术研讨会”，法政大学中国研究中心，1985年7月5日，第12页。拉达那哥信时期即曼谷王朝时期。所谓“曼谷王朝”是华人依据拉达那哥信(Ratanakosin)王朝的王都名称“Bangkok”赋予的习惯称谓。

可见三国故事当时不仅是在华人群体中，在泰国人中也已经颇有影响。“三国”戏、“三国”故事以及与“三国”有关的民间信仰逐渐进入暹罗社会，“三国”人物崇拜在华人的民间信仰和仪式文化中得以传承。关公、孔明、张飞、刘备都被作为神祇供奉，其中尤以关公崇拜最为普遍。这种民间信仰起初只是在华人社圈内流行，随着时间的推移，泰人与华人、华裔通婚现象越来越普遍，他们之间就逐渐接受了彼此的文化习俗。例如，华人神庙和华人家庭供奉的“三国”人物像同样受到泰人的奉祀和崇拜。“三国”人物和他们的故事也逐渐被泰人所了解和接受。“三国”文化和艺术开始潜移默化地融入泰人群体。所有这些都为泰文古典小说《三国》的出现和传播奠定了广泛的受众基础。

曼谷王朝初期是一个社会经济发生较大变迁的时代，尤其是对外贸易的兴起，打开了暹罗与海外国家交流的大门，开阔了上层社会文学创作者的眼界，人们对文学作品兴趣的转移促成了文学功能的转型，“文学从记叙和训谕功能转向阅读和消遣”。“曼谷王朝初期的诗人们似乎理解了文学功能转变的到来”①，国王御下的诗人们开始热衷于寻求新颖的故事包括外国故事内容作为创作的源泉。在此背景下，中国的《三国演义》和《西汉通俗演义》被移植到泰国就具有了适宜的社会土壤。

一世王在这个时期下令翻译《三国演义》等中国历史小说，主观上是文学复兴和巩固政权的双重需要，客观上则适时地顺应了社会发展的潮流。

吞武里王朝之后的曼谷王朝建立之初，内外战争和动乱仍然不断。阿瑜陀耶王朝后期战争中被焚毁的大部分文学遗产亟待抢救和恢复。一世王作为靠政变废掉吞武里王而登上王位的国王，需要在各方面为巩固王位和国家复兴作出努力。他下令翻译中国的《三国演义》《西汉通俗演义》和孟族历史故事《罗阇提叻》（意译《伟大的国王》，讲述一个养马人通过奋斗最终成为国王的经历），这正是一世王夺得王位后为巩固王权、赢得战争、安邦定国、复兴文艺所推出的重要举措。《三国》翻译班子的主持人昭帕耶帕康（洪）在为后来的《东周列国志》泰译本《列国》作序，提到《三国》时说：“国王认为从国家利益考虑翻译该书是必要的。”这说明王室积极主持并推动一批汉文学的翻译有着显而易见的政治目的。在军事方面，据说1776年缅甸将领阿赛温吉（Asaewunki）率军攻打泰国的彭世洛城，时任泰方征战大将军的加克里（Chaophraya Chakri，即后来登上王位的曼谷王朝一世王）和他的兄弟就曾经利用三国故事中的空城计打退缅军。② 可见，《三国演义》在泰国的

① 尼提·尤西翁：《羽毛笔与船帆：曼谷王朝初期历史与文学研究》，派欧（Phraew）出版社，2000年，第3次印刷，第93页。

② ［泰］《三国》前言，曼谷：艺术文库出版社（Silapabanakhan），1972年。

影响和重要意义从一开始就已经超出了文学的范畴，它所受到的重视也绝非一般文学作品可比。

这里需要说明的是，昭帕耶帕康（洪）主持翻译的泰文《三国》的问世虽然是在曼谷王朝一世王时期（1782—1809），但第一次出版却是在泰文印刷技术出现之后的四世王时期（1851—1868）。到了五世王时期（1868—1910），教育的普及、报刊的出现才为扩大泰文洪版《三国》的受众范围提供了有利条件。《三国》作为文字文本在泰国社会的传播才从王室贵族等上层群体逐步拓展到普罗大众，其影响力也越来越显现。

二、泰文洪版《三国》本土化特征的形成

泰国古代文学基本上是诗歌一统天下，散文体作品极少。在这样的历史背景下，18 世纪末至 19 世纪初，也就是中国清朝的乾隆至嘉庆年间，中国古典小说《三国演义》和《西汉通俗演义》被翻译成泰文，分别取名为《三国》和《西汉》。其中昭帕耶帕康（洪）主持翻译的《三国》以其前所未见的全新文学内容和体式引起轰动，在泰国统治阶层和贵族文人中广受青睐，甫一问世，就被赋予了泰国“国家文学”的地位，其本土化的目标是显而易见的。泰文洪版《三国》的出现，使民间以汉语方言口头传播的《三国演义》故事扩展到泰语文化语境之中。之后，仿效《三国》的散文体文学作品络绎不绝，“三国体”（Samnuan Samkok）在泰国文坛上从此兴起。“三国”翻译的成功，要归功于大诗人昭帕耶帕康（洪）和他的翻译团队。“昭帕耶帕康（洪）是一位勇于冒险和试验并不断创新的诗人。”①他所处的时代也为他的别开生面的创作提供了机遇。他的文学自觉表现在多部作品的创新改革之中。其中《三国演义》的翻译在文学内容、形式和语言风格等方面都开创了泰国文学史上的先例，是“散文体故事类”②最为成功、影响最大的一部作品。

曼谷王朝一世王至二世王时期（1782—1824）是泰国古典文学复苏和发展的繁盛阶段。除《三国》和《西汉》之外，还有多部经典文学巨著问世，其中根据外国名著翻译或改写的作品占有很大比重，例如：《罗摩颂》（音译《拉玛坚》）改写自印度罗摩衍那故事；《罗阇提叻》翻译自孟族历史故事；《伊瑙》改写自爪哇马来语班基故事。曼谷王朝初期对外国文学的移译和接受是基于时代的需要。从宏观上来

① 《羽毛笔与船帆：曼谷王朝初期历史与文学研究》，第 93 页。

② 六世王时期的泰国文学俱乐部把泰文《三国》推举为“散文体故事类”作品之冠。所谓“散文体故事类”实际上就是“古小说文类”。关于此问题的论辩，参见裴晓睿：《汉文学的介入与泰国古小说的生成》，载《解放军外国语学院学报》，2007 年第 4 期，第 114 页。

看,《三国演义》的被移植,是在适当的时机由适当的译者引入了适当的作品。也可以说,由时代需要(政治需要和受众需求)所决定的翻译目的(本土化目标)加上翻译者的高超水平(译者身份)共同铸就了一部经典的翻译文学作品,成就了一段文学和文化交流的佳话。我们知道,不是所有的外国文学翻译文本都能在译语文化语境中实现本土化目标的。大部分文学译著都只是以"翻译文学"的身份存在于译语文化语境中。而泰文洪版《三国》的特殊,就在于它成功地实现了在泰语文化语境中的本土化改造。译本的具体特征举凡有三:

首先是翻译文本的自身特征对泰语受众具有特殊的吸引力。

文本较为完整地呈现了三国传奇故事的内容、情节和活灵活现的人物形象,体现了中国历史舞台的广阔场景、历史人物的鲜活面貌和古人博大精深的智慧,为泰国文学艺术欣赏、政治军事谋略以及社会生活理念注入了新鲜血液。

语言通俗易懂,言简意赅,富含哲理,修辞方法新颖,表现了鲜明的译语文学风格,却无一般译语的生涩感。其高超之处在于能把汉语特有的成语、俚语、熟语、对话和叙事技巧等翻译得出神入化,不仅使泰语阅读者享受到新奇精妙的异域文化特色,而且能使之融入泰语文学传统,丰富了泰语的文学语言。像"三顾茅庐""开诚布公""不可多得""车载斗量""巧夺天工""老牛舐犊""多谋善断""赤膊上阵""纵虎归山""赴汤蹈火""锦囊妙计"等已然成为泰人熟知的常用成语;与此同时,译者也以语义相近的泰语成语替换了原文的部分汉语成语,而不是一律照搬硬译。可以说,在把握文学翻译的变异度方面,洪版《三国》堪称经典。

翻译策略上向本土化的靠拢。

翻译行为本质上是一种跨文化的交流。文学翻译基于翻译目的、译者身份和文化语境的不同等因素,必然出现相异性。泰民族文化和汉文化基本属于同质文化,因而减弱了异文化之间的相异度。翻译文本对源文本的改造并不会产生圆凿方枘之嫌。从源文本与翻译文本的比较可以看出,泰文洪版《三国》的译者是按照泰国人的价值观、宗教信仰、认知习惯和文学欣赏习惯对《三国演义》进行了适当的调整和改造,这对实现《三国》的本土化建构有着至关重要的作用。例如:

对源文本中人物的价值观和信仰理念上做了多处删改:把中国古人理念中的"天意"改为佛教的"福报""业报";把枭雄曹操的处世哲学"宁教我负天下人,不教天下人负我"改成"保护自己免受人欺,乃人之常理";"将在外,君命有所不受"删除不译等。

迎合泰国传统的文学审美习惯,文字上避难趋易,删繁就简。在译文语境中很难重现光彩的汉语古诗和典故大部舍去未译;原著全本 120 回,洪版《三国》减为 87 章;改变了泰国人难以欣赏的章回体,按照相对完整的故事情节重新划分了章节;删除了原书后半部分数段大战的内容。

经过这样的处理之后，消解了不易被泰语受众理解和接受的外来文化障碍，保留了与泰国文化协调的中国文化元素，使《三国》故事的趣味、智慧、计谋、人物魅力和语言艺术仍能在泰语文学中大放异彩。

泰文洪版《三国》出现之后，通过书籍的传播逐步占据了主导地位。文字文本有利于传播的稳定与高效，通过读者的阅读、品评和反馈又不断衍生出更多的文字文本。同时其他传播方式诸如戏剧表演、神庙活动、说书等口头传播和民间信仰传播方式依然存在，这就形成了一个立体的本土化传播场域，《三国》的本土化传播随之日趋完善。

三、《三国演义》在泰国本土化的影响及其价值

泰国是接受《三国演义》影响的国家中唯一动用官方力量组织翻译，并作为泰国"国家文学"介入本土文坛，进而逐步实现本土化的。《三国演义》的影响丰富了泰国的文学形式和内容，直接推动了泰国文学新文类的产生。《三国》文化对泰国的社会、政治和经济等领域都直接或间接地产生了重要影响。这在世界范围内也是罕见的。

从传播学的角度来看，《三国》在泰国的本土化经历了一个不断向深度和广度扩展的过程。它为后世泰国作家的文学创作提供了灵感和素材，甚至部分章节如"草船借箭"和"火烧战船"等片段还被选入泰国中学的泰语教科书并沿用至今。此外，后世还有许多三国故事的译本、改写本、仿写本、重写本以及大量的评论和学术研究著作不断涌现。据不完全统计，迄今已有70余种（金勇博士论文统计，2009年）。泰国人早已把洪版《三国》视为本民族的文学财富，对其中的人物、故事、政治军事思想、箴言警句和俗谚俚语等都非常熟悉。总之，《三国》已经深植于泰国人社会生活的土壤之中，成为泰国文学和文化传统的重要组成部分，在所有的泰国文学史著作中都占有不可或缺的席位。

以下我们从文学和文化两个层面阐述本土化的泰文《三国》在泰国产生的影响和它的重要价值。

文学层面：

泰文洪版《三国》促成了泰国古小说文类的生成。"三国体"带动了一大批历史小说的不断产生，从而结束了泰民族自素可泰王朝建国以来五百年古典诗歌文学一统天下的局面，同时为现代新小说的生成和发展做好了铺垫。这一文学事件在泰国文学发展史和中泰文学、文化交流史上所起到的作用和永恒价值是毋庸置疑的。

泰文洪版《三国》在文学创作的目的和内容方面也开创了风气之先。《三国》

问世之前的作家文学，创作目的多是取悦国王，内容基本局限于五大类：训谕、宗教、赞颂、抒情以及王子公主式的爱情故事。作家（宫廷诗人）大多缺乏丰富现实生活的真实体验和感受，作品强调的是诗歌艺术，内容难免单调繁复。《三国》则截然不同，故事本身是一段场景宏阔、曲折复杂的历史叙事，有深厚的社会基础和人物原型积淀，艺术构思精巧，人物身份、形象、性情、智谋、武艺各个不同，读之宛若跃然纸上。这样的作品在当时是前所未见的新奇之作，反响热烈、呈现出强大的生命力是必然的。

语言风格方面，在文学界形成了独特的《三国》语言风格。洪版《三国》的魅力除了新颖的历史小说文类和故事内容之外，吸引读者的还有其独特的语言风格。这首先得益于原作语言的凝练生动，寓意深邃，修辞方法丰富多彩；其次，也是更为重要的是翻译者作为文学大家驾驭语言的高深功力。他们已经成功地把《三国演义》语言风格的精髓吸收并转化到泰语中来，从而丰富了泰民族的语言和文学表达功能。

洪版《三国》之后陆续出现众多派生文本，并掀起了中国古典小说翻译热。

从曼谷王朝一世王到六世王时期（1782—1925），计有三十多部中国古典小说被陆续译介到泰国，受到社会各界人士的喜爱和热烈追捧。这种情况持续了一百余年。曼谷王朝五世王（1868—1910）执政以后，教育的变革、印刷业的发展、报刊等大众媒介的普及，促进了阅读群体的不断扩大。以泰文经典译本洪版《三国》为源文本的三国故事，陆续出现了多种派生文本，其中有改写本、缩译本或重译本、批注本、重写本、《三国》评论与研究文本等，例如：

改写本：多部《三国》民间剧片段、歌剧《貂蝉计赚董卓》《卖艺乞丐版〈三国〉》《富豪版〈三国〉》《〈三国〉军事战略》《曹操：永恒的丞相》《凡夫俗子版〈三国〉系列》（包括“洞悉孙权”“剖析刘备”“解读曹操”“揭秘孔明”……）等。

缩译本：《新版〈三国〉》（珲回，2002）。

重译本：《新译〈三国〉》（万崴・帕塔诺泰，1978）。

批注本：《批注版全本〈三国〉》（威瓦・巴查冷威，2001）。

重写本：《卖国者版〈三国〉》（冷・威塔雅库，2003）。

评论与研究文本：《忠义之神关羽、刘备和张飞》（莫塔亚功，1980）、《〈三国〉将帅的军事指挥能力研究》（塔萨那西・索玛戈塞林，1986）、《〈三国〉嘉言集》（布朗・纳那空，1989）、《挖掘〈三国〉宝藏》（本萨・沙拉威，1991）、《文学纵览话〈三国〉》（克立・巴莫，1993）、《评〈三国〉人物》（天采・耶瓦拉美，1994）、《管理者版〈三国〉精粹》（本采・西里玛哈沙空，1997）、《〈三国〉与人事管理：刘备军队研究》（察暖・瓦查拉萨古尼，1998）、《〈三国〉政治之国家分裂》（通田・纳詹浓，2002、2005）、《〈三国〉中的CEO》（边萨・库纳功巴提，2004）等。

文化层面：

《三国》文化影响到泰国社会的方方面面。

《三国》故事及人物丰富了泰国社会的民间信仰。泰文《三国》问世之前，华人神庙中就有对三国人物的供奉和祭拜，其中尤以关公信仰为最。随着泰文文学文本洪版《三国》的广泛传播，泰人也视关公为忠义之神，神庙中祭拜的香火愈加兴旺，家中供奉者已不鲜见，甚至军界、警界高级官员家中也有供奉者①。

《三国》故事丰富了艺术创作的内容和形式。突出表现在戏剧、壁画、雕塑等方面。《三国》戏的演出从最初用汉语方言到以泰语演唱，再到当代《三国》政治讽刺剧②，其表现力和生命力不断增强，影响范围日渐扩大。这一点是任何其他泰国戏剧不可比肩的。壁画主要出现在中式和泰式寺庙内。如曼谷王朝三世王时期曼谷巴瑟素塔瓦寺（Wat Prasertsuttawat）大雄宝殿内的三国故事壁画就有364幅；六世王时期敕建寺院曼谷波沃尼威寺（Wat Bowonniwet）配殿内的《三国》故事壁画，其艺术风格有的是纯粹中国画风格，也有的是中国画和泰国画风格相融合的。此外，寺庙中也有供奉关公等三国故事人物塑像的，如曼谷石龙军路的关帝古庙、檀香路的关圣帝君古庙等。

《三国》文化被泰国政治家、军事家、知识分子视为政治智慧和军事谋略的教科书，并运用于政治斗争和军事战略。泰文洪版《三国》的翻译本身就有着明显的政治和军事目的，后来的派生文本、评论和研究著作也多与时政和谋略有密切关联。例如：《〈三国〉军事战略》《曹操：永恒的丞相》《卖国者版〈三国〉》《〈三国〉政治之国家分裂》等。这类话题在当下的报纸等媒体也常有文章发表甚至独辟专栏刊载评论。

《三国》商业文化方兴未艾。20世纪90年代以来，把《三国》智慧运用于商业领域的著作不断推出，深受市场青睐。例如：《〈三国〉精粹：管理者版本》（1997）、《〈三国〉中的CEO》（2004）等。

由洪版《三国》开创的"三国体"古小说文类带动了内容和形式丰富多彩的各种《三国》派生文本和评论、研究著作的不间断涌现，标志着《三国》在泰国社会的本土化过程一直在持续深化，《三国》的社会影响仍在不断增强并向更多的领域延伸。进入21世纪以来，围绕《三国》的研究、翻译和再创作仍然热度不减。"三国"故事、"三国"人物、"三国"谋略、"三国"语言……成为泰国人喜闻乐道的永恒话

---

① 笔者亲见，泰国前警察总监春蓬·罗哈察拉（Chumphorn Lohachala）上将家中就供奉着祖传的关公塑像，他的家族是泰国军警界高官世家。

② 指1957年以来出现的，以泰国法政大学（Thammasat University）学生为主体演出的"法政戏"和"救国戏"，借三国故事针砭时弊、抨击独裁政权。

题。事实证明，在不同的社会历史时期，人们都能从中演绎出新的解读。《三国》成了真正发掘不尽的文学宝藏，它在文学、文化层面所具有的重要研究价值将是永恒的。

综上所述，洪版《三国》作为泰国文学史上汉文学介入的肇始且引起文类变革的标志性作品，为泰国本土文学从古代诗歌向散文为主的近现代文学做好了铺垫。不仅如此，《三国》在当代的文化视域中又被不断重写或重新阐释，进而对《三国》文化从诸多层面上引起新的关注热潮。

四、结语：文学译介在文化交流中的作用

《三国演义》等中国古典小说在泰国乃至亚洲的传播是世界文化交流史上的重要事件。泰文经典译本洪版《三国》的本土化传播更是把中国文化的精髓融合到泰国文化语境之中，从而获得普遍认同和接受，为中泰文化深层次的交流构架了桥梁，为促进中泰两国从统治阶层到普罗大众之间的多层面的交流发挥了重要作用。这一文学译介事件的典型性说明，翻译是导致异文化之间文学相互影响的重要媒介。优秀的文学作品通过一流的翻译，完全可以在异质文化的土壤中实现本土化传播。泰国并不属于汉文化圈，但借助翻译文本的流传，使泰国人对《三国演义》的接受和认知程度超越了汉文化圈国家。《三国演义》在泰国的传播史和本土化过程证明，优秀的翻译文学在适当的条件下可以实现向本土文学的转化，它在文学和文化交流史上起到的作用是无可替代的。今天，在全球化语境中，通过文学译介，着力推动中国文学与外国文学之间的横向交流，无论是近文化还是远文化之间，都显得更为必要和迫切。因为，文学是文化传播的通衢大道，是人与人之间心灵的沟通和对话，更是彼此加深了解、增加亲近感，进而达到和谐相处的有效途径。

（作者单位：北京大学东方文学研究中心/外国语学院）

夫子徂西初记

——《孟子》在西方的早期接受(1593—1754)*

□韩振华

摘要:本文全面考察了1593—1754年间《孟子》在西方的译介、研究情况,将重点放在哲学思想史的考察上,研究西人的接受语境、问题意识,以及视域融合的具体表现,并作出自己的价值评判。从整体上看,这一时期《孟子》在西方的接受属于传教士汉学阶段,表现出较强的宗教色彩和时代特征,可视为此一时期西方思想和学术发展的"晴雨表"。但是,西人之接受《孟子》并不仅仅是西方知识学的增益和拓展,或者如萨义德所说是西方之"东方主义"投射的产物,它还是近世以降中西文化交流的产物。文化交流的发展,不仅使中、西地理空间归入同一版图,而且也让中、西思想不断走向融合;在这个过程中,中、西思想各自成为对方思想文化发展的建构性力量。

关键词:《孟子》　西方哲学　译介与诠释　汉学

Abstract: This paper aims to conduct a comprehensive survey on the translation and reception of the Chinese philosophical text *Mengzi* from 1593 to 1754 in the west. It focuses on a philosophical examination of the background of its reception, the awareness of the philosophical problems involved, and various results in this fusion of

---

* 本文为2010年度教育部人文社会科学研究一般项目"他乡有夫子:欧美的《孟子》译介与诠释研究"(批准号10YJC720013)、2013年国家社科基金后期资助项目"西方《孟子》研究与儒家伦理建构"(批准号13FZX016)之阶段性研究成果。

horizons. Furthermore, I will make my own comments and criticisms based on the above research. The reception of *Mengzi* during these 160 years in the West reflects western values, western philosophy and western research methodology. In this context, the introduction and reception of *Mengzi* in the west has become a "barometer" of western ideology and its academic development. However, the reception of *Mengzi* is not just a mere extension of the westerners' knowledge, or, as Edward Said says, the west's projection of its "Orientalism". It is also a product of modern cultural communication between China and the west. The development of cultural communication not only breaks down the geographical barrier between China and the west, but also makes possible the integration of different ideas. In this process, the one side becomes a constructive force for the other.

Key words: *Mencius*, western philosophy, translation and interpretation, Sinology

考察西方世界对《孟子》一书的接受史,我们首先得把目光投向四百多年前的"大航海时代"。就在此时,那些发愿献身上帝的耶稣会会士(Jesuits)开始到中国以及亚洲其他国家传播基督教①;也正是从此时起,西人开始接触并了解、介绍儒学,《孟子》亦于此时进入西人的视野。

本文选取从1590年代耶稣会会士罗明坚(Michael Ruggieri, 1543—1607)、利玛窦(Matteo Ricci, 1552—1610)开始译介《孟子》,到耶稣会会士卫方济(Francis Noël, 1651—1729)第一个《孟子》译本出现,并鉴于卫方济译本对德国启蒙运动主将沃尔夫(Christian Wolff, 1679—1754)的深度影响,全面考察从1593年《孟子》节译本出现至1754年沃尔夫去世这一阶段其在西方的接受情况。在充分占有材料的基础上,本文将重点放在哲学思想史的考察上,研究并"解码"西人的接受语境、问题意识以及视域融合的具体表现,并尝试作出自己的价值评判。尽管《孟子》在西方的这段早期接受史已经成为过去,但梳理并厘清这段历史,对于我们认识西方在专业汉学(学院汉学)建立之前对于《孟子》乃至整个儒学的理解方式,探究专业汉学与传教士汉学之间在思想和思维上的深刻关联,无疑有着重要意义。另外,通过"揽镜自鉴",可以丰富我们对于孟子其人其书的认识,并引起我们更多的理论反思和方法自觉。

一、来华耶稣会士及其对手——两种释"孟"立场的奠立

从历史上看,文化间的交流未必都是双向的,而往往表现出某种"势差",即水

① 除非特别说明,本文中"基督教"均泛指 Christianity,而不是基督新教。

平较高的文化会流向并影响水平较低的文化，而不是反方向作用；古罗马文化之征服欧洲大陆、基督教之征服非洲，大抵如此。中西文化在明末清初时的碰撞，尽管肇端于负有传教使命的来华传教士，但其效果却是中西方的相互了解与注视。依据“后见之明”的看法，这要归功于耶稣会士的“适应(accommodation)政策”①，即耶稣会士在中国没有采取“左手执剑，右手持十字架”的武力传教模式，而是穿儒服、读儒书、授西技、重会通，走和平传教的路子。然而从根本上看，适应政策的形成，绝非夙心早发、有意为之，其实是环境使然，是在克服困难的过程中形成的产物，而其背后则是当时中西文化水平的势均力敌②。传教士们选择了“入乎其内”之后著书立说的做法，而想“入乎其内”，则必须熟读中国古代大量的经史子集，尤其是儒家的经书。正是在这种情势下，儒家“亚圣”孟轲成为传教士关注的对象。

最初，西人对《孟子》的译介仅停留于来华传教士的小圈子里，因此还不能说《孟子》已经漂洋过海，远赴泰西。虽然西班牙多明我会(Dominican)会士高母羡(Juan Cobo，1546—1592)以西班牙文翻译并于1589年在菲律宾出版的中国童蒙读物《明心宝鉴》③(明代范立本编)中曾二十多次提到孟子的言论，但毕竟由于发行规模小，且跟彼时在中国的传教士们殊少关联，所以影响不大。1591年至1593年间，意大利来华耶稣会士罗明坚、利玛窦曾合作编译了《拉丁文版孔子语录汇编》，并以之作为新来华传教士学习高雅汉语、了解中国文化的辅助材料。此书其实是对《四书》的节译，并不限于“孔子语录”，其中第五部分就是《孟子》文本的拉丁文节译④。这部译作并未正式出版，但一直被新来华传教士用作学习中文的教材。由于罗明坚和利玛窦两人的先驱者身份，他们对儒家经典的理解遂成为西人解读中国思想的开创性范式，事实上，这一范式也融化、积淀到日后传教士(尤其是耶稣会士)的中国经典翻译与诠释之中。

---

① 关于早期耶稣会士的“适应”政策，可参考[美]孟德卫(Mungello E. David)在《奇异的国度：耶稣会适应政策与汉学的起源》(*Curious Land: Jesuit Accommodation and the Origins of Sinology*)一书中的精彩论述(陈怡译，郑州：大象出版社，2010年)。

② 朱维铮从中国历史内部剖析了耶稣会士“慢慢来”传教策略的形成原因，见其主编《利玛窦中文著译集·导言》，上海：复旦大学出版社，2001年。

③ 译本题为 *Espejo rico del claro corazón*(*Beng Sim Po Cam*)，为手抄双语译本；2005年马德里大学出版了该译本的校订本。

④ 此书共五部分，分别为《大学》《中庸》《论语》《中国古人就多种话题发表的论点汇编》和《孟子》。主笔为罗明坚，但包括《孟子》在内的大部分译文可能是利玛窦翻译的。此书手稿现收藏于意大利罗马中央国立图书馆，2010年春夏曾随“海峤儒宗——利玛窦逝世四百周年文物特展”在中国巡展。

《天主实义》①一书是利玛窦假托"西士"身份对"中士"进行教理启蒙的中文著作,其中对《孟子》部分言论的释评就具有创立规范的意义。《天主实义》引《孟子》"数罟不入洿池""斧斤以时入山林"之语,佐证"天主生彼鸟兽,以随我使耳,则杀而使之,以养人命,何伤乎"之旨②;称孟子倡"仁义",以"王天下"为"利"劝行仁政,说明圣人亦言利害,进而说明天主教之重视"来世之利"方为"至大""至实"之利③;引述孟子"人性与牛犬性不同"之语,说明"人性"之善恶问题,本无关乎作为"依赖之品"的、恒善的"(天)理","性"与"理"不可混同,又引《孟子》"孺子将入于井"之例,说明性善作为"良善"与德善("习善")的区别④。以上利玛窦之引述《孟子》观点,尽管其意图与《孟子》原文的论述出发点歧出,但尚不能说其为南辕北辙。然而,当论及孟子"不孝有三,无后为大"之语时,利玛窦则认定,"吾谓以无后为不孝,断非中国先进之旨",并引孟子"求在我""求在外"之区分,申论孝之与否,跟得子与否无关⑤。利玛窦并不反对儒家的孝道,其容不得的是将"无后"列为最不孝,因为这势必将冲击敬奉上帝的优先性。以上种种,可证利玛窦于儒学有取亦有舍,而取舍之标准,则全视儒学观点是否可与基督教义接榫合铆。

意大利耶稣会士卫匡国(Martino Martini,1614—1661)的《中国上古史》(1658)⑥取材于中国正史,而辅之以西历纪年,欲借以沟通中、西因相互独立发展而长期隔绝的"历史"。这部断代史虽也有将中国历史纳入旧约《圣经》编年史的用心,但卫匡国延续了利玛窦的适应路线,相对注意著述的科学性,由此对中国"上古"文明颇含同情,在论调上多有赞美,近于中国正史。此书记述了孟子的简单生平与思想,以及当时与孟子辩论的部分哲学家(第155—161、170—171页),认为孟子是一位"非常高尚和极有雄辩能力的哲学家",并将《孟子》一书开头孟子

---

① 又名《天学实义》,初稿大约完成于1596年,初刻于1601年,1603年正式刊刻,后来又多次重刻,并译为日文和高丽文出版。《四库全书》将其收入子部杂类存目,《总目提要》谓其"大旨主于使人尊信天主,以行其教。知儒教之不可攻,则附会六经中上帝之说,以合于天主,而特攻释氏以求胜"。

② 《天主实义》第五篇"辩排轮回六道、戒杀生之谬说,而揭斋素正志",见《利玛窦中文著译集》,第54页。

③ 《天主实义》第六篇"释解意不可灭,并论死后必有天堂地狱之赏罚,以报世人所为善恶",见《利玛窦中文著译集》,第62页。

④ 《天主实义》第七篇"论人性本善,而述天主门士正学",见《利玛窦中文著译集》,第73、74页。

⑤ 《天主实义》第八篇"总举大西俗尚,而论其传道之士所以不娶之意,并释天主降生西土来由",见《利玛窦中文著译集》,第90、91页。

⑥ 拉丁文题为 *Sinicae historiae decas prima; res à gentis origine ad Christum natum in extrema Asia, sive magno Sinarum imperio gestas complexa*,可直译为《中国历史初编十卷,从人类诞生到基督降世的远方亚洲,或中华大帝国周邻记事》。此书1658年在慕尼黑出版,1659年在阿姆斯特丹出版,法译本1692年出版。

与梁惠王讨论义利问题的对话简译为拉丁文。

而西班牙多明我会会士闵明我(Domingo Fernández Navarrete,1618—1686)虽跟卫匡国同时来华传教,但代表了迥异的传教路线。在《中国历史、政治和宗教论集》(1676)①一书中,他强烈反对耶稣会的适应、同化路线,主张包括孟子思想在内的中国思想不能兼容于基督教信仰。卫匡国和《西文四书直解》②的作者基于他们对《春秋》部分文本的理解,断定孔子已经预言了基督本人之降生以及基督教之传入中国,而法国耶稣会士李明(Louis le Comte,1655—1728)在《中国近事报道》(1696)③一书中,也认同《西文四书直解》的看法,认为公元67年前后汉明帝"感梦求法",其所梦之金人、白马本来即是孔子所预言的东来之基督教,只是由于明帝所遣使者的某个过失,结果阴差阳错,误把佛教而非基督教迎入中土④。闵明我从根本上不赞成这种在中国古代经典中索隐、附会基督踪迹的做法,坚称孔子是一个无神论者,而且孔子只字未提基督的启示。闵明我也依据《孟子》一书的记载,力图证明孟子对于真主一无所知(《中国历史、政治和宗教的论集》,第138—141页)。

作为耶稣会和多明我会在华传教士的代表,卫匡国、闵明我两人的著作开始在西方具有一些影响。荷兰作家达波(Olfert Dapper,约1635—1689)一生虽未到过亚洲,甚至没有走出过荷兰,但他依照卫匡国的《中国上古史》、《中国新图志》(1655)、《鞑靼战记》(1654)诸书的资料,想象性地创作并出版了《第二、三次荷兰东印度公司使节出使大清帝国记》⑤一书,在当时产生了较大影响,书中也提到了孟子(第101—104页),其记述与论调一如卫匡国。

---

① 原题为 *Tratados historicos, politicos, ethicos, y religiosos de la monarchia de China*,1676年在马德里出版。

② 原题为 *Confucius Sinarum Philosophus, sive Scientia Sinensis latine exposita studio et opera Prosperi Intorcetta, Christiani Herdtrich, Francisci Rougemont, Philippi Couplet*,或译为《中国哲学家孔子》。自题中文书名是"西文四书直解",原因是译者们在翻译时主要参考的是张居正的《四书直解》;但实际上《西文四书直解》只有《论语》《大学》《中庸》三书的翻译,并不包含《孟子》在内。编译者有意大利人殷铎泽(Prospero Intorcetta,1625—1696)、葡萄牙人郭纳爵(Ignatius da Costa,1599—1666)、比利时人鲁日满(F. de Rougemont,1624—1676)和奥地利人恩理格(P. Christian Herdtricht,1624—1684)等耶稣会士,比利时人柏应理(Philippe Couplet,1623—1693)总其成,并于1687年在巴黎(Daniel Horthemels)出版该书。

③ 原题为 *Nouveaux Mémoires sur l' état présent de la Chine*,1696年出版于巴黎。

④ Donald F. Lach(劳端纳) & Edwin J. Van Kley, *Asia in the Making of Europe*, Volume Ⅲ: *A Century of Advance*, Book 4 *East Asia*, Chicago: University of Chicago Press, 1993, p.1724.

⑤ 原题为 *Gedenkwaerdig bedryf der Nederlandsche Oost-Indische Maetschappye, op de kuste en in het Keizerrijk van Taising of Sina: behelzende het 2e gezandschap aen den Onder-Koning Singlamong... Vervolgt met een verhael van het voorgevallen des jaers* 1663 *en* 1664 *op de kuste van Sina... en het 3e gezandschap aan Konchy, Tartarsche Keizer van Sina en Oost Tartarye... beneffens een beschryving van geheel Sina*,1670年在阿姆斯特丹出版。

二、孟子附属于孔子的多层原因

早期传教士在介绍孟子时，通常将孟子附于孔子之后，将孟子作为一个补充。孟子对于儒学思想的发展，孟子与孔子思想之差异，几乎尽被忽视。在两相比较中，传教士对孔子的兴趣远甚于孟子。这从罗明坚、利玛窦《拉丁文版孔子语录汇编》将《孟子》置于其书最后部分可以看出，亦可由殷铎泽、柏应理等人编译《西文四书直解》时故意略去《孟子》部分而改编成《中国哲学家孔子》可见一斑[①]，尽管此书最后一页指出，译者即将进行《孟子》的翻译。

孔、孟两人在传教士眼中的地位如此，有内、外两方面的原因：外而视之，孔子作为儒家学派的创始人，其重要性自然超过孟子；早期传教士视儒学为中华士人文化的正统，透彻了解中国文化必从孔子始，其重视孔子也就理所当然。传教士来华皆背负着传播基督教的神圣使命，从先辈并不成功的经历[②]中，他们深知完成这一使命的困难程度。耶稣会士从儒家“五经”中找到了某些具有人格神色彩的“上帝”字眼，将其附会成基督教的上帝，并视编定“五经”的孔子为中国古代的神使赫尔墨斯(Hermes)，孔子传播的教义即是上帝的启示。不语“怪力乱神”的孔子尽管差强人意，但远比宣扬异端的老庄、墨翟更值得信赖。孟子在“性与天道”方面的言论远多过孔子，似乎应该引起传教士们更多的注意，但问题在于，孟子生活于一个传统信仰崩坏解纽的时代，从“神本”转向“人本”是那个时代的主流思潮；孟子就心言性，主张仁义内在，即便敷衍天道，也为指陈人事，其引述《尚书》《诗经》中“上帝”云云，大抵用意如此。所以，《孟子》言“天”愈多、愈细，满脑子基督上帝的传教士便愈发现孟子之“天”游移不定，跟他们自己的上帝观念愈加扞格难通。这是传教士们有意无意重孔轻孟的内在原因。

另外，孟子在中国思想史上的“升格”运动跟宋代理学的兴起同步[③]，要而言

---

① 彼时传教士认为，《论语》《大学》和《中庸》都是直接表达孔子思想的著作，故有将这“三书”合订一本归于孔子名下的做法。

② 基督教进入中国，固然非始于李明等人所臆测的上帝托梦汉明帝，但在初唐时期(635)，基督教的一个分支聂斯脱里派(Nestorian)已经传入中国，时称“景教”。1625年(明天启五年)前后，西安出土了“大唐景教流行中国碑并颂”，早期传教士多有亲见此碑者。日耳曼耶稣会士基歇尔(Athanasius Kircher，1602—1680)在《中国图说》(*China IIlustrata*，1667)一书详细记述了此碑的细节，将中文和叙利亚文碑文传抄在内，并附上了拉丁译文。

③ 可参考黄俊杰：《“孟子”的崛起：儒家道德的历史解释》(“The Rise of the ‘Mencius’：Historical Interpretations of Mencian Morality”)，美国华盛顿大学1980年度博士论文；徐洪兴：《思想的转型：理学发生过程研究》，上海：上海人民出版社，1996年，第二章第二节“孟子升格运动”。

之，孟子思想中的心性论、工夫论内容应合了理学家们重建儒学以辟佛的时代需要；孟子的“升格”，其实是道德本体和心性主体在宋代的升格。而传教士们已敏锐地感知到理学的所谓无神论和唯物主义倾向。他们在研读理学文献时发现，理学聚焦的“理”“太极”等概念在先秦原始儒学那里并不重要，而原始儒学经常提及的“上帝”“昊天”在宋代理学那里已几乎丧失了所有人格神含义。在耶稣会士看来，理学家们歪曲了原始儒学的教义，而这种歪曲又跟佛教的影响息息相关。所以，即便主张适应政策的耶稣会士，也强调区分原始儒学和宋代理学，他们编译《西文四书直解》时宁愿选用张居正的注释也不用影响更大的朱熹《四书章句集注》，可能与此有关①。耶稣会士排斥的理学既然与《孟子》有如此深的关联，也就难怪他们面对《孟子》时要退避三舍了。

16、17 世纪之交，在译介包括《孟子》在内的儒家文献时，早期传教士的不同教派、修会在中国传教问题上已经形成了泾渭分明的分野。如果说耶稣会主要选择了取径原始儒学文献而迂回传教的路线②，那么同属天主教的多明我会、方济各会（Franciscan）和巴黎外方传教会（Missions Etrangères de Paris）则站在了耶稣会的对立面，他们强调儒学在根本上独立于基督教信仰之外，宋代理学跟原始儒学之间的差别也远没有耶稣会士描述的那么大；他们发现，中国士人即使皈依了基督教，仍然服膺而不是拒绝理学思想。依照多明我会和方济各会的看法，传播基督教根本无须取道原始儒学，耶稣会采取适应、迁就路线只是在无谓地耗费时间和精力。在 17 世纪上半叶，耶稣会靠着先入为主的优势，利用大量出版物在欧洲占据了传教路线的话语主导权，但随着修会内部分歧以及不同修会之间分歧的扩大，“礼仪之争”逐渐升级，耶稣会的话语权也逐渐旁落。到 17 世纪中叶，耶稣会的竞争者们就已跟耶稣会旗鼓相当、势均力敌了。

至 17 世纪末，西方传教士、游客在欧洲出版的以介绍中国为主要内容的著作已经为数众多，举其要者，也超过五十部③，它们从不同侧面建构了西方人的中国

---

① 实际上，张居正《四书直解》与朱熹《四书章句集注》的差别远没有耶稣会士想象的那么大，从根本上说，前者只是后者的一个简明读本而已。关于此点，可参考孟德卫《奇异的国度：耶稣会适应政策与汉学的起源》一书第八章“利玛窦适应政策的巅峰：《中国哲学家孔子》”，尤其是第 291—295 页；亦可参考梅谦立（Thierry Meynard）：《〈孔夫子〉：最初西文翻译的儒家经典》，载《中山大学学报》2008 年第 2 期。孟德卫另撰有“The Jesuits' use of Chang Chü-cheng's Commentary in their translation of the Confucian Four Books(1687)”一文，发表于 *China Mission Studies(1550—1800) bulletin 3*(1981)，pp.12—22。

② 这并非说耶稣会内部就没有分歧。例如，1610 年利玛窦去世前，指定意大利耶稣会士龙华民（Nicolas Longobardi，1559—1654）接任中国耶稣会总会长，而龙华民随后主张废除“天”“上帝”“天主”等原有汉语词的合法性，转而采用译音。但无论如何，耶稣会是以适应政策而著称的。

③ 依 Donald F.Lach（劳端纳）、Edwin J.Van Kley（爱德温·丁·范克利）前引书的看法，见该书第 1743 页。

认知。就传教士的著作而言,不管各派别传教士在中、西文化间注重求同还是强调辨异,他们皆视中国文化和社会为一了不起的存在,激烈反对耶稣会传教路线者如闵明我,也津津乐道于中国浩如烟海的历史和学术文献。因此,不能简单化地认为耶稣会亲近中国而多明我会、方济各会敌视中国,并就此遽下褒贬。对于早期来华传教士遗留给欧洲的"中国印象",仍需具体问题具体分析。历史的发展充满吊诡。他们介绍的《孟子》在接下来的18世纪欧洲将要发挥何种影响,并不由他们的本心所能左右。

三、卫方济的《孟子》译本及其与欧洲启蒙运动的合流

从16世纪80年代开始,耶稣会几代传教士致力于理解儒学思想,经过一百多年的共同努力和集体劳动,《孟子》的完整译本在17、18世纪之交终于瓜熟蒂落,水到渠成。

(一)"礼仪之争"氛围中的卫方济《孟子》译本

现存最早的《孟子》完整西译本是比利时耶稣会士卫方济1711年出版于布拉格的拉丁文译本,该书是卫方济所译"中国六经"的一种①。事实上,卫方济于1700年在江西南昌时就已经完成了《孟子》的翻译。卫方济毕其在华二十年(1685—1708;1703—1707年曾回到欧洲)之功来翻译"中国六经",虽然也参考了罗明坚、利玛窦以来一百多年的众多翻译成果,但其所译"中国六经"却是一个"全新的译本",与集成于《中国哲学家孔子》中的前人译介成果殊少雷同②。卫方济这样做,除了他对儒家经书持有独特理解这一原因外,也跟当时的客观情势有关。

卫方济在中国的二十年,正好是"礼仪之争"持续升温的时期,卫方济本人也是这场争论的积极参与者。1700年,巴黎索邦神学院(Sorbonne)发表了对耶稣会非常不利的审查报告,这成为耶稣会传教事业的一大变数。1704年教皇克莱芒十一世(Clement Ⅺ)发布教谕,禁止耶稣会的礼仪政策和上帝译名,1715年同一教皇重申1704年教谕,耶稣会遭受重挫。作为适应路线的坚定维护者,卫方济两次

---

① 原书题为:*Sinensis imperii libri classici sex; nimirum Adultorum schola, Immutabile medium, Liber sententiarum, Memcius, Filialis observantia, Parvulorum schola*,可直译为《中国六经:〈大学〉〈中庸〉〈论语〉〈孟子〉〈孝经〉〈小学〉》。1711年于布拉格(Joachimum Joannem Kamenicky)出版。2011年,该书在出版300周年之际,终于得到了重印(Hildesheim: Georg Olms Verlag);书前有德国特里尔汉学家叶格正(Henrik Jäger)所写的"导论"。

② 可参考[澳]Paul Rule(鲁保禄)"François Noël, SJ and the Chinese Rites Controversy", in [比]W.F. Vande Walle(范德望)、[比]Golver Noël(高华士)编:*The History of the Relations between the Low Countries and China in the Qing Era(1644—1911)*, Leuven: Leuven University Press, 2003, p.158.

(1702、1708)返回欧洲,都是受在华耶稣会高层的派遣,到罗马为耶稣会的传教政策辩护。不过,较之一般耶稣会士,卫方济在思想上走得更远:在当时激辩上帝译名、中国祭孔祭祖礼仪的气氛中,卫方济毫不避讳,其所著《中国礼仪札记》和《中国哲学》,以及他与庞嘉宾(Gaspard Kastner 或 Graspard Castner,1665—1709)合著的《对中国学者关于礼仪问题之论证的摘要》《对有关中国礼仪问题的答复》等作品,在译名和中国礼仪问题上大书特书,主张中国的祭礼是单纯的政治和市民行为,而非迷信或偶像崇拜,针锋相对地反驳了敌对者们对于耶稣会的质疑①。

在"中国六经"的翻译中,这一点也表现得很明显。首先,"中国六经"中的"四书"部分,卫方济并没有刻意回避朱熹《四书章句集注》这部理学集大成之作,而将其与张居正的《四书直解》平等对待。卫方济强调宋代理学与原始儒学的一致性,主张"太极""理"这些概念皆非唯物主义式的,而是神("天"或"上帝")的"完美体现"或"作用";宋代儒家并不是无神论者②。在教会内部"礼仪之争"波谲云诡的紧要关头,卫方济这样做,当然是想通过重新阐释宋代儒学对"四书"的诠释,使其能与基督教教义相通融,而为耶稣会的适应政策作绝地反击式的背水一搏。其次,"中国六经"不仅将《孟子》涵括在内,而且出人意料地包括了《孝经》和《小学》。《孝经》明"孝"为人伦之先,附带言及"悌"与"忠";《小学》由朱熹与弟子刘清之合编,主张"立教""明伦""敬身",尤以明父子、君臣、夫妇、长幼、朋友之伦为重。《孝经》和《小学》所确立的伦理导向对于认识中国社会、文化而言极有帮助,但对于基督教的传教使命而言,实在只有参考价值,而无根本助益。甚而言之,这种人伦面向本身便是"人本"的,它包含了强烈的非宗教色彩,它对普通人所要求的祭祖活动在客观上亦与基督教的礼拜上帝格格不入。

在具体翻译策略上,卫方济并没有采取字字严格对译的做法,而是主要采用意译法(paraphrasing),或者解释性翻译的方法。他把中文原文的繁复语义适当压缩,转换成一种简化的、更易为人接受的普通语言表述出来。这样做的时候,中文原文中的一些难解之处,尤其是那些跟中国文化相关的文化语码,就被卫方济有意避开了。在他看来,这些文化语码其实只是理解经典原意的一些绊脚石。不过,卫方济如此做,并不能说他蓄意偷懒,实际上他在翻译过程中参阅了大量中文注疏,并将这些注疏中的观点融合到自己的翻译之中③。

---

① 可参考潘凤娟:《卫方济的经典翻译与中国书写:文献介绍》,载《编译论丛》,2010 年第 1 期。

② 参考鲁保禄"François Noël,SJ and the Chinese Rites Controversy"一文,第 157 页。

③ 另可参考 David E.Mungello(孟德卫):"The First Complete Translation of the Confucian Four Books in the West",in:*International Symposium on Chinese-Western Cultural Interchange in Commemoration of the 400th Anniversary of the Arrival of Matteo Ricci,S.J.in China*(Taipei,1983),pp.515—541.

卫方济在重点哲学词语的翻译方面比较考究。比如说，在朱熹和张居正的"四书"诠释中，"理"是一个至为关键的概念，卫方济将"理"译为拉丁文 ratio①。ratio 源自希腊语 λόγος(logos)，本义是"比例"，但其意义远超过数学本身；在柏拉图(Plato)、斯多噶派(Stoics)的古典哲学中，它具有"神性"的含义，指涉一种至神、至善的存在，至中世纪前期，ratio 仍然指称"正义之理"(recta ratio)。就此而言，朱熹之"理"与 ratio 确乎有相当多的指涉交集②。只是愈到后来，ratio 的"理性"含义愈加突显，越来越多是指人运用概念、判断和推理的能力。在卫方济所处的 17、18 世纪，ratio 一词多被用来指不相信启示真理的理性主义。在此背景下，卫方济以 ratio 对译"理"，就会把意蕴丰富的"理"囿固为理性、智性，"理"中原来具有的神性、德行含义遭到了一定的削弱。耶稣会士翻译《中国哲学家孔子》时，已表现出很强的理性化倾向。据孟德卫的分析，这其实是中世纪后期经院哲学的"遗产"——"圣徒阿奎那(Thomas Aquinas)和其他经院哲学家思想的结合，在基督教的理性和宗教性之间创造出了一种完全的和谐"，而"耶稣会士的学术性倾向比宗教神秘性倾向更明显"；"如果说耶稣会士对儒家思想的阐释过于理性化，那么今天的基督教也会认为当年耶稣会士对基督教的阐释过于理性化"。③ 卫方济移译《孟子》，延续的也是这条经由理性抵达信仰的经院哲学阐释路线。

(二)《孟子》的"升格"及其对沃尔夫的影响

历史进入 18 世纪，伴随着"礼仪之争"的逐渐升级，耶稣会在天主教内部的话语权已今非昔比。由于教廷或明或暗的书禁，很多支持适应路线的耶稣会士无法像其他修会的会士那样正常地出版、发行著作。卫方济的《中国哲学》以及其他直接讨论中国礼仪问题的著作，就因"太注重当时之礼仪问题"④而遭禁。但卫氏所译"中国六经"，尤其是其中的《孟子》却幸免于书禁，并对西方世界产生了深刻影响。从表面上看，卫方济译本的传播根本算不上成功，法国汉学家雷慕沙(Jean Pierre Abel Rémusat，1788—1832)在其编纂的《亚洲新杂纂》⑤中就批评卫方济歪曲

---

① 汉学学者叶格正在与笔者的访谈中，将"理"误为"心"(见韩振华、叶格正：《占以明〈易〉理，象以喻〈孟〉〈庄〉——与叶格正博士谈汉学》，载《华文文学》，2011 年第 1 期，第 20 页)，此处特为订正。

② 黄正谦：《论耶稣会士卫方济的拉丁文〈孟子〉翻译》，载《中国文化研究所学报》(*Journal of Chinese Studies*)，第 57 期(2013 年 7 月)，第 163—164 页。

③ 孟德卫：《奇异的国度：耶稣会适应政策与汉学的起源》，第 309 页。

④ 参考[法]费赖之(Louis Pfister)著、冯承钧译：《在华耶稣会士列传及书目》，北京：中华书局，1995 年，第 421 页。

⑤ 原题为 *Nouveaux Mélanges Asiatiques：ou recueil de morceaux de critique et de mémoires，relatifs aux religions，aux sciences，aux coutumes，à l' histoire et la géographie des nations orientales*，Paris：Schubart et Heideloff，1829。

了孔孟的原初精神，并讽刺卫氏译本读者寥寥。然而，卫氏译本所产生的深远影响，却是通过一种间接方式来实现的。

其一，它提升了西方思想界对《孟子》的通盘认识。卫氏译本传播面不大，但是借助法国耶稣会士杜赫德（Jean-Baptiste Du Halde，1674—1743）之手，孟子却实现了在西方的“升格”，成为真正可以跟孔子并列的中国思想家。杜赫德于1735年编辑、出版的《中华帝国全志》①，其中关于孟子的资料全部来自卫氏译本。特别值得一提的是，《中华帝国全志》介绍《孟子》时，用了整整35页的篇幅②，而介绍《大学》《中庸》各用了不到3页，即便是介绍《论语》，也不满6页！在18世纪以中国为主题的书当中，《中华帝国全志》是得到最广泛阅读的著作之一。如此一来，孟子及其思想就得到了极大的普及③。卡普佐夫（J.B.Carpzov）于1743年在莱比锡出版的《孟子：孔子之后的中国哲学家》（*Memcius sive Mentius Sinensium Post Confucium Philosophus*）所用材料也基本来自卫氏译本。而普吕凯（François-André-Adrien Pluquet，1716—1790）于1784至1786年将卫氏拉丁文版“中国六经”译为法语出版④，进一步扩大了其影响范围。

其二，卫氏译本深刻影响到了当时在德国兴起的、以沃尔夫为代表的自然理性（natural reason）思潮。学界一般认为，沃尔夫是莱布尼茨（Gottfried Wilhelm Leibniz，1646—1716）哲学思想的继承者，治早期中西宗教和哲学交流史的学者也多认为沃尔夫在重要性上依附于莱布尼茨⑤。但如果充分留意沃尔夫和莱布尼茨在接受儒家经典方面的不同文献来源的话，则沃尔夫之于莱布尼茨的独特性和重要性便会由此彰显，我们对《孟子》楔入西方哲学之深也会增加一全新认识。以下试为申说之。

作为17世纪欧洲大陆的三大理性主义者之一［另两位是笛卡尔（Rene Descartes）和斯宾诺莎（Baruch Spinoza）］，莱布尼茨对中国投注了以往欧洲思想家少

---

① 此书原题为 *Description géographique, historique, chronologique, politique, et physique de l'empire de la Chine et de la Tartarie chinoise*，译成中文为《中华帝国及其所属鞑靼地区的地理、历史、编年纪、政治和博物》。1735年在巴黎出版4卷大对开本，1736年在海牙出版袖珍小版本（H.Scheurleer）。杜赫德本人并未到过中国，但他因为担任了忏悔神甫秘书及其他要职，得以专门负责收集整理各国耶稣会士们的信函及报告。

② 其中介绍孟子其人其书用了1页，其他34页皆是《孟子》一书的节译，译文当然采自卫方济译本。

③ 另可参考 Theodore N.Foss，“A Jesuit Encyclopedia for China：A Guide to Jean-Baptiste Du Halde's *Description... de la Chine*（1735）”，Doctoral dissertation，University of Chicago，1979，chapter Ⅶ.

④ 普吕凯译本总题为 *Les livres classiques de l'empire de la Chine*，即《中华帝国经典》，共七卷，在巴黎由 Barrois aine & Barrois Jeune 出版。另外，笔者曾见过一本拉丁文版卫方济“中国六经”前言，即没有译文正文，只有卫方济为各书所写的“前言”。此书为一薄册，品相古旧，当为一百多年前的“古物”。

⑤ 见张西平：《中国与欧洲早期宗教和哲学交流史》，下编第七章“中国宗教和哲学对德国文化的影响”，上海：东方出版社，2001年。

有的热情。他编选的传教士文献《中国近事》(*Novissima Sinica: Historiam Nostri Temporis Illustratura*)出版于1697年,而1716年初于去世前完成的《致德雷蒙先生的信:论中国的自然神学》("Lettre à M.de Rèmond sur la théologie naturelle des Chinois")则是一篇阐述其中国哲学认识的长文。要而言之,莱布尼茨对中国哲学的认识"主要是在形而上学与宗教方面"①,他从"自然神论"(natural theology,又译理神论 deism;或自然宗教 natural religion)立场出发,发现儒家的"理""太极"等概念本身即是合乎理性的,站在"上帝跟理性是合一的"或"上帝是理性的化身"这一理性主义视角上,很容易得出"中国人是信神的"这一结论。在启蒙时代的欧洲,莱布尼茨主张欧洲的启示神学(revealed theology;或启示宗教、天启教,revealed religion)应该辅以中国的自然神学,具有启示信仰的欧洲人应该向中国人学习。此点在孟德卫、秦家懿等中外学者那里已得到充分论述②,兹不赘述。

沃尔夫也是一位中国文化爱好者③,他对中国哲学的理解,主要体现在1721年交接哈雷(Halle)大学副校长一职时发表的演讲《关于中国实践哲学的演讲》④。与莱布尼茨不同,沃尔夫本人虽非无神论者,但有极强的无神论倾向。他从"实践哲学"(即伦理学、德行与世俗的行为规范)的角度去理解儒家思想,直言"我所提倡的孔丘氏的真挚,于他们(指'愚蠢的饶舌之徒'和'虔诚的信徒'——笔者)是陌生的"⑤。沃尔夫在儒家哲学中发现了类似斯多葛学派的大、小宇宙至善论,他认为中国人的行为或德行准则完全"合乎自然与人心的理念","从未尝试过违背自然的事"。与信仰启示宗教和自然宗教的人不同,"中国古人并不认识宇宙的创

---

① 见秦家懿:《论莱布尼茨与沃尔夫》,原为其编译《德国哲学家论中国》(北京:生活·读书·新知三联书店,1993年)之前言,收入《秦家懿自选集》,济南:山东教育出版社,2005年,第344页。

② 参考孟德卫著、张学智译:《莱布尼兹和儒学》,南京:江苏人民出版社,1998年;李文潮、H.波塞尔编:《莱布尼茨与中国:〈中国近事〉发表300周年国际学术讨论会论文集》,北京:科学出版社,2002年;孙小礼:《莱布尼茨与中国文化》,北京:首都师范大学出版社,2006年;张西平主编:《莱布尼茨思想中的中国元素》,郑州:大象出版社,2010年。

③ Donald F.Lach(劳端纳),"The Sinophilism of Christian Wolff(1679—1754)",in *Journal of the History of Ideas*, Vol.14(1953), No.4, pp.561—574.

④ Christian Wolff, *Oratio de Sinarum Philosophia Practica, In Solemni Panegyri Recitata Cum In Ipso Academiae Hallensis Natali* XXVIII.*d.*XII *Julii A.O.R.*1721, Francofurti ad Moenum, 1726.1740年,G.F.Hagen出版了沃尔夫这一演讲的德译本,收录于Hagen编著的沃尔夫著作提要 *Kleine philosophische Schriften* 之第六卷;后来这一德译本的节选又收录于Fritz Briiggemann编的 *Das Weltbild der deutschen Aufkldrung*(Leipzig, 1930, pp.174—95)。沃尔夫演讲的法译本收录于J.H.Formey所编 *La Belle Wolfienne*(The Hague, 1746)。1985年,Michael Albrecht编译出版了新的拉丁语—德语双语本:*Oratio de Sinarum philosophia practica = Rede über die praktische Philosophie der Chinesen: lateinisch-deutsch*(Hamburg: Felix Meiner Verlag, 1985)。

⑤ 沃尔夫:《关于中国实践哲学的演讲》,见秦家懿编译:《德国哲学家论中国》,第148页。

始者，并不相信自然宗教，更没有任何启示的宗教。他们只靠与一切宗教无关的自然力量引导他们行善”。中国古人是这样一种人：“根据事物而决定行为的人只以理性为向导，他们的德行是纯人性的，全出自自然力量”①。一句话，中国人其实是自然理性（naturalis ratio）论者②。

沃尔夫跟莱布尼茨得出的结论如此不同，除去两人哲学倾向的差异之外，最重要的还是他们理解中国哲学时所依据的文献不同。

莱布尼茨接触的中国文献较多，既有传教士寄回欧洲的大量报告、信函，又有来华耶稣会士在欧洲出版的论著（亲适应路线和反适应路线的著作都有），他还跟闵明我、白晋（Joachim Bouvet，1656—1730）等来华传教士有较多过从。而在中国文献译本方面，他依赖的是柏应理整理的《中国哲学家孔子》。前已说明，《中国哲学家孔子》是早期耶稣会士适应路线的集大成译作，以有神化的眼镜来理性地挖掘孔子“三书”中的上帝信仰遗绪，强调理性天性（或“自然之光”，lumen naturale）对人自身德行的开启作用，是其特色。莱布尼茨本来就对耶稣会的适应路线颇多同情，他敏锐地察觉到“三书”的神性倾向，并糅以自己的理性主张，以一种理性化的自然神论来看待儒家哲学实在是顺理成章的事。

而沃尔夫理解中国哲学的途径较窄，几乎全赖卫方济的“中国六经”译本，“我坦率地承认，当我撰写我的演讲稿时，我尚未看到柏应理的《导论说明》，更遑论曾读过了。关于中国的文献，我手中只有卫方济译成拉丁文的中国经典书籍”，并且，即便后来读了《中国哲学家孔子》，他仍然说“我就不理解，为什么要改变我的看法”③。卫方济译本强烈的伦理学倾向深刻影响了沃尔夫的中国认知，后者所称许的“实践哲学”其实就是儒家的伦理学。沃尔夫在演讲中反复强调，中国人主张人自身拥有辨别是非、善恶的自主理性，他称这种自主理性为“自治的原则”（相对于“为

① 《关于中国实践哲学的演讲》，见《德国哲学家论中国》，第154页。

② 值得注意的是，在沃尔夫看来，跟依靠启示真理和自然宗教而获得德行不同，中国人依靠自然理性而具有德行，但这种德行是“最低等的德行”。这并不是说中国人的德行低劣，而是指：在“启示宗教—自然宗教—自然理性”这三种德行源头的等级排列中，自然理性是内在的，因而是最基础的。见沃尔夫《关于中国实践哲学的演讲》，《德国哲学家论中国》，第154页。

③ Christian Wolff, *Oratio de Sinarum philosophia practica. Rede über die praktische Philosophie der Chinesen*, Lateinisch-Deutsch. Michael Albrecht ed., Hamburg: Meiner, 1985, pp. 150—151（注解54）。秦家懿译文不包括注解，此处译文据 Gregor Paul：《德意志启蒙与儒家的伦理学：论沃尔夫〈关于中国人之实践哲学的演讲〉》，何乏笔（Fabian Heubel）译，载《中国文哲研究通讯》，第十七卷（2007年）第二期，第12、13页。需要特别指出的是，在1726年出版的《关于中国实践哲学的演讲》中，沃尔夫撰写“注解”时把《中国哲学家孔子》作为主要参考书之一，理由是知道“卫方济的译文所知者寥寥无几，柏应理等人的译文许多人都可得到”。“注解”中呈现出的沃尔夫思想其实跟原来的演讲有了细微的不同，笔者以为个中原因即在于参考书的变更。此点亦重要，当另文详考。

恐惧上司或追求报偿而行善”这种“他治”原则)，“虽然行善是靠肉身的协助，但是德行却居乎灵魂之中”，并且中国人“全力追求人心的长处”，“中国人的第一原则，是小心培养理性，以达到明辨是非，为选择德行而行善”①。

表面上看，沃尔夫谈论的是单称的“孔子”或总称的“中国人”，他阐述“小学”“大学”这“双层学校”时借重的是《大学》中的“三纲领”“八条目”理论，但在自然理性这一精神实质上，却只有《孟子》跟他最为契合。“中国六经”中讨论“仁义内在，性由心显”着墨最多的就是《孟子》。当沃尔夫说“每人都知道灵魂自然的构造使它只求它认为是善的东西，并避免它认为是恶的东西”②时，这只不过是《孟子》“性善”论的一个翻版而已；当沃尔夫说“灵魂分为上下部”(“下部”即感性、想象力、欲望；“上部”指“悟性，即是理性与自由意志”)，那些“坚持混淆的知识，并且在行为上只服从哲学家称为‘感欲’或出自此欲望的人”，其实“与禽兽不分”③时，也只是《孟子》性命之辨(《孟子·尽心下》第 24 章)、“人之有道也，饱食、暖衣、逸居而无教，则近于禽兽”(《孟子·滕文公上》第 4 章)的别样表达而已；当沃尔夫反复说中国人“明知是非之辨”，“他们的所作所为，只发自行为性质的内在理由”④，何尝不是在重复《孟子》“是非之心，人皆有之”“仁义礼智，非由外铄我也，我固有之也”(《孟子·告子上》第 6 章)的调子？卫方济把《孟子》中的“四端”之“心”字译为 ratio，而“自然理性”在拉丁文中的对应词正好即是 naturalis ratio。以上通过“索隐”方法来论证《孟子》深刻影响了卫方济的做法或许有人会视之牵强附会，那么，即便不从“影响”角度而是从两者“应合”角度来看，跟沃尔夫思想应合最多的仍然是《孟子》！⑤

总之，《关于中国实践哲学的演讲》是沃尔夫阅读卫方济的儒家经典翻译，并依照自己的理解而对儒家哲学的一次深度思考。这场演讲发表之后，在整个欧洲引发了一场“精神地震”，但沃尔夫遭受到宗教保守势力的合力攻击和指控，被迫离开哈雷大学，近二十年后(1740 年)方得以返回。1721 年的那场演讲遂被后人视为“18 世纪学术史上最大一桩丑闻”(Norbert Hinske 语)的源头，同时也被看作德国启蒙运动的起点。沃尔夫对儒学的兴趣并未止于这次演讲，在他生命的晚年，

---

① 沃尔夫:《关于中国实践哲学的演讲》，见《德国哲学家论中国》，第 163、154—155、160 页。

② 同上，第 155 页。

③ 同上，第 157—158 页。

④ 同上，第 158、161 页。

⑤ 沃尔夫的其他著作当中也有显示其熟悉《孟子》的证据：在 1721 年出版的《德国政治》(*Deutsche Politik*)一书中，他化用了《孟子·梁惠王上》第 3 章中“数罟不入洿池，鱼鳖不可胜食也”的故事(p.560)；1752 年，在写给哥萨克酋长 Kyrulo Rozumovsky(1728—1803)的信函中，沃尔夫采用《孟子·梁惠王上》第 6 章、《孟子·离娄上》第 9 章和《孟子·告子上》第 2 章中“水之就下”的譬喻，赞美政治原则可以从孔子学说中自然化出，表明自己对儒学矢志不移的热爱。

他仍不断从儒学中寻找自己思想的佐证；他对儒家经典的阅读和研究一直延续到1754年生命的终结。

从莱布尼茨到沃尔夫，表征着欧洲人对儒学的理解从宗教神学范式向伦理学范式的递嬗。如果说莱布尼茨的中国自然神学观是之前一百多年耶稣会士会通儒学思想之成果的理性呈现，那么沃尔夫的中国自然理性观则是之前反对耶稣会适应路线的其他教派传教士的儒学观与某种亲中国立场的奇妙耦合。历史的吊诡就在这里：曾经相互敌对的两种儒学观，借由莱布尼茨和沃尔夫的阐发，共同成为德国启蒙运动的推动力量。那么，莱布尼茨和沃尔夫的儒学观孰优孰劣？尽管莱布尼茨的思想在当时更有影响力（这情形其实跟《中国哲学家孔子》比"中国六经"在当时的影响力更普遍略同），但考虑到沃尔夫在中国宗教信仰问题上的审慎态度，以及他对儒家道德人类学思想的准确拿捏，站在今日立场上，我们大概不得不承认他的洞见之深。在此意义上，笔者赞同德国当代汉学家罗哲海（Heiner Roetz）的看法：他认为，"沃尔夫确实成功地达到了一种辩护式的、心领神会的释义，这种释义优于其后黑格尔（Georg Wilhelm Friedrich Hegel）和韦伯（Max Weber）对儒家思想的流传更广的他治论解读。他的许多表述读起来像是对儒家伦理真正核心的理论的直接改写"①。

莱布尼茨和沃尔夫所处的17、18世纪，正好是欧洲"中国热"的时代。一边是罗马教廷禁止在华耶稣会士通融适应政策的三令五申，一边是经由政治权力核心延伸到世俗社会的完美中国想象，而居间的哲学家、思想家则敏锐感觉到时代精神中神、人地位的变化——与"人"（世俗）的崛起相伴的是"神"（宗教）的衰落。而包括孟子思想在内的"轴心时期的儒家伦理"②应答的正是"神"的隐退所带来的旧价值失范与新价值重建这一根本思想境域，这或许就是莱布尼茨、沃尔夫这些欧洲思想家们愿意走近儒学并寻找应合的深层原因。

1754年沃尔夫去世，之后的整个18世纪下半叶，在工业革命和法国大革命所引起的欧洲大震荡中，《孟子》思想合流到这一时期的思想文化变革之中。在学术史上，他是第一个用德语写作哲学文本的人，为建立德语哲学语汇做出了重要贡献。在哲学思想层面，他对早期康德（Immanuel Kant，1724—1804）、"美学之父"鲍姆嘉登（Alexander Baumgarten，1714—1762）、哲学家福尔梅（Samuel Formey，

---

① 罗哲海：《天命的内在化：论儒学与宗教之间的关系》，作者宣读于2010年7月15日柏林自由大学举办的"哲学与宗教"中德学术会议，文章电子版链接为：http://philosophie-religion.de/tianming-de-neizaihua.html。

② 借用罗哲海的书名 *Confucian Ethics of the Axial Age*。罗哲海：*Confucian Ethics of the Axial Age：A Reconstruction under the Aspect of the Breakthrough Toward Postconventional Thinking*，Albany：SUNY Press，1993。此书中文版由陈咏明、瞿德瑜译，郑州：大象出版社，2009年。

1711—1797)、克努森(Martin Knutzen,1713—1751)、迈耶尔(Georg Friedrich Meier,1718—1777)、门德尔松(Moses Mendelssohn,1729—1786)、作家戈特舍德(Johann Christoph Gottsched,1700—1766)等人具有实质思想影响,并被当时欧洲最有影响的几个科学院(伦敦皇家学会、柏林科学院、巴黎科学院、圣彼得堡科学院、瑞典皇家科学院)聘为院士。而他在世俗权力方面的影响力也值得一说,他是俄罗斯彼得大帝(Peter the Great,1672—1725)、瑞典黑森王朝国王弗雷德里克一世(Fredrik Ⅰ,1676—1751)、普鲁士腓德烈大帝(Frederick the great,1712—1786)的仰慕者。然而,长期以来,研究沃尔夫的学者极为忽视沃尔夫思想中的中国元素,对此缺乏认真梳理、辨析。进一步深入挖掘包括《孟子》在内的中国思想对沃尔夫产生的影响,辨析中国思想如何合流于欧洲启蒙运动之中并成为近代欧洲思想的一个建构性因素,仍然有很多工作需要去做。

四、小结

四百多年前,借助传教士的努力,《孟子》开始徂西游历。四百多年后的今天,夫子游历的脚步仍未停止。《孟子》在西方的接受经历了传教士汉学和专业汉学两个阶段,本文所考察的内容属于其中的传教士汉学阶段。经过考察,我们可以清晰地发现,传教士们对于《孟子》的理解渗透着他们自身特定的问题意识,就此而言,一部《孟子》西传的史话,就成了西方思想和学术发展的“晴雨表”或“风向标”,折射出的是西方的立场、视角和方法。

然而,中国和西方虽然地域有别,但思想并非截然二分,两者相同、相近、相通之处很多。西方之接受《孟子》并不仅仅是西方知识学的增益和拓展,或者如萨义德(Edward Said)所说是西方之“东方主义”投射的产物,它也是近世以降中西文化交流的产物。文化交流的发展,不仅使中、西地理空间归入同一版图,而且也让中、西思想不断走向融合;在这个过程中,中、西思想各自成为对方思想文化发展的建构性力量。几百年来的“西学东渐”是一例证;美国历史学家劳端纳(Donald F. Lach,1917—2000)所言“亚洲在欧洲形成中的作用”(Asia in the Making of Europe)也是一例证。就此而言,法国汉学家于连(François Jullien)所谓中、西(欧洲)之间的“无关性”(indifférence)①就是一个伪命题。

① 于连在《道德奠基:孟子与启蒙哲人的对话》(*Fonder la morale: dialogue de Mencius avec un philosophe des Lumières*, Paris: B.Grasset, 1995; 1998年以*Dialogue sur la morale*为题重版。中译本由宋刚译出,北京:北京大学出版社,2002年)一书中说明,他采取的是一种“迂回”策略,即在中国和欧洲“无关性”(indifférence)的基础之上,将中国视为欧洲的文化“他者”,通过观察中国来迂回地透析欧洲。

学术的发展和进步迫切需要细致的对话和交流。了解《孟子》西传的文脉历程和各个阶段的问题意识，不仅能够丰富我们对于《孟子》、对于西学的认识，加强中国学人与国际学界交流、对话的针对性和有效性，也能促进我们自身的理论反思和方法自觉，对我们自身哲学、思想和学术的建构与创新发挥镜鉴和启示之功。

（作者单位：北京外国语大学中国语言文学学院）

英语世界苏轼研究综述*

□万　燚

摘要:英语世界苏轼研究,大致可分为三个时期:19世纪30年代至1928年为发轫期,成果多出于英国汉学界,以诗歌选译为主,数量少且评介学术性不强;1929年至1955年为发展期,研究中心转向美国,译作数量有所增加,然"译"少"介"多,尽管出现了传记和文、赋选译本,但学术性论著仍然较少;从1956年至今为成熟期,译作数量大为增加,出现了诗、词选译本与学术性传记,研究专著与论文大量涌现,并在研究方法、路径与内容等方面有明显突破。

关键词:苏轼研究　历史分期　海外汉学

Abstract: Scholars in the English-speaking world have made great achievements in the study of Su Shi, which their Chinese counterparts have not come to notice until recent years. This situation should be changed immediately since overseas research on Su Shi can show us how the cultural exchange between the west and the east has taken place. There are three developing stages of Su Shi studies in the west. The first stage dates from the 1830s to 1928, when scholars mainly from the United Kingdom focus on the translations of Su Shi's poetry. The second stage dates from 1929 to 1955,

* 本文为教育部哲学社会科学研究重大课题攻关项目"英语世界中国文学的译介与研究"(项目批准号:12JZD016)阶段性成果;四川理工学院基金项目"苏轼盐诗与中国盐文化研究"(项目编号:2012KY25)阶段性成果。

when the center of Su Shi studies shifted from the UK to the United States, and the number of translations increased, but the focus was still on introduction rather than translation. The third stage dates from 1956 to the present, and is regarded as the maturing period when translation, genre discussion, and innovations in research methodologies have dramatically increased.

Key words: research on Su Shi, historical stages, sinology

引　言

中国文学典籍作为中国文化的重要载体,探讨其在海外的接受与传播是研究中外文化交流的重要渠道,同时,“把中国古代文学置于世界文学评论的背景下加以认识,从自我与他者共同关心的课题中发现彼此思考的共性,有助于形成本土话语与域外话语的互动和人文价值的同构。研究中国古代文学的国外传播史和影响史,研究中国古代文学在异文化语境中如何被解读和被理解,是一个值得重视的课题”①。另外,中国的发展与世界形势的变化也要求我们重视研究中外文化交流,正如顾伟列先生所言:“中国在世界的影响力与日俱增,在此背景下,我们需要在更大范围内倾听和思索,需要文化的自我观照和他者的反观,需要平等的、充满活力的对话,在交流中彼此促进,寻求主体间的和谐发展。”②因此,研究中国文学与文化在国外的接受与传播不仅具有学术价值,还具有现实意义。

苏轼是中国文学史、美学史和思想史上最杰出的人物之一,作为中国传统文化的重要代表,其在海外的接受与研究情况可以在很大程度上代表中西文化的交流与融合的基本状况。自苏轼被引介到英语世界,研究者们对之进行了卓有成效的探讨,成为中国文学英译及阐释的代表,在海外汉学有较大影响。但是海外的苏轼研究成果却尚未引起国内学界的充分关注,目前尚无探讨英语世界苏轼研究的硕博士论文,仅有极少数单篇学术论文,代表性论文如饶学刚《苏东坡在国外》,该文对苏轼及其作品在欧美、日本、韩国、苏联等国的译介与研究情况作了简要梳理。③目前尚无专著探讨苏轼及其作品在英语世界的译介与研究问题,亦无对英语世界苏轼研究成果的译介,只是在一些相关著述中略有涉及。从整体上介绍英语世界

① 吴昊:《异域的洞见——评〈20世纪中国古代文学国外传播与研究〉》,载《中国比较文学》,2012年,第1期。

② 顾伟列:《20世纪中国古代文学国外传播与研究》,上海:华东师范大学出版社,2011年,第4页。

③ 饶学刚:《苏东坡在国外》,载《黄冈师范学院学报》,2005年,第4期。

苏轼研究的成果最具代表性的是美国西华盛顿大学东亚文化研究中心汉学家唐凯琳(Tomlonovic Kathleen)的两篇学术论文,分别是《海外苏轼研究简介》及《宋代文化的代表人物苏轼——美国汉学界近年来研究情况简介》(以下简称"唐文")。两者较为详细地介绍了20世纪初至90年代欧美学术界关于苏轼的译介和研究情况,罗列了相关的译著和论著,并对部分重要研究人员和作品进行了评介,具有较高参考价值。① 但是限于文章本身的特点,唐凯琳文章在研究深度方面留下了不少缺憾,而且其对英语世界苏轼研究成果的罗列亦有遗漏,需要我们重新进行梳理。具体而言,她对欧美苏轼研究的引介和评价主要存在以下问题:第一,研究资料梳理存在疏漏之处,对西方苏轼研究状况的评述有时显得不够严谨;第二,在引介成果的同时,并未对整个研究历史进行分期梳理,更谈不上对某一时期研究特征的归纳。也就是说,"唐文"未将整个英语世界苏轼研究予以统观,不便于从整体上把握其内在演进规律与特点。

上述研究状况与苏轼及其作品在中国学术史及英语世界的地位和影响极为不符,对之进行全面系统的研究十分必要。本文即在爬梳英语世界苏轼研究基本情况的基础上,试图揭示其在英语世界传播与接受的内在演进规律、研究特点、影响因素及文化根源,并在方法论层面探讨可资借鉴之处。

统而观之,英语世界的苏轼研究,主要集中于以下四个领域:一是作品译介;二是作品分析;三是生平研究;四是思想探讨。② 按照英语世界苏轼研究不同时期所具有的显著特点,我们大致将其分为三个阶段:19世纪30年代至1928年为发轫期,1929年至1955年为发展期,1956年至今为成熟期,以下分述之。

一、英语世界苏轼研究的发轫期

美国汉学家唐凯琳认为最早翻译苏轼诗歌的是英国汉学家阿瑟·韦利(Arthur David Waley),即1918年韦利在《中国诗歌集》(*A Hundred and Seventy Chinese Poems*,又译为《一百七十首中国古诗选译》)③中翻译了苏轼诗歌,而据笔者所收集

---

① [美]唐凯琳:《论苏轼岭南诗及其他》,载《苏诗研究学会全国第三次学术讨论会论文集》,广州:广东人民出版社,1986年。[美]唐凯琳:《宋代文化的代表人物苏轼——美国汉学界近年来研究情况简介》,载《国际宋代文化研究会论文集》,四川大学古籍整理与研究所,1991年。

② 汉学家唐凯琳在《海外苏轼研究简介》一文中,认为美国20世纪30至80年代的苏轼研究集中于前三个方面,而在《宋代文化的代表人物苏轼——美国汉学界近年来研究情况简介》一文中修正了自己的观点,对美国的苏轼研究分为五个领域。我们综合其他材料并结合苏轼研究的最新进展认为,上述四个方面基本可以概括英语世界苏轼研究的主要领域。

③ Arthur David Waley, *A Hundred and Seventy Chinese Poems*, New York: Alfred .A.Knopf, 1918.

的资料来看，英国汉学家郭实腊（Karl Gützlaff，1803—1851）在 1834 年出版的《大英国统志》（*The Brief History of the Britain*）便评论了苏轼诗歌，且他从 1839 年起，就陆续在《中国丛报》（*Chinese Repository*）上撰写《苏轼全集》的介绍性文字，虽然郭实腊的研究学术性不强，但其较早涉足苏轼研究是显而易见的，而“唐文”未曾提及郭实腊的功劳。而后英国著名汉学家、剑桥大学第二任中文教授翟理斯（Herbert Allen Giles）在 1884 年出版的《古文珍选》（*Gems of Chinese Literature*，又译为《中国文学瑰宝》）就已翻译了苏轼诗歌，接着在 1898 年出版的《古今诗选》（*Chinese Poetry in English Verse*）也翻译了苏轼诗歌，翟理斯的苏轼诗歌翻译也明显早于阿瑟·韦利。此外，翟理斯在 1901 年出版的《中国文学史》（*A History of Chinese Literature*）的第五章《宋朝》里也介绍了苏轼诗、文，且全文翻译了《前赤壁赋》。由此可见，“唐文”认为“苏轼是较晚进入西方学界”这一论断显然不能成立。因为除了与较早进入英语世界的《诗经》（英译时间约 1738 至 1744 年）相比略晚外，与其他古代文化典籍（如《论语》《大学》《中庸》《孟子》《书经》《礼记》《易经》《道德经》等）和著名文学家（如李白、杜甫）等相比，苏轼也应该是较早进入英语世界的。因此，我们以 19 世纪 30 年代为英语世界苏轼研究的起点，一直到 1928 年美国哈佛燕京学社建立或 1929 年美国“促进中国研究委员会”成立，英语世界的苏轼研究都集中于英国汉学界。这一时期以对苏诗的译介为主，译介主体主要是传教士或大学教授，他们都只选译了极为少量的苏轼诗赋，就数量而言，远不及他们所选译唐代诗人如杜甫、李白、王维等人的作品，其原因可能与他们偏爱唐代诗歌有关，如翟理斯在《中国文学史》中论及宋诗不如唐诗，提出“诗盛于唐”，其原因是宋人专心于创作散文，因此所选宋诗数量较少，而且在他们的评介中，大多也流于常识性介绍，学术性不强，有的甚至颇多谬误，令人咋舌。尽管如此，英国汉学界的苏轼研究显然已稳步推进，较之其他英语国家起步更早。

二、英语世界苏轼研究的发展期

美国的专业汉学研究起步较晚，1877 年耶鲁大学设立第一个汉学教授席位可以看作是美国专业汉学建立的标志，但在 19 世纪末 20 世纪初发展很慢。1929 年 2 月，美国学术团体理事会（American Council of Learned Societies，1919 年建立的全国性学术促进机构）专门成立了“促进中国研究委员会”（Committee on the Promotion of Chinese Studies），以此来改变美国汉学研究落后于其他学科的局面。二战结束后，虽然中西之间在意识形态上处于对峙状态，但美国政府已意识到必须加强对中国的研究。① 苏轼作为中国传统文化的重要代表，自然也是美国学界关注的对象，但发展甚缓，直到1955年美国哈佛东亚研究中心成立，美国的苏轼研究才开始突飞猛进。在此期间，原英语世界的汉学中心——英国对苏轼的关注逐渐减弱，成果较少，仅有如张朋淳（Chang Peng Chun）与李高洁（Cyril Drummond le Gros Clark）对英国这一阶段的苏轼研究有所推进。1922年张朋淳发表在《日晷》9月号上的《沧浪诗话》中的"诗辩""诗法"两章对以苏诗为代表的宋诗在英语世界的传播有一定影响，尽管这一阶段中国古典诗歌在英语世界的翻译与研究较为兴盛，但对苏诗的译介与研究却进展缓慢，与此同时，对苏轼文赋的研究则有所加强。李高洁于1932年翻译了16篇苏轼散文名作，包括前后《赤壁赋》，收在其《苏东坡文集》（*Selections from the Works of Su Tungp' o*）②中，该集对苏轼生平、作品和文化背景作了简要介绍。后来李高洁又将所有的东坡赋译成英文且作了简略注解，并于1935年在上海出版，名为《东坡赋》，这当为英语世界第一部苏轼文赋的英译选本。英译选本的出现，是苏轼作品在英语世界经典化历程起步的一个重要标志。而真正引起英语世界重视苏轼研究的应该是林语堂于1937年用英文写的《乐天知命的天才——苏东坡》（*The Gay Genius：The Life and Times of Su Tungp' o*），③书中包含了为数较多的函札、诗、散文，给西方学者提供了可贵借鉴。这也是流传最广、影响最大的苏轼传记，该书充溢着一种对苏轼强烈的倾慕之情，甚至流露出后人难以望其项背的无力感。加之作者极其率直的语言风格，对东方文化略带夸张的渲染，对苏轼快乐人生哲学的凸显，对苏轼博学多才、幽默风趣、热爱自由、博爱精神的肯定，引起了美国读者的浓厚兴趣和学界的高度重视。

由此可知，本时期英语世界苏轼研究特点是：以对苏轼富有代表性的诗、词、文的选译为主，出现了传记和文、赋英译选本，较之前一个时期而言，译介的作品数量有所增加，质量也大大提高，苏轼作品在英语世界学术领域中的影响力也有所增强，但专门研究苏轼的论著数量仍然较少。

三、英语世界苏轼研究的成熟期

1955年，美国哈佛东亚研究中心建立。1956年，亚洲学会从美国东亚学会中分离出来。1958年，美国正式出台《国防教育法案》。据统计，1958年至1970年，美国联邦政府、基金会、高校投入大约5300万美元用于资助中国学研究，巨额资金

---

① 顾钧：《美国汉学的历史分期与研究现状》，载《国外社会科学》，2011年，第2期。

② Cyril Drummond Le Gros Clark, *Selections from the Works of Su Tungp' o*, London: Jonathan Cape, 1931.

③ *Lin Yu-t' ang*, *The Gay Genius: The Life and Times of Su Tungp' o*. New York: John Day, 1937.

的投入使得这一时期的美国中国学在机构设立、人员培养、著作出版以及中国知识教育开展等方面取得了跃进式发展。哥伦比亚大学、哈佛大学、密歇根大学、加利福尼亚大学等高校都成立了研究中国的学术机构，这些机构具有共同的宗旨，即“致力于中国问题研究”“积极为政府出谋划策”“增进公众对中国的了解”。① 70年代以后，随着时代环境的变化，中西方之间的交流日益频繁，西方也加快了研究东方的步伐，一些西方知识分子呼吁西方加强对东方文化的研究，正是在这一特殊背景下，美国中国学研究得到了进一步的发展，更多中国作家及作品进入西方学者的视野，苏轼在英语世界也被更多人关注。这一时期研究重镇仍是美国，译作数量大大增加，诗歌选译本与学术性传记出现，研究专著大量涌现，力图全面深入研究苏轼及其所代表的中国传统文化。下文从作品译介、传记、作品研究三个方面分述之。

1.作品译介：1956 年，王红公（Kenneth Rexroth，1905—1982）的英译本《汉诗百首》（*100 Poems from the Chinese*）问世，苏轼的诗词占了四分之一。1965 年，艾林（Alan Ayling）和麦金托希（Duncan Mackintosh）合译的《中国词选》（*A Collection of Chinese Lyrics*）中包括苏轼部分词作；1969 年，两人再次合作翻译出版了《中国词选续编》（*A Further Collection of Chinese Lyrics*），也有苏轼词名篇。而最具代表性译本当为哥伦比亚大学教授伯顿·华兹生（Burton Watson，1925— ）于 1965 年出版的《宋代诗人苏东坡选集》（*Tungp' o：Selections from a Sung Dynasty Poet*），②该书是第一本英译苏诗选本。作者选译苏轼作品共 86 篇，包括 83 首诗词、前后《赤壁赋》及一封书信，该书是美国学生学习中国文学的入门书，也是最具代表性的汉诗英译选集之一。另外，该书在英译苏诗经典方面具有开先河地位。③ 1970 年，王红公出版了《爱与流年：续汉诗百首》（*Love and the Turning Year：100 More Poems from the Chinese*），④其中也收录了部分苏轼诗词。1974 年，刘若愚（James Liu）在其所著的《北宋主要词家》（*Major Lyricist of the Northern Sung*）探讨了苏词特色并翻译了部分苏词。约翰·特纳（John A. Turner）于 1976 年在香港出版了《中诗金库》（*A Golden Treasury of Chinese Poetry*），也收录了部分苏轼诗歌。另外，在一些讨论苏轼

① 吴原元：《隔绝对峙时期的美国中国学（1949—1972）》，上海：上海辞书出版社，2008 年，第 1 页。

② Burton Watson，（Trans），*Su Tungp' o：Selections from a Sung Dynasty Poet*. New York：Columbia University Press，1965.

③ 其中的部分诗歌被收入华兹生《哥伦比亚中国诗选：从早期到 13 世纪》（*The Columbia Book of Chinese Poetry：From Early Times to the Thirteenth Century*）（1984），该书涵盖了中国诗歌史上最具代表性的诗人及其作品，被誉为“几乎篇篇珠玉”，对英美及西方文坛产生了重大影响。

④ Kenneth Rexroth，*100 More Poems from the Chinese：Love and the Turning Year*. New York：New Directions Publishing Corporation，1970.

词的论文中，或在研究词之起源及发展的专著中，可以见到英译的苏轼词。1994年，朱莉·兰多（Julie Landau）编译的《春光无限：中国宋词选》（*Beyond Spring: Tz' u Poems of the Sung Dynasty*）其中有部分苏词的英译。戈登·奥赛茵（Gordon Osing）于1999年在河南出版了《苏轼诗集》（*Blooming Alone in Winter: Poems of Su Dongpo*）。① 散文译介方面，刘师舜于1979年编撰的中英对照本《唐宋八大家文选》（*Chinese Classical Prose: the Eight Masters of the Tang-Sung Period*），选了唐宋八大家的作品，其中包括苏轼最著名的几篇散文。

2.传记方面：美国汉学家贺巧治（George Cecil Hatch）撰写了《苏轼传》（"'Su Shih' in Sung Biographies"）②该文被收入1976年弗兰兹·石泰（Franz Steiner Verlag）出版社出版的《宋代名人传记辞典》，着重于评价苏轼思想，具有较强学术性。

3.作品研究：这一时期的苏轼作品研究著述数量较多，我们分诗歌、词、散文、文艺理论和综合研究五个方面分别加以介绍。

1）苏诗研究：1974年，金斯伯格·斯坦利（Ginsberg Stanley）于威斯康辛大学完成博士论文《中国诗人之疏离与调和——苏轼的黄州贬谪》（"Alienation and Reconciliation of a Chinese poet: the Huang Chou Exile of Su Shih"），③该文探讨了苏轼诗歌与北宋政治之间的关系，且附有详细作品列表，将美国汉学界的苏轼研究推向了一个新高度。1983年傅君劢（Michael Anthony Fuller）于耶鲁大学完成博士论文《东坡诗》["The Poetry of Su Shi(1037—1101)"]，④探讨了苏轼文学创作的发展过程和成就，详细分析了苏轼"万物即理"的观念及如何把这种观念表现在诗歌之中。1987年管佩达（Beata Grant）在斯坦福大学完成了博士论文《佛道思想对苏轼诗歌的影响》["Buddhism and Taoism in the Poetry of Su Shi(1036—1101)"]，⑤该文着眼于佛道两家思想与苏轼创作之间的关系，试图探索佛道两家观念、语言是如何影响苏诗风格、语言、形象、思想等以及如何造就了苏诗深刻性和复杂性。1989年，杨立宇（Vincent Yang）的《自然与自我——苏东坡与华兹华斯诗歌的比较研究》（*Nature and Self: A Study of the Poetry of Su Dongpo with Comparison to the Poetry*

---

① Gordon Osing, *Blooming Alone in Winter: Poems of Su Dongpo*. Zhengzhou: Henan People's Publishing House, 1999.

② Hatch, George. "'Su Shih' in Sung Biographies", Herbert Franke ed., Wiesbaden: Franz Seiner Verlag, 1976.pp.900—968.

③ Stanley, Ginsberg M., "Alienation and Reconciliation of a Chinese Poet: The Huang-chou Exile of Su Shih" Ph.D.Diss., University of Wisconsin, 1974.

④ Michael Anthony Fuller, "The Poetry of Su Shi(1037—1101)", Ph.D.Diss., Yale University, 1983.

⑤ Beata, Grant, "Buddhism and Taoism in the Poetry of Su Shi(1036—1101)", Ph.D.Diss., Stanford University, 1987.

of William Wordsworth)①在分析苏轼写景诗的特征、诗歌中的释老思想及苏轼思想转变的基础上,将苏轼与华兹华斯进行了比较。唐凯琳于1989年在华盛顿大学完成了博士论文《放逐与回归的诗歌:苏轼研究》["Poetry of Exile and Return:A Study of Su Shi(1037—1101)"],②唐凯琳认为苏轼诗歌中的"贬"与"归"充分流露出苏轼本人对入世与出世的困惑,论文详细阐述了他的贬谪诗歌,试图挖掘他在流放时的自我设想以及对所处困境的认识。唐凯琳得出了这样的结论:苏轼原本就具有的出世与入世之间的矛盾在贬谪时期大大加深了,其贬谪经历及其涉及"贬"与"归"矛盾铸就的诗歌,共同成就了苏轼的伟大和苏轼作品在中国文学史上的重要地位。而后,傅君劢于1990年在博士论文基础上出版了《通向东坡之路——苏轼诗歌中"诗人之声"的发展》(*The Road to East Slope—The Development of Su Shi's Poetic Voice*),③该书主要运用阐释学的"对话"理论结合历史学、语言学、修辞学理论研究苏轼各个人生阶段对"理"的思考及其在诗歌中的反映,并由此分析苏诗的特质。1991年,唐凯琳撰写了《苏轼诗歌中的"归"——宋代士大夫贬谪心态之探索》④一文,文章认为在苏轼诗中经常出现的字眼"归",至少具有三重含义:一为归位,渴望回归朝廷,重新起用;二是归乡,脱离官场,回归故乡;三为退居山林,回归自然,返璞归真。三重意义互相交织,既矛盾又统一。蔡涵墨(Charles Hartman)的《1079年的诗歌与政治:乌台诗案》(*Poetry and Politics in 1079:the Crow Terrace Poetry Case of Su Shih*)⑤则站在比较客观的立场上,引用前人对苏轼在乌台诗案前后为人处世态度的批评和赞扬,清晰描绘出当时"诗歌与政治"密切关系的基本面貌,进而从文学与政治的关系层面探讨了苏轼的诗歌创作。何大江(He Dajiang)于1998年在俄亥俄州立大学撰写了博士论文《苏轼:价值多元观与"以文入诗"》(Su Shi:Pluralistic View of Values and "Making Poetry out of Prose"),⑥他认为,多元

---

① Yang, Vincent. *Nature and Self: A Study of the Poetry of Su Dongpo with Comparison to the Poetry of William Wordsworth*. New York: Peter Lang, 1989.

② Kathleen Tomlonovic, "Poetry of Exile and Return: A Study of Su Shi(1037—1101)". Ph, D.diss., University of Western Washington, 1989.

③ Michael A.Fuller, *The Road to East Slope—The Development of Su Shi's Poetic Voice*. Stanford: Stanford University Press, 1990.

④ [美]唐凯琳:《苏轼诗歌中的"归"——宋代士大夫贬谪心态之探索》,载《国际宋代文化研究会论文集》,四川大学古籍整理与研究所,1991年。

⑤ Charles Hartman, "Poetry and Politicsin 1079: The Crow Terrace Poetry Case of Su Shih", *Chinese Literature: Essays, Articles, Reviews* 12(December 1990), pp.15—44.

⑥ He, Dajiang, "Su Shi: Pluralistic View of Values and Making Poetry out of Prose", Ph. D. diss., The Ohio State University, 1997.

价值观是苏轼留给我们的重要遗产，并以巴赫金的文类观审视苏轼的"以文入诗"。

2）苏词研究：1972 年余丽仪（Yuh Liouyi）于华盛顿大学完成了博士论文《柳永、苏轼及早期词的发展面面观》（*Liu Yung，Su Shih，and Some Aspects of the Development of Early Tz'u Poetry*），①作者对柳苏两人词作的创新性和特色作了评价。1980 年孙康宜（Kang-I Sun Chang）出版专著《中国词的演进：从晚唐到北宋》（*The Evolution of Chinese Tz'u Poetry：From Late T'ang to Northern Sung*），该书讨论了苏词在中国词发展史上的地位。方秀洁（Fong Grace）《宋词中的角色》一文谈及了苏轼用女性口吻创作的词。

3）苏文研究：1987 年，纽约大学阿尔巴尼分校何瞻（James M.Hargett）所著的《苏轼的游记散文》［*Some Preliminary Remarks on the Travel Records of the Song Dynasty（960—1279）*］，②追溯了自魏晋以来中国游记散文的发展脉络，指出苏轼游记散文的七大贡献。艾朗诺（Ronald C.Egan）撰写的《作为历史和文学研究资料的苏轼书简》（"*Su Shih's Notes as a Historical and Literary Source*"）③一文，研究了苏轼散文中的书简。艾朗诺指出，书简占孔凡礼校点的《苏轼文集》五分之一的分量，其重要性不言而喻，书简的大多内容是大量日常生活的记载，且与其他作品中所展示出来的那个幽默超然、乐天知命的形象大异其趣，显示了苏轼在现实生活中的另一面。1999 年麦克梅尔（Michelle Maile Galimba）在加州大学伯克利分校完成了博士论文《苏轼文赋的"常"与"变"》［"Form and Transformation in the Fu of Su Shi（1037—1101）"］，④该文首先对苏赋的生活背景及苏轼文学地位进行了分析；继而认为苏轼在《赤壁赋》中建立了一种极富张力的结构，且苏轼在赋中经常使用水意象来表达自己的文学思想；他同时还认为，苏轼运用文学创作技巧来表现其对世间万物的感知，并在赋中展示士大夫如何保存完整的自我；最后，作者还对苏赋的语言特色与其政治生活的关系进行了讨论。

4）文艺理论研究：1971 年哈佛大学出版了卜苏珊（Susan Bush）的著作《中国文人论画——从苏轼（1037—1101）到董其昌（1555—1636）》［*The Chinese Literati*

---

① Yuh Liouyi，"Liu Yung，Su Shih and Some Aspects of the Development of Early Tz'u Poetry"，Ph.D.Diss.，University of Washington，1972.

② James M.Hargett，"Some Preliminary Remarks on the Travel Records of the Song Dynasty（960—1279）"，*Chinese Literature：Essays，Articles，Reviews*7.1—2（July，1987），pp.67—93.

③ Ronald C. Egan."Su Shih's Notes as a Historical and Literary Source"，*Harvard Journal of Asiatic Studies*. Vol.50，No.2（Dec.，1990），pp.561—588.

④ Michelle Maile Galimba，"Form and Transformation in the Fu of Su Shi（1037—1101）"，Ph.D.Diss.，University of California，1999.

on Painting:*Su Shih*(*1037—1101*)*to Tung Ch' i-Ch' ang*(*1555—1636*)],①试图探讨苏轼对中国文人画理论所作的贡献,同时也讨论了文人画与中国美学理论的关系。1983 年普林斯顿大学出版了由卜苏珊和孟克文(Christian Murch)合写的《中国艺术理论》(*Theories of the Arts in China*)一书,书中孟克文所撰写的《中庸论》("Su Shih's Reading of the Chungyung")讨论了苏轼三篇《中庸论》,该文明显受卜苏珊和包弼德观点的启发。1983 年艾朗诺发表了《苏轼与黄庭坚的题画诗》("Poems on Painting:Su Shih and Huang T'ing- chien")②一文,此文仍受卜苏珊观点影响,认为苏轼就是一位美学批评家。1986 年,许龙(Xu Long)在内布拉斯加大学完成了博士论文《苏轼的创造性文学批评理论》("Su Shih:Major Creative Critical Insight and Theories"),③该文认为苏轼的文艺批评理念具有创造性特征,并对这些特征进行了细致深入的讨论。作者致力于构建一个理解苏轼创造性与批判性理论的框架,尤其是他关于文学作用与价值的认识,即文学是反映与弥补社会弊端的方式,这是苏轼在他所处的特定时代和作为一个作家的责任意识这一语境中形成的。1997 年王博华(Wang Bor-Hua)在哥伦比亚大学完成了博士论文《苏轼的书法艺术和他的〈寒食帖〉》("Su Shih's Art of Writing and His *Han-Shih T'ieh*"),④该文对苏轼的书法艺术特征和贡献作了较为全面的交代,尤其对《寒食帖》进行了评介。陈幼石(Diana Yu-shih Chen)的论文《苏轼文学理论中的继承与创新:赤壁赋注释》("Change and Continuation in Su Shih's Theory of Literature:A Note on His Ch'ih-pi-fu")⑤讨论了苏轼文学理论,其中涉及苏轼文学创作和欣赏的哲学基础。1990 年艾米·麦克耐尔(Amy McNair)在《苏轼手书〈争座位帖〉》("Su Shih's Copy of the Letter on the *Controversy over Seating Protocol*")⑥中继艾朗诺之后继续探讨苏轼诗书画的各自特色。该文指出苏轼喜欢颜真卿书法的原因是将颜真卿作为政治和道德

---

① Susan Bush, The *Chinese Literati on Painting*:*Su Shih*(*1037-1101*)*to Tung Ch'i-Ch'ang*(*1555-1636*), *Harvard-Yenching Institute*, No.27(*Cambridge*:*Harvard University Press*, 1971).

② Ronald C.Egan."Poems on Painting:Su Shih and Huang T'ing- chien", *Harvard Journal of Asiatic Studies*43.2(1983), pp.413—451.

③ Xu Long, "Su Shi:Major Creative Critical Insight and Theories", Ph.D.Diss., University of Nebraska - Lincoln, 1986.

④ Wang Bor-Hua"Su Shih's Art of Writing and His Han-Shih T'ieh", Ph. D. Diss., Columbia University, 1997.

⑤ Diana Yu-shih Chen, "Change and Continuation in Su Shih's Theory of Literature:A Note on His Ch'ih-pi-fu", *Monumenta Serica* 32(1974—1975), pp.375—392.

⑥ Amy McNair, "Su Shih's Copy of the Letter on the *Controversy over Seating Protocol*", *Archives of Asian Art* 43(1990), pp.38—48, 该文收入《亚洲艺术文库》。

的楷模。对苏轼文艺理论进行探讨的较近成果是毕熙燕(Bi Xiyan)于2003年出版的专著《寓新变于成规:论苏轼的文学创作思想》(*Creativity and Convention in Su Shi's Literary Thought*),①该著探讨了苏轼文学理论中的创新与承袭,尤其谈到苏轼对传统的认知。

5)综合研究:1964年华盛顿大学的马尔奇(Andrew March)完成的博士论文《苏轼的山水观》("Landscape in the Thought of Su Shih")②考查了苏轼的山水观,尤其指出苏轼理解人与大自然两者上具有相通之处。1978年香港中文大学出版了法国汉学家艾蒂安·巴拉斯(Etienne Balazs)所著的《宋代文史资料大全之宋代书录》,其中苏轼著作的题解均由贺巧治撰写,包括《苏氏易传》《东坡书传》《东坡题跋》《东坡乐府》《东坡志林》《仇池笔记》的题解。1982年普林斯顿大学包弼德(Peter Bol)撰写了博士论文《中国十一世纪的文与道之争》("Culture and the Way in the Eleventh Century China"),③认为应该对苏轼在中国思想史的地位上予以准确定位,他从苏轼前期散文中归纳出苏轼的哲学观点,并在《〈苏氏易传〉研究》中进一步探索了苏轼的《易》学及哲学思想。1985年沈清莲(Cheng-Lian Sim)在悉尼大学完成了博士论文《苏轼及其弟子》("Su Shih and His Disciples")。④ 1992年出版的包弼德《斯文:唐宋思想的转型》(*This Culture of Ours: Intellectual Transitions in T'ang and Sung China*)⑤一书力求确立苏轼对中国思想史的贡献,尤其是他在文化、政治与道德、伦理上的影响。1994年,艾朗诺出版了《苏轼人生中的言语、意象与事迹》(*Word, Image and Deed in the Life of Su Shi*),⑥艾朗诺希望还原一个真实、全面、丰富的东坡形象,他采取了一个不同于封闭的就文学谈文学、就艺术谈艺术的研究路径,而是将文学与艺术放置到一个更为宽广的社会、文化、历史、政治、思想视域中去审视。与此同时,管佩达也写出了《重游庐山——佛教对苏轼人生与创作的影响》(*Mount Lu Revisited—Buddhism in the Life and Writings of Su Shih*),⑦作者以苏轼大量作品为例,阐述了佛教对苏轼文学的重大影响,尤其是对苏轼创作

---

① Bi Xiyan, *Creativity and Convention in Su Shi's Literary Thought*. New York: Edwin Mellen Press, 2003.

② Andrew March, "Landscape in the thought of Su Shih". Ph.D.Diss., University of Washington, 1964.

③ Peter Bol, "Culture and the Way in Eleventh Century China", Ph.D.Diss., Princeton University, 1982.

④ Cheng-Lian Sim, "Su Shih and His Disciples", Ph.D.Diss., SidneyUniversity, 1985.

⑤ Peter Bol, *This Culture of Ours: Intellectual Transitions in T'ang and Sung China*, Standford: Standford University Press, 1992.

⑥ Ronald C. Egan. "Word, Image and Deed in the Life of Su Shi". *Council on East Asian Studies*, Harvard University, 1994.

⑦ Beata Grant, *Mount Lu Revisited—Buddhism in the Life and Writings of Su Shih*, Hawaii: University of Hawaii Pr, 1994.

的语言、意象、意蕴的全面影响。作者通过对苏轼复杂的人生经历及其创作的精细研究，阐明了佛教对苏轼创作和宋代文化所产生的重大而全面的影响，该书还非常细致地剖析了苏轼是如何紧张而艰难地调和心理、智力、精神之间的关系以及儒家与佛家之间的关系。另外，美国萨进德（Stuart Sargtent）教授还将孔凡礼点校的《苏轼诗集》输入电脑，编制了全方位的东坡诗索引，为进一步展开苏轼研究提供了更为方便快捷的途径。

总之，这一时期英语世界苏轼研究极其全面深入，且呈现出鲜明特点，主要是作品研究涉及面广且有深度；综合运用中西文学批评方法；注意将苏轼作品与其人生经历、思想感情、时代背景及中国传统文化密切结合；另外受时代环境尤其是意识形态影响较大。

首先是作品研究涉及面广且有深度。从涉及面看，这一阶段英语世界的苏轼研究在以诗文为主的同时，几乎涉及苏轼文艺成就的所有方面。从上文所介绍的译介与研究资料来看，他们对苏轼诗文的研究占据了绝大部分，但这并不意味着英语世界的苏轼研究不涉足其他领域，他们对苏轼的书法、绘画成就与理论也有着浓厚的兴趣。更加值得我们注意的是，英语世界的苏轼研究并非流于表面的分析，很多著作都有着一定深度，触及了苏轼研究中根本性的因素。而这正是国际文学关系研究的命脉所在，正如法国《拉罗斯百科全书》中对研究中外文学关系史的评判中所说："对国际交往的分析，不应满足于开列一张越过国境线的作品名称的清单，也不能只是叙述这些作品日后的变化，它应该是对这种接触与渗透的本质做出论断。"①

其次是在跨文明视野下，综合运用中西文学研究方法来展开分析。这一时期英语世界的苏轼研究者既力图更加接近中国文化和文学本身，同时又自觉或不自觉地运用西方的批评方法来评价苏轼作品。从目前已有的研究成果可以看出，英语世界的苏轼研究者既吸收了中国文学传统的研究路数，如知人论世与推源溯流等，同时又善于利用西方文学批评的特长，如新批评、心理学批评、结构分析、阐释学等，尤其是新批评注重文本分析的特色在英语世界的苏轼研究中得到了较为明显的体现。

再次是在研究苏轼的文艺作品时，不局限于作品本身，而是与苏轼的人生经历、思想感情、时代环境及整个中国传统文化密切结合。在此，他们不再局限于西方评论界所谓"本体研究"，而是将苏轼作品放在更为宏阔的文化背景下去考察，这显然能更加全面客观地研究苏轼作品，也能为我们塑造一个更为真实、生动的苏轼形象。

---

① 转引自干永昌、廖鸿钧主编:《比较文学研究译文集》，上海：上海译文出版社，1985年，第420页。

最后，英语世界的苏轼研究受时代环境尤其是意识形态的影响较为明显。从这一阶段成果的分布可以看出，只有在时代环境较为理想、中西交流频繁之时，英语世界的苏轼研究才能取得较多的成果。尤其是不同时代意识形态对英语世界苏轼研究的影响则更为直接，如上文提到不同时期美国政府及基金会的投入与美国苏轼研究的密切关系，而这些资助在很大程度上有着意识形态因子。

（作者单位：四川大学文学与新闻学院/四川理工学院人文学院）

中国当代文学何以在俄罗斯持续走热

□郭景红

摘要:自1991年苏联解体以来,中国当代文学在俄罗斯持续走热,2012年中国作家莫言获得诺贝尔文学奖,更是在俄罗斯掀起了中国当代文学热。本文在已有丰富研究成果的基础上,依托大量第一手材料,以中国当代文学在俄罗斯的译介和传播状况为研究重点,着重介绍自1991年苏联解体以来二十余年间中国当代文学在俄罗斯的译介热潮并挖掘其背后的动因。

关键词:中国当代文学　俄罗斯　译介　动因

Abstract: Chinese contemporary literature has become very popular in Russia since the disintegration of the Soviet Union in 1991. Then, especially since the Chinese writer Mo Yan won the Nobel Prize for Literature in 2012, enthusiasm for contemporary Chinese literature has further increased in Russia. Based on the abundant existing research and first-hand materials, this paper mainly introduces the surge in the translation of contemporary Chinese literature in Russia during these two decades and explores the causes behind this increase through the methodologies of positivism and statistics.

Key words: Chinese contemporary literature, Russia, translation, motivation

中国当代文学在俄罗斯的传播状况近年来成为学术界研究的热点。哪些当代作家和作品被译为俄文,他们在俄罗斯受到的欢迎程度如何等问题，学者们较为关注。我国学者、研究中俄文化交流史的专家李明滨教授认为，在20世纪俄罗斯掀起了两次译介中国文学的热潮，一次在20世纪50年代，一次在20世纪80年代，80年代的热潮持续至今。①

1991年苏联解体后，虽然俄罗斯面临政治变革、经济动荡等危机，但是仍然艰难译介中国文学，一些当代文学作品被翻译成俄文。近年来随着俄罗斯经济的复苏，中国当代文学译介热潮继续推进。2012年中国作家莫言获得诺贝尔文学奖，更是在俄罗斯掀起了中国当代文学热。本文着重介绍自1991年苏联解体以来20年间中国当代文学在俄罗斯的译介热潮及背后动因。

据俄罗斯汉学家A.A.罗季奥诺夫（A.A.Родионов）统计，“从1992到2012年的20年里，俄罗斯共出版24种中国文学刊物，收录了87位作家的182部作品”②。罗季奥诺夫③的多种资料统计了单个中国作家在俄发表的作品次数，在俄罗斯发表了冯骥才作品24篇，王蒙作品21篇，贾平凹作品9篇，残雪作品6篇，张洁、王安忆作品均为5篇，莫言、陆文夫、铁凝、余华、苏童、谌容作品均为3篇，陈村、叶辛、卫慧、蔡骏、汪曾祺、王小波作品均为2篇。此外，其他作家，如乐欣、陈森、张贤亮、高晓声、柯云路、聂鑫森、刘索拉、张弦、张恩儒、陆星儿、於梨华、张玉、张辛欣、高莽、林白、王小鹰、李晓、孙甘露、赵长天、殷慧芬、彭瑞稿、西飏、竹林、陈丹燕、余秋雨、刘恒、邓一光、林希、陈忠实、彭见明、迟子建、阿来、石舒清、李贯通、叶弥、棉棉、陈世旭、扎西达娃、池莉、何士光、陈应松、叶广岑、邓友梅、鬼子、曹征路、张承志、乌热尔图、徐坤、谢友鄞、戴来、邵振国、宗璞、王朔等作家也被介绍到俄罗斯。与此同时，有一部分作品，如王蒙的《风筝飘带》《春之声》《春堤六桥》《听海》《木箱深处的紫绸花服》《春之声》《海的梦》《失而复得的月光园故事》等还被收入二三本不同的文集，因此中国作家中王蒙的作品在俄罗斯发表的次数最多，冯骥才次之。从单个作品而言，发表次数最多的是陆文夫的《美食家》，它被收入了三个文集。近20年来在俄罗斯被翻译出版的中国当代长篇小说有9部（不含节选的长篇小说），包括棉棉的《糖》、卫慧的《上海宝贝》和《我的蝉》、蔡骏的《病毒》和《诅咒》，以及苏童的《我的帝王生涯》《妻妾成群》，莫言的《酒国》《丰乳肥臀》；发表中国当代诗歌选集一部——《亚洲铜：现代中国诗歌集》（以上作品俄译具体情况见

---

① 李明滨：《中国文学俄罗斯传播史》，北京：学苑出版社，2010年。

② 转引自［俄］阿尔乔姆·日丹诺夫（Artem Zhdanov）：《莫言获诺奖在俄罗斯掀起中国当代文学热》，载《阅读俄罗斯》（《透视俄罗斯》报附刊），2013年，第9页。《透视俄罗斯》为《俄罗斯报》（*Rossty skaya Gazeta*）国际传媒项目（中文版）。

③ ［俄］A.罗季奥诺夫：《中国新时期文学在俄罗斯的传播》，载于《国际汉学》第20辑，郑州：大象出版社，2009年。

附录)。《亚洲铜:现代中国诗歌集》系颇具代表性的中国现代新诗集,诗集中收录了不同年龄段的40位不同流派诗人的诗歌。诗集收录的诗歌如水滴般反映了近年来整个中国诗歌的全貌——自"文化大革命"的悲剧时代,经过文化萧条走向改革与繁荣的当今时代。

在新媒体时代的当今俄罗斯,纸质图书受到阅读形势多元化的冲击,纸质图书的出版发行多在锐减,尚有如此数量中国当代文学作品与俄罗斯读者见面,不能不说是一种可喜的现象。

中国当代文学能在俄罗斯持续走热,有以下几点原因。

一、中国经济的飞速发展,使俄罗斯更加关注中国。

20世纪末,俄罗斯的政治、经济改革遭受挫折,大国地位急剧跌落。而中国自改革开放以来经济突飞猛进的发展势头吸引了全世界的目光,这更引起邻国俄罗斯的关注,俄罗斯的汉学家们对中国改革开放的巨大成就进行分析研究,希望从中借鉴,以寻求一条促进本国经济快速发展的道路。正如俄罗斯科学院院士季塔连科所说,"俄罗斯汉学面临的重大课题之一,是如何基于对中国历史、传统方面的研究,来理解中国改革的经验及其和平发展崛起的政策"①。因此,一些研究中国改革开放思想和理论的著作应运而生。同样,在文学文化领域,俄罗斯汉学家除了结合历史悠久的中国文化来探求促使当代中国发生巨变的深层次的历史、文化动因外,俄罗斯读者也对反映中国当代社会面貌的中国当代文学产生了浓厚的兴趣。中国当代文学作品及时多方面地反映了中国社会现实,反映了改革开放以来中国社会的变化和进步,以及社会风气的改善和人民精神面貌的改观,因此中国当代文学对于俄罗斯人了解中国当代社会是个很好的途径。

二、中俄两国政府之间积极地文化交流,推动了中国当代文学在俄罗斯的译介。

世纪之交,中俄政府大力推进两国之间的经济文化交流,如中俄两国互办"中国年"和"俄罗斯年"。在这种大形势下,大量中国当代文学作品被译介。大部分译介到俄罗斯的中国当代文学作品都是中国大使馆、中国作协或者俄罗斯政府在某个重要活动框架内资助的项目,如1999年新中国50周年国庆、2003年圣彼得堡建市300周年、2007年俄罗斯中国年等。如文集《我们的同代人》是纪念中华人民共和国建立50周年专号;《中国20世纪诗歌与小说:谈过去看未来》是中国驻俄罗斯大使馆资助的项目;《上海人:当代上海作家文集》是圣彼得堡建城300周年纪念文集。而《雾月牛栏》《命若琴弦》《红云》三本中国当代中短篇小说选集是在俄罗斯中国年框架内中国作协统一规划的项目,中国作家铁凝为《雾月牛栏》

---

① [俄] М.Л.季塔连科:《与中华文明对话的俄罗斯汉学》,载《文汇报》,2012年12月17日。

《命若琴弦》《红云》三本文集作序。以《上海人:当代上海作家文集》为例,2003年是俄罗斯历史文化名城圣彼得堡建城300周年,上海与圣彼得堡是友好城市,因此在庆祝框架内,中国上海市作家协会与俄罗斯圣彼得堡作家协会相约各自出版一套对方国家作家的文集,上海译文出版社于2003年1月出版了文集《星耀涅瓦河》,圣彼得堡杜马出版社于2003年12月出版了《上海人:当代上海作家选集》。以上文集中作品均由中方选择,因此中国当代文学的一些精品及崭露头角的年轻作家的作品得以悉数被选入作品集,这是俄罗斯人所无法做到的,因为中国当代文学作品浩如烟海且流派纷呈、良莠不齐,俄罗斯汉学家很难准确把握。中国作协、上海作协编选的作品集中包括了当代作家王蒙、冯骥才、贾平凹、残雪、张洁、王朔、王安忆、铁凝、余华、苏童、谌容、陈村、叶辛、卫慧、蔡骏、汪曾祺、王小波、刘恒、邓一光、林希、陈忠实、彭见明、迟子建、阿来、石舒清、陆文夫、李贯通、叶弥、陈世旭、池莉、史铁生、何士光、陈应松、叶广芩、邓友梅、鬼子、曹征路、莫言、张承志、乌热尔图、徐坤、谢友鄞、戴来、邵振国等60余名作家的百余本作品。中国当代作家的优秀作品几乎均被收入作品集。其中大部分作品都是反映社会现实的。中国改革开放的成果、人民生活的变化等当代中国社会的整体面貌都体现在这些作品中。如此精准地选择中国文学作品,把它们带到俄罗斯读者面前,这是俄罗斯以往几代汉学家所做不到的,如费德林和艾德林在编译中国诗歌选的时候,只得到了郭沫若一个人的帮助。加上俄罗斯汉学一直受政治影响,如中苏论战时期一些汉学家选择一些负面作品来翻译并加以批判,而那些作品并不能正确传达中国的社会面貌。当然,在这些被选译的中国当代文学作品中有的也有反映中国社会存在的一些问题的,但那也是中国社会现实的反映。同时这些作品中也体现了中国文坛艺术手法的变化。正如E.A.谢列勃里科夫(E.A.Серебряков)教授在《上海人:当代上海作家选集》一书跋中所说:"不同作者的短篇小说为了解典型的当代中国小说,提供了很好的关于多种多样主题、社会和道德问题的概念。一些小说是用90年代流行的'朴素现实主义'手法写的,另一些以回忆和思考过去大规模的同时又是国家和个人生活中的悲剧事件的方式出现,第三类把精力集中在出场人物的心理构成、情绪的急剧转变上""反映了国家各个层面人民的社会兴趣、需求和口味的复杂而多彩的画面"。① 这必将有助于俄国人民了解当今中国,了解当代中国文学的实际状况和水平;更有助于俄罗斯读者克服对中国当代文学的偏见,促进中俄两国文学在新的历史时期的交流与互动。因此,这些官方资助出版的作品集,起到了沟通两国文学文化交流的作用,也对中国当代文学走进俄罗斯起到了重要作用。

---

① 罗季奥诺夫、谢列布列亚利选编:《上海人:当代上海作家选集》,圣彼得堡:杜马出版社,2003年,第332、331页。

三、日益壮大的中国当代文学翻译队伍。

据俄罗斯汉学家罗季奥诺夫统计，“目前在俄罗斯、乌克兰、乌兹别克斯坦等14个大学和研究所及单位以外还有42位学者从事现当代文学研究（其中60岁以上的8位，40至60岁的8位，40岁以下的26位）。”①这些学者是中国当代文学翻译的主力。这些学者中有26人年龄在40岁以下，还是一支比较年轻化的队伍。其中远东研究所研究员C.A.托罗普采夫（C.A.Торопцев）译文最多，共29篇（其中8篇译文是托罗普采夫80年代翻译的重版），圣彼得堡大学东方系教授H.A.斯佩什涅夫（司格林H.A.Спешнев）有译文23篇，莫斯科大学东方学院教授沃斯科列辛斯基（华克生Д.Н.Воскресенский）有译文11篇，莫斯科人文大学教授H.B.扎哈罗娃有译文11篇。苏联解体后，虽然汉学家们都面临着工作条件艰苦、工资过低、研究经费不足等问题，但是许多安于清贫的汉学家还不辞辛苦坚持翻译一些中国当代文学作品，甚至自费出版。如H.A.斯佩什涅夫（司格林）教授就编译了冯骥才的小说集《俗世奇人》并自费出版。H.A.斯佩什涅夫1957年毕业于列宁格勒大学东方系中文专业，现为该校教授，1987年获博士学位，主要研究中国曲艺，著有《中国俗文学（讲唱体裁）》一书。2003年他自费出版了冯骥才的小说集《俗世奇人》后，就以此为教材给学生讲授中国方言俚语。H.A.斯佩什涅夫很欣赏冯骥才本色朴素、有浓郁地方风味的语言风格。他觉得冯骥才津味小说《俗世奇人》中的语言是给学生教授中国方言和俚语的最好例子。H.A.斯佩什涅夫自2003至2011年以译本《俗世奇人》培养了数届毕业生，在教授中国语言的同时也使学生领略到冯骥才文学创作的魅力，这种影响力不是单单依靠发行量所能评估的。

同时，随着中俄贸易的飞速发展也促使许多大学纷纷开设汉语专业，培养汉语人才。目前俄罗斯设有汉语本科的学校已有60多所，是苏联时期的10倍，每年都有500多名俄罗斯青年学子毕业于汉语专业，其中有一部分人会走上中国文学研究的道路。在莫斯科大学、圣彼得堡大学、东方学研究所、世界文学研究所及基辅大学等学校还拥有中国文学方向博士学位的授予权。在这种情况下，年青一代的俄罗斯汉学家正在崛起，中国当代文学翻译队伍日益壮大，如参与《上海人：当代上海作家选集》一书翻译工作的圣彼得堡大学东方系的教师中，除了柳·卡扎科娃（Л.Казакова）老师外，全都是30岁以下的青年人。俄罗斯汉学的新一代人才的崛起，预示了俄罗斯汉学发展的美好未来，也是学术交流与文化交往的前途保证。

在俄罗斯中国年期间，中国作协主席还带领20多位中国作家访问俄罗斯，访

---

① ［俄］A.罗季奥诺夫：《前苏联地区的中国现当代文学研究》，载《俄罗斯文艺》，2013年第2期，第6页。

俄期间铁凝代表中国作协向为中俄文化交流作出重大贡献的俄罗斯汉学家索罗金（В.Ф.Сорокин）、李福清（Б.Л.Рифтин）、谢曼诺夫（В.И.Семанов）、热洛霍夫采夫（А.Н.Желоховцев）、扎哈罗娃（Н.В.Захарова）等颁发了“彩虹奖”。这对于从事中国文学研究的俄罗斯汉学家来说，无疑是一种莫大的肯定与鼓励。

2012 年我国著名作家莫言荣获诺贝尔文学奖，这使全世界都开始热议中国文学。俄罗斯圣彼得堡安芙兰出版社更是几乎在莫言获奖的同一天出版发行了莫言作品《酒国》，准确预测了中国小说的成功。2012 年 12 月圣彼得堡安芙兰出版社又出版了莫言的《丰乳肥臀》。莫言的获奖及其两部作品在俄罗斯的出版进一步推动了俄罗斯的中国当代文学的热潮。俄罗斯著名记者阿尔乔姆·日丹诺夫（Артём.Жданов）还在《阅读俄罗斯》上发表文章《莫言获诺奖在俄罗斯掀起中国当代文学热》，对俄罗斯的中国当代文学热潮作了专门介绍。莫言作品俄罗斯译者伊戈尔·叶戈罗夫（И.А.Егоров）也指出，“我谈过关于现代中国作家及其作品的话题，同时发布了译自英法文的文章。可以看出，如今对这一问题感兴趣的人越来越多。从 2007 年至今，访客的数量增加了两倍多”①。

近年来，中国经济突飞猛进的发展势头及综合国力的增强，使俄罗斯更加关注中国，俄罗斯人民渴望更多地了解今天的中国及其文化。同时中俄政府积极合作交流，再加上中国政府大力推广中国文化在海外的传播，吸引了更多的俄罗斯人把目光进一步转向中国，以上因素必然进一步推动俄罗斯的中国当代文学热潮。

附录②：

1. *Наш современник*，“*Журнал писателей России. Специальный выпуск, посвященный* 50—летию КНР”，М.，1999.《我们的同代人》杂志纪念中华人民共和国建立 50 周年专号，莫斯科，1999，发行量为 10000 册。该刊收入了当代短篇小说 4 篇、散文 3 篇及其他方面和时代的材料，作品包括：

Ван Мэн，*Шесть мостов на Весенней дамбе*（1997）Пер.Н.Захаровой，扎哈罗娃译王蒙作品《春堤六桥》（1997）；

Чэнь Цунь，*Шаги на крыше*（1992）Пер.Ю.Иляхина，伊利亚欣译陈村作品《屋顶上的脚步》（1992）；

Ван Аньи，*Возвращение Лао Кана*（1985） Пер.Ю.Иляхина，伊利亚欣译王安忆作品《老康回来》（1985）；

Чжан Синьсинь，*Где мы с тобой разминулись*？（1980）Пер.Е.Рождественской，

① 转引自：［俄］阿尔乔姆·日丹诺夫：《莫言获诺奖在俄罗斯掀起中国当代文学热》，载《阅读俄罗斯》（《透视俄罗斯》），2013 年，第 9 页。

② 此附录据俄罗斯汉学家 A.罗季奥诺夫相关资料整理而成。

罗日杰斯特文斯卡娅译张辛欣作品《我在哪儿错过了你?》(1980);

Гао Ман, *Заметки* 高莽《随笔》(1999);

Пер. *Н. Захаровой*, 扎哈罗娃译高莽作品《随笔》(1999);

Цзян Лушэн, Лу Ва. *Испытание богатством* (год не известен) Пер. Н. Захаровой, 扎哈罗娃译江芦笙、陆娃《财富的考验》;

Е Синь, *Неутомимые труженики* (год не известен) Пер. Н. Захаровой, 扎哈罗娃译叶辛作品《不知疲倦的劳动者》(暂译)。

2. *Поэзия и проза Китая XX века. О прошлом - для будущего.* М.: Центрполиграф, 2002. 688 с.《中国 20 世纪诗歌与小说:谈过去看未来》,扎哈罗娃、雅罗斯拉夫采夫编选。莫斯科: Centerpoligraph 出版社, 2002 年, 688 页。发行量为 4000 册。该选集收入了中国 20 世纪 60 多个诗人(如黄遵宪、秋瑾、谢冰心、艾青、臧克家、毛泽东等)和 20 位小说家(如鲁迅、郭沫若、老舍、张天翼等)的作品,其中有 9 篇当代短篇小说,包括:

Ван Мэн, *Воздушный змей и лента* (1980) Пер. С. Торопцева, 托罗普采夫译王蒙作品《风筝飘带》(1980);

Ван Мэн, *Шесть мостов на Весенней дамбе* (1997) Пер. Н. Захаровой, 扎哈罗娃译王蒙作品《春堤六桥》(1997);

Лу Вэньфу, *Гурман* (1983) Пер. Н. Захаровой, 扎哈罗娃译陆文夫作品《美食家》(1983);

Линь Бай, *С любимыми не расставайтесь* (1989) Пер. А. Желоховцева, 热洛霍夫采夫译林白作品《同心爱者不能分手》(1989);

Ван Сяоин, *Густой туман* (год не известен) Пер. Н. Радаевой, 拉达耶娃译王小鹰作品《雾重重》(1981);

Чжан Цзе, *Последняя высота* (1989) Пер. И. Семененко, 谢梅年科译张洁作品《最后的高度》(1989);

Цзя Пинва, *Золотая пещера* (1985) Пер. П. Богачко, 博加其科译贾平凹作品《金洞》(1985);

Фэн Цзицай, *Последний день Евы* (1997) Пер. Н. Демидо, 杰米多译冯骥才作品《末日夏娃》(1997);

Шэнь Жун, *Позднее раскаяние* (год не известен) Пер. Е. Рождественской, 拉热得斯特维斯卡娅译谌容作品《最后的忏悔》(暂译);

Цзя Пинва, *В горах Шанчжоу* (год не известен) Пер. П. Богачко, 鲍卡奇科译贾平凹作品《商州山》(暂译);

3. *Шанхайцы: Сборник произведений китайских писателей*/ Составители А. А.

Родионов и Е. А. Серебряков. Послесловие Е. А. Серебрякова. - СПб.: Издательство писателей《Дума》,2003—336 с.《上海人:当代上海作家选集》罗季奥诺夫、谢列布里亚科夫选编,圣彼得堡:杜马出版社,2003年,336页。发行量为1000册。该选集收入了1部中篇、8部短篇小说及3篇散文,即

Ван Аньи, *Дядя*(1990)Пер. Л. Казаковой, 卡扎科娃译王安忆作品《叔叔的故事》(1990) Чэнь Цунь. *Один день* (1985) Пер. Е. Заниной, 扎尼娜译陈村作品《一天》(1985);

Ли Сяо, *Университет* (1986) Пер. Е. Петровой, 彼得罗娃译李晓作品《继续操练》(1986);

Сунь Ганьлу, *Вспоминаю красавицу из царства Цинь* (1992) пер. Е. Заниной, 扎尼娜译孙甘露作品《忆秦娥》(1992);

Чжао Чантянь, *Одноклассники* (1996) Пер. Е. Петровой, 彼得罗娃译赵长天作品《老同学》(1996);

Инь Хуэйфэнь, *Танец вожделения* (1990) Пер. О. Родионовой, 罗季奥诺娃译殷慧芬作品《欲望的舞蹈》(1990);

Пэн Жуйгао, *Расследование в нашем уезде* (1996) Пер. Е. Митькиной, 米青娜译彭瑞稿作品《本乡有案》(1996);

Си Ян, *Обычные мысли* (1994) Пер. Е. Петровой, 彼得罗娃译西飏作品《平常心》(1994);

Чжу Линь, *История о шляпе* (1995) Пер. Е. Заниной, 扎尼娜译竹林作品《帽子的故事》(1995);

Чэнь Даньянь, *Французские кварталы Шанхая* (1998) Пер. А. Родионова, 罗季奥诺夫译陈丹燕作品《上海法国城》(1998);

Е Синь, *Вспоминаю горную деревню* (1991) Пер. А. Родионова, 罗季奥诺夫译叶辛作品《遥念山乡》(1991);

Юй Цююй, *Шанхайцы* (1992) Пер. А. Родионова, 罗季奥诺夫译余秋雨作品《上海人》(1992)。

4. Миан Миан. *Конфетка* / Пер. с англ. Т. Ждановой. М.: Столица—Принт, 2005. - 352 с. 棉棉《糖》/日丹诺娃译。莫斯科:首都印刷出版社,2005年,352页英俄译本,发行量为5000册。该长篇小说最早发表于2000年。

5. Вэй Хой. *Крошка из Шанхая*: роман / Перевод с англ. яз. Е. Кудрявцевой. М.: Столица—принт, 2006. 368 с. 卫慧《上海宝贝》/库德里亚夫切娃译。莫斯科:首都印刷出版社,2006年,368页。英俄译本,发行量为4000册。该长篇小说最早发表于1999年。

6. Вэй Хой. *Замужем за Буддой* / Перевод с англ. яз. Е. Кудрявцевой. М.: Столица—принт, 2006.336 с.卫慧《我的禅》/库德里亚夫切娃译。莫斯科:首都印刷出版社,2006 年,336 页。英俄译本,发行量为 4000 册。该长篇小说最早发表于 2004 年。

7.Цай Цзюнь. *Вирус* / Перевод А.Н.Желоховцева. М.: Книжный клуб 36.6, 2006.317 с.蔡骏《病毒》/热洛霍夫采夫译。莫斯科:36,6 图书俱乐部出版社,2006 年,317 页。发行量为 5000 册。该长篇小说最早发表于 2002 年。

8.Цай Цзюнь. *Заклятие* / Перевод А.Н.Желоховцева. М.: Книжный клуб 36.6, 2006.461 с.蔡骏《诅咒》/热洛霍夫采夫译。莫斯科:36.6 图书俱乐部出版社, 2006 年,461 页。发行量为 5000 册。该长篇小说最早发表于 2002 年。

9. Азиатская медь: *Антология современной китайской поэзии*, Сост. Лю Вэнь—фэй, СПб, 2007.256 с.刘文飞主编:《亚洲的铜》当代诗歌选集,圣彼得堡东方学出版社出版,2007 年,256 页。

10. *Месяц туманов*, *Антология современной китайской прозы*. СПб.: Издательство *Триада*, 2007.416 с.27.《雾月牛栏:中国当代中短篇小说选集》中国作协编选,圣彼得堡:三合会出版社,2007 年,416 页。发行量为 5000 册。该选集收入了 5 部中篇、9 部短篇小说,部分作品罗列如下:

Те Нин, *Всегда - это сколько* (1999) Пер. Н. Спешнева, 司格林译铁凝作品《永远有多远》(1999);

Цзя Пинва, *Сестрица Хэй* (1985) Пер. А. Родионова, 罗季奥诺夫译贾平凹作品《黑氏》(1985);

Лю Хэн, *Счастливая жизнь болтливого Чжан Даминя* (1997) Пер. Е. Митькиной, 米青娜译刘恒作品《贫嘴张大民的幸福生活》(1997);

Дэн Игуан, *Мой отец - военный* (1995) Пер. Е. Заниной, 扎尼娜译邓一光作品《父亲是个兵》(1995);

Линь Си, *Маленькая* (1996) Пер. Л. Казаковой, 卡扎科娃译林希作品《小的儿》(1996);

Чэнь Чжунши, *Дни* (2001) Пер. Ли Чжи, 李峙译陈忠实作品《日子》(2001);

Чжан Цзе, *В дождь* (1983) Пер. Ли Чжи, 李峙译张洁作品《雨中》(1983);

Пэн Цзяньмин, *Тот человек, те горы, тот пес* (1982) Пер. М. Черевко, 切列夫科译彭见明作品《那山那人那狗》(1982);

Су Тун, *Два повара* (1997) Пер. Н. Спешнева, 司格林译苏童作品《两个厨子》(1997);

Чи Цзыцзянь, *Месяц туманов* (1996) Пер. А. Неклюдовой, 涅克柳多娃译迟

子建作品《雾月牛栏》(1996)；

Юй Хуа, *Вышел в дальний путь в восемнадцать лет* (1986) Пер. О. Родионовой，罗季奥诺娃译余华作品《十八岁出门远行》(1986)；

А Лай, *Пчелы летают и кружатся* (2004) Пер. М. Черевко，切列夫科译阿来作品《群蜂飞舞》(2004)；

Ши Шуцин, *Нож в чистой воде* (2001) Пер. Д. Маяцкого，马亚茨基译石舒清作品《清水里的刀子》(2001)。

11. *Современная китайская проза, Жизнь как натянутая струна* / Антология составлена Союзом китайских писателей. М.: АСТ; СПб.: Астрель—СПб, 2007. 543 с.《命若琴弦：中国当代中短篇小说选集》中国作协编选，莫斯科：AST 出版社，圣彼得堡：Astrel—SPb 出版社，2007 年，543 页。发行量为 3000 册。该选集 4 部中篇小说，7 部短篇小说，部分作品罗列如下：

Ван Мэн, *Песня ласкова, как солнечный свет весной* (2000) Пер. А. Желоховцева，热洛霍夫采夫译王蒙作品《歌声好像明媚的春光》(2000)；

Лу Вэньфу, *Гурман* (1983) Пер. Н. Захаровой，扎哈罗娃译陆文夫作品《美食家》(1983)；

Ли Гуаньтун, *Небу недостает одного угла* (1998) Пер. А. Коробовой, М. Ишкова，科罗波娃与伊什科夫合译李贯通作品《天缺一角》(1998)；

Е Ми, *Мучительное взросление* (1997) Пер. А. Лебедевой，列别杰娃译叶弥作品《成长如蜕》(1997)；

Чэнь Шисюй, *Напевы озера Боху* (2001) Пер. М. Пономаревой，波诺马廖娃译陈世旭作品《波湖谣》(2001)；

Таши Дава, *Душа, привязанная на кожаном шнурке* (1985) Пер. О. Халиной，哈丽娜译扎西达娃作品《系在皮绳扣上的魂》(1985)；

Чи Ли, *Мерзни или жарься, живи—и не парься* (1993) Пер. О. Родионовой，罗季奥诺娃译池莉作品《冷也好热也好活着就好》(1993)；

Ван Цзэнци, *Обет* (1980) Пер. М. Черевко，切列夫科译汪曾祺作品《受戒》(1980)；

Ши Тешэн, *Жизнь как натянутая струна* (1985) Пер. Е. Митькиной，米青娜译史铁生作品《命若琴弦》(1985)；

Хэ Шигуан, *В деревне* (1980) Пер. А. Родионова，罗季奥诺娃译何士光作品《乡场上》(1980)。

12. *Современная китайская проза, Багровое облако* / Антология составлена Союзом китайских писателей. М.: АСТ; СПб.: Астрель—СПб, 2007. 511 с.《红云：

中国当代中短篇小说选集》中国作协编选，莫斯科：AST 出版社，圣彼得堡：Astrel—SPb 出版社，2007 年，511 页。发行量为 3000 册。该选集 5 部中篇小说，7 部短篇小说，即：

Чэнь Инсун，*Почему кричит сойка*？（2002）Пер.Ю.Лемешко，Ю.列梅舍科译陈应松作品《乌鸦为什么鸣叫》（2002）；

Е Гуанцинь，*Не было сна на мосту Се*（1999）Пер.Н.Сомкиной，Н.索姆金娜译叶广芩作品《梦也何曾到谢桥》（1999）；

Дэн Юмэй，*Пройдоха На Пятый*（1982）Пер.Н.Захаровой，С.Кострыкина，扎哈罗娃与克斯特雷金合译邓友梅作品《那五》（1982）；

Гуйцзы，*Мокрая река*（1997）Пер.Е.Митькиной，米青娜译鬼子作品《被雨淋湿的河》（1997）；

Цао Чжэнлу，*Багровое облако*（1999）Пер.Н.Демидо，杰米多译曹征路作品《红云》（1999）；

Мо Янь，*Тетушкин*（2000）Пер.Д.Маяцкого，马亚茨基译莫言作品《姑妈的宝刀》（2000）；

Чжан Чэнчжи，*Девять дворцов*（1985）Пер.А.Родионова，О.Родионовой，罗季奥诺娃夫与罗季奥诺娃合译张承志作品《九座宫殿》（1985）；

Ужээрту，*Янтарный костер*（1983）Пер.Н.Спешнева，司格林译乌热尔图作品《琥珀色是篝火》（1983）；

Сюй Кунь，*Кухня*（2001）Пер.О.Родионовой，罗季奥诺娃译徐坤作品《厨房》（2001）；

СеЮинь，*Прощальная песнь коня*.Осенняя жатва（1987）Пер.Е.Шагдуровой，沙戈杜罗娃译谢友鄞作品《马嘶秋诉》（1987）；

Дай Лай，*Прошу улыбочку*（2003）Пер.Н.Спешнева 司格林译戴来作品《茄子》（2003）；

Шао Чжэньго，*Жнецы*（1982）Пер.О.Кузнецовой，库兹涅佐娃译邵振国作品《麦客》（1982）。

13. Цзян Жун，*Волчий тотем* / Пер. с кит. Н. Ю. Агеева. М.：ООО ТД *Издательство Мир книги*，2007.544 с.姜戎《狼图腾》/阿格耶夫译。莫斯科：图书世界出版社，2008 年，544 页。发行量为 10000 册。该长篇小说最早发表于 2004 年。

14. СуТун，*Последний император*/ Пер.И.А.Егорова.М.：АСТ；СПб.：Астрель-СПб，2008.—288 с.苏童《我的帝王生涯》/叶戈罗夫译。莫斯科：AST 出版社，圣彼得堡：Astrel—SPb 出版社，2008 年，288 页。发行量为 2500 册。该长篇小说最早

发表于 1992 年。《中国文学著作集》,В.М.阿列克谢耶夫,莫斯科:俄罗斯科学院东方文学出版社,2003 年。

15. СуТун. *Луна на дне колодца*/Пер. И. А. Егорова.—СПб.:《Издательский домЛеонардом》,2011—160с.苏童:《妻妾成群》/叶戈罗夫译。圣彼得堡:莱奥纳尔多出版机构,2008 年,160 页。

16. Мо Янь, *Страна вина*/Пер. И. А. Егорова. СПб.: Амфора, 2012. 10. 莫言:《酒国》/叶戈罗夫译。圣彼得堡:安芙兰出版社,2012 年。

17. Мо Янь, *Большая грудь широкая зад*/Пер. И. А. Егорова. СПб.: Амфора, 2012.莫言:《丰乳肥臀》/叶戈罗夫译。圣彼得堡:安芙兰出版社,2012 年。

(作者单位:佳木斯大学人文学院)

新世纪日本的中国文学译介与研究新动向

□卢茂君

摘要：日本学者在中国文学研究方面的学术成就一直得到学界的广泛重视。新世纪以来，日本学者对中国文学依然保持着旺盛的研究热情并取得了很多优秀的研究成果，但是，与以往相比，研究情况还是发生了一些变化。首先，翻译和研究中国近现代文学的学者、学会以及研究刊物有所增加，甚至还出现了专门研究中国某个当代作家的研究机构，对中国近现代文学方面的研究开始呈现逐步递增的趋势。另外，随着互联网的不断普及应用，日本学者研究中国文学、了解中国学界的研究动态的途径也越来越多样，因此，对中国学术前沿信息反映非常及时、准确，选择文学作品精准，翻译速度也非常快。同时，日本学界大量拥入研究中国文学的中国学者，这些学者直接冲击日本学界的研究前沿。另外，中国作家经常到访日本，与日本作家、翻译家、学者进行交流，为日本学界研究中国当代文学提供了极大的便利。日本学者开始分享原本独属于中国学者的文学现场优势，呈现了“你中有我，我中有你”的独特文化研究现象。

关键词：新世纪　日本　中国文学译介与研究

Abstract: The academic circles have attached great importance to the Japanese scholars' achievements in the study of Chinese literature. Since the new century, the Japanese scholars have remained enthusiastic on Chinese literatures and made remarkable achievements. However, compared with the past, some changes have taken place in their researches. First of all, the number of the scholars who translate and study modern and contemporary Chinese literature has been increasing as well as the relevant research societies and publications, and even specialized research institutes for some Chinese writer have been established. These phenomena indicate that the study of modern Chinese literature in Japan has become more and more popular. Moreover, with the popularization of the Internet, Japanese scholars have more channels to study Chinese literature and its dynamic changes. Therefore, they can select the latest literary works and get them translated. Furthermore, Chinese writers' frequent visits to Japan and communications with the Japanese writers, translators and scholars have provided many opportunities to study contemporary Chinese literature.

Key words: the new century, Japan, translation and research of Chinese literature

日本学者在中国文学研究方面所取得的学术成就,长期以来引起了世界各国学者的广泛重视。欧美学者甚至认为研究中国文学,如果不参考日本有关方面的研究成果,那将是不完整的研究。因此,从事中国文学方面研究的欧美国家的学生到日本做短期留学,一方面为撰写学位论文查询资料,另一方面为学习和借鉴日本学者的研究经验和成果。近年来,到日本做学术交流访问,参加日本的研究活动的欧美学者也不断增加。可以说,日本已经成为中国之外最适合从事中国文学研究的一个国家。因此,调查和研究日本学界对中国文学的译介与研究情况,对中国文学研究界来说是非常重要的一项工作。

中国国内很早就有学者意识到这个问题并从事这方面的研究,最早的研究有燕京大学于式玉编辑的《日本期刊三十八种中东方学论文篇目》(1933),六年后续编的《一百七十五种日本期刊中东方学论文篇目》(1939)。台湾方面有郑清茂的《中国文学在日本》(1968),北京大学有严绍璗教授的《日本的中国学家》(1980)。近年来,这方面的代表性研究成果有孙立川、王顺洪编辑的《日本研究中国现当代文学论著索引(1919—1989)》(北京大学出版社 1991 年);胡建次、邱美琼编译的《日本学者中国古典诗学研究主要文献目录(1900—2007)》(百花洲文艺出版社 2009 年)。仅从题名即可看出,《日本研究中国现当代文学论著索引(1919—1989)》一书介绍的内容限定于中国现当代文学,且年限为 1919—1989 年;而《日本学者中国古典诗学研究主要文献目录(1900—2007)》一书虽然研究年限跨越一个多世纪,但内容仅限于中国古典诗学研究。本文调查研究与其不同之处在于,研究内容涵盖中国文学的所有领域,其中古典、近代、现代及当代的文学现象都在调查研究范围之内。另外,研究的年限为 21 世纪,即对进入 21 世纪以来日本学界的中国文学研究动态进行即时跟踪与调查分析,旨在较为全面、准确、及时地为中国学界提供日本学界中国文学研究的文情报告。

通过文献资料我们可以看出，进入21世纪以来，日本学者对中国文学依然保持着旺盛的研究热情并取得了很多优秀的研究成果，特别是古典文学研究部分，日本出版的中国古典文献译注为中国以及韩国、欧美各国研究中国古典文学提供了重要的史料基础。在研究方法上，在对具体作家、作品做深入研究的基础上，增加了很多比较研究的优秀成果。另外，宋代文学、小说、戏曲等文学的相关研究在这一阶段取得了显著的进展，这一领域的研究者不断增多，也产生了专门的研究学会，并定期发行会刊，组织学术活动。这一时期，东方学会、日本中国学会等历史悠久的研究中国文学的日本学会依旧发挥着中流砥柱的作用。成立于20世纪末期的日本闻一多学会（1999）、九叶读诗会（1999）、蓝·BLUE文学会（2000）以及21世纪初期成立的“满洲国”文学研究会（2001）、宋词研究会（2003）、三国志学会（2006）等组织的学术交流活动在这个时期也非常活跃。

与以往研究相比，进入21世纪以来，日本的中国文学研究情况还是发生了一些变化。首先，翻译和研究中国近现代文学的学者、学会以及研究刊物有所增加，甚至还出现了专门研究中国当代作家残雪的研究机构“残雪研究会”（2008），2009年发行了会刊《残雪研究》，截至2012年共发行了四期。日本学界对中国作家的研究有些方面已经走在了中国学界的前面，例如，1984年日本在名古屋宣布成立世界上第一个全国性老舍研究机构——全日本老舍研究会，1988年出版了世界上第一部关于老舍研究的大辞典《老舍事典》。日本学界还有很多专门研究中国作家的研究会，例如，白居易研究会（会刊《白居易研究年报》）、日本闻一多研究会（会刊《神话和诗》）、日本郭沫若研究会（会刊《郭沫若研究会报》）等，这类研究会规模大小不一，但都定期举办学术交流会，发行学会会刊。

以往的研究成果中，日本学界研究中国古典文学的学术论文占多数，但近些年来，中国近现代文学方面的研究开始呈现逐步递增的趋势。出现这一变化的原因是多方面的，研究者所从事的工作内容的变化也许可以说是其中原因之一。以往日本侧重古典教育中的汉文教育，现在将汉语教育作为外语教育内容之一，这一需求比重的变化导致研究者的比率也发生了变化，其结果也体现在研究成果上。另外，随着中日两国学界交流往来的不断深入，20世纪90年代以来，日本学界大量拥入研究中国文学的中国学者，这些学者直接冲击日本学界的研究前沿，出现了一批优秀的中国文学、中日比较文学研究著述，呈现了“你中有我，我中有你”的独特文化研究现象。有些学者的著作或论文在中国、日本两地几乎同时出版或发表。例如，蔡毅编著的《中国传统文化在日本》一书于2002年3月由日本勉诚出版社出版，同年4月中华书局出版此书的中文编译本。北京大学高远东教授的论文《鲁迅的可能性——也从〈破恶声论〉寻找支援》（子安加余子译）于2003年3月发表在日本中国研究所的学术刊物《中国研究月报》上，同年7月，中国的《鲁迅研究月刊》也发表了这篇文章。另外，中国作家经常到访日本，与日本作家、翻译家、学者进行交流，为日本学界研究中国当代文学提供了极大的便利。中国作家莫言也曾多次到访过日本，并与日本1994年获得诺贝尔文学奖的作家大江健三郎、东京大学的藤井省三教授等进行过交流。藤井省三曾写过三篇莫言的访谈文章，分别为《压抑之下的摩幻现实》(《昂》1996年5月)、《我成了小说的奴隶》《世界》2000年1月)、《从"传奇世界"看到的中国民众的能量》(《中央公论》2003年11月)。近年来，中国社会科学院等机构主办的"中日女作家会议"(2001)、"中日青年作家会议"(2006、2010)为中日两国作家、评论家提供了通畅的交流平台。另外，日本学者到中国参加学术研讨会的次数也明显增多。日本学者开始分享原本独属于中国学者的文学现场优势，这也可以说是"你中有我，我中有你"的独特文化现象的另一个方面。

20世纪90年代后期，随着互联网的不断普及应用，日本学者研究中国文学、了解中国学界的研究动态的途径也越来越广泛，日本学者也经常利用中国的CNKI查找中国学界的研究资料，并感叹其便捷的功能远远超过日本。另外，由京都大学人文科学研究所附属东亚人文情报学研究中心(原附属汉字情报研究中心)建立的东洋学文献类目检索也被日本学者广泛使用，这一项目连续三年获得日本学术振兴会1992年度、1993年度以及1994年度的科学研究费补助金的资助。日本的东方学会、中国文艺研究会等学会都建立了各自的网站，通过网站平台公布学会的学术活动信息、研究出版等情况。东京大学东洋文化研究所、庆应义塾大学文学部中国文学专业、中国语系部等大学教学研究机构也完善了网站建设，及时对外公开教学、科研信息。《御茶水女子大学中国文学会报》《火锅子》等学术期刊和个人刊物也建立了网站，及时公布学术论文、译文等学术前沿信息。东方书店等专门经营中国书籍的书店也通过网站宣传其出版信息。进入20世纪以来，获取信息途径多元化也许可以说是日本学界研究中国文学的一个显著变化。研究者甚至可以与作家、翻译家本人通过邮件的方式沟通交流。笔者也曾通过这种方式与日本翻译家饭塚容取得联系，确认其译文内容。有些作家开通博客并及时更新文章，便于读者及研究者了解作家的创作动态，例如活跃在中日两国文化界的毛丹青等作家的博客，其博客地址公布在日本《中国信息源2008—2009年版》(21世纪中国总研编苍苍社出版)上。日本学者萩野修二也充分利用互联网建立网站，为学生提供中国当代文学信息的交流平台，并将网站上学生发表的文章整理成书出版，从2001年到2007年共出版了10卷本。

由于日本学者获取中国文献资料较以往更便捷，日本学者对中国学术前沿信息反映非常及时、准确，选择文学作品精准，翻译速度也非常快。例如，中国女作家迟子建2002年4月在《青年文学》发表短篇小说《花瓣饭》，第二年10月日本的

《季刊中国现代小说》就刊载了这篇短篇小说的译文。2000年中国作家出版社出版的迟子建的长篇小说《伪满洲国》也很快于2003年翻译介绍到日本。日本学界对莫言的文学作品译介与研究也很及时、深入。东京大学教授藤井省三翻译的第一部莫言作品是短篇小说《秋水》,全文收录于竹田晃编辑的《中国幻想小说杰作集》,1990年12月由白水社出版。这部文集还收录了冯梦龙、蒲松龄、鲁迅、巴金等作家的作品。尽管井口晃是日本第一位翻译莫言作品的译者,但在莫言众多作品中选取《红高粱家族》翻译,可见多少受到电影《红高粱》的影响,因此藤井省三应该算是从文学价值的角度翻译介绍莫言文学作品的日本第一人,并从一开始就对莫言的文学作品给予了很高评价。实际上,日本读者也正是通过藤井省三的翻译开始认识莫言的文学作品,大江健三郎最初也是通过藤井省三以及后来的译者吉田富夫得以阅读莫言的部分文学作品,并在2002年与中国社会科学院外国文学研究所的到访学者交流时明确表示,中国作家莫言终将获得诺贝尔文学奖,不过只是因为他过于年轻,估计会等上十年左右。莫言的主要文学作品《酒国》《丰乳肥臀》《生死疲劳》《蛙》等日译本出版发行,这就使得莫言成为继鲁迅之后,文学作品在日本被翻译出版最完整的中国作家,与其相关的研究论文业已发表40余篇。

综观中日两国当下的文学翻译研究现状,我们注意到一个现象,日本翻译中国当代文学作品的翻译家多数同时也是评论家或学者,如藤井省三、吉田富夫、饭塚容、近藤直子、桑岛道夫等。前文提到藤井省三翻译过莫言的作品,发表过莫言文学的评论,另外,还著有《鲁迅事典》(2002年)等著述。吉田富夫除翻译出版莫言、贾平凹的作品之外,还编写过《中国现代文学史(1915—1949》(1997年)等著述。饭塚容更是一位活跃的学者,近些年来除翻译出版余华、苏童、史铁生等作家的作品之外,主要从事中国话剧研究,承担日本科学研究费研究课题"中国早期话剧中日本演剧的影响"(2001—2003年,课题号60151239)。另外,主编《中国现代小说季刊》第二期阶段,从1996年秋季开始到2005年9年间共介绍大约80位作家、150篇作品,为中国当代文学在日本的传播起到了很大的推动作用。由此反观我国学界翻译研究日本文学的情况,中国翻译出版日本文学作品的数量远远大于日本翻译出版中国文学作品的数量,造成这一现象的原因是多方面的,在此不做具体论述。笔者注意到的是中国学界翻译日本文学的数量和相关研究的数量不成比例,或许可以说是严重失调,很多译者翻译完一部小说,马上投入到另一部小说的翻译工作中去,只是翻译,不对所翻译的作品做深入探讨研究,而多数研究者不做文本或第一手资料的翻译工作,常常借助翻译后的二手资料对文本做外部评论,很少也很难深入到作品内部进行研究。中国社会科学院外文研究所许金龙研究员将这一现象比喻为种庄稼,这样的译者只顾弯腰铲地、播种,而不去收割果实。中国的日本文学研究大家叶渭渠先生生前常常说起研究日本文学的方法,即先选定一个作家的作品进行翻译，再对这个作家进行研究，之后，由点连线及面，最后做文学史的研究。叶先生一生的文学研究也是遵循着这样一个原则，在翻译研究川端康成、三岛由纪夫等作家作品之后，开始《日本文学史》《日本文化史》的编写工作，《日本美学史》的编写工作尚未开始，但所需文献资料早已整齐摆放在书桌一旁。国内研究大江健三郎文学的专家许金龙研究员、北京师范大学王向远教授在日本文学研究方面也基本上是这样做过来的。然而，令人遗憾的是，国内这类翻译兼研究的翻译家或学者的数量远不及日本，这是值得我们翻译研究日本文学的学者反思的一个现象。

通过调查研究中国文学在日本的译介与研究情况，在开阔我们研究中国文学的视野的同时也拓展了我们研究别国文学的思路，这也可以说是本文的另一个意义所在。

（作者单位：中央财经大学）

俄罗斯译界中的《离骚》

□王　靓

摘要：浪漫主义大诗人屈原的代表作《离骚》是中国古典文学的奇葩，不仅至今有力地影响着中国文坛，而且被一大批"感其情、敬其志"的汉学家译成俄、英、法等各国文字。本文对俄罗斯译界四个《离骚》俄译本作一管窥，力求了解《离骚》在俄罗斯译界的不同风采。

关键词：《离骚》　俄译　中国文化软实力

Abstract: *Li Sao*, a gem of Chinese literary classics, is the representative work of Qu Yuan, the Chinese romanticist living during third to second centuries BCE. This work has been translated into Russian, English, French and many other languages, and enjoys great fame in China as well as abroad. This paper compares the four Russian versions of *Li Sao* and comments on its current situation in Russia.

Key words: *Li Sao*, Russian translations, soft power of Chinese Curture

一、《离骚》及其译作状况

《离骚》者，国之经典，被世人誉为"可与日月争辉的浪漫主义杰作"，在中国文学史上与《诗经》齐名等位，并以纵恣的文笔、蓬勃的浪漫主义想象手法造就了全新的、富于生气和强大感染力的诗歌风格，是骚体的开山之作、楚辞的锋芒乍现。

《离骚》传世，不倚其373句磅礴之势，而赖于为国为民为天下苍生而歌的政治激情，赖于中华民族于骨髓中尊崇的舍生取义之风。后汉王逸赞美《离骚》："《离骚》之文，依《诗》取兴，引类譬谕。故善鸟香草以配忠贞，恶禽臭物以比谗佞，灵修美人以媲于君，宓妃佚女以譬贤臣，虬龙鸾凤以托君子，飘风云霓以为小人。其词温而雅，其义皎而朗，凡百君子莫不慕其清高，嘉其文采，哀其不遇而愍其志焉。"（引自王逭《楚辞章句》之《离骚》序言中的一段话）可以说，《离骚》是屈原愤懑心绪的旋流，他的声音如凛冽的风，盘旋在当时那个"众人皆醉"的王朝上空，哀怨激愤却如九天玄歌尢人能和。而后代读者却能感其心志，伴着丝丝风韵而歌而诉。

在两汉时代项羽"力拔山兮气盖世"的《垓下歌》、刘邦"安得猛士兮守四方"的《大风歌》以及张衡"三千里兮家未归，恨难得兮仰天悲"的《思吴江歌》等后代的众多诗歌中，《离骚》风骨依稀可见，其特有文化意象的使用也在后世文人之作中屡见不鲜。曹植用"香草美人"来抒发"太息"悲愤之情；西晋的郭璞用"灵妃""蹇修"之不存来抒发自己避世寻仙不得的懊恼；南朝宋诗人谢灵运也有"美人竟不来，阳阿徒晞发"的诗作。

文学奇葩一旦开放，芬芳的便是整个世界的文坛。迄今为止，《离骚》已被法、英、俄国等多国能"感其情、敬其志"的文人骚客翻译，本文对迄今为止俄罗斯译界先后出现的四个版本（1954年阿赫玛托娃译作版本①、1959年翻译家阿里夫列德·伊万诺维奇·巴林译作版本②、1962年吉托维奇译作版本③和1976年在德国法兰克福出版的俄罗斯侨民诗人别列列申译作版本④）作简要的介绍分析，旨在抛砖引玉，希望引起更多更深层的关于中国古典诗歌俄译工作的思考。

二、四位俄译者及其译作背景

最早逐字逐句理解并翻译出《离骚》俄文初稿的是著名汉学家费德林，其原名

---

① Цюй Юань. Стихи. Перевод с китайского. Государственное издательство художественной литературы. М., 1954г. сс.29—40.（《屈原诗歌》，莫斯科：莫斯科文艺国家出版社，1954年，第29—40页）

② *Китайская литература. Хрестоматия. Древность. Средневековье. Новое время.* Под редакцией Н. И. Конрадра. М.: Учпедгиз., 1959г.（尼·伊·康拉德主编：《中国文学选集：古代、中世纪、新时期》，莫斯科：莫斯科教育出版社，1959年）

③ Лирика китайских классиков в новых переводах Александра Гитовича. Ленииздат., 1962г.（亚历山大·吉托维奇：《中国古典抒情诗新译选集》，圣彼得堡：列宁格勒出版社，1962年）

④ В. Перелешин: *Цюй Юань. Лисао. Поэзия в стихотворном переводе с китайского оригинала.* Франкфурт-на-Майне: Посев, 1975г.（瓦列里·别列列申：《屈原：离骚汉译俄诗本》，法兰克福：德国法兰克福出版社，1975年）

是尼古拉·特罗菲莫维奇·费多连科（Николай Трофимович Федоренко. 1912—2000），他1937年毕业于莫斯科东方学院中国系，师从苏联著名汉学家阿列克谢耶夫，专攻中国古典文学。20世纪40年代他在重庆苏联使馆工作期间开始研究屈原，师从一代文学大师郭沫若，曾翻译《中国诗歌》和《中国文学简史》，并撰写相关论文《伟大的中国诗人屈原》《屈原问题》《屈原的诗歌》等，1986年出版专著《屈原：时代与创作》，对自己的研究作了总结①。然而，《离骚》的第一个正式俄译本出版于1954年②，译者是"俄罗斯诗歌的月亮"——安娜·安德列耶芙娜·阿赫玛托娃（Ахматова Анна Андреевна，1899—1966）。费德林在题为《屈原：创作源泉及创作中的若干问题》（1986）的论文中写道："我很幸运，依据我逐词逐句的翻译初稿，最终完成译作的是安娜·阿赫玛托娃。恕我大胆说一句，这个译本不愧为经典译作，虽然阿赫玛托娃对我的初稿并没有实质上的改动。她只是增添某些自认为合适的词，也只有安娜·阿赫玛托娃能够这样调整润色，经过她的修改确实增加了诗意，使译稿臻于完美更接近于原作……"③

20世纪50年代阿赫玛托娃给她的儿子列夫·古米廖夫（Лев Николаевич Гумилёв，1912—1992）的一封信中提及：她见到了1954年北京外文出版社出版的我国先秦诗人屈原的诗作（英文版）。为了使自己的翻译尽量贴近原作，阿赫玛托娃在翻译之前曾请费德林等人给她提供一些有关中国诗歌的资料，以便了解中国诗学、音韵和调性等。另外，她还请费德林多次给她用汉语朗诵《离骚》，为的是"听一听屈原原作的读音、他的诗段的韵律"④。

抛开译者的身份不谈，阿赫玛托娃个人与中国文化也有着丝丝缕缕的联系，其子列夫·古米廖夫是专门研究东方历史和文化的史学专家，阿赫玛托娃本人也阅读了一些中国古文献的其他译本，并逐字逐句地翻译成俄语以帮助列夫的研究，而这一阅读和翻译本身便也成了她本人认识中国诗歌文化的一种方式。她的第一任丈夫、诗人尼·斯·古米廖夫（Гумилев Николай Степанович，1886—1921）也同中国诗歌文化有着某种联系，曾通过法文阅读过中国诗人李白、杜甫等的诗作并在进行了"自由的改写"，后结为《瓷器陈列馆：中国诗歌》⑤出版。以上种种，都对阿赫玛托娃的中国文化理解度产生着潜移默化的影响，也为《离骚》的翻译奠定了基

① 闫国栋：《俄罗斯汉学三百年》，北京：学苑出版社，2007年，第142页。

② 《屈原诗歌》，第29—40页。

③ 谷羽：《〈离骚〉的四个俄译本》，载《中华读书报》，2007年1月14日，018版。

④ 汪介之：《阿赫玛托娃等诗人与中国诗歌文化》，载《俄罗斯文艺》，2003年第2期。

⑤ Гумилёв Н. С. Фарфоровый павильон. Китайские стихи. С.—Петербург, Изд. Гиперборей, 1918 г.（尼·斯·古米廖夫：《瓷器陈列馆：中国诗歌》，圣彼得堡：季别尔博列出版社，1918年）

础。

作为“俄罗斯诗歌的月亮”、“白银时代”的佼佼者，阿赫玛托娃无疑具有高度的语言敏感和诗歌专业的深厚功底，对她的翻译费德林如是评价：“在我们眼前复活了中国远古歌者的声音。那声音清纯不虚假，充满心灵的激情与悲剧情节。原本是陌生的外国诗，我们眼看着它渐渐地变成了自己的、我们感到亲切的诗。这种变化实际上是让中国诗在俄国土壤上二度开花。”①

其实，当时费德林将初稿交给了阿赫玛托娃的同时也交给了吉托维奇，但出版社主编出于个人情感选择和某些客观原因最后决定采用阿赫玛托娃的译本。吉托维奇全名亚历山大·伊利奇·吉托维奇（Александр Ильич Гитович，1909—1966），曾翻译出版《杜甫诗选》《李白诗选》《中国古典抒情诗》等②，是位对中国古典诗歌情有独钟并颇有造诣的优秀翻译家。他深受《离骚》吸引，“用了四天四夜译完了这部长诗，决不说谎，我统计过，四天当中睡觉时间不超过 10 小时，我觉得难以遏制自己，不译完决不罢休”③，以“破釜沉舟一鼓作气”之势翻译完了《离骚》，并将自己的译稿寄给自己晚年交好的友人阿赫玛托娃，后者用电报回复：“为伟大的《离骚》向您致谢。译文很完美，任何赞扬都不过分。”④这份《离骚》译本和吉托维奇翻译的其他中国杰出诗人的诗作，包括曹植、陶潜、元稹、苏轼以及陆游等人的作品一起被收录在 1962 年列宁格勒出版社出版的《中国古典抒情诗新译》⑤中，因该书出版册数只有两千册，不久便脱销了。但按出版时间顺序来看，这个《离骚》只能算作第三个俄译本。第二个译本是 1959 年莫斯科教育出版社出版的《中国文学选集》⑥中收录的《离骚》，译者是出生于西伯利亚的诗人阿里夫列德（亚历山大）·伊万诺维奇·巴林（Альфред〈Александр〉Иванович Балин，1925—1988）。他毕业于莫斯科地方师范大学并曾在二战战场上奋勇杀敌，为国而战，其作品《荒草》和《原色温柔》都歌咏着祖国和人民，渗透着作者融于民族血脉的温柔。他的作品曾获俄罗斯文学奖。

《离骚》的第四个俄译本于 1976 年在德国出版，译者是俄罗斯侨民诗人瓦列里·弗朗采维奇·别列列申（Валерий Францевич Перелешин，1913—1992）。这

---

① 费德林：《与阿赫玛托娃一起译〈离骚〉》，乌兰汗译，载《世界文学》，1993 年第 3 期，第 204 页。

② 李明滨：《俄罗斯汉学史》，郑州：大象出版社，2008 年，第 245 页。

③④ 原文出自 Лисао.—СПб.：ООО“Издательский Дом“Кристалл”，2000（《离骚》，圣彼得堡：圣彼得堡晶体出版社，2000 年）前言第 2 页，翻译参见谷羽版本。

⑤ Лирика китайских классиков в новых переводах Александра Гитовича.Ленииздат.，1962г.（亚历山大·吉托维奇：《中国古典抒情诗新译选集》，圣彼得堡：列宁格勒出版社，1962 年。）

⑥ Китайская литература.Хрестоматия.Древность.Средневековье.Новое время.М.，1959г.（《中国文学选集：古代、中世纪、新时期》，莫斯科：莫斯科教育出版社，1959 年）

位由于20世纪早期国内的战争纷乱和饥荒而在7岁被母亲带离俄国来到中国——"落到了一个丝绸与茶叶、荷花与折扇的国度",并在中国生活居住了32年的著名俄侨诗人,则更具有译者得天独厚的特殊性:早期别列列申在哈尔滨接受俄国教育,哈尔滨的"小俄国"环境给予别列列申正统的教育,后转居上海并游历了中国很多城市。他在诗中如是表达:"我长在温柔继母身边、黄颜色之国。黄皮肤、矮身材人们成了我的兄弟。这里独一无二的童话令我幻想,夏夜的星星也对我奇异地闪烁。"①可以说他身上既有俄罗斯的缪斯女神吻过的痕迹,又因在中国这片文化浩荡五千年的国土浸染多年而具有了富于中国情调的诗风和文笔。"我被单音节的语言所折服(天堂里的天使不就如此?)/我以并不复杂的感情爱上了/我的第二个祖国"②,并将对中国的文化情愫贯穿在自己的诗歌创作主题中,如《在山海关》《西湖之夜》《胡琴》《中国》以及《中海》等。此外中国诗歌的领悟难点在于文化底蕴和意境,而别列列申却能将中国意象融于自己的作品中,且对"荷花"这一在中国古典文化中被视为雅洁之士的文化意象情有独钟,如《最后一枝荷花》描写肃杀秋风中最后一枝荷如何傲然挺立风骨,傲视周边残花断梗;再如游西湖后所作的《湖心亭》穿插了荷花出淤泥而不染的意象、佛教的生本短暂而心久远的意境。

然而,作为一名漂泊在祖国之外不被接纳的游子,即便是在中国"继母"的怀中得到温暖的慰藉,那份沧桑和悲愤也已渗入骨髓——"俄罗斯,俄罗斯! 在这些冷漠的思绪万千的夜晚,我的乡愁如悲哀的星辰一般升起"③。对于自己祖国人民所遭受的苦难,他身隔万里却担忧在心:"我的精神自由——因为高贵、善良的人民在哭泣、在喘息,像风一般前行,还听到强有力的呼唤。"④心灵遭受的痛苦、对中文的掌握和对中国文化的理解以及后半生移居国外漂泊的孤苦等等因素,促使别列列申翻译了很多中国古典诗歌,正所谓"借他人之诗笔,消个人之块垒"。他早在20世纪30年代中期学习汉语时就曾翻译过李白的一首绝句。并在《边界》⑤周刊发表,20世纪40年代时译作常见于《今日》《时代》等上海苏侨刊物⑥。后来他又翻译了《木兰诗》等名篇。20世纪40年代初,他把所译的中国古典诗词编辑成册,收有李白、杜甫、白居易、杜牧、韦应物、李煜、欧阳修、苏轼、柳永以及李商隐等

① 李延龄:《中国俄罗斯侨民诗人作品选》,载《俄罗斯文艺》,2000年第03期,第4页。

② 李萌:《缺失的一环:在华俄国侨民文学》,北京:北京大学出版社,2007年,第376页。

③ 《缺失的一环:在华俄国侨民文学》,第322页。

④ 同上,第323页。

⑤ 《边界》(Рубеж)是哈尔滨最著名的侨民文化周刊,于1926年面世,共发行19年。

⑥ 参见刁绍华:《中国大地哺育的俄罗斯诗人》,载《求是学刊》,2001年第1期。

名家的诗词译作，并以汉代女诗人班婕妤的《团扇歌》来命名，该诗集 1970 年在德国法兰克福问世①。除了诗歌外，别列列申还曾翻译过鲁迅的短篇小说和一些杂文。《离骚》的翻译工作开始于上海，结稿于巴西，1975 年在法兰克福出版②。

汉学家符·马尔科夫就别列列申的汉诗俄译评论道："他的译文永远有其独到之处，因为汉学家和诗人这两种天才的完美结合是极其少见的。"③尤·伊瓦斯克认为："别列列申翻译的中国古典诗人的作品，是现有的俄语译文中最优秀的。"④但事实上，其译本中也还是存在意象谬误等些微不足之处的。

三、译本思考

《离骚》不仅是中国文学的奇珍，也是世界文学的瑰宝，是一种历史遗留渗透到民族精神中的文化力量。《离骚》的俄译工作使得屈原高洁的形象立体地展现在俄国读者眼前，让他们能领略到中国人骨髓中的铿锵气节、爱国情怀和舍生取义的精神。

然而众所周知，任何一篇文学作品的翻译都涵盖内容和形式两个方面。从内容角度来说，译作应能重现中国古典诗歌原作的风貌和内容的言简意赅。从形式角度来说，中国诗歌是与俄国诗歌截然不同的一个诗歌体系，他们有不同的音节诗行、不同的重音系统以及不同的音乐基调。这就要求译文要能传递给俄语读者那些中国读者诵读原作诗歌时所能体会到的音乐感。这一点中俄的审美接受观是一致的：自问世而起中国古诗歌便被谱上曲以便民众传诵，可以说是"无乐不诗"，而诗歌的音乐性在俄语文化中也颇受重视，正如亚历山大·亚历山大罗维奇·勃洛克（Александр Александрович Блок，1880—1921）所表达的那样，浪漫主义诗歌借助音乐感表达出巨大的文化魅力，它既能给人以感觉上的愉悦，又可以表达感情。同时，这种音乐性也是内在情绪律动与外在韵律完美结合的产物，而外在音乐性就表现在声音（声调、节奏、韵脚）的回环上。因此，诗歌音响结构本质上就是一种音乐。因而俄罗斯的诗人、汉学家都尽可能地寻求诗化翻译中国古典诗歌的方法，而

---

① В.Перелешин .Стихи на веере：Антология китайской классической поэзии.Франкфурт-на-Майне：Посев，1970.（瓦列里·别列列申：《团扇歌：中国古典诗歌选集》，法兰克福：德国法兰克福出版社，1970 年）

② В.Перелешин ，Лисао.Франкфурт-на-Майне：Посев，1975.（瓦列里·别列列申：《离骚》，法兰克福：德国法兰克福出版社，1975 年）

③ 符·马尔科夫：《远东俄罗斯汉学家》，载《国外俄罗斯》，1973 年第 92 期。

④ 参见刁绍华：《中国大地哺育的俄罗斯诗人》，载《求是学刊》，2001 年第 1 期。

避免用大量注释，过多地盘究于细节而“死译”出看似科学的译文①。

此外在中国素有“诗者大于诗”的认知。诗歌会因诗人的经历生平、情感体验而氤氲出更醇厚的浓香，或者因历史文化的积淀而酝酿出独特的意味。需要译者能完全理解作者的个人情感、真实思想以及原作国家的民族文化特色；能无限贴近作者的诗才，甚至要成为原作的另一个民族的作者。作为20世纪优秀的汉学家、翻译家，瓦西里·阿列克赛耶夫·米哈伊洛维奇（Василий Алексеев Михайлович，1881—1957）如是感叹：需要极大的努力和天赋才能再现出被中国人视为超越诗歌本身的那些神秘的音符，那些不可言喻的美。

这一层面的翻译往往与译者本身的素质积累和情感体验有着直接关联，于是有一千个译者，便有一千译本，孰优孰劣则牵扯到读者反应，有一千个读者，便又有了一千种评价。幸好，我们的关注点并不在于选出译本的翘楚，而在于四个译本在国外所起的文化推介作用和中国古典美学的传播效力。

《离骚》的四个俄文译本对原文内容和形式的处理风格迥异、各有千秋。以《离骚》中句式、韵律、意象特点明显的一段文字为例：

日月忽其不掩兮，
春与秋其代序。
哀草木之凋零兮，
恐美人之迟暮。

从内容层和形式层出发，我们从意象和韵律角度对四个译本略作梳理。意象的始源可以上溯到《周易·系辞》中的“圣人立象以尽意”，是“文学作品中所描绘的图景和表现的思想感情融合一致而形成的一种艺术境界，能使读者通过想象和联想，如身临其境，在情感上受到感染”②。“美人”是《离骚》首创并在中国文坛极具代表性的意象——时指楚怀王，后言贤人国君。全段意为：若不能及时举贤任能，为国效力，到年岁老大时恐一事无成。从韵律层面来讲，原文结尾押AB AB（i—y—i—y）韵，字数为7—6环，工整而富有乐感，所谓“声画妍蚩，寄在吟咏。吟咏滋味流于字句，气力穷于和韵。③”

俄语诗歌的韵律包括格律、节奏、韵脚和韵式、诗行、诗节等重要单位④。首先从格律规则角度来分析，一个元音就是一个音节，一组音节，其中重音占有固定位

---

① Бо Цзюй-и.Лирика/Пер.Эйдлина Л.，М.，1965.С.77.（列·爱伊德丽娜：《白居易抒情诗》，莫斯科：莫斯科出版社，1965年，第77页）

② 丁棣：《纵谈翻译中文化意象的传达》，载《外语与翻译》，2002年第2期。

③ 参见刘勰：《文心雕龙·声律》。

④ 黄枚：《韵律与意义：20世纪俄罗斯诗学理论研究》，北京：人民出版社，2005年，第125页。

置并在诗行中重复出现叫做诗步。一般按音节数量和重音位置来分类，如以两个音节为一个单位周期重复出现的即为双音步音节，此外重音节称为“扬”，在此以符号“⌒”表示；非重读音节为“抑”，在此以符号“_”表示。双音节音步视其重音位置的不同而分为扬抑格（⌒_）和抑扬格（ _⌒）。以理类推，三音节音步分为扬抑抑格、抑扬抑格和扬扬抑格。这五种是音步的基本格式，事实上，诗歌操作还需要抑抑格等非独立、辅助诗步，此不赘述。其次从韵的角度而言，重音在诗行最后一个元音上的韵叫阳韵，在倒数第二个元音上的韵叫阴韵，在第三个元音上的韵叫三音节韵，又叫做扬抑抑韵，在倒数四、五、六、七上则为超三音节韵或超扬抑抑韵。这些韵脚按一定规律分布在诗行末尾，根据其分布位置主要分为三种押韵法：随韵（aaбб）、交叉韵（aбaб）和环抱韵（aббa）。诗行就是诗歌分的行，诗节就是一组诗行，也叫诗段，是根据内容、押韵法和语调综合起来的一个韵律整体①。

阿赫玛托娃的译文：

Стремительно текут светила в небе,

И осенью сменяется весна.

Цветы, деревья, травы увядают,

И дни красавца князя сочтены.

注重准确达意上的诗意表达，兼顾本民族人民的诗歌审美习惯，而放弃中国诗歌固有押韵模式。这个诗段在句式上采用四个诗行，带有明显的阿赫玛托娃个人诗歌风格，弱化使用动词，句首隔行两个“и”以营造平衡和和谐感。辅助音节抑抑格不影响总体扬抑格的使用，三四诗行节律较为工整，一三诗行押阴韵，二四诗行押阳韵，有助于营造朗朗上口的气氛：

_⌒/_ _/_ ⌒/ _⌒/_ _/⌒_/⌒_

_⌒/_ _/_ ⌒/ _ _/⌒

⌒_/_ ⌒/_ ⌒/_ _/_⌒/ _

_⌒/_ ⌒/ _⌒/_ _/_⌒

对“美人”这一文化意象则在页后加注，喻指楚怀王，达意准确。

巴林的译文：

Стремительно в небе светила в безбрежность текут,

Проходит весна, и лето, и осень -вновь ткут

Метели шелка, чтобы землю укрыть до весны,

И князякрасавца давно уже дни сочтены.

也是四行诗节，将“信”放在首位，追求对原文的绝对忠实意象层面，直接将

① 参见张学增：《俄语诗律浅说》，北京：商务印书馆，1986年，第101—113页。

“皇帝”和“美人”并举，直观而少了些隐喻意味。译句显得有些冗长，韵律层面上押的是随韵（aaбб）：ут-ут-ы-ы 且韵尾一律使用阳韵，保留乐感。节奏上采用五音步抑扬抑格，乐感工整有力。

_⌒_/_⌒_/_⌒_/ _⌒_/ _⌒

_⌒_/ _⌒_/⌒_ _/⌒_ ⌒/⌒

_⌒_/⌒_ ⌒/_⌒_/_⌒_/ _⌒

_⌒_/ _⌒_/_ ⌒_/⌒⌒_/_⌒

吉托维奇的译作形式较为特别。他将原作的 373 句分为 92 个诗节，每节用八行翻译原作的四句，即使用八行诗节：

Луна и солнце _⌒_/⌒_

Вовремя сияют, ⌒_ _ / _⌒_

От осени_ ⌒_/ _

Недолго до весны._ ⌒_ /_ _ ⌒

Цветы_⌒

Те не навеки увядают, _ _ _/⌒_ _ /_⌒_

Но дни царя, _⌒_ / ⌒

Боюсь я, сочтены._ ⌒⌒/_ _⌒

其句式短小活泼，采用自由韵律，每个诗句上下两行抑扬抑三音节音步和半音交替，用简促而激情的节奏传达原作愤懑澎湃的心情，靠韵尾的交叉韵（абаб）：ют-ы-ют-ы 以及阴阴—三音节阳—阴阴—阳阳韵来营造音乐感。此外我们知道，诗行末尾朗读时是要停顿的，八行诗节的使用也对诗歌节奏产生了调整和影响。

而别列列申的译文属四行诗节：

Солнце или луна никогда не замедлит бега,

И весна и осень свой помнят чин.

Вот опять засохли трава и листва опала.

А любимый где-то медлит, и я один.

他注重重现中国古典诗歌的音韵特点，以交叉韵（абаб）：а-ин-а-ин 对应原诗的韵式，重视韵律的协调和诗歌形式，语气词、连接词和前置词在非单音节元音词的情况下都是必无重音词，因而其节奏划分为：

⌒_ _ /_ _⌒/_ _⌒/ _ _⌒/_⌒_

_ _⌒/_⌒_/⌒⌒_/ ⌒

_ _ ⌒/_ _⌒/⌒_ _/ _⌒_/ _⌒

_ _⌒/_⌒_/⌒_ _/ _ _ ⌒

五音步抑抑扬格和四音步交替，有其独到之处，但在“美人”的意象理解上出现谬误,直译为“爱人”。国内有学者认为,这是由于别列列申本人的同性恋性取向而导致的误解,理解为屈原对楚君的同性恋情。是否如是,待榷。

我们对照的目的固然包括发现差异,但差异未必都是错误。其中有许多是译者自己的创造,而最精彩的地方就在于译文和原文不同的地方。闻名遐迩的《玉书》便是差异而出彩的一例。此外还有一些差异,在原则上是中性的,即无所谓好坏,而是译文和原文之间某种意义上的灰色地带,是翻译可以允许的非重要的变通部分。

或重韵律或重节奏,或重形似或重意近,四位俄国翻译家从不同的角度塑造着自己心中的屈原、诠释着脑海中的《离骚》,姑且不论翻译成败,译作本身便是中国文化传播的一种成果,所谓“翻译”对文学的最大贡献就是把人类精神的巨著从一种语言搬到另一种语言①。翻译活动的产生源于了解和交流的需要,在某种程度上文化文明和经济社会互为映射,当国家强盛、在国际上地位愈来愈重要时,别的国家就会越想了解该国的文化根源、文化传统和国学经典之作。

对于中国古典诗歌的翻译,素来理论众多,有说不可译,有说重形,也有说重意,但译者们追求的目标却都是一致的——完美地再现原作精髓、形态以及意境。从目的论角度来说,笔者认为可将中国古典诗歌翻译分为两种目的分别对待:一是作为文化普及推广译作,可采取现代化的传媒或书刊装饰手段,编写插图简略版的译作,准确、精炼、生动地传达文化精髓,提高中国文化软实力;一是作为严谨的学术研究译作,加大中俄学者、翻译家的交流合作,采用替换意象的翻译策略,超越直译意译技法、表现再现理论以及归化异化倾向等的固定限制,用优化的处理手法,既不是让译文完全得忠实于原文,字字对应,也不是让原文让步译文,让《离骚》的古韵完全消失,而是用优美、亲切的母语传递令人愉悦的异国情调,让异国读者能快意同感、心有戚戚而愿欣赏便可,所谓“千古《离骚》文字,芳至今犹未歇。都休问,但千杯快饮,露荷翻叶”②。

(作者单位:北京外国语大学俄语学院)

① 严辰松:《中国翻译研究论文精选》,北京:外语教学出版社,2001年,第233页。

② (南宋)辛弃疾:《喜迁莺·赵晋臣敷文赋芙蓉词见寿,用韵为谢》。

清末的英语学:邝其照及其著作

□[日]高田时雄 著

□孙建军 译

译者按:原文刊登于《东方学》第117辑(2009年1月),第1—19页。高田时雄是京都大学人文科学研究所教授、国际知名敦煌学专家、巴黎社会科学高等研究院第三课程语言学博士及京都大学文学博士。他负责完成了“日本所藏中文古籍数据库”的构建,主持日本国家科研项目“东亚世界人文情报学研究教育基地”。高田时雄先生多次在法国、中国等国家和地区的著名院校担任客座教授,长期从事汉语和民族语言史的研究,其研究成果曾获日本东方学会奖和金田一京助博士纪念奖。他在“敦煌学国际联络委员会”担任干事长一职,组织过三次敦煌学国际研讨会。著有《敦煌资料的汉语史研究》(日文,1988年,东京创文社)、《中国语史的资料与方法》(日文,1994年,京都大学人文科学研究所)、《明清时代音韵学》(日文,2001年,京都大学人文科学研究所)、《草创期的敦煌学》(日文,2002年,东京知泉书馆)、《敦煌·民族·语言》(2005年,北京中华书局)、《梵蒂冈图书馆所藏汉籍目录》(2006年,北京中华书局)、《转型期的敦煌学》(2007年,上海古籍出版社)、《汉字文化三千年》(日文,2009年,京都临川书店)等。

绪 言

当长期以世界文化中心自居的中国第一次打开国门,被迫进行以对等关系为基础的外交通商时,最紧缺的就是熟练掌握英语的人才。清朝政府一直拖到同治元年(1862)才设立京师同文馆,同治二年(1863)在上海设立广方言馆,同治三年(1864)又设立了广东同文馆,教授英语等外语及各种西学,致力于培养从事洋务工作的外语人才①。在这种官立学校学习的学生后来活跃于外交等国际舞台上。然而,此前中国并不是没有擅长英语的人才,特别是在广东沿海一带,由于在不同的层面上需要与外国人打交道,因此社会各个阶层都开展了相应的英语学习。与外国人有着日常性接触的买办商人以及受雇于外国商馆的雇员们或多或少地会说一种英语,这就是后来被移植到上海地区的"洋泾浜英语"。在广州甚至还出版过不少学习这种英语的小册子。不难想象,在清末中国呈现的英语学习状况大体就是这个水平。或许可以称之为某种程度上的英语学,但如果说是真正的英语学就难免牵强了。时代正在召唤精通纯正而地道的英语人才的出现,需要他们为了让中国人学习准确的英语而尽心尽力地编纂词典及教材。邝其照就是主动承担这个角色,并留下了深深足印的人物。即便把邝其照称作中国英语学的开山鼻祖也不为过。本文旨在概述邝其照的人生经历及其英语学。

一、略传

以往的研究中几乎没有关注过邝其照,不过近十年来,作为第一位编纂英汉词典的中国人,邝其照逐渐受到关注②。然而有关邝其照的传记有很多不明之处,目前甚至连其生卒年月都没有确切的依据加以佐证。这里根据为数有限的可信材料,梳理一番邝其照的一生。尽管有的材料仍局限于推测的范畴,但大多数材料都有史可依,不会有太大的偏差。

有关邝其照的前半生史料,现藏于加利福尼亚大学班克罗夫特(Bancroft)图书馆,由休伯特·班克罗夫特(Hubert Howe Bancroft,1832—1918)③采访邝其照时留

---

① 有关这些学校的论述,详见苏精:《清季同文馆及其师生》(私家版),1985年。

② 内田庆市:《有关邝其照的〈华英字典集成〉》,载于《关西大学中国文学会纪要》第19号,1998年3月,1—17页。该论文随后收录于内田庆市:《近代东西语言文化接触研究》(关西大学东西学术研究所研究丛刊第17期),关西大学出版部第2001年10月,第227—240页。宫田和子:《邝其照〈字典集成〉的谱系》,载于《中国研究月报》,第52卷,第5期(总第603期)(1998年5月号),第30—41页。由此可见,邝其照英语学的研究,最初由日本学者开始,并逐渐受到中国学者关注。

③ 班克罗夫特(Bancroft)是加利福尼亚的地方史学家,经营书店和出版业。班克罗夫特收藏(Bancroft Collection)是一部庞大的历史资料集,1905年归属加利福尼亚大学,伯克利分校班克罗夫特图书馆即以该收藏为基础而形成。

下的记录的可信度最高①。该记录长达6页,采取由班克罗夫特提问,邝其照回答的形式。采访于1883年1月9日进行,当天邝其照访问了该图书馆。由于是出自本人之口,可以说是了解邝其照此前经历的第一手资料。

邝其照,道光十六年(1836)出生于广东省新宁县②,字容阶(蓉阶),乳名全福。民国后,新宁改名为台山,是著名的侨乡。邝其照在香港的官府学校接受教育,毕业后曾担任预备学校的校长③。这里所指的官府学校(Government School)又被叫作"皇家书馆",是1854年香港官厅为直接管辖教育而设立的。而此前的香港教育主要靠教会来进行④。1841年香港割让以后,基督教的传教团体相继在香港开设学校,积极从事教育事业。其中,在澳门已经有所成就的马礼逊学校(Morrison School)于1842年迁至香港,成为香港地区教会学校的先驱。起初该校受到了香港官厅的资助,运营非常顺畅,然而不久以后,因为与官厅的关系不够协调,1850年被迫关闭⑤。著名的容闳(1828—1912)就是该校学生之一⑥。邝其照上学的时候,香港的教育中心已经变成官府学校。他的入学年龄和在学期间的情况不得而知,但是无疑他在此打下了坚实的英语基础。顺便提一下,1857年5月12日,香港官厅任命德国传教士罗存德(Wilhelm Lobscheid,1822—1893)为视学官(government inspec-

① BANC MSS P—N 2:Kwong Ki Chiu:"The Chinese in America." 以下引用时称作"采访(Interview)"。另,邝其照的正确英文拼写为"Kwong Ki Chiu",邝本人也使用该拼写。容闳的自传《西学东渐记》(*My Life in China and America*)等书按照官话习惯标记为"Kwang Kee Cheu"。

② "I was born in the district of Sun Ning, Canton Province, China in the year 1836"(Interview),"Sun Ning"应该是"新宁"的粤语发音。互联网上有人认为邝出生于道光二十三年(1834)(http://www.fangcun.gov.cn/net/wet10/web/mingren.htm"聚龙村名人邝其照"),但是出典不明。高永伟在《邝其照和他的〈英语短语词典〉》(《辞书研究》2005年第三辑)中指出,邝的准确出生时间为1836年,广东新宁,这个观点估计是依据采访的内容。不过,新宁"即现在的广州市芳村区聚龙村"的说法有误。

③ "I was educated in the English Government School of Hong Kong and afterwards I was principal of the preparing school"(Interview)。

④ 王齐乐:《香港中文教育发展史》,香港:波文书局,1983年,第126页及以后。

⑤ 《香港中文教育发展史》,第94页及以后。

⑥ 《西学东渐记——容闳自传》(东洋文库)百濑弘译注,东京:平凡社,1969年,第二章(第16页及以后)。Yung Wing, *My Life in China and America*, New York: Henry Holt and Co., 1909, Chapter II(p.13ff.).

tor of schools)①,罗存德因后来编写《英华字典》(*English and Chinese Dictionary*,4 vols.,1866—1869)而名声大噪。目前尚不清楚邝其照是否与罗存德有过接触,如果两者有过交往的话,完全可以想象后来邝其照在编纂英汉词典之际,一定会得到某种程度的启发,不过目前只能停留在想象的范围之内。

1870年,容闳的提议得到了采纳,清政府设立了向美国派遣留学生的制度。随后的1872年终于派遣了第一批留学生。虽说是留学生,但他们还只是10至16岁的孩子。这些孩子们在上海接受了为期一年的预备教育后启程前往美国。上文提到邝其照担任预备学校的校长,他的工作正是负责该校留学生的预备教育②。起初计划每年派遣30名留学生,为期4年,这些学生是第一批。选带幼童出洋肄业局(Chinese Educational Mission)设在美国东部康涅狄格州的哈特福德,容闳(纯甫)和陈兰彬(荔秋)任监督③,随行的中文教习有叶源睿(树东④)和荣增祥(元甫),由曾恒忠(兰生)担任翻译。从第三批(1874)起,邝其照开始加入这个使团,率领留学生前往美国。这对邝其照来说是第一次走出国门,时年38岁,可以说是为时较晚的外国体验。但是邝其照凭自己的能力在1868年出版了第一部词典《字典集成》,这说明他对英语学自然有着极大的热情。这一点将在后文中阐述。

第三批留学生的监督是祁兆熙(?—1891),邝其照是他的副手。邝其照的成行无疑是因为他的英语能力得到了赏识⑤。祁兆熙留下了当时的旅行日记,我们有幸可以从日记中了解邝其照的第一次海外旅行⑥。8月10日从上海出帆,12日驶入长崎港,途经神户,17日到达横滨。在横滨换乘旧金山汽船公司的"日本号"(Japan),于20日早上7时前往美国。在4500吨的"日本号"上,乘客们饱受恶劣

① 《香港中文教育发展史》,第122页。有关罗存德介绍,详见那须雅之:《W.Lobscheid小传——〈英华字典〉无序本为何物》,载《爱知大学文学论丛》第109辑,1995年。该论文提及罗存德于1857年5月12日被任命为视学官一事,又提到"1852年4月罗存德被英国政府任命为公立学校(Government School)的Inspector(校长)"(第227页),另外还提到"第二年的1853年2月18日抵达香港后,罗存德立即就任公立学校的校长"。如果这些情况属实,邝其照与罗存德有过接触的可能性极大。

② 邝其照《英语汇腋初集》的自序中有"始读书于香海,继授书于沪江",指的或许就是这件事。此部分内容在著作部分也将论述。

③ 进士出身的陈兰彬经常被安排坐在容闳的上座,而且两人的教育观点相左,因此两人的关系不佳。有关内容容闳本人也有详细阐述,参照《西学东渐记》。

④ 使团成员的姓名依据《西学东渐记》。依据后文注解《游美洲日记》,将叶源睿的字由绪东改为树东。

⑤ "and came to this country in the year 1874 with the 30 Chinese students.I was appointed by the government as one of the two guardians"(Interview).

⑥ 祁兆熙:《游美洲日记》,长沙:岳麓书社,1985年,第211—254页。

天气和晕船的折磨,9 月 13 日终于安然抵达旧金山。旧金山有很多广东出身的同乡①,也有几个邝其照的亲戚。从日记中可以了解到,邝其照受到了他们的款待。同月 20 日,一行乘坐火车离开旧金山,27 日上午终于到达了目的地斯普林菲尔德(Springfield)。使团总部设在哈特福德,而将留学生分派到各地的中心则设在斯普林菲尔德②。30 日,每个留学生的去向得到落实并把他们送走以后,监督祁兆熙前往哈特福德的总部。日记中写道,当天邝其照因探望自己的侄子,没有与监督同行,稍晚才到达本部③。邝其照探望的侄子很可能是第一批出洋,正在美国留学的邝荣光。第一批留学生名单④中有"邝荣光,广东新宁县,年十岁,癸亥"。

从上海出发时,似乎事先已有安排,即把留学生安全送到美国后,邝其照要跟祁兆熙一起随访其他国家。由于情况有变,邝兆熙不能同行,邝其照于 10 月 6 日只身前往华盛顿,从那里去了英国⑤。

不久经英国回国的邝其照又于次年(1875)作为第四批留学生使团的监督再度前往美国⑥。在第四批留学生中,两个分别名叫邝炳光和邝国光的学生估计是邝其照家族的子弟,这无疑是邝其照极力推荐的结果。两个孩子同为光字辈,都是 13 岁。上文提到的第一批留学生邝荣光也是光字辈,若出洋年龄是 10 岁的话,也应该是 13 岁,跟前两个孩子同龄。炳光、国光当中的一人不排除是邝其照自己的孩子。目前只知道邝其照有个孩子名叫翰光⑦。第四批留学生出发前夕,邝其照在香港出版了《字典集成》的修订版。

不知出于何故,邝其照的第二次出访也没有立刻回国,而是留在美国从事教育使团工作,为期 3 年半。后来,他因为给父母服丧而离职,并开始埋头著书立说。

---

① 采访中,邝其照明确表示,在美国大约有邝氏门族 700 至 800 人。

② 《西学东渐记》,第 175 页,英文版 *My Life in China and America*, p.189.

③ 祁兆熙:《游美洲日记》,第 236 页,"邝容阶后至、因访姪稽迟也"。

④ 徐润:《徐愚斋自叙年谱》,1927 年香山徐氏排印本,第 17 页背面。

⑤ 祁兆熙:《游美洲日记》,第 241 页"十月六日乙亥、礼六……午饭后容阶至美京,一点钟乘车往,由此转抵英国"。

⑥ "After that I was reappointed as one of the guardians of the fourth lot of 30 Chinese students coming to this country at the same time I was appointed secretary & translator of the Chinese Dictionary Commission in the U.S" (Interview)。最后的"Chinese Dictionary Commission"应该是"Chinese Educational Mission",显然这是采访记录人员的笔误。

⑦ 在后来的修订版《华英字典集成》的附录"杂字撮要"中,附有光绪壬寅年(1902)邝翰光的序文。序文中有"先君容阶所著华英字典",由此推断邝翰光是邝其照的儿子。不过依据"聚龙村名人邝其照",可知邝其照有六个儿子,依次为敬文、敬昆、雅敬、(四子光燧早逝)、敬涛、敬绍。该段文字的参考资料中列举了《邝氏族谱》,假设这些名字出自于族谱的话,就不能一概否定。那么,邝翰光与邝敬文或许是同一人。

到1883年1月他接受班克罗夫特采访之时，又过了大约4年①。从第四批留学生成行的1875年9月开始，邝其照在美国生活的时间长达7年半。邝其照撰写的关于英语学习的著作陆续完成于后半段时期，也就是集中在1881年和1882年。有人认为邝其照毕业于耶鲁大学②，笔者尚不能确定。如果他就学耶鲁的话，大概也是服丧期间。但是从使团离职之后，邝其照似乎仍住在哈特福德③。

邝其照离开美国的确切时间不甚明了。采访尾声，邝其照对于"你准备马上回中国吗?"的提问，没有给予明确的回答，只是谈到是否回国还不清楚，要看著作的完成情况，等在中国制作的汉字活字寄回之后，如果有好工作的话或许回国，但是也要看情况而定④。邝其照提到的著作，指的是《华英字典集成》第三版，这部词典终于在1887年出版。

回国后，邝其照的英语能力得到赏识，他接受两广总督张之洞的任命，担任总督府的总文案，直到光绪十五年(1889)张之洞转任湖广总督为止⑤。张之洞出任两广总督是在光绪十年(1884)，因此可以推断，他在接受班克罗夫特采访的一年多之后就已经回国。光绪十二年(1886)邝其照在广州开始发行《广报》。这是中国人最早尝试刊行的中文报纸，在中国报刊史上经常被大书特书。值得纪念的创刊号于同年5月23日发行，吴大猷、林翰瀛担任主笔。该报除了在广州售卖以外，

---

① "I served the government three years and a half in Hartford, Connecticut & after that time my father and mother died. According to Chinese customs an official cannot hold office when he is mourning. I resigned my position & devoted all my time to my literary work from then until now. Nearly 4 years." (Interview)

② Henry S. Colin and Harvey Gee, "NO, NO, NO, NO!": Three Sons of Connecticut Who Opposed the Chinese Exclusion Acts, *Connecticut Public Interest Law Journal*, University of Connecticut School of Law, Year 2003, Paper 5, p.10.

③ 《英文成语字典》的卷首中收录的众多推荐词中，有一份收件人写有 Mr. Kwong Ki Chiu, Sumner Street，日期是1880年12月，由此可以推断此时邝其照确实住在哈特福德市的沙姆大街(Sumner Street)。

④ "I am not quite sure whether I shall return or not. I am going to complete my book, have the Chinese characters set up in China and send over here after which I may return if I have a good appointment. It will depend on my circumstances." (Interview)

⑤ 根据邝光宁:《邝氏谱乘》，1977年，香港:篁斋图书室刊，第200页。不过该书非正式出版没有标明出处，且明显的错误随处可见，因此说不上确凿。但是邝其照受聘于张之洞一事应该属实。另据"聚龙村名人邝其照"，回国后的邝其照跟随邵筱川从事洋务和通商，之后，光绪十一年(1885)被聘至广东。因此，与其说是回国后立即受张之洞所聘，毋宁说是先在一定程度上建立了人际关系，经过介绍才受聘于张之洞的说法更合情合理。本文支持光绪十年(1884)邝其照居住在上海的观点，依据是王韬在《英语汇腋》初集的序文内容，末尾署有"光绪十年岁次甲申五月上澣长洲王韬序于淞北寄庐"。这一年，王韬结束了20余年的逃难生活终于回到了上海。可以想象邝其照在上海直接见到王韬并委托对方撰写序文。《弢园文录外编》卷十一"潘孺人传略"中，可见"光绪十年岁次甲申季夏三月下澣，余方还自粤东，小住春申浦上，养疴杜门"。(季夏应为季春?)

还远销到广东省其他地区以及上海、梧州,甚至经由香港、澳门远销到了新加坡、越南、旧金山、菲律宾等地。光绪十七年(1891)因刊登的文章触犯了总督李翰章而被迫停刊①。为此,邝其照等人把报社搬到了租界沙面,以外国人的名义继续发行《中西日报》。其后报纸名称几经变更,经过多番波折,维持至1900年左右②。不过这期间邝其照是否一直参与经营尚不清楚③。在广州,邝其照住在芳村的聚龙村④,聚龙村是光绪五年(1879)邝氏家族从台山迁居的村落,众多清代风格的民居群落保留至今,现在被指定为广州市的"文物保护单位"。这些民居当中,据传三、四、十一号楼由邝其照亲自设计并建造,四号楼就是邝其照的故居⑤。这些都是当地流传的说法,姑且信以为实。遗憾的是,邝其照去世的地方和确切的去世年份都是个谜,因为此后没有有关移居的信息,因此基本可以推断他是在聚龙村的故居中去世的⑥。

二、著作

1868年,32岁的邝其照开始编纂《字典集成》直到1887年第三次修订版发行,共历时约20年。在这期间,他专门从事英语词典、英语学习书籍的编纂。他对清末英语学界的贡献之大,无人企及。以下以英语学相关著作为主,对邝其照的著作进行粗略的梳理。

---

① 吴灞陵:《广东之新闻事业》,广东文物展览会编印《广东文物》,香港:中国文化协进会刊行,1941年,下册,卷八"人文艺术门"所收,第758—759页。

② 方汉奇主编:《中国新闻事业通史》,第一卷,第1992年,中国人民大学出版社,第485页。

③ 有观点认为邝其照曾任清朝驻新加坡商务领事及驻美商务参赞助理,但由于没有具体出处,因此本文没有采纳此观点。赫明义:《文字密林中的身影——邝其照与〈华英字典集成〉》。http://blog.sina.com.cn/s/blog_4a20fefc010008j8.html 如果将这种看法比照邝其照生平的话,只能推断邝其照可能在晚年的最后时期任职驻新加坡商务领事,而任职驻美商务参赞助理应该就是生活在美国那段时期了。

④ 位于现在的广州市荔湾区衢口涌。

⑤ 见《聚龙村名人邝其照》。但是该文认为邝其照对民居进行设计和建造的年份是1879年,这或许是与聚龙村开村之年相混同,因为1879年时邝本人还在美国。因此,即便这些民居由邝设计,其建筑年份也需等邝其照居住在广州后才能正式算起。

⑥ 《聚龙村名人邝其照》认为其是在民国初年病故。

邝其照的英语学著作

	刊行年	中文书名	英文书名	自序日期
1	1868	《字典集成》	*An English and Chinese Lexicon*	缺
2	1875	《字典集成》	*An English and Chinese Dictionary*	1875.05.29
3	1881	《英文成语字典》	*A Dictionary of English Phrases*	1880.12.24
4	1885	《英语汇腋初集》	*The First Conversation-Book*	1881.10.20
5	1885	《英语汇腋二集》	*The Second Conversation-Book*	1881.10.20
6	1885	《应酬宝笈》	*Manual of correspondence and social usages*	1882.01.21
7	1885	《英学初阶》	*First Reading-Book*	1882.08.01
8	1887	《华英字典集成》	*An English and Chinese Dictionary*	1882.11.24

1.《字典集成》同治戊辰年镌,粤东邝全福选著 *An English and Chinese Lexicon Compiled in Part from Those of Morrison, Medhurst and Williams.* by Kwong Tsün Fuk, Printed by De Souza & Co., 1868.

这是邝其照词典的第一个版本,后来经过多次修订增补。日本国内唯一的初版藏本在御茶之水图书馆①。与后来的修订版不同,初版的作者署名为邝全福(Kwong Tsün Fuk),英文书名不是 Dictionary,而是 Lexicon。封面上的中文书名只有"字典集成"四字,没有"华英"。尽管封面上冠以"华英"两字是在第三版以后,但是邝其照本人似乎一直认为正式书名是"华英字典集成",这一点从第二版的自序中"余曩刻华英字典集成一书"可知。在此,为便于区分,特意不加"华英"两字。另外,邝其照在初版署名全福,此后也没有使用过这一署名。

初版的正文共 326 页,附录有"杂字""粤东俗字注解"以及"华英句语"。"杂字"部分从天文开始,至外国官而结束,属于分类体的汉英词汇集。附录二的内容是粤东俗字的注解,包括附录三的"华英句语"在内,"杂字"和字典正文中均使用了粤东的俗字,鉴于外省读者不易理解俗字,作者对粤语词汇进行了解释。最后的"华英句语"部分是一个问答式句例集,这里可以看出邝其照一开始就致力于编撰一本实用性的英语教材。这些附录在修订版中进行了大幅增补。顺便提一句,明治初年柳泽信大(退藏)将卫三畏(Samuel Wells William, 1812—1884)和罗存德的《华英词典》进行训点翻译并出版。在明治三年曾经以这本词典附录中的"粤东俗字注解"为基础进行了改编和翻译,并以《粤东俗字便蒙解》一名出版②,而这本小册子竟成了日本最早的与粤语相关的著作。

① 笔者认为,澳大利亚的米切尔图书馆(Mitchell Library, a section of the State Library of New South Wales)也藏有此书,但尚未亲眼所见。

② 明治三年(1870)九月官许,松庄馆藏梓,东京书林冈田屋嘉七发兑。

正如学者指出[1],这部词典主要依据麦都思(Water Henry Medhurst)的《英华字典》,如标题所示,词典编纂的过程中还引用了马礼逊(Robert Morrison,1782—1834)和卫三畏的字典。

2.《字典集成》光绪元年重镌,粤东邝其照选著 *An English and Chinese Dictionary Compiled from Different Authors, and Enlarged by the Addition of the Last Four Parts*, by Kwong Ki Chiu.Hong Kong:The Chinese Printing and Published Company,1875.

这是邝其照词典的第二版。上文提到,这部词典是邝其照送走第三批留美学生,途经英国回国之后,又率领第四批留学生赴美之前匆忙出版的。书中有一段简短的自序,日期是"光绪元年端阳节",相当于阳历的 5 月 29 日。

该词典正文共 344 页,附录有(一)杂字撮要(Part Ⅰ:The most important words selected from miscellaneous topics),ⅷ+152pp.;(二)语言文字合璧(Part Ⅱ:Word, sentences, notes, bills, letters, petitions etc.),126+103pp.;(三)水程轮路记略(Part Ⅲ:The distances by land and water between the principal parts in China and different other countries etc.),14pp.;(四)中外年表(Part Ⅳ:The Chinese chronological tables reduced according to the standard of the Christian eras.),21pp.;(五)货物税则(Part Ⅴ:Tariff of imports and exports of China.),27pp.其中附录(四)的题签标注为乙亥六月,可以推断正式出版最早也应是 6 月以后。自序中叙述了修订的大致情况,"其上段之字典略为增减、中段之杂字添入甚多、并广辑语言文字之要者刻于后"。我们从中可以了解到虽然词典正文的增补不多,但是对附录进行了较大的补充,还增加了贸易业务等实用栏目。

就在邝其照抵达美国之时,上海的英文报纸《字林西报》(*North—China Daily News*)刊登了该词典的书评[2]。书评批评附录的"杂字"使用了广东音,但同时认为可以帮助外国人学习汉语,还高度评价了其他附录的实用性。最后还指出,在中国国内能看到中国学者为增进英语知识所作的努力,是中国今后知识进步的良好前兆。

这部词典出版 4 年后,光绪五年(1879)上海点石斋出版了石印的缩小影印版,而在日本,明治十四年(1881)永峰秀树又根据点石斋的石印本进行训读并翻译成日语[3]。与初版相比,第二版的影响甚大。

3.《英文成语字典》(*A Dictionary of English Phrases with Illustrative Sentences. To which are added some English Proverbs, and a selection of Chinese proverbs and maxims*;

---

① 见《有关邝其照的〈华英字典集成〉》,第 7—8 页,另见《邝其照〈字典集成〉的谱系》,第 31—33 页。

② *North-China Daily News*, Oct.7th, 1875 (New Series, Vol.XVI., No.3488, p.399).

③ 见《有关邝其照的〈华英字典集成〉》第 7 页、《邝其照〈字典集成〉的谱系》第 36—37 页。

a few quotations, words, and phrases, from the Latin and French languages; a chronological list of the Chinese dynasties, harmonized with the chronology of Western nations and accompanied with an historical account of the rise and fall of the different dynasties; and short biographical sketches of Confucius and of Jesus. By Kwong Ki Chiu, late a member of the Chinese Educational Mission in the United States, and Compiler of an English and Chinese Dictionary. A.S. Barnes & Co., 1881.)

这本词典于纽约出版时,没有中文书名。这里标出的中文书名“英文成语字典”是在邝其照其他著作的后附广告中出现的,因此可以认为是由邝其照本人命名的。

该词典的正文794页,加上附录和索引,是一本长达915页的大部头著作。邝其照在自序中描述了该词典的编纂过程。尽管在以往出版的词典中收录了英语熟语,但是定义不够充分,也缺少句例。为了弥补这些缺陷,邝其照参考了《韦伯词典》等一些主要词典,但还是没能找到适合中国人的材料。于是,他单独出版这部解说英语成语的著作,以便帮助中国人学习英语。邝其照所指的成语就是熟语,该著作收录词条约6000,每个词条中采用的句例都是邝其照在美国逗留期间苦心收集而来。对每个熟语,邝其照按照使用频率,设置了(a)(b)(c)等级,以方便学习者使用。这种追求实用性的精神体现在邝其照的所有著作当中。

正如标题页上明示的那样,正文之后,附有英语谚语、中国的谚语与格言以及源于拉丁语法语的惯用语的解释,另附有“中外年表”“孔子圣迹年谱撮要”以及“耶稣事迹年谱撮要”。虽然这部词典主要是为学习英语的外国人(包括中国人)编写的,但是在英语词典的历史上可谓开辟了新领域,应给予高度评价。邝其照在本书出版之际,邀请耶鲁和哈佛的校长等当时美国著名的学者、教育家撰写了推荐词,其数量多达17篇,均收在了该词典的卷首或卷尾①。既然是推荐词,大多给予了很高的评价。虽然也有譬如惯用句与俗语的区分不够明确等批评,但是也不乏溢美之词,如该著作对英语母语人士了解自身语言特点也极为有用,这样的著作出自一位外国人之手令人钦佩等。由于本书开启了英语词典编辑的新思路,所以在日本也赢得了众多的读者,除了日语版本之外②,还出版了翻刻本③。尽管在日本明治二十一年(1888),迪克森(James Main Dixon,1856—1933)的《英语熟语辞典》(*Dictionary of Idiomatic English Phrases: Specially Designed for the Use of Japanese*

---

① 最后3封(日期分别为1881年2月和3月)似乎没赶上印刷,排在了最后一页(第915页),而其他11封则排在卷首。

② 增田藤之助校订编纂附译:《英和双解熟语大辞汇》,东京:英学新社,1899年。

③ 东京:国民英学会刊,明治三十四年(1901)以后曾多次再版。

Students)出版后①,其影响似乎被取而代之,但是这部词典至今对英语母语人士来说还具有一定的实用性,20世纪70年代在美国还被重新复刻发行。

无论如何,这部著作是邝其照在美期间倾尽心力的一部作品,充分证明了作者具有极高的英语能力。或许可以把本书称作清末英语学中里程碑式的成果。不过,这部著作对中国人学习英语有着怎样的辅助还需另当别论②。

4.《英语汇腋初集》(*The First Conversation-Book, containing common and simple words wrought into illustrative sentences, classified and accented… designed for use in schools*. By Kwong Ki Chiu. Shanghai: Wah Cheung, Kelly & Walsh. London: Trübner & Co. Yokohama: Kelly & Co. Hong Kong: Kelly & Walsh. San Francisco: Wing Fung. 1885.)

5.《英语汇腋二集》(*The Second Conversation-Book, containing a section on aids to reading; an illustrated list of important and special words; also, extended conversations on one hundred and eighty-nine familiar practical subjects… designed for use in schools*. By Kwong Ki Chiu. 1885.)

这两本书都是会话教本,发行时期、发行书肆等均相同,因此在这里一并加以说明。邝其照也在这两本书的自序中写道,"余作英语汇腋二集,盖与初集递续而互成,相连而并贯者也",说明这两本书属于同一系列。1881年针对邝其照出版了《成语字典》后,立即着手编写中国人的英语教育系列(Kwong's educational series)。该系列著述均出版于邝其照回国后的1885年,因而完成的时间先后只能从自序的日期上进行推断。根据自序日期,可以认为这两本书是最先完成的(参照上表)。正如上文提到,初集中可见王韬的序文③,其中写道,"英语汇腋有初集、二集、三集,由浅及深、由粗及逮精、由略及至详"。而邝其照在初集的凡例中也提到"此书全套共分三卷",以此可以推断该系列原计划应出版三集,最后没能实现。

初集、二集都是先有邝其照的中文自序和凡例,然后是英文的自序和目录。初集为xxxxi+247页,7部(section)共256课(lesson)。二集则为xv+406页,10部共213课。初集仅有8000多个单词,二集又新增了765个单词。如同儿童靠口授学说话,学习方法着眼于自然学会口语。书中主张只要能开口说英语,语法自然就会搞懂,用不着去啃许多晦涩难懂的英文书。该书还明确标注了重音的位置,用连字

---

① 东京:共益商社书店。

② 前注高永伟《邝其照和他的〈英语短语词典〉》也强调了该词典在英语词典编辑史上的意义。

③ 王韬:《英语汇腋序》,另收于《弢园文录外编》卷十二(字句有所改动),北京:中华书局,1959年刊,第301—311页。

符分割出了音节的每个部分，常用词语用粗体字印刷等等，可谓颇费心机①。

此书所使用的语汇采用常见于报端的相对正式的汉语，既不是方言也不是官话，因此邝其照在“凡例”中称会有助于学习汉语的英国人②。同时他还宣称，日本人也可以与中国人一样，使用本书学习英语③。

事实上，作为学习英语口语的书籍，本书的结构非常缜密，内容完善。如果认真学习本教科书的话，预计可能达到一定程度的会话能力。不过，正如该书的英文题目所示，虽然本书的初衷是作为一本教科书（designed for use in schools），但是到底有多少学校采用了这部教材尚不甚明了。从邝其照参与过留学生预备教育这一点来看，或许可以推测类似的学校曾经采用过，然而本书在出版之际，幼童出洋已经废止。

与此相关的一点也值得关注。那就是这一系列的所有著作在凡例的末尾都强调了版权所属。“是书在英美各国享有版权，除此以外其他国家和地区凡有翻刻者必加追究”，足见邝其照不愧为精通欧美相关制度的洋务专家。同时也可以推断，一味强调版权反而妨碍了这一系列的流传④。

6.《应酬宝笈》（*Manual of Correspondence and Social Usages: Containing Instruction and Examples in All Branches of Letter-writing, Forms of Business-papers: to Which are Added Sections on Punctuation and the Use of Capitals: with Some Pages on Grammar and Spelling, and a Chapter on The Chinese Method of Reckoning Time: Specially Adapted to Self-instruction. By Kong Ki Chiu, Shanghai: Wah Cheung, Kelly & Walsh. London: Trübner & Co. Yokohama: Kelly & Co. Hong Kong: Kelly & Walsh. San Francisco: Wing Fung.*, 1885.）

本书可谓是本系列的应用篇。包括书函实例、收据等商用书面格式以及名片的形式等，是商务人员的必备参考书。书中除了附有馈赠礼品随附卡片的英文范

---

① 邝其照对自己在此书上所花费心思似乎很满意。在班克罗夫特的采访中还特意进行了说明。“Each word is accented you see(showing).”(Interview)

② 英文序文中可见与该内容相对应之处：“The Chinese which is made use of in these books is not the colloquial nor the mandarin language, but such as appears in newspapers. It is, therefore, a common and easily understood form of the language. For this reason the books will be useful to Englishmen who wish to acquire Chinese.”

③ 同上：“It is also proper to state that these books will serve the Japanese equally well with the Chinese, in their study of English.”

④ 顺便提一下，《英语汇腋二集》在文末介绍了邝其照相关著作的售价。这是一份标题为“邝其照华英书籍减价发售”的广告。内容为：《华英字典》每部银五员正、《应酬宝笈》每部银壹员七角、《英文成语字典》每部银四员五角、《英语汇腋初集》每部银壹员三角、《英语汇腋二集》每部银壹员七角、《英学初阶》每部银六角。香港永乐街利昌隆、上海抛球场华彰号同启。

例以外,竟然还有墓碑铭的例文,这些内容大概夹在邝其照用于撰写字典的参考书里。此外还包括标点符号的使用方法、助动词、后缀词的说明,共 xxii+276 页。《英语汇腋初集》的凡例中有"此书全套著成后,余又同时续出二书以备学者所需览。一为《地球说略》载天下各国舆图、区宇所聚、垓埏所通,靡不详记。一为《应酬宝笈》、内载书启禀帖格式、吉凶仪礼等类,于学英文者最关急务"。此书即凡例中提到的后者。而计划同时发行的《地球说略》最终似乎没能出版。正如《字书》的附录中所介绍的那样,邝其照为达到实用的目的,在每一部著作中都下了许多功夫,而本书收录的正是最为实用的内容,可以说是将此目的发挥至极致。

7.《英学初阶》(*First Reading-Book Illustrated with Cuts*.By Kong Ki Chiu.,Shanghai:Wah Cheung,Kelly & Walsh.London:Trübner & Co.Yokohama:Kelly & Co.Hong Kong:Kelly & Walsh.San Francisco:Wing Fung.,1885.)

此书共 x+162 页,89 课,是英语初级教材。如同《英语汇腋》,它明确标注了重音,划分了音节。此前,作者曾经翻译过一本英国出版的初级英语读物,并尝试采取了英汉对照的形式,但并不称心,还觉得缺乏趣味性,也没有插图。因此,邝其照在出版本书时,除了精心挑选趣味性强的内容,还在每课都附上了铜版插图。通过这种做法,邝其照认为基本达到了目的①。汉文序文中有"此书之成,不惜钜费,将天下各方物产可供采览者,务雕镌其模像",由此可见,他为制作铜版插图付出了相当的开支。这些插图共有 84 张,小到一两厘米的动物图片,大到占据整个页面的图片。从自序的日期可以看出,本书之所以在本系列中最后出版,正是因为这些插图的订制花费了些时日。

凡例中有"凡学者当从此卷读毕后、随读《英语汇腋》《地球略说》等书",可见邝其照把本书定位在启蒙阶段的必读教科书之列。不过与《英语汇腋》相同,从本书现存数量不多的事实来推断,当时的传播并不广。这一点想必出乎编者邝其照的预料。

8.《华英字典集成》(*An English and Chinese Dictionary.Compiled from the Latest and Best Authorities and Containing All word in Common Use,with Many Examples of Their use.New Edition,Throughout Revised,and Greatly Enlarged and Improved*……By Kong Ki Chiu.,Shanghai:Wah Cheung,Kelly & Walsh.London:Trübner & Co.Yokohama:Kelly & Co.Hong Kong:Kelly & Walsh.San Francisco:Wing Fung.,1887.)

自序写于 1882 年,此时邝其照还在美国。从内容上来看,自序脱稿后不久,邝其照便接受了班克罗夫特的采访。此时本书的初稿已经基本完成,并寄往中国制

① 《英学初阶》序,中英文内容基本相同。

版，但邝其照仍在继续修订①。这次的修订幅度很大，堪称邝其照在美国8年的研究和体验的集大成。本书取消了以往书籍中的粤语发音，取而代之的是书面语的表达方式。修改理由与上述《英语汇腋》相同。本书在序文（英文）中明确表示，"应当指出，出于显而易见的原因，翻译时运用了简单易懂的汉语，而不是某种特定的方言"②。邝其照的努力得到了回报，第三版《华英字典集成》受到了极大的欢迎，后来多次重印③。重印本的封面和序文均原封不动地套用了第三版的内容。笔者所见的最新版是1923年香港和盛印务局承印（Printed by Wo Shing Printing Office）的版本，或许还有更新的。

以上介绍了邝其照英语学的所有著作。邝还著有《地球五大洲全图》④，而其他为人所知的作品仅有收录在《小方壶斋舆地丛钞》中的"五大洲舆地户口产表"一卷以及"台湾番社考"一卷。"五大洲舆地户口产表"与《地球五大洲全图》似乎有所关联，或许就是附在地图旁的表格，目前尚不明确。"台湾番社考"大概是中法战争时期的作品，当时法国舰队封锁台湾，台湾问题急剧升温。法军逐渐把矛头指向广东，而与之对抗的两广总督张之洞的幕僚中就有邝其照的身影。

三、小结

清朝中国对英语并非一无所知。乾隆年间会同四译馆编纂的《新华夷译语》⑤的词汇集中，除了英语，还有荷兰语、法语、德语、意大利语、葡萄牙语、拉丁语等，这些语种与中国边境少数民族语言收在一起。这一点极具象征性意义，此书正是基于华夷思想，将欧洲语言列入众多边境地区少数民族语言之中。然而要想在新的

---

① "Now I am revising."（Interview）

② "It should be stated that in translating the English, the simple and easily understood form of Chinese, has been employed, in preference to any particular dialect, for obvious reasons."

③ 前注内田论文和宫田论文中介绍了两种1887年刊本、循环日报社1899年刊本和1902年刊本等。不过，两种1887年刊本中，一种无疑是1887年当年的刊本，另一种有增订的刊本没有明确标注出版年份，应该视为后来增订本。

④ 《舆图要录》，北京图书馆出版社，1997年，第3页，0019号。"地球五大洲全图：邝其照绘，光绪元年刻印本，未注比例。单幅，彩色，80.5厘米×97厘米。附五大洲各国人口清册，各国丁方道里表，各国土产纪要，五大洲水运路程道里表，轮船路里程表等。图中简要地绘出世界五大洲轮廓及主要山脉、河流走向"。

⑤ 故宫博物院所藏钞本。英语有"暎咭唎译语"二卷。与其他西方语言的五卷本相比，篇幅短小，错误也多。大概是因为天主教传教士中没有英国人的缘故吧。Walter Fuchs, Remarks on a new "Hua-i-i-yu". *Bulletin of the Catholic University of Peking*. No.8, Dec.1931, pp.91—101.鸳渊一・村上嘉实译：《有关新华夷译语》，载于《史林》，第17期第2号，昭和7年4月，第288—295页。另，有关现状可参照冯蒸：《〈华夷译语〉调查记》，载于《文物》，1981年第2期。

国际关系中生存下去,英语对打开国门后的清末政府来说成为不可或缺的工具。新英语学的构建需要全新的人才,而邝其照就是担当这个角色的主要人物。

毫无疑问,邝其照的著作以其清新和全面的特点超越了此前的相关作品,达到了一个新的高度。不管是咸丰年间的《华英通语》《英话注解》,同治年间的《英语集全》和《英字入门》,还是光绪年间出版的《英文举隅》和《英字指南》,要么是绝非正统的洋泾浜英语,要么只是英美教材的译本。与之相比,邝其照的英语学著作则截然不同,这些著作是基于独到的编辑方针,凝聚多种创新而结出的硕果,堪称屹立于清末英语学史上的一座丰碑。然而,《华英字典集成》以及一系列外语著作在清末并没有得到充分利用,着实令人惋惜。邝其照对清末英语学所做出的贡献应该得到更高的评价。

附记

本文脱稿后,笔者看到新近出版的铃木智夫所著《近代中国与西方国际社会》(东京:汲古书院,2007 年刊)。该著作的第二章“清政府官费派遣留美学生研究”,利用祁兆熙的《游美洲日记》进行了详细的研究,该文提及邝其照(第 93—95 页的注解 23)。特别是有关邝其照出使美国前在上海时期的活动的资料,有很多值得参考之处,敬请参照。

(译者单位:北京大学日语系副教授/早稻田大学孔子学院中方院长)

高本汉汉学思想概论*

□谭慧颖

摘要：高本汉是20世纪最具影响力的西方汉学家之一。他的汉学研究领域广泛，除了我们所熟悉的汉语古音构拟外，高本汉还投入大量精力研究中国古代典籍、字典编纂、汉语语法、汉字拉丁化、古代宗教、历史及青铜器等。本论文提出全面梳理和评价高本汉学术体系的必要性，并尝试以语言思想为线索，概述高本汉的汉学体系脉络及其基本特征。

关键词：高本汉　汉学家　汉学思想　古音构

Abstract: Bernhard Karlgren was one of the most influential western sinologists in the 20th century. He studied extensively the Chinese language and culture, from the ancient and archaic Chinese phonological systems to Chinese classical literature, lexicology, grammar, latinization of characters, the old Chinese religion, history and bronze. The present article emphasizes the importance to re-evaluate Karlgren's sinological achievements as a whole, and sketches out the main profile and the basic features of Karlgren's sinological studies.

Key words: Karlgren Bernhard, sinologists, methodology of sinology, classical Chinese phonological system

高本汉（Bernhard Karlgren, 1889—1978），瑞典汉学家，一生致力于中国语言文化研究，是20世纪最伟大的西方汉学家之

* 本文为教育部人文社会科学研究项目的阶段性成果，项目批准号：12YJC740093。

一。国内学界大都知道高本汉是个古音构拟专家，但在瑞典，高本汉却以“东方学之王”（主要指中国学）的形象著称。高本汉从二十几岁就为自己定下宏大的汉学目标①，古音构拟只是这个目标框架的一个基础部分。除了我们熟知的语音学和音韵学，高本汉还投入大量精力研究中国古代典籍、字典编纂、汉语语法、汉语的性质和历史、汉字拉丁化，以及中国古代风俗、礼仪、宗教、哲学、历史等许多方面。此外，他在青铜器考古、小说创作方面也有不菲的成绩。笔者研究高本汉专题已有一些时日，发现这些看上去不大相干的领域实际上彼此勾连，自成体系。本文以语言思想为主线，对高本汉的整个汉学思想体系加以剖析，尝试梳理出它的主要脉络和基本特点。

一、重说高本汉的必要性

从整个西方汉学史来看，没有哪个学者能像高本汉这样在国内汉语学界产生如此巨大、深远的影响。和高本汉丰厚的汉学成果及巨大的国际声望相比，目前学界对他的研究还显得很零散、很单薄。近两年，国外学界对高本汉的关注度也有所上升。2010 年 10 月中旬，瑞典隆德大学举办了第 43 届汉藏语言学大会，会议专门开设了“高本汉专场”，本人应邀参加并做了关于“高本汉看语言”的报告②。同场做报告的学者还有马悦然（Göran Molmqvist）、孙宏开（中国社会科学院）、白一平（William H.Baxter，美国密歇根大学）。会后，马悦然先生表示，希望有中国学者投身于“高本汉研究”，以定论其在中西语言学史上的贡献和地位。

目前国内和港台学者关于高本汉学术思想的文章已有数十篇，主要讨论他对古音的构拟，如刘新中（2006）③、杨剑桥（2001）④、张静河（1995）⑤、张光宇（2004）⑥等港台学者中，朱晓农（1989，“古音学始末”一章）⑦从范式转换角度分析高本汉给中国传统音韵学带来的新方法；董同和（1960）⑧、吕玉珍（2005）⑨、陈远止（1996）⑩分别对高本汉的《诗经》和《尚书》注释作有专门的研究。在国外，高本

① Bernhard Karlgren, *Den Sinologiska Forskningerns Uppgifter Och Metoder*. Svernsk humanistisk tidskrift (Göteborg) 9,1917,pp.257-263.

② Tan Huiying,“On Karlgren’s thinking about Language”, Proceedings of the 43rd International Conference on Sino-Tibetan Languages and Linguistics (Lund University, Sweden, October 16-18, 2010).

③ 《高本汉与贺登崧对汉语方言研究的不同学术路向》，载《学术研究》第 5 期。

④ 《评高本汉的〈汉文典〉》，载《辞书研究》第 3 期。

⑤ 《西方汉学研究的丰碑——高本汉》（上篇，下篇），载《中国文化研究》第 9 期。

⑥ 《汉语语音史中的双线发展》，载《中国语文》第 6 期。

⑦ 《中国语言学发展方向》，北京光明日报出版社。

⑧ “译者序”，《高本汉诗经注释》，台北中华丛书。

⑨ 《〈高本汉诗经注释〉研究》，台北县花木兰文化工作坊。

⑩ 《〈书经〉高本汉注释斠正》，台北文史哲出版社。

汉研究集中在瑞典等欧美一些国家，研究者如瑞典马悦然（1995）①、罗多弼（Torbjören Lodén，1999）②，丹麦易家乐（Sθren Egerod，1982）③，美国薛凤生（2003）④等。成果以短篇评述性文章居多，内容较国内深入、细致。马悦然所撰专著（1995）⑤是一部高本汉传记，以翔实的史料叙述了高本汉的一生，对其学术成果做了分类整理。综合来看，海内外的研究多为简要述评，或探讨古音构拟一类技术细节，对高本汉的整个学术思想涉及不多，对音韵学以外的作品关注有限。而且研究者不是高本汉的同行、对手便是嫡系传人，少有专门的语言学史家，这使得研究往往缺乏全面的视角，同时也难免参入个人情感。

因此，对高本汉的学术成就进行全面的考察和梳理，是一项十分必要的工作。首先，这有助于纠正国内外学界对高本汉的片面了解，全面、深入认识高本汉的汉学研究目标和学术思想体系。其次，重新客观评价高本汉在中西语言学史上的价值和地位。自从高本汉成名以来，学界对他的评价一直摇摆不定，或褒或贬，20世纪50年代前后还一度出现全面否定其古音构拟的势头；在瑞典本国，学者的意见也不统一，以马悦然为首的老一辈汉学家极力维护和推崇高本汉的权威地位，另有一些汉学家则对高本汉在瑞典汉学发展中的作用颇有微词⑥。这些态度上的分歧都有必要加以澄清。

二、亟待整理利用的丰厚史料

两年以前，出于一个偶然的机会，我对语言学史上的“高本汉个案”开始产生兴趣，并坚持潜心研究、思索。2009年10月至2010年10月，我以“高本汉语言思想研究”一课题获邀到瑞典斯德哥尔摩大学东方系访学一年，其间搜集到很多弥足珍贵的资料，除了高本汉本人的数十部国内罕见作品外，还有：高本汉书信（300多页）、高本汉私人藏书资料（四个书柜，保存在瑞典东方博物馆）、后代汉学家谈高本汉（录音6部）等。高本汉的私人藏书及书面批注向我们透露他如何研读、利用清代小学家的成果，以及他是如何评价唐诗、《西厢记》、《四书集注》（朱熹）等各类中国文学、史学作品。高本汉书信中写给导师隆德尔（Johan August Lundell）的数量最多，也最有趣。这些书信主要写于高本汉在中国进行方言调查时期（1910—1911）以及高本汉博士论文选题及答辩时期。高本汉的博士论文就是赫

---

① Göran Malmqvist, *Bernhard Karlgren—ett Forskarporträt*. Stockholm: Norstedts Förlag AB.

② Torbjörn Lodén, *Swedish China Studies on the Threshold of the 21st Century*. Stockholm: Center for Pacific Asia Studies, Stockholm University.

③ 林书武译：《高本汉的生平和成就》，载《国外语言学》第1期。

④ 《构拟与诠释：汉语音韵史研究的两种对立观点》，载《语言研究》第5期。

⑤ *Bernhard Karlgren—ett Forskarporträt.*

⑥ Håkan, Friberg, 2010. 录音访谈；Pettersson, Bengt, 2010. 录音访谈。

赫有名的《中国音韵学研究》的主体部分，他因这部书迅速在欧洲汉学界立身成名。论文最初用瑞典语写成，按照答辩的要求，需译成法语。于是，高本汉特意请人帮忙做这项工作。答辩之前，高本汉对于能否通过很没“底”，他急切、频繁地写信给隆德尔，讨论汉语中古音构拟的种种细节问题。

瑞典访学一年所搜集的资料，为我从各个角度审视、了解高本汉打通了思路，为全面、客观的评析提供了强有力的数据支持。由于数量较大，加之手写体瑞典文不易辨识，整理、利用这些资料还需要一段时日。在此，我们对高本汉的整个汉学思想体系作一个概要式分析。

三、高本汉汉学体系的几个重要特征

1.由语言本体进入，再深入文化——现代语言学和传统语文学方法并用

西方汉学史上一直不乏探究中国古典文化的学者，高本汉的特殊贡献在于他改变了以往西方学者只能从文本层面解读古文献的被动局面，转从探求语音规律、恢复汉字古义入手，再来考究文本。这种新的研究方法使西方学者得以与中国本土学者处于同一起跑线，甚至占据更有利的位置。高本汉的《汉文典》《诗经注释》和《尚书注释》都是西方汉学家手头必备的工具书。对于瑞典汉学史，高本汉开创了从语言、文本研究中国文化的先河，并带动了一批年轻学者从事汉学研究。

高本汉由语言及文本的汉学研究体系可大致概括为：一条主线引领四条辅线。一条主线是指高本汉以探讨汉语语言文字为起点，逐步论及中国古代文化的方方面面。四条辅线分别是：器物考古、语言本体研究、古代典籍注释和古典文化考察。器物考古包括青铜器、铜镜等先秦器物研究；语言本体研究包括语法（A 类）、语音、汉语的性质和历史、汉字拉丁化研究等；古代典籍注释包括古音构拟、汉语词族解析、字典编纂、典籍注释和翻译；古典文化考察包括语法研究（B 类）、古籍辨伪、先秦文化诸方面。前两条线反映了高本汉的语言本体观，后两条线体现了高本汉的语言工具观。高本汉的青铜器考古学和他的语言学研究也密切相关，在研究中，他时常使用语言学的概念和方法，比如使用“音位”概念合并青铜器花纹的变体，并把青铜器花纹作为一种“语法形式”来考察①。

2.兼持语言本体论和语言工具论

在高本汉的各类汉学成果中，有相当一部分是关于汉语本身的研究，比如中古音构拟、上古音构拟、语法研究、字典编纂等；另有相当一部分是通过文本探求中国礼仪、风俗、宗教、哲学、历史等文化方面；还有一部分作品语言、文化兼顾。把语言或语言的某一方面如语音、语义、词性等当作独立的对象来研究，这是语言本体研究；通过文本探讨文化诸方面是把语言当作一种人类记录思想的工具，是语言工具

① Bernhard Karlgren, “Notes on the Grammar of Early bronze décor”. *Bulletin of the Museum of Far Eastern Antiquities* 23, 1951, pp.1-37.

观。高本汉对这两者都投入大量精力进行研究,并未有意加以区别,很多作品两种观点交织掺杂。

高本汉的语言本体观可略述如下:人类语言具有客观、普遍的语法范畴,语法范畴不以曲折词尾为标志,而以功能来划分①。语言从屈折语向孤立语进化,汉语是最发达的语言②。语言工具论是指研究语言不是为了语言本身的目的,而是有其他用途。高本汉构拟中古音是为构拟上古音作铺垫,后者又是为了进一步恢复汉字古义、编纂古汉语字典服务,而最终的目的则是解读古代典籍。他的B类语法研究专门为了确定文献年代而作,同样体现了高本汉的语言工具观。由于特殊的历史环境,高本汉的语言本体论和语言工具观常常交织在一起,你我互映。这实际上这是综合利用现代语言学和传统语文学的一个表现。

3.融贯中西两种汉学传统

中国的"汉学"起于清代,高本汉十分看重清代小学家的成果并给予积极吸取和利用。朱骏声的《说文通训定声》、王念孙的《广雅疏证》等清代小学作品是他随时翻阅的案头书。高本汉对同时代(清末民初)的国学名家也是十分倚重,尤其在意这些中国同行的评论,并虚心聆听和接受。高本汉和同时代中国学者的关系十分微妙,既有竞争,也有合作。在他完成《上古汉语为屈折语》的论文时,胡适也独立完成了《尔汝篇》和《吾我篇》,两者都是以人称代词为例,论证古代汉语具有主格和宾格等曲折变化。当高本汉得知这一消息时,对胡适很有妒意。不过事实表明,胡适一直是高本汉学说在中国传播的"护驾功臣",他不仅为高本汉著作的汉译本撰写长序,还公开宣扬高本汉的古音构拟成果。而高本汉坚持以科学的方法梳理先秦典籍,恰恰是对胡适所倡导的"整理国故"的响应。赵元任和罗常培作为高本汉成名作的汉译者,一方面是高本汉学说的传播主力,另一方面也是批评高本汉的带头人。不过,这并不妨碍他们向高本汉学习,学到了古音构拟的要领。可以说,高本汉和中国学者的互动是较为频繁和密切的。高本汉和同时代的西方学者如伯希和(Paul Pelliod,1878—1945)、马伯乐(Henri Maspero,1883—1945)的关系更加复杂有趣。高本汉一向把伯希和与马伯乐看作死对头,却又从两人身上受惠颇多。马伯乐比高本汉更早涉入汉语古音研究,他对高本汉提出过不少中肯意见③,而且多被后者接受;伯希和则亲自为高本汉论证了以《广韵》(而不是《康熙字典》)作为中古音构拟目标的可行性。而高本汉的老师隆德尔、沙畹(Emmanuel Chavannes,1865—1918)等人更是为高本汉的汉学之路作了大量的铺垫工作。一

① Bernhard Karlgren,"The Parts of Speech and the Chinese Language",In *Language and Society*,Copenhagen:Det Berlingske Bogtrykkeri,1961,pp.73—78.

② Bernhard Karlgren,*Chinese Language:an Essay on Its Nature and History*,New York:Ronald Press Co.,1962.

③ Henri Maspero,"Le dialecte de Tch'ang—ngan sous les T'ang",*Bulletin de l'École francaise d'Extreme-orient*.Tome 20,1920.

定程度上讲,高本汉的成功离不开其他同行和前辈汉学家的惠泽,但成功的光环还是罩在了高本汉一人头上,他的名字在汉语音韵学界熠熠生辉将近一个世纪。

朱晓农认为,如果没有高本汉,20 世纪初期的中国音韵学也会引进其他西方学者如商克(S. H. Schaank,1861—1935)、马伯乐、钢和泰(A. von Stael Holstein,1877—1937)等人的学说,并发生范式转变①。这话本身没有错,只是历史不容假设,历史既然选择了高本汉,就有它的必然性。前述几位学者在一定程度上都使用过历史比较法研究汉语音韵问题。但我们知道,印欧比较语言学构拟的原始语是一种理论上的"语言",几乎不需要也不可能用实际语料证实。但汉语的情况不同,由于汉字的特殊性以及中国学术传统的特点,历史上留下了大量的语音资料和线索,这些资料可以轻易证实或证伪所构拟的音系。因此,汉语的"母语"构拟不能单纯依赖现存方言及音变规律上溯回去,还需要选择一个历史时间点上的音系框架下行演绎。高本汉的过人之处在于他天才地选择了切韵作为中古音构拟目标,把他的理论大厦牢固地建立在两个支点之间。

我们不得不佩服高本汉这种审时度势,根据中国传统音韵学状况,大胆"改造"比较语言学原理的开创性做法。有人说,高本汉所做的工作本应由一个熟悉传统"小学"并留洋回国的中国学者来完成。说话者或许有其他意思,但我们完全可以这样理解:重建中国传统音韵学范式,需要中西两种深厚的语言学修养。事实上,高本汉之所以能够胜任这一工作,不仅在于他熟知印欧比较语言学理论,更在于他了解和重视中国传统"小学"的精髓,并能将两者巧妙地结合起来。从高本汉的私人藏书来看,他对中国古籍的了解程度远远超出我们的想象,从先秦典籍到汉唐文选再到清代"小学"著作,无所不包。高本汉在研读中国古书方面投入的精力也是惊人的。他尤其笃信和钟爱三代的作品,从这一点来看,高本汉更像一个中国传统式的老学究。他对清代"小学"家也抱有极大好感,对其古音学成果加以积极摄取和利用。

4.严格的理性主义和欲掩还露的感性气质

国内知道高本汉的学者或读者,大概都有这样一个印象:高本汉是个善于辨音推理和构建严密的语音理论框架的西方汉学家,他不苟言笑,有着不容置疑的矜持和自信。这实际上是一个流传较广的标准高本汉形象,也是高本汉本人最希望以之示人的形象。从学术角度讲,高本汉的确是个严格的科学主义者。他从青少年时期就开始接受印欧历史比较语言学传统的熏陶和教育,属于新语法学派成员。高本汉坚信世界由客观规律组成,和人的情感毫无关系;客观规律是最值得人类探寻的最终真理,感性的东西完全无法比拟,甚至是通往理性真理的障碍,应该加以抑制。所以,他总是极力隐藏自己内心的情感,以一副冰冷的面孔示人,就是他的入室弟子也极难捕捉到他表露感情的瞬间,学生们都很怕他。据说,他尤其对女生非常粗鲁,特别是那些他认为不聪慧的女生,如果她们不识时务地纠缠他问问题,他就会毫不客气地把她们骂走。

---

① 朱晓农:《方法:语言学的灵魂》,北京:北京大学出版社,2008 年,第 171 页。

但我们发现，高本汉远远不止是个探寻科学规律的理性机器，他还拥有很多其他方面的才干。比如他会弹钢琴，唱歌剧，早年写过诗，翻译过古希腊诗歌和中国明清小说，有一段时间还沉迷于撰写剧本；另外，高本汉有着极好的演讲口才，听他的演讲，观众总是被他的热情和睿智所感染。高本汉的诸多文艺才能在他正式选择了科研职业后就受到了很大程度的忽视。中年时似乎突然又来了兴致，一口气连写了三部瑞典语小说。此后就再难看到他在文艺方面的作品了。

高本汉立志成为一个严肃的科学家，因此，他总是刻意隐藏他的感性气质，尤其是在学生和外人面前。不过，高本汉的感性和审美气质却常常不经意流露出来，有时还直接反映在他的学术作品中。在《汉语的性质与历史》一书中，高本汉称赞汉语是个窈窕淑女，西文则是个实用而鄙俗的婢女①；又如在《中国音韵学大纲》中，他在没有十足证据的情况下，以预言的方式否定共时语言学的"音位"理论②。这些都反映了高本汉的"非理性"一面。另外，前文提到，高本汉和清代"小学"家、同时代中国学者以及同时代西方学者之间的关系十分复杂微妙。从相关资料来看，高本汉明显表现出"扬中抑西"的倾向，即对中国同行表现出礼让和谦卑，对西方同行则表现出霸道和苛刻。高本汉的这种"中西区别对待"倾向多半是源于感性气质而不是理性气质。高本汉有意无意张扬自己理性的一面而贬抑自己感性的一面，这和他成长的时代有关，也和他的成长经历及个性特点有关。

四、结语

高本汉从十几岁开始写作和发表第一篇关于瑞典方言的语音学论文起，到去世前几年搁笔，学术生涯长达 70 年。70 年中，他的汉学研究有几次重大"转型"，如从古音构拟转到古汉语字典编纂，此后又长时间专注于《老子》《尚书》《诗经》等古典文献的注释和翻译，同时，他还投入大量精力进行殷商时期的青铜器考古。高本汉在不同时期选择探究中国不同的文化领域，这些看上去彼此各不相干的领域实际上暗中勾连，环环咬合。通过归总高本汉不同时期的研究成果，可以理出高氏汉学研究的主线，评析各个领域在整个研究体系中的位置。根据各类史料，如高本汉的书信和私人藏书、后代汉学家的访谈录音等，可以探讨高本汉与清代小学家的渊源、高本汉与同时代中国学者的关系，以及高本汉与同时代西方学者的关系；剖析高本汉成为中国现代音韵学第一人的主客观因素，客观评价他在中国语言学史和西方语言学史上的位置。

（作者单位：北京外国语大学外国语言研究所）

① Bernhard Karlgren, *Sound and Symbol in Chinese*, Hong Kong: Hong Kong University Press, 1962, p.52.

② Bernhard Karlgren, *Compendium of Phonetics in Ancient and Archaic Chinese*. Göteborg: Elanders Boktryckeri Aktiebolag, 1954/1963, p.367.

世界汉语教育史上的经典之作*

——高本汉的《中国语与中国文》

□李　明

摘要:《中国语与中国文》是著名汉学家高本汉所作的一本汉语普及性读物,于1918年出版。这本书具有广泛的世界影响,然而以往中国学界对这本书的评述并不多。本文介绍了该书的出版翻译情况和全书内容,对书中所体现出来的独特的阐述风格进行了评析。文章认为,这部书在世界汉语教育史上具有十分重要的地位和价值,在向西方人推介和普及汉语方面,高本汉为我们提供了值得借鉴的视角和方法。

关键词:高本汉　中国语和中国文　印欧语系　汉字

Abstract: *Sound and Symbol in Chinese* is a study on the Chinese language by Bernhard Karlgren, a famous Swedish sinologist, published in 1918. This is an internationally influential book, but few responses have been made to it in China until now. This paper gives an overview of its content and the history of its translation, and also discusses its special features. I hold the opinion that this book has a very important position and value in the history of international Chinese education, and that Karlgren provides valuable perspectives and methods in teaching the Chinese language to the Western learners.

Key words: Bernhard Karlgren, Sound and Symbol in Chinese, Indo-European languages, Chinese characters

---

* 本文曾在2012年8月韩国首尔举行的"汉语与亚洲、欧洲语言的接触与交流"国际研讨会上宣读。

引言

高本汉(Bernhard Karlgren,1889—1978)是20世纪瑞典汉学的创始者,也是世界著名的汉学家和语言学家。他创造性地把在欧洲语言研究中发展起来的科学方法运用到汉语研究之中,他的研究对中国语言学界产生过巨大影响,尤其是他的名著《中国音韵学研究》,为中国语言学家的研究提供了新的观点、思路和方法。王力先生曾这样评价道:“西欧汉学家虽多,但是对中国语言学产生影响的不多。影响较大的只有一个高本汉。”①除了古汉语音韵以外,高本汉在古籍整理、古文献辨伪、中国青铜器及古代中国宗教研究等方面也都做出了卓越的贡献。

高本汉不仅是一位杰出的汉学研究者,同时也是一位出色的汉语教育家,是北欧汉语教育史的奠基者。他曾分别在哥德堡大学和斯德哥尔摩大学担任过二十多年的汉语教授,亲自讲授汉语,培养出了大批学生。同时,他还是一位出色的汉语普及工作者,出版过很多介绍汉语知识的通俗普及性入门书籍。这些书籍条理清晰,深入浅出,分析精辟,见解独到,是西方人学习汉语和了解汉语历史不可多得的读物和教材②。《中国语与中国文》(*Ordet och pennan i Mittens rike*)就是其中的代表作之一,已成为世界汉语教育史上的经典作品而被翻译成多种文字。

如何科学严谨而又通俗易懂地向西方人介绍汉语知识和汉语历史,高本汉为我们提供了独特的视角和值得借鉴的方法。本文试图对这部著作的内容作简要介绍,对高本汉的阐述风格和方法作初步评析,并在此基础上提出相关思考。

一、《中国语与中国文》的出版及翻译

高本汉的《中国语与中国文》一书最早以瑞典文于1918年在瑞典斯德哥尔摩(Svenska andelsförlaget 出版公司)出版。该书是在讲稿的基础上形成的。高本汉于1918年开始在哥德堡大学担任汉语教授。从第一学期开始,他就每周给预科班讲授“北京官话和汉字”课程,除此之外,他还开设了有关“中国语与中国文”的专题系列讲座。高本汉将这些讲稿加以整理后,集成一书于同年正式出版。

《中国语与中国文》问世后,好评如潮。维克隆德是一位乌普萨拉大学的语言学教授,曾听过高本汉的讲座。他在当年的《斯德哥尔摩日报》上发表了长篇评论文章,对高本汉的这部著作给予了极高的赞誉。文中写道:“据我所知,没有任何一种其他欧洲国家的语言有如此优秀的作品。……高本汉教授在书中采用了易懂和妙趣横生的表述风格。此外,它不仅是现在呈现于广大公众面前而早已为专业人士熟知的关于中国语言和文字的研究成果,也介绍作家本人的新作。他对汉语

① 王力:《中国语言学史》,太原:山西人民出版社,1981年,第186页。

② 李明:《瑞典汉语教学概述》,载《世界汉语教学》,1999年第4期,第107页。

普遍个性的描写,更是引起语言学家们的兴趣,它包含着前人不够重视的观点和细节。①”

1923 年,该书的英译本 *Sound and Symbol in Chinese*,作为牛津大学出版部“The World's Manuals”(世界手册)的丛书之一正式出版。此后,这本书又陆续有德文译本、日文译本等问世。

这本书的中文版由中国著名语言学家张世禄先生依据英译本翻译,书名为《中国语与中国文》,中译本于 1933 年在上海商务印书馆出版。

尽管在高本汉众多的学术专著中,这本书也许算不上十分“精深的作品”,但却是一本影响广泛且具有重要价值的著作。在《中国语与中国文》中,高本汉通俗易懂地介绍了汉语的来源和历史,分析了汉语的基本特征,介绍了汉语所经历的重大的音韵学简化过程,阐释了汉语音系与文字结构之间的关系,形象地描述和分析了汉语的句法和文体修辞特点。同时,他有关汉语的一些独到见解和最新的研究成果也在书中有所体现。

正如张世禄先生所言,该书中“文辞和学理都很浅显,但是把中国语文上种种重要问题都已经给予读者以明了的观念。不啻为高本汉先生对于自己全部研究的结果,写出一个总括的报告。我们要读他别种的论著,还是先读这本书,最为便利”②。

二、《中国语与中国文》的主要内容

《中国语与中国文》全书共分六章。第一章介绍了汉语的起源和历史;第二章和第三章介绍了汉语的特征及其形成和演进的趋向;第四章分析了汉语的文字;第五章和第六章分析了汉语的语句结构和文体修辞方法。尽管书中所涵盖的内容极为丰富,不仅讨论中国语言的语音、文字、词汇及语法修辞,而且还涉及中国历史、中国文化艺术和习俗等诸多方面。然而,作为一本向西方人普及汉语知识的入门读本,高本汉在书中所阐述的问题,概括起来看,主要是围绕以下这两大部分而展开的:第一,汉语是一种什么样的语言,它与欧洲语言相比,究竟有哪些显著特征和独特之处。第二,西方人学习汉语到底会碰到哪些困难,应该怎样去学习汉语。全书各章内容各有侧重又具有内在连贯性和逻辑性。

第一章介绍汉语的起源和历史。高本汉首先用欧洲人所熟悉的拉丁语和希腊语及西方语言与汉语作比照,向他们介绍汉语在人类文化史上的地位、重要性、优越性以及所使用的范围。他这样告诉读者:“有一种语言,在世界上实在占一个很显著的地位,但是欧洲人直到近来方才很多地注意他,这是很显明的,是指中国语。

---

① Göran Malmqvist(马悦然):*Bernhard Karlgren*, *Norstedts*, 1995. 中译本为《我的老师高本汉》,李之义译,长春:吉林出版集团有限责任公司,2009 年,第 153 页。

② 高本汉著、张世禄译:《中国语与中国文》中译本序言,上海:商务印书馆,1933 年,第 4 页。

应用中国语的人数,比较任何种语言要多,同时,中国语又包含有丰富优美的文学,他在东亚的地位,可以和拉丁语和希腊语之在欧洲相比。……中国语不但在应用的范围上,超过欧洲几种最通行的语言,如英语、德语、法语、俄语、西班牙语,而且从文化上的实力看来,也可以和这几种语言互相媲美,立于同等的地位。"(引自张世禄译《中国语与中国文》第3页)接着,高本汉分析了汉语的起源和产生的历史年代。他认为,从考古发现和甲骨文及中国的古代典籍来考察,汉语早在四千年前就已经产生于中国大地了。

在第二章中,高本汉对汉语的主要特征作了精辟分析。通过比照原始印欧语言,高本汉指出,汉语最明显的共同特性主要体现在两个方面,即"单音缀"和"孤立的"。"一方面,中国语是单音缀的;另一方面,又是孤立的,就是看待各个孤立的单位,没有因他们在语句上功用的不同而发生变化。"(张世禄译文第19页)高本汉在这里所说的单音缀,即指单音节①。也就是说,高本汉认为,汉语是以单音节为基本单位的语言。同时,高本汉认为汉语是一种缺乏形态变化、讲究语序的孤立语,即词根语。他列举了大量的例子说明,汉语与印欧屈折语是完全不同的一种语言类型,屈折语是以词形变化作为表示语法关系的主要手段的,例如欧洲很多语言中有丰富的"性、数、格、时、态"等的词形变化,而"中国语普通总是不用附添语来表示各种范畴的"(张世禄译文第25页)。事实上,这也正是欧洲人初学汉语时最不习惯的重要方面。

接着在第三章中,高本汉又分析了汉语的其他一些明显特征,并阐述了汉语演进的趋势。不仅介绍了汉语的声调、汉语的量词、汉语复合词语等,还谈到口语和文言文的区别和特点。高本汉从汉语的单音缀特征进而谈到汉语的同音语词现象,分析了汉语声调在区别同音语词时的特殊作用。由于声调是西方人汉语学习中的难点,而绝大多数印欧语言是无声调语言,因此高本汉在这一章用了相当的篇幅来阐释声调。他强调指出,声调在汉语中占有很重要的地位。"每一个中国语的语词,总有一个固定的调子,凡语词在发音上别一方面完全相同的,却可以应用他们不同的调子来区别。"(张世禄译文第34页)他还以瑞典语中"giftet"(结婚)和"giftet"(毒物)两个词,因声调不同而意思不同作例,让瑞典人来理解汉语声调是怎么回事。

为了让西方人更真切地体会到北京话的阴平、阳平、上声、去声四种声调的实际读音,高本汉用英语的"yes"在不同情境下发音的变化来解释:"平调(即阴平)好像在英语里通常没有感情作用时所说的yes;急速直接的上升调(即阳平)好像在英语里询问时所说的yes——你要什么?纡缓间断的上升调(即上声),好像在英语里疑惑不决时所说的yes;降下调(即去声)好像在英语里扬扬得意时所说的

① 对于高本汉的这一观点,中国学者持有不同的意见。有的表示赞同,如钱乃荣(见钱乃荣:《现代汉语的特点》,载《汉语学习》,1990年第4期);有的表示反对,如严修(见严修:《批判高本汉和马伯乐的汉语语法观点》,载《学术月刊》,1957年第9期)。

yes——你在此！”

这种比照英语教声调的方法，直至现在，在对欧美国家汉语初学者的声调教学中也仍然为一些教师所用。

量词是汉语中较为独特的词语类别，也是汉语区别于西方语言的又一明显特征，同时也是西方人学习汉语的困难之一，高本汉在书中对量词作了凝练而清晰的介绍。他将量词称作“类别辞语”，并告诉读者这是“很重要，也很有趣”的一个类别，同时他还赞道：“这种类别辞语的选择，实在是中国人一种轻巧的发明”（张世禄译文第 41 页）。他认为，量词的使用也是区别汉语大量同音词语的附加方法之一。例如，为了将“一山”（yi shan）和“一衫”（yi shan）区别开，就在“山”前面加上“座”，在“衫”前面加上“件”，变成“一座山”和“一件衫”，依此类推，还可以有“三座山”“这座山”和“三件衫”“那件衫”的说法。按照高本汉的观点，量词的功用恰恰就在于“使听者对于后面所跟着语词的性质得到一个启示，使听者知道后面的语词是属于哪一种范畴”（张世禄译文第 41 页）。

为了让西方人对量词有更多的了解，高本汉又举例解释了有些同样的“类别辞语”（量词）可以置于不同的但有相似属性或形状的名词前，例如“一位先生、一位太太、一位大人；一条街、一条绳、一条腿、一条蛇、一条狗、一条凳；一口井、一口人、一口猪；一顶轿、一顶帽、一顶山；一挂钱、一挂账、一挂颈串、一挂须”等等，并解释说“条”是用来表明长形物体的，“口”应用于具有圆口的物体。还说明中国人之所以说“一挂钱”是因为中国某些地方铜钱是用绳串起来的，之所以说“一顶轿”，是因为中国地方的轿子上面装有顶球。

高本汉还告诉人们，“个”是汉语中最常用的量词，“假使没有旁的类别词语可以使用，常常可以应用这个‘个’；他的意义当然不很明显，但是，无论如何总能提示后面接着的所指是一种具体的实物，如一个人”（张世禄译文第 42 页）。

高本汉从汉语各地口语方言的差异，又谈到汉语的书面语（文言文）。他将文言文比作西方不同国家之间可以通用的“世界语”，认为正是这一特殊精巧的工具，能让不同方言区的中国人彼此交流而无障碍，他认为这种情况在西方是很难办到的。同时，他又进一步强调，“中国的文言是一种世界语，可是应当注意的，他专是一种‘书写’上的世界语，在这方面，固然是独一无二的”（张世禄译文第 48 页）。由此，从“书写”自然而然地将话题转向了下一章。

第四章是关于中国汉字知识的介绍和分析。作为一个西方学者，高本汉似乎对中国汉字有着特殊的情感，从《中国语与中国文》这本薄薄的小书中，我们处处可以感受到他对汉字由衷的赞美、热爱和高度评价。“中国文字是真正的一种中国精神创造力的产品，并不像西洋文字是由古代远方的异族借得来的。……中国文字有了丰富悦目的形式，使人能发生无穷的想象，不比西洋文字那样质实无趣。……中国文字好像一个美丽可爱的贵妇，西洋文字好像一个有用而不美的贱婢。”（张世禄译文第 84 页）

关于汉字，高本汉有很多见解非常精辟和发人深思，一些观点至今仍有现实意义。他高度评价了汉字在中国政治和文化中不可替代的独特作用，并认为中国绝不能走西方拼音文字的道路，因为“中国的文字和中国的语言情形非常适合，所以他是必不可少的，中国人一旦把这种文字废弃了，就是把中国文化实在的基础降伏于他人了”（张世禄译文第50页）。

在介绍中国汉字的同时，高本汉不仅列举了很多汉字的例子，形象细致地讲解汉字的结构和来源，而且还注意将汉字讲解与中国书法绘画艺术结合起来。他认为汉字特殊的艺术功能和装饰功能也是区别于西方文字的显著特点之一。“中国文字常常很多因为艺术上的目的而写作”。他用易懂的例子告诉人们，中国绘画艺术与西洋艺术的差别在于“西洋人装饰房子只用图画，不用文字，而中国人常用书法家所写成的白纸黑字的格言，悬挂于壁上，当作房子里的点缀品”（张世禄译文第84页）。

高本汉从自己学习汉语的经验中，知道西方汉语初学者所存在的疑问。他也时时提醒大家应该如何学习汉语。他在讲解中国汉字的特征时，反复强调汉字与西方文字的最大差异，就在于汉字的表意特征。也就是说从字形上无法直接知道其读音。那么，习惯了西方拼音文字的汉语学习者，一定会问如果遇到一个不认识的汉字怎样才能知晓其读音和意思，对此他详细地给读者讲解了汉语字典的编排特点，并以独体字“女”和合体字“好”为例，详尽地讲解如何从字典中查找到这两个字。他告诉读者，查字典一方面要知道组成字的字根（即部首和偏旁），而且还要知道一个字包含多少笔画和写法。“中国人计算笔画，依照写字的方法，对于写字有很多很严格的规则，写出的笔画有一定的次数、一定的程序。……要想在中国字典上查考中国字，必须要晓得中国字是怎样写的。”（张世禄译文第76页）

众多的汉字认读和书写无疑是西方人汉语学习过程中最感畏难和头疼的部分。按照西方人的思维习惯，一般他们更倾向于了解事物的量化程度和学习方法。为了打消初学汉语者的畏难情绪，高本汉还介绍说，尽管汉字的学习“是很费力的”，但是常用汉字尤其是独体字的数量也是有限的，掌握起来并不是非常难。“为通常的目的而学习三四个的楷体字，那并不是很繁难的工作。我们熟悉了几百个最普通的单体字，就得着各种合体字里常见的分子，因此要学习新字，只须学习这些新字里所包含的分子，或者应用西洋的语言来表明他们怎样的拼法。”（张世禄译文第86页）

第五章是关于汉语的语法问题。高本汉认为，没有词类标志，也没有词形变化，这是汉语的特点之一。“中国语大概说来，没有正式的词品（词类），实在和西洋各种语言相反。”他分析道，汉语不管其词品如何变化，其词语的形式是不变的。这也恰恰是西欧人学习汉语时的难点之一。

他还举例分析了有些词不同的词性可以通过读音的改变而非词语形式的变化而体现。例如“好”，读作第三声则为形容词，“好”读作第四声则为动词。

谈到汉语的结构，高本汉强调，汉语构造语句的主要方法是语序，“中国语上构造明晰的语句，所应用的积极方法是什么呢？我们可以回答一句，主要的方法是应用一种井然不紊的语词序次。”(张世禄译文第99页)他分析道,汉语一般的语序为:主辞+动词+宾辞。这种语序与英语基本相同。例如:“父爱子:The father loves the son.;子爱父:The son loves the father.”

同时他又指出汉语语序与英文语序不同的地方。这主要体现在疑问句上,他举了一般疑问句和特殊疑问句的例子进行讲解。英文的疑问句需要改变语序,而汉语疑问句并不需要。例如,He will come.疑问句语序为:Will he come? 汉语则为“他来吗?”或“他来不来?”对于原来词语的次序并无改变。再如疑问句 Who is he? 而中国语或说“他是谁?”或说“他是谁呢?”中国语采用疑问代词来表示疑问句,但是主辞和动词的序次并没有变化。

另外,高本汉也分析了中国语里有一种文法上的范畴,却是用语词序次的变化来体现的。在单纯的动词前面,加上否定词语“不”,如说“他不拿”。至于在复合的动词前,加上否定的语词“不”,就可以表明两种不同的意思:如说“他不拿去”,只是否定的意思,假使说“他拿不去”,就有“他不能拿去”的意思了。

第六章介绍汉语的文辞风格特征。高本汉强调汉语语感的培养并非一日之功,而是需要大量的阅读和背诵。因为汉语有很多现象是无法分析的。很多文辞意义的理解要靠长期积累才行。中国古代的教学方法强调背诵经典,他认为这是培养汉语语感的重要途径。“中国学生即使在低年级里,必须背诵几种大部的经典,并须熟记历代名家所作几百篇的文章和几百首的诗歌。这种学习的课程,采用了已经二千年,养成大家于古代文书具有特别的熟悉;结果对古代的历史和文学,又发生了一种崇视敬爱的心理,这种实在是中国人的特色。这种聚集成功的大资产,以供中国著作家任意地使用,在他文辞的修饰上自然得到有效的结果。”(张世禄译文第134页)

他还认为,引经据典是汉语文辞风格上一个很重要的特色。事实上,这也是给汉语学习者在阅读中造成很大障碍的重要因素。成语、隐喻及历史典故的引用等等都是汉语文体风格的体现,这些也是西方汉语学习者的难点。

三、《中国语与中国文》的阐述视角和方法

作为一位杰出的语言学家和西方汉学家,高本汉在《中国语与中国文》中从其独特的视角对汉语进行了详尽的考察和分析。他对汉语语言的阐释和介绍,新颖别致且具有很强的针对性和实用性。他的表述风格和分析方法简洁明了,尤其适合西方汉语学习者的思维习惯和接受模式。事实上,高本汉不仅是伟大的语言学家,也是一位出色的汉语知识普及者和优秀的汉语老师。正如马悦然所评价的那样,“他总是以引人入胜、妙趣横生的笔法展示自己的科学成果。每一个受过基本语言学教育的人跟着他都能使那些最复杂的问题迎刃而解。在他的帮助下,迷津

点破了，困难克服了。"①读高本汉的《中国语与中国文》，我们可以充分体会到这一点。对西方人而言，中国是一个遥远的国度，中国语也是一门神奇和陌生的语言。而正是高本汉，引导西方读者们一点一点地感受和领悟汉语的魅力，"使这一遥不可及的语言变得近在咫尺"②。

1.独特的身份和视角

要向欧洲人介绍汉语，首先要了解他们自身的语言特征。在这一点上，高本汉具有得天独厚的自身优势。他精通欧洲多国语言，深知西方人初次接触汉语时会遇到的不解和困惑。同时他身为汉语非母语的汉学家，具有学习汉语的亲身经历。因此，在《中国语与中国文》中介绍汉语特征时，他并不是面面俱到，而是有重点地进行讲解。例如，第三章中，他重点介绍了汉语的声调、汉语的量词、汉语的动词搭配等。

高本汉并没有回避汉语是一种比较难学的语言。他善于从汉语接受者和学习者的视角出发，条分缕析去阐释各种语言现象，进而层层深入。在介绍学习汉语和阅读汉语文献的困难时，他将之归纳为三个主要方面：第一是词语理解方面。其中包括汉语单纯词语意义的繁复和复合词语语素意义的多变，例如一个"节"字，有"节制""礼节""节气""贞节"等意义；很多复合词的意义并非词素意义的简单相加，例如"先生""东西""东道""天赋"等。另外包括汉语专有名词和词语省略等复杂现象，例如"秀才"、"举人"、"日兵"（日本兵）、"众生"（众学生）。第二是汉语结构方面。汉语缺乏形态变化，结构上用词语的次序来标明，语句结构关系有时不够明晰。第三是汉语文辞方面。汉语文言文缺乏标点，专有名词不大写，没有特别的标记。尤其是汉语书面语，无论是古文还是现代文，词语均不分词连写，这与拼音文字音节之间有明显间隔和标志迥然不同。高本汉所分析的这些方面正是西方人学习汉语的难点所在，也是他本人汉语学习和研究的经验之结晶。

2.有理有据的讲解

高本汉在介绍汉语语言特征时，不是枯燥地一味分析语言规则和理论，而是列举了大量、生动有趣的具体例证。

例如在第三章中，为了向西方人说明汉语四声在区别意义方面的作用，高本汉列举了下列生动鲜活的例子："北京人要是说 zhū，意思就指'猪'；要是说 zhú，意思就指'竹'；要是说 zhǔ，就指'主'（主人，天主）；要是说 zhù，就指'住'。一个外国的教士，假使把 zhū（猪）和 zhǔ（主）混乱不清，把'天主'说成'猪'了，这显然是要闯祸的。"（张世禄译文第 35 页）他还很幽默地描述，如果将"贵国"的"贵"的去声误念成上声，那"贵国"就变成"鬼国"了，就会产生不必要的误会。他提醒读者，"我们须免除了这种误会，显然是很要紧的"（张世禄译文第 35 页）。

高本汉正是通过这样一些实例，让人们对汉语声调的重要性有一个初步的认

① 《我的老师高本汉》，第 167 页。

② 《我的老师高本汉》，第 204 页。

识,从而提高对汉语声调学习的积极性。

再如在第六章中,高本汉分析汉语文辞的特点时认为,汉语中往往有大量的引经据典和隐喻,其含义并不是字面意思,这是中国文人雅士们所喜欢的修辞手法之一。为了说明这一点,他举例说:我问一个中国的雅士(知识分子),问他的年纪,他可以回答一句:而立。这两个字的意义,直白说只是"于是站住",实在太不容易明了。只有了解这是孔子《论语》里的"三十而立",才能知道他回答的是三十岁。

在《中国语和中国文》中,各种有趣和具有针对性的例证比比皆是。这不仅使读者对汉语有了更为直观的了解,而且也大大激发了读者对汉语的兴趣。

3.中西对照的分析

在《中国语与中国文中》,高本汉不是孤立地去解释汉语语言,而是运用比较语言学的方法,随时将汉语与其他语言进行比照,以帮助读者更好地了解汉语与印欧语言的差异所在。

例如,为了解释汉语是孤立语这一重要特征,高本汉是这样阐述的:"印度欧洲语言以及其他许多语言中,大部分都是利用形式变化的附添语,因之有很明显的结果;而中国语里完全没有采取这些方法,所以语词的应用,不论它各种的功用和关系,总是没有变化的。"(张世禄译文第 21 页)接着他又列举具体的实例加以进一步的说明。

第二章在谈到中国古代汉字的考证及演变时,高本汉则明确告诉读者,"凡是研究中国文化的,总要感觉得到的就是,中国的事情常常和西洋普通的情形极端相反的"(张世禄译文第 14 页)。他指出,中国汉字与西方文字的最大差异在于汉字的表意特征,从字面上无法获取读音。接着他举例分析:斯堪的纳维亚古文字石碑①的考证,是利用古代读音,再将刻文上的各个语词拼缀出来,依据声音上的相通来得到各词语的意义。而在中国语里,正和这程序恰好相反。中国的古文字,经过了许多世纪后尽管其大部分"形体"发生了变化,可是所代表的"意象"仍和古代相同。例如"日"和"月",人们看到字体,可以直接得到语词的意义("太阳"和"月亮"),但字体的组织不是一种音标,而是一种意标,字体上对于古代的"声音"形式一点儿也没有表示出来。

在《中国语与中国文》中,高本汉不仅将汉语与瑞典语及英语进行对比,还与法语、俄语、德语、西班牙语等语言进行对比,甚至与古拉丁语和希腊语作比较。在进行中西语言对比时,他善于找出其相同点和相异点。同时,他在一般规律中又列出一些特例。例如,在介绍汉语是有高低变化的声调语言时,他分析道:乐音上的高低,史前时代印度欧洲的语言里也有这种现象,不过现在大多数印欧子语里,已经没有遗存了。只有瑞典语、挪威语、塞尔维亚语、克罗西亚语、立陶宛语这几种语言中还保存着。而在中国语中这种现象却占很重要的地位。

在第五章分析汉语结构特点时,高本汉认为汉语句子的构成成分常常被省略,

---

① 指斯堪的纳维亚最早的文字石碑"鲁纳石碑"。——笔者按

这与西方语言截然不同。他分析道，中国语的语句，比较欧洲语实在是一种很“简略的辩证法”（brachylogical）……在欧洲语言里，我们对于语句上两个基本的要素，主辞和述辞，无论哪一个，都不会把它删除；可是在中国语里，假使主辞和述辞中有一个可以从上下文里看懂的，那就无须辞费。他接着分别用英语和汉语的实例来比照说明，“一个英国人拒绝购买某种东西的时候，他就说：I won't buy it，这样主辞和宾辞（I 和 it）很细心地表示出来。一个中国人却以为这个主辞和宾辞都是辞费，无需标明出来的，只简单说‘不买’”。（张世禄译文第 121 页）同时他还将汉语语句中这种简略（sketchy）情形与拉丁语进行了对照。他指出，拉丁文的语句没有这样的简略情况。因此他认为，汉语语句的这种简略容易使得语句结构不明晰，这会给缺乏汉语语感的西方人造成一定困难，解决困难的途径就是大量阅读。

再如谈到汉语专有名词时，高本汉也特别指出其与欧洲语言在书写上的不同。“欧洲人应用字母的大写表明专有的名词。如英语上的 Mark，Hill，Brown，Lee，Turner，Meadows，这许多是专名，决不会引起误会的。可是中国语里，通常在书写上没有把这种专名特别地分辨出来。”（张世禄译文第 130 页）同时他还提醒西方读者，因为中国语里人名和专名缺乏特别的标志，所以“有时竟成为疏忽的陷阱”。

通过与西方语言的比较对照，凸显汉语的鲜明特征，这是高本汉在《中国语与中国文》中运用得最多的阐述分析方法之一。比较语言学和汉学的深厚功底，使得他能够游刃有余地把最深奥的道理以最明白的话语表述出来，而对多种语言的精通和驾驭能力，更使其可以得心应手、随手拈来地引用不同语言的实例来说明问题。

4.语言和文化的结合

《中国语与中国文》不是一本汉语教科书，也不是一本单纯的语言知识普及读本。汉语知识的介绍与中国历史、地理、文化知识介绍的有机融合，是这本书的又一显著特色。高本汉将自己对中国文化的热爱和赞美融入于他的阐释中。在这本书中，他不仅向西方读者展示了中国语言的神奇和中国文字的魅力，也向人们展示了中国历史的久远、地域的广袤、哲学的精深以及文学艺术的多彩。

例如在谈到中国语言和文化的历史时，高本汉告诉读者，“中国有了四千年的文学，这种文学至西元前数世纪时已完全臻于成熟，内中包含哲学、历史的考证以及纯文艺纯美术的作品很多”（张世禄译文第 3 页）。他还向西方人介绍孔子，“我们要想明白中国文化和中国文献的年代，自不得不从汉代学者所保留下来的文献上去考求了，其中最主要的是孔子的经典。孔子——亦称孔夫子，往时耶稣社教士译成拉丁文的形式为‘Confucius’——是个政治家、哲学家……一个中国文化的救世主”（张世禄译文第 11 页）。

再如，在介绍中国汉字的特征时，高本汉巧妙地将汉字的介绍与中国的传统风俗习惯的介绍穿插在一起。他指出，“有些特别的字是中国人所信奉的，因此常被用作装饰的目的，例如‘寿’‘富’等，人们到处可以看到和买到用这些字写成的匾对”（张世禄译文第 84 页）。他还阐述了中国书法与绘画的关系，“书和画有密切的关系,所以中国的艺术家常为书法家而兼绘画家。在他们的画作上,喜欢插入几行字,他们把这种点缀的方法运用得很巧妙"(张世禄译文第 84 页)。

另外,他在书中随时穿插介绍一些汉语特有的言语表达习俗和相关文化常识。例如在分析汉语修辞手法时,他告诉读者,"中国语里有'许多称呼上文雅的形式'(谦称)。你要尊敬受说的人,就把他和他的一切统统抬高起来,而把你自己和你的一切统统降低下去。这是全部东方普通的情形"(张世禄译文第 142 页)。他还举出一些例子,如称自己为"鄙仆",称自己的儿子为"小犬",称自己的房子为"茅庐";而称他人的父亲为"尊公",称他人的来信为"玉简",请求他人来访说"烦劳尊驾",请人推荐说"毋惜金玉之口"等等。

语言与文化密不可分。通读《中国语与中国文》,我们不难发现,书中内容丰富,涉及面广,尤其是有关中国文化和历史知识的介绍占有相当的篇幅。高本汉恰到好处地将中国文化的介绍与语言的分析巧妙地糅合在一起,循循善诱地引导人们在了解汉语基本特征的同时,更多地去了解中国的历史、去感受中国文化的博大精深。

四、结语

《中国语与中国文》的问世,距今已有 96 个年头了,中译本的出版也有 81 年。然而,今天我们重读这本书,仍觉得精辟和新颖。在当下汉语全球推广的大背景下,如何有效地开展汉语语言和文化知识的宣传?如何在编写出版汉语教科书的同时,更多地编写和出版适合西方人阅读的汉语普及读物?高本汉的这本书对汉语的分析以及他的表述风格,给了我们新的启示和进一步的思考。

(作者单位:北京外国语大学中文学院)

道教"三洞"思想的形成及目的

□[日]小林正美　著

□李之美　译

译者按:此文是小林正美在中国社会科学院历史研究所举办的第58次学术月会上所宣读的论文。"三洞"思想在中国道教中具有非常重要和基础的地位,它贯穿于道教的包括神仙位格体系、道士位阶体系、经典分类标准等在内的一系列传统中,广泛流传于世。作为道教经典归类的基本原则,学界普遍认为"三洞"思想是统合诸道派的学说,但小林先生却认为"三洞"思想是刘宋时代天师道以"三天"思想为基础而倡导的一种基本教理,其目的是为了确立他们所信奉的上清位、《灵宝经》和《三日经》"三天"天书的特殊地位和价值;"三洞"思想的形成及稍后"四辅"思想的成立,事实上确立了天师道信仰的经典体系。

小林正美(Kobayashi Masayoshi),1943年生,现任日本早稻田大学文学学术院教授,文学博士(早稻田大学)。1983—1985年为哈佛大学燕京学社访问学者。专著有《六朝道教史研究》(创文社,1990年;四川人民出版社,2001年)、《六朝佛教思想研究》(创文社,1993年)、《中国的道教》(创文社,1998年;齐鲁书社,2010年)、《唐代的道教与天师道》(知泉书馆,2003年),编著有《道教斋法仪礼的思想史研究》(知泉书馆,2006年),并发表有多篇关于佛教、道教的论文。

引　言

"三洞"思想是道教教理中非常重要的思想。道教的"三洞"思想是指把道教经典分为洞真部、洞玄部和洞神部三部类的思想，本文主要讨论的就是这种思想是怎样形成的和为什么倡导这一思想的问题。

一、“三洞”思想的渊源

在梁武帝晚年时期编纂的《太上洞玄灵宝业报因缘经》（以下简称《业报因缘经》）卷十中可以看到十分完整的“三洞”思想。

资料1

道君曰，元始以一气化生三气，分为三天。一曰，始气为清微天，号玉清境，天宝君所化，出洞真经十二部以教天中九圣。二曰，元气为禹余天，号上清境，灵宝君所化，出洞玄经十二部以教天中九真。三曰，玄气为大赤天，号太清境，神宝君所化，出洞神经十二部以教天中九仙。

（《业报因缘经》卷十·四a~b）

根据上面的描述，洞真部的洞真经是居于始气之清微天玉清境的天宝君为教化天中九圣而演说的经典；洞玄部的洞玄经是居于元气之禹余天上清境的灵宝君为教化九真而演说的经典；洞神部的洞神经是居于玄气之大赤天太清境的神宝君为教化九仙而演说的经典。

《业报因缘经》所描述的“三洞”思想作为典型的道教“三洞”思想，在《道教义枢》卷二的“三洞义”和《云笈七签》卷三的“道教三洞宗元”中也能清楚地看到：

资料2

A.洞真教主，天宝君。……洞玄教主，灵宝君。……洞神教主，神宝君。

（《道教义枢》卷二·三洞义·一b~二a）

但知洞真法天宝君住玉清境，洞玄法灵宝君住上清境，洞神法神宝君住太清境。

（《道教义枢》卷二·三洞义·一b）

B.其三清境者，玉清、上清、太清是也，亦名三天。其三天者，清微天、禹余天、大赤天是也。天宝君治在玉清境，即清微天也，其气始青。灵宝君治在上清境，即禹余天也，其气元黄。神宝君治在太清境，即大赤天也，其气玄白。故九天生神章经云，此三号虽殊，本同一也。此三君各为教主，即是三洞之尊神也。其三洞者，谓洞真、洞玄、洞神是也。天宝君说十二部经为洞真教主。灵宝君说十二部经为洞玄教主。神宝君说十二部经为洞神教主。故三洞合成三十六部尊经。

（《云笈七签》卷三·道教三洞宗元）

下面就来分析《业报因缘经》的“三洞”思想是怎样形成的。为了便于理解《业

报因缘经》的“三洞”思想的结构，我们试把组成“三洞”思想的各个观念按照三洞的类别并列如下：（资料3）

资料3

始气——清微天——玉清境——天宝君——洞真经——九圣

元气——禹余天——上清境——灵宝君——洞玄经——九真

玄气——太赤天——太清境——神宝君——洞神经——九仙

这里请注意，洞真经、洞玄经和洞神经的“三洞”分别是与始气清微天、元气禹余天和玄气太赤天对应的。这一点暗示了“三洞”思想是以刘宋天师道的“三天”思想中的“三天”观念为基础而形成的。

接下来要对“三天”思想稍作一些考察。刘宋初的永初元年（420年）前后编纂的《三天内解经》中首先倡导了“三天”思想。因为《三天内解经》是天师道的经典，所以“三天”思想也是天师道的思想。《三天内解经》卷一如资料4所记载：

资料4

今撰集三天要解以示未语。可谨而秘之，勿妄轻传。传非其人，殃流子孙。

（《三天内解经》卷上·二a）

根据这一描述，编纂《三天内解经》的目的是为了解说“三天”思想的根本旨趣。《三天内解经》名称中的“三天内解”也意味着对“三天”思想的解说，由此可知，《三天内解经》是为了说明“三天”思想而编纂的经典。此外，《三天内解经》卷上的开头如资料5所示，记下了编者乃“三天弟子徐氏”。

资料5

三天弟子徐氏撰

（《三天内解经》卷上·一a）

“三天弟子”作为作者徐氏的称号，暗示着《三天内解经》是由“三天”思想的信奉者所撰述的。也就是说，《三天内解经》是以解说和宣扬“三天”思想为目的而编纂的经典。

《三天内解经》所说的“三天”思想是一种什么样的思想呢？《三天内解经》中关于“三天”思想的内容如资料6所述：

资料6

老君因冲和气,化为九国,置九人三男六女。至伏羲女娲时,各作姓名,因出三道以教天民。中国阳气纯正,使奉无为大道。外胡国八十一域阴气强盛,使奉佛道。禁诫甚严以抑阴气。楚越阴阳气薄,使奉清约大道。此时,六天治兴,三道教行。老子帝帝出为国师。(中略)

至汉世,群邪滋盛,六天气勃,三道交错,厉气纵横,医巫滋彰。皆弃真从伪,弦歌鼓舞,烹杀六畜,酌祭邪鬼,天民夭横,暴死狼藉。(中略)

太上以汉顺帝时,选择中使,平正六天之治,分别真伪,显明上三天之气。以汉安元年壬午岁五月一日,老君于蜀郡渠亭山石室中,与道士张道陵将诣昆仑大治新出太上。太上谓世人不畏真正而畏邪鬼,因自号为新出老君。即拜张为太玄都正一平气三天之师,付张正一盟威之道、新出老君之制,罢废六天三道,时事平正三天,洗除浮华,纳朴还真。承受太上真经,制科律,积一十六年,到永寿三年岁在丁酉,与汉帝朝臣以白马血为盟、丹书铁券为信。与天地水三官、太岁将军,共约永用三天正法,不得禁固天民。民不妄淫祀他鬼神,使鬼不饮食、师不受钱。不得淫盗治病疗疾,不得饮酒食肉。民人唯听五腊吉日,祠家亲宗祖父母,二月八月祠祀社灶。自非三天正法,诸天真道皆为故气。疾病者但令从年七岁有识以来,首谢所犯罪过,立诸魇仪章符,救疗久病困疾。医所不能治者,归首则差。立二十四治,置男女官祭酒,统领三天正法,化民受户,以五斗米为信,化民百日,万户人来如云。

(《三天内解经》卷上·二b~六b)

以"六天"和"三天"为焦点,试对资料6中所述的事情进行整理,如下所述:

上古伏羲女娲时代的漫长岁月里,鬼神世界的支配者是"六天",但是因为后汉顺帝时代"六天"的统治发生变乱,鬼神世界的统治者由"六天"变为"三天"。顺帝末年的汉安元年(142),作为"三天"部下的新出老君(太上老君)赋予张道陵(张陵)协助"三天"统治的任务,授予张道陵"太玄都正一平气三天之师"的称号和"正一盟威之道"。新出老君(太上老君)授予张道陵的正一盟威之道,就是代替"六天"统治时代的"三道"(无为大道、佛道、清约大道)的新道,因此它是"三天"统治下的真正的道,被称为"三天正法"。张道陵因为得到"三天"的庇护,所以作为三天正法的正一盟威之道被祭酒和信徒所实践。

这是"三天"思想的根本旨趣。刘宋天师道改革派的道士就是以"三天"思想为旗帜进行天师道宗教改革的。刘宋道士陆修静(406—477)也是天师道改革派的道士,他的著作《陆先生道门科略》也是以"三天"思想为基础而形成的。

刘宋的天师道中,改革派已经成为主流,所以刘宋及刘宋以后的天师道都把"三天"思想作为他们的基本教理。

刘宋及其以后的天师道中，虽然也称教祖张道陵为“正一真人三天法师”，但“三天法师”这样的称号才是《三天内解经》中“太玄都正一平气三天之师”张道陵的称号。因为“三天法师”是基于“三天”思想而被作为张道陵的称号，所以在《三天内解经》的“三天”思想形成以前，这个称号是不存在的。

因为在“三天”思想里，“三天”被认为是后汉张道陵以后的鬼神世界的真正统治者，所以刘宋天师道信奉的最高神是“三天”。《三天内解经》中，如资料7所示，“三天”被称为“太清玄元无上三天无极大道”（卷上·二a)。

资料7

因此而有太清玄元无上三天无极大道、太上老君、太上丈人、天帝君、九老仙都君、九气丈人等百千万重道气、千二百官君、太清玉陛下。今世人上章书太清，正谓此诸天真也。

（《三天内解经》卷上·二a~b)

最高神“太清玄元无上三天无极大道”中有两重含义。其一是“太清玄元无上三天是无极大道”，其二是“居于太清玄元无上三天的无极大道”。即“太清玄元无上三天”有作为神格和作为天界的两重含义，但两者之间并没有明确的区分。

“三天”观念之于“三天”思想，是与《三天内解经》以后的种种观念相结合发展而来的。最初的展开就是与“玄元始三气”观念的结合。如资料8所示，元始系灵宝经的《洞玄灵宝长夜之府九幽玉匮明真科》（以下简称《明真科》）的金箓斋法的发炉中也可以看到“无上三天玄元始三气太上道君”这样的神格，此外，元始系灵宝经的《太上洞玄灵宝赤书玉诀妙经》（以下简称《玉诀妙经》）卷上的“北方五气玄天真文赤书玉诀”中可以看到“无上三天玄元始三气太上老君”这样的神格。

资料8

A.次发炉

无上三天玄元始三气太上道君，召出臣身中三五功曹、左右官使者、左右捧香、驿龙骑吏、侍香金童、传言玉女、五帝直符，各三十六人出。出者严装，关启土地里域四面真官。臣今正尔烧香行道。愿使十方正真之气入臣身中，所启速达径御太上无极大道至尊玉皇上帝御前。

（《明真科》二六b~二七a)

B.无上三天玄元始三气太上老君。召出我身中三五功曹、左右官使者、左右捧香、驿龙骑吏、侍香金童、传言玉女、五帝直符，各三十六人出，关启此间土地四面真官。我今正尔烧香关启，愿得十方正真之气入我身中，令所启上闻径御无上至真大圣尊神玉帝几前。

（《玉诀妙经》卷上·一六a~b)

“无上三天玄元始三气太上道君”和“无上三天玄元始三气太上老君”的神格

名中都有“无上三天玄元始三气”，其中“无上三天”与“玄元始三气”结合在一起。而“无上三天”是从《三天内解经》的“太清玄元无上三天无极大道”的“无上三天”由来的，所以这里的“无上三天”就是天师道“三天”思想中的“三天”。又因为《明真科》的金箓斋法是模仿天师道斋法指教斋而做成的斋法，所以金箓斋法发炉仪式中出现的“无上三天玄元始三气太上道君”这样的神格，如资料9所示，正是由指教斋法的发炉中所看到的“三天太上玄元大道君”（同“三天玄元太上大道君”）而来的。

资料9

太上玄元五灵老君，当召功曹使者、左右龙虎君、捧香使者、三气正神，急上关启三天太上玄元大道君。臣等正尔烧香、清旦斋事。愿得八方正气来入臣等身中，所启速达径御至真无极道前。

（《正一指教斋清旦行道仪》一a）

而指教斋法是基于刘宋初年的天师道的“三天”思想而做成的斋法。如资料10所示，《无上秘要》卷四十五中所引的《洞玄请问上经》中称指教斋法为“三天斋法”。

资料10

高上老子曰……又有三天斋法与灵宝相似。

仙公曰，三天斋者是三天法师所受之法，名曰旨教经。（以下略）

右出洞玄请问上经。

（《无上秘要》卷四十五・一b～二a）

因而，指教斋法的发炉中见到的“三天太上玄元大道君”的“三天”就是天师道“三天”思想中的“三天”。而模仿其神格做成的“无上三天玄元始三气太上道君”这一神格中的“无上三天”也是天师道“三天”思想的“三天”。这样的话，金箓斋法的“无上三天玄元始三气太上道君”就是天师道“三天”思想的“三天”与“玄元始三气”结合的产物。

《明真科》金箓斋法发炉的“无上三天玄元始三气太上道君”和《玉诀妙经》的“无上三天玄元始三气太上老君”的“无上三天”都是天师道“三天”思想中的“三天”。由此我们也可以推测出“无上三天玄元始三气太上道君”和“无上三天玄元始三气太上老君”最初都是天师道“三天”思想中的神格，它们被借用在《明真科》的金箓斋法和《玉诀妙经》中了。

被认为是刘宋天师道编纂的《洞玄度灵宝自然券仪》（HY522）的咒香和《洞玄灵宝自然斋仪》（HY523）的发炉中也能看到“无上三天玄元始三气太上老君”。唐代《辩正论》卷五的一条注中所引的《出官仪》，是与天师道上章仪式相关的经典，其中也可以看到“无上三天玄元始三气太上老君”这样的神格名。由这种用法也可以确认，“无上三天玄元始三气太上老君”是在天师道“三天”思想的基础上形成的神格。

“玄元始三气”的观念与“三天”相结合，使天界的“三天”被分成了由始气而成的清微天、由元气而成的禹余天和由玄气而成的太赤天。南朝刘宋前期，由天师道编纂的《太真科》（收于《道教义枢》卷七）中有如资料 11 所示的对宇宙生成论的描述。

资料 11

太真科云，三天最上，号曰大罗，是道境极地。妙气本一，唯此大罗，生玄元始三气、化为三清天也。一曰，清微天玉清境，始气所成。二曰，禹余天上清境，元气所成。三曰，大赤天太清境，玄气所成。从此三气各生三气，合为九气，以成九天。

（《道教义枢》卷七 · 五 b）

其中阐发了由大罗天的一气而形成玄元始三气的“三天”，再由三气生成九气的九天这样的宇宙生成论。在这个宇宙生成论里，“三天”被认为分为始气而成的清微天、元气而成的禹余天和玄气而成的太赤天，进而又有清微天玉清境、禹余天上清境和太赤天太清境这样的三清境。

在比《太真科》稍晚一些，几乎同时代作成的《洞玄灵宝自然九天生神章经》（以下简称《九天生神章经》）的三宝章中，天界的“三天”又与三宝君结合在一起了。三宝章如资料 12 所示，分别被命名为始青清微天宝章、元白禹余灵宝章和玄黄太赤神宝章。

资料 12

三宝章

始青清微天宝章

元白禹余灵宝章

玄黄太赤神宝章

始青清微天宝章结合了始气、清微天和天宝君，元白禹余灵宝章结合了元气、禹余天和灵宝君，玄黄太赤神宝章结合了玄气、太赤天和神宝君，它们意味着始气清微天中有天宝君的神格、元气禹余天中有灵宝君的神格、玄气太赤天中有神宝君的神格。

三宝章的始青清微天宝章中有“洞明正一法，严修六天文”（八 b），即明确正一盟威之法，严厉整饬六天符文的意思。因为这里说的是天师道正一盟威之道，所以可知天宝章是由天师道做成的。后面又有元白禹余灵宝章“左命三天文，右摄六天兵”（九 a），即委命“三天”符文，管束“六天”鬼兵的意思，由此看来它也是基于天师道“三天”思想的。因为三宝章是这样描述“三天”思想，所以三宝章的始气清微天、元气禹余天、玄气太赤天的“三天”所表达的就是天师道“三天”思想中的

“三天”。

把“三天”“玄元始三气”“三宝君”结合起来的思想，在《九天生神章经》序的开头部分关于三宝君的论述中也能看到。资料如下：

资料 13

天宝君者，则大洞之尊神。天宝丈人则天宝君之祖气也。丈人是混洞太无元高上玉虚之气。九万九千九百九十亿万气后，至龙汉元年化生天宝君，出书。时号高上大有玉清宫。

灵宝君者，则洞玄之尊神。灵宝丈人则灵宝君之祖气也。丈人是赤混太无元玄上紫虚之气。九万九千九百九十万气后，至龙汉开图，化生灵宝君。经一劫，至赤明元年，出书度人。时号上清玄都玉京七宝紫微宫。

神宝君者，则洞神之尊神。神宝丈人则神宝君之祖气也。丈人是冥寂玄通元无上清虚之气。九万九千九百九十万气后，至赤明元年化生神宝君。经二劫，至上皇元年出书。时号三皇洞神太清太极宫。此三号虽年殊号异，本同一也。分为玄元始三气而治。三宝皆三气之尊神。号生三气，三号合生九气。

（《九天生神章经》一 a~b）

虽然《九天生神章经》序的关于三宝君的这一部分内容，是说明三宝章的三宝君的内容，不过三宝君的神格是从如资料 14 所举的《三皇经》（《无上秘要》卷六帝王品所收）的一节中来的。

资料 14

黄帝曰，三皇者则三洞之尊神，大有之祖气也。

天宝君者是大洞太元玉玄之首元。

灵宝君者是洞玄太素混成之始元。

神宝君者是洞神皓灵太虚之妙气。

故三元凝变，号曰三洞。气洞高虚在大罗之分。故大洞处玉清之上。洞玄则在于上清之域。洞神总号则在于太极。大洞之气则天皇是矣。洞玄之气则地皇是矣。洞神之气则人皇是矣。天皇主气、地皇主神、人皇主生。三合成德，万物化焉。故天皇起于甲子元建之始，治于太元三玄空天。地皇起于甲申太灵之始，治于三元素虚玉天。人皇起于甲寅虚成之始，治于七微浩郁虚玉天。（以下略）

右出三皇经。

（《无上秘要》卷六帝王品 · 五 a~b）

把这里见到的《三皇经》关于三宝君的内容与前面《九天生神章经》三宝君的内容相对照就可以知道，《九天生神章经》序中的三宝君是以《三皇经》中的三宝君为依据的，但两者的内容有很大的不同。《三皇经》里三宝君的内容中完全不涉及玄元始三气的内容，而《九天生神章经》中则把三宝君与玄元始三气结合起来，"此三号虽年殊号异，本同一也，分为玄元始三气而治。三宝皆三气之尊神"。在《九天生神章经》序的三宝君的内容里，如"三宝皆三气之尊神"所述，三宝君被认为是玄元始三气的尊神。

认为三宝君是玄元始三气的尊神，这是《九天生神章经》序里三宝君内容的特征。那么，《九天生神章经》中为什么会认为三宝君是玄元始三气之尊神呢？这是因为它主张三宝君是"三天"的神格。

如果根据前面引用的《九天生神章经》的三宝章的章名，始青清微天宝章中认为天宝君居住在始气清微天中，元白禹余灵宝章中认为灵宝君居住在元气余禹天，玄黄太赤神宝章中认为神宝君居住在玄气太赤天，因此，作为玄元始三气之尊神的三宝君是清微天、禹余天、太赤天——"三天"的尊神。《九天生神章经》序里三宝君的内容赞美三宝君的事迹，也正是因为三宝君是"三天"的尊神。

前面已经说过，玄元始三气与"三天"观念的结合就是刘宋天师道的"三天"思想，因此，把《三皇经》的三宝君的概念与"玄元始三气"和"三天"的观念结合起来的，就是刘宋的天师道。这一点意味着在《九天生神章经》序里讲三宝君的和写下三宝章的人物都是刘宋天师道的道士。刘宋天师道在摄取元始系灵宝经为本派经典的时候，对《九天生神章经》并非按照原本进行接收和吸收，而是把讲三宝君的内容记录在开头作为序的前半部分，再添加三宝章的内容摄取而成的。这意味着元始系灵宝经的原本的《九天生神章经》被改编成演说天师道"三天"思想的经典而被接受了。而最初把"三天"与三宝君结合起来的，是《九天生神章经》序里三宝君的内容和三宝章。

与《九天生神章经》的三宝章和序里三宝君的内容中所出现的诸多概念相对应的图示，如资料 15 所示：

资料 15

始气——清微天——玉清——天宝君——大洞

元气——禹余天——上清——灵宝君——洞玄

玄气——太赤天——太清——神宝君——洞神

把这个对应表与前面资料 3 的《业报因缘经》的"三洞"思想诸概念对应表对照起来看，除了三洞的"大洞"变为"三洞"思想的"洞真"这一点外，其他都是一致的。但对于三清的观念，同《九天生神章经》中序的三宝君的内容一样，前面所引用的《太真科》宇宙生成论的玉清境、上清境和太清境的三清境，也是与《业报因缘经》的"三洞"思想一致的。因此，我们可以知道，"三洞"思想的做成者，除了参考了《九天生神章经》序的三宝君及三宝章的内容外，也参考了《太真科》的宇宙生成论。也就是说，"三洞"思想是在《九天生神章经》序里三宝君的内容和三宝章以及

《太真科》“三天”的宇宙生成论的基础上被做成的。而《九天生神章经》序里三宝君的“大洞”在《业报因缘经》的三洞思想里变成了“洞真”，这是因为“三洞”思想里的“大洞”相当于上清经《大洞真经》，从《大洞真经》的经名中取出“洞真”代替了“大洞”。

这样看来，“三洞”思想成立的年代，比《九天生神章经》序的前半部分和三宝章被附加的时代以及《太真科》被编纂的时代都要晚，因此是刘宋元嘉三年(426)以后。此外，“三洞”思想的倡导者就是信奉“三天”思想和“三天”宇宙生成论的天师道道士。

顺便说一下，天师道的道士陆修静在元嘉十四年(437)制成灵宝经的目录，其序《灵宝经目序》(《云笈七签》卷四所收)中自称为“三洞弟子”(即“三洞”思想的信奉者)。此外，他还著成了基于“三天”思想的《陆先生道门科略》以及基于“三洞”思想的《三洞经书目录》，所以陆修静极有可能就是“三洞”思想的首创者。

二、“三洞”思想的目的

刘宋天师道倡导“三洞”思想的目的是什么呢？下面就来探讨一下“三洞”思想的目的。

正如我们现在所能看到的分类法，是基于天师道的“三天”思想中的“三天”观念，“三洞”思想把《上清经》《灵宝经》《三皇经》分为洞真部、洞玄部、洞神部三类，即认为始气清微天的天宝君、元气禹余天的灵宝君、玄气太赤天的神宝君分别演说了洞真部的上清经、洞玄部的灵宝经、洞神部的《三皇经》这些天书。

这种把三洞经典与“三天”的三宝君结合起来的情况，是因为上清经、灵宝经和《三皇经》被认为是在“三天”形成的天书。换言之，它意味着为了显示上清经、灵宝经和《三皇经》作为天书的地位，“三洞”思想才被倡导起来。也就是说，天师道倡导“三洞”思想的目的是为了赋予上清经、灵宝经和《三皇经》“三天”天书的特殊价值。

一般都认为“三洞”思想的目的是为了统合诸道派的道典，这似乎有不妥之处。因为我们已经看到“三洞”思想的形成是天师道为了赋予他们自己所信奉的上清经、灵宝经和《三皇经》“三天”天书的地位，所以“三洞”思想应该就是天师道的教理。

接下来，我们试考察“三洞”思想何以收入洞真部上清经、洞玄部灵宝经和洞神部《三皇经》的理由。“三洞”思想中把洞真部与上清经、洞玄部与灵宝经、洞神部与《三皇经》分别匹配，是从作为“三洞”思想之根基的《九天生神章经》的序中一些关于三宝君的说法由来的。洞真部的前身“大洞”之所以加入了上清经，是因为天宝君“大洞之尊神”与具有代表性的上清经《大洞真经》的经典名称之间，“大洞”的概念是共通的。在“三洞”思想的“大洞”中配置了《大洞真经》后，“大洞”部便更名为“洞真”部。同样，洞玄部收入了灵宝经，是因为“洞玄之尊神”的灵宝君与灵宝经的经名之间，“灵宝”的概念是共通的；洞神部里放入《三皇经》，也是因为神宝君一项中有“三皇洞神太清太极宫”这样的语句，《三皇经》的经名中“三皇”与神宝君的“洞神”结合了起来。

由此看来，可以知道在刘宋天师道基于《九天生神章经》序中的三宝君的说法倡导“三洞”思想的时候，上清经的《大洞真经》配置于洞真部、灵宝经配置于洞玄部、《三皇经》配置于洞神部的情况已经是被决定了的。也就是说，“三洞”思想应该是为了赋予天师道已然信奉的上清经、灵宝经、《三皇经》“三天”天书的地位而考虑出来的理论。

那么在“三洞”思想被倡导之前，是否可以确认天师道已经把上清经、灵宝经和《三皇经》作为具有很高价值的圣典来尊重呢？视上清经为特殊经典的经典观，可在南朝刘宋初编纂的《太真科》（《道门经法相承次序》卷中所收）的如下资料16中看到。

资料16

谨按太真科曰，盟威为下科，太清为中科，上清道德为上科，三科为三乘。

（《道门经法相承次序》卷中·二三a）

由此看来，刘宋初年的天师道已经把上清经和作为天师道圣典的《道德经》一起看成了本派最上乘的经典。

虽然《太真科》尚未触及灵宝经的相关内容，但刘宋初天师道编纂的《三天内解经》卷下中我们可以看到有关“灵宝出世”的记载，它作为与刘裕受命有关联的祥瑞之一，意味着元始系灵宝经的出现。而且在“三洞”思想形成之前，元始系灵宝经《九天生神章经》序的前半部分就与三宝章进行了附加和吸收。而元始系灵宝经的积极摄取吸收工作是从《太真科》编纂后的元嘉三年（426）以后才开始实施的，如资料17所示，在天师道编纂的初期的灵宝经《太极真人敷灵宝斋戒威仪诸经要诀》（下简称《敷斋经》）和《洞玄灵宝玉京山步虚经》（下简称《玉京山步虚经》）中，已经把元始系灵宝经和上清经，与《道德经》一起，赞美为最高的经典。

资料17

A.太极真人曰……唯道德五千文，至尊无上正真之大经也。大无不包，细无不入，道德之大宗矣。（中略）所谓大乘之经也。

又大洞真经三十九章，不得人间诵之。所以尔者，是真道幽升之经也。诸天帝王下迎，散香花。六天大魔王官属侍卫称庆，皆来稽首受事。（中略）

灵宝经是道家之至经，大乘之玄宗。有俯仰之品，十方已得道真人恒为之作礼，烧香散华。众道之本真矣。道士奉仰灵宝，朝拜斋戒，案法修之，皆便得道。岂有不然。

（《敷斋经》一二 a~一三 a）

太极真人曰，灵宝经者，众经之宗，难以言宣。五千文微妙，众经大归义一也。洞真三十九篇，三十九真人说之者。盖无生之文矣，此真人传出之耳。

（《敷斋经》一九 a~b）

天地有终始，故有大小劫。诸经亦随之灭尽也。后代圣人更出法。唯道德五千文，大洞真经，灵宝不灭不尽，传告无穷矣。故曰，无生之篇，众经之王也。

（《敷斋经》二〇 a）

B.正一真人无上三天法师张天师颂曰，灵宝及大洞，至真道经王。唯有五千文，高妙无等双。

（《玉京山步虚经》九 b）

在天师道里，像传授《三皇经》这样的事情，都发生在《敷斋经》和《玉京山步虚经》出现以后，正如可以很容易推测出《九天生神章经》序的三宝君是由《三皇经》的三宝君而来的那样，在“三洞”思想成立之前，《三皇经》已经在天师道中受到了很高的评价。

由上述情况可以确认，在“三洞”思想形成之前，天师道已经接受了上清经、灵宝经和《三皇经》为本派的经典，并且受到了很高的评价。

三、“三洞”思想与“道教”

就现在所论及的，大概可以理解“三洞”思想是刘宋初期的天师道基于“三天”思想所倡导的天师道教理。因为“三洞”的分类是根据天师道所信奉经典的分类项目而作出的，所以“三洞”经典全都是天师道所信奉的经典。刘宋末南齐初，辅助“三洞”的“四辅”也成立了，它们也是天师道所倡导的教理。那么，“三洞”“四辅”的道教经典全部都是天师道信奉的道教经典。此外，基于“三洞”“四辅”的道教经典而制定的道士受法教育制度以及基于这一制度而制成的道士位阶制度，都是在天师道教团中实施的制度。从而以“三洞”“四辅”的道典为基础的“道教”就是天师道的“道教”。作为儒释道三教之一的“道教”也就是天师道的“道教”。但因为元朝初期的全真道编纂了元代的《玄都宝藏》，并把全真道的道典收入了“三洞”“四辅”的道典中，所以全真道也是包括在这个“道教”范围内的。

四、关于《灵宝金箓简文三元威仪自然真经》

最后，我们要讨论“三洞”思想是由东晋末期做成灵宝经的灵宝派所倡导的这种见解。迄今为止，这种见解在道教研究者中仍然有着一定的影响力。持该见解者，如资料18所举，《一切道经音义妙门由起》（下简称《妙门由起》）的明经法第六中所引的《灵宝金箓简文三元威仪自然真经》中也能看到“三洞”的经典分类，所以他们主张在编纂作为元始系灵宝经（元始旧经）的《太上洞玄灵宝金箓简文三元威仪自然真一经》［《灵宝经目》（暂）第2861、2256中记载］的东晋末期，“三洞”思想已经形成了。

资料18

灵宝金箓简文三元威仪自然真经云，太上大道君以上皇元年九月一日西游玉国龙崛山。时有元始天尊忽乘碧霞浮云而来，前导凤歌，后从天钧，五老启涂，太极骖轩，众真并降于龙崛山中。（中略）

天尊答曰，大洞真经，幽升之道，拔度七玄，福流一门。灵宝大乘，普度天人，生死获恩。皇文大字，通神致灵，三洞宝经，自然天文，并是度人升玄之法。（以下略）

（《一切道经音义妙门由起》明经法第六·二三b~二四b）

但事实上，《妙门由起》中所见到的《灵宝金箓简文三元威仪自然真经》并不是《灵宝经目》（暂）中所记载的《太上洞玄灵宝金箓简文三元威仪自然真一经》，而是唐代初期做成的伪经。这里对《妙门由起》中所载的《灵宝金箓简文三元威仪自然真经》的成立稍作论述。

梁末编纂的敦煌本的《三洞奉道科戒仪范》（第2337页）卷五和道藏本《洞玄灵宝三洞奉道科戒营始》卷五的《灵宝中盟经目》中，都不存在与《灵宝经目》（暂）所载的《太上洞玄灵宝金箓简文三元威仪自然真一经》相对应的经名。因为《灵宝中盟经目》是梁末天师道教团中，道士在获得无上洞玄法师这一法位时所授予的灵宝经的目录，所以《灵宝中盟经目》中不能看到的灵宝经极有可能是梁末天师道中根本未实施的经法。

《灵宝经目》（暂）中记载的《太上洞玄灵宝金箓简文三元威仪自然真一经》在《灵宝中盟经目》中看不到，因为在梁末已经散佚。而唐代玄宗皇帝即位之年（712）完成的《一切道经音义》所付《妙门由起》中却引用了《灵宝金箓简文三元威仪自然真经》，这样看来，这部《灵宝金箓简文三元威仪自然真经》极有可能是梁末《三洞奉道科戒仪范》编纂之后而被伪做的经典。

那么，《妙门由起》中记载的《灵宝金箓简文三元威仪自然真经》究竟是什么时候写成的呢？如资料19所记，《无上秘要》卷十九的《洞真金箓简文真一经》中有这样的引文。

资料19

太上大道君以上皇元年九月十日西游玉国龙崛山中，与太真真王夫人共座一嵎华林之下。时有元始天尊忽乘碧霞绿舆,二素飞云,神仙羽盖。三十二天,上帝玉真,飞仙玉女十亿万人,建九色之节,十绝灵幡。散华烧香,浮空而来,前导凤歌,后从天钧,狮子白鹄,啸歌邕邕,五老启途,太极参轩,众真并降于龙崛山中。

右出洞真金箓简文真一经。

(《无上秘要》卷十九·四b~五a)

试将资料18中的《灵宝金箓简文三元威仪自然真经》与资料19《洞真金箓简文真一经》对照看,可知《妙门由起》的《灵宝金箓简文三元威仪自然真经》的开头部分是从资料19的《洞真金箓简文真一经》中节略出来的。由此可以推测出,《妙门由起》所引的《灵宝金箓简文三元威仪自然真经》比《无上秘要》所载的《洞真金箓简文真一经》完成得要晚。由于《无上秘要》中并未出现《灵宝金箓简文三元威仪自然真经》中的引文,所以在《无上秘要》编纂的北周武帝(561—578年在位)末年,《灵宝金箓简文三元威仪自然真经》还未被做成。也就是说,《灵宝金箓简文三元威仪自然真经》是在《无上秘要》编纂之后,借用《无上秘要》卷十九所载的《洞真金箓简文真一经》伪做而成的。虽然在唐初的《三洞珠囊》卷八中又能看到《金箓简文经》(23a),但其内容与《灵宝金箓简文三元威仪自然真经》的不同,故为与此无关的其他经典。《三洞珠囊》中并未引用《灵宝金箓简文三元威仪自然真经》,大概是因为在《三洞珠囊》编纂的时期里《灵宝金箓简文三元威仪自然真经》还不存在的缘故。因此我们可以推测,伪经《灵宝金箓简文三元威仪自然真经》的完成时间为唐代初期,接近于《妙门由起》的完成时间。

如果《妙门由起》所引的《灵宝金箓简文三元威仪自然真经》被作为唐代初期完成的伪经,经典中也可看到"三洞"思想,没有任何的不合理之处。倒是以此部伪经为基础,认为"三洞"思想是在东晋末期灵宝派中形成的见解,已经失去了论证的依据。

顺便说一下,除了《妙门由起》所引的《灵宝金箓简文三元威仪自然真经》,现存元始系灵宝经(元始旧经)中,"三洞"思想的影响是完全看不到的。现存元始系灵宝经(元始旧经)中出现的"三洞"和"洞玄"的观念,都是与"三洞"思想完全没有关系的东西,所以在初期的元始系灵宝经被编纂的时代,"三洞"思想还未形成。最早能够反映"三洞"思想影响的早期灵宝经是仙公系灵宝经《敷斋经》和《玉京山步虚经》。

(译者单位:人民出版社)

质疑与解构
——读津田左右吉《〈论语〉与孔子思想》

□刘　萍

摘要:在《〈论语〉与孔子思想》一书中,津田左右吉把《论语》当作一部思想史史料来对待,透过对《论语》的文献学考察,厘清《论语》作为文本在内容上的确定性、孔子思想内涵及其与后世儒家思想的历史关联,建立起近代语境下的孔子形象,进而"以中国为方法",阐发其对于孔子思想以及儒家学说的批判言说。在文化批判主义视域中,津田左右吉完成了对于传统汉学的颠覆,也实现了对于"儒家之学"乃至中国文化的解构。

关键词:津田左右吉　《论语》　解构

Abstract: In the book of *The Analects of Confucius and Confucianism*, the author Tsudasoukiti regards *The Analects of Confucius* as the historical material of the intellectual history. Through the philological study of the "Analects", he verifies the reliability of the text, figures out the essence of Confucius' thought and the way it is connected with the later development of Confucianism. The author portrays the image of Confucius in the modern context, and in turn explicates his critiques of Confucianism. From the perspective of cultural criticism, Tsudasoukiti subverts the traditional Sinology and deconstructs the Confucian Philosophy and even the Chinese culture.

Key words: Tsudasoukiti, *The Analects of Confucius*, deconstruction

在近代日本中国学界，有关《论语》的研究著述可谓不胜枚举，其中津田左右吉的《〈论语〉与孔子思想》一书（岩波书店，1946 年 12 月）显示出独特的问题意识与论说倾向。以“津田史学”而著称的津田左右吉，在以合理主义的立场探究日本古代历史真相的求索中，又以敏锐的学术自觉将中国古代思想纳入其批判性研究视野，从而创建起以中日两国古代典籍与思想史研究为核心的学说体系，因此从某种意义上说，《〈论语〉与孔子思想》是其日本文化研究延长线上的劳作。津田左右吉把《论语》当作一部思想史史料来对待，透过对《论语》的文献学（philology）考察，建立起近代语境下的孔子形象，进而“以中国为方法”，阐发其对于孔子思想以及儒家学说的批判言说。

一、思想史基盘上的《论语》文本考察

早自 20 世纪 20 年代始，津田左右吉（1873—1961）就连续发表过一系列关于儒家思想的研究论著，而对于孔子及《论语》的深入、系统的研究则开始并完成于第二次世界大战期间。终战前即已脱稿的《〈论语〉与孔子思想》，战后始获出版，后被收入《津田左右吉全集》（1963）。关于这部书的写作动机，津田左右吉在“绪言”中说得很清楚：“欲了解中国的思想，则必须了解儒家思想，欲了解儒家思想，则必须明了孔子的思想，而欲明了孔子的思想，则必须细读《论语》。”可见这部著作的核心问题便在于通过把握《论语》的内容来论述孔子以及儒家的思想学说。

事实上，对于《论语》的研究在明治以降的日本中国学界始终不曾中断过，只是由于近代文化不同阶段的发展趋向而互有差异，研究者学术理念与治学方法各有所自。与之相因应，对于《论语》的解读亦呈现过不同的面向，诸如服部宇之吉、宇野哲人的伦理主义孔子崇拜，武内义雄的古典解释学《论语》解读，但一个共同的认识则在于对《论语》记录了孔子的言行这一事实皆不存疑义。然而在《〈论语〉及孔子思想》一书中，津田左右吉却首先对《论语》是否真实再现了孔子的言论提出了强烈的质疑，主张必须对《论语》的内容进行严密的文献学批判考察，才能实现通过《论语》来了解孔子思想的目的。于是津田左右吉将全书章节做了如下安排：

第一篇　传世的孔子言论

第二篇　《论语》及孔子言论的传承

第三篇　《论语》的形态及其内容

第四篇　《论语》的成书轨迹

第五篇　《论语》与儒家之学

结　语　《论语》的研究方法及态度

其中第一篇至第四篇是关于《论语》文本的诸方面考察，所用笔墨占到全书近五分之三的篇幅。为确定作为了解孔子思想的资料《论语》是否足以凭信，津田左右吉把《论语》各篇逐章分解，不厌其烦、不避烦琐地将其内容分别与《孟子》《荀子》《礼记》《谷梁传》《淮南子》《史记》等多种先秦及西汉时期的文献记载加以对照比勘。他指出，《论语》中有不少惹人生疑之处——同样是孔子的言论，在不同的篇章里却表达了不相一致甚至相互矛盾的思想；有些地方虽然表述的是儒家的思想，但可以清楚地知道那是孔子以后产生的思想；还有一些与《论语》中孔子所言类似的思想内容是以不同的言论、不同的说法被记录于其他文献当中的，而另有一些与孔子所言相同的内容在其他文献当中却被记录为他人而非孔子的言论。总之，津田左右吉执着地认定，《论语》中记录的所谓孔子言论，有些明显是战国以后的东西，它们不是孔子所言，同时也可以推定有些内容是属于战国以前的，因此无论如何不能轻易地相信《论语》中记录的孔子言论就真的是全部出于孔子之口。

那么，如此严苛的《论语》材料筛查对于研究孔子思想又有何意义呢？津田左右吉所要解决的问题是：《论语》中如果真的包含有孔子言论的话，那么它们是以什么途径通过《论语》流传下来的？如果其中记录了并非孔子的言论，那么这种情况又是如何发生的？即使《论语》中有些内容并非是孔子的言论而被记录了下来，那么后世儒家是如何接受孔子的？孔子的思想与儒家思想的发展有着怎样的关系？不难看出津田左右吉的《论语》研究，一在于厘清《论语》作为文本在内容上的确定性，二在于究明孔子思想内涵及其与后世儒家思想的历史关联。

津田左右吉的研究方法既不同于传统的汉唐训诂之学，也不同于清代考据之学，而是强调思想史式的“文本批评”的解读方法。在他看来，“所谓的考证的读法与思想史的读法，在终极点上应视作等量观，最重要的是要找到能够真正读解《论语》的方法”。津田左右吉试图通过这种特殊的“文本考察”方式，实现他对《论语》的思想史式的研究，即把《论语》当作思想史材料来加以批判分析，从而揭示出《论语》所反映的孔子思想在后世儒家学说中，如何被继承、被改变，在儒家思想发展史上产生了何种作用、占有何种地位等一系列问题。这种建立在思想史基盘上的精密的原典批评，无疑开辟了一个《论语》研究的新领域。

二、近代文化语境下的批判性言说

津田左右吉对儒家思想文化的批判首先始自对于孔子形象的重塑。

自江户时代以来，日本传统汉学的根基就建立在对于孔子近乎宗教性的崇拜上，孔子被神格化、偶像化。因此，以欧美文化作为最高标准的日本近代化，基于确立科学的近代中国学学科这一立场，首先要面临的就是要建立起对于孔子的近代认识，并以此作为批判和超越传统汉学的突破口。由是观之，津田左右吉的儒家文化批判不是一个孤立的文化现象，而是日本近代化这一特定的时代语境之下的必然产物。所不同的是，津田左右吉充分运用其独特的"思想史读法"，摘取《论语》各章中孔子本人的自我反省与自我评价之语，加以归纳总结，从而完成了对于孔子形象的重塑。他认为，孔子一生勤勉好学，始终不满足于自己的现状，始终孜孜不懈地致力于自我的完善。"按照孔子所述，孔子绝不是什么超人，也不是什么生来就异于常人的人。"（第三篇第二章）津田左右吉通过检视《论语》中孔子的自我描述之语，将以往被尊奉在神坛之上的孔子，还原为一个现实生活中鲜活灵动之人。这种摈弃以往人们对于研究对象的礼拜，从而使之客观化、相对化的做法，正是近代日本中国学的出发点，也是津田学术的一贯立场。津田左右吉的"孔子形象"对于打破孔子神话，无疑具有重大的伦理意义和历史意义。

对孔子及儒家道德学说的批判是《〈论语〉与孔子思想》一书的另一重要考量。早在 1938 年出版的《儒教的实践道德》（岩波书店）一书中，津田左右吉就指出儒教所教导的实践道德中最核心的内容是"孝"和"忠"。他认为，中国人的家族关系是作为权利者的家长和隶属于家长的家族成员之间的一种权利支配的关系，这样的家族道德也就不是关乎人的道德，而是权利者的说教。臣对君的"忠"也显示了现实社会的君臣关系中的功利动机。津田左右吉对儒家实践道德中的虚饰与夸张给予了深刻的揭示，指出这种道德说教是以一种非现实性的形态展开的，因而最终变成了完全背离人情而难以实行的实践道德。

津田左右吉对儒家道德的这一基本判断在《〈论语〉与孔子思想》一书中得到了进一步阐述。在第五篇"《论语》与儒家之学"中，与对《论语》内容的把握相一致，津田左右吉把对孔子思想的认识也定着在"道德"与"政治"两项要件上，而其中对孔子道德说的剖析，在其中国思想史研究中具有总结性的地位，可以说就是津田思想史学的最终结论。津田左右吉认为，孔子思想中的道德说是对生活在那一时代的家族结构和政治形态下的人们所制定的具体的、富有实践性的行为规范，它表现为家族生活中的"孝"与君臣关系中的"忠"。这种道德规范是建立在视现实家族结构与君臣关系为不可动摇的社会制度的基础之上的，因此儒家的道德思想在这一点上表现出保守主义倾向。"这种保守主义的儒家道德又是以服从权力为原则的，是维护权力阶级权力的道德，因为作为其存在前提的古代中国的社会制度是以家族中的家长的权力和君臣关系中的君主的权力为基础的。"（第五篇第一章）在津田左右吉看来，儒家道德倒也始终是建立在人的基础上的，道德之本在乎人心，这是儒家的基本考虑倾向，其中亦不乏合理成分，但是"作为道德主体的人格观念，在儒家道德中是不存在的，其合理主义是有限度的"。对儒家而言，道德只是生活的便宜之计，并未赋予其高度精练、纯化的意义。

在对儒家思想文化的研究中，津田左右吉一直强调“研究者要置身于儒家立场之外，要摆脱偏执与宗派之心”（结语），要把儒家思想当作学问的对象来看待，使之客观化、相对化，《〈论语〉与孔子思想》一书的上述批判性言说就是这样一种理念的具体实践。

三、文化批判主义视域中对“儒家之学”的解构

如果说古代史研究家可以分成释古派和疑古派两类的话，那么津田左右吉就是名副其实的疑古派，在这部《〈论语〉与孔子思想》中，其疑古的立场得到了最大限度的发挥。通过对《论语》文本的精密的思想史考察，津田左右吉对儒家文化的保守性，特别是对其道德思想的虚伪性予以了深刻的揭露，其强烈的批判意识无疑对传统汉学构成颠覆，即使相对于同时代的近代日本中国学家，津田学说也以其鲜明的理性光彩而独步学界。然而津田左右吉的“孔子形象”与儒学认知，是在广泛的“脱亚入欧”的社会历史背景下，在努力于将日本文化从“汉文化圈”中剥离出来的文化氛围中孕育而成的，因此，与其理性的文化批判交织在一起的往往是基于民族主义立场而显现出的对于被审视文化的冷漠与蔑视，这使其学术由对中国古代典籍文献的质疑而深陷至对于中国文化的批判解构。

在《〈论语〉与孔子思想》一书中，津田左右吉从疑古的立场出发，对以《论语》为首的诸种先秦及汉代文献进行文本考察，对其中的相关记载进行对比整理，固然获得了许多新的启示，但由于对文献的种种限定与筛查失之过度，则不仅造成了文献的支离破碎，而且使可资凭信的材料越来越少，当文献本身不足以提供有效证据时，只有依赖一己之推量思考做出思想史之判断，因此津田左右吉的文本批评某些时候甚至会出现对于文献的背离。换言之，津田左右吉的文本考察由于过分拘泥于对文献的分析批判，因而不免带有某种就事论事的味道，最终则在某种程度上陷入了虚无主义的泥淖。

津田左右吉对儒家思想仅限定在以“道德”与“政治”两大层面加以阐说，这种理解和把握也是非常局部化、不完整、不全面的。儒家学说作为中国传统文化的主体，具有极其悠远的历史文化渊源，其思想内涵更是广泛而深刻。在政治观念上，儒家主张仁者之治，提倡重德贵民；在社会伦理规范上，儒家主张孝悌和亲，倡导礼乐文化；在宗教文化方面，儒家秉持远神近人的人本取向；在哲学世界观上，儒家奉行阴阳调和、天人合一的基本理念。这一切构成了中国文化的主流，历史性地影响着中国社会的发展走向。然而，儒家学说的这些主体影响力，在津田左右吉的“儒教研究”中却有意无意地被忽视、被消解了。

在论及孟子对于孔子思想的接受范式时，津田左右吉这样写道：“孟子在传述

孔子言论时，目的之一是要弄清孔子思想，但更多情况下，更明确的目的则是为了有助于阐明自己的主张。”（第二篇第二章）津田左右吉的中国研究相对于他的日本文化研究实则也呈现出几乎同样的态势。通过对中国先秦文化的既成模式进行全面解构，津田左右吉建立了一个属于他自己的中国思想史框架，与此同时，作为亲历日本近代化进程的日本知识分子中的一员，津田左右吉孜孜以求的更在于建立一个独特的属于日本民族自身的“日本文化”形象，因此，对中国文化的批判是其清理和提纯“日本文化”的衍生物，中国是方法，日本才是目的。

（作者单位：北京大学中文系/北京大学中国古文献研究中心）

《荀子·性恶》辨*

□黄　芸

摘要：本文集中讨论了金谷治和罗丹（Dan Robins）对《荀子·性恶篇》真伪的质疑。作者认为，金谷治的“荀子性朴说”混淆了“朴”字的两种词性，即名词和形容词以及形容词的两种意义，亦即描述义和评价义。而罗丹所谓的被污染过的“核心文本”可以有一种更为融贯的理解：在他看来彼此冲突的三个主题，实则层层递进，共同构成了一个完整的道德形而上学理论。成熟期的荀子道德哲学不仅对性恶有了更充分的论述，而且对人的可完善性也有了更为全面的阐述。

关键词：《荀子》　人性论　性恶

Abstract: Both Kanaya Osamu and Dan Robins hold that the section of the *Xunzi* called "*Xing E*" (or at least part of it) was not really written by Xunzi. Yet a close analysis of the usage of "*pu*" (朴) in *Xunzi* shows that Kanaya's argument of "Xunzi's idea of human nature as neutral" (荀子性朴说) not only jumps from "*pu*" as a noun to "*pu*" as an adjective, but also neglects the differences between descriptive meaning of the adjective "*pu*" and its normative usage. While the so-called "core text", which Robins believes has been polluted, can be understood in a more consistent way: the

* 本文初稿曾于2009年5月在香港中文大学哲学系主办的“哲学：东西之际”华人青年学术会议上宣读，承邓小虎、童警两位先生指正，后又蒙台湾大学佐藤将之教授惠寄他本人的著作以及台湾、日本的荀子人论研究论文数十篇，对本文的写作提供了极大帮助，深表感谢。

three core positions, clashing with each other when seen from Robins' viewpoint, work together to construct a three-dimensional theory of moral metaphysics. The final stage of Xunzi's moral philosophy gives more detailed arguments than earlier versions for both positions of "human nature being bad" and human perfectibility.

Key words: *Xunzi*, theory of human nature, "*Xing E*"

引 言

荀子在传统上被看作性恶论者，然而，自疑古风潮兴起以来，对传统观点提出质疑的也大有人在。在这些质疑者中，有一派从《荀子·性恶篇》作为史料的可信度入手，反对传统观点。《性恶篇》中对人性恶的反复宣称，是传统观点的主要依据，假如能够证明，《性恶篇》的全部或其中的主要部分，并非荀子的作品，而是由其他学派的论著羼入，那么，传统的荀子性恶说的主张也就很难成立。因此，要讨论荀子能否（或者在何种意义上可以）被称为性恶论者，须先辨明《性恶篇》的真伪。

对《性恶篇》可信度的怀疑又可分为两类。第一类认为《性恶篇》全篇或其主体部分为伪，金谷治（Kanaya Osamu）、丰岛睦（Mutsumi Toyoshima）、孟旦（Donald Munro）、金胜惠（Kim Sung-Hae）、周炽成等均持这种观点，其中金谷治在时间上最早，他直接影响了孟旦，可能也间接地影响了金胜惠与周炽成，因此最为重要。第二类认为《性恶篇》中的那些重复语句（"人之性恶，其善者伪也"）系羼入，持这种观点的有陈汉生（Chad Hanson）、罗丹（Dan Robins）等，其中罗丹较为晚出，他在陈汉生的基础上，通过详细分析《性恶篇》，试图区分核心文本和混杂的段落，并进而确定荀子人性观念的历史发展。故本文集中讨论金谷治和罗丹的观点，其他学者的观点则只在行文方便的时候顺带地论及。

一、关于方法论的一些说明

在正式进入对《荀子》文本的讨论之前，我想先对方法论的问题作一点交代，说明我以为较为稳妥的一些文本考辨的原则。

总的原则是：如无充足证据，不如暂依旧说。学术上的怀疑精神固然是极可贵且需大力提倡的，然自疑古派以来，作翻案文章者往往根据一字一句之可疑，而断整篇乃至全书的真伪。这种做法，就写文章来说，是极简便省事的，然而却很可能在倒掉脏水的同时,将孩子也一齐泼了出去[①]。近年来学界对此虽已多有批评,且有"走出疑古时代"的呼声,但就笔者阅读所见,在《荀子》各篇真伪之辨上,仍有强调此一原则的必要。

(1)在这条总原则下,第一条原则是避免孤证。文献考辨不外乎内部互证和外部参校两种方法,但先秦距今已有两千余年,历时既久,文献流传过程中,自不免多有错漏讹误;先遭秦火,复经刘向父子编辑、整理,故可能与先秦原本的篇次有出入,例如主题相近的几篇被归并为一篇。这不仅在被怀疑的文献如此,在被引为参照对象的文献也同样如此。因此,倘只以单一证据作为怀疑的基础,那么这个基础未免太薄,总要多个不同来源的证据相互支持,才可以构成一个较为厚实的论证。

(2)与上一条原则相关的,第二条原则是避少就多。如在同一文献中发现彼此抵触的观念,而又找不到别的合理的解释,那么有理由认为,它们之中必有一个系由别的来源混入。在这种情况下,如果其中一个观念在同一文献的不同上下文中屡次出现,而另一个只是偶尔出现,则出现次数较少的来源较为可疑;如果其中一个观念是以长篇大论的方式出现,而另一个只是一个单句或一个很短的段落,则篇幅较短的来源较为可疑。

(3)与上一条原则相关的,第三条原则是尽量寻求更好的解释。如果在同一文献中发现彼此抵触的表述,不必急于断定其中有伪作,而应考虑它们究竟是反映了不同作者间实质性的观念分歧,还是仅仅是同一个理论系统以不同方式表达所造成的字面上的矛盾。

(4)第四条原则是区分观念的初步酝酿与其成熟形态。一个观念从酝酿到成熟需要一个过程,它可能经过了一个相当长的时间才被提炼为概念或命题[②];可能最初只是针对个别事例的个别回答,稍后才采取普遍化的形式[③];也可能一开始只

---

① 丰岛睦接受傅斯年的看法,认为不应把战国诸子看作专业的著述家,因此在今本《荀子》中,最接近于荀子的是有"孙卿曰"或是可以补充"孙卿曰"的部分,而《性恶》等篇既不是荀子本人的阐述,也不是其门人的记录,因此不能代表荀子本人的思想。(参见佐藤将之(Masayuki Sato):《20世纪日本荀子研究之回顾》,载《"国立"政治大学哲学学报》第十一期,2003年12月,第48页)按这个观点未免过于极端。战国诸子虽然并不以著书为职业,但这并不代表战国时没有私人著述之事。从这个很成问题的前提来推断《荀子》各篇的真伪,其立论的可靠性也就可想而知。

② 史华兹(Benjamin I.Schwartz)著、程钢译:《古代中国的思想世界》(*The World of Thought in Ancient China*),南京:江苏人民出版社,2004年,第182页。

③ Masayuki Sato, The *Confucian Quest for Order: The Origin and Formation of the Political Thought of Xunzi*, Leiden: Brill, 2003, p.98.

是一个文约义丰的断言，后来才发展为一个由多重证据支持的论辩[①]；而且论证所用的文字也可能一开始并不那么整齐，后来才变得较为雅驯[②]。

由以上原则来看各家对《性恶篇》真伪的质疑，则其论证均难以令人信服。

二、金谷治的观点

日本学者金谷治对比了刘向《孙卿新书叙录》中开列的篇目次序和杨倞所定篇次，认为刘向很可能是根据《荀子》原本资料的不同来源来排列篇次：前八篇（《劝学》《修身》《不苟》《荣辱》《非相》《非十二子》《仲尼》《成相》）为第一类，谈修身；继九篇（《儒效》《王制》《富国》《王霸》《君道》《臣道》《致士》《议兵》《强国》）为第二类，讲治国；接下来的六篇（《天论》《正论》《乐论》《解蔽》《正名》《礼论》）为第三类，说理论；最后六篇（其中包括《性恶》）为古事杂辑。金谷治认为，前三类文本可能反映了荀子思想发展的不同阶段，而他门下的弟子可能分为修身、治国和理论三派，分别传承了荀子思想的一个方面[③]。至于《性恶篇》，金谷治认为它是韩非等法家门人所增附，其理由有以下几个方面：

其一，从编排次序上说，它既然被刘向归到最后的杂撰类，这说明在刘向看来，它并非荀门正传；

其二，从与其他文本的参校来看，《韩诗外传》引《荀子》共50多处，其中也包括第四类中的《宥坐》等篇，却奇怪地没有引用被看成荀子代表作的《性恶篇》；

其三，从内部互证来说，有多个证据：（1）“性恶”的说法不见于除《性恶》以外的其他诸篇；（2）性恶说有一部分内容是针对孟子而发，然而荀子在《非十二子》中虽然批评孟子，却并没有提到性善论，而只是说他“幽隐而无说，闭约而无解”，若性恶是荀子本人的观点，则《非十二子》中不当如此；（3）性恶的观念不仅与《荀子》前三类文本，也和《性恶篇》后半部分的关于人性的一些措辞相冲突。在《礼论》《正名》《儒效》等篇中，性是某种素朴的、未经发展的中性材质，既可以演变为恶，也可以转化成善，而《性恶篇》后半段则说人“有性质美”“皆有可以知仁义法正之质”，与性恶说正相矛盾；（4）荀子虽然极力反对“纵情性”，但也同样反对“忍情

---

① 庞朴：《竹帛〈五行〉篇比较》，载《郭店楚简研究》（《中国哲学》第20辑），辽宁教育出版社，1999年，第221—227页。

② 张西堂：《荀子真伪考》，台北：明文书局，1994年，第34—35页。

③ 金谷治将《荀子》中的修身、治国、理论三个主题理解为一种时间上的纵向关系，而忽略了它们之间亦可能有着密切的横向关联。佐藤将之认为，荀子思想综合了先秦各家学术，并将它们整合为一个系统化的学说，其中各部分恰如交响乐团的各成员一样彼此呼应（参见 *The Confucian Quest for Order*，“Preface”）。

性”,可见性恶并非荀门正论。①

关于刘向本的编排原则,朱晓海认为,一则金谷治的揣测有悖刘意,二则金谷治赖以立论的《孙卿新书叙录》本身并不可靠②。关于《孙卿新书叙录》的可靠与否,涉及更大范围的文献考辨,这既超出笔者能力之外,也与本文关系不大,故存而不论,但朱的第一个论点在笔者看来是有说服力的。朱晓海认为,从《晏子叙录》《列子叙录》的例子来看,凡一家作品中有思想矛盾、来源可疑的,刘向都会指明,然而在《孙卿新书叙录》中,刘向却说“孙卿……作《性恶》一篇以非孟子”,可见刘向不但不怀疑《性恶》的可靠性,而且把性善/性恶视为孟荀的分野③。

关于《韩诗外传》没有引用《性恶篇》,其实并不奇怪。《韩诗外传》在人性观上明显受到孟子影响而主张性善,所以不但不引用《荀子·性恶》,在引用《荀子·非十二子》时,也有意略去了子思孟轲,变成非十子④。

至于“性恶”的说法不见于除《性恶》以外的其他诸篇,这并不是《荀子》所独有的现象。事实上,除了在争论中或者归纳时,先秦思想家几乎从不用“人性善/恶/两者都不/两者兼有/某方面善某方面恶”这样的说法。例如,在《孟子》中,“性善”一词的出现,只是在孟子与告子辩论时、回答学生的提问时,以及记录者概括孟子观点时(《孟子·滕文公上》:“孟子道性善”);与孟子立场相同的《中庸》和《周易》“十翼”也从来没有明确讲过人性善;与告子观点接近的《管子·戒篇》也从来没有说人性中有善或有恶。因此,葛瑞汉(Angus C. Graham)怀疑,荀子的论“性恶”,可能和孟子的“道性善”一样,都是出于论辩的需要而给自己贴上的一个有简化之嫌的标签⑤。

由此可以解释金谷治注意到的另一个事实,即,《性恶篇》中反复宣称“性恶”,部分地是为了强调对孟子的批评。金谷认为荀子在《非十二子》中并未批评孟子的性善论,不过,简帛文献的出土令今人对该篇的“案往旧造说,谓之五行……子

---

① 金谷治:《荀子の文献学的研究》,《日本学士院纪要》,IX, No. 1 (Mar. 1951), 1951。亦可参考 D.Munro, *The Concept of Man in Early China* (2nd edition, the Regents of the University of Michigan, 2001), pp.77–78;佐藤将之:《20世纪日本荀子研究之回顾》,载《“国立”政治大学哲学学报》,第十一期,2003年12月,第46—47页;朱晓海:《〈荀子·性恶〉真伪辨》,收入于《张以仁先生七秩寿庆论文集》,台北:学生书局,1999,第840—841页。

② 《〈荀子·性恶〉真伪辨》,第841—849页。

③ 同上,第841—842页。

④ 《荀子真伪考》,第24—26、90—91页。

⑤ Angus C.Graham, *Disputers of the Tao: Philosophical Argument in Ancient China*, Open Court, 1989, pp. 244-251.

思唱之,孟轲和之"①一句有了新的理解。荀子所谓思孟五行说,以往令学者颇感困惑,不知其究竟何指,而目前多数学者认为,帛书《五行》和郭店《五行》中的仁义礼智圣五行说,即是荀子批评的对象②。廖名春更进一步指出,荀子之所以批判思孟五行说,并不是要反对仁义礼智圣"五德"本身,而是反对他们的五德出于人性的观点。③ 尽管廖名春等人的立论建立在承认《性恶篇》的真实性的基础上,因此拿他们的结论来做论据似有循环论证之嫌,但他们的研究至少表明,我们有可能通过对思想史的更好了解,而消解金谷治所注意到的《性恶》与《非十二子》之间的矛盾。

至于金谷治所说的《性恶篇》前半部分与《礼论》《正名》《儒效》等篇及《性恶篇》后半部分的矛盾,既涉及如何理解性恶论本身,也涉及能否给《荀子》中的相关文本提供一个更为圆融的解读。对前一个问题,历来众说纷纭,在本文的篇幅内无法充分展开,仅就后一个问题作一些初步的讨论④。兹逐点讨论如下。

A.《礼论篇》:"性者,本始材朴也。"《儒效》:"性也者,吾所不能为也,然而可化也。"

金谷治据此认为荀子《性恶篇》以外的性论是性朴说,即性是未经文饰的素朴材质,是中性的,善或恶是后天的积、靡的结果。这个观点在一些并不怀疑《性恶篇》真伪的学者那里也引起了共鸣(例如兒玉六郎)。不过,就笔者所见,无论是较早的金谷治,受其影响的兒玉六郎(Kodama Rokuro),还是近来宣称"挑战两千多年来被认为不容置疑的看法"、发现"一个天大的冤案"的周炽成先生⑤,都没有对

---

① 《荀子·非十二子篇》。

② 持这种观点的学者很多,如陈来(《竹帛〈五行〉篇为子思、孟子所作论——兼论郭店楚简〈五行〉篇出土的历史意义》,载《孔子研究》2007年第1期;《竹简〈五行〉篇与子思思想研究》,载《北京大学学报》2007年第2期);梁涛(《以生言性的传统与孟子性善论》,载《哲学研究》2007年第7期;《从简帛〈五行〉"经"到帛书〈五行〉"说"》,简帛研究网,http://jianbo.sdu.edu.cn/admin3/2008/liangtao002.htm)、李锐(《仁义礼智圣五行的思想渊源》,载《齐鲁学刊》2005年第6期)。陶磊同意荀子批评的五行就是简帛《五行》所阐述的学说,但认为简帛《五行》的作者不是子思,《五行》中的神秘主义倾向,在思孟的传世文本中是没有的,因此不应称简帛《五行》为"思孟五行"[参见陶磊《思孟五行考辨》(上、下),简帛研究网,http://www.jianbo.org/admin3/list.asp? id=1547,http://www.jianbo.org/admin3/list.asp? id=1548]。刑文、丁四新、刘信芳认为简帛《五行》与世子有关,李锐则认为,《五行》传文中所引世子之语,应是作传者采世子之语以为补充,世子本人与《五行》没有太多关系(参见《仁义礼智圣五行的思想渊源》)。李说是。

③ 廖名春:《思孟五行说新解》,载《中国学术史新证》,成都:四川大学出版社,2005年,第407—425页。.

④ 这两个问题并不能截然分开,本文虽把它们作为彼此独立的问题来对待(并且主要处理第二个问题),但更完整的处理尚需另外撰文。

⑤ 周炽成:《荀韩人性论与社会历史哲学》,广州:中山大学出版社,2009年,第17页。

《荀子》中"朴"字的含义进行分析，而是径直把"朴"等同于"素朴"，进而把荀子的性论解释成与告子的性无善恶说相近的理论。在笔者看来，这种观点的支持者没有注意到，古汉语中的"朴"字其实是有多重含义的，因而不自觉地在"朴"的不同含义之间来回跳转，而未能意识到由于这种跳转所造成的混淆。

从词性上说，"朴"有名词和形容词两种用法，若把"朴"解释为"素朴"，解释为"未经发展的""未经分化的"或"未经修饰的"，或解释为"中性的"，这都是在形容词的意义上使用"朴"字；若把"朴"解释为（未经发展的）材质，则是把"朴"用作名词。在"朴"的形容词用法中，又有描述和评价两义："未经发展的""未经分化的""未经修饰的"是对事物所处的状态的描述，"中性的"则是对该状态的价值评价。"荀子性朴说"中的"朴"，因与"性善""性恶"相对，意为"中性的"，应是评价性形容词，然而，在这种观点所依据的文本中，"朴"却不是评价用词，而应是名词①。《礼论》："性者，本始材朴也。"这一句里的"本""始""材""朴"四字是并列关系，前三字都是名词，那么显然第四字也应是名词。

如果说《礼论篇》这一句由于太短，仅从句法上作形式分析，证据稍嫌单薄的话，那么，《性恶篇》中的证据则可谓确凿无疑：

> 所谓性善者，不离其朴而美之，不离其资而利之也。使夫资朴之于美，心意之于善，若夫可以见之明不离目，可以听之聪不离耳，故曰目明而耳聪也。

在这一段话中，可以很清楚地看出在形容词"美""利""善"与名词"朴""资""性"之间的评价与被评价关系（尽管荀子认为这种评价并不正确）；而同样清楚的是，这里的"资朴"与前面的"本始材朴"之间，措辞虽有差别，句法和内涵却并无二致。

人们并不总是在描述和评价之间做出明确区分，当评价标准已知时，描述某个事实、状态或性质，往往也就隐含着对这个事实、状态或性质的评价。例如，当我们说"他抢了她的钱包"时，我们并不仅仅是在描述一件抢劫案，而同时也是在对抢劫者进行道德谴责。但是，有时并不存在一个公开和公认的评价标准，在这种情况下，我们无法从一个描述中直接推断出描述者对所描述对象的评价。荀子性朴说的支持者把性的素朴的、未经发展的状态不加思索地视为中性的，却忽略了在不同的上下文中朴的评价意义究竟是褒，是贬，还是中立，不可一概而论。例如，对老、庄来说，"朴素的""未经发展的""未经分化的""未经修饰的"事物，因其是自然

① 当然，学者也可以不拘泥于荀子对"朴"字的用法，而是从全面理解荀子性论的角度，以"性朴"一词概括之（参见兒玉六郎：《荀子・性朴说の提起——性偽之分に關する考察から》，载《日本中国学会报》第26辑，1974年，第26—42页），不过这和金谷治的立论基础已有所不同。对荀子性论应作何种理解方才恰当，这个问题超出了本文的研究范围，故暂不作讨论。

的，所以是好的；而另一方面，当我们在“简陋”“寒伧”的意义上使用“朴素”这个词时，它却是带有贬义的。老、庄是自然主义者，所以他们盛赞素朴，主张回归自然。荀子虽曾受老、庄影响，却强调天人之分、性伪之别，反对盛行于古代的自然正当观念，当他称性为朴时，并不是像老、庄一样包含着评价意味。所以，若是把“荀子性朴说”的“朴”字用作名词（乃至用作描述性形容词），那是可以获得文本的支持的；但是如果把它理解为评价用词，把“性朴”提到和性善、性恶相同的层面，那就未免有偷换概念之嫌。

B.《性恶》：“有性质美”；“皆有可以知仁义法正之质”。

金谷治认为《性恶篇》后半段中的这两句与性恶说相矛盾。按“皆有可以知仁义法正之质”指的是心的思虑能力，这种能力虽然也是生就的，但在《正名篇》（“情然而心为之择谓之虑。心虑而能为之动谓之伪”）中并没有被归入性的范畴，而是与伪相关。对荀子来说，道德和认知属于两个不同领域，所以，尽管他也曾提到“凡以知，人之性也”①，但当讨论性是善还是恶时，他并不把人与生俱来的认知能力视为性的一部分②。更重要的是，“可以知仁义法正”并不等于“知仁义法正”，心的思虑抉择以及相应的行动并非必然正确③，所以，“皆有可以知仁义法正之质”并不能为人性的道德属性提供任何担保。

金谷治引“有性质美”时掐头去尾，因此乍看上去与性恶说尖锐冲突。我们把这一段完整引用如下：

> 繁弱、钜黍，古之良弓也，然而不得排檠则不能自正。桓公之葱，太公之阙，文王之禄，庄君之曶，阖闾之干将、莫邪、钜阙、辟闾，此皆古之良剑也，然而不加砥厉则不能利，不得人力则不能断。骅骝、騹、骥、纤离、绿耳，此皆古之良马也，然而必前有衔辔之制，后有鞭策之威，加之以造父之驭，然后一日而致千里也。夫人虽有性质美而心辩知，必将求贤师而事之，择良友而友之。④

请注意，“有性质美”前有一“虽”字，这个字在古汉语中既可表转折，也可用来引导虚拟条件（该条件未必为真）。那么在这里它究竟是起什么作用呢？从上下文来看，这一段首先连举良弓、良剑和良马为譬，和《性恶篇》开篇的“枸木必将待

---

① 《荀子·解蔽篇》。

② 和荀子相似，孟子也把人与生俱来的某些方面排除在“性”的概念之外，只不过他们所排除的对象不同。《孟子·尽心下》：“口之于味也，目之于色也，耳之于声也，鼻之于臭也，四肢之于安佚也，性也，有命焉，君子不谓性也。仁之于父子也，义之于君臣也，礼之于宾主也，知之于贤者也，圣人之于天道也，命也，有性焉，君子不谓命也。”孟子所排除的恰是荀子所强调的。

③ 邓小虎：《〈荀子〉“性”与“伪”的多重结构》，载《“国立”台湾大学哲学论评》，第36期，2008年10月，第18—19页。

④ 《荀子·性恶篇》。

檃栝、烝、矫然后直，钝金必将待砻、厉然后利”相同，都是为了说明“性不能自美”。不仅是“性不能自美”，而且，和陶人制瓦、工人制器的例子不同的是，以上这些比喻暗含有为善应逆性而行之意①。那么，如果把“性质美”理解为事实，就与上文衔接不上。而且，若是荀子的确认为“有性质美”，那就不仅与这一句的上文以及《性恶篇》前半部分有矛盾，而且也和《礼论》（“性不足以独立而治”）、《儒效》（“无伪则性不能自美”）等篇相冲突。所以，荀子在这里只是假设了这种情况，而并不是真的认为人性善。

最后，关于荀子反对“忍情性”证明荀子并不以性本身为恶，这恐怕是没有注意到，以结果来证明原因或手段，恰正是荀子道德哲学的特色。关于这一点已有许多学者论及，兹不赘述。

三、罗丹的观点

香港大学学者罗丹认为，《性恶篇》应分为核心文本（core text）和非核心文本两部分，其核心文本始于开篇的陈述“人之性恶，其善者伪也”，止于最后一个“故人之性恶明矣，其善者伪也”。这个核心文本并不是一个单一、连贯的作品，而是由十个主题不同的段落组成，它们之所以被当成一个整体，只是由于其中有一些反复出现的重复语句（“人之性恶明矣，其善者伪也”）。然而，除了开篇陈述之外，其他这些以“用此观之……”或“故……”开头的重复语句，多数并非对前文论述的总结，这使得整篇文本虽然在形式上具有统一性，在逻辑上和文字上却并不连贯。这十个段落分别处理三个不同主题，A 组主张不应纵性顺情，B 组主张人性恶，C 组则对性和伪进行对比。主题 A 和主题 B 之间只有细微的差别，这个差别对荀子来说可能无关紧要，然而 B 组和 C 组却代表着很不相同的观念。C 组的第一段（23.3）应被解释为人性是道德上中性的，这和 C 组的其他段落不矛盾，而和 B 组的论断（性恶）相抵触。如果将这十段文字分开来看，那么，在去掉重复性语句之后，每一段内部，无论在逻辑上还是文字上，都是连贯的。因此，罗丹认为这十个段落最初是作为各自独立的文本分别流传，那些重复性语句是由后人羼入的，而正是这些羼入的文字加强了性恶说的声势，造成了“荀子是性恶论者”的印象。

罗丹推测，B 组的段落代表了荀子早期的性论，由于性恶论与荀子其他观念相抵触，因此后来被放弃，而被代之以“伪”的学说，即 C 组文本。罗丹对此提供了几个论证。首先是性和健康的关系。罗丹认为，对荀子来说，性是人的生理和心理的

① Dan Robins, “The Development of Xunzi's Theory of Xing, Reconstructed on the Basis of a Textual Analysis of Xunzi 23, ‘Xing e’性恶(Xing is Bad)”, *Early China*, 2001–2002, p.129.

自发发展和活动的原因，并引《荀子·正名篇》"性伤谓之病"，将它与《吕氏春秋》《左传》关于"性伤"和"性寿"的讨论相对比，认为荀子与其同代人一样承认性与健康之间的关联，而性恶说意味着，如果一个人要成为善的，就需要逆性而行，而这将会妨害他的健康。其次，罗丹根据《正名篇》对心的思虑能力的强调，认为这表明荀子的心是外在于且独立于性，因此性对于我们如何行动没有直接的影响，所以，这就排除了把作恶归于人性的可能①。

为方便讨论起见，将罗丹所谓的"核心文本"及十个段落的划分摘录如下②：

23.1(A)

(*人之性恶，其善者伪也*。)今人之性，生而有好利焉，顺是，故争夺生而辞让亡焉；生而有疾恶焉，顺是，故残贼生而忠信亡焉；生而有耳目之欲，有好声色焉，顺是，故淫乱生而礼义文理亡焉。然则从人之性，顺人之情，必出于犯分乱理，而归于暴。故必将有师法之化，礼义之道，然后出于辞让，合于文理，而归于治。(*用此观之，人之性恶明矣，其善者伪也*。)

23.2(B)

故枸木必将待檃栝、烝、矫然后直；钝金必将待砻厉然后利；今人之性恶，必将待师法然后正，得礼义然后治，今人无师法，则偏险而不正；无礼义，则悖乱而不治，古者圣王以人性恶，以为偏险而不正，悖乱而不治，是以为之起礼义，制法度，以矫饰人之情性而正之，以扰化人之情性而导之也，始皆出于治，合于道者也。今人之化师法，积文学，道礼义者为君子；纵性情，安恣孳，而违礼义者为小人。(*用此观之，人之性恶明矣，其善者伪也*。)

23.3(C)

孟子曰：今之学者，其性善。

曰：是不然。是不及知人之性，而不察乎人之性伪之分者也。凡性者，天之就也，不可学，不可事。礼义者，圣人之所生也，人之所学而能，所事而成者也。不可学，不可事，而在人者，谓之性；可学而能，可事而成之在人者，谓之伪。是性伪之分也。今人之性，目可以见，耳可以听；夫可以见之明不离目，可以听之聪不离耳，目明而耳聪，不可学明矣。

孟子曰：今人之性善，将皆失丧其性故也。

曰：若是则过矣。今人之性，生而离其朴，离其资，必失而丧之。(*用此观之，然则人之性恶明矣*。)所谓性善者，不离其朴而美之，不离其资而利之也。使夫资朴之于美，心意之于善，若夫可以见之明不离目，可以听之聪不离耳，故

① "The Development of Xunzi's Theory of Xing", pp.99-158.

② 括号中的文字是罗丹认为后来羼入的，今以斜体标出，以便查阅。

曰目明而耳聪也。

23.4(A)

今人之性，饥而欲饱，寒而欲暖，劳而欲休，此人之情性也。今人见长而不敢先食者，将有所让也；劳而不敢求息者，将有所代也。夫子之让乎父，弟之让乎兄，子之代乎父，弟之代乎兄，此二行者，皆反于性而悖于情也；然而孝子之道，礼义之文理也。故顺情性则不辞让矣，辞让则悖于情性矣。(*用此观之，人之性恶明矣，其善者伪也。*)

23.5(C)

问者曰：人之性恶，则礼义恶生？

应之曰：凡礼义者，是生于圣人之伪，非故生于人之性也。故陶人埏埴而为器，然则器生于陶人之伪，非故生于人之性也。故工人斲木而成器，然则器生于工人之伪，非故生于人之性也。圣人积思虑，习伪故，以生礼义而起法度，然则礼义法度者，是生于圣人之伪，非故生于人之性也。若夫目好色，耳好听，口好味，心好利，骨体肤理好愉佚，是皆生于人之情性者也；感而自然，不待事而后生之者也。夫感而不能然，必且待事而后然者，谓之生于伪。是性伪之所生，其不同之征也。故圣人化性而起伪，伪起而生礼义，礼义生而制法度；然则礼义法度者，是圣人之所生也。故圣人之所以同于众，其不异于众者，性也；所以异而过众者，伪也。

23.6(A)

夫好利而欲得者，此人之情性也。假之有弟兄资财而分者，且顺情性，好利而欲得，若是，则兄弟相拂夺矣；且化礼义之文理，若是，则让乎国人矣。故顺情性则弟兄争矣，化礼义则让乎国人矣。

23.7(B)

凡人之欲为善者，为性恶也。夫薄愿厚，恶愿美，狭愿广，贫愿富，贱愿贵，苟无之中者，必求于外。故富而不愿财，贵而不愿埶，苟有之中者，必不及于外。用此观之，人之欲为善者，为性恶也。

23.8(B)

今人之性，固无礼义，故强学而求有之也；性不知礼义，故思虑而求知之也。然则生而已，则人无礼义，不知礼义。人无礼义则乱，不知礼义则悖。然则生而已，则悖乱在己。(*用此观之，人之性恶明矣，其善者伪也。*)

23.9(B)

孟子曰：人之性善。

曰：是不然。凡古今天下之所谓善者，正理平治也；所谓恶者，偏险悖乱也，是善恶之分也矣。今诚以人之性固正理平治邪，则有恶用圣王，恶用礼义哉？虽有圣王礼义，将曷加于正理平治也哉？今不然，人之性恶。故古者圣人以人之性恶，以为偏险而不正，悖乱而不治，故为之立君上之埶以临之，明礼义以化之，起法正以治之，重刑罚以禁之，使天下皆出于治，合于善也。是圣王之治而礼义之化也。今当试去君上之埶，无礼义之化，去法正之治，无刑罚之禁，倚而观天下民人之相与也。若是，则夫强者害弱而夺之，众者暴寡而哗之，天下悖乱而相亡，不待顷矣。（*用此观之，然则人之性恶明矣，其善者伪也*。）

故善言古者，必有节于今；善言天者，必有征于人。凡论者贵其有辨合，有符验。故坐而言之，起而可设，张而可施行。今孟子曰："人之性善。"无辨合符验，坐而言之，起而不可设，张而不可施行，岂不过甚矣哉！故性善则去圣王，息礼义矣。性恶则与圣王，贵礼义矣。故檃栝之生，为枸木也；绳墨之起，为不直也；立君上，明礼义，为性恶也。（*用此观之，然则人之性恶明矣，其善者伪也*。）直木不待檃栝而直者，其性直也。枸木必将待檃栝烝矫然后直者，以其性不直也。今人之性恶，必将待圣王之治，礼义之化，然后始出于治，合于善也。（*用此观之，人之性恶明矣，其善者伪也*。）

23.10(C)

问者曰：礼义积伪者，是人之性，故圣人能生之也。

应之曰：是不然。夫陶人埏埴而生瓦，然则瓦埴岂陶人之性也哉？工人斲木而生器，然则器木岂工人之性也哉？夫圣人之于礼义也，辟则陶埏而生之也。然则礼义积伪者，岂人之本性也哉！凡人之性者，尧舜之与桀跖，其性一也；君子之与小人，其性一也。今将以礼义积伪为人之性邪？然则有曷贵尧禹，曷贵君子矣哉！凡贵尧禹君子者，能化性，能起伪，伪起而生礼义。然则圣人之于礼义积伪也，亦犹陶埏而为之也。用此观之，然则礼义积伪者，岂人之性也哉！（*所贱于桀跖小人者，从其性，顺其情，安恣孳，以出乎贪利争夺*。）（*故人之性恶明矣，其善者伪也*。）

我们先讨论罗丹指出的B组文本与荀子其他观念间的矛盾，再来处理他所质疑的《性恶篇》的连贯性以及有无羼入的问题。

罗丹花了大量篇幅讨论性恶说和"性伤谓之病"之间的抵触，这也是罗丹用以推断荀子晚年放弃性恶说的主要论据①。不过，正如罗丹注意到的，《性恶篇》中关于性恶的言论有好几处，而"性伤谓之病"只在《正名篇》出现一次，且与前后文并不连缀，如果两者有冲突，那么根据避少就多原则，合理的怀疑应是针对"性伤谓之病"，而不是怀疑性恶说。而且，如果我们对《正名篇》"散名之在人者"一段作更细致的解读，那么"性伤谓之病"一句不一定和性恶说相矛盾。兹将这一段全文引

① "The Development of Xunzi's Theory of Xing", pp.133-137.

用如下：

> 散名之在人者，生之所以然者谓之性。性之和所生，精合感应，不事而自然谓之性。性之好、恶、喜、怒、哀、乐谓之情，情然而心为之择谓之虑，心虑而能为之动谓之伪，虑积焉、能习焉而后成谓之伪。正利而为谓之事，正义而为谓之行。所以知之在人者谓之知，知有所合谓之智。所以能之在人者谓之能，能有所合谓之能，性伤谓之病，节遇谓之命。是散名之在人者也，是后王之成名也。①

在这一段中，“性”字共出现五次。前四个“性”字的含义历来为注家所关注。廖名春认为，前两个“性”字同义，应训为“体”，即人的身体或形体，后两个“性”字则是指人的天赋本能②。邓小虎则认为，将此段中“性”字的第一层含义理解为形体是不够准确的，它应是泛指使人类生命成为如此的一切自然质具；“性”字的第二层含义则是在自然质具基础上产生的自然反应和表现，这层含义也正是《性恶篇》中“性”字的含义③。罗丹未能注意到前四个“性”字中的差别，而是把所有这五个“性”字都按上述第二层含义来理解，因此认为“性伤谓之病”一句与性恶说冲突，但是如果我们按“性”字的第一层含义来理解这一句，那就和性恶论没有矛盾了。

至于罗丹所谓心外在于且独立于性则可以排除把作恶归于人性的可能，似乎是预设了一种接近于奥古斯丁(Aurelius Augustinus)意义上的性恶概念，即强调动机上的恶。罗丹认为，诺布洛克(John Knoblock)把荀子理解成心在情之间选择，就好像心只是选择一个动机，而行为则由动机决定，这是不对的。罗丹认为，在荀子看来，心是通过思虑作用，独立地决定行动，而不是在各种情感之间进行选择，所以，作恶不是出于性④。罗丹这里隐含着以下逻辑：

判断一：

大前提(P1.1)：荀子的动机非出于情；

小前提(P1.2)：情出于性，动机既非出于情，自然也非出于性；

结论(C1)：所以，恶的动机非出于性。

判断二：

大前提(P2.1)：行为的善恶决定于动机的善恶；

---

① 《荀子·正名》。

② 廖名春：《荀子〈正名〉篇性论发微》，载《中国学术史新证》，成都：四川大学出版社，2005年，第426—439页。

③ 《〈荀子〉“性”与“伪”的多重结构》，第8—9页。

④ “The Development of Xunzi's Theory of Xing”，p.149.

小前提(P2.2):恶的动机非出于性;

结论(C2):所以,作恶非出自人性。

然而,《性恶篇》中所谓的善恶,并不是从动机上着眼,而是以结果来判断:"凡古今天下之所谓善者,正理平治也;所谓恶者,偏险悖乱也:是善恶之分也矣。"①所以,罗丹所发现的"矛盾"实际上是中西性恶概念上的差异,而不是《性恶篇》和《正名篇》间的矛盾。

罗丹所谓23.3段与B组文本(即性恶说)之间的矛盾的根据也很牵强。罗丹认为,"今人之性,生而离其朴,离其资,必失而丧之"一句不仅和接下来的"用此观之,然则人之性恶明矣"衔接不上,而且和它相抵触,因为,既然没有人能够做到不失丧其性,那么我们就不能说,人是因为纵性顺情而成为坏人。如果这句话排除了人性善的可能,那么它也同样排除了人性恶的可能②。这一句是为了反驳孟子的"人之性善,将皆失丧其性,故(恶)也",所以,其中隐含的论证并不仅仅是荀子的性伪之分,而是也可从孟子那里获得支持。孟、荀虽然一倡性善,一主性恶,但都强调心的思虑和选择对于道德修养的作用。孟子所谓的性善并不是在现实的层面说人已善,而是从潜能的层面说人生来便禀有善之端,至于如何使人性之中的善端扩充、发展为现实的善,在《告子上》的不同地方,孟子给出了几种不尽相同的说法:当他以水喻性时,似乎是说,只要不受外在的干扰或阻碍,则性之善端将自然地发展为现实的善;"富岁,子弟多赖;凶岁,子弟多暴"则似乎是说,善端的发展需要一个有利的环境,"麰麦"之喻中强调地力、雨水以及人力的差别对结果的影响,似乎也在表达同样的含义;"牛山之木"段强调存夜气,则似乎善端发展的条件不在外,而是在内,而这又是与孟子对心的作用("求则得之,舍则失之")的屡次强调是一致的③。孟子的这几种说法之间是否有冲突,这个问题不在本文讨论范围之内,不过,从最后一种说法看,孟子确曾主张徒性不足以为善,而是必须以后天的自觉加诸先天的材质,才可以将善之潜能转变为现实。这和荀子的主张相去不远,所差别的只是双方对于"朴""资"的理解和评价不同:对孟子来说,所谓的"朴""资"是人性中本来就有的善端,而对荀子来说,"朴""资"是由"精合感应"产生的好恶喜怒哀乐之情④。既然孟子也承认善的实现需要以后天的自觉加诸先天的材质,而在

① 《荀子·性恶篇》。

② "The Development of Xunzi's Theory of Xing",p.117.

③ 《孟子·告子上》。

④ 关于孟、荀"性"的不同所指,学者多有论及,可参考陈大齐:《孟子性善说与荀子性恶说的不相抵触》,原载《孔孟学报》第13期(1967年4月),收入吴康等著:《孟子思想研究论集》,中华民国孔孟学会主编,黎明文化事业公司,1982年;亦见于廖名春选编:《荀子二十讲》,北京:华夏出版社,2009年。

荀子看来,后天的努力属于“伪”的范围,那么,以“伪”加诸“性”,对荀子来说就意味着“性”的失丧;既然只有通过“性”的失丧才能实现善,那么从荀子的观点看,这意味着性是恶,而不是善①。所以荀子接下来说:“用此观之,然则人之性恶明矣。”②

由此可以进一步讨论《性恶篇》的连贯性问题。我们先来看重复性语句。罗丹认为,《性恶篇》中那些以“用此观之,(然则)……明矣”或“故……明矣”的形式开头的重复句并不真的表达对上文的总结,所以它们应是后来羼入的。但是,李哲贤证明,在 23.1、23.2、23.7 中,重复出现的“用此观之……”是有实质意义的③。上文对 23.3 的分析也导致了同样的结论④。其余几个以表承接关系的词开头的重复句,是否也可以通过类似的方法,而发现它们与之前的文本之间的关系?笔者不想对这个问题展开详尽的分析,而只满足于已有的证据(这些证据足以表明,罗丹这个论点的基础并不那么牢靠),以使得本文有足够的篇幅来讨论罗丹的其他论点。

罗丹认为,组成核心文本的十个段落原本是相互独立流传的文本,后来被编在一起组成一个单篇,而羼入核心文本的这些重复句则让人们错误地以为它们属于一个连贯的、统一的文本。不过,他没有说这些独立文本是何时被编到一起的,是在刘向之前就已经如此了,还是刘向在校书时将同类文本辑为一册,也没有说由若干独立文本辑为一篇和重复句的羼入孰先孰后⑤。假如罗丹的推测是对的,那么对这两个问题的合理解释应是:(1)不是别人,而是刘向将这些文本汇编在一处。因为荀子距秦统一六国不远,而十个原本独立流传的文本若要汇集到一处,需要不短的时间,这不大可能在焚书坑儒以前完成。汉兴以来,经学日盛,师法、家法渐趋严密,在这个背景下,很难设想民间学者有兴趣且有能力去搜罗各家所传《荀子》。因此,如果汉初《荀子》已有多个不同抄本独立流传(这是很有可能的事,至于是否

---

① 诚如学者指出,性善与性恶是人性论中的两个极端,在这两个极端之间,还有“性无善无恶”“性善恶混”“性可善可恶”“性有善有恶”等多种观点(参见庄锦章著、黄裕宜译:《荀子与四种人性论观点》,载《“国立”政治大学哲学学报》,第 11 期,2003 年 12 月,第 185—210 页)。然而对荀子来说,性善与性恶之间似乎并不存在其他选择,性若不是善,便是恶。

② 庄锦章将“今人之性”的“性”训为“生”(Chong, Kim-Chong:“Xunzi's Systematic Critique of Mencius”, *Philosophy East and West*, Vol.53, No.2(Apr., 2003), p.216),亦可备一说。

③ 李哲贤:《荀子人性论研究在美国》,载《政大中文学报》,第 8 期,2007 年 12 月,第 81—85 页。

④ 徐复观亦曾举出荀子性恶论的五个论点,其所依据的文本与李贤哲及笔者有重合,唯彼此对文本的解读不尽相同。参见徐复观:《中国人性论史(先秦篇)》,上海:上海三联书店,2002 年,第 214—216 页。

⑤ “The Development of Xunzi's Theory of Xing”, pp.125-127.

多达十个,还可再议。理论上,独立的抄本越多,则汇集起来越困难)①,那么它们最有可能的汇集点是在代表中央政府的刘向那里,他的工作很大部分正是对那些不同来源的文本进行删、并。(2)今本《性恶篇》中的重复句的羼入时间不可能早于这些独立文本被辑为单册的时间,而很可能就是当它们被汇编为一处时羼入的。因为这些重复句在罗丹画出的许多不同段落中都有出现,假如它们在那些文本独立流传之时就已经有了,那么,这么多几乎一字不改的重复,恰恰证明它们有相同的来源,而不大可能是后人羼入。只有当这些异本被汇到一处,并且辑成一册之后,才有可能有需要羼入那些重复句,以使全篇显得统一。既然迄今为止还没有人怀疑过刘向之后的《荀子》各篇内容是否曾遭篡改(杨倞只是调整了刘向本《荀子》的各篇次序,内容上并无改动),那么我们可以认为,今本《荀子》各篇内容,除了由于传抄、刻印而造成的个别字词上的差别外,与刘向本大体无异。也就是说,那些重复句并不是在刘向之后才被羼入《荀子》的,而是随着刘向本一起流传至今。那么,刘向就不仅仅是《性恶篇》的编辑者,也同时是那些重复句的羼入者了。但是,刘向校书不过"订伪芟复,从新编次"而已,并无意紊古,梁启超、张西堂对此已力证之②。假如罗丹是对的,那么这个发现就未免太惊人了。所以,与其怀疑它们是刘向有意作伪,不如姑且假定这些重复句是原本就有的,我们试着换一个角度,看看能不能在罗丹辨认出的三组十个段落文本之间找到某种内在一致性,从而使得刘向没有必要去通过添加文字以造成人们的错觉。

罗丹注意到,A 组的主题是不应顺性而行,B 组的主题是人性恶,C 组的主题是性伪之分。他认为在 23.3 与 B 组文本之间存在矛盾,因此他把 A、B 组和 C 组文本看成相互独立的,认为前两组是荀子早期的看法,C 组文本是荀子为了克服性恶说的困难而提出的,它们代表了荀子成熟期的观点。上文已经证明,罗丹的这个前提是不成立的,然而,这个论证非常之薄的前提使他未能意识到,从理论建构的角度说,一个完整的道德哲学理论,必须同时对善和恶的由来作出说明。性恶论者必须解释善从何而来,正如性善论者必须说明恶的原因。A 组文本主张人不应顺性而行,这是因为人性恶(B 组的主题);既然如此,善从何而来?这个问题构成了

---

① 我们可以将《老子》的流传情况作为参考。郭店《老子》也不过只有三个不同抄本而已,而且其中甲、乙两本还大同小异。再则,郭店《老子》虽然有三个抄本,这三个抄本却仍然是相互独立的,这可能意味着不同抄本的汇集和编辑是两件不同的事,将独立的抄本辑为一册,或许需要某些不同于单纯地搜罗异本的动机和理由。

② 《荀子真伪考》,第 8—9 页。

C组文本的主题:性伪相分,善从伪出,积伪成圣①。这三组文本并非相互独立,而是层层递进,共同构成一个完整的道德形而上学理论。请回忆基督教哲学(尤其是奥古斯丁的神学)中关于神正论的讨论。基督教认为上帝是唯一的、全能全善的真神,也是万事万物的原因,但是生活经验告诉人们,现实世界充满了大量的恶,那么上帝也是恶的原因吗？如果是,那么全善的上帝为什么要创造一个有恶的世界呢？如果他本来可以创造另一个没有(或至少是较少)恶的世界而却没有这么做,那么他就不是全善的;如果他不能创造一个更好的世界,那么他就不是全能的。按奥古斯丁在《忏悔录》中所述,他虽然早就接触到基督教,但在很长时间里并不认可它的教义,直到他用新柏拉图主义证明了"神是善的原因,而不是恶的原因;恶不是实体,而是善的缺失"。性恶论所要面临的疑问虽然和神正论的不同,彼此却仿佛镜像。如果按照罗丹的观点,荀子成熟期的性论只包含C组文本,那么,荀子就只解释了善的由来,而未能说明恶的原因。在战国末期的背景下,与《孟子》中已经出现的关于人性之争的深度相对比,这样一种人性学说未免也太单薄了点。

由此可以对构成核心文本的十个段落的关系有一种新的理解。对罗丹来说,核心文本是由不同来源的独立文本随机杂合而成,谈不上有什么次序可言。然而从上面的观点看,这十个段落的排列并不是完全杂乱无章的,而是可以依其本来的次序分为三个部分:

(1)23.1(A组),23.2(B组),23.3(C组);

(2)23.4(A组),23.5(C组);

(3)23.6(A组),23.7、23.8、23.9(B组),23.10(C组)。

A、B、C三组文本的主题彼此支持,层层递进,共同构成一个完整的道德哲学理论,这种理论虽被冠以"性恶"之名,其核心问题却不在性论本身,而在行动领域:怎样才能使个人具备德行,使社会达到和平与繁荣?② 荀子的回答具有麦金太尔(Alasdair Machntyre)指出的美德伦理的典型结构,即人性之实然—规范—人性之应然。不过,理论的逻辑次序和它的呈现的顺序是两码事,两者不一定是同一的。作为一个非常注重实效的政治思想家,荀子极为强调外在的引导("师")和强

---

① 金胜惠(参见郑宰相:《韩国荀子研究评述》,载《汉学研究集刊》,第3期:荀子研究专号,2006年12月,第199页)、周炽成(《荀韩人性论与社会历史哲学》,第21—22页)都注意到,《性恶篇》强调性伪之分,而《礼论》篇强调性伪之合。他们据此认为《性恶篇》并非荀子本人思想。按"性伪分"和"性伪合"并不矛盾,没有性与伪的区分,也就谈不上它们的结合。至于说《性恶篇》强调分而《礼论篇》强调合,那是因为两篇主题不同,所以在性伪关系上的侧重点也有变化。

② 不少学者[较早的如德效骞(Homer H.Dubs)、金谷治、孟旦,晚近如佐藤将之]都持这种观点,认为认识论、形而上学等西方哲学的主要领域在荀子那里是从属性的问题,实践哲学才是荀子思想的主题。

制（“法”）对于个人美德的培养以及社会的有序和繁荣的重要性①，并且对进德之方以及治国之术给予了先秦儒学中最为丰富和详尽的考察，而不像孟子那样简单地从“不忍人之心”直接推到“不忍人之政”。不过，三为稷下学宫祭酒的他，不但要在诸子林立、百家争鸣的学宫中提出标新立异的观点，还要能够为这个新观点提供强有力的论证，所以，他需要为自己的道德思想和政治思想寻找一个人性论的基础。或许同样是为了标新立异，他给自己的人性论贴上了“性恶”的标签，尽管他的人性观实际上并非和孟子针锋相对。这个标签新则新矣，却与古代世界流行的自然正当观念在字面上相抵触，因此听众自然会问：如果说人性是恶的，那么为什么会有善？人们又为什么应当追求善？人有可能达到完善吗？所以，荀子道德哲学虽然从逻辑上说应该是 B—A—C（性恶——不应顺情纵性，而应听从师法的规导——化性起伪，积伪成圣）的结构，这种理论在表达时却是按 A—B—C 的顺序呈现的。表达的顺序采取了问题展开的次序，而这个次序也体现了荀子的整体思想的特色，即以实践问题为中心。

从上面的排列次序来看，23.1—3、23.6—10 这两部分都具有这样一个完整结构，而且，种种迹象表明，前一部分比后一部分早出。罗丹指出，23.2 只是把性恶当作一个事实，主旨在于根据这个事实说明矫饰人性的重要，却并没有对性恶本身做出论证，这种论证只是到了 23.7—9 才出现，而 23.7 主要不是为了捍卫荀子的观点，而是对反对意见的回应②；另外，23.2 中的许多词、句都在 23.9 中重复出现，这说明 23.2 是 23.9 的早期版本③。因此，根据前述原则四，我们有理由推测 23.6—10 较为晚出。中间部分（23.4—5）结构不像其他两部分那么完整，不过，即使我们把 23.4 末尾的“用此观之，然则人之性恶明矣，其善者伪也”放在一边，但 23.5 的第一句即已明确提到性恶，而且 23.4 和 23.5 的主要比喻在其他两部分中也有出现和发展④，因此很可能这一部分比前后两部分都要早，属于还在孕育期的荀子性恶说。

经过这样解读的《荀子·性恶篇》前 10 段不仅在结构上更为简单，在理论上更为丰富，而且能够将一些被罗丹划在《性恶篇》核心文本之外的段落包括进来。罗丹认定的《性恶篇》核心文本到最后一个“人之性恶明矣，其善者伪也”便结束

① 就道德实践而言，荀子和孟子都注意到外在环境和内在自觉两个因素的作用，差别在于，荀子更注重外部的影响，孟子则倾向于高扬个体（“豪杰之士”）本身的道德自觉。

② “The Development of Xunzi's Theory of Xing”，p.119.

③ Ibid，pp.123—125.

④ 罗丹注意到，23.4 和 23.6、23.5 和 23.10 都有词句上的相似之处，且 23.4、23.5 较 23.6、23.10 早。参见“The Development of Xunzi's Theory of Xing”，p.125。

了，这样做不但把本来紧承前文讨论“凡人之性一也”的“天非私曾骞孝己而外众人也”一段与前文生生割开，而且把随后强调“凡人之性一也”基础上讨论人的可完善性的两段（“涂之人可以为禹”和“圣可积而致，然而皆不可积，何也?”）也都当作无关材料抛掉了。然而，这两大段关于人的可完善性的进一步讨论，对于主题C来说本是非常必要的。我们可以承认《性恶篇》的确有核心文本，而这个核心文本的确反映了荀子不同时期的思想，但它不应终结于罗丹所指示的那个地方。荀子成熟期的人性论应该有更丰富的内容，这不仅表现在荀子关于性恶（主题B）有了更为充分的论说，还表现在他对积伪（主题C）也有了更为全面的阐述。

性恶说和流行于古代世界的自然正当观念相冲突，因此很可能甫一提出，便受到其他学者（尤其是孟子后学）的质疑和诘难，荀子也因此不断修改自己的表达，发展自己的论证，但是，其基本逻辑则始终未变，那就是“性恶——师法——积伪”。因此，很有可能当刘向奉命校书时，他发现送到他面前的各种《荀子》抄本中，有三种本子都在讨论性善抑或性恶的问题，它们中的每一个都是一个由多重论据支持的、结构相对完整的道德理论，彼此之间不仅立场相同，结构相似，而且在遣词造句上也有不少雷同之处，似乎属于同一理论的不同表达，所以他把它们辑在一起，构成了《性恶篇》的核心文本。所以，他不需要再去添加什么，以使得它们看起来像是一篇连贯的文本，正如他不需要让《性恶篇》的核心文本和该篇的其余部分显得连贯一样。

四、结论

关于《性恶篇》的真伪，向来不成其为问题，因此，当出现异议时，这种非主流的观点就格外值得注意。遗憾的是，以金谷治和罗丹为代表的怀疑派，虽大胆假设有余，而小心求证不足，或是以个别语句的字面矛盾来否定整篇文本的真实性，而未对关键概念作语意分析，或虽旁征博引，却以孤证立论，最终都将本来具有深层立体结构的荀子思想简化为单一维度的学说。当然，在缺乏确凿“物证”的情况下，任何关于先秦文本真伪的考辨都不可能是结论性的，但至少到目前为止，我们有理由认为，对《性恶篇》真实性的怀疑证据不足，不宜采信。

（作者单位：南京大学哲学系）

16—19 世纪中国纺织品上所见之欧洲影响

□袁宣萍　赵　丰

摘要:16 世纪以来,中国与西方的接触与交流逐渐增加,对双方的装饰艺术均产生了影响。中国外销艺术品如绘画、瓷器、丝绸、漆器以及家具出口欧洲,在 17 至 19 世纪的装饰艺术中产生了所谓"中国风格"(chinoiserie)。另一方面,传入中国的西方物品也影响到中国装饰艺术。丝绸在中国的外销艺术品中占有重要地位,但是在清代前期,丝绸上的外来影响仍然局限在一定范围内。这种影响主要来自两个途径,其一,有些外销丝绸(包括手绘、刺绣与织造)是针对欧洲市场定制的,或者跟随欧洲流行或者强调异国风情,会影响到沿海贸易地区的传统工艺。其二,西方织物通过传教士、使节或广东地方官员传入宫廷,在皇帝的指令下,江南三大官营织造局参与了对西方锦缎的仿制,这在档案文献与织物实例上都能找到佐证。19 世纪中期鸦片战争后,五口通商,西方织物大量进入中国市场,导致中国纺织品纹样与结构的变化,传统的丝绸作坊因此向现代工业转变。

关键词:纺织品　欧洲　中国　装饰风格　16—19 世纪

Abstract: The contact and exchange between China and the western world have become more and more frequent since the 16th century, which has great influence on the decorative art on both sides. The Chinese art products for export such as paintings, porcelains, silks, lacquer wares and furniture had aroused the Chinoiserie in the European decorative art from the 17th century to 19th century. Chinese silk fabrics were of great importance among the exported commodities. However, the external effects on silk fabrics were limited in the early Qing Dynasty. The effects were mainly in two ways. First, some exported silk fabrics (including hand-painted silk, embroidery and weaving) were oriented to the European market, or it followed the European fashion or highlighted its oriental exoticism. Second, occidental textiles were introduced to the Qing court by foreign missionaries, envoys and businessmen through the Canton Customs. The three imperial weaving workshops imitated the European brocade under the royal order, which were recorded in the royal archives, and some of them were even preserved till now. After the opening of five trading ports due to the Opium War in the mid-19th century, occidental textile products were pouring into China, giving rise to the changes of Chinese textile's patterns and fabric. As a consequence, the traditional silk workshops were pushed towards the path of modernization.

Key words: textiles, European, China, decorative art, 16th century to 19th century

引　言

中国与欧洲的直接贸易开始于16世纪，葡萄牙人在中国澳门设立贸易基地，西班牙、荷兰商船在外围展开贸易活动，浙江、福建、广东等沿海商民也纷纷卷入其中。康熙二十三年(1684)海禁重开以后，广州成为最重要的通商口岸。欧洲的产品(洋货)大量输入，400年长盛不衰，对中国传统工艺产生了相当程度的影响。特别是处于贸易最前沿的广东，善于学习的工匠们吸收了西方的养料，在模仿的基础上与传统技艺相结合，在珐琅、牙雕、家具、瓷器、刺绣等众多工艺领域表现出中西融合的倾向，形成别具地方色彩的广式风格。中国丝绸具有强大的传统与精湛的工艺，受西方影响较少。但即便如此，西洋风格的锦缎亦在宫廷与上层贵族中流行。鸦片战争后，五口通商，大量洋货输入中国，迫使中国丝绸在技术上彻底变革，在风格上学习西方，上海在近代丝绸业上的地位由此奠定。

在中西方文化交流研究领域，西方学者对中国外销艺术品及对欧洲装饰风格的影响较感兴趣，取得了许多重要的研究成果。文化的交流总是双向的，欧洲对中国装饰艺术亦产生过一定影响，但关注的学者相对较少。本文试对这一时期中国纺织品特别是丝绸上表现出来的西洋风格作一归纳，以求教于各方专家。

一、西洋纺织品在沿海贸易地区的影响

沿海地区对欧洲织物的仿制开始于16世纪的明代。

葡萄牙人占据的澳门，逐渐发展成为繁荣的国际贸易港口、各国商品的集散地。这其中，生丝与丝绸贸易具有最重要的地位。大量的中国丝绸通过澳门的中转站被运往欧洲、西属美洲以及日本、东南亚等地。中国出产世界上最好的生丝，丝织品有着悠久的传统与精湛的工艺，因此进口丝绸较少，民众也没有使用外国丝绸的习惯。但欧洲纺织业在某些方面具有优势，其中之一就是毛织品。正如利玛窦在《中国札记》中提到：中国人“剪羊毛，但在使用羊毛方面赶不上欧洲人熟练，并且虽然他们很看重进口的毛织品，他们却不懂怎样把羊毛织成料子做成衣服穿”。其二是某些特殊的丝织品。比如利玛窦在该书的另一处提到，澳门主教与市长派出代表去见广东总督，并赠送礼物，以免他干扰贸易。赠送的礼物特地挑选了“中国人特别珍视的东西。其中有纯丝的衣料——当时中国人还不知如何用纯丝制衣，还有带褶的衣服、水晶镜子以及其他此类珍品，总值超过一千金币”①。这种中国人当时不能制作的纯丝衣料到底是什么呢？

根据国内外学者的研究，这种全丝的料子很可能就是天鹅绒。在1576年一份由法兰西斯·顺德（Francisco de Sande）撰写，自菲律宾呈回西班牙国王的报告书中也称：“中国什么都不缺，唯独没有绒织物，为何没有呢？因为他们还不懂得如何织造，但是一旦他们有机会看到生产过程，他们很快就能学会制作了。”②天鹅绒与一般锦缎的区别，在于织造时要织入起绒杆，织好后抽掉起绒杆，在织物表面就会显现绒圈，把绒圈切开就呈现绒毛，因此起绒杆被称为“假织纬”。这种技术不见于明代之前的传统丝织物中③。若干年后，中国人开始仿制这种衣料。利玛窦注意到，中国“缫丝业规模如此之大，很容易与欧洲产品竞争，虽然后者或许质量要好一些。他们也用丝掺以棉织成一种大马士革式的料子，并且现在他们模仿欧洲产品又织一种全丝的料子。其他纺织品也能在欧洲找到现成的市场，他们售价大约是我们在西方所付同类产品的三分之一或四分之一”④。大马士革式的料子可能是丝棉交织的一种锦缎，另一种全丝的料子是否是天鹅绒？到了1592年，利玛窦在写给父亲的信中称，他在广东韶州看到当地人织造天鹅绒，“几年前中国人也学会了织天鹅绒，技术不错”⑤。

明代的天鹅绒，在中国的记载中称为“漳绒”或“漳缎”，前者是素绒，后者是缎

---

① 何高济、王遵仲、李申译，何兆武校：《利玛窦中国札记》，北京：中华书局，1983年，第14、149页。

② 转引自赵丰主编：《中国丝绸通史》，苏州：苏州大学出版社，2005年，第422页。

③ 元代史料提到一种“怯绵里”，专家认为是“绒”，但数量很少，可能是外来织物。

④ 《利玛窦中国札记》，第14页。

⑤ 罗渔译：《利玛窦全集之三·利玛窦书信集下》，台湾：光启出版社、辅仁大学出版社联合发行，1986年，第117页。

地起绒的提花绒，从名称来看是从福建漳州兴起的。明代漳州与厦门、广州、澳门一样，是海外贸易的重要港口。17世纪初编写的《泉州府志》，称绫罗以苏杭为美，天鹅绒以漳州为美，说明当时漳绒已经获得了与苏杭之绫罗同样的知名度。明崇祯年间（1628—1644），宋应星在《天工开物》中提到漳、泉两地产绒，称为"倭缎"。"凡倭缎制起东夷，漳、泉海滨效法为之，丝质来自川蜀，商人万里贩来以易胡椒归里。其织法亦自夷国传来，盖质已先染，而斫线夹藏经面，织过数寸即刮成黑光"。宋应星与当时很多人一样，将天鹅绒的技术来源归于海外的日本。其实日本生产天鹅绒的时间比中国晚，这种技术直接来自欧洲。

欧洲是天鹅绒的诞生地。公元11世纪，意大利已经生产天鹅绒，至文艺复兴后的15至16世纪，西班牙与葡萄牙人都已有发达的绒织物生产技艺。从利玛窦的记载来看，中国人应该向来到中国的西班牙或葡萄牙人学会了这门技艺。传教士们经常拿一些中国没有的稀罕物品当礼物赠送给当地官员，西班牙在菲律宾与葡萄牙在澳门的贸易基地华洋混杂，中国商人也可以通过中介在马尼拉或澳门购买西洋绸缎。此外，欧洲商人在中国订购绸缎，有时会拿一些织物实样让中国工匠仿制。总之，中国人有很多机会接触到欧洲的天鹅绒。日本人策明《入明记》记载了自永乐元年至天顺八年（1403—1464）间明朝赠赐日本国的礼品清单，其中永乐四年（1406）和永乐五年（1407）均有"白天鹅绒缎丝觉衣"，这是目前所知有关"天鹅绒"的最早记载。当然中国赠送的礼品不一定是中国制造，更可能是欧洲产品的转赠。日本人十分喜欢天鹅绒，但一直不知织造方法。1639年，一艘从中国来的船装有天鹅绒，其中一卷还带有起绒杆，绒圈尚未割开，也就是半成品，日本织工见此马上领会了绒织物的织造秘密，此后就自行生产天鹅绒了①。这个例子说明天鹅绒的技术并不难，只要领会到"起绒杆"作为假纬织入再割绒这一层就可以了。聪明如中国织工，只要接触到这类织物，并有心仿制，是不难推断出织造工艺的。而一旦仿制成功，市场的需要会使这种技术迅速传播开来，乃至于普及。入清以后，以出产天鹅绒著名的已不是漳州，而是具有悠久丝绸生产传统的南京与苏州。特别是南京，是漳绒与漳缎最重要的生产基地，因地域关系亦称为"建绒"。

西洋纺织品的输入与仿制，丰富了中国传统的织物谱系。西洋织物的装饰风格，对沿海地区的纺织品也会产生一定影响，遗憾的是相关记载极少。瑞典学者龙斯泰（Andre Ljungstedt）指出，在16世纪至17世纪的贸易中，丝绸占有主导地位。其中澳门一年出口5300箱精制丝绸，每箱包括100匹丝绸锦缎和150匹较轻的织物。欧洲各国商船来中国购买丝绸，有时会提出要求，规定丝绸的规格、花样，在广

---

① *Yosuburo Takekoshi. The Economic Aspects of the Hishtory of the Civilization of Japan*, London, 1930；转引自《中国丝绸通史》，第422页。

东找丝织作坊定制①。担心出口太多影响国内生产与消费，朝廷曾下令不准上等湖丝与绸缎出口。事实上这一禁令没有很好实施，大量中国绸缎外销至欧洲与西属美洲。18世纪起，茶叶成为外销主导产品，绸缎的外销量降低，但与此同时，从欧洲进口的织物数量却在增加。清康熙二十四年(1685)设立粤海关，后来发展成为中国唯一的对外贸易海关。从粤海关记载的税则来看，除天鹅绒外，输入的欧洲织物还有不少，如哆罗呢、羽缎、羽纱、洋金缎、洋剪绒、哔叽、番巴、番斜纹、西洋绸绢、西洋毡毯、花毯等面料以及洋手帕、洋桌布、番布幔、番衣等成品，它们中有毛织品、棉织品和丝织品，有服装与室内装饰织物，数量众多，但实物能留到今天的微乎其微。

中国外销丝绸的产地，主要是传统的江南地区和新兴的珠三角地区。江南路远迢迢，但仍有众多商家跋山涉水，将生丝与绸缎运到广州口岸出售，商业利益是他们最大的驱动力。在外销的刺激下，珠三角的佛山等地丝织业开始发展。所谓“洋船争出是官商，十字门开向二洋。五丝八丝广缎好，银钱堆满十三行”②。佛山的丝织业到清初已分为十八行，有八丝缎行、什色缎行、元青缎行、花局缎行、纻绸行、蟒服行、牛郎纱行、绸绫行、帽绫行、花绫行、金彩行、扁金行、对边行、栏杆行、机纱行、斗纱行、洋绫绸行等，分工细密，说明丝织业有了长足发展。我们注意到其中有“洋绫绸行”，经营的业务应该与洋绸销售有关。从传教士在各地活动的见闻来看，一些较大的沿海城市，来自欧洲与其他国家的货品已经较为普遍。如苏州，据利玛窦称，几乎什么都能买到。中国的丝绸作坊既然能按照欧洲市场需要定制生产，那么与家具、瓷器中的广式风格一样，在丝绸上是否也会出现西洋风格的影响呢？

然而与家具、瓷器不同之处在于，丝绸纹样的仿制十分受制于技术。在丝绸上进行刺绣或手绘最为直接，既能达到装饰风格的要求，又不需要改动设备。因此我们可以看到，清代外销丝绸中较多的是手绣或者手绘，既有西洋风格也有中国情调，都是为欧洲市场定制的。而提花绸缎还是以中国风格为主，因为对民间作坊来说，改变花型意味着重编花本，并需要对织机作重新装造，这是一件极费工费力的事。只有规模较大的丝绸作坊，或者皇家控制的官营作坊，才能进行不惜工本的精美仿制。西洋风格的锦缎实例也有一些，如中国丝绸博物馆就收藏了这样一块外销绸缎。

---

① [瑞典]龙斯泰著、吴义雄等译:《早期澳门史》，转引自万明:《中葡早期关系史》，北京:社会科学文献出版社，2001年，第153页。

② 屈大钧:《广东新语》卷十五“货语”纱缎条引广州竹枝词，北京:中华书局，1985年，第427页。

二、皇宫与贵族府邸使用的西洋织物

明清时期，在北京的皇宫与达官贵人的府邸中，洋货包括西洋织物已经不足为奇。明代查抄权臣严嵩的清单《天水冰山录》，已经出现了“西洋罗”“西洋白绢绸”“西洋褐”“西洋布”以及“天鹅绒”等纺织品。江西明万历年间（1573—1620）益宣王朱翊鈏与其李、孙二妃的合葬墓中，也出土过年代明确的“西洋布”。利玛窦在《中国札记》中提到，“有几个在北京朝廷的官员写信给岭西道，要他向葡萄牙商人购买些紫色绸缎送到北京去。地方官员不想错过可以帮助神父们赢得总督好感的机会，就选择了利玛窦神父而不是选择中国商人，去跟葡萄牙商人进行这笔贸易”①。利玛窦为此专程前往澳门。这个例子说明，北京朝廷官员经常通过地方官在澳门或广州购买西洋绸缎。至清代，上层社会使用洋货的更多。曹雪芹《红楼梦》主要描写18世纪的京城贵族生活，小说中的一位重要人物——王熙凤的家族从事对外贸易管理，因此对洋货非常熟悉，自鸣钟是家常用品，鼻烟盒上画着双翅的西洋美人，居室内陈设西洋自行船和穿衣镜。书中提到的西洋织物，有西洋布、哆罗呢、番巴丝、大红洋缎、洋罽、羽缎、羽纱、洋锦等，特别是晴雯为宝玉补的那件雀金裘，据说是俄罗斯所产，是将孔雀羽织入锦缎制成。这是曹雪芹以遥远的俄罗斯衬托衣物的贵重，作为江宁织造官的后代，他对西洋织物并不陌生。

达官贵人的家中如此，皇宫就更不必说了。清代帝王从康熙到乾隆都喜爱西洋物品，他们的日常起居都会用到洋货，如钟表、珐琅器、玻璃器等，也包括西洋织物。如《养心殿造办处收贮清册》有对每年使用过的和剩余面料的登记，其中乾隆元年有这样的记录：

西洋大金缎贰丈贰尺四寸
洋锦七十七丈壹尺九寸
锦九百四十四丈贰尺七寸壹分
宋锦（见方七尺）壹块（见方五尺）壹块（长四尺宽一幅）壹块
洋倭缎贰十丈七尺叁寸五分
丝线搭连六尺
金线辫带十贰丈九尺贰寸九分
刻丝袱子十件
绫叁十六匹四丈八尺（虫蛀）

这里出现了“西洋大金缎”“洋锦”和“洋倭缎”等名称，这些织物大都用于装裱和

---

① 《利玛窦中国札记》，第224页。

别的用途,并非用于服饰。因此每年的消耗量并不是一个常数,而是相差较大。这些西洋织物的来源,有些是在宫廷任职的传教士带入,或来京谨见皇帝的外国使团赠送,但更多的是欧洲商船带来的舶来品,通过十三行由广东地方官员进贡。

1.传教士带入宫廷

利玛窦神父1601年正式到达北京,拜见明代万历皇帝时,带给皇帝一本很长的奏折,是关于进贡礼品的记录,上面写着“大西洋各色腰带四条,大西洋布与葛布共五匹”,说明西洋布是他献给皇帝的礼品之一。由于利玛窦的努力,为欧洲传教士在宫廷的活动奠定了基础。清前期,顺治、康熙皇帝都对传教士采取了相对宽容的政策,宫廷里有不少传教士供职,其中以法国传教士最为出色,他们深得康熙皇帝的信任,出入宫廷,为宫廷提供绘画与设计方面的服务。宫廷传教士在清代中西文化交流方面的贡献已有很多学者作过研究。通过他们,中国皇帝和法国皇帝以及罗马教皇互通信件、互赠礼品。当时法国是欧洲丝织业的中心,其礼品当中有西洋绸缎,可惜相关资料无法查找。据国外研究成果记载,法国18世纪中期曾制作过一套以中国皇帝为题材的壁毯,其中一套复制品通过耶稣会传教士送到了乾隆皇帝的宫廷,被挂在圆明园中作为装饰①。然而,中国文献并无记载,因此该壁毯是否送达以及最终的去向不明。但清代宫廷中出现了一种“缂丝毛”的装饰性挂屏或插屏,用亚麻作经丝,蚕丝或羊毛作纬线,用通经断纬的织造技术缂织而成。虽然题材属于中国传统,但材料应用与画面表现手法具有强烈的西方色彩。

2.外国使者的赠送

清前期,西班牙、荷兰、英国等西方国家不甘心葡萄牙独占厚利,千方百计谋求与中国建立直接的贸易关系。为此他们向清廷派出外交使团,携带大量礼品前往北京,希望获得清廷的允许,在沿海建立像澳门那样的贸易据点。据清代史料记载,顺治、康熙、乾隆各朝都有西方使团到京,除葡萄牙使团外,主要是荷兰使团,乾隆时英国也派出过外交使团。此外,罗马教皇也曾遣使清廷。这些使团均随行携带西洋物品作为礼物,而清廷将这些礼品视为贡品,记入档案,其中有相当一部分为西洋纺织品。按照传统做法,皇帝也要回赠大量中国物产以示体恤远人。如,顺治十三年(1656)荷兰使团带来的礼品中,有织金缎、羽缎、倭缎、洋布、织金毯、哔吱缎等物,康熙十年(1671)荷兰人再次入京时,也带了哆罗呢、哔叽纱、荷兰绒、荷兰五色大花缎以及各种西洋绒毯和花布等,而康熙、雍正年间入京的葡萄牙使团,则带了金丝花缎、银丝花缎、金花缎、洋缎等等。乾隆时期入京的英国使团,携带的织物主要是他们的特产——毛织呢绒。值得指出的是,除欧洲使团外,当时与中国

---

① 转引自Madeleine Jarry, *Chinoiserie: China's Influence on European Decorative Art*, The Vendome Press, 1981, p.28。

保持传统朝贡关系的如暹罗、安南等国的朝贡礼品中，也有一些西洋物品，可能是他们与欧洲贸易所得，也作为贡品被献给中国朝廷，其中包括西洋织物。

3.广东地方官员进贡

清宫中西洋物品的最大来源还是欧洲贸易的舶来品。皇帝与妃子们对舶来品的欲望，促使广东督抚、粤海关监督以及其他广东地方官员，依靠十三行这一洋货市场竞相采购进口物品，以四季节庆与帝后诞辰等名义进献给宫廷，使得十三行差不多成为“天子南库”。其中大部分贡品为紫檀、象牙、鼻烟、珐琅、钟表、仪器、玻璃器、金银器、毛织品等，也有西洋织物，在清宫的《贡档》《进单》中有明确记载。从已发表的进单来看，最早的一件广东官员的进单是康熙六十一年（1722），所进全为洋货，其中纺织品有：黄绒毡、洋手巾、红摩离哆、蓝摩离哆、蓝斜纹、青斜纹、大红羽缎等，还有金笺纸八十张，应该是西洋花纸。雍正时，共有60件广东官员的进单，其中雍正十一年（1733）有十一摺，其中明显为西洋织物的有：双面哆罗呢、花绒毡、洋绣手巾、洋绣门廉、洋锦、洋云毯、洋毯。乾隆早期的进单，如乾隆三年（1738）的一单有洋毯、双面哆罗呢、黄色洋八丝、羽缎、花细呢等，中期如乾隆三十六年（1771）的一单有洋锦缎、洋绒、鹅黄羽纱等，另一单有洋绒、洋锦、大呢、羽纱等。乾隆晚期的进单中，则有各色洋花毯、洋锦缎、洋彩缎、洋金缎、洋绿缎、羽毛缎等①。

除地方官员的主动上贡外，宫中也会对广东采办的洋货提出具体指示。雍正三年（1725），从广东巡抚年希尧一份关于为内廷采办洋货情况的奏折，可以了解一些细节：年希尧接到驿差送来的谕旨，要求采购花番巴、花小绒这两种面料，并且从宫中带来了样式。年希尧奉旨在广州十三行各商行中照样式寻购，但各行均说这种面料有七八年没有进口过了，于是在洋行的存货中觅得番巴两疋，即呈送内廷，并附折说明如有洋船带来合适的花样，即送到宫中②。

在清宫造办处档案中，我们还会看到，皇帝如觉得哪种洋货的款式或花样好，便会要求粤海关照样做几件送来。粤海关官员接旨后，尽力办好后呈上，有时得到称赞，有时则认为有差距，像广东样式而不像真正的洋货。说明广东当地有仿制洋货的作坊存在，粤海关官员在这里定制仿品，款式与花样达到惟妙惟肖的地步，满足了清宫对西洋物品的爱好。

从上述不同渠道进入宫廷的西洋织物看，主要包括四类：一类为毛织品，如绒毡、花毯、哆罗呢、花细呢、洋绒、羽绫等；一类是毛与棉的复合织物，如羽缎、羽纱、斜纹等；一类是丝绸织物，如洋锦、洋缎、洋八丝、洋金缎；还有一类是刺绣，绣在手

---

① 故宫博物院、香港中文大学文物馆合编：《清代广东贡品》，香港：香港中文大学文物馆，1987年，第10—18页。

② 转引自中荔著：《十三行》，广州：广东人民出版社，2004年，第52页。

巾或其他室内装饰织物上。毡毯类也用于室内装饰,作地面铺设或墙面挂饰。

三、织造局对西洋风格的仿制

清代宫廷在京城设置内织染局,同时在南京、苏州以及杭州设置较大规模的织造局,俗称“江南三织造”。《红楼梦》作者曹雪芹的祖上就曾任江宁织造官。在清代宫廷中,皇帝不仅爱用西洋织物,有时看到好的花样或织物,还会让织造局仿制。这种仿制只是图案,而不是织物结构上的改变,但即使这样,也往往是民间作坊做不到的。因此采用中国技术织造西洋纹样成为清代宫廷织物的一个特色。

有趣的是,宫廷所仿的样本不一定是织物本身,只要是好的西洋图案,都可以转换成锦样。现在所见到的较早的一则档案是雍正元年(1723)四月二十一日,内务府总管“怡亲王交八色西洋金花笺纸八十张,王谕:将纸上花样照样每样画出一张,交织造处织锦送来。遵此”①。另一则记载是《雍正元年三处织造织来锦档》:“雍正元年七月十二日,怡亲王谕各色花锦样二十七样,照每样颜色花纹织锦五匹(每一处织锦一百三十五匹),三处织造共织锦四百零五匹。”我们将其联系起来看,怡亲王先呈上西洋金花笺,皇帝觉得上面的图案好,令转换成织锦花样。怡亲王将这个任务交给了造办处,并选出 27 种锦样。不久以后,这些锦样就下达到江南的江宁、苏州与杭州三处织造局,让他们分别每样 5 匹、共织造 135 匹织锦送来。

这些锦样是什么样的呢?在档案上它们被称为西番花鸟锦样,如:

黄地金线西番花鸟锦样一样

紫地金线西番花锦样一样

绿地金线西番花锦样一样

蓝地金线西番花果锦样一样

金地西番金花杏黄色花锦样一样

白地金线西番花果锦样一样

我们再来看一下怡亲王向三织造局提供了“绿地金线西番花锦样”之后各地仿制的产品:

苏州织造于雍正二年九月二十日送来锦二匹,到十月三十日又送来锦三匹;

杭州织造于雍正二年九月初七送来锦四匹,九月三十日送来锦一匹;

江宁织造于雍正三年八月初九送来锦一匹,十一月初五送来锦一匹,雍正四年二月十七日送来锦二匹,五月十四日送来锦一匹。

---

① 朱家晋选编:《养心殿造办处史料辑览》第一辑“雍正朝”,北京:紫禁城出版社,2003 年,第 1 页。

以上是清代宫廷档案中仿西洋织锦的最早记录，说明江南三大织造在雍正元年起就按照皇帝的要求仿制西洋织锦了。

另一条类似的记载是雍正六年十月二十六日："太监张玉柱、王常贵交来糊西洋纸合牌匣一件。传旨：此匣上纸的花样看着新样，将此花纹画下，嗣后造办处或作彩漆，或织锦，或做砚盒，或做小式活计，仿此花纹做。钦此。"①查上述广东官员向清宫进贡的西洋物品中包括西洋金笺纸，数量从几十到几千幅不等，宫中用来裱糊，其花样"看着新样"，应该与中国传统图案不同，因此爱好艺术的雍正皇帝就会想着让其中一些好看的变成织锦、彩漆或者其他物品的图案了。

自清乾隆起出现了西洋织锦的仿制品。在2006年南京云锦研究所召开的云锦研讨会上，展出了云锦研究所与故宫博物院馆藏部分清代云锦实物，其中有一些很可能就是西洋织锦或仿造的西洋风格织锦。黄能馥先生主编的《中国南京云锦》发表的图片中，有一件"金线地织彩缠枝洋花金宝地锦"，从花卉造型到纹样构图，都不同于中国传统，而与同时期欧洲丝绸中的装饰风格有几分相似(图1)。另一件织彩折技玫瑰花金宝地锦，选择了玫瑰花束这种欧洲提花织物的常用母题，花瓣的表现方式带着油画风，又洋味十足。又如中国丝绸博物馆藏明黄地串枝大洋花纹妆花缎，以八枚经面缎纹为地，以挖梭状彩的手法织出欧洲风格的大串枝花叶。

图1　银地五彩大洋花织金锦，清乾隆，北京故宫博物院藏

① 《养心殿造办处史料辑览》第一辑"雍正朝"，第129页。

此外，我们还能从清代绘画作品中看到西洋织锦的影子。当时，清宫中有不少西洋传教士，他们奉皇帝之名，用中西合璧的技法创作了一批“洋风画”，以乾隆时期最为兴盛，朗世宁（Giuseppe Castiglione）、王致诚（Jean Denis Attiret）、艾启蒙（Jgnatius Sickeltart）等都是著名的宫廷西洋画家，他们影响并带动了一些中国宫廷画师。由于欧洲绘画的传统，他们在作品中对帝王所着服饰、所用纺织品的纹样色彩都作了如实描绘。如《哨鹿图》描绘的是乾隆六年（1741）皇帝到木兰行围的场景（图2），我们可以看到，骑在白马上的乾隆皇帝及随从装弓的撒袋与马鞍上的织物很像西洋织物。另一幅是《威弧获鹿图》（图3），传为乾隆第六子庆亲王永路所绘，描绘的是香妃陪伴乾隆围猎的场景。画上的乾隆正在射箭，香妃把箭递给他，两人马鞍上的图案也是与图2类似的西洋风格的妆花织物。

图2 《哨鹿图》局部，清乾隆，北京故宫博物院藏（图片来源：黄能馥主编：《中国南京云锦》，南京出版社，2003年）（左）

图3 《威弧获鹿图》局部，清乾隆，北京故宫博物院藏（图片来源：同上）（右）

到了清代晚期，由于江南三织造的衰落，为宫廷提供高档织锦的任务有时会落在有实力的民间丝绸作坊中。2006年的南京云锦展览中，有一件织有对称的枝蔓纹牵牛花，在机头上还织着“金陵涂东元玉地本机”。另一件清代晚期道光年间的织锦，纹样也很洋化，从品种来看很有可能就是人们俗称的“金宝地”。无论是官营作坊还是民间作坊，当时在江南生产的西洋锦缎主要还是为皇宫服务的，而广东的作坊更多的是面向欧洲市场的定制生产。

遗憾的是，宫廷档案汗牛充栋，故宫内保存下来的纺织品也不能查阅，因此我们不能确知有多少这样的西洋织物及其仿制品存在。从目前发表的故宫收藏的具有西洋风格的织锦图片来看，以大量用金为特征，图案多用妆花表现，这种表现手法对清代织锦中织金技术的发展大有帮助，云锦中最有代表性的品种“金宝地”很可能是受了西洋织锦的影响而成型的。

需要指出的是，清宫西洋织锦是按照中国的传统来织造的，因此仅在花样上模仿了西方产品，但从织物结构到织造技术依然是中国的传统。

四、结论

16 世纪与欧洲的贸易开展以来，随着与欧洲贸易的不断发展，古老的中国不情愿地走向开放，从唯我独尊到不得不与欧洲文明打交道，这种文化交流引起了众多领域的反响，也在这一时期的欧洲与中国装饰艺术中同时体现出来。在欧洲，是所谓“中国风格”的广泛流行，而在中国，鸦片战争以前这种文化交流仍然是受限制的。因此，尽管洋货不断输入中国，但 19 世纪以前，欧洲的影响尚限于东南沿海地区和清代宫廷。鸦片战争后，五口通商，各种洋货畅通无阻地进入中国，到 19 世纪 70 年代至 80 年代已经普及内地，甚至在僻远小城，洋布、哈剌呢、哔叽纱、羽纱、法兰绒等也随处可见，而售价却并非贵得惊人。与此同时，中国的生丝、棉花等原料大规模出口，外国洋行在中国沿海地区设置缫丝厂，直接生产机器厂丝。原料价格上涨、绸缎外销受阻，加上洋布洋绸的泛滥，在很大程度上冲击了中国传统的手工纺织体系，使得持续了几千年之久的丝织业出现危机。但这也给了中国丝绸业一个契机，借此进行脱胎换骨的改造，使其从传统手工业向现代工业转变。此时历史的脚步已经走到了清末民初了。

上海被辟为通商口岸后，由于其地处中国最大丝绸产区——江浙两省中心的优势，一跃超过广州，成为近代最大的贸易口岸。同时上海也是西方文化传入中国的桥头堡，在服装与生活用品上追逐西洋时尚，成为中西文化交融的“十里洋场”。在纺织品特别是丝绸装饰风格上，随着新式织机的引进、新式工厂的开办、大量西方资讯的流通，仅仅过了十余年，到 20 世纪 20 年代，江浙丝绸产品已是一派现代洋风了，看一看那个时代风情万种的旗袍面料就会深有感触。

（作者单位：袁宣萍，浙江工业大学艺术学院；赵丰，中国丝绸博物馆）

《三字经》与西方传教士

□耿相新

摘要:《三字经》是中国南宋时期编写的儿童启蒙读物,从19世纪开始被翻译成多种语言,在欧洲以及日本、朝鲜广泛流传。本文通过翻检《梵蒂冈图书馆所藏汉籍目录》《1867年以前来华基督教传教士列传及著作目录》以及其他史料,发现《三字经》被翻译成外文的版本多达几十种。梳理不同时期的西文版本《三字经》,进而揭示《三字经》何以成为中西文化交流的桥梁,并进一步反思当今中国文化走向世界的现实路径。

关键词:《三字经》 传教士 文化交流

Abstract: *Three-Character Classic* or *San Zi Jing* is one of the Chinese classic texts. It was probably written in the 13th century during the Song Dynasty, and served as a child's first formal education at home. From the beginning of the 19th century, it has been translated into several languages, widespread in Europe, Japan and Korea. By looking for *Vatican Library Collection Chinese Books Catalog*, *Christian Missionaries in China before* 1876 *Biography and Books Catalog*, and other historical materials, I found that *Three-Character Classic* has been translated into dozens of foreign languages. This paper reviews different versions in Western languages of *Three-Character Classic* or *San Zi Jing* in different periods, further reveals how it becomes a bridge between Chinese and Western cultural exchanges, and reflects on the ways Chinese culture spread to the world nowadays.

Key words: *Three-Character Classic*, missionaries, cultural exchanges

自南宋以来,《三字经》被一代又一代的中国儿童所吟诵。不仅在中国,19 世纪甚至更早,《三字经》还被译成拉丁文、英文、俄文、法文、意大利文、韩文、日文等,在其他国度广为传诵。近日翻检《梵蒂冈图书馆所藏汉籍目录》,发现该馆藏单行的《三字经》不同版本有 7 种,进而又检阅《1867 年以前来华基督教传教士列传及著作目录》,发现书中所载不同之人所译、所撰、所印的《三字经》版本多达 26 种。此外,其他史料所载并涉西文的《三字经》版本还有数种。《三字经》自问世以来,在中国始终是童蒙读物,但在西方人眼中,这本书却承载着更多的文化内涵,它被视为中国的“小型百科全书”“儿童百科全书”。①

本文将试图在缕述不同时期不同西文版本的基础上,重点揭示《三字经》为什么成为中西文化交流中的桥梁,借此来反思中国文化走向西方世界的现实之路。

一、拉丁文《三字经》

《三字经》最早的西文译本诞生于明万历十年(1582),它的译者是耶稣会士意大利人罗明坚(Michele Ruggieri,1543—1607),所用译文是拉丁文。

罗明坚,原名 Ruggieri,1579 年入华后取中文名罗明坚,字复初。② 1540 年经天主教教宗保禄三世正式批准成立耶稣会,罗明坚于 1572 年加入耶稣会,③在此之前他已取得两种法学博士学位,也许正是法学博士头衔帮助他成为耶稣会选中他开拓中国教区的理由之一。1579 年罗明坚抵达澳门,遵照范礼安(Alessandro Valignano,1539—1606)的进入中国的天主教神父“应该学习中国话及中文”的指示,他以宗教的“毅力作后盾”开始了艰苦的汉语学习。④ 以后的历史证明,罗明坚具有语言天赋,第二年他已经开始用汉语交谈并阅读中文书籍。之后,他在澳门创

---

① 《三字经》的作者三说:一说为南宋王应麟(1223—1296);一说是南宋末的区適子;一说是明代的黎贞。此三说均不能确证。《三字经》中有“明太祖,久亲师,传建文,方四祀,迁北京,永乐嗣,逮崇祯,煤山逝”,可见《三字经》问世之后,经过明清文人不断的修订。多数后人赞同王应麟说。

② 耶稣会士取汉文名字不自罗明坚始,在此之前有范礼安(1538—1606)等,1573 年罗马耶稣会总会长任命范礼安为远东教务视察专员,1578 年到达澳门。但自罗明坚后,耶稣会士全部取有中文名字。

③ 1534 年西班牙人罗耀拉(Ignacio de Loyola,1491—1556)在巴黎成立耶稣会,1540 年教宗保禄三世正式批准。耶稣会仿效军队编制进行组织,坚持反对马丁·路德宗教改革,无条件拥护天主教宗,努力倡导学术研究,强调文化传教。

④ 具体时间为 1580 年 11 月 9 日,《罗明坚致罗马麦尔古里诺神文书》,罗渔泽:《利玛窦通信集》,台北:台湾光启社,1986 年,第 426 页。

办了一座用中文宣教并学习中文的传道所——经言学校,①编写了中西第一部辞典——《葡汉辞典》,②撰写了西方人第一部用中文写作的著作——《天主圣教实录》,③绘制了第一部西方人手绘的详细的《中国地图集》,④创作了第一批西方人用中文书写的诗作,⑤更难能可贵的是第一次将儒家经典译成了西方语言——拉丁文《三字经》与《大学》。⑥ 罗明坚的个人历史证明,他不仅仅是在中西语言文化方面取得了前无古人的成功,同时,作为一名耶稣会传教士,他同样达到了传播宗教的目的,1582 年 12 月他在广东肇庆建立了中国第一所耶稣会会院,其传教足迹并深入到杭州、绍兴、桂林,从而成为耶稣会成功登陆中国内地的第一人。1588 年罗明坚奉耶稣会敦请天主教教宗派遣使者觐见中国朝廷之使命从澳门返回欧洲,直到 1607 年去世于意大利萨勒诺,尽管没能完成教宗遣使中国的使命并返回中国,但他作为"西方汉学之父"的文化地位是毋庸置疑的。

罗明坚用拉丁文所译的《三字经》并未正式出版。罗明坚在 1583 年 2 月 7 日致耶稣会总会长的一封信中说:"去年我寄去了一本中文书,并附有拉丁文翻译"⑦,"时间仓促,拉丁文译文也很不通顺"⑧。裴化行认为这本中文译稿就是《三字经》。⑨ 这一译稿的意义并不在于正式出版流通于市,更重要的是它为后来的传教士们找到了一条学习汉语的途径——按照中国的童蒙教育传统,从《三字经》《千字文》等童蒙课本开始学习识字,然后再进入词汇学习与书面语学习。罗明坚学习汉语的原始文献今藏于罗马耶稣会档案馆(编号 Jap.Sin. Ⅰ 198),第 24—26

---

① 利玛窦称"经言学校"为"圣玛尔定经言学校",见《利玛窦通信集》,第 413 页。

② 杨福绵认为《葡汉辞典》是罗明坚、利玛窦合作编写,张西平据耶稣会档案馆编号"Jap.Sin. Ⅰ 198"《葡汉辞典》手稿,"证实这部手稿确系罗明坚所写"。张西平:《传教士汉学研究》,郑州:大象出版社,2005 年,第 11 页。

③ 该书完稿于 1581 年间,1584 年罗明坚在肇庆刻印,初版印刷 1200 册。本书稿撰写与润色前后得到高麦斯神父与利玛窦、一位福建秀才的帮助。现罗马耶稣会档案馆藏有 4 种刻本。见顾卫民著:《中国天主教编年史》,上海:上海书店出版社,2003 年,第 80 页。《传教士汉学研究》,第 21 页。

④ 手稿藏罗马意大利国家图书馆,1993 年经过欧金尼奥洛·萨尔多整理编辑出版。见《传教士汉学研究》,第 26 页。

⑤ 张西平考证"其诗作藏于罗马耶稣会档案馆,编号为 Jap.Sin. Ⅱ 159"。《传教士汉学研究》,第 27 页。

⑥ 罗明坚曾用拉丁文翻译儒家经典《四书》,手稿今藏意大利国家图书馆。1593 年波赛维诺编纂《历史、科学、救世研讨丛书选编》,《大学》为丛书中之一部分,1593 年罗马出版,1603 年、1608 年威尼斯、科隆分别再版。见《传教士汉学研究》,第 13 页。

⑦ 《利玛窦通信集》,第 446 页。

⑧ 斐化行:《天主教 16 世纪在华传教志》,北京:商务印书馆,1936 年,第 191 页。

⑨ 转引张西平:《传教士汉学研究》,第 13 页。

页为306个字的字表，第27—31页为地名、二十四节气、天干地支等词汇表，第32—125页为汉语、葡萄牙语的词汇对照辞典。[①] 这一学习汉语路径也许正是罗明坚翻译《三字经》的初因之一，也许这一译本也是他创办的“经言学校”中用以教授其他传教士学习汉语的识字课本之一。这一推测尽管无法确证，但从18、19世纪教会学校多以《三字经》《千字文》作为识字课本的大量例证，我们的确可以反证罗明坚的先见之明。由此，罗明坚拉丁文《三字经》译本的首创之功，不容置疑地搭建起了中西文化交流史上的首座桥梁。

拉丁文《三字经》的第二个译本于1869年出版于那不勒斯，译者是中国湖北潜江人郭栋臣。郭栋臣，字松柏，圣名若瑟，咸丰十一年（1861）出国，“居圣家书院十二载，卒业后返国，光绪十二年（1886）复由传信部召往母校执教，历十载”，“民国十二年（1923）卒”[②]。方豪在《中国天主教史人物传》中还报道，郭栋臣还用意大利文同时翻译了《三字经》。从时间上分析，《三字经》的翻译与出版时间均在郭栋臣游学期间，是否作为学校学习汉语的课本，我们无法确知。但从其翻译时间与语种，我们推测当是供圣家书院的本地学子学习汉字所用。

拉丁文《三字经》进入学校课程，我们可以放言，晚清传教士晁德莅的译本毫无疑问进入了教学课程之列。

晁德莅（Angelo Zottoli，1826—1902）是意大利那不勒斯人，1843年入耶稣会，1848年来华。在上海刻苦学习中文两年后出任徐家汇圣依纳爵天主堂司铎，并于同年创办圣依纳爵公学（又称徐家汇公学，简称徐汇公学），出任首任院长，直到1874年。[③] 其间，1862年徐家汇耶稣会初学院（神学院）成立，晁德莅兼任院长。直到1902年去世，晁德莅终身寓居徐家汇。晁德莅毕生致力于教育，不仅创办学校，还亲自编写教科书，其编写的最著名教科书是五巨册拉丁文《中国文学课程》。这套教科书是为新来的传教士们学习中文专门准备的，在书的封面上专门标出“neo-missionariis accommodatus”字样，意为“适用新来传教士”。[④]

《中国文学课程》第二册译有《三字经》。本册供低年级用，拉丁文名“文言研读”（Studium Classicorum），1878年上海土山湾印书馆出版，662页。本册内容包括序文、凡例、《三字经》、《百家姓》、《千字文》、《神童诗》、《大学》、《中庸》、《论语》、

---

① 张西平教授首次揭示罗马耶稣会档案馆Jap.Sin.Ⅰ 198号文献为罗明坚当年学习汉语的原始文档，并考证指出：“在梵蒂冈图书馆仍保留着他们（指传教士）当年学习汉字的《千字文》《三字经》等课本。”见《欧洲早期汉学史——中西文化交流与西方汉学的兴起》，第45—49页，北京：中华书局，2009年。

② 方豪：《中国天主教史人物传》，北京：宗教文化出版社，2007年，第630页。

③ 赵昕：《西洋办学第一校——徐汇中学》，见尹文涓编：《基督教与中国近代中等教育》，上海：上海人民出版社，2007年，第318—319页。

④ 《中国天主教人物传》，第633页。

《孟子》、按部首排列的词汇。[①]《中国文学课程》既为成年新来传教士所专设，必然也有一个循序渐进的过程。其第一册为最低班用，课程名称为“家常话”（Lingua Familiars），内容主要有字首表、应酬语、短篇故事、短篇小说、俗语选录；[②]第三册为中班用，课程名称为“经书研读”（Studium Canonicorum）；[③]第四册为最高班用，课程名称为“文章规范”（Stylus Rhetoricus）；[④]第五册为文学班用，课程名称为“诗与文”（Pars oratoria et poetica）。[⑤]

以上各册书名与适用年级以及课程内容让我们比较清晰地了解到了一位新来传教士的学习之路，初学者首先要进入日常用语听读的环境，并深入到方块字的偏旁部首结构。其次才渐次进入单字学习与词汇学习，并开始进入中国经典《四书》的基础研读，而字词的记忆途径则正是通过《三字经》（1200 字）、《百字姓》（400 字）、《千字文》（1000 字）、《神童诗》来完成的。这一学习方法与途径毫无疑问与中国的传统童蒙教育别无二致，与三百年前的罗明坚、利玛窦等相对比，学习语言文字的方法并没有找到第二把钥匙。由此可见“三、百、千”才是真正的识字工具，也正是如此，作为教育家的晁德莅才又一次翻译了《三字经》以供传教士们初识中文。

二、英文《三字经》

英译《三字经》的最早版本肇始于基督教新教传教士马礼逊。1812 年出版于伦敦。

马礼逊（Robert Morrison，1782—1834）是中国近代出版的拓荒人物，他最辉煌

---

① 《中国天主教人物传》，第 633 页。《中国文学课程》第二册出版于 1878 年，比第一册（1879 版）早出版一年，但在附加封面上改为 1879 年。由出版时间分析，可推测第二册可能为学习之急需。

② 《中国文学课程》第一册共 827 页，有序文、导言，序文中称共 6 册，实际出版 5 册。

③ 《中国文学课程》第三册共 792 页，1880 年出版。内容有序文、《诗经》中之动植物、矿物名、诗韵等，以及《诗经》《书》《易经》《礼记》《春秋》。同上，第 634 页。

④ 《中国文学课程》第四册共 839 页，1880 年出版。内容有序文、诗选、尺牍选、古诗、尺牍文体、文章典故等。同上，第 634 页。

⑤ 《中国文学课程》第五册共 849 页，1882 年出版。内容有八股文、时文、歌赋、骈体文、歌谣、对联等。

的出版成就是独立编纂并用铅活字机械印刷出版了《华英字典》(*Dictionary of the Chinese Language*)。① 马礼逊与米怜花费20年时间翻译出版中文版《圣经》同样也是一件名垂中西文化交流史上的大事。作为新教在华传教士的先驱,马礼逊不仅仅是杰出的出版家,他还是出色的教育家,1818年马礼逊在马六甲创办英华书院,“尝试进行英语和汉语的互换式教学”,这一尝试同样取得了成功。②

马礼逊1782年出生于英国诺森伯兰郡,1805年加入伦敦会,精通拉丁语、希腊语、希伯来语。1806年马礼逊在伦敦师从中国人容三德学习汉语。马礼逊在伦敦曾花数月时间抄写皇家学会借给他的《拉丁语汉语词典》稿本,这一学习汉语的方法十分独特,但马礼逊日后的中文著作成就证明了这一方法的确是有效的。③ 1807年9月4日马礼逊抵达澳门,之后两年寓居澳门继续学习汉语,先后师从中国人殷坤明、容三德(已回国)。④ 马礼逊对汉语的热爱与成果不仅仅是他用中文写了大小不等的12册书籍,他在1824年至1826年返英期间还在伦敦何尔本(Holborm)创办了语言研究所,“那些即将赴中国的传教士们可以在此学习汉语”。⑤ 创办语言学校与热衷书籍出版成为马礼逊传教的两把利器,其筚路蓝缕之功毫无疑问已经名垂青史。

马礼逊英译的《三字经》1812年于伦敦首次出版,这个译本是马礼逊著《中国

---

① 《华英字典》,共6册,4开本,澳门。分三部分,第一部分“字典”分三册,分别出于1815年(导言XVIII+930页)、1822年(884页)、1823年(908页),汉英对照。第二部分为“五车韵府”,分两册,分别出版于1919年(XX+1090页),汉英对照;1820年(VI+178+305页)。第三部分1822年出版(480页),英汉对照。见《1867年以前来华基督教传教士列传及著作目录》,桂林:广西师范大学出版社,2011年,第15页。马礼逊为印刷《华英字典》,从英国引入一台印刷机,这是中国机械印刷的发始。

② 同上,第13页。马礼逊1834年去世后为纪念他在华传播新教的功绩,1835旅居澳门的英美籍新教传教士和商人22人倡议在澳门成立马礼逊教育会,之后成为马礼逊学校,1842年迁香港,1849年停办。学校开设中文、英文两种课程,汉语学习要求全文背诵《四书》,并尝试翻译成浅显英语。见夏泉:《明清基督教教会教育与粤港澳社会》,广州:广东人民出版社,2007年,第217页。

③ [英]汤森著、王振华译:《马礼逊——在华传教士的先驱》,郑州:大象出版社,2002年,第43页。

④ 殷坤明,祖籍山西,罗马天主教徒。“他一生中的大部分时间(大概有30年)都在北京传教。天主教会教他拉丁语,所以他能讲流利的拉丁语。”引文同上,第54页。

⑤ 马礼逊中文作品计有:《神通论赎救世总说真本》,1811年,广州,6页;《问答浅注耶稣教法》,1812年,广州,30页;《〈圣经〉提要》,1814年,广州,1页;《古时如氏亚图历代略传》,1815年,9页;《养心神诗》,1818年,27页;《年中每日早晚祈祷叙式》,1818年,马六甲,30页;《神天道碎集传》,1818年,马六甲,17页;《西游地球闻见略传》,1819年,29页;《神天圣书》,1823年,马六甲,21册,马礼逊所译《圣经》是第一部中文全译本;《古圣奏神天启示道家训》,1832年,马六甲,4册,413页;《杂文编》,1833年,澳门;《祈祷文赞神诗》,1833年,澳门。见[英]伟烈亚力著、倪文君译:《1867年以前来华基督教传教士列传及著作目录》,桂林:广西师范大学出版社,2011年,第11—14页。

文集》(*Translations from the Popular Literature of the Chinese*)的一部分,1817 年意大利书商蒙图奇进行了修订重新再版于伦敦。① 从本书的出版时间上我们得知,马礼逊翻译本书的时间当在他寓居澳门学习汉语期间,本书应是他学习汉语的早期成果之一,也许甚至还可以视为是他学习中文时所做的汉译英习作。日后成立的马礼逊学校要求学生在背完《四书》后进入高年级阶段将中文翻译成英语,如布朗校长在 1842 年的教育会报告中说:"10 名孩子已经背完或将近背完《四书》……他们中,有些人能将《孟子》中的段落翻译成浅显英语,他们同样在我们指导下,将中文版《新约》的段落翻译成英语。"②通过练习翻译中文作品以快速提高语言学习效果,这一方法也许正是马礼逊自身体悟的有效学习途径之一。

马礼逊对中文经典助益学习汉语的功用,不仅表现在他除了翻译《三字经》《大学》,甚至《康熙字典》外,他还用英文撰写了长达 280 页的《汉语言文之法》、262 页的《中文会话及凡例》。③ 这两部著作分别出版于 1815 年、1816 年,都是马礼逊的早期语言研究成果,这两部书对其后来者无疑具有语言学习的教导意义。

马礼逊新教传播事业的优秀继承者来自美国,他的中文名为裨治文(Elijah Coleman Bridgman,1801—1861)。裨治文 1813 年加入马萨诸赛州公理教会,1830 年 2 月 19 日抵达中国广州。他是美国第一位来华的基督教传教士,而派遣他到中国传教的美国国外传教理事会是为了回应马礼逊的邀请才做出如此决定的。④ 马礼逊在广州热情地接待了裨治文与同道雅裨理(David Abell,1804—1846),不仅为他们请了中文老师单独辅导,还提供了学习中文必不可少的语言类书籍。裨治文与雅裨理的到来让马礼逊看到了来自美国的新希望。事实证明,裨治文没有辜负马礼逊的同道热望。裨治文独立撰写了 698 页的英文《广州方言撮要》(*Chinese Chrestomathy in the Canton Dialect*),与克陛存(Cu Bertson M.C.,1819—1862)合作翻译了中文新版《旧约全书》与《新约全书》,在马礼逊倡议下创办英文版《中国丛报》(*Chinese Repository*)并任主编长达 15 年,该刊先后出版 20 卷。⑤

裨治文以上成就的主题可以说与马礼逊的事业的确是一脉相承的。《中国丛

---

① 同上,第 12 页。

② 夏泉:《明清基督教教会教育与粤港澳社会》,第 217 页。

③ 马礼逊《华英字典》第一部分实为《康熙字典》的译本。《汉语言文之法》,4 开本,1815 年,塞兰坡出版。《中文会话及凡例》,8 开本,1816 年,澳门出版。见[英]伟烈亚力著、倪文君译:《1867 年以前来华基督教传教士列传及著作目录》,第 14—15 页。

④ 同上,第 74 页。

⑤ 《1867 年以前来华基督教传教士列传及著作目录》,第 77 页。《中国丛报》,第 20 期,广州,1832—1851 年。1847 年裨治文"离开广州前往上海后,由布里奇曼牧师(Rev.J.G.Bridgman)接手编辑工作,直至 1848 年 9 月卫三畏博士接管这一工作为止"。

报》是第一份面向西方读者介绍中国情况的英文刊物，24 开本，月刊，每期约 500 页。其创刊词为马礼逊所撰，本刊第 4 卷第 3 期（1835 年 7 月）第一篇刊发了《三字经》英译本与注解。在其第 1 卷第 6 期（1832 年 10 月）"文艺通告"栏目刊登了一篇有关《三字经》注解（1816 年出版，"Literary Notices：Songs of *Three Characters*"）的文章。在第 4 卷中裨治文不仅翻译了《三字经》，依次还译有《百家姓》《千字文》《神童诗》《孝经》，第 5 卷第 2 期（1836 年 6 月）并译有《小学》之一部分。裨治文在《三字经》的标题文字中说明这是"一本与初等教育目的不协调的书"，《千字文》注明"中国初级教育必读的书"，《小学》注明"中国幼童的启蒙教材之一、它的特点和目的、阶段课程表和课程第一部的摘译"。① 裨治文在 1835—1836 年间集中翻译了中文蒙学课本，由此不禁让我们联想到马礼逊教育会的创办。1835 年 1 月 26 日马礼逊教育会倡议成立，同年 2 月 25 日又通告："本教育会的宗旨将是在中国开办和资助学校，在这些学校里除教授中国少年读中文外，还要教授他们读写英文，并通过这个媒介，把西方世界的各种知识送到他们手里。"1836 年 9 月 28 日临时委员会通过了由裨治文草拟的马礼逊教育会章程，其章程中关于课本方面规定："本校课本旨在教导学生学习阅读、写作、数学、地理及其他科学，并以英语及华语教授，以期获得最佳效果。"②裨治文英译中文童蒙课本与创办马礼逊教育会的时间节点正相吻合，我们有理由相信这两者之间存在着目的性的联系，那就是包括《三字经》在内的童蒙课本也许正是为马礼逊学校的学生所准备的。

美国传道会步公理会裨治文之后尘，被激起传教激情后，美国浸礼会、圣公会、长老会、归正会（荷兰）、美以美会（北方）、监理会等接二连三涌向中国，继广州、厦门、宁波、南京等地外，上海逐步成为美国传道会的重要滩头阵地。裨治文生命的最后数年，上海就是他的最终归宿地。在裨治文去世的前一年（1860 年），来自美国监理会的秦右（Rev.Benjamin Jenkins）在上海出版了另一本英译《三字经》。

秦右是神学博士，1848 年 8 月 18 日抵达香港，1849 年 5 月到达上海。1852 年 11 月返回美国，1854 年下半年又重返上海，1861 年 8 月前往欧洲，1864 年 7 月再次回到上海。秦右对上海方言情有独钟，他的中英文著作基本上都是围绕着罗马化拼音拼读上海方言而展开的。他的英文著作是一本《音节表：适于用罗马化拼音拼读上海语言作品》，英译《三字经》《千字文》以及中文《大学》《中庸》《论语》全部是以罗马化拼音拼读上海方言语音。③ 其英语《三字经》是逐字英译，排印时一

---

① 同上，第 77 页。参见《中国丛报》第 4 期、第 5 期，影印本。日本东京株式会社（Matuzen Kabushiki Kaisha）出版社，1941 年影印本，香港中文大学图书馆藏。

② 《明清基督教教会教育与粤港澳社会》，第 205—207 页。

③ ［英］伟烈亚力著、倪文君译：《1867 年以前来华基督教传教士列传及著作目录》，第 199—200 页。

行中文一行译文，十分规整。秦右的这一出版方式并不新鲜，但他却执拗地反映了传教士们改造汉语汉字的一种努力方向，那就是在迎合各地方言以更有利于传教的同时，始终不懈地努力将汉语拼音化。

用罗马字注音汉字，罗明坚是始作俑者，而罗马注音系统的真正完成者是利玛窦与郭居静（Lfizaro Catfino，1560—1640），这套完成于 1598 年的罗马字拼音系统是中国最早的一套汉语拼音方案。利、郭选定五个罗马音标以注汉字的五音，制定了一套中文发音表。其后，金尼阁（Nicolas Trigault，1577—1629）在参阅利玛窦《西字奇迹》（*Wonder of Western Writing*）基础上撰写的《西儒耳目资》（*A Help to Western Scholars*）一书，进一步“执简驭繁，由浑而析”罗马注音系统，用罗马字母拼读汉字进一步固化。本书甫经出版即成为中国音韵上的里程碑式著作，它不仅被收入《四库全书》，而且还成为今日汉语拼音方案的借鉴之源。① 基督教新教的传教士们为了更方便与教区操不同方言的教众深入交流，重拾罗马拼音系统，并进一步发扬到拼音各地方言，如麦都思的《福建省土话辞典》、裨治文的《广东土话注音》、遴为仁的《潮州土话初阶》、高第丕的《上海土音字写法》等，无一不是罗马注音的新应用。

从秦右的上海方言版英译《三字经》，我们推展到广东方言、客家方言、厦门方言、福州方言、宁波方言、金华方言、杭州方言、上海方言版《圣经》全文或节要的出版，②我们已切肤痛感罗马注音方案也同样是新教传教的语言利器，其深度与广度都是耶稣会士们所望尘莫及的。

三、俄文《三字经》

与不远万里漂洋过海而来的耶稣会士、新教会士不同，俄罗斯作为中国的近邻是从陆路进入中国的。俄罗斯自 988 年皈依东正教，在奋力追赶欧洲文化的同时，因其在 1240—1480 年间为蒙古人所统治，因此其文化基因也深受东方文化的浸染。尤其是 18 世纪初彼得大帝（1672—1725）向西“全盘西化”，向东则掀起“中国热”，屡屡向康熙皇帝致敬。康熙二十八年（1689）《中俄尼布楚条约》签订后，中俄商务交流日渐络绎。1715 年 5 月经康熙皇帝批准，彼得大帝的第一届东正教宗教

① ［法］金尼阁、王征合著：《西儒耳目资》，“执简驭繁，由浑而析”为罗培常评价语。

② 见［英］伟烈亚力著、倪文君译：《1867 年以前来华基督教传教士列传及著作目录》“索引”，第 369—377 页。

使团进驻北京。① 1729 年第二届使团抵达北京，其中的一位学员名叫罗索欣（1717—1761），第一本俄文《三字经》正是在以上背景下由罗索欣翻译而成的。

罗索欣 1729—1735 年在北京国子监学习汉语、满语。他的 1730 年的抄写有 52 篇俄、汉、满课文的"满语与汉语学习簿"至今仍保存在俄罗斯科学院图书馆手稿部。② 1735 年罗索欣被聘为清政府理藩院通译，同时为内阁俄罗斯文馆的学生讲授俄语。1741 年罗索欣返回俄罗斯，并于 3 月 28 日被聘为俄国科学院通译，并负责教授新成立的汉满语学校中的汉满语。同年 8 月 10 日罗索欣拥有了 4 名学生，他让学生首先背诵他译成俄文的《三字经》《千字文》与《四书》，同时还为学生编写了一本《用俄文字母标注的汉语发音》教材。③ 1750 年他的学生们在报告自己的学习成果时说，我们"起初学习了识字课本和对话，而后背诵了包括四部分内容的《四书》和《三字经》，攻读了中国的各种历史著作，现在我们不仅能够阅读并理解这些书，而且还在学习翻译"④。罗索欣为这些学生还译有《满文识字课本》《会话学习》《二十四孝》《教学用课本、对话及词汇》等书，以供教学之用。由上可见，罗索欣的教学方法是中国童蒙教育的俄罗斯版，《三字经》在童蒙教育中的顽强生命力在遥远的彼得堡再次得到印证。

1751 年俄国科学院汉满语学校关闭，但直到 1761 年罗索欣去世，他一直供职于俄国科学院，并在这里翻译了 30 多部中国书籍，尽管这些译稿在他有生之年并没有得到正式出版，但他作为俄罗斯第一位名副其实的汉学家的地位，始终是无人动摇的。

协助罗索欣翻译 16 卷本《八旗通志》的列昂季耶夫（1716—1786）是另一位俄

---

① 俄国东正教宗教使团前后换届进驻北京共 20 届，自 1715 年直到 1956 年，前后长达 241 年。1728 年《中俄恰克图条约》签订后，中俄约定使团定员 10 人，其中 4 名神职人员、6 名世络人员（包括随团医生、4 名学员等），定期第十年轮换一届。

② 张国刚等译：《明清传教士与欧洲汉学》，北京：中国社会科学出版社，2001 年，第 388 页。

③ 同上，第 390 页。罗索欣是《四书》的第一位俄文译者。《用俄文字母标注的汉语发音》是俄国第一个汉俄译音方案。

④ 同上，第 391 页。

罗斯汉学拓荒者。① 比罗索欣幸运并且欣慰的是，他在生前共出版了21种有关中国的译作，其中就包括他的译作《三字经名贤集合刊本》。

与罗索欣不同，列昂季耶夫的汉语满语学习是在俄罗斯完成的。俄罗斯的第一个满语学校创办于1739年，教师是中国人周戈，这所学校存在了两年，4名学生在该校毕业，他们被作为第三届东正教使团（1736—1745）成员派往北京，列昂季耶夫是成员之一。② 列昂季耶夫1743年抵达北京，1755年随第四届使团返回俄国。在北京期间他担任与罗索欣同样的职务，任理藩院通译与俄罗斯文馆满汉教习。自1756年到1786年去世，他任俄国外交委员会亚洲司满汉语译员长达30年。期间，1763年他在圣彼得堡开办满汉文学校，共招收4名学生。

年长罗索欣一岁的列昂季耶夫幸运地比罗索欣多活了25年，而这25年正是“中国热”温度不断攀升的年代。他所翻译的诸如中国茶、象棋、丝绸，甚至“格言”及《中国思想》之类的书籍，一经问世便广受欢迎而跃为来自异国情调的畅销书，不断再版并被译为德文、法文等西欧文字。他最重要的译作是将《大清会典》和《大清律》译成了俄文。不过，他所翻译的《大学》《中庸》《易经》及《孙子兵法》之部分，因是第一次公开出版的俄译本，同样在汉学史上也据有不得不写入史书的重要地位。其译书之多，在俄国早期汉学家中首屈一指。据统计，“俄国在18世纪共出版有关中国的书籍和论文120种，而他的译著即占了1/5，并且，其中有许多种是欧洲第一次的译本”③。

列昂季耶夫所译《三字经》，1779年编入彼得堡帝俄科学院《三字经名贤集合刊本》中正式出版，这是《三字经》西文译本的第一次公开出版。《彼得堡通讯》于1780年发表书评，称其为来自中国的“诗体箴言”，这一评论让《三字经》首次摆脱

① 罗索欣1743年前除翻译教学用书外，还译有《中国花炮制作法》《中国全国及各城市每年钱粮税收一览》《康熙亲征准噶尔记》《乾隆皇帝即位诏书》《各朝代皇帝及其业绩》《清朝皇帝、军队及京城情亏》《译自〈一统志〉的日本简史》《哲学问答》《各种历书》等。1747年编译完成《中国历史》一书稿。其中将法文《中华帝国全志》译为俄文。1750年译完五卷本《准噶尔叛乱平定记》，1756年完成《资治通鉴纲目》译稿。罗索欣《大清一统志》中译出《阿尔泰山记》，又将图理琛《异域录》从满文译为俄文，题为《1714年前往伏尔加地区探望卡尔梅克汗阿玉琦的中国使团旅俄记》。1754年俄使团弗拉德金带回《八旗通志》交俄国参政院，1757年罗索欣开始翻译，并译出16卷俄文本中的5卷，其去世后由协助他翻译的助手列昂季耶夫完成全书翻译，并于1784年出版。列昂季耶夫编有《八旗通志》注释一卷，为第17卷。同上，第392—395页；又见李明滨：《俄罗斯汉学史》，郑州：大象出版社，2008年，第14—15页。

② 周戈，1741年供职于俄外交委员会莫斯科办事处。见注释：“周戈原居中国，18世纪20年代至30年代之间来到俄国，后接受东正教，取得俄国国籍，曾开办汉满语学校，是第一个在俄国教汉满语的中国人。”引自《明清传教士与欧洲汉学》，第389页。

③ 中国社会科学院文献情报中心编：《俄苏中国学手册》（上），北京：中国社会科学出版社，1986年，第56页。

童蒙课本的角色定位,它的伦理道德的内涵开始为西方人认真地注目停留,《三字经》的思想性终于有了异域知音。

《三字经》最经典的俄文译本来自于俄国汉学奠基人比丘林(1777—1853)。他出生于19世纪俄国的汉学中心——喀山大学的所在地。① 比丘林1799年毕业于喀山神学院并留校教授法语课。1807年他被选为第九届东正教使团团长,1808年抵达北京,1821年返回俄罗斯,在中国共留14年。

比丘林是东正教使团中个性最为张扬的人物之一。在北京期间他置满语、蒙古语于不顾,专攻汉语。他以熟练的拉丁语、希腊语、法语为交际语言与耶稣会士交往密切。他不仅翻译《四书》、《资治通鉴纲目》、《大清一统志》、政治、医药等书籍,还编纂了一本《汉俄词典》。他首次提出要系统地研究中国,因此在北京收集了大量文献、文物实物,回国时据说重达1.4万磅,"其中仅汉、满文的中国书籍就有12箱,全部文献书籍分由15只骆驼驮运。他所带回去的文物资料比前八届传教士团所带回之总数还要多"②。

比丘林回国后麻烦不断,盛名与奖获也不断。1822年1月,他在彼得堡受到俄东正教事务管理总局的审查,1823年9月4日被判终身监禁,指控他的罪名是他12年未去过教堂、变卖教堂财产、对下属管束不力、出入青楼等。1826年因俄外交部急需汉语译员而于11月1日获释。在监禁、流放的三年多里,他以译作为己任,先后译著了《西藏志》《蒙古纪事》《准噶尔和东土尔克斯坦》《北京记述》《成吉思汗家系前四汗史》《西藏青海史》《厄鲁特人和卡尔梅克人历史概述》《三字经》(1829年圣彼得堡根茨出版社出版)等。比丘林获释后不断推出新的译作并不止一次获得科学院奖,1828年他被选为俄国科学院东方文学与古文物通讯院士,1829年被聘为俄国公共图书馆荣誉馆员,1839年,他的《汉语语法》一书使他第二次获得俄国科学院杰米多夫奖金,其晚年最后一部著作,即3卷本的《古代中亚各民族历史资料集》于1851年出版后再获杰米多夫奖金。比丘林实际上不仅是汉学家,他还是藏学家、蒙学家、满学家,也许称他为东方学家更为合适些。而对自己的译著成果,比丘林毫不自谦,他曾自满地说:"整整13年所从事的中国研究,一个人的成就比所有东正教宗教使团在过去100年的成就还要大四倍。"③

---

① 喀山大学创办于1804年,1807年建立东方系,下设阿拉伯—波斯语、突厥—鞑靼语、亚美尼亚语和梵文、蒙古语四个教研室。1837年成立汉语教研室,以此为标志,汉学首次进入大学教育与研究。1844年又成立满语教研室。汉语、满语首任教授均来自第十届东正教使团,分别是西维洛夫与奥·沃伊采霍夫斯基。

② 李明滨:《19世纪上半叶的俄国汉学史》,见张西平:《欧美汉学研究的历史与现状》,郑州:大象出版社,2006年,第326页。

③ 转引自同上,第327页。

1831 年,比丘林在恰克图创办了一所汉语学校(1831—1861),这所学校直到喀山大学创办汉语教研室(1837)、圣彼得堡大学东方系建立(1855),一直是俄国的汉学中心。他所翻译的《三字经》《四书》,撰写的《汉语语法》等书籍,均是这所学校所使用的教材。1848 年第十三届传教使团团长卡法罗夫(汉学家)为培训使团成员,所使用的汉语教材中也同样有比丘林于 1829 年出版的《三字经》。这个读本由于是俄汉对照,因此颇便于教学,19 世纪三四十年代一直是喀山大学的汉语教材,同时也是 50 年之后的圣彼得堡大学的教科书。

这本 83 页的俄版《三字经》在比丘林眼里,并不仅仅是教科书,更重要的是他认为翻译本书的目的是要"使其成为汉学家们的汉语翻译参考手册"①。在译者序言中,比丘林指出:"《三字经》是简明的儿童百科全书,由宋朝末年王伯厚(即王应麟)编写。其从阴阳五行、天运四季讲起,接着讲人的行为中的三纲五常……言语简练却内容充实,用语朴素而含义深刻。"②比丘林将俄译本的书名定为《中国儿童百科全书》,他试图使这个译本成为书籍翻译的经典范式,并将其内容定位为儿童版的百科全书,其用意是昭然若揭的。

比丘林译本的努力,无疑获得了成功。他的译本获得了不少掌声,俄国《文学报》1830 年第 1 期(元旦专刊)发表未署名文章,在对其附加中文原文并进行俄文注释上给予高度评价外,重点强调了该译本在学术上具有无可争议的权威性,指出:"亚金夫神父翻译这本书,旨在让它成为俄国人阅读中文翻译的指南,因为书中阐述了中国人的一切思辨,并附有欧洲人感到陌生的、会妨碍他们阅读其他中国书籍的概念和词语的解释。"③这一评价无疑是对比丘林序言的回应与肯定。无疑是普通读者、学生、翻译家,甚至汉学家均可以通过阅读本书的正文与概念及词语解释而进入到"中国人的一切思辨"④。

关于《三字经》的思想内涵,还有两家杂志表达了对比丘林的敬意,也同样表达了对中国这本书的敬意。《莫斯科电讯》(文学评论和社会政治刊物)1829 年第 24 期指出:《三字经》的思想内容,"东方哲学在欧洲人心目中固然(尽管已经)古

---

① 《明清传教士与欧洲汉学》,第 407 页。

②③ 李明滨:《19 世纪上半叶的俄国汉学史》,载《欧美汉学研究的历史与现状》,第 344 页。

④ 同上。《文学报》的这篇评价,不断有人考证文章的作者是诗人普希金。[苏联]阿列克谢耶夫院士考证:《文学报》1830 年 1 月 1 日—1831 年 6 月 30 日的负责人是杰尔雅各,协助编辑的是普希金,本文用语符合普希金的行文习惯,即使不是他撰写的,也当是他编辑的。比丘林与普希金是朋友关系,《三字经》出版后,比丘林赠给普希金一本,《国际汉学》第六辑(大象出版社,2000 年)中李明滨透露:"普希金的藏书中,还有一本译者比丘林用铅笔题赠的俄文版《三字经》。封面印有:《三字经》(附石印中文本,亚金夫神父译自中文),铅笔写的题词为:'亚历山大·谢尔盖耶维奇·普希金惠存译者赠'。"

色古香,但其雄深素朴却令人惊叹不已”①。《雅典娜》杂志 1830 年第 1 期进一步指出:从《三字经》可以见到“中国人的德行和智能”②。指向《三字经》内容和评论,让我们了解到《三字经》已经从封闭的汉语教学课堂走向了更为广阔的学术界、知识界以及普通读者,至少这本书已经征服了这些评论家。比丘林译本的贡献也许正在这里,他让大众开始阅读关于中国的历史、哲学以及知识。这一新突破,让《三字经》回归到了它的本初定义——“三字圣书”,识字与伦理道德的教化以及历史知识的普及三位是一体的。

四、德文《三字经》

德国人进入中国,影响最大的是早期耶稣会士汤若望(Johann Adam Schall von Bell,1591—1666)、邓玉函(Johann Schreck,1576—1630)等,18 世纪的戴进贤(Ignatius kgler,1680—1746)以其天文学成就也颇负盛名。19 世纪上半时,基督教新教传教士郭士立(又译郭实蜡,1803—1851)在华传教 20 年,写下并出版多达 61 种中文著作,尤其是德文版《中华帝国历史》更是蜚声欧洲。③

18 世纪来华的德国人中,内曼(即诺伊曼,卡尔·弗里德里希,以下简称诺伊曼,1793—1870)在中德文化交流史上拥有一席之地。诺伊曼生于法国,父母均为犹太人。1814 年 12 月 11 日法国皇家科学院(今法兰西学院)设置欧洲第一个汉学与满学讲座,首席教授是法国汉学家雷慕沙(Jean Pierre Abel Remusat,1788—1832),诺伊曼是其来自德国的学生之一。诺伊曼追随雷慕沙学习汉语后,成为“一个拥有充分有关中国的知识具备充分语言能力并能够胜任翻译工作的中国通”④。但他真正的学术专长是亚美尼亚文,尽管他也是一位汉学家。1831 年他被慕尼黑大学聘为汉文和亚美尼亚文教授。诺伊曼注重当代史写作,曾撰有《从第一次(中国)鸦片战争到北京条约的东亚历史》一书,该书以流行于 19 世纪欧洲的傲慢与狂妄情绪叙述中国与东亚的历史文化与现实,无疑对中国充满了偏见。

诺伊曼在中德文化交流史上,有两件事是不得不提及的。一件是他将中国的数部经典译介到了西方,另一件是他 1829 年来华之后搜集了大批中文书籍,并于

①② 李明滨:《19 世纪上半叶的俄国汉学史》,载《欧美汉学研究的历史与现状》,第 343 页。

③ 郭士立著《中华帝国历史》,1836 年首先以英文出版,德文版 1847 年出版,诺伊曼编辑,8 开本,VIII+912 页,斯图加特 & 图宾根。见《1867 年以前来华基督教传教士列传及著作目录》,第 70 页。郭士立的著作造成颇多中国负面形象影响,他本人“在贩卖鸦片的船上充当翻译,向英国人提供过中国军事实力的决定性情报,并为英国人打开过进口的渠道”。引文见[德]裴古安(Andreas Pigulla)著、韦凌译:《德语地区中国学历史取向起源》,载《德国汉学:历史、发展、人物与视角》,郑州:大象出版社,2005 年,第 117 页。

④ 同上,《德国汉学:历史、发展、人物与视角》,第 120 页。

1831 年运回到了德国。[1] 在英国传教士、汉学家伟烈亚力(Alexander Wylie,1815—1887)所撰的《中国文献纪略》中列举了诺伊曼的译作,计有:德文本,诺伊曼译自《洛阳伽蓝记》第五册(原文如此),题书名为《由华赴印朝圣的佛徒》,柏林,1833 年版;英文本,《靖海氛记》,诺伊曼译,题名《海盗史》,有注释和图表,伦敦,1831 年版;德文、中文合刊,《三字经》,伟烈亚力著录 *DIE ENCYCLOPADIE DER CHINESISCHEN JUGEND*(《中国青年百科辞典》),内曼译,收入《中国学堂》(Lehrsaal des Mittelreiches)第 19—26 页,也收有中文,慕尼黑,1836 版;英文本,《佛门源流录·教理问答》,诺伊曼译自中文,题名《沙门教理问答》,有注释和插图,伦敦,1831 年版。[2] 从他所译书目可知,他对中国的佛教颇有学术兴趣,也许这一趣味源自他的法国汉语老师雷慕沙。[3] 雷慕沙曾译《佛国记》(未完成)、《太上感应篇》(法文,巴黎 1816 年版),雷慕沙的另一位法国学生儒莲(Stanislas Julien,1799—1873)曾译《大慈恩寺三藏法师传》、《大唐西域记》、《道德经》并法译《太上感应篇》,可见法国汉学对中国的佛教、道教也表达了探索的欲望。由此也可以看出专业汉学家与传教士学术兴趣之不同,诺伊曼的德译《三字经》之有别于其他译本,对《三字经》内容的新发掘意义已不再是多提供了一个国度或一个语种的新译本,更重要的是它是从学术眼光而提供给读者的来自东方的思想与知识。

诺伊曼德译《三字经》就译者身份而言也许是个另类,但德译《三字经》另一位译者卫礼贤(Richard Wilhelm,1873—1930)的身份则更为复杂,他既是德国新教同善会传教士,又是北京大学、法兰克福大学的教授,同时他还是德国驻北京公使馆科学参赞。

卫礼贤毕业于图宾根福音教神学院,1899 年他加入同善会并于当年 5 月 12 日抵达中国青岛。同善会,也称"魏玛传教机构"(Weimarer Mission),是由一批具有自由思想的新教徒,1884 年在魏玛成立的,它主张结合研究当地宗教与文化,并通过慈善与文化活动传播基督教伦理。卫礼贤无疑贯彻了这一传教方针。他在经

---

① [德]鲁毕直(Lutz Bieg)著,胡梵译、罗莹校:《从两大图书馆,到各个汉学系图书馆,再到"虚拟图书馆"》一文记载:"根据有关内曼从 1830 年 2 月到 1831 年 5 月大型重要采购之旅的早期记载(从 1830 年 9 月到 1831 年 1 月在澳门和广州停留并采购书籍),在这次旅行中他购买了大约 6000 册中文书籍,其中有 2410 册被带到柏林,3500 册被带到慕尼黑。"带到柏林的书入藏柏林国家图书馆,带到慕尼黑的书入藏慕尼黑国家图书馆。鲁毕直一文载《德国汉学:历史、发展、人物与视角》,第 575 页。

② [英]伟烈亚力著、马军译:《1867 年以前中籍西译要目》,译有《中国文献纪略》,载张西平主编:《国际汉学》,第二十辑,郑州:大象出版社,2010 年,第 235—257 页。

③ 劳乃宣(1843—1921),字季瑄,号玉初,自号矩斋,又称韧叟,曾任清学部副大臣兼京师大学堂总监,古文字学家。尊孔文社的前清遗老还有恭亲王溥伟、军机大臣徐世昌、东三省总督赵尔巽、陕甘总督升允、两江总督周馥等。1914 年建尊孔文社藏书楼,收藏中外文书籍 3 万余册,是青岛第一座现代图书馆。

历了义和团的冲击与德国军队的血腥镇压后，创办了“德中神学院”（又称“礼贤书院”）与花之安教会医院，1905 年创办了一所三年制的女子小学，1911 年辛亥革命后又创办了一所女子师范学校。1913 年他与劳乃宣建立尊孔文社。[1] 1920 年短暂回国后次年又任德国驻北京公使馆参赞。他所倡议的“东方学社”，1921 年成立，康有为、梁启超、王国维、罗振玉、沈兼士、辜鸿铭是核心成员。1923 年在蔡元培重组北大德语系时卫礼贤被聘为德语讲师。1924 年他以汉学家的身份返回德国并被聘为法兰克福大学名誉教授（1927 年成为正式教授），并于次年以他为中心创建中国学院，直到 1930 年 3 月 1 日去世，他一直是汉学教授兼同善会教士。

作为一名传教士，卫礼贤所推动的一系列文化活动，加深了中德之间的思想、文化理解，迎合了 1871 年德意志帝国统一的殖民扩张与一战后德国的思想苦闷。作为一名教授，他所主持的法兰克福大学中国学院以及在他帮助下成立的慕尼黑中国学院分院，并由他出版发行的《中德年鉴》，无疑在学术上成为一座座文化桥梁，但他最为突出的贡献是作为一名汉学家、翻译家，他让中国经典以及中国哲学及思想在德国掀起阵阵高潮。

1902 年，在卫礼贤抵达中国并学习中文的第三年，他在上海的一家德文画报上发表了他的第一篇译作——《三字经》。这是一篇检验他中文学习成绩的练笔之作，与 1904 年、1905 年发表在《传教学和宗教科学》杂志上的《大学》《诗经》《论语》节译属于同样性质。1909 年卫礼贤结缘出版家奥伊根·迪德里希斯，[2]开启他与迪德里希斯出版社长达 21 年的合作，他的译作几乎全部是在这家出版社出版的，俩人约定出版一套卫礼贤所译 10 册丛书“中国的宗教和哲学”，除 1910 年先行出版的《论语》单行本外，以后陆续推出《老子》（1911）、《列子》（1911）、《庄子》（1912）、《孟子》（1916）、《易经》（1924）、《吕氏春秋》（1928）、《礼记》（1930）。《论语》及道家三经典的出版使卫礼贤在德国读者中名声大振，导致德国思想界掀起一阵中国热，《老子》译本长时间位于畅销书榜首。而《易经》的出版则毫不动摇

---

① 雷慕沙，既是法国也是西方第一位专业汉学家。依据傅尔蒙的《汉语论稿》《中国官话》等书自学中文并以一篇中国医学论文获得巴黎大学博士学位。雷慕沙的代表作是《汉文启蒙》，此外还用法文翻译了不少中文书籍，如《玉娇梨》《中国短篇小说集》等。

② 奥伊根·迪德里希斯（Eugen Diederichs，1867—1930），德国出版家，1897 年创办迪德里希斯出版，以振兴宗教思想自由、克服现代理性主义为出版方针，策划出版“各民族的宗教声音”丛书，他本人对中国文化情有独钟。他所创办的出版社在他身后还陆续出版卫礼贤文集《人与存在》（1931）、《东方智慧》（1951）、论文集《变与常——易经的智慧》（1956）、《〈易经〉的真谛》（1973）。1973 年该社推出一套 125 本的“迪德里希斯黄皮书系”，包括新版《易经》、《卫礼贤文集》、《大同书》（康有为著）等 5 种中国题材的著作。以上见张东书：《两个世界之间的桥梁——卫礼贤和迪德里希斯出版社》，载张西平主编：《国际汉学》第二十辑，郑州：大象出版社，2010 年，第 114—128 页。

地确定了卫礼贤的汉学家地位，并且让他走向多种语言世界，一再被翻为其他语种，从而让他成为国际汉学名家。①

由《三字经》所引发的一系列中国佛家、道家经典的德译本影响，让卫礼贤成为一名德国与中国公认的"伟大的德意志中国人"，这一称号也许是对卫礼贤的最好纪念，尽管他所翻译的《三字经》并没有产生重大而又深刻的影响。

五、《三字经》西译之动因及其拓展

作为中国经典教育之一部分，《三字经》《千字文》是中国儿童蒙养的初级读物。它们最大的功能是通过背诵而识字，其次才是知识与伦理道德的灌输。传教士们进入中国，无论是耶稣会士还是新教传教士，他们碰到的最大困难便是识字，他们不止一人抱怨、气馁甚至望而生畏，识字与读音时时困扰着他们。尽管罗明坚、利玛窦通过罗马字母注音的方式逐步解决了发音与方言不同的问题，但识字——寻找"中文之钥"的种种努力最终证明无一不是以失败而告终。因此，他们不得不返身回到原点，乖乖地重新回到汉语老师冬烘先生的身边，用中国传统的童蒙学习方法解决识字问题。《三字经》之所以被屡屡译成不同之西文，这是最根本的原因。

汉字的常用字约 2500 个，《三字经》（1200 字）、《百家姓》（400 字）、《千字文》（1000 字）大约能提供 2000 字，基本上可以解决一般阅读问题。17 世纪的汉学家马若瑟（Joseph de Premare，1666—1735）认为"识四五千汉字即可通行无阻"②。19 世纪晚清中国通丁韪良（Martin，William Alexander Persons，1827—1916）则认为使用频率最高的汉字只有 2000 多个，因此他编写了一册识字教材——《认字新法常字双千》③。从以上的识字背景材料分析，中国传统蒙学教育之所以长盛不衰，历史事实证明是行之有效。因此，从 16 世纪末的罗明坚到 18 世纪的俄国传教士罗索欣、列昂季耶夫、比丘林，他们所译的《三字经》，其最

---

① 卫礼贤德译《易经》1924 年出版，战后被译为多种国家文字，1950 年译为荷兰语、意大利语，1951 年译为英语，1956 年译为葡萄牙语，1968 年译为法语，1969 年译为西班牙语。见［德］吴素乐著、任仲伟译：《卫礼贤——传教士、翻译家和文化诠释者》，载任继愈主编：《国际汉学》第十二辑，郑州：大象出版社，2005 年，第 29 页。

② 马若瑟，法国人，对中国语言文字、文学颇有研究，著有《六书析义》《汉语札记》等书，所译元曲《赵氏孤儿》，对法国文坛颇有影响。

③ 丁韪良，字冠西，美国北长老会教士。1850 来华，1858 年任美国首任驻华公使列卫廉翻译，1869 年任同文馆总教习，1898 年任京师大学堂总教习，著有《中国人：他们的教育、哲学和文学》《天通溯源》等。

初本又都是为了识字之所需。罗索欣最为典型，1741 年他在科学院满汉学校教授汉语时，首先让学生背诵《三字经》《千字文》《四书》，并探索学习试译其中的篇章以巩固学习效果。19 世纪上半叶马礼逊、裨治文英译的《三字经》也毫不例外地是为教学服务。19 世纪中叶的美部会传教士夏查理（Charles Hartwell，1825—1905）也主张："在初级学校可以教《三字经》《千字文》和《幼学须知》，在更高的学校可以学习四书、《诗经》、《尚书》和《春秋》等。"①1859 年罗存德（W. Lobscheid，1822—1893）在《香港华人教育与官立学校笔记》一文中，对当时的学校课程内容研究后，发现当时学校课程主要有三点：中国本土课程、外国人编写的中文课本、英文课本，其中"中国本土课程，主要有幼学、《三字经》、《千字文》、四书、五经、古文等"②。直到 20 世纪初，在一册教会学校教育手册中我们还可以找到《三字经》的书名，"在小学或初级教育阶段一般以读《三字经》《幼学群芳》等童蒙读物为主，而在中级和高级阶段则要学习《左传》《论语》《孟子》《大学》《中庸》《礼记》等课程"③。我们无法确证 20 世纪初马礼逊所译《三字经》是否用于"德中神学院"的课堂教学，但至少可以认为这个译本是他学习认识汉字的基础练习。进入 20 世纪，《三字经》便极少西译外语，这也可以印证新式教科书的冲击，它的识字功能退化之后，国外人很快也就少有问津了。胡卫清在《晚清基督中等学校课程研究》一文中指出："值得注意的是，在清末一些教会学校已经完全采用新式的语文教科书，如王亨统的《蒙学捷径》初编和二编，这说明新式的语文教育书籍已经开始取代经典教育，而经典教育的沦落已是不可避免之趋势。"④这一结论也同样为《三字经》的西译之路画上了句号。时代使然，一本书的命运是任何人都无法扭转的。

《三字经》不仅仅是识字之工具，它的内容包括"天人性命之微，地理山川之奇，历代帝王之统绪，诸子百家之原由"，它融伦理道德之教育、哲学经典之思想、天文地理之知识、历史兴衰之撮要、励志成功之案例于一体，将它视为缩微版的百科全书实不为过。因此，将它作为识字工具的同时，还可以将它用为初识中国之研究工具，最早认识到这一点并研究它的是俄国汉学家比丘林，其后还有法国汉学家儒莲以及德国汉学家诺伊曼。

---

① 夏查理，美国公理会教士，1853 年来华，在福州传教 50 年，曾译有福建方言《新约》（合译）。引文见胡卫清：《晚清基督教中等学校课程研究》，载《基督教与中国近代中等教育》，上海：上海人民出版社，2007 年，第 29 页。

② 罗存德，英国人，德国礼贤会教士，1848 年抵香港，后转广州传教行医。引文见夏泉：《明清基督教教会教育与粤港澳社会》，第 283 页。

③ 《基督教与中国近代中等教育》，第 30 页。

④ 同上，第 32 页。

比丘林将《三字经》俄译书名定为《中国儿童百科全书》可谓得其书魂、得其真髓、得其精要。他不仅写了学术性的研究前言,并附上中文原文,《文学报》的评论家中对这一点无比赞赏,文章说:“这样,所有真懂和假懂中文的人皆可将译本与原文核对比较,说话不再是不假思索地胡乱猜测,而是根据事物的实质,很明显的、无可争议的证据,即凭手中的两种文本。”①最能体现比丘法汉学家本色的是他结合俄国学者以及普通读者的阅读需求,甚至兼顾到了“欧洲人感到陌生的”概念与词语作了注解,以帮助读者进一步理解。如“昔孟母,择邻处,子不学,断机杼”,比丘林解释为“中国古代哲学家孟子及其母亲的故事”,与俄国俗语“择友而处,择邻而居”的道理相仿。② 诸如此类的解释实际上也是作为汉学家的比丘林对中国文化研究与理解的学术成果之一部分。

法国汉学家儒莲与德国汉学家诺伊曼同为雷慕沙的学生,他们两人的译本一为英文、一为德文,但都附有中文原文。儒莲是法国汉学的第二代传人,是个自视甚高并的确做出过非凡学术贡献的汉学家。中国近代出版家王韬曾称赞他:“在国中译习我邦语言文字,将四十年。于经史子集,靡不穷披遍览。”王韬对他所译中文典籍十分推崇,称赏他“所译《太上感应篇》、《蚕桑辑要》、老子《道德经》、《景德镇陶录》,钩疑抉要,襞襀条分,骎骎乎登大雅之堂,入述作之林矣。癸申以来,潜心内典,考索禅宗,所译如《大慈恩寺三藏法师传》《大唐西域记》,精深详博,殆罕比伦。”③王韬之论,可以代表儒莲之汉学成就已经征服了他同时代的中国人。儒莲对道教、佛教所谓内典颇有研究外,他对中国文学的关注与翻译更是他一生之自豪。他曾法译《玉娇梨》(1864)、《平山冷燕》(1860)、《白蛇精记》(1834)、《行乐图》(1834)、《刘小官雌雄兄弟》(1859)、《灰阑记》(1859)、《赵氏孤儿》(1834)等,这些作品为法国文学界揭开了中国戏剧与小说的神秘面纱。他用拉丁文、满文、中文合刊形式所出版的《孟子》是他早年对儒家思想探讨的见证,而他所出版的英语《三字经》则是他晚年对儒家学说的新认识,他在本书中除收中文原文外还附收 214 个汉字部首表,由此可知,这个译本也许是他在法兰西学院讲授汉语课程时教学用书,但也可以认为是他后期研究儒家学说的心得之作。

德国的诺伊曼严格说来应是东方学者兼汉学家,他在慕尼黑大学的教授席位名称十分冗长:“普通文学史、汉语及亚美尼亚语言和文学以及普通地理学和民族

---

① 李明滨:《19 世纪上半叶的俄国汉学史》,载张西平编:《欧美汉学研究的历史与现状》,第 344 页。

② 同上。

③ 莫东寅:《汉学发达史》,郑州:大象出版社,2006 年,第 71 页。

学教授"①。诺伊曼1831年至1832年在慕尼黑大学开设讲座讲授汉语,期间有所停顿,但自1838年起他的工作重点放在了教授中文上。而他所译的《三字经》1836年出版于慕尼黑,我们认为这个译本当是他1831年自中国返回后在慕尼黑完成的,《三字经》的内容无论是从识字角度还是讲解简明中国知识角度,它都应是比较理想的讲座主题。

《三字经》的西译,因为三位汉学家的介入,从而赋予了《三字经》学术研究色彩。这一转变,让我们意识到,《三字经》在西方汉学家的笔下或者口中,已演变为介绍与研究中国的另一把工具。也许,这才是13世纪创作《三字经》的作者——王应麟的真正初衷。也许,这一观点过于武断,19世纪的新教传教士可能更认同另一个观点——作为一种简明韵语表现形式,它更适合借鉴与拓展为传教之工具。

韵语是激发兴趣与强化记忆的最佳工具,中国的蒙学课本几乎都是韵语句式。用三言、四言句式,将多达数百甚至上千个不重复的单字编写成朗朗上口、充满趣味和富有哲理的知识读物,作为童蒙课本教学与识字,这是中国人的创造。西方传教士进入中国学习汉字与语言,尽管都是成年人,但他们的学习方法依然是从中国的童蒙读物开始的。学习常用字,用韵语形式强化记忆直到19世纪下半叶还是传教士学习中文的基本方法。丁韪良在1862年编写的供新老传教士学习的识字教材《认字新法常字双千》(1863年版、1897年修订版)模仿的依然是《三字经》《千字文》的思路,用四字一组韵语法将2000个汉字编排到一起。他个人认为"熟习中文没有绝对的捷径",他自认为这本韵书:一是"为学生精确地提供了他需要掌握的那些字",二是这种编韵方式"让这些字能入眼且过目不忘"②。

我们已经知道,《三字经》《千字文》的功能不仅仅是识字,它的内容充满了昂扬向上的儒家精神,这种带有布道传教意味的课本让传教士们充分领略到儒家思想灌输的别致与行之有效。基督教新教入华后不久,在他们所创办的学校中,就有人意识到充满儒家思想的类似《三字经》式的中国传统童蒙课本对传播基督教思想是种威胁与抵触。但在华人心中,《三字经》《千字文》却又是根深蒂固的,它们是心灵、精神与文化识别的最坚韧的象征。自然而然,穿梭于华人之间的传教士们便想到了借《三字经》之壳行基督思想之实。因此,马礼逊的同道麦都思自19世纪20年代初,就开始模仿《三字经》编写基督教内容版的"三字经"。麦都思山寨版的《三字经》仍然以文言写成,三字一组,押韵合辙,但他所叙述的内容都是基督教的历史与"福音"以及他认为的真理。麦都思的基督教《三字经》1823年首版于

---

① 《从两大图书馆,到各个汉学系图书馆,再到"虚拟图书馆"》,载《德国汉学:历史、发展、人物与视角》,第573—574页。

② 丁韪良:《认字新法常字双千》,上海:上海美华书馆再版序,1897年。

巴达维亚（今雅加达），这个只有17页的小册一经问世，便广受欢迎。华人听到了自己所熟悉的韵体，而传教士们也找到了一条“用明白易懂的语言表述基督教的部分原理”的捷径。

深受成功鼓舞的麦都思，1828年又重新修订，并在巴达维亚再次出版，这一版本于1832年在马六甲重版。1839年新加坡又重新刻版成小开本再次推向市场。1843年麦都思基督《三字经》进入香港，这是一个重新雕版的再次修订本，这个雕版的板片被运到伦敦，是为了方便机械印刷，1846年浇成了铅版，这样就可以上机印刷了，由此我们也可以分析出当时这本书的畅销。

伟烈亚力在19世纪记述了麦都思基督《三字经》在中国内地的版本情况："1845年上海的印刷所（墨海书馆）出版了一个新的本子，1848年该印刷所用铅版重印此本。同年宁波的华花圣经书房重印此书，开本较小。经麦都思对此书进行了全面彻底的修订后，1851年在上海出版，第二年在香港和厦门出版，1856年在上海再版。这部作品还有若干注解本，其中一种是由作者本人所注，名为《三字经注解》，共43页；另一种于1847年出现在宁波，名为《三字经注释》，共16页，这一版本的修订本最近亦由华花圣经书房出版，共17页，有插图，名《绣像真理三字经注释》。"①麦氏《三字经》一版再版的史实，证明传教士的这一尝试无疑是成功的。

历史还证明，麦氏《三字经》及其模仿麦氏的其他版《三字经》大量被用作教会学校的中文课本。罗存德1859年在《香港华人教育与官立学校笔记》一文中说："外国人编写的中文课本，主要有新约、慕维廉地理、慕维廉英国史、《圣经》中记载的历史、基督教《三字经》、十诫等。"②实际上，教会学校开设基督教《三字经》，已是普遍现象。卫三畏说，到19世纪80年代，"已有上千种以(《三字经》)同样风格和同样名称写的含有基督教真理的宣教册在中国的教会学校中使用，并取得了较好的效果"③。这一结论，E.S.罗斯基（Evelyn S.Rawski）可以证明，他将哈佛—燕京图书馆中的美国公理会中文收藏部所藏的各种版本的《三字经》分成了五类："伦敦会传教士麦都思1823—1855年间出版的各种版本的《三字经》；S.M.利特尔于1832年出版的《训女三字经》；美国公理会传教士富善1865年出版的《三字经注释》；美国公理会传教士夏查理于1870—1913年间出

① 《1867年以前来华基督教传教士列传及著作目录》，第34页。

② 《明清基督教教会教育与粤港澳社会》，第283页。

③ S.W.Williams：*Chinese Kingdom*，Vol.I，p.530，引自王文兵：《丁韪良与中国》，北京：外语教学与研究出版社，2008年，第376—377页。

版的各种版本的《圣教三字经》;美国公理会传教士白汉理 1875 年出版的《三字经》。”①以上的书目已经很长,但当代中国学者仍有补充,胡卫清说:“这并不是传教士所编的全部的‘三字经’,就笔者所知,至少还有美国浸礼会真神堂的传教士叔士在 1848 年出版的《三字经》,德国礼贤会传教士罗存德 1857 年为麦都思《三字经》作注而出版的《麦氏三字经》,美国长老会传教士 R.劳里用上海土白话编写的《三字经》,其中杨格非编写的《真理便读三字经》广受欢迎,许多学校都采用此书。”②不过,以上的目录肯定也是不全的,1863 年上海出版过一个无插图的 16 页的《真理三字经注释》;1860 年上海方言版基督教《三字经》;1904 年有注明为“彭邑迂拙老人著”的英译《华英三字经》;1902 年版以西方科学为内容的《西学三字经》。③ 此外,甚至还有受其鼓舞的佛教版、伊基兰教版《三字经》,分别为 1872 年慧空经房版《释教三字经》、1885 年宝真堂版《天方三字经》。④ 中文《三字经》引来如此众多的模仿者,其文化魅力不得不让我们惊叹——尽管现在已是 21 世纪。

下面让我们对比一下儒家版与基督教版《三字经》。杨格非《真理便读三字经》首句为“大造主,即上帝,帝是谁,听仔细,天与地,人与物,皆上帝,亲造出”⑤;王应麟《三字经》首句为“人之初,性本善,性相近,习相远,苟不教,性乃迁,教之道,贵以专”。两者之间的蕴含、韵味与文化差异,已经自不待言。任何企图取而代之的文化欲望,历史已经证明,几乎都是不可能的幻妄而已。

罗斯基对哈佛—燕京图书馆藏的 1832—1913 年间出版的基督教《三字经》分类研究后,得出的最后结论是:“这些基督教的《三字经》虽然较长,但教的字数却并不比中文《三字经》多多少,这些《三字经》宣传册并非真正是想用于服务

① Evelyn S.Rawski,“Elementary Education in the Mission Enterprise”, in Suzanne Wilson Barnett and John King Fairbank ed., *Christianity in China*, Mass: Harvard University Press, 1985, p.146.引自胡卫清:《晚清基督教中等课程研究》,载《基督教与中国近代中等教育》,第 5 页。

② 同上。

③ [法]伯希和编、[日]高田时雄校订补编、郭可译:《梵蒂冈图书馆所藏汉籍目录》,第 153 页,《华英三字经》,“带英译的《三字经》,彭邑迂拙老人著,每个汉字旁边都有英文注解”;第 154 页,“《西学三字经》,以三字经的形式编写的西方科学书”。

④ 同上。第 138 页,“《释教三字经》,以三字经形式撰写的佛教书,吹万老人著,同治壬申(1872)慧空经房藏板”。第 149 页,“《天方三字经》,三字经形式写成的伊斯兰教义书,西蜀余海亭释译,宝真堂藏板,光绪十一年(1885)重刊本”。

⑤ Evelyn S.Rawski,“Elementary Education in the Mission Enterprise”, in Suzanne Wilson Barnett and John King Fairbank ed., *Christianity in China*, Mass: Harvard University Press, 1985, p.146.引自胡卫清:《晚清基督教中等课程研究》,载《基督教与中国近代中等教育》,第 5 页。

于初学者识字的需要，而且基督教《三字经》与中文《三字经》的用字重合率较低，因而基督教的《三字经》并非中国《三字经》的理想替代物。”①这一结论也即将为本文画上句号，任何结论都有可能不是最后的结论，但有一点是可以明确的，任何思想文本的互译与模仿，都不可能形成替代的置换关系，文化与思想只有在交流中，才能形成理解、才能互取营养、才能最终升华为一种新的文化生命体，从而鼓励人类——不同的文化群体——共同向上。

（作者单位：中原大地传媒集团有限公司）

① 《丁韪良与中国》，第 377 页。

20 世纪中国古典文化的流播与影响:从马来亚到马来西亚*

□苏莹莹

摘要:20 世纪是中国古典文化在东南亚传播与发展的重要时期。从 1965 年新马分家前的马来亚到今日的马来西亚,百年间,中国古典文化通过华文刊物、华文学校、古典小说译作、传统戏剧等各种媒介在新马这片异域的土壤上彰显了独特的魅力,成为当地多元文化中的一枝奇葩。

关键词:20 世纪　中国古典文化　马来亚　马来西亚

Abstract: The 20th century is an important period for the spreading and developing of Chinese classical culture in the Southeast Asia. During these 100 years, from Malaya to Malaysia (Singapore declared its independence from Malaysia in 1965), the Chinese classical culture has showed its unique charm in this country through various mediums, such as Chinese publications, Chinese schools, translated works of Chinese classical novels and dramas, and has became an exotic flower among its multi-cultural garden.

Key words: the 20th century, Chinese Classical Culture, Malaya, Malaysia

---

* 本研究是教育部哲学社会科学研究重大课题攻关项目“20 世纪中国古代文化经典在域外的传播与影响”的阶段性研究成果,项目批准号为:07JZD0036。

引　言

19 世纪末,清王朝处于风雨飘摇之中,国内战乱连连、自然灾害频发。而鸦片战争的惨败,使各国殖民者获得了在华招工的权利。在这社会动荡、民不聊生的背景下,大量中国人背井离乡,到海外淘金。整个 20 世纪,特别是 20 世纪上半叶,海外华人数量激增至数百万,这其中就包括逃往东南亚的大量华人。华侨华人的足迹遍布南洋各地,素有"海水到处,皆有华侨足迹"的说法。

由于在南洋地区生活着数量如此巨大的华人群体,因而中国文化,特别是中国古典文化落地于东南亚并在异国他乡得以传承与发展就成为一种必然。在东南亚各国当中,新马地区,即从新马分家前的马来亚到今天的马来西亚,无疑是中国古典文化生根发芽、繁衍兴盛的一个极其重要的地区。

新马地区地处东西方交通之要道,自古以来,与中国联系极为密切。新加坡是东南亚地区华人最为集中、华人人口比例最高的地区,也是中国近代学人所到最多的城市之一,汉文化在东南亚的流播、肇始和兴盛于新加坡;而马来西亚是全世界目前已建立的海外华文教育体系最为完备的国家。因此,研究 20 世纪百年间中国古典文化在马来西亚(包括 1965 年独立前的新加坡)的流播具有典型意义和研究价值。本论文试图从华文刊物的创办、华文学校的设立、古典小说的译介、中华戏曲的传播以及其他一些流播途径及其影响对该问题进行分析和论述。

一、华文刊物的创办

如果从世界上第一份近代中文报刊《察世俗每月统记传》(*Chinese Monthly Magazine*)于马六甲创刊的 1815 年算起,至今,海外华文传媒已经拥有将近 200 年的历史。截至 20 世纪末的统计数据,海外共有 52 个国家和地区出现过华文、华文与其他文字合刊的报刊,累计总数约 4000 种。20 世纪 50 年代以前,华文报刊主要集中在东南亚一带,甚至可以说,东南亚国家具有压倒性优势。① 另据统计,从 1881 年到 1941 年的 60 年里,在新马创刊的华文报纸约有 70 种,华文刊物(包括期刊和非期刊)大约有 300 种。②

新马两地的华文刊物有两大特点:

---

① 程曼丽:《关于海外华文传媒的战略性思考》,载《国际新闻界》,2001 年第 3 期,第 25 页。

② 陈友冰:《汉文化在新加坡流播的历史进程及相关特征》,摘自国学网 http://www.guoxue.com/?p=2970。

1.历史悠久,发行量大。

马来西亚许多华文报刊历史悠久、影响力巨大,如《光华日报》已经创办了一百余年,两大著名的华文报——《南洋商报》和《星洲日报》皆有近 90 年的历史。在今日马来西亚的报纸中,华文报刊的发行量最多,日发行量达到了 100 万份。

2.发挥着传扬中华文化的核心作用。

作为一种信息传播工具,海外华文传媒是以华人社会的形成及其规模的扩大为基础的。在海外华文传媒的诸多功能中,传扬中华文化无疑是最重要的一项。许多华文报刊开辟了专版专栏,连载中文小说或是中国古典文学作品的译作,还有一些报刊以薪传华文教育为己任,通过专版专栏协助当地华校推展华语教学。

以 1897 年创刊的《海峡华人杂志》(*Straits Chinese Megazine*)为例。由宋旺相(Song Ong Siang)和林文庆(Lim Boon Keng)合办的这一杂志曾大幅地介绍过中国古典文学,证明了当地华人群体对中国古典文学的浓厚兴趣。这份杂志,几乎每年每期都至少有一个篇章用以介绍或译述中国古典文学作品。例如第 1 期中,陈德顺(Tan Teck Soon)撰写的"Some Genuine Chinese Authors"对中国文学的着墨最多,也较具文学性,不仅介绍了庄子思想,也译述几首中国古典诗歌,例如班婕妤的《秋扇歌》、曹子建的《七步诗》、王维的唐诗等等;第 5、6 期中,林文庆发表《〈左传〉节译》;第 5 期中,P.C.Tsao(汉译名待考)发表"The Wars of the Gods"(《封神榜》节选);第 5 期中,K.T.T(汉译名待考)发表"Chinese Literature and Philosophy"(《中国文学与哲学》)等等。①

这些华文纸媒,从不同的角度记载了当地人民,尤其是华人的历史活动。他们不但提供了研究当地华人社会的第一手资料,而且登载了难以计数的,以华人的语言、文学、艺术、历史、文化等领域为研究对象的论文,对中华传统价值观的推广与普及、对汉学研究的倡导,都起到了重大的作用。

二、华校及高校中文院系的设立

尊师重教是中华民族的美德,海外华人素有重视母语教育之传统。"华人必须学习华语"已经成为海外华人的信念。

在真正意义上的华文学校成立之前,在马来亚华文教育的萌芽时期,基本上是以私塾方式施教。私塾由私人设馆授徒逐渐发展为由华人社团出资办馆。1819

① 黄慧敏:《新马峇峇文学的研究》,台北:"国立"政治大学民族学研究所硕士学位论文,2003 年,第 63 页。

年在槟榔屿创办的"五福书院"是迄今为止马来亚地区有址可考的最早的私塾蒙馆。① 到 19 世纪晚期,涌现出一大批华文私塾,较为知名者如萃英书院、培艺书室、毓艺书室、养正书屋、乐英书室等。这些私塾所授课程,既有传统启蒙读物《诗经》《三字经》《百家姓》《千字文》《幼学琼林》,又有儒家经典四书、五经及正史、诸子百家等。② 这些私塾,在教会华侨读书计算以谋稻粱之时,亦肩负起传播中华传统文化及价值观的责任。

20 世纪初,现代华文学校开始出现在马来亚的华侨社区。1905 年,陈楚楠等人在新加坡创立了养正学堂(后来改称崇正学校),标志着现代华文学校在马来亚的正式诞生。这对当地华侨地缘会馆创办现代华文学校产生了极大的影响。此后 20 年间,另十多所华文小学相继开办。

纵观 20 世纪,为了薪传中华文化传统,马来西亚华裔族群历尽千辛万苦,出钱出力,开办了许多以中文为教学语言的华文小学、中学,使华文在当地历尽沧桑而得以保存和发扬,这是马来西亚华文教育的硕果。从马来亚到马来西亚,经过华侨华人社会几代人的不懈努力,至今已建立起了从华文小学、华文独中到华文大专学院乃至大学的比较完整的华文教育体系。这些华文学校,对中华文化在马来地区的传承与流播作出了巨大的贡献。

马来西亚的华文教育在 20 世纪末还出现了向高等教育发展的历史性转折。以华文为主要教学媒介的"新纪元学院"于 1998 年 2 月诞生。2002 年 8 月 13 日,马来西亚第一所华人大学——拉曼大学由前首相马哈蒂尔及夫人主持开幕。该大学的创办标志着它将在国家高等教育发展上扮演的角色,即致力于推动华文教育在马来西亚发展。

此外,马来西亚部分知名高校,如马来亚大学(University of Malaya)和马来西亚博特拉大学(University Putra Malaysia)都开设了中文系,进行较高水平的华文教育和研究。马大中文系成立于 1963 年,是该国中文研究的最高学府。从创立至 2000 年,该系培养了 1439 名学士、52 名硕士及 7 名博士。在本科阶段的课程设置方面,该系共开设了"语言与文学"和"社会与文化"两大系列课程。前者以中文研究及古典文学研究为主,其课程体系中与"中国古典文化"相关的课程有:中国文学史、国学概论、中国古典诗词赏析、唐宋文选、中国传统小说、唐、五代及宋代词选、元明清文选、古典戏剧、汉字学与古文字学等。后者则以汉学研究及实用汉语为主,其课程体系中与"中国古典文化"相关的课程有:中国文化概论、先秦、两汉

---

① 林远辉:《马来亚独立前的华侨学校》,载《华侨史论文集(3)》,暨南大学华侨研究所,1981 年。

② 莫嘉丽:《中国传统文学在新马的传播——兼论土生华人的作用》,载《华侨华人历史研究》,第 3 期,2001 年 9 月,第 66 页。

史、华人宗教概论、中国文学概论、唐史、宋史等。①

以马大中文系为典型代表的当地中文院系的建设与发展，为中国文化经典在马来西亚主体民族中的传播以及海外汉学研究在当地的推展起到了极其关键的作用。

三、中国古典文学作品的传播及译介

19世纪末至20世纪，随着大量华人移民的到来，中国古典文学也随之流播到马来亚。中国古典文学在新马的流传，是以古诗、民间歌谣、小说、故事、散文等为主，其中包括部分译为马来文的作品以及如经学典籍、序文碑文等广义的文学作品。其最主要的传播方式与途径包括以下三种：民间说书人的口头传播、土生华人群体对部分中国传统小说的译介以及广义文学的传播。

1.民间说书人的口头传播

在新马民间流传的中国口头文学，其实质是俚俗文学。学者莫嘉丽认为，此类文学主要有两种形式：一种是下层劳工中广受欢迎的“讲古”；另一种是人称“过番歌”的民谣。② 所谓“讲古”，即闽南方言及潮汕方言中“说书、讲故事”的意思。南洋地区早期的华人移民以劳工为主体，多为文盲，听听“讲古”，既是他们辛苦劳作之余的享受，也可慰藉思乡之情。因此，这一形式深受下层劳动者的欢迎。

而“过番”是闽南及潮汕方言中“出国、出洋”的意思。“过番歌”是一种民间歌谣，其内容多为诉说男子离妻别子，单身出洋的无奈与悲伤，皆以方言唱出，民俗色彩浓厚。例如：“断柴米，等饿死，无奈何，卖咕哩。……火船驶过七洲洋，回头不见我家乡。是好是劫全凭命，未知何日回寒窑。”③歌谣中的“卖咕哩”即“卖苦力”，说明华人为养家糊口，漂洋过海的辛酸与无奈，而“七洲洋”即今天海南东南海面的七洲列岛，过了七洲洋，就远离故土，前途未卜。“过番歌”将出洋的孤独悲苦以家乡方言“重构”，在形式上将异邦与故乡这两个远隔的空间联系起来，似乎成为劳工们有家归不得，只能在精神上“梦回”的喻义。④

2.土生华人群体对部分中国传统小说的译介

土生华人在马来语中被称为“Cina Peranakan”，俗称峇峇娘惹。他们是东南亚特有的族群，是早期移民到东南亚的中国男子与当地的马来女子所生的子女。“新马的土生华人，专门指那些与土著有混合血统的有着特殊身份和文化背景的

---

① 苏庆华：《马大中文系教职员的学术研究概述》，载王润华、杨松年（主编）：《新马汉学研究：国立马大中文系研究状况探讨研讨会论文集》，新加坡：新加坡国立大学中文系，2001年，第161—162页。

②③④ 《中国传统文学在新马的传播——兼论土生华人的作用》，第67页。

族群。”①峇峇娘惹的聚集区主要集中在马来西亚的马六甲、槟榔屿以及新加坡。这三个地区就是当年英国殖民统治下的海峡殖民地,因此,他们也被称为“海峡华人”。峇峇娘惹群体在文化上接受了许多马来族群的习俗,但同时仍继承和保持着中华民族的许多文化传统,注重孝道、讲究长幼有序,他们婚丧嫁娶的习俗和中国传统的礼仪也很相似,在文化习俗和宗教信仰方面十分“中国化”。

正是这样一个血统融合、文化杂糅的特殊群体,他们中的部分精英在中国古典文学作品的译介方面做出了巨大的贡献,尽管他们的华文根底不算太好。从19世纪末到20世纪50年代初,他们曾经把相当数量的中国古典章回小说和皇朝历史,如《三国演义》《水浒传》《西游记》《后列国志》《精忠说岳》等翻译成马来语。这些翻译作品如今被保存下来的为数不多,其中有一部分流落外国,如英国、荷兰、法国,甚至俄罗斯等。存于马来地区的,除新马国家图书馆和大学图书馆外,还有一部分是个人藏书。至今有书可考的,尚有几十部。②

《西游》(第一卷)封面③

《精忠说岳》(第五卷)封面④

据新加坡学者杨贵谊先生统计,从1889年至1950年,从汉语译为罗马化马来

① 杨贵谊:《新马土生华人翻译文学的兴衰》,载《东南亚华人文学与文化》,新加坡:新加坡亚洲研究学会,1995年,第32页。

② 杨贵谊:《马来语文中的华文文学翻译作品》,载《人文杂志》第7期,马来西亚华社研究中心出版,2001年1月,第14—25页。

③④ 资料来源:新加坡学者杨贵谊先生的私人藏书。

语的中国古典小说,共有79部问世,其中包括几部小说在不同年代的重译和再版。杨贵谊先生指出,“相信尚有遗漏,但为数不会太多”。长期致力于印尼、马来西亚华人历史及文化研究的法国著名汉学家克劳婷·苏尔梦(Claudine Salmon)在其论文《马来亚华人的马来语翻译及创作初探》一文中列出了94部马来半岛华人用拉丁化马来语译著的小说目录,①其中71部是华人翻译成马来语的中国古典文学作品。在这些中国古典小说译作中,于20世纪——严格说来,是从1902年至1950年——问世的作品,包括重译及再版的作品,共计59部,其中43部是在20世纪30年代翻译出版的。因此,20世纪30年代无疑是中国古典小说在马来亚译介的巅峰时期。

土生华人选择进行翻译的中国古典文学作品,基本上都是历史性、故事性及民俗性很强的演义、奇观、志怪等通俗小说,基本上囊括了中国古、近代通俗小说的五大类:历史演义、公案小说、侠义小说、志怪小说、言情小说,其中以历史演义数量最大,公案、侠义次之,志怪与言情只占很小的比例。②

峇峇所翻译的中国通俗小说以历史小说题材居多。例如以先秦为背景的《孙庞演义》和《封神榜》;描写汉代历史故事的《三国》《西汉》和《王昭君和番》;唐朝的故事,如《反唐演义》《薛仁贵征东》《红面君主》《罗通扫北》等。以宋朝为历史背景的《万花楼》《精忠说岳》《狄青五虎平南》《杨文广征南闽》等。讲述元朝历史故事的《孟丽君》《臭头洪武君》。另有明朝的故事《正德君游江南》以及清朝的历史故事《洪秀全》《乾隆君游江南》等。

有学者指出,土生华人作家对中国古典小说的翻译是“为了让马来人了解中国古典文学作品”,笔者并不认同这一观点。其实此类文学作品从诞生到此后相当长的一段时期内,其针对的读者群主要还是土生华人的自身群体,也就是峇峇族群。“曾锦文曾在他的《三国》序文里提到,他从事这项翻译工作,主要是为他的‘族群’提供有益的消遣读物。此外,也希望通过这些翻译作品,让那些不懂汉文的峇峇娘惹们对中国文学名著有所认识。”③因为这些翻译作品所使用的语言是峇峇马来语。这种语言自成系统,与地道马来语不尽相同。它是一种夹杂了许多闽南方言的马来语,把许多马来语发音作了改变,并用中国语法来讲马来语。再加上大量中国文化背景的内容,对于当时仍习惯于阅读爪威文书写体的标准马来语的马来人而言,在理解上有相当的难度,也缺乏趣味,因而接受度不高。这也正是大

---

① [法]克劳婷·苏尔梦著、居三元译:《马来亚华人的马来语翻译及创作初探》,载克劳婷·苏尔梦著、颜保等译:《中国传统小说在亚洲》,北京:国际文化出版公司,1989年,第349—362页。

② 《中国传统文学在新马的传播——兼论土生华人的作用》,第70页。

③ 《新马峇峇文学的研究》,第72页。

量此类作品在正式出版前往往先在土生华人创办的报刊上进行连载的原因。因为这类报章的主要读者群即是土生华人群体自身。广大的土生华人正是通过阅读这些通俗小说来了解中华民族的历史,濡染中华民族文化的。

从 19 世纪末到 20 世纪上半叶,马来西亚土生华人自主创办出版社和双语或单语的马来文报刊,为这些中国古典文学作品的译文、译本提供了广阔的发表园地。比较知名的出版社包括宝华轩、古友轩和金石斋等。于 1924 年由吴清林(Goh Cheng Lim)和袁文成在新加坡合办的《日常报》(*Kabar Slalu*)首次连载了中国古典文学的翻译作品。当年,《白蛇与黑蛇》《二度梅》《薛仁贵征西》等作品在该报开始连载。[①] 此后比较有影响力的报纸有《东星报》《土星报》《土生华人报》《土生华人新闻》《阳明报》《每日新闻》《讲故事报》等。在单行本没有出现之前,翻译作品就在这些报刊上进行连载。

从 19 世纪末至 20 世纪前半期,从事中国古典文学作品马来文翻译的作家群体主要是峇峇群体中的西化土生华人;而在 20 世纪后半叶接续翻译工作的则是汉化土生华人。虽然在数量上比不上前者,但是翻译的作品内容却比前者来得多样化,包括古典作品、传说、民间故事和旧韵文等,而且是采用较现代化的马来语翻译。其中以单行本出版的有:《浮生六记》(1961)、《山伯英台史诗》(1963)、《梁山伯与祝英台》或《蝴蝶的故事》(1964)、《中国古典诗词选》(1981)、《孙子兵法》(1986)、《三国演义》连环画 3 册(1992)、《大学中庸》(1994)、《道德经》(1994)、《聊斋故事选》(1994)以及《梁山伯与祝英台》(1994)。

此外,特别值得一提的是,在 20 世纪 90 年代,在马来西亚出版界,还出现了几部由马来人翻译的中国古典文学作品,包括《白蛇传》(1990,Rusnah Talib 译)、《前娘》(1990,Alauyah Bhd. Rahyman 译)、《孟子》(1994,Obaidellah Hj. Mohamad 译)、《孔子的学说论语》(1994,Obaidellah Hj. Mohamad 译)。其中,前两部是从英译本间接翻译过来的,后两部则是由精通中文的乌拜德拉·哈吉·穆罕默德(Obaidellah Hj. Mohamad)先生直接译自中文,他曾任教于马来亚大学中文系。乌拜德拉先生的这两部译作是由马来西亚官方最高级别的出版机构——国家语文出版局出版发行的,在当地有较大影响力。

3.广义文学的传播

海外华人侨居异国他乡,为了增强凝聚力,相互帮扶,逐渐组建了各类华人社团。马来西亚是全球拥有华人社团最多的国家。根据马来西亚政府社团注册局 2001 年 6 月的统计,马来西亚林林总总的华人社团约有 7276 个。目前,估计有将

---

① 《新马峇峇文学的研究》,第 53 页。

近9000个。① 华人社团同华文教育及华文报章并称为马来西亚华社的三大支柱。马来西亚华人社团多为地缘性、血缘性和业缘性以及学术、娱乐、宗教、慈善等性质的社团，其中以地缘性的社团（如同乡会馆）和血缘性的社团（如宗亲祠堂）居多，历史也最为悠久。

新马华人的集体活动，多由会馆社团牵头组织进行。举凡立会馆、建祠堂、兴学校，乃至举办各种慈善福利活动等，都依华族古制而"做文以记之"，并刻石以留芳。这些记识碑文，均按中国古典散文的格式写作，许多文字极具文采。② 研究中华文化在马来亚的传播，这些序文或碑铭无疑是极具研究价值，因为这些以"记""序""跋"等形式出现的碑文可以看成广义上的古典文学形式。德国著名汉学家傅吾康（Wolfgang Franke，1912—2007）教授一生潜心研究东南亚华文碑铭史料，完成了大量极为珍贵的有关东南亚华文铭刻资料的搜集及编纂工作。他曾于20世纪60年代至70年代，两度受聘到马来亚大学中文系任教。在此期间他在新马各地搜集了大量的金石碑刻，并于1978年与马来亚大学的陈铁凡教授（Chen Tieh Fan）合著并出版了《马来西亚的华人碑文》（*Chinese Epigraphy in Malaysia*）一书。他在该领域的中文著作还包括《马来西亚华文铭刻萃编》《印度尼西亚华文铭刻汇编》《泰国华人铭刻萃编》等，为后人留下了非常宝贵的研究资料。

四、中华传统戏剧的传播

对远涉重洋的华侨华人来说，异域的生活无疑是苦涩的，这使他们更加怀念祖国与亲人。于是，乡音浓重的山歌、耳熟能详的戏曲、民族特色的服饰、中式风格的建筑、家乡供奉的神灵等等，都成为他们异国生活中不可缺少的因素。而日益庞大的华人群体，也为中国艺术的生存和发展提供了肥沃的土壤。当南洋各国形成了具有相当影响力的华人社会时，中国艺术的存在和发展自然是不可缺少的。③ 而这其中，传播范围最广、受众最多、影响最大的艺术形式无疑是传统戏剧。每逢华人的传统节日或举行宗教祭祀活动时，当地的华侨便聘请家乡戏班前来演出，同时也组建了一些当地的娱乐团体。

流传至南洋的中国戏剧主要包括高甲戏、粤剧、潮剧、闽剧、琼剧、京剧、歌仔戏（芗剧）、南管戏、莆仙戏、十番戏、梨园戏、布袋戏、木偶戏、皮影戏等众多剧种。从中可以看出，从闽、粤两省传来的地方戏曲在南洋地区流传最为广泛。这是因为当

① http://baike.baidu.com/view/3583244.htm。

② 《中国传统文学在新马的传播——兼论土生华人的作用》，第68页。

③ 梁虹：《论南洋四国的中国艺术》，福建师范大学硕士论文，2007年，第1页。

地华人中闽粤籍民众占有极大比例。而闽粤两省,传统戏剧极其繁盛。以福建为例,据统计其各地剧种的传统剧目多达一万五千多个,素有"艺术省"之称。①

二战前,中国传统戏剧在新马华人社会的影响力相当大,其中以福建戏、广东戏和潮州戏三种剧种最为普遍。这是因为相较于传统小说,传统戏剧的娱乐性和接受度更强,也更为普通大众所接受,尤其对目不识丁者,戏剧文学无疑是一种文化生活上更好、更易读懂的娱乐选择。② 根据学者黄连枝的分析,在这些地区出演的传统剧目,按其主题意义和特点,主要包括以下四大类:(一)帝王将相的丰功伟绩和生活逸事;(二)才子佳人的风流韵事和悲欢离合;(三)神奇鬼怪故事;(四)征讨"蛮夷"故事。③

我们不难发现,峇峇马来语翻译文学所选择的题材及书目,与以上剧目的重叠性非常高,例如《正德君游江南》《乾隆君游江南》《孟丽君》《封神榜》《薛仁贵征东》等。于此,中国传统戏剧对峇峇翻译文学的影响也就不言而喻了。④

在中国传统戏剧中,前往新马演出场次最多的地方戏种是福建省主要剧种之一的高甲戏。在 20 世纪上半叶,从 1902 年直至的 1942 年的 40 年间,来自福建的多达十余个高甲戏团在新马各地巡回演出,从未间断。例如,福建高甲戏剧团金和兴班从 1912 至 1942 年在马来亚演出,演出主要的剧目有《筊子都》《失高宠》《孟姜女》《杀郑恩》《小商河》等。⑤

演出场次逊于高甲戏的是福建、广东两地的木偶戏。据资料记载,1908 年及 1914 年,出身木偶世家的泉州提线木偶戏班班主蔡庆元应南洋侨胞之邀,曾率班到新加坡、菲律宾等地演出数月之久,深受侨胞欢迎,此为泉州提线木偶出国演出之始。⑥ 蔡庆元演出的木偶戏形象传神、活灵活现,深受华侨的好评。该木偶戏班的到来,在新加坡、马来西亚一带播下了木偶戏艺术的种子。广东著名木偶艺人郑寿山从 1916 年至 1922 年间,经常在新加坡、马来西亚一带巡回演出。他既能演武功艺术造诣极高的生角木偶戏,如《五架滩》《三气周瑜》等剧目,还能演做工细腻的旦角戏,如《貂蝉拜月》《西蓬击掌》等剧目。⑦ 郑寿山的精彩演出,不仅培养了众多的木偶戏观众,而且把精湛的木偶戏技艺传播到马来西亚诸多华人社区,带动

---

① 康海玲:《福建地方戏曲在马来西亚》,摘自戏剧研究网站资料 http://www.xiju.net/view_con.asp? id=2078。

② 《新马峇峇文学的研究》,第 59 页。

③ 黄连枝:《马华社会史导论》,新加坡:万里文化企业公司,1971 年,第 122—123 页。

④ 《新马峇峇文学的研究》,第 60 页。

⑤ 《论南洋四国的中国艺术》,第 140 页。

⑥ 丁言昭:《中国木偶史》,上海:学林出版社,1991 年,第 112 页。

⑦ 赖伯疆:《东南亚华文戏剧概观》,北京:中国戏剧出版社,1993 年,第 274—275 页。

了木偶戏的发展。

素有“南国红豆”美誉的粤剧，是广东省最大的地方戏曲剧种，从明初渐趋形成以来，已有三百多年的历史。粤剧于南洋各国广泛兴起，则是始于19世纪中叶。20世纪初，就有大量的中国粤剧团前往东南亚各地进行演出。1921年至1941年是粤剧在马来西亚的繁盛阶段。国内粤剧界的名角薛觉先、苏少棠、女旦新白菜、粤剧“小生王”白驹荣、著名武生少昆仑所在的几大粤剧团纷纷来到马来西亚献艺。① 新马地区的粤剧艺人数量较多，在当地组建了许多戏班，且影响力较大。新加坡当地著名的粤剧剧团有永寿年班、普长春班、庆维新班、新佳祥班等。而马来西亚的吉隆坡和槟城是粤剧演出较繁盛的两个城市，由于新加坡几大戏班常到此演出，促进了本地班的崛起。马来西亚的暗崩、芙蓉、金宝、太平、马六甲、坝罗、新埠等地也都各有一两个粤剧团体。中国著名的粤剧演员新华、靓元亨曾到这些戏班走埠演出。②

旧称“海南戏”的琼剧，从明末清初在海南岛植根算起，已有350多年的历史。在马来西亚，“由于海南人与粤人、闽南人、潮汕人和客家人并著为五大华人社区群落，因此，琼剧也是与粤剧、闽剧和潮剧并列，成为当地华人最喜爱的四大剧种之一”③。据现有资料记载，从海南南来的琼剧班踏上马来半岛的历史，至少也有160余年。而新加坡是琼剧艺人在南洋活动的大本营。④ 20世纪30年代是琼剧在马来西亚发展的黄金时代。“马来西亚全国13个州，纷纷成立海南会馆，而在较大的会馆中，都设有琼剧团，并经常演出琼剧。”⑤

近两个世纪以来，中华传统戏剧的多个剧种已经融入了当地华人社群的生活之中，特别是在华人的宗教祭祀、节庆民俗活动中，为适应酬神尚乐的需要而大放异彩。中华传统戏剧以其独特的魅力顽强地在马来亚落地生根，或绚烂夺目，或余音绕梁，在历史长河中散发着独特的光芒。

五、其他传统文化艺术的传播和发扬

1.绘画艺术

马来西亚华人继承了中国传统的绘画艺术。中国水墨画在马来西亚颇具影响

---

① 《东南亚华文戏剧概观》，第215页。

② 康海玲：《粤剧在马来西亚的流传和发展》，载《四川戏剧》，2006年第2期，第38页。

③ 赵康太：《琼剧文化论》，北京：中国戏剧出版社，1998年，第6页。

④ 康海玲：《琼剧在马来西亚的流传和发展》，载《戏曲研究》，2006年第3辑（总第71辑），第327页。

⑤ 《琼剧：海南文化精粹》，载《星洲日报》，2004年3月7日大都会版。

力，教授、学习和鉴赏收藏水墨画，在马来西亚也有不小的市场。华人画家的作品突出物体线条的明暗关系，对色彩的运用不多，水墨山水画是华人画家的主要创作主体，他们的绘画通常表达人与自然的关系，寓意深远。他们中的代表人物有刘抚、钟四滨、陈宗瑞等。

2.书法艺术

中国的书法艺术在马来西亚也很受人们的喜爱，书写春联和举办书法比赛，已成为庆祝华人春节的一项传统活动，其他民族人士也喜欢学习书法。马来西亚华人还成立了书艺协会，专门从事书法艺术的推广与研究。

3.音乐

马来西亚华人在音乐上传承了华乐。中国民族乐器、民族乐曲在马来西亚都有很好的基础，深受人们的喜爱。古筝、二胡等民族乐器有许多人学习。为了提高马来西亚华裔民族乐器的演奏水平，从1990年开始，马来西亚中央音乐艺术学院与中国北京中央音乐学院，正式联合主办中国乐器华乐海外分级考试，由中国选派专家监考。目前这种在海外的中乐、乐器考级，只在马来西亚和新加坡设立，每年都有数百人参加二胡、琵琶、古筝、扬琴、笛子和阮等中乐乐器考级。此外，马来西亚华人还创造出了新的音乐艺术——二十四节令鼓。这种表演形式是把24个节气的名称贴在鼓上，很多面大鼓一起敲打，击出不同的鼓点。很多华文中学都有二十四节令鼓队，经常在一些大型活动中进行表演。

4.舞蹈

马来西亚华人在舞蹈上延续了中华许多传统舞蹈，包括舞狮舞龙等，许多民族舞蹈深受人们的喜爱。舞狮舞龙在马来西亚开展得很普遍，不少华人社团组织都有舞狮舞龙队，每逢节日及庆典活动，总少不了舞狮舞龙助兴。马来西亚华社还成立了马来西亚狮团总会，不少舞狮队具有很高的水平，在国际舞狮比赛中夺得过“狮王”称号。

5.曲艺

流传于东南亚的中国曲艺当中，最具生命力及影响力的曲艺形式，当数南音。起源于福建泉州地区的南音，其婉约优美的旋律深受东南亚华人甚至当地其他民族人民的喜爱。由于新马华人中，福建人特别是闽南人在华侨中所占的比重最大，决定了南音这一闽南传统表演艺术在当地拥有深厚的民众基础。

根据文献记载，马来西亚最早的南音社团是1887年成立的仁和公所。在新加坡，创建于19世纪末的横云阁则是最早的南音社团。20世纪30年代，马来西亚成立了沁兰阁、云林阁、桃源俱乐部、同安金厦会馆、渔业公会等南音社团。1940年，新加坡还成立了“湘灵音乐社”，该社拥有众多著名艺人，技艺精湛，至今仍为新加坡的主要南音团体。[1]

中国传统曲艺项目——相声，在马来西亚也有一定的市场。许多中国著名的相声表演艺术家纷纷应邀到马来西亚表演，如2004年中国著名的相声表演艺术家马季、赵炎、李金斗、李建华就曾应邀到马来西亚表演。在马来西亚华人中也有酷爱相声表演的人士，他们致力于相声的研究、创作与表演，并经常与中国相声表演艺术家切磋交流。马来西亚著名的相声演员有姚新元、纪庆荣、苏维胜等。其中，姚新元曾拜中国著名相声演员马季为师。

6.武术

中华武术，如太极拳、咏春拳、洪拳、气功等在马来西亚华人中也很流行，不少社团组织如马来西亚武术总会、马来西亚精武体育总会、马来西亚五祖武术体育会、马来西亚中华内丹功学会等，都从事武术活动，并在全国各地设有分会。目前武术项目已经成为马来西亚在国际体育比赛中赢得奖牌的项目，如马来西亚武术名将何诺槟在2004年亚洲武术锦标赛上，独获2金1银，成绩骄人。

六、从马来亚到马来西亚的汉学研究

东南亚近代汉学研究是世界汉学研究史上独特而又重要的篇章，与近代东南亚历史发展中西方入侵、沦为殖民地、大批华人侨居等特点密切相关，出现了由来到东南亚的西方人、华人和当地人从不同的文化背景、需要和目的出发，进行汉学研究的复杂情况。其中，华人的汉学研究，其主要特点或核心内容是：立足中华文化、以研究儒家思想为主；致力于儒家经典、思想的"浅化"或通俗化解说；把中国古代典籍和文学作品翻译成英文和当地语文。[2]

由于当地华人长期生活在海外并处于殖民统治之下，许多华人不懂中文或中文水平有限。把深奥的儒家学说解说得浅显易懂，就便于华人接受。这种"故意为之"的"浅化"正是为了既保留中华文化的精神，又适应当地华人社会的实际需求。新加坡早期儒学复兴运动的倡导者，如邱菽园编写的《浅字文》（1899）及《新出千字文》（1902）以及张克诚先生编写的《孔教摄要白话》，其用意都在于以白话文字解释儒家伦理。后者可以说是东南亚最早的白话文儒学读本。这些浅显易懂的儒学读本的问世，使儒学最主要的道理"使识字之人，一见便知，互相传述，妇孺皆知"[3]，这无疑为新马地区的汉学研究以及中国古典文化在当地的流播做出了独

① 郑长铃、王珊：《南音》，杭州：浙江人民出版社，2005年，第80页。

② 贺圣达：《近代东南亚的汉学研究》，载《云南社会科学》，1999年第4期，第63—73页。

③ 梁元生：《宣尼浮海到南洲》，香港：香港中文大学出版社，1995年，第167—168页。

特的贡献。

七、结　语

世纪风雨,百年沧桑。

20 世纪百年间,中国古典文化随着大量华人移民的到来,在新马地区落地生根,传承发展。从马来亚到马来西亚,随着华文纸媒的相继创办,华文学校的纷纷建立,中国古典文学作品的译介推广,中国传统戏曲在当地的演出流播,新马汉学研究的逐步开展,中国古典文化以其深厚的文化底蕴,独特的文化魅力,在这片异域的土壤上独自绽放。

从马来亚到马来西亚,中国古典文化于 20 世纪的流播是无数华人先贤倾毕生之心血达成的,他们为中华文化传统在当地华人社会尤其是侨生华人中继续得到保存、传授,为向西方人或当地民族介绍中国传统文化,做出了重大的贡献。

20 世纪百年间,中华文化在马来亚的流播与影响,并不是这寥寥数千字可以说清道明的。只是尽自己之所能,将前辈学者的研究成果,与自己的点滴心得进行粗浅的概述与总结,以此表达自己对新马华人先贤及学者们的崇高敬意。

(作者单位:北京外国语大学亚非学院)

战乱中的遥望

——中国文化在芬兰的初识*

□李　颖

摘要:芬兰地处北欧一角,其国家形象一直隐匿于北欧的大形象之中。但其实芬兰国家精神有其自身的特点,与北欧其他国家和其他欧洲强国都有区别。本文深入研究中国文化在芬兰的翻译与传播之始,厘清在芬兰的语境下中国文化所凸显的特点。1917年芬兰宣布独立,在此之前芬兰与中国的交往主要依托于瑞典和俄国。中国文化的翻译到20世纪初才在芬兰萌芽,中芬交往和文化译介因此呈现出其独特之处:欧洲是先儒后道,而在芬兰的翻译恰恰是先道后儒,芬兰对中国文学初期的译介,其关注点为"抗争主题"和鲁迅的作品,同时受到芬兰"民族意识"运动的影响,尤为关注对中国古典文学的译介。

关键词:芬兰　中国文化　译介　鲁迅

Abstract: Finland is one of the Nordic countries and its national image appears similar to those of other Nordic neighbors. Actually Finland has unique national spirit, which is different from its neighboring and other European countries. This article is based on the interpretation of Chinese culture in Finland and reveals its characteristics. Before the declaration of independence of Finland in 1917, the cultural exchanges between Finland and China had been entwined with Sweden and Russia. Interpretation of Chinese culture in

* 本文的撰写受到中央高校基本科研业务费专项资金的资助(项目批准号2009JJ043)。

Finland has been developing quite fast during the early 20th century.Since then cultural exchanges and interpretation between these two countries have taken a new and unique look: Taoism was translated before Confucianism in Finland, which is opposite to other European countries; theme of "Struggle" and works of Lu Xun were the focuses in earliest literary translation; Chinese classical poems and literature were translated into Finnish under the influence of"national consciousness"movement in Finland.

Key words: Finland, Chinese culture, Interpretation, Lu Xun

芬兰地处北欧一角,其国家形象一直隐匿于北欧的大形象之中。但是如果深入研究芬兰,则会发现芬兰的国家精神有其自身的特点,并不完全类同于其他北欧几国。同是北欧国家,曾经雄霸一方的丹麦、瑞典与20世纪初才独立的芬兰、挪威在集体潜意识上有很大的差异性,这也体现在他们与其他国家的文化交往中。19世纪下半叶,芬兰的民族意识刚刚兴起,经过半个世纪的不断斗争,1917年芬兰宣布独立。而中国文化的翻译到20世纪初才在芬兰萌芽。此时国内经济有待振兴,政治有待稳定,弱小的芬兰第一次以芬兰之名与他国交往之时,并未抱有欧洲中心主义的想法。甚至至今对于芬兰人而言,去法国、德国或者意大利都称为"去欧洲",这种语言习惯从某个角度反映出芬兰人集体潜意识中将自己区别于强大的欧洲。在对中国的认识和接受上完全与欧洲大国和其他北欧强国有着本质的区别,这一点在早期中芬交往中表现得非常明显。初见之时,两个国家都在经历自己民族独立的抗争和镇痛中,中芬交往和文化译介也因此呈现出其独特之处。另一方面,强大邻国俄罗斯大大影响了芬兰与他国的政治和文化交往,导致芬兰与其他北欧国家有很大的区别,这种影响也体现在中国的文学文化作品在芬兰译介中。

一、中芬初识:遥远的东方

从1249到1808年,芬兰一直受瑞典统治,1808年瑞典被俄罗斯帝国击败,1809年芬兰成为俄罗斯沙皇统治下的一个大公国。1917年芬兰从俄罗斯统治下宣布独立之前,芬兰与中国的交往主要依托于瑞典和俄国。芬兰对中国的初期研究都与瑞典的东印度公司有关。伊斯雷尔·雷尼尔斯(Israel Reinius,1729—1797)是第一个撰写有关中国报告的芬兰人,他是18世纪随瑞典的东印度公司乘船到达中国的。1746年2月13日,他乘船离开瑞典港口城市哥德堡,直到1747年6月13日才屡经波折到达广州,在广州停留半年后于1748年1月5日返航,同年6月27日回到哥德堡。次年,他向图尔库学院(the Academy of Turku)提交了他的硕士论文《旅华笔记》("Notes Collected During a Trip to China")。该论文基于雷尼尔斯在广州半年的笔记和观察,这是芬兰出版的第一本有关中国的论著,虽然只有47页,但是作者尽其所能,描述了中国的植物、动物、自然资源和物产,以及中国人的外形特征,还对此次中国之行进行了记录。另外一位瑞典东印度公司的芬兰人彼得·约翰·布雷德[①](Peter Johann Bladh,1746—1816)在1776—1784年间先后五次在广州逗留。他后来把自己在中国观察到的自然现象汇成一篇报告,提交给斯德哥尔摩科学协会。18世纪芬兰的官方语言还是统治阶级所使用的瑞典语,所以这些研究论文和各类报告都是以瑞典语完成的。在1878年之前[②]芬兰出版了一本芬兰语的《有关中国》(*Kiinalaisista*),书中介绍了中国的地理和风俗人情包括婚礼习俗、孝道等基本信息。这是笔者目前所见的在芬兰图书馆和档案馆所存的最早的以芬兰语撰写的有关中国的书籍。

19世纪末芬兰是俄罗斯的大公国,在其独立前,马达汉(Carl Gustaf Emil Mannerheim,1867—1951)一直在俄军中服役。马达汉一生富有传奇色彩,他出身贵族,是瑞典化的荷兰人后裔。芬兰独立过程中率军队抗击俄军,后被称为民族英雄。1933年他荣获"陆军元帅"称号,1942年晋升为芬兰元帅,1944年8月至1946年3月期间为芬兰总统。赫尔辛基市中心议会大厦前的主干道是以他的名字命名的,广场上有一座他骑马的雕像,这是对他的纪念。19世纪末俄罗斯欲扩展边界,引发了与中国北部的边界问题。日俄战争中,马达汉随俄军到达中国东北地区,并且开始观察当地的中国人、蒙古人,对中国产生了浓厚的兴趣。战争结束后,他回到芬兰;不久之后,他受俄军总部的邀请参加伯希和的探险团,于1906—1908年期间伪装成科学家从彼得堡出发,经中亚进入中国新疆喀什噶尔,开始其对中国进行为期27个月的考察。他进入甘肃河西走廊,到达兰州,然后再经由陕西、河南、山西、河北,最后到达北京。马达汉搜集并撰写了重要的军事报告——《奉陛下谕旨穿越中国突厥斯坦和中国北部诸省到达北京之旅的初步调查报告》,该报告长达173页。马达汉此行之前曾在芬兰接受"芬兰—乌戈尔学会"和芬兰国家博物馆筹备委员会"安特尔收藏品委员会"(芬兰国家博物馆的前身)的委托,开展人类学、民族学、人文历史和语言习俗的考察并收集古代文物。虽然他参加了伯希和的考察队,但是一方面因为他对边境问题更有兴趣,另一方面出于个人道德上的"正确选择",后来他与伯希和考察队分道扬镳。"与外国东方学家不同的是,他不是以

---

① 布雷德对经济问题也非常有研究,对瑞典统治时期的芬兰经济问题多有研究,写过很多文章。在1779年还被邀请加入了瑞典科学院。

② 1878年此书已经刊行第2版。

一个文化宝藏掠夺者的身份而闻名的”①,他在《回忆录》中明确指出:“20世纪的中国需要一个坚定的中央政府、一支强大的国防力量、一个现代化的行政和技术队伍以及新的公路和铁路通道,但首先需要的是和平。”②他感同身受地对饱受战乱的中国给予同情,因其自身的文化背景和经历而异于其他探险家。马达汉从中国购买了不少物品,目前均由芬兰国家博物馆收藏。这些物品对芬兰的收藏和文化研究有很大的贡献,尤其是关于东亚、中国的研究。他对中国的考察还广涉政治、经济、社会、民族、考古、人类学、气候等方面,给世人留下了大量的旅行日记、考察报告、人文图片和古代文物等有价值的科学考察资料。但是直到1940年他的日记和部分照片才经过芬兰—乌戈尔学会选编发表,首次出版时只有瑞典文和英文版,芬兰语版本《穿越亚洲之行——从里海到北京的旅行日记》于次年(1941)出版。他的日记内容非常丰富,内有不少地图,详细记录了沿途的所见所闻,描绘了当地的村镇和居民生活。汉学研究也因为他的日记而受到关注,此前没人会把他看作汉学家,但是以其对芬兰汉学的学术贡献而言,可以说他是芬兰汉学的创始人,因为他的日记和考察记录非常细致严谨,还没有其他人像他这样对中国作过如此详细的记载。③

同期,一些“寻根”学者出于对自己语言和民族起源问题的兴趣,把研究的视野扩展至突厥学、蒙古学和汉学,有些研究人员经俄罗斯等地到达南疆、蒙古地区。④ 1911年,马达汉在芬兰—乌戈尔学会的期刊上节选了其对民族学和语言学的考察内容,发表了题为《访问撒里和西拉裕固族》的文章。而一位说瑞典语的芬兰学者兰司铁(Gustav John Ramstedt,1873—1950)针对马达汉收集的含有古蒙古文的手迹残片进行研究分析,在同期杂志上发表了《试析蒙古方块文字残片》,开创了蒙古学的先河。⑤

19世纪末20世纪初,中国与芬兰之间的交流活动,其主体是来华传教士,芬兰对中国更广泛的了解始于这些传教士所写的各种报告和游记。芬兰播道会

---

① 马大正、厉声、许建英主编:《芬兰探险家马达汉新疆考察研究》,哈尔滨:黑龙江教育出版社,2007年,第68页;高歌著、许建英译:《马达汉在亚洲的岁月:1904—1908》。

② 王家骥:《马达汉》,“走进中国西部的探险家”系列丛书,北京:中国民族摄影艺术出版社,2002年,第326—327页。

③ 有关马达汉考察的详细信息参看马达汉所著的《马达汉西域考察日记(1906—1908)》(王家骥译,北京:中国民族摄影艺术出版社,2004年),以及李雪涛和李颖合撰的汉学家访谈录,载于《国际汉学》第25辑,第46—60页。

④ 参看克劳斯·卡杜宁(Klaus Kartunen),*Itää etsimässä*.(《寻找东方》).Helsinki:Yliopistopaino,1994.

⑤ 马大正、厉声、许建英主编:《芬兰探险家马达汉新疆考察研究》,哈尔滨:黑龙江教育出版社,2007年,第304页;王家骥所著的《芬兰的东方学考察和研究》中的相关内容。

(The Evangelical Free Church of Finland)的创始人安迪·麦基宁(Antti Mäkkinen)在英国受到戴德生(James Hudson Taylor)的影响,回到芬兰后开始组织前往中国的传教活动。1890年派遣芬兰第一位传教士艾格尼丝·迈耶(Agnes Meyer)前往中国,她于1891年2月21日到达上海,与戴德生创办的中国内地会合作。① 另一个重要的芬兰传教组织——基督教信义会芬兰差会(Finnish Evangelical Lutheran Mission)派遣的第一位传教士尔兰德·斯沃宁(Erland Sihvonen)于1902年到达湖南北部,此后陆续派人在湖南传教五十余年。这些传教士发表了几十份旅行游记和各种传教报告,见诸报刊或者单独出版发行。

在其他帝国主义列强纷纷瓜分中国之际,芬兰本国也在与其他帝国主义斗争,以争取自身的独立和发展。19世纪末至20世纪上半叶,芬兰与中国的官方交流非常单薄。1917年芬兰宣布独立,1919年7月中国承认其独立,两个月之后芬兰向远东地区派出代办兰司铁,他被任命为第一任驻日本、中国和暹罗(今泰国)的公使。当时芬兰代办的主要任务是监控苏联在远东地区的行动,并且在涉及芬兰与邻国有争议的领土——奥兰岛(瑞典语:Åland,芬兰语:Ahvenanmaa)和东卡累利亚(芬兰语:Itä-Karjala)问题上,在国际社会上争取远东地区国家的支持。芬兰作为长期受瑞典和俄国控制,始获独立的国家,无论是从国力还是军力上都完全没有能力侵占他国的利益。芬兰此时更关心的是如何发展本国的经济和政治,如何得到世界的承认以及保住这份从未有过的独立状态。而此时的中国也试图收复鸦片战争后所签订的一系列条约中所丧失的利益和土地。中国在与芬兰建立外交关系的过程中,可以看出芬兰与其他欧洲国家的区别。兰司铁还给中国当时驻日本的公使写了一份备忘录:"可惜芬兰从来没有巨大的战船和大炮,用以炮轰中国的沿海城市,就像英国人、葡萄牙人和其他国家的人所做的那样。芬兰只不过派了一些传教士来,建立了几个小小的传教站,试图通过治疗疾病帮助苦难的中国老百姓。"②借这份有趣的备忘录,兰司铁得到中国当局北洋政府外交部的欢迎和接见。此后中国先前驻圣彼得堡的大使被派往赫尔辛基,并在那里建立了第一个中国驻芬兰公使馆。芬兰最终于1926年10月与中国缔结了友好条约,并且没有提出任

① 芬兰播道会一直与中国内地会合作,之后陆续建立自己的传教站,直到1951年离开中国大陆。亚洲的工作重点后来转向印度和尼泊尔的喜马拉雅地区以及中国西藏地区。参看芬兰播道会网站 http://www.svk.fi/? sid=232,http://www.svk.fi/? sid=270。另参看 Kaisa Nikkilä, *Kristillinen usko ja Kiinan salattu viisaus*, Helsinki: Yliopistopaino, 2000, p.15.

② 《芬兰探险家马达汉新疆考察研究》,第306页,以及王家骥所著的《芬兰的东方学考察和研究》中的相关内容。

何治外法权的要求。[1] 依据该条约，芬兰是第一个放弃所有在华特殊利益和权利的国家。对中国当局而言，芬兰有别于其他任何欧洲国家。[2] 芬兰在对中国的态度上，更多的是争取中国当局在国际事务上对其的支持，而不是在帝国主义瓜分中国时分一杯羹。芬兰的对华政策可以简单地说是一种“文化政策”，而不是强权政策。

事实上，20 世纪早期中芬交流中还有一个不容忽视的细节：一战期间根据圣彼得堡海防计划俄罗斯需要在赫尔辛基地区建造大量的防御工事，这些工事现在依然可见。为建造这些工事，1916 年 8 月第一批 2100 名中国工人来到芬兰，不久之后中国工人总数达到了近 3000 人。同时期，芬兰国内的铁路轨道建设中也使用了中国劳工。这些中国人大多是满洲和远东地区的土匪和逃犯，被芬兰人称为“红胡子”（hunghuuseja）。他们被分为五个部分，分派到埃斯波（Espoo）、考尼艾宁（Kauniainen）、万塔（Vantaa）、科尔索（Korso）和希波（Sipo）。这是芬兰人第一次直接地接触到这么多中国人，他们留着长头发，梳着清朝时期的辫子，长相、衣着、语言与芬兰人截然不同。他们的言行举止显得奇怪、荒谬，令人难以理解，这些都留给芬兰人非正面的形象，在民众间还流传着一些关于他们的古怪滑稽的故事，例如他们吃青蛙、虫子，他们怠工、杀人、犯罪，以令人费解的语言进行交流，喜欢去墓地取花圈上的丝绸等等。[3] 这些有关中国劳工的离奇故事，连同来华芬兰人、传教士的报告和游记很可能构成了芬兰民众中早期认为“中国”这个词代表了古怪、诡异、让人费解的思维定式。[4]

随着早期 18 世纪瑞典东印度公司来华贸易的兴盛，通过来华船员的描述以及欧洲大陆和瑞典出版的有关中国的书籍，芬兰了解到中国是一个幅员辽阔、有着悠久历史和先进文明的国家。但是随着中国的衰落，19 世纪末 20 世纪初的探险家、传教士所看到的只是一个战事连连、动荡不安的羸弱大国。而在芬的中国劳工更让芬兰人觉得这是一个神秘陌生、难以理解的民族。20 世纪初刚刚独立的芬兰从政治和经济上考虑，将中国定位为一个可以靠近、希望拉拢的角色，但是中国的战乱、动荡的社会以及陌生而又神秘的文化却让人难以亲近。

---

① Mikko Uola（米克·吴奥拉），*Suomi ja keskuksen valtakunta*：*Suomen suhteet Kiinan tasavaltaan* 1919—1949（《芬兰和中间之国：芬兰与中华民国关系史 1919—1949》），Kangasala：Kangasalan Kirjapaino Oy，1995，p.128。

② 在同样的领事问题上，波兰和捷克斯洛伐克直到 20 世纪 30 年代才被中国当局承认。

③ 参看 Harry Halén（哈利·哈伦）：*Kulkumiehiä*（《行进之人》），Helsinki：Otava，1986。

④ 参看 Veli Rosenberg（韦利·罗森博格）：*Kiinalainen juttu*？（《中国故事？》），*Kiina sanoin ja kuvin*，2012，Vol.4。

二、先道后儒——中国哲学在芬兰

19世纪，在民族运动的推动下，芬兰开始大量翻译外国著作，汲取其他国家的思想精华和文学营养。[①] 19世纪80年代芬兰的知识阶层发生了明显的变化。老一代致力于创造芬兰民族语言文化的知识分子对俄国的幻想破灭，在他们影响下成长起来的新一代人迅速壮大。他们思想更加开放，不再拘泥于语言文化问题，而是以批判社会现实的态度呼唤民众的觉醒，尤其是80年代芬兰现实主义文学全盛时期，与中国"五四"新文化运动时期对外国文学的译介有些类似，转译的作品非常多，着重于各种思想的译介。来自欧洲大陆的达尔文的进化论、斯宾塞的哲学思想，来自北欧邻居的博朗兑斯（丹）的"现代突破主义"文化主张，易卜生（挪威）、斯特林堡（瑞典）的现实主义作品，来自俄国文学大师屠格涅夫、陀思妥耶夫斯基和托尔斯泰的作品拓宽了芬兰知识界、文学界的眼界，影响了芬兰作家的作品。在思想文化上也是东西荟萃，兼容并蓄。有关意识形态的讨论与当时兴起的达尔文主义以及各种新思想，大大推动了芬兰现代化的进程。

芬兰对中国文化和文学作品的译介始于20世纪初。第一本有关中国古典文化的芬兰语译本是派嘉·尔瓦斯特（Pekka Ervast，1875—1934）翻译的《道德经》，1907年发表于报纸《内心》（*Omatunto*）上。尔瓦斯特对语言和写作有着浓厚的兴趣，也有天赋，但是他不会中文，所以这个译本主要转译自西方其他国家的译本。在《道德经》译本的前言中，尔瓦斯特谈到自己主要参考了"1894年 Walter R. Old的英译本[②]，还参考了 M. Julie 翻译的版本[③]，以及埃里克·福尔克（Erik Folke，1872—1939）[④]的瑞典语译本《道和德的书》（*boken om tao och te*）"[⑤]。尔瓦斯特的

---

① 参看H.K.Riikonen（H.K.李克宁）：*Suommennoskir jallisuuden historia* Ⅰ（《芬译文学史》），Helsinki：Suomalaisen kirjallisuuden seura，2007.

② 又名华尔特·戈恩·欧德（Walter Gorn Old）在印度马德拉斯（Madras）出版的英译本，书名为 *The Book of The Path of Virtue，or a Version of the Tao Teh King of Lao-tsze*（《关于美德之路的经典，或老子〈道德经〉的译本》）。

③ 辛红娟：《〈道德经〉在英语世界：文本行旅和世界想像》，上海：上海译文出版社，2008年；山东大学崔莹辉的博士论文《〈老子〉英译研究》等文中，均未查到此译者的任何信息。根据《道德经》芬兰语译本的前言，此译者认为"道德"二字是两个具有独立含义的词，译本名为《智慧和善美的书》（芬兰语意为"viisauden ja hyveen kirja"）。

④ 埃里克·福尔克是一名瑞典派往中国的传教士，也是一名翻译家。

⑤ 载于 *Färmmande religionsurkunder，utgivna af Nathan Söderhlom*，第三部分（外国的的宗教记载，由Nathan Soderblom出版）。

译本中还包含了一则介绍性的前言，介绍了中国三大宗教即儒、释、道的地位。其中他把儒家学说类比为基督教，特别强调其在中国的重要作用和核心地位。实际上译者并不完全理解《道德经》的文本含义。在翻译过程中，将老子其人其书增加了很多神秘主义的色彩。他坦言“这些芬兰语的译本只是为了让大众了解东方古老的信仰”，“体会享受其中让人惊喜的格言和看似自相矛盾的观点”，引起读者的深层思考。

欧洲一直有传教士翻译中国儒家典籍的传统，在芬兰也不例外。传教士卡勒·柯和宁①（Kalle Korhonen）就是其中第一个尝试者，他编译的《〈大学〉：儒家世界观导读》（*Suuri Oppi*：*Johdatus Kunfutselaiseen elämänkatsomukseen*）是第一本中国儒家文化典籍的芬兰语译本，于1921出版。选择《大学》作为儒家典籍的第一个译本，正是因为《大学》是儒家思想主导下中国的某种道德规范，以其简短的形式介绍了儒家思想的核心。全书共300多页，分为五章，有关《大学》的译文只是此书的一小部分内容，更大的篇幅是介绍孔子的生平及其后代、儒家的思想及其传统、儒家思想的宗教性以及中国的“儒释道”三大宗教。书后的注释部分还介绍了中国的历史脉络、省份名称、前文中的注释，以及罗列并排印了“道德经”“孔子”“性”“孝”“破地狱”“天下”“鬼神”“神主”等中国字。这本书插图非常丰富，共有54幅，包括中国的一些历史古迹、日本的孔子画、衙门、曲阜的孔墓及孔庙、北京的国子监等。20世纪初中国经历巨大变革之际，译者在华传教，经历了很多波折。此时中国的传统文化也正在经受外来的新文化冲击和洗礼。译者因其传教士的身份，宗教和意识形态的立场在其文本中非常明显，认为“除了基督教的道德和耶稣所宣扬的上帝/神的国度之外没有什么可以填补（中国文明中出现的）空白?”②两种异质文化在早期接触碰撞过程中，带着自身的价值视野去观察所接触的对象是无可避免的问题，或贬损或仰慕，都在中国文化西传欧洲的过程中有所体现。这种原罪体现在翻译中则是误译问题。这一问题体现在《大学》的翻译文本中，也体现在19世纪末20世纪初的芬兰译介风潮中，“那个时期从欧洲文化背景之外的国家语言翻译到芬兰语的作品在诠释上都有一定的误译”③。

中国哲学在芬兰的传播途径，尤其是儒家学说和道家学说的先后翻译，恰恰与中国哲学在欧洲大国的传播路径相反：欧洲是先儒后道，但是在芬兰的译介过程恰

① 柯和宁是一名传教士，分别于1910至1917年、1921至1925年、1929至1935年相继在中国传教。

② Kalle Korhonen（卡勒·柯和宁）：Suuri Oppi：*Johdatus Kunfutselaiseen elämänkatsomukseen*（《〈大学〉：儒家世界观导读》），Helsinki：Otava，1921，p.222。

③ 约尔莫·萨迪（Jarmo Saarti）：《中国文学》（*Kiinan kirjallisuus*），收于H.K.Riikonen主编《芬译文学史》，赫尔辛基：芬兰文协会，2007年，第262页。

恰是先道后儒。16—18世纪欧洲大陆的天主教传教士纷纷来华，一开始出于传教的需要，对在中国思想领域占有主导地位的儒家思想进行研究翻译，努力将中国文化介绍到西方。19世纪末，封闭的中国被迫打开大门与世界互动。欧洲希望在东方发现新的智慧，进而对东方神秘文化发生兴趣，中国的道教和禅宗成为他们关注的中心。而芬兰处于欧洲文化传播边缘或者"下游"，在接受中国文化影响方面深受各国汉学和思潮的影响。在自身民族运动的几十年中，对各国的文学和哲学经典的翻译和吸收也是层出不穷。中芬互识之初，欧洲其他地区关于儒家和道家的翻译和研究已然经历几百年的发展，成果丰富，而历史上各个时期的作品和研究此时通过各种途径陆续传播到芬兰，几乎同时期被阅读和接受。此外，芬兰自身国内政治经济斗争不断，谋求民族独立发展，动荡时期更加希望寻求心灵平静和精神慰藉，因而对东方智慧中神秘的道家学说产生了浓厚的兴趣。而芬兰的传教士入华较晚，使芬兰对在中国居于主导的儒家哲学宗教思想的研究滞后很多。因此，芬兰对道家典籍的翻译甚至比儒家典籍翻译要早十多年。这与芬兰民族国家及其语言独立发展的滞后息息相关，与芬兰类似的独立较晚的民族国家也同样面临相似的境况。

三、"抗争"主题和现实主义

在文学翻译方面，芬兰对中国典籍的翻译轨迹也受到欧洲各国的影响，欧洲各个国家的汉学发展集中且几乎同步影响了芬兰，给芬兰提供了一个较以前更为丰富的汉学资源库，所以芬兰对中国文学作品的翻译轨迹也与早期欧洲大国翻译途径不尽相同。芬兰首先关注的是亚洲的民间故事，而最早翻译的中国文学作品是《水浒传》节选。1911年芬兰的社会活动家和剧作家塞勒玛·安蒂拉（Selma Anttila，1867—1942）根据俄国突厥学专家收集的民间故事，集中选取了五则故事，翻译出版了《亚洲民间传说集》（*Aasialaisia Kansantaruja*），主要介绍吉尔吉斯人的英雄传说。芬兰人对亚洲文学的关注从民间文学开始，这与其自身民族运动中起始于民间故事《卡勒瓦拉》以及前文所提及的"寻根"研究有着不可分割的关系。由此，阿尔泰研究以及对口头诗歌和民间故事的民俗研究一直成为芬兰的学术特长。

1912年，芬兰外交官莱诺·司万拓（Reino Silvanto①，1883—1943）将《水浒传》第二至第六回的内容进行翻译，并且将书中第六回以后章节中有关鲁达的内容提炼出来，改编成一本只有八回、共计116页的《起义的鲁达》（*Kapinallinen Lo Ta*），

① 1929年之前，司万拓曾以苏万德（Sylvander）为姓，在翻译中还曾用过以下署名：R.W.S.、Reino Silva、Reino Silvala。

由奥塔瓦(Otava)公司出版。司万拓1911年就开始大量翻译俄国短篇小说家契诃夫和波兰作家亨利克·显克微支的作品,此外还翻译了俄国作家果戈理、高尔基、波兰作家瓦迪斯瓦夫·雷蒙特,以及捷克作家卡雷尔·恰佩克的作品。从他的翻译谱系来看,这部芬兰语的《水浒传》节译本应该译自俄语。前言中对《水浒传》的故事梗概做了介绍,其中认为原本为70回,作者为施耐庵。这本改编的译本故事情节紧凑,如译者所言“让人联想到欧洲流浪汉题材(pikareskiromaani,英:picaresque novel),专门描写主人公冒险经历的讽刺小说”。从副标题和小说前言可见,译者认为《水浒传》是一种“喜剧历险小说”。虽然在题材上,欧洲有类似的文本,但是鲁达的故事是中国式的,作者在文本中还是保留了很多与佛教相关的内容,这些对于芬兰人而言并不熟悉,译者希望借此“能让读者清晰地了解当时中国人的习俗和性格”。当时芬兰正在经历激烈的民族独立斗争,中国文学译本选取了一个普通人反抗斗争的题材是非常合理的,为了适应本国读者,译者对内容进行了改编并且在形式上进行了“欧洲化”。这实际上是利用富有中国色彩的故事情节,塑造一个欧洲式的反抗压迫、勇于斗争的本国民众形象。严格来说,这个改编本与其说是一部翻译作品,不如说是两种文化在碰撞和互识的过程中产生的文化利用式的改写。对中国文学作品的译介作为最初的文学交流,以芬兰人易于接受的形式,以情节紧凑、起伏跌宕的中国故事呼应当时芬兰反抗压迫、争取权利的民族独立运动,应该是中国文学走进芬兰的一个良好开端。

1929年,颐达·巴斯特曼(Ida Bastman)以法文译本为母本,翻译了①《当代中国故事》(*Nykyaikaisia Kiinalaisia Kertomuksia*)。法文译本是中国留法学生敬隐渔(J.B.Kin Jin Jiu)“为了满足欧洲朋友希望了解中国人思想的愿望,受邀编译一本中国当代作家的文集”②。书中包括原版的序言和六篇短篇小说译本,包括落华生(Lo Hua Sen)的《黄昏后》(*Iltahämyn Tummetessa*),敬隐渔本人的《离婚》(*Avioero*),鲁迅的三篇文章——《孔乙己》(*Con-Ji-Ki*)、《阿Q正传》(*A-Kin Elämä*)和《故乡》(*Synnyinseutuni*),以及陈炜谟的一篇小说和三篇编译本,冰心的《生活的艰难》(*Elämän Ankeus*),茅盾的《幻灭》(*Harhakuvitelmia*)和郁达夫的《沉沦》(*Hurmi-*

---

① 约尔莫·萨迪认为编者最初的版本是英文(《中国文学》,H.K.Riikonen主编:《芬译文学史》,赫尔辛基:芬兰文协会,2007年,第268页)。但是根据高方的《鲁迅在法国的传播与研究》一文(《文艺争鸣》2011年第9期),敬隐渔留学法国时,在罗曼·罗兰推荐下,翻译、编辑了法文版的《中国当代短篇小说家作品选》(*Anthologie des Conteurs Chinois Modernes*),1929年该书在巴黎埃德尔书局出版。根据王家平的《20世纪前期欧美的旅讯翻译和研究》一文(载于《鲁迅研究月刊》2005年第4期),鲁迅小说的英文版于1930年和1931年相继在英国和美国出版。所以这本芬兰语的版本应该是法文版出版的同年由法文转译成芬兰语的。

② 参看颐达·巴斯特曼译:《当代中国故事》(*Nykyaikaisia kiinalaisia kertomuksia*),赫尔辛基:出版股份有限公司,1929年,前言第5—8页。

osta Herännyt)。编者在法文版前言结尾处加注"1929 年 1 月于里昂",而同年芬兰译本已经出版,此芬译本翻译和出版非常快,在出版时间上比英语版还早。从鲁迅小说在欧美地区的传播进程而言,不得不说是始料未及的。一般而言,芬兰语译本都是转译自欧洲其他语言,尤其是在 20 世纪早期以转译德、英、法译本为主,时间上也或长或短落后于英德法等其他国家,处于文化传播和交流的"下游"和边缘地区,例如中国诗词与《好逑传》的翻译都比欧洲最早的版本落后了一两个世纪。鲁迅等当代作家的小说译本在芬兰是个特例,几乎在法译本出现的同期便出版了芬兰语译本,这主要还是因为当时芬兰的文化界对异域文化如饥似渴的翻译和吸收起了推动作用。

四、芬兰"新文化运动"的推动

20 世纪初至 20 世纪 40 年代,芬兰文坛一直非常活跃,对各国文化成果的浓厚兴趣和广泛吸收类似于同时期的中国新文化运动。从这一时期译者的身份可以看出,对各国文学进行翻译的不光是专业译者,同时许多在外交、传媒、出版、文化等领域有影响力的知识分子也积极参与外国文学与文化的译介和传播。自芬兰独立和一战之后,在欧洲现代派影响下芬兰文学形成了新的文学潮流,称为"新的一代"。这一文学潮流的产生早于其他任何一个北欧国家,不过它主要流行于以瑞典语为母语的芬兰文学中。此外芬兰文坛还有一批工人作家,翻译了很多外国进步著作。但是内战之后,这一译介行为遭到压制,工人文学由此受到严重打击。①之后国内阶级矛盾不断激化,无产阶级文学曾繁荣一时,在 20 世纪 20 年代无产阶级组成了一个非常有影响力的作家团体——"火炬社"(Tulenkantajat)。他们力图开拓芬兰文学的新方向,脱离原来的"荒原文化",认为"芬兰"文学应以反映本国工业化、城市化和现代艺术为主题。"火炬社"对东方文化非常着迷,追求异域文化成为一种潮流。之后芬兰国内法西斯势力抬头,民族矛盾日趋尖锐,但是一些进步作家仍支持反法西斯斗争;1936 年,他们组成了以马克思主义为指导的左翼文学社团——"基拉社"(Kiila)②,其部分中坚分子正是 20 年成立的文学评论团体"火炬社"的成员。"基拉社"成员宣传社会主义和革命思想。在二次大战之前和初期,"它在团结作家、反对法西斯主义的斗争中站到了最前列。这种情况在北欧文学界里是绝无仅有的"③。在"火炬社"和"基拉社"的推动下,芬兰对国外文学

① 参看石琴娥:《北欧文学史》,南京:译林出版社,2005 年,第 350 页。

② Kiila,芬兰语本义为"楔子"。

③ 石琴娥:《北欧文学大花园》,武汉:湖北教育出版社,2007 年,第 186 页。

作品的译介非常多，在芬兰产生了较大的影响，对中国文学的翻译也如星星之火。

第一部中国诗歌选集的翻译正是在这一文学背景下，"来自外部的强烈要求和激励以及时代中弥漫的对所有异域文化的内容的浓厚兴趣"①促成了芬兰作家兼记者②艾诺·迪卡宁（Eino Tikkanen，1889—1953）对中国诗歌的翻译，1925 年以《晨笛：中国诗歌选》（*Aamuhuilu：kiinalaista lyriikkaa*）为题付梓出版。迪卡宁是芬兰著名的记者、主编，在《赫尔辛基日报》（*Helsingin Sanomat*）、《方向》（*Suunta*）、《新犁》（*Uusi Aura*）、《新芬兰》日报（*Uusi Suomi*）等媒体担任过编辑、主编等工作，还担任过芬兰报业记者联合会的副主席和赫尔辛基报业记者协会的主席。这本选集的素材主要是五个德语文本，其中主要参考了德国汉学家佛尔克（Alfred Forke，1867—1944）的《中国诗歌选集》（*Blüthen Chinesischer Dichtung*，1899）和奥托·豪塞尔（Otto Hauser）的《中国诗选》（*Die Chinesische Dichtung*，1921）。他在每首诗的译文后面都标注了德语版本的出处。此部诗集包含了孔子、苏武、司马相如、卓文君、李白、杜甫、白居易、王安石、苏东坡及袁枚的诗词。芬兰的另一位中国诗词翻译家派蒂·涅米宁（Pertti Nieminen）③曾以《晨笛》的译本为范例，批评该译本是基于他国语言而非原文，"经过数次不同时期和不同语言的翻译和再翻译，再要从中找到原文的味道已经非常困难了"④。艾诺·迪卡宁采取了芬兰传统诗歌的音节节奏和尾韵，在用词上也比较书面、古典，但是在中国诗歌进入芬兰之始，按照芬兰自身的诗歌形式进行翻译，比较易于为芬兰人所接受。这种翻译模式与后期中国诗词的翻译形成了鲜明对比，分别代表了两种翻译理念。

《好逑传》是最早译介到西方的中国文学作品，首次出现在 1761 年英国商人詹姆斯·魏金森以英语和葡萄牙语为母本翻译的小说、戏剧、谚语和诗歌合集中，包括《风月好逑传》《中国戏提要》《中国谚语》《中国诗歌》，这些作品先后被转译

---

① Eino Tikkanen（艾诺·迪卡宁），*Aamuhuilu：kiinalaista lyriikkaa*（《晨笛：中国诗歌选》），Helsinki：Otava，1925，preface.

② 艾诺·迪卡宁一般自称为"记者"，很少提及自己"作者"的身份，而在芬兰文学协会的作者数据库中，"艾诺·迪卡宁自称自己为'记者'，直到去世前一直都很策略地强调这个身份，但是他也是一名诗人和政治家""Eino Tikkanen käytti toimittajan titteliä ja oli ennen muuta sitä traagiseen kuolemaansa saakka-mutta myös runoilija ja poliitikkokin."参考：http://www.kansallisbiografia.fi/kb/artikkeli/1669/。

③ 派蒂·涅米宁是芬兰著名翻译家、诗人。从 20 世纪 50 年代开始翻译出版中国诗歌选，几乎涵盖了中国的诗词历史上重要的诗人和诗词。他的翻译受美国意象派的影响比较深。

④ 参看派蒂·涅米宁（Pertti Nieminen），论文集《怀抱中的中文》（*Mandariini Kainalossa*），赫尔辛基：Otava，1989 年，第 88—102 页。

为法语、德语、荷兰语、拉丁语和俄语①，18、19 世纪在欧洲流传甚广，两个世纪之后在芬兰文化运动的影响下，翻译成芬兰语。1928 年，劳利・魏亚宁（Lauri Viljanen，1900—1984）将这本小说翻译成芬兰语，名为《理想的爱情》（*Ihanteellinen Rakkaus*），分为 40 个章节，共 309 页。魏亚宁是芬兰著名的诗人、文学评论家和翻译家，也是"火炬社"的领导人物。他在芬兰最大的报纸《赫尔辛基日报》（*Helsingin Sanomat*）担任文学评论员，后来一直在图尔库大学和赫尔辛基大学担任文学教授。劳利・魏亚宁的译本并没有指明其所采用的母本，但书中内页标注其参考母本名为 *Mitä Tuuli Kertoo Kuutamossa*（《月光下风如是说》）。该译本由维克・安特罗・科斯肯涅米（Veikko Antero Koskenniemi，1885—1962）撰写前言，他是芬兰诗坛的领袖人物，且是颇具影响力的小说家、杂文家、芬兰科学院院士、活动家以及演说家，还担任过图尔库大学文学教授和校长。魏亚宁最著名的作品是芬兰"祖国之歌"——《芬兰颂》（*Finlandia*）（音乐家西贝柳斯的著名曲目）和《旗帜之歌》（*Lippulaulu*）的词作者。在《好逑传》芬译本的前言中，他对此书评价甚高，称这个故事"几百年来在中国读者的手中流传，是该国古典文学作品中的代表作，一代代往下传诵，不仅是因为这是一个模范式的爱情小说，更因为这是良好的习俗和社会规范的范本"。这与欧洲其他国家对《好逑传》的接受情况基本相同。②

五、结语

中西互识从一开始的遥望和模糊的猜想到逐步了解，经历漫长的流变，其间与欧洲的本土文化发生碰撞，产生了思想的火花，也产生了对抗。而芬兰夹居于俄罗斯和瑞典之间，一直饱受战争和压制之苦，作为不断寻求独立和自身民族认同的小国完全有别于其他西欧强国。母体的文化背景和个人经历对来华外国人行为产生了非常重要的影响，所以对早期来华芬兰人以及后来芬兰人对中国文化的认知上也有别于其他欧洲国家。20 世纪初，芬兰处于反对沙皇俄国、寻求民族独立之中，芬兰对中国不太可能本着欧洲强国所常有的"中心主义"姿态。从根本上来说，中芬互识的基础就是一种平等对望，或者是一种反压迫和斗争的认同感。这一点在

---

① 参看宋丽娟、孙逊：《〈好逑传〉英译本版本研究》，《上海师范大学学报》（哲学社会科学版），第 38 卷第 5 期，2009 年 9 月，第 75 页；以及张弘：《〈好逑传〉在 18—19 世纪欧洲大陆的传播》，收于《文史知识》，2006 年第 10 期。

② 早期传教士在《教务杂志》上发表过对《好逑传》译本的评论，主要歌颂该小说中的道德规范，参看孙轶旻、孙逊：《来华新教传教士眼中的中国小说——以〈教务杂志〉刊载的评论为中心》，载于《学术研究》2011 年第 10 期。另欧洲大陆对《好逑传》的翻译和传播，参看张弘：《〈好逑传〉在 18—19 世纪欧洲大陆的传播》，收于《文史知识》，2006 年第 10 期。

早期传教士的报告和探险家马达汉的日记中格外明显，他们对当时中国寻求独立与和平的愿景更容易产生感同身受的同情。芬兰作为一个有民族意识的个体，对中国的认识自19世纪末开始，此时中国正在经历反封建反殖民的斗争，战乱频仍，新文化运动也在如火如荼地传播新思想，批判传统文化。芬兰的传教士、探险家在此时进入中国的内陆和首都，比较详细地了解了中国的社会状况和风俗文化。中国的衰落使他们不会像欧洲初识中国时那样心生仰慕，坠入“热恋”。另一方面，芬兰对中国的了解可以说是“古今同步”：他们既对中国的传统文化（例如中国古典哲学宗教）怀有兴趣，也对以“反压迫”的民族独立斗争和现实主义为题材的作品（例如鲁迅）有兴趣。中国文化在西方的传播一般都是传统文化先行，但是中国文化在芬兰的译介和接受，与其在意大利、法国、德国、英国等国的传播有着很大的区别。

（作者单位：北京外国语大学）

“奇人幸得多奇遇”，“百样颠危赖主扶”

——《王徵全集》出版前言*

□林乐昌

晚明社会陷入重重危机。从政治方面看，由于吏治腐败，连年灾荒，引发了李自成、张献忠等人揭竿造反，而建州女真族部落的崛起并频频侵边，则对东北边防构成致命的威胁。从文化方面看，传统的精神信仰和道德价值系统已经失去了往昔的权威性，陷入了严重的困境。此时，中、西文化的不期而遇，使晚明成为中国思想文化发展史上奇特而又引人瞩目的时代。

当时，涌现出一批心态开放、勇于思想更新、富于批判精神的儒家士大夫，他们积极吸收由利玛窦（Matteo Ricci，1552—1610）等传教士带入中国的包括宗教（天学）、伦理学和科学技术在内的西学，对中国传统文化加以改造，形成了一股强劲的融汇中西思想文化的思潮。这一批人士成为迫切要求改革社会积弊以挽救时局的政治力量，同时也是最早参与中国近代化运动的知识分子集团。他们的基本文化立场，是以西学“补儒易佛”，试图以此改变晚明社会情欲横流和士大夫逃禅佞佛之风气，为社会重建精神信仰和道德价值系统。这批人在中国江南一代的著名代表是徐光启、李之藻和杨廷筠等人，而在西北关中地区也有一位值得研究的人物，他就是西安府泾阳县人士王徵。王徵是一位著名的儒家学者、西学学者、科学家和语言学家。王

---

* 本书出版得到国家古籍出版专项经费资助，另外还得到浙江宁波教区神长教友资助。2013年5月，本书获得陕西高校人文社会科学研究优秀成果一等奖（成果编号：XT43）。

徵与当时的"天主教三柱石"——徐光启、李之藻、杨廷筠同属中国第一代儒家基督徒,与徐、李、杨三人一起合称明末"四贤",①并有"南徐北王"之称。② 前辈著名历史学家陈垣先生说:

> 陕西自昔为国都,西域人至者,多取道敦煌以至于陕,其为中西文明之枢纽宜也。明季西域梗塞,西士至者多由海道至东南,与陕宜风马牛不相及。然以景教碑新出土(一六二三)之故,西士至陕访碑者踵相接,秦晋教务,遂与东南俱。若王君者,亦徐、李之流也。然王君奋兴,尚在景教碑未出土之前,则所谓豪杰之士已。③

自20世纪30年代陈垣先生因撰《中国基督教史》为王徵补传以来,对王徵其人其学的研究渐渐为学术界所关注。但与徐光启、李之藻和杨廷筠研究相比,王徵研究则要薄弱得多。除了其他因素之外,这里的一个重要原因是,今人欲研究王徵往往会碰到文献不足或使用不便的困难。

据史志著录或史料记载,王徵一生所撰著译、诗文甚多。其七世孙王介说,其先祖王徵"生平著述累百万言,如《奇器图说》《两理略》《士约》《兵约》《学庸解》《山居咏》等书,不下数十种"④。然流传中多有散佚。王徵生前,并无文集行世。清嘉庆中期(19世纪初),王介著录、汇辑先祖王徵遗作,并整理刊刻,用力最勤。其详情,可以参见王介为其先祖王徵全集、文集撰写的五篇序言,以及一篇关于王徵及其他先祖的文集目录《宝田堂历世诸集目录》(皆收入《王徵全集》附录四)。该目录著录有《王端节公文集》二卷,并自注"王端节公著,王介汇辑""王介汇刻"。据此可知,嘉庆中期曾有王徵文集行世,但可惜早已失传,其内容已不得而知了。

民国十四年(1925),柏堃辑编乡邦文献《泾阳文献丛书》,其第一种为《王端节公遗集》四卷。据柏堃撰《王端节公遗集序》可知,这部《遗集》当由他所汇辑。《王端节公遗集》四卷:卷一奏疏三篇,卷二书牍十五通,卷三序、跋、引八篇,卷四杂著七篇,合计三十三篇。显而易见,这部由柏堃汇辑的《王端节公遗集》是很不完备的。自陈垣先生为王徵立传以来,对王徵其人其学的研究渐为学界所关注。北京大学王重民教授对搜集王徵遗著非常重视,他在撰写于1947年的《跋王徵的

---

① 方豪:《李之藻研究》,台北:商务印书馆,1966年,第4页。

② 邵力子:《真理不灭,学术无国界——纪念王徵逝世三百周年》,刊于《真理杂志》第一卷第二期(1944年3、4月);收入宋伯胤:《明泾阳王徵先生年谱》(增订本),西安:陕西师范大学出版社,2004年,第314页。

③ 陈垣:《泾阳王徵传》,收入《陈垣学术论文集》,北京:中华书局,1980年,第230页。

④ 王介:《明关学名儒先端节公全集序》,《王徵全集》附录四,第437页。

王端节公遗集》中说："十余年来，我也很注意王徵的遗文和遗事，曾想为他编年谱，重编文集。"①然而可惜的是，王重民为王徵"编成一部比较完备的集子"（同上）的愿望，一直未能实现。

20 世纪 80 年代末，西北大学历史系教授李之勤先生汇辑整理的《王徵遗著》由陕西人民出版社出版。由于考虑到现存的王徵遗著中，《奇器图说》《诸器图说》《西儒耳目资》等三种专著，传本较多；《畏天爱人极论》《仁会约》《崇一堂日记随笔》《杜奥定先生东来渡海苦迹》等四种天主教著作，南京的宋伯胤先生已汇辑整理，准备作为专集出版。因此，李之勤先生辑校的这部近 25 万字的《王徵遗著》，收入了除王徵的宗教类著作和制器类著作之外的几乎所有著述，对于保存王徵著作贡献甚巨，也为王徵其人其学的研究提供了很大的便利。然而，这部近三十年前印行 2000 册的《王徵遗著》，坊间早已难觅踪影。

1990 年，南京博物院副院长宋伯胤研究员编著的《明泾阳王徵先生年谱》由陕西师范大学出版社出版。该《年谱》的特色是，在附录中为"王徵著译选辑"立目，共收入 27 种，包括王徵的四部天主教著作。另外，在附录二中还收入了王徵研究资料 17 种。这部《年谱》，也为学术界的王徵研究提供了方便。该《年谱》26 万字，其中附录一"王徵著译选辑"约 10 万字。2004 年，该《年谱》又出版了增订本，增选了四篇研究资料。应当指出，宋伯胤先生编著的《明泾阳王徵先生年谱》，其体例毕竟不属于文集，而且限于主客观条件，在版本和文字上都存在一些不足，如所收入的王徵四篇天主教著作，依据的是向达抄本，未能使用原本；在"增订本题记"中，编著者坦承《年谱》初版因"粗心草率，造成不少疏漏"。实际上，增订本的文字讹误仍然不少。

总之，虽然前辈学者在王徵著述整理方面已然取得了可观的成果，但在搜求、体例、版本和校勘等方面仍然存在着一些有待改进之处。而且，这些成果无法让学者于一帙之中得窥王徵著作的全貌，于研究多有不便。有鉴于此，本编校者不揣浅陋，决意在前辈学者所获成果的基础上，寻访汇辑，发凡起例，悉心编校，为学术界提供一部大体齐备而且使用方便可靠的《王徵全集》。由我编校、由陕西出版集团三秦出版社出版的这部《王徵全集》，从编校直至出版，经历了两个阶段，断续 15 年：1996 年 1 月至 1998 年 7 月，完成了台湾辅仁大学中西文化研究中心的专题研究计划，其结项成果可视作《王徵全集》的初稿；2008 年至 2011 年，被陕西出版集团三秦出版社纳入出版计划，着手全面修订《王徵全集》初稿，直至出版。这部《王徵全集》共二十二卷，另有附录五种，插图 200 余幅，全书近 70 万字，是第一部搜罗完备、编排合理、校勘精审的王徵著述和研究资料汇集。

---

① 《王徵全集》附录四，第 465 页。

为了实现近两百年来几代学人辑编一部完备的《王徵全集》这一夙愿,本全集充分吸收前辈学者的相关成果,尽量收入目前所知见的王徵著译,无论是业已刊行的,还是没有刊行的;无论是整部专著,还是零散诗文。这次新编的《王徵全集》,将第一次把以往王徵文集所不收的制器学(机械工程学)译著《奇器图说》三卷、专著《新制诸器图说》一卷、《守御器具图说》一卷等,尽行收入。所收王徵天主教著作四种,虽然此前曾被宋伯胤先生编著的《明泾阳王徵先生年谱》收入,但与其使用的抄本不同,本全集使用的则是法国巴黎国家图书馆和梵蒂冈图书馆藏书的复制本。将两者对校不难看出,抄本的文字讹误甚多。对于王徵的其他著作,在散佚严重、搜求困难的情况下,编校者也力求其全。令人遗憾的是,现代以来,一些本不该散佚的王徵重要著作仍在陆续遗失:民国年间,于右任先生将自己在三原购得的《明天启壬戌科泾阳王端节公会试朱卷》,通过张鹏一先生捐给了陕西省图书馆,不知何时遗失了;民国年间,时任甘肃省政府主席的邵力子先生将藏书一万余册赠送给天水图书馆,其中包括非常珍贵的王徵手稿《额辣济亚牖造诸器图说》,却于1956—1980年期间遗失了(详见《王徵全集》后记);20世纪60年代,陕西省博物馆曾经搜集到王徵遗著抄本《耆镜》一册,不久之后也遗失了。

本全集将王徵著述分为三大类:

第一大类:政事类,从卷一至卷六,共六卷,包括治状、兵事、奏议、揭帖等内容。

第二大类:学术类,从卷七至卷十八,共十二卷。在学术大类中,还可以按照王徵自己所说“资心之学”“资耳目之学”“资手足之学”等名目,再细分为三小类:

1.“儒学”“天学”,属于王徵所谓“资心之学”,从卷七至卷十一,共五卷。“儒学”二种,包括《学庸书解》《士约》,合为一卷;“天学”四种,包括《畏天爱人极论》《仁会约》《杜奥定先生东来渡海苦迹》《崇一堂日记随笔》,各为一卷,共四卷。

2.“音学”一卷,属于王徵所谓“资耳目之学”,列在卷十二,包括《西儒耳目资叙》《西儒耳目资释疑》《三韵兑考问答》《元母生生总图》等。

3.“制器学”,属于王徵所谓“资手足之学”,从卷十三至卷十八,共六卷,包括《奇器图说》三卷、《新制诸器图说》一卷、《守御器具图说》一卷、《额辣济亚牖造诸器图说》(残篇)一卷等。

第三大类:诗文杂著类,从卷十九至卷二十二,共四卷,包括书牍、诗、曲、序、跋、议、记、赞、铭、杂文等内容。其中卷二十一序、跋,收入十八篇。

本全集除以王徵著述作为正文之外,还精心选录了王徵研究的相关资料,作为附录。系于本全集卷末的附录,共有五种:

附录一,是有关王徵家族世系的史料,凡两种,均为王徵后裔所撰。

附录二,是本编校者编撰的王徵年谱。

附录三,是有关王徵的传记资料,以及赞贺、祭文,共精选十四篇。

附录四,是有关王徵著译的序、跋、提要,共精选三十篇。

附录五,是有关王徵著译的考辨,仅选入李之勤教授撰写的长文《明末陕西泾阳王徵著译考》。

相信这部《王徵全集》的问世,对于王徵生平和学术思想研究以及近代中西思想文化交流史、中国科技史、基督宗教在华传播史的研究,将提供较为完备、可靠的第一手资料。

借《王徵全集》出版之机,以下对王徵其人、其书、其学及其历史地位和影响,做一些必要的介绍。

一

王徵(1571—1644),字良甫,号葵心,中年皈依天主教后取圣名斐理伯(Philippe),晚年自号支离叟、了一子,卒后学者称端节先生。陕西西安府泾阳县人。明天启壬戌年(1622)进士,历任广平、扬州司理,山东按察司佥事兼辽海监军。王徵一生喜读"奇书",善制"奇器",堪称"奇人"。为了方便读者了解王徵一生行实,下面拟将其生平经历分作四个阶段逐一绍述。而制器趣味、宗教生活和从政经历,则是贯穿于王徵一生各主要阶段的三条基本线索。用王徵自己的两句诗:"奇人幸得多奇遇","百样颠危赖主扶"①,颇能形象地勾勒出其一生的奇特经历和信仰历程。

第一阶段:少年时期,从出生到24岁中举。

据史料记载,王徵"生而颖异"。他7岁时,从舅父张鉴学。是时,少年王徵性喜静,言动不苟,能日诵百千言。"初不晓文章为何物,只听人说有破题、起首,乃自诌一破,约有半篇文字之多。比承舅师训诲,稍稍知文,辄又妄自出题作论表,一时师友咸睨视为笑谭。"②因张鉴是王徵的舅父,又是发蒙老师,故尊称之为"舅师"。张鉴(1545—1605),字孔昭,别号湛川,陕西泾阳人。湛川先生好学深思,为关中理学名儒,《关学续编》卷一有传。湛川以所编《读史歌》(即《历代事略发蒙歌》),令学童熟读而强记之,后成为王徵一生之"读史良法"。③ 湛川之学得力处在"慎独主静",教人每以"毋自欺"三字为宗。他还善制各色战车,及易弩、火弩等兵器,皆巧思独运。这对王徵成年后喜制器之学影响甚巨。湛川曾在山西、河北等地为官,有时将王徵带到任所,给少年王徵提供了游历四

---

① 《山居自咏》,《王徵全集》卷二十,第327、328页。

② 《两理略自序》,《王徵全集》卷一,第1页。

③ 《历代事略发蒙歌跋》,《王徵全集》卷二十一,第334页。

方、开阔眼界的机会。王徵17岁时,入庠(乡学)读书,知"范文正公做秀才便以天下为己任,辄慨然有意其为人"①。万历二十二年甲午(1594),24岁的王徵参加乡试,考中举人。

第二阶段:青壮时期,从中举人到52岁成进士。

若与徐光启36岁才中举人相比,王徵中举算是比较早的。但王徵进京参加会试却很不顺利,"困踬公车"近三十年。就是说,他九次会试都落第而归,直至天启二年壬戌(1622)第十次会试才终成进士,但此时的王徵已经52岁了。王徵"十上公车,始博一第"②的主要原因之一,是他对举业一直提不起兴趣,而一味迷恋于制器,对"书传所载化人奇肱,璇玑指南,及诸葛氏木牛流马、更枕石阵、连弩诸奇制,每欲臆仿而成之。累岁弥月,眠思坐想,一似痴人。虽诸制亦皆稍稍有成,而几案尘积,正经学业荒废尽矣"③。王徵中进士虽晚,但每隔三年进京一次,而且每次进京都有数月的逗留时间,给王徵提供了难得的开阔视野和广交天下豪杰的机会。也正是在此过程中,王徵的思想和信仰发生了重要的转变。

宋明以来的中国思想文化领域,一直处于儒、释、道三教既互相摩荡又互相融合的状态。在此文化背景下,王徵与许多儒士一样有多年出入佛、老的经验。尽管如此,若就王徵思想的主导层面和一贯立场来看,可以说他一直都是一位儒家士人。王徵作为一位很有社会责任感的儒士,他对作为当时文化主流的儒学因受腐败的政治和社会风气的侵蚀而产生的危机,深感忧虑,同时也有很清醒的认识。王徵曾经深刻地揭示儒家经典《大学》主旨当时已发生蜕变,他说:

> 大学之道,原是"在明明德,在亲民,在止于至善";今却认做在明明得,在侵民,在止于至赡。原是"自天子以至于庶人,壹是皆以修身为本";今却认做自天卿以至于庶人,壹是皆以荣身为本。此于大学之道,有何干涉?④

王徵还尖锐地批判当时学风和士风的没落,指出:

> 而今把一部经史,当作圣贤遗留下富贵的本子;把一段学校,当作朝廷修盖下利达的教场。矻矻终日,诵读惓惓,只为身家,譬如僧道替人念诵消灾免祸的经忏一般,念的绝不与我相干,只是赚的些经钱、食米、衣鞋来养活此身,把圣贤垂世立教之意辜负尽了。⑤

在批判学术风气败坏的同时,王徵并没有放弃精神探求的努力和文化重建的信心,他当时所思考的问题,集中于儒家思想文化的根源,亦即儒家经典《中庸》所

---

① 《两理略自序》,《王徵全集》卷一,第1页。

②③ 同上。

④ 《两理略·解经除戎》,《王徵全集》卷一,第9页。

⑤ 《士约》,《王徵全集》卷七,第113页。

涉及的"天之所以命我者",同时思考怎样才能达致孟子所谓"仰不愧天,俯不怍人"这一道德修养境界。前者关涉儒家形而上学的深层根基,而后者则涉及儒家伦理学的心理原则。在王徵看来,当时的理学家之末流以及佛、道之学说,对于他所关注的上述问题都无法提供满意的解决方案。①

大约是在明万历四十三年(1615),正当45岁的王徵处于思想彷徨之际,偶然得到了友人惠赠的《七克》一书。《七克》(*The Controls of Seven Selfishness*)是一部针对七罪宗,论述天主教的七种"克欲修德"功夫的书。此书的撰者,是西班牙籍的耶稣会士庞迪我(Didace de Pantoja,1571—1618)。王徵曾回忆说:"适友人惠我《七克》一部。读之见其种种会心,且语语刺骨。私喜跃曰:'是所由不愧不怍之准绳乎哉?'"②这里言及的"不愧不怍",是指王徵在获得《七克》之前,一次读《孟子》书时突然有所领悟:"偶读孟子三乐书,③而忽有省于'仰不愧天,俯不怍人'之旨。作而叹曰:微矣哉,此吾圣贤千古壮神法也! 夫不愧于天,不怍于人,此其心神何如畅满;孔颜乐处,宁讵外是? 顾安所得不愧不怍,而坦然于俯仰天人之际,令此心毫不走放也耶?"④按说,克己修德本是儒士修身的日常功课,然而为什么王徵读了同样是讲克己修德的《七克》之后内心却会感到特别的契合("见其种种会心"),并产生那样强烈的刺激("语语刺骨")? 面对伦理规范失效的现实,在王徵看来,问题的关键在于:由于《七克》有可能提供一套比较具体的、能够落实"不愧不怍"原则的伦理规范("准绳"),才使他那样欢欣鼓舞。《七克》一书中所谓"七",是指天主教所禁之罪宗凡七种,即:一谓骄傲,二谓嫉妒,三谓悭吝,四谓愤怒,五谓迷饮食,六谓迷色,七谓懈惰于善;所谓"克",是指克制此七罪。《七克》在揭示各项罪宗及其表现的同时,也指出了如何克制七罪宗的方法,即:一曰伏傲,二曰平妒,三曰解贪,四曰熄忿,五曰塞饕,六曰防淫,七曰策怠。⑤ 由于《七克》主要讲如何"克己去私"的问题,而且分析得细致入微,这就给当时急于解决伦理规范之有效性问题的王徵留下了十分深刻的印象。虽然《七克》一书的主题是伦理学,但显而易见的是其基础却是关于天主的观念。庞迪我在《七克》自序中说:

克欲修德,终日论之,毕世务之,而傲妒忿淫诸欲卒不见消,谦仁贞忍诸德

① 林乐昌:《明末儒家基督徒的天观重构及其意义》,《人文杂志》,2010年第2期。

② 《畏天爱人极论》,《王徵全集》卷八,第119页。

③ 《孟子·尽心上》:"孟子曰:'君子有三乐,而王天下不与存焉。父母俱存,兄弟无故,一乐也;仰不愧于天,俯不怍于人,二乐也;得天下英才而教育之,三乐也。'"

④ 《畏天爱人极论》,《王徵全集》卷八,第119页。

⑤ [西班牙]庞迪我:《七克》卷一,收入吴相湘主编:《中国史学丛书》之第23种《天学初函》(全六册)第二册,台北:学生书局,1965年(影印),第717页。

卒不见积,其故云何?有三蔽焉:一曰不念本原,二曰不清志向,三曰不循节次。①

这里所谓"本原",是指作为天主教徒所信奉的至高和无限实在,亦即天主。这正如庞迪我所说:"夫世之傲然自是者,咸谓修德克欲之力量,我自能之;不知自有生来,但有一念提醒,莫非天主。"②虽然王徵作为儒家学者对形上本体问题也非常重视,并有其独到的见解,然而对于天主教之至高和无限实在观念及其与伦理道德之间的关系问题,依王徵当时对天主教教义的有限理解程度,还很难有实质性的把握。因此,在他获得《七克》一书时,虽"日取《七克》置床头展玩,然恨未遽镜其原也"③。"恨未遽镜其原",正是王徵当时对天主教教理所谓"本原"尚难以鞭辟入里的真实表白。

如果说王徵读庞迪我之《七克》后大受启发,从而成为他认信天主教的起点的话,那么,王徵于次年会晤庞迪我,面聆其讲授天主教教理,则是王徵领洗奉教的契机。依据现在已知的资料推测,王徵领洗的时间大体应当在他与庞迪我会晤的同一年,即万历四十四年丙辰(1616),授洗人很可能就是庞迪我,并为王徵取圣名斐理伯(Philippe)。

王徵在接受了天主教的至高和无限实在观念之后,意识到局限于伦理层面还很不够。因为按庞迪我对王徵的指点,伦理学在天主教那里仅仅是"吾辈下学"和修身克己之"小策"而已。这一新的认识,促使王徵比较儒、耶在超越性实在或形上本体层面的得失,从而进一步意识到儒家之超越性实在观念的薄弱,需要以天主教教理加以完善。因此,王徵在接受了天主教信仰之后,对于如何落实"不愧不怍"这一伦理学原则便有了新的体会:"窃谓果得一主以周旋,自可束我心神,不致走放,可训至不愧不怍无难也。"④

自此,王徵便开始明确地赋予儒学之"天"以"主"(人格化主宰)这一新意涵,同时对自己一直苦苦思索的"天命"之所在的根源性问题获得了满意的解答。由于这一新的"天命"观更加突出了作为终极实在的天主的至高无上地位,从而为落实使人"不愧不怍"的伦理规范体系提供了更具权威性的依据。

第三阶段:从政时期,从进士到62岁去官归里。

从王徵52岁进士及第,到62岁罢官归里,前后整十年。王徵"历官三任,不及

① 《七克》卷一,第710页。

② 同上。

③ 《畏天爱人极论》,《王徵全集》卷八,第119页。

④ 同上,第120页。

四载"[①],其政治生涯很短。然王徵在任期间,多方造福百姓,政绩相当卓著。他在先后出任广平府和扬州府司理期间,重视社会教化,整顿地方治安;断案公平,平反冤狱;治理水患,开河筑堤;为民请命,敢于直言犯上。他还提出"恤商裕国"的主张,认为商人是"财用发生"的根本。由于王徵练达兵事,故他到广平任所不久,即奉保定巡抚张凤翔檄召赴恒阳协助练兵,被张巡抚赞为"诸葛再生"[②]。

王徵不仅为官廉勤公正,而且明大义,讲气节。他在扬州府任司理时,太监魏忠贤把持朝政,淮扬巡盐御史许其孝为魏忠贤建生祠于扬州,各级官员纷纷前往拜谒,以表效忠。此时,唯王徵与同为关中人士的兵备副使来复毅然不往拜,一时人称"关西二劲"[③]。

如前所述,王徵素谙制器之学。他于广平府任职前后,偶然读到意大利传教士艾儒略撰写的《职方外纪》一书,"所载奇人、奇事,未易更仆数。其中一二奇器,绝非此中见闻所及"。[④] 这让王徵喜出望外,亟欲一睹为快。天启六年丙寅(1626)冬,王徵为继母服丧期满,入京待补新职,恰巧传教士龙华民、邓玉函和汤若望在京师,使王徵有机会就《职方外记》中所记诸奇器向他们请教。不久,在邓玉函[Jean Terrenz (Terentio),1576—1630]的指导下,王徵编译了其中的部分内容,摹绘了书中的配图,整理成书稿。在编译此书过程中,王徵对西洋奇器的选录非常严格,明确提出了"三最"原则,即:一选录其对民生日用和国家所需之"最切要者",二选录工匠便于制作和不费工值之"最简便者",三选录众多器械中之"最精妙者"。由于依据的是三"最"原则,故取书名为《奇器图说》。书稿完成后,王徵便赴扬州府担任司理。

崇祯元年(1628),王徵将《奇器图说》三卷与自著的《新制诸器图说》一卷合为一帙,刊刻行世。《新制诸器图说》一书共收入了九种器械:虹吸、鹤饮、轮激、风硙、自行磨、自行车、轮壶、代耕、连弩。这些器械,可以运用于农耕、灌溉、运输、战守,其中有些是对前人发明的总结,有些则是他自己的创制。

在为官从政的同时,王徵还会通儒耶,其"畏天爱人"之学就形成于这一时期。崇祯元年(1628),王徵在扬州撰写了《畏天爱人极论》一卷。这是王徵最重要的一部天学著作,标志着王徵会通儒耶的"畏天爱人"学说的形成。

这一时期,东北边境局势严峻,徐光启几次上疏,提出"急用人"之策,其中就

---

① 王承烈:《鲁也府君行述》,收入柏堃辑编:《泾献文存》卷十二,民国十四年(1925),线装铅印本。

② 《两理略·恒阳简兵》,《王徵全集》卷一,第2—3页。

③ 张炳璇:《明进士奉政大夫山东按察司佥事奉敕监辽海军务端节先生葵心王公传》,《王徵全集》附录三,第400页。

④ 《奇器图说自序》,《王徵全集》卷十三,第191页。

有速召孙元化、王徵于登州的建议。[1] 崇祯四年(1631)夏,王徵赴登州出任山东按察司佥事兼辽海监军,协助时任右佥都御史登莱巡抚的孙元化防御后金军队渡海进攻。这次颇令他感到"超格特命"的提升,为他施展抱负提供了机遇。王徵与孙元化是志同道合的好友,两人携手合作,本来是可以有所作为的。但不幸的是,王徵上任才半年,就发生了"吴桥之变"。是年末,孙元化命孔有德等率部下往大凌河城,途中因军中粮草匮乏而哗变于吴桥(今河北境内),不久后登州城为孔有德等所陷。[2] 次年春,孙元化与王徵等因属下兵变之责被押解至京,后孙元化竟被诛,王徵则被判谪戍近卫。稍后,王徵遇赦归里,未再出仕。

纵观王徵短暂的政治生涯,虽然他才品过人,但可惜时运不济,仕途坎坷,致使其才干和抱负未能充分施展。

第四阶段:晚年隐居时期,从去官归里到74岁尽节而卒。

王徵归里后的第三年(崇祯八年,1635)夏,于南山下买地建别墅"简而文",作为隐居之所。《中庸》第三十三章云:"君子之道,淡而不厌,简而文,温而理,知远之近,知风之自,知微之显,可入德矣。"王徵将自己的隐居处称为"简而文",从中亦可见他当时关怀自己精神生命的心境。王徵晚年的诸多著作,其中有不少就是在这一幽静的居处里写成的。在王徵致表弟张炳璇(字仪昭)的书札中,道出了他当时为"撇脱尘土俗缘,料理云霄清事"而专注于著述的心绪:"见之者每笑白发衰弱,复作青春学子,岂其老苦未尽,抑亦书债难还?然而我顾乐此不疲也"[3]。

可以看出,此时的王徵再无政务缠身之累,其信仰追求比以前更加真切了。王徵在其政治生涯中,曾遇到不少危机,特别是遭逢"吴桥兵变"而竟能大难不死,于"百危百险中,赖主佑而生还"[4]的亲身经历,使他对"百样颠危赖主扶"这一信仰源头更加确信不移。王徵晚年撰写的《额辣济亚牖造诸器图说》,一方面可以视为《新制诸器图说》的续编,其中有不少新的创制;另一方面,此著与王徵的其他制器著作相比,当中有一个非常明显的特点,就是格外强调造物主的"特恩启牖"之功。王徵说:

> 余不敏,正世所称至愚极拙人也。一切世事不甚通晓,即家人生计,与夫时尚世局,总安愚拙,都不料理。顾独景慕古人奇异诸制,如璇玑、风鸢、

① 徐光启:《钦奉明旨敷陈愚见疏》,王重民辑校:《徐光启集》卷六,上海:上海古籍出版社,1984年,第313页。

② 孙文良、李治亭:《明清战争史略》,南京:凤凰出版传媒集团江苏教育出版社,2005年,第291—292页。

③ 《王徵全集》卷十九《与张仪昭书》。

④ 《崇一堂日记随笔》附录《祈请解罪启稿》,《王徵全集》卷十一,第177页。

指南、奇肱，及武侯木牛流马之类，恨不当吾世而悉得目睹之焉。若不获觏，结想成痴。因读西儒力艺之学，而有感于用穴用气、用水用风诸说，恍如开悟，顿克成造种种机器，业有四伏、四活、五飞、五助及新器诸刻传之矣。兹再续成诸器，既绘为图，又各以说详之，而冠之以额辣济亚之名者，盖自知愚拙无能，匪徼造物主特恩启牖之万一，万万弗克成也。故欲传以救世，先自感颂主恩若此。①

额辣济亚，乃拉丁文 Gratia 之译音，今译圣宠。显然，王徵已经将作为自己一生兴趣所在的制器事业及其成就，完全归结于造物主开发学人心灵的无限力量。

晚年的王徵，严格按照天主教十诫反省自己的言行。此中突出的一件事，是他任职广平府时以无嗣之故而娶妾，②违反了十诫。为此，王徵内心的冲突十分激烈，"极知罪犯深重"，数次请解罪于诸铎德，均未获许。至崇祯九年(1636)末，王徵因"偶读《弥格尔张子灵应奇迹》及《口铎日抄》，内刊有罪某向日移书不娶妾一款，不觉惭愧之极，悔恨之极！""今立誓天主台前：从今以后，视彼妾妇，一如宾友，自矢断色以断此邪淫之罪，倘有再犯，天神谙若，立赐诛殛！伏望铎德垂怜，解我从前积罪，代求天主之洪赦"③。

在注重个人修行的同时，王徵还热心参与传教活动和慈善事业。其一，是在家乡建立天主教堂。崇祯十一年(1638)，在王徵的推动下，其家乡建成崇一堂一座④。另据王徵撰于次年的《析箸文簿自叙琐言》称，他曾"新建家神堂"，以作为自己"焚修昭事"及"公共祈福之所"⑤。其二，是建立社会慈善团体"仁会"。崇祯七年(1634)春，山西、陕西等地旱灾严重，以致出现"人相食"的"大饥"局面。这时，王徵及时于乡里创建仁会，乃依天主教慈善团体之制而设。王徵所设仁会，在此次大旱中"全活千百人"⑥。王徵所创办之仁会，可能是中国北方最早的天主教慈善团体。

崇祯十七年(1644)正月，李自成于西安称王，遂派人四处罗致地方名士，几次遣使至王徵家强行征聘。王徵决心以死抗命，于是手题墓门之石曰："有明进士奉政大夫山东按察司佥事奉敕监辽海军务了一道人良甫王徵之墓"。旁又署一联曰："自成童时，总括孝弟忠恕于一仁，敢谓单传圣贤之一贯；迄垂老日，不分畏天

① 《额辣济亚牖造诸器图说自记》，《王徵全集》卷十八，第 308—309 页。

② 王徵之妾申氏，时年十五，道光元年《鲁桥镇志》有传。

③ 此事其详，请参阅黄一农：《两头蛇：明末清初的第一代天主教徒》，上海：上海古籍出版社，2006 年，第四章儒家化的天主教徒：以王徵为例，第三节王徵娶妾和殉国事迹考，第 144-148 页。

④ 《崇一堂日记随笔》，《王徵全集》卷十一，第 161 页。

⑤ 《王徵全集》卷二十二，第 358 页。

⑥ 张缙彦：《佥宪王端节公墓志铭》，《王徵全集》附录三，第 402 页。

爱人之两念，总期自尽心性于两间。”又曰：“老天生我意何如？天道明明忍自迷！精白一心事上帝，全忠全孝更无疑。”自此，王徵便绝粒不复食。属纩之际，犹握表弟炳璇手，诵所为：“忧国每含双眼泪，思君独抱满腔愁”之句，绝无一语及他。三月初四日，王徵七日不食而卒，享年七十四。卒后，乡人私益曰端节先生，葬于三原杨杜镇东北原上马家坡北岭上①②。

二

如前所述，王徵思想在发生重要转变之前，他一直关注和思考的问题聚焦于：一探明儒家经典《中庸》所涉及的终极实在观念亦即“天之所以命我者”，二厘清怎样才能达致孟子所谓“仰不愧天，俯不怍人”这一道德修养境界。③ 王徵自中年奉教之后，“始知天命之有在矣”，“始知天命之果不爽矣”，“始知天命之真可畏矣”④，并逐渐形成了其独特的以“畏天爱人”为主题的学说。

王徵“畏天爱人”之学所蕴含的主要问题有三个，其中尤以第二个问题最显重要。

1.关于王徵的著作及其“畏天爱人”主题

王徵的诸多著作，颇能完整地体现其一生的学行特色。反映王徵经世实践的著述主要有：作为从政记录的《两理略》、兵书、奏疏等。这些著述，体现了王徵在其从政活动中“独时时将畏天爱人念头提醒”（《两理略序》，《王徵全集》卷一，第1页）的情怀。反映其学术的著作，可分为三类：第一类是由儒学与天学⑤组成的“资心之学”，第二类是将自己长期钻研制器学所得与西方机械工程学结合在一起而形成的“资手足之学”，第三类是为西洋人学习汉语及中国人学习拉丁文提供方便的“资耳目之学”。

王徵重视拉丁文的学习和介绍，尤其重视机械工程学的推广和实践，从而形成了颇具近代色彩的实学观念和实践。然而，王徵更加重视的是有关人的精神生命的“资心之学”，并以“畏天爱人”四字加以总括。在王徵看来，“资心之学”并不是完全脱离人间生活的玄思冥想，它必须在承担经世使命亦即对现实世界的关爱中

---

① 王秬：《泾阳县盈村里尖担堡王氏族内一支记世系并记坟墓册》，《王徵全集》附录一，第368页。

② 方豪说，王徵“墓在鲁桥镇正北辘辘耙原”。方豪：《中国天主教史人物传》上册，北京：中华书局，1988年，第226—233页，此说不确。

③ 在《畏天爱人极论》中，前者共五页，后者共七页。

④ 《畏天爱人极论》，《王徵全集》卷八，第121页。

⑤ 此处“天学”之“天”，虽蕴含了周孔儒学及张载关学之“天”的涵义，但主要指天主教的“天主”。据此，当把王徵的“天学”界定为以天主或上帝为最高、无限实在的学说。

才能够得以落实。“畏天爱人”或“敬天爱人”,是明末中西文化交汇过程中利玛窦、庞迪我及徐光启、李之藻、杨廷筠等中外人士所经常言及的基本观念。但是,明确声言以“畏天爱人”四字总括自己的学说,并撰写专著《畏天爱人极论》以“竭力阐明”而“极论”“畏天爱人”思想的,则唯有王徵一人而已。正如清代关中学者王心敬在为王徵撰写的传记中评价其“生平之大志弘学”所说:“先生三十年勤事天之学,刻刻念念以畏天爱人为心”①。

总之,在披阅王徵的全部著作之后可以看到,“畏天爱人”既是王徵宗教信仰的根基和道德规范的准则,也是王徵经世实践的尺度,又是贯穿其学术思想的主线。因而,完全有理由认为,作为王徵“资心之学”精髓的“畏天爱人”思想,正是他全部著作及学说的主题。

2.关于王徵“畏天爱人”之学的基本架构和主要特质

王徵最重要的一部天学著作《畏天爱人极论》一卷,撰成并刊刻于崇祯元年(1628)夏。此时,王徵正在扬州府推官任内。王徵的“畏天爱人”之学,主要就是在这一著作中得到系统阐发的。崇祯七年(1634),王徵所撰《仁会约》一卷刊刻行世,对其“畏天爱人”之学作了重要的补充。

“畏天爱人”之学,既承接了儒家传统“究天人之际”的“天—人”架构形式,又吸取了天主教对天主和人的双重之爱的根本精神。② 因此,王徵以“天—人”这一基本框架来总括自己的“畏天爱人”之学,同时调和儒耶,会通中西,应该说这是相当适切的。

王徵“畏天爱人”之学的内容,可分为“畏天”与“爱人”,以及“畏天”与“爱人”两者之间的相互关系等三个部分。

1)关于“畏天爱人”之学的第一部分“畏天”说。

值得注意的是,王徵的“畏天”说是一个在“天—人”架构之下,把他对天主存在的论证,对天主的独特信仰体验,以及天主教理中的天堂论、地狱论与灵魂论都包括在内的学说。对天主存在的论证,是王徵“畏天”说首先需要面对的一个重要问题。儒学之“天”或“上帝”是否人格神?能否与天主教的“天主”同一?对此,学术界一直有不同的理解。如前所述,探寻“天之所以命我者”“天命所在”之类终极性的问题以及如何落实“不愧不怍”这一道德实践的根本原则,一直是王徵思考的中心,然而却一直不得其解。当王徵聆听庞迪我讲授天主教义之后,情况才有了根本性的改变。庞迪我讲述内容之“大旨”,“要亦不过令举世之人,认得起初生

① 王心敬:《端节王先生》,《王徵全集》附录三,第407页。

② 罗光在其《孔子之仁和基督之仁爱的比较研究》一文中说,“基督的教义为一种包含天人关系的宗教信仰”,收入《罗光全书》(全42册)第33册,台北:学生书局,1996年,第379页。

天、生地、生人、生物之一大主,尊其命而无逾越,无干犯,无弃逆;于以尽昭事之诚,于以体其爱人之心以相爱,于以共游于天乡云耳”①。王徵听庞迪我讲授后的反应很值得注意:

> 予于是日,似喜得一巴鼻焉者。随与庞子时时过从,相与极究天人之旨。窃谓果得一主以周旋,自可束我心神,不致走放,可训至不愧不怍无难也。②

这里所谓“巴鼻”,亦作“巴臂”,是宋元以降的俚语,有凭准、关键、抓手等义。在王徵与庞迪我之间反复就“天主”的名称问难答疑之后,王徵更表示:

> 余于是洗然若有以自新也,洒然若有以自适也,而又愀然若无以自容也,曰:“嗟乎!今而后余始知天命之有在矣,余始知天命之果不爽矣,余始知天命之真可畏矣。”③

对于儒学之“天”观念,王徵应该是了然于心的。然而,当他听了庞迪我有关“天主”观念的讲述之后,却产生了一种闻所未闻的新鲜感,而且认为自己一直不得其解的问题终于得到了解决。这就非常有力地说明,王徵此时理解的作为“天命”之根源的“天”,不完全是当时流行意义上的“天”,而是天主教意义上的“天主”,即王徵所谓“天命之出于天主”④。由此,所谓“天之所以命我者”或“天命所在”,亦即“天命”之终极性根源,便非常明确,即都指向“天主”。这可以视作王徵在根本观念上对异质文化的接纳。为了表示天主教与儒学并不抵牾,王徵有时也承认天主教的“天主”与儒家经典中所讲的“天”“帝”具有同一性。⑤

王徵在其《畏天爱人极论》中论证天主存在时,虽然在一定程度上吸取了利玛窦所著《天主实义》及徐光启、杨廷筠等人著作中的某些方法或观点,但综合观之,王徵的论证可以说是当时中国奉教儒者中比较详尽的,而且其方法独特,思路严谨,有如下特点。

首先,强调“知天命”和“畏天命”的必要性。王徵善用儒家传统的精神资源,从孔子“君子畏天命”的命题出发,又结合儒家早期经典中“天”或“上帝”能够“降祥降殃”的观念,进而提出:“知天命”是“畏天命”的前提。他认为,君子与小人之别,就在于“小人不知天命而不畏也”。即使“天纵之圣”的孔子也是“五十而知天命也”,可见“天命不易知矣”。因此,王徵主张对于“知天命”一事,必须予以“留

---

① 《畏天爱人极论》,《王徵全集》卷八,第 120 页。

② 同上。

③ 同上,第 121 页。

④ 同上,第 122 页。

⑤ 例如,王徵于天启六年(1626)言及金尼阁神父时说:“先生学本事天,与吾儒知天、畏天、在帝左右之旨无二”,见《西儒耳目资叙》,收于《王徵全集》卷十二,第 179 页。

心究彻"[①]。而"知天命"的焦点在于,必须知道具有"降祥降殃"之功能的"命者"就正是"天主"。在此基础上,王徵提出:"知命君子,怀刑与怀德之念并急。怀刑者不但畏世主之赏罚,实以畏天主之赏罚。而怀天刑之念,正其'畏天命'之实功耳。"[②]

只有在知天命之后说"畏天命",才是真实不妄的。"夫不知,而胡以曰畏也?不畏,而胡以自免于小人?君子、小人,只在一念畏不畏分途,此其际不甚严哉!"[③]而"赏罚即于此畏不畏时定之"。也正因为如此,"天"与"命"就不宜分言,"只以天言,说理得,说道得,说苍苍亦得。天而系之以命,则律令灵威,有以所命之者,则必有所以出,是命者所谓主也,有不敢不畏者在矣"[④]。王徵通过这样一番论证,旨在肯定作为"天"之"命者""有不敢不畏者"的"天主"的存在。

其次,批驳"不知天上有主"的"积气"说。王徵认为,由于世人"止知地上有主,不知天上有主",故一直误以天为"积气","一似苍苍之表,冥然空虚,全无一主宰之者";天地万物的生成和运行乃"气机之自动,自然而然者"。又由于世人"止知地上主赏罚可畏,而不知天上主更有真正大赏罚之更可畏",故把一切福祸祥灾全部归结为"莫测其所以然"的命定或运数,从而否认了宇宙的主宰者。此说的最大危害在于,使人不知畏天命,故使道德律令的威严大为削弱,并助长"天下后世无忌惮之习",使人为所欲为。王徵这里所批评的"积气"说,是指在中国历史上由来已久的一种主要以"气"解释世界生成及万物运行动源的理论。利玛窦在论证天主的创造和主宰功能时,主要批判了宋儒的"太极"说。杨廷筠在论述其宇宙起源说时,虽然分别批判了气论、理气论、自然论等,但都比较简要。[⑤] 而王徵则集中批评了"积气"说以及相关的"自然"说,着重揭示了此说之危害("长天下后世无忌惮之习"),进而与以上第一种论证相衔接。虽然王徵并不否认"积气"的存在以及"气机"的推动作用,但他指出,"积气"并非天之主宰,作为天之主宰的只能是天主。知此,才能知天主之赏罚,畏天主之赏罚。

复次,以中国早期史实说明世上主不可篡,而天上主更不可篡,从而批判佛氏欲凌驾天主之上的狂傲,强调天主存在的至高无上和不可僭越。王徵指出:"主而冠之以天,则一尊而更无两大。"[⑥]因"天"字诸多含义中有"一大"之义,故王徵以此作为天主"一尊而更无两大"之存在状态的依据之一。如果"不知有真主,而漫

---

① 《畏天爱人极论》,《王徵全集》卷八,第122页。

②③④ 同上。

⑤ [比利时]钟鸣旦(N.Standaert):《杨廷筠:明末天主教儒者》,香港圣神研究中心译,鲁汶大学中国欧洲研究中心与香港圣神研究中心出版,1987年,第132页。

⑥ 《畏天爱人极论》,《王徵全集》卷八,第123页。

焉不畏者,其罪犹小;乃明背真主而反媚篡弑之强臣以为主,此其罪可祷邪？不可祷邪?"①接着,王徵以春秋战国时期"篡逆者踵相接,谬认篡逆为主,甘心事贼者亦踵相接也"的史实,进一步提出质问:"夫世上主不可篡,天上之主可篡乎？篡世主者罪不容,篡天上主者可容乎?"最后,王徵笔锋一转,针对佛氏自称"天上地下,唯我独尊"的傲态展开了激烈的批评:

> 姑无论傲为凶德,一傲而诸德尽丧。佛氏之傲然自尊,正与圣不自圣者相反。试观从古帝王贤圣,有一不尊天者乎？佛不但敢于不尊天,而且自尊于诸天之上。若视天甚卑甚小,不敢仰望焉者,世有此等圣人乎?②

取诸春秋战国时代的史实,以论证天主的存在及其至高无上的合法性和不可僭越性,可以说这种对天主存在的论证方式是相当独特的。

最后,以超验之"信心"论证天主的存在。世人对于天主的存在,很容易产生这样的疑问:"谁其见之？谁则信之？吾侪抬头见天,只知拜天而已。今又于天之上,猥云有主。不但此中从所未见,亦从所未闻也。而一旦欲其信从而无疑,不亦难乎?"③针对世人对天主存在的怀疑,王徵揭示了其中的主要原因在于:世人往往信耳目之见闻,而不信心之信念,他说:

> 世之人信耳目而不信心也久矣,辄以耳所习闻者为常,以所不习闻者为怪;以目所习见者为有,以所不见者谓为必无。故谓天为漠漠然,无与世人之殃祥善恶也者,亵天、弃天而甚且逆天,无足论矣。④

王徵又说:

> 虽则不见,岂可不信其有乎？不信其有,必至犯法干令,直待断罪于阙下,然后信其有,悔其罪乎？晚矣！晚矣！惟智者不信耳目而信心,乃能推见至隐。视此天地高广之形,而遂知有天主主宰其间。故肃心持志,而独钦崇一天主万物之上。⑤

"不信耳目而信心",就能"推见"至隐无形的天主。所谓"推见",是指超越感官经验之上的精神能力,有了这种能力,才能够"肃心持志"地执守天主信仰。

王徵对天主存在的论证,没有照搬当时影响甚大的利玛窦论证模式,而是善用儒家的精神资源,并融会儒耶,在相当大程度上突破了中国传统的直观比附的思维方式,其论证思路谨严,知信并用,多有新义。

---

① 同上。

② 同上,第124页。

③ 同上,第124—125页。

④ 同上,第125页。

⑤ 同上。

由上述可知,王徵所谓"畏天",是指畏天主。历来的儒家学者在解释"畏天"观念时,往往以"敬"释"畏"。与此不同,王徵的畏天主之畏,可以说是包括了爱、信、畏、敬在内的比较复杂的信仰和道德情感。例如,王徵这样描述自己对于天主之敬畏和崇拜:"朝夕起居,若时时临汝而虔事之不少怠。"①他说过:"认得起初生天、生地、生人、生物之一大主,尊其命而无逾越,无干犯,无弃逆;于以尽昭事之诚,于以体其爱人之心以相爱,于以共游于天乡云耳。"②他还说:"真知畏天命者,自然爱天主。"③这都可以说是畏天主的不同表现形式。通过种种"畏"的独特体验,以使超越的天主在心中当下呈现。《旧约圣经》说:"敬畏上主是智慧的开端。"④通过敬畏天主,能够对天主所具之德能有更加深入的理解,从而开启自己的智慧。

王徵非常强调天主所具有的赏罚功能,其操控赏罚的形式是通过天堂和地狱来实现的。王徵指出:

> 夫此蒙怿世界,不能有善而无恶也,则自不得不有赏而有罚也。势也,理也,谁谓非至当不易之法则哉?顾现前之赏罚,小则官长操之,大则国君操之,然而非其至也。真正大赏罚,则惟天上主得而操之。即世所称操赏罚之人,皆其所并受赏罚之人也。⑤

王徵之所以接受天主教有关天堂、地狱之教理,是认为这一教理有助于人们为善去恶,可以增加伦理规范的强制性。他说:

> 夫吾辈不知天命,不知真正大主之可畏,即妄自谓我为善而不为恶也,我不敢信。乃既知有天命之可畏矣,而悠悠忽忽,日复一日,为善不诚且不坚,去恶不猛且不力者,正不知此身后天堂地狱,上无所望,下无所畏焉耳。倘诚真知其必有,即不望天堂乎,宁能不畏地狱也耶?⑥

相信天堂、地狱论,必然会涉及现世与来世的关系。对此,王徵也有所论述,他说:"来世之利害甚真大,非今世所可比也。吾今所见者,利害之影耳。今世之事或吉或凶,俱不足言也。"⑦又说:"重来世之利者,必轻现世之利。轻现世之利,而好犯上争夺,未之闻也。"⑧

---

① 同上,第118页。

② 同上,第120页。

③ 《仁会约引》,《王徵全集》卷九,第139页。

④ 《旧约圣经》之《箴言》,第9章第1节。

⑤ 《畏天爱人极论》,《王徵全集》卷八,第127页。

⑥ 同上,第130—131页。

⑦ 同上,第133页。

⑧ 同上。

与现世与来世之关系问题相关联,王徵进一步论述了灵魂论。他这样说明灵魂不灭观念与善恶报应之间的关系:

人有魂魄,两者全而生焉;死则其魄化散归土,而魂则常在不灭。必如是,然后善恶之报无尽,然后可以劝善而惩恶。顾犹有不觉不力者焉,藉其尽归散灭,岂不令小人幸免而君子枉受为善之苦劳乎哉?①

2)关于“畏天爱人”之学的第二部分“爱人”说。

王徵认为,天主教理的大旨就是仁爱。他说:“夫西儒所传天主之教,理超义实,大旨总是一仁。仁之用爱有二:一爱一天主万物之上,一爱人如己。”②天主教所强调的仁爱,首先是爱天主。因为,“为天主者,爱人如已也”③。故天主是“第一仁者”:“第一仁者为谁?惟天主。”④所谓“第一”,有首要之根源义,这就突显了天主作为仁爱之表征的终极根源性。爱天主,就是要体会天主的爱人之心,以此作为爱他人的最终依据和伦理原则。王徵在谈到崇敬天主时,特别强调要“于以体其爱人之心以相爱”⑤。依天主教教理,爱人正是天主的全部形象,故《新约圣经》说“神就是爱”。⑥ 因此,王徵说,只有“仰副天主爱人之至仁”,才能“行其爱人之实功”⑦。

能爱天主,则必能爱人,“吾真爱天主者,有不爱人者乎?”⑧王徵说:“天主至善,无德不备,吾侪所当效法。”⑨所谓爱人,是说人们一定要效法天主对世人的爱,这样,你的生命才能得到提升。⑩ 这种观念,可能与马丁·路德(Martin Luther, 1483—1546)所论神性之爱与常人之爱的区分有关,因为常人之爱本身是占有欲的爱,而天主的爱则是创造性的、无私的、真正的爱。真正的爱,是施与的,甚至是可以作出自我牺牲的。天主的爱发源于自身,而人只有依据天主的爱才能实践真正的爱,并实现与神的交往。⑪

---

① 同上,第134页。

② 《仁会约引》,《王徵全集》卷九,第139页。

③ 《畏天爱人极论》,《王徵全集》卷八,第136页。

④ 《仁会约证述》,《王徵全集》卷九,第144页。

⑤ 《畏天爱人极论》,《王徵全集》卷八,第120页。

⑥ 《新约圣经》之《约翰一书》,第4章第8节。

⑦ 《仁会约引》,《王徵全集》卷九,第140页。

⑧ 《畏天爱人极论》,《王徵全集》卷八,第136页。

⑨ 《仁会约述证》,《王徵全集》卷九,第152页。

⑩ 参阅何光沪、许志伟主编:《对话:儒释道与基督教》第五部分“人生观(人性论)”,其中罗秉祥撰《基督教观点》一文,北京:社会科学文献出版社,1998年,第485页。

⑪ 同上,第448—449页、第452页。

王徵还论述了“爱人非虚爱”的道理，就是说，

必将渠饥则食之，渴则饮之，无衣则衣之，无屋则舍之，忧患则恤之慰之，愚蒙则诲之，罪过则谏之，侮我则恕之，故《经》有形神哀矜之十四端，以养其爱人之实。①

由上述可知，王徵所说的爱，已经不同于儒家所强调的血缘之爱，而是超血缘的普遍之爱。然而，在王徵看来，这种超血缘的普遍之爱，与血缘亲情之爱并不根本冲突。一方面，王徵认为：“主初不论人认主与否，感恩与否，而惟以爱心普给之。人盍是则是效，以广其惠爱，奈何强生分别乎？”②另一方面，在实施仁爱的具体实践中，王徵又主张“有伦有义”，并不排斥“孝亲”与“敬长”。他说：“何时可行？何人宜先？何物为当？神行在前，身行在后。先者当先，次者当次。由亲及友，由友及众，各依本愿遂之。”③就是说，普遍的仁爱是人际关系的终极理想，它不但不排斥“由亲及友，由友及众”的实施顺序，而且还对扩大仁爱的实施发挥积极的推动作用。

3）关于“畏天爱人”之学的第三部分“畏天”说与“爱人”说之间的关系。

爱天主与爱人决不可分，两者是双向的积极互释、互动关系。王徵说：“然真爱人主者，必由畏起敬，由敬起爱”④，“其爱天主之效，又莫诚乎爱人也”，“不爱人何以验其诚敬上帝欤？”⑤

王徵还说：

真知畏天命者，自然爱天主；真能爱天主者，自然能爱人。然必真真实实能尽爱人之心之功，方是真能爱天主。盖天主原吾人大父母，爱人之仁，乃其吃紧第一义也。余故深信天主之教，最真切，最正大，最公溥，且最明白而易简，乃人人所能行，人人日用所当行，人人时时处处所不可不急行者。⑥

王徵在其“畏天爱人”之义理框架之下，深入、系统地论述了一种比较完整的调和儒耶的新学说。这一学说，几乎囊括了明末耶稣会士在中国传教的所有主要教理。

综上所论，王徵“畏天爱人”之学的特质，一是体现了王徵对“西儒所传天主之教”大胆真诚地“深信”之，不顾他人“诮其狂、诮其迂腐”的心态；二是体现了王徵

---

① 《畏天爱人极论》，《王徵全集》卷八，第137页。

② 《仁会约述证》，《王徵全集》卷九，第144页。

③ 同上，第141页。

④ 《畏天爱人极论》，《王徵全集》卷八，第137页。

⑤ 同上。

⑥ 《仁会约引》，《王徵全集》卷九，第139页。

以儒入耶,综合二教,为社会建立新的更加可行的伦理价值体系所做的努力;三是王徵以“畏天爱人”总括“天主教义”,实现了内在超越之本体论与外在超越之本体论的结合,从而为社会伦理价值系统提供了更加坚实的根基,以增强其道德功能的权威性和强制性,体现了他对天主教理的独特理解。

3.王徵的“畏天爱人”之学与近代经世致用观念

王徵作为“经济大手”①,不但有经世致用的实际才能,而且对儒家传统的经世致用观念做了许多改造更新,使之具有了近代化色彩。简而言之,这主要有以下几个方面的特点。

其一,王徵的经世致用观念及其多方面的实践,必以“畏天爱人”之理念作为其基础和准绳。他重视推广机械制造之学的原因之一,是“每叹人若畜”②,对劳动者的工作要付出太多的体力深表同情,故主张对于各种实用器械,“有志于仁民者,其尚广为传造焉”③。

其二,王徵将自己长期钻研所得与西方机械工程学结合在一起,撰写或译绘为多种制器著作,并非常重视制器之学在农田、治水、运输、练兵及实战中的运用。他认识到,“为人世急需之物,无一不为诸器所致”,“有志于经事务者,不宜轻视之耳”④。

其三,与传统的“重农轻商”观念不同,王徵在重农的同时却并不轻商,他认为:“商人者,财用发生之根本也”,提出并论述了“恤商裕国”的主张。⑤

三

纵观王徵的一生,他广交“奇人”,喜读“奇书”,善制“奇器”,被当时的兵部尚书兼东阁大学士孙承宗赞为“关西杰士,天下英奇”⑥。法国著名汉学家费赖之(A·Pfister,1833—1891)称王徵“肯定是中国第一位‘现代’工程师,虽然他远离文艺复兴的发源地,却实在是一位文艺复兴人士”。⑦ 以今人的眼光评价之,则可以说王徵是明末重要的儒学思想家、西学思想家、科技发明家、语言学家和翻译家,

---

① 郑鄤:《畏天爱人极论序》,《王徵全集》卷八,第118页。

② 《新制诸器图说》,《王徵全集》卷十六,第293页。

③ 《奇器图说》之三,《王徵全集》卷十五,第289页。

④ 《奇器图说》之一,《王徵全集》卷十三,第202页。

⑤ 《两理略·恤商裕国》,《王徵全集》卷二,第39页。

⑥ 孙承宗:《祝泾阳王葵心先生六旬寿序》,《王徵全集》附录三,第421页。

⑦ [英]李约瑟(Joseph Needham)著、鲍国宝译:《中国科学技术史》第四卷《物理学及相关技术》第二分册《机械工程》,北京:科学出版社、上海:上海古籍出版社,1999年,第183页。

是中国历史上第一批认信天主教的儒家士大夫之一，同时还是中国人学习拉丁文和尝试汉语拼音的先行者。总之，可以说王徵是最早懂得并参与中国近代化运动的有识之士。

王徵作为儒者与基督徒的双重文化角色或身份，又必然关联这样一个问题，即：应当怎样看待王徵思想中的本土文化（儒家文化）与他后来有所承纳的异质文化（天主教文化）之间的关系问题。此问题可从两方面进行分析。一方面，并非像有些学者所说的那样，当王徵等儒士与天主教思想相接触时，似乎仅仅处于被动"反应"的位置①，而是以自己既有的问题为中心，在此基础上展开与异质思想文化之间的对话，并进行有选择的吸纳，以改造中国的本土文化。这里既有"拟同"，即在儒、耶两种文化之间寻求相通点，调和会通；又有"纳异"，即大胆接纳异质文化，甚至是在涉及基本文化立场和根本思想观念上的接纳。实际上，如果没有对自身问题的积极思考，要对异质文化作出任何具有实质性的"反应"是不可能的。另一方面，原本以儒家思想作为自己基本立场的王徵，当他认信天主教之后，便获得了信仰及文化上的双重身份（既是儒士又是基督徒），使得体现在王徵身上的信仰与义理之间、本土文化与外来文化之间，乃至在立身处世等行为方式上，都会形成既相互矛盾、相互挑战乃至激烈冲突，又相互调和、相互改造乃至相互整合的关系。

耶稣会士通过来华传播天主教将西方文化引入中国，这就为中国文化与西方文化的相遇、碰撞和会通提供了一次重要的机会。值得注意的是，在此过程中，包括王徵在内的一批儒家士大夫，他们不囿于本土文化的成熟形态而自我封闭，以完全开放的心态，真诚地理解和接纳不同于本土文化的异质文化，并企望从西方文化中吸取积极有益的成分和因子，以改造中国本土文化，激活其内在的生命力，进而提升整个社会的精神气质和道德水平。也正是通过他们对西方宗教、科技著作的翻译以及他们自己撰写的介绍和研究西方文化的著作，使更为广泛的读者有可能接触和了解西方的思想文化。这批儒家士大夫在中国近代史上所做的会通中西的努力和尝试，为后人留下了许多宝贵的精神和文化成果，值得我们珍视。可以说，具有悠久历史的中国文化，正是在与包括西方在内的外来文化的不断相遇、交流、碰撞和会通的过程中一步步走向世界的。虽然包括王徵在内的儒士基督徒在晚明仅是少数，但是他们毕竟发挥了重要的影响，为中国文化后来的发展提供了值得研究的经验。

（作者单位：陕西师范大学政治经济学院哲学系）

---

① ［法］谢和耐（Jacques Gernet）：《中国和基督教：中国和欧洲文化之比较》，耿昇译，上海：上海古籍出版社，1991年，第1、5页等。

重写中国近代文学史的开端

——读李奭学《译述:明末耶稣会翻译文学论》

□孙　琪

在生机勃勃的西学东渐研究中,涉及清末传教士的文学研究较多,而明清之际传教士的翻译文学则颇遭冷遇。学界一般也将中国近代文学史的开端归功于鸦片战争时期来华的新教传教士。在中国基督宗教文学这一谱系中很难找到明清之际传教士的文学译述。著名汉学家许理和(Erik Zürcher,1928—2008)甚至曾说,除高一志(Alfonso Vagnone,1566—1640)的《譬学》之外,明末耶稣会士"不曾将西方文学传入中国"①。

是什么情况造成对明清之际耶稣会士翻译文学研究的漠视呢?依我之见,原因不外乎以下几点:一是耶稣会士在翻译欧洲文学作品时往往隐去原著者,首度翻译也使得译名难以与今译对号入座,于是原本与著者难寻;其次,研究者重视理论研究,忽略文本阅读;再者,20世纪60年代以来,西学东渐研究领域内,从"传教学和欧洲中心论"到"汉学和中国中心论"的研究范式转变,使得研究者尤其是汉语圈的研究者重视中文为中心的接受史,这种现象的产生自有其时代背景和理论自觉。但是当今的情况是研究者在教学和科研中有意无意强调"汉学和中国中

① Erik Zürcher,"Renaissance Rhetoric in Late Ming China: Alfonso Vagnoni's 'Introduction' to His Science of Comparison", in F.Masini, ed., *Western Humanistic Culture Presented to China by Jesuit Missionaries (XVII—XVIII Centuries): Proceedings of the Conference Held in Rome*, October 25—27, 1993 (Rome: Institutum Historicum S. I., 1996), PP.331—332.转引自李奭学:《中国晚明与欧洲文学》,北京:三联书店,2010年,第2页。

心论”，加之汉语圈的研究者对中文材料的处理容易上手，严重忽视探寻文本的欧洲渊源，从而造成了在一定时期内这种研究范式症候的形成。我认为这种研究方法实际上是重视事物发展的流变，而忽视事物的渊源，这样就导致研究者割裂了对事物的认知，从而不能完整地认识研究对象。

所幸的是台湾“中央研究院”李奭学研究员以二十年之精力，从事物发展的渊源与流变出发，焚膏继晷地致力于明清之际传教士翻译文学的研究，继《中国晚明与欧洲文学：明末耶稣会古典证道故事考诠》之后，时隔七年，又推出了《译述：明末耶稣会翻译文学论》（香港中文大学出版社，2012 年）这一力作，再现了明清传教士在中国文学史上的凿空之旅，重写了中国近代文学史的滥觞。

与前书相比，《译述：明末耶稣会翻译文学论》（以下简称《译述》）保持了李氏的一贯特色，考镜文本的欧洲源流，以文本细读方法分析中西文学、文化的差异、接触与交融，资料丰赡、考证严谨、脉络清晰、分析透彻、义理深厚。不同的是，前书以寓言、神话、传说等文类进行分章，新作每章则详读一本耶稣会士的宗教文学“译述”。除去开篇和结尾，其余八章分别详读了《西琴曲意八章》《圣若撒法始末》《崇一堂日记随笔》《圣母行实》《天主圣教圣人行实》《譬学》《圣梦歌》以及《轻世金书》。李氏每章处理的主题不同，比如《圣若撒法始末》一章，他通过翔实的资料和严谨的考证论述了这部原本是天主教化了的佛传，分析它如何经过龙华民（Nicolas Longobardi，1565—1654）的腾挪转译而用于攻击中国的僧侣和佛教徒。《圣母行实》一章，李氏则追溯“圣母”的欧洲文学母题，分析了其“人神中保”“悍妇妒女”“赐子女神”的三面形象在遭遇中国处境时，如何被高一志利用“圣传”这一文体发挥，使中国天主教信徒接受了一个地位高过一切人神的圣母。《圣梦歌》题名为梦，乃译者大胆借用中国人“人生如梦”的文学主题。不过追寻其始，作者想要传达的却是“身体与灵魂辩论”的欧洲宗教常谈。统观《译述》全书，我们会发现，不同主题的文章经由相同的研究模式（探索源流、分析文本与中国人的接受）统一起来，形成反复唱和的旋律，每段的高潮也不同，但最终直指明末耶稣会士的翻译文学已蔚为大观，对中国文学的影响，实乃早于晚清的新教传教士的文学译作。而论及明末耶稣会士文学翻译的目的，则是使中国人攀近天主，确立天主教徒内在的特性，改变自己以成为“生命新人”，更是中国“灵修文学”体系的肇端。

在全书中，我们可以看到李奭学通过熟练掌握的至少 7 门语言（拉丁文、希腊文、法文、英文、日文、德文、意大利文）追索文本渊源，结合时代背景进行缜密地分析与论证，解决研究史上存在的难题。比如融合了抒情诗与音乐的《西琴曲意八章》，音乐史学者阴法鲁因其中有“年命倏忽”“富贵浮云”之语，从而认为利玛窦（Matteo Ricci，1552—1610）有意淡化天主教色彩，以博得明神宗及中国士大夫的好感。李奭学则指出利玛窦的冲淡哲学尤其和里尔的亚兰(Alan of Lille,c.1128—1202)的"轻世"观念一致,其本源乃出自《圣经》,利玛窦采用的应是流行于16世纪后半叶的某种修订版通行译本拉丁文《圣经》(*The Vulgate*)。

再比如,中西文体的比较研究是文学研究中较难梳理的一环,而学者往往也望而生畏,避重就轻。以《圣梦歌》为例,由于译者艾儒略语焉不详,使其研究者一度以为该作是"艾儒略自制的赝品",在文体的归类上也多有误解。60年前,徐宗泽认为此书属于"格言类",2002年,陈纶绪(Albert Chan S.J.)在《罗马耶稣会档案馆汉和图书文献目录提要》中指出《圣梦歌》是以"近似弹词"的中国七言古诗体翻译的西方诗歌(第311—312页)。李奭学则在陈纶绪等人的研究基础上,从艾儒略"粗述圣人伯尔纳一梦"出发,沿途而上,追溯至了英格兰的盎格鲁撒克逊时期用古英语创作的独白体诗歌《灵魂对身体所述之言》(*The Soul's Address to the Body*)。此诗是后世四首重要的辩论诗的祖本,包括古法文写的《瞻礼日之夜》(*Un Samedi par Nuit*)、用拉丁文及中世纪英文写作的《皇家辩论诗》(*The Royal Debate*)、《身体与灵魂的争论》(*De Desputisoun bitwen De Bodi and De Soul*)、《身体与灵魂的对话》(*Dialogus inter Corpus et Animan*)[或称《身体与灵魂的辩驳》(*Conflictus Corporis et Animae*)]。其中用拉丁文书写的《身体与灵魂的对话》流传到欧陆,又根据假想的作者之名题为《圣伯尔纳的异相》(*Visio Sancti Bernardi*)、《菲利普的异相》(*Visio Philiberti*)、《福尔伯纳的异相》(*Visio Fulberti*),或根据首行诗句题名为《冬夜寂静时》(*Noctis sub Silencio Tempore Brumali*),李奭学认为这就是令艾儒略的研究者遍寻不获的《圣梦歌》的原本。

看似简单的脉络,得来却颇费周折,牵涉到跨越八九个世纪,横迈欧洲海峡的多部文献。但李氏并没有就此止步,他指出艾儒略的中文创作行为还发挥在该诗节上。流行于欧陆的拉丁文《冬夜寂静时》(1613)为一节四行诗,经艾儒略演绎为中文七言古诗,其声律结合了明初吴讷《文章辨体》里的"七古"与"歌行",而更为重要的是,诗中互设问答的文学套式和戏剧性对驳,并非中国传统七古所有,也非受明代江南文化影响的"近似弹词体"的创作。这种文学体式上的混成,来自《圣梦歌》的欧洲体系,即其带有戏剧性的"辩论诗"的传统。所以无论是文本内容还是文体,明末耶稣会士的文学翻译都给中国文学带来新的变异,可视为中国近代文学的滥觞。

通过李著的分析,我们在了解耶稣会士将"传奇小说""圣传""圣诗"等欧洲中世纪盛行的天主教文学进行中译的脉络后,更能准确了解这些作品在地化的衍生。这里的衍生或者说流变包括两个方面,一是耶稣会士在"译"时所夹之"述",另外则是中国信徒或中国文人的理解和接受。就如金尼阁(Nicolas Trigault,1577—1628)口述,张庚笔录的第一本中文伊索寓言集《况义》,在翻译过程中已经天主教化，原本的希腊寓言又经中国化，凡此之目的都在证道。有趣的是，明末文人李世熊则再次改写《况义》，将其中的部分寓言收入自己的《物感》之中，用于讽刺明末社会与政治。

再举一例，李奭学研究阳玛诺（Emanuel Diaz, Jr. 1559—1639）翻译的《轻世金书》，指出《轻世金书》的原本是天主教灵修小品集《遵主圣范》（*Imitatione christi*），因强调内心自省，以谦卑之心静对天主，接纳圣宠，为欧洲时人提供了行事准则，在西方天主教世界——甚至是新教——内影响巨大。从中古至文艺复兴时期，其手抄本就达900种以上，拉丁文原本是《福音书》外，整个基督宗教界最为人所知的文学奇葩。为了让此书在中国获得同等地位，阳玛诺翻译这部以拉丁文短句写成，便于记诵的灵修小品集时采用了《尚书》"佶屈聱牙"的诰谟体，使"金书"名副其实变成中国信徒之"经"。李氏还字斟句酌，在分析《轻世金书》第五章书目"《圣经》善书"时指出：原本此章书目仅是"《圣经》"，而阳玛诺擅自增加了"善书"一词，不仅符合《圣经》本质，更符合明代成风的劝善运动，适应《功过格》《明心宝鉴》等劝善书籍盛行的社会环境。至于中国的信徒，由于阳玛诺将《轻世金书》置于了"经"的高位，他们便踊跃以中国注疏经典的方式出版了《轻世金书直解》《轻世金书便览》等注疏，而注解《轻世金书》的热忱也一直延续至清末。

李奭学由阅读中国古典文学起家，在辅仁大学获得了英国文学硕士学位后，负笈芝加哥大学，以十三年的时间获得了比较文学博士学位，游刃于中西文化之间。他利用多种语言阅读文献，以文本细读的方法进行研究，为我们应对西学东渐研究范式转变带来的弊端提供了一个进路，《译述》也是比较研究——尤其是比较文学研究——的典范之作。

李氏还提出了我非常感兴趣的问题。我们再看明末耶稣会士的"译述"："译述"一词乃李奭学借用利玛窦等耶稣会士的原话对他们翻译状态的摹写。"译"是有原文根据的文字交换行为，在近代以"信"为最高标准；"述"则是一种类似于口语化的语言行为，包括翻译过程中传教士口述，中国文人笔录的合作方式，也指传教士在翻译过程中有意隐去作者，或者改动原文以适合传教目的的再创作。李氏同时指出，"译述"的活动早见于东汉来华的佛典翻译中。我认为正是佛教僧人和信徒有译有述的翻译活动，以及中国人对这些译述的研究和发挥，才逐步完成了佛教的中国化。但出于种种原因，明清之际的天主教士——乃至清末新教传教士——都未能完成的这一工作，而这或许是基督宗教"中国化"的突破口。

据后现代文学理论，"译述"演示的"是'译家'和'作家'共同创造出的一个'另类的文本'，形成一个全新而且容得译评与文评双双活动于其中的文字空间”①，通过李氏的研究，这种预言得以证实，欧洲的原本流传、耶稣会士的翻译以及中国人的接受本身已经构成了具有可读性的“文学文本”，足以驳斥明清之际传教士没有翻译文学的言论，并将受西方文学影响的中国近代文学史的开端提前了两百余年，遑论这些文本、文体本身就是源自于欧洲的文学。

李氏的研究是比较文学研究的典范，对当今研究范式的修正，重申了“比较”应有之意。

（作者单位：中国基督教三自爱国运动委员会与中国基督教协会研究部）

① 《译述：明末耶稣翻译文学论》，第20页。

通过中世纪文学透视世界文学

——《通用书面语文学与民族语文学》内容简介

□李丽秋

长期以来,世界文学史的书写一直由西方主导。然而,以西方文学的标准来看待世界文学,总是摆脱不了以西欧为中心的思想。为了避免这种盲目性和弊端,我们有必要借鉴曾具有广泛普遍性的中世纪。赵东一先生的“中世纪文学的再认识”丛书正是基于这一视角对世界文学进行了考察和研究。

“中世纪文学的再认识”丛书由三本书构成,分别为《既成一体又各自独立的东亚文学》《通用书面语文学与民族语文学》《文明圈的同质性与异质性》。其中,《既成一体又各自独立的东亚文学》考察东亚汉文文明圈文学,《通用书面语文学与民族语文学》总结出了世界文学史的普遍理论,《文明圈的同质性与异质性》则阐述了各文明圈中世纪文学的异同。

这套丛书集中考察了世界学术界一直以来相对忽略的中世纪文学,克服了偏重西欧和近代研究的局限性,探索了 21 世纪世界史的新方向,从这一点上来说具有重要意义。本文重点对《通用书面语文学与民族语文学》①进行简要的介绍,该书对世界文学史的普遍理论进行了总结。

该书首先提出了“中世纪化”这一概念以及对中世纪化意义的再认识,然后论述了通用书面语文学与民族语文学的基本关系,将世界文学划分为汉文文学圈、梵语文学圈、巴利语文学

① 赵东一:《通用书面语文学与民族语文学》,北京:知识产权出版社,1999 年。

圈、阿拉伯语文学圈、希腊语文学圈和拉丁语文学圈等六大通用书面语文学圈，分别考察了各文学圈内各国文学的相互关系，最后总结了世界中世纪文学发展过程的普遍特征。

一、对中世纪化意义的再认识及通用书面语文学与民族语文学的基本关系

与“近代化”一词相比，“中世纪化”这一概念尚未在世界得到广泛使用，这是由于近代是欧洲文明圈首先创造并影响到其他文明圈的，因此近代化被过度赋予了太多的意义，而“中世纪化”却很少有人谈起。其实，中世纪各文明圈并没有这种先后或优劣之分，而是由各文明圈共同参与创造出来的。为了纠正近代主义者认为近代是历史终点的错误认识，从而进入下一个时代，有必要对过去的“中世纪化”进行深入研究。展开中世纪化论的目的主要是找出被近代主义者任意歪曲和贬低的中世纪历史的真实面貌，寻求历史理解的均衡，从而为实现进入下一个时代这一更重要的目标打下基础。每个时代的发展都是建立在对前一个时代的否定的基础之上，因此为了否定上一个时代，就必须要有所继承。正如近代为了否定中世纪而继承古代一样，为了否定近代，下一个时代必须要继承中世纪。

在世界文学与民族文学之间，还存在着文明圈文学这一中间阶段，民族文学的上层概念是文明圈文学，文明圈文学的上层概念则是世界文学，从这种角度来看，对世界文学史的概括性理解就会容易得多。使用通用书面语的各文明圈文学的成立时期相似，基本性质一致，与民族语文学的关系也相同，这一切都证明世界文学是一体。

通用书面语原为古代某一民族所使用的语言，其后成为宗教的经典语，其他民族也开始使用这一语言，于是渐渐形成了通用书面语。通用书面语的共同特征是人为地保存同质性，同时具有抗拒变化的保守性。中世纪几个帝国以普遍宗教为理念，为了实现政治的统一和文化的融合，积极推动通用书面语的使用，其领域以外的其他王国也都努力体现出与该中心部相同的普遍主义，于是中世纪通用书面语文明得以确立。使用通用书面语实现中世纪普遍主义的文明可以说是帝国与王国、中心部与周边部的共同作品。

汉语是儒教和佛教经典语言，梵语是印度教和佛教经典语言，古代阿拉伯语是伊斯兰教经典语言，拉丁语是基督教经典语言。这四种通用书面语既是普遍宗教的经典语言，同时也是大帝国的通用语。同时具备这两个条件，才能成为通用书面语。各文学圈成立时期各不相同，大致在 5 世纪到 9 世纪之间，此时期为中世纪前期。

所谓通用书面语具有"共同语"和"文言"两方面的概念,"共同语"和"民族语"、"文言"和"口语"相互区别,具有"两层语言(diaglossia)"的关系。两层语言现象的特点是,同时使用两种语言,而两种语言的位置并不对等,一个处于上级,另一个则处于下级。这种两层语言共存现象在地球的大部分地区都广泛存在,其具体情况随着在文明圈内所占的地位和时代的变化而不同,根据这种关系的变化,世界文明史的时代可以划分如下:

(1) 原始—古代文学

1)原始—古代口碑文学

2)以古代记录文学告终

3)古代记录文学延续成为中世纪文学

(2)中世纪文学

1)通用书面语文学占优势阶段,中世纪前期文学

2)通用书面语文学与民族语文学的竞争阶段,中世纪后期文学

3)民族语文学处于优势阶段,从中世纪向近代的过渡期文学

(3)近代文学

1)将民族语文学发展为近代文学的情形

2)利用外语实现近代文学的情形

通用书面语文学与民族语文学的共存是中世纪文学特有的现象,之前的古代文学就没有这种区分,无论是口碑文学还是记录文学,均为民族语文学;在近代文学中,只剩下了民族语文学。此外,在同一个文明圈内部,又有中心部、中间部和周边部的区分,但这种区分是一个相对的概念,它是随着时代和地域的变化而变化的。

二、汉文文学与民族语文学

汉文文明圈与东亚文明圈的定义不同,东亚是一个具有地区意义的概念,而汉文文明圈则是指使用汉文的文明圈。根据是否使用汉文,东亚文明圈可以分为汉文文明圈和非汉文文明圈。汉文文明圈包括:

(1)使用汉文并留下汉文文学作品、利用汉字创造出记录民族语言的民族,主要是中国的汉族,保留着大量资料。

使用汉文并利用汉字标记民族语的民族——韩国人、越南人、日本人,拥有足以叙述民族文学史的资料。

曾经是独立国家,后丧失主权被合并的民族——琉球人、白族,拥有可同时考察通用书面语文学与民族语文学的资料。

利用汉字创造出标记自己语言的文字，但基本已灭绝——党项人、契丹人、女真人，拥有极少的资料。

利用汉字创造出自己的文字——壮族，但资料基本已无处可查。

(2)虽然不使用汉文，但受汉文文明的间接影响创造出了民族文字——纳西族、彝族、水族等。

(3)不使用文字、只有口碑文学保留至今，受到汉文文明圈的文化影响，也包括在广义的汉文文明圈内——苗族、布依族、瑶族、侗族，日本的阿伊奴人，越南的各少数民族。

在古代，以上各民族中只有中国使用文字，并留下了记录文学，《周易》《诗经》《楚辞》《论语》《孟子》《庄子》《史记》等是东亚通用书面语的源泉，这些财产后来被东亚其他各国家广泛继承。

对于中世纪的起始时期，一直存在着很多争议。目前中国学界认为是公元前5世纪战国时期以后的“中古”时代，即从中世纪的封建社会开始。但这种看法并没有阐明社会与文化的整体变化，与世界史的展开有一定的距离。中国中世纪化的表现与其他国家的中世纪化基本一致：将儒教奉为正统，又接受了佛教，使之成为文明圈的普遍宗教，将汉文这一儒教与佛教的经典语言作为通用书面语，并广泛用于文学创作当中，从骈俪文到古文、从古诗到律诗，最先确立了诗文的规范，东亚各国也分享了这一成果，因此这一时期就是中世纪的开始。中国出现这种变化的汉朝（公元前后）以后是从古代到中世纪的过渡期，随后在3世纪到6世纪的南北朝时期进入中世纪，到7世纪唐朝时表现出中世纪化的完整面貌。这一系列的变化，通过与世界其他国家的比较，可以更加清晰地体现出来。

汉朝是一个庞大而强有力的古代帝国，但它却因无法阻挡从古代到中世纪过渡期的变化而崩溃，这一点与罗马帝国相同。它们没有发展成为中世纪国家，因此虽然分别接受了佛教和基督教，却未能使它们扎根。南北朝初期，创建了北朝历代王朝的各民族将汉文作为自己的文字，使佛教扎下根，这与日耳曼民族移动后的欧洲相同。与此同时，中国之外出现了众多的民族国家，广泛使用汉文，接受了佛教并把它当作新的时代理念，共同参与了中世纪文明的建设。这些非汉族的其他民族全都使用汉文来表现相同的理想，汉文也就随之成为东亚的通用书面语。

从陆机的《文赋》到萧统的《文选》，确立了华丽的宫廷文学传统，而陶渊明开创的山野文学则形成了中世纪文学的另一股潮流。到了唐朝，这两种潮流合二为一，汉文文明圈的中世纪文学得以最终形成。7世纪的唐朝与5世纪梵语文明圈的笈多王朝、8世纪阿拉伯文明圈的阿拔斯王朝、9世纪拉丁文明圈的卡洛林加王朝相同，成为汉文文明圈出色的中世纪帝国，并且成为制定文学规则的表率。唐朝将内容空洞的骈俪文改为内容充实的古文，并将过于朴素的寒士风格古诗改为更为精巧的近体诗。

到中世纪前期为止,在文学方面一直是中国一家独秀,但到了中世纪后期,局面却发生了巨大的变化,分裂的时代取代了和谐的时代。正当执着于和谐的中国文学丧失了生机之时,周围的各个国家却出现了以分裂认识为新美学标准的革新路线,使汉文文学变得多元化,更加接近自己的民族语文学,于是开始转为各自表现中世纪普的遍主义。

中国的南宋以后可以称为中世纪后期,南宋以后,中国由繁盛走向衰退,再也没有出现能够成为整个东亚规范的文学,这就是中世纪前期结束、中世纪后期开始的确凿证据。而同一时期其他国家的汉文文学创作却十分活跃,与中国形成了鲜明对比。中世纪后期是文明圈中间部取代中心部的时代,周边部的登场则是从中世纪到近代的过渡期时的事情。

中世纪后期的汉文学一方面认识到自己的民族,朝着与民众分享共鸣、参与现实的方向发展,另一方面则努力寻找内心的真实。在宫廷文学与山野文学、官人诗与寒士诗这两种汉文学久远的传统中,它更加努力继承和发展后者,为如何选择参与现实和内心的觉醒而苦恼。

在这一时期,佛教变成了禅宗,推崇"不立文字",寻找内心的真实。在汉文文明圈中世纪后期思想的形成过程中,以性理学为主的新儒学和禅佛教处于一种互相合作又彼此竞争的关系之中,而禅宗与士林这种竞争关系在每个国家的结局都不相同,在越南和韩国都是由士林取代了禅僧,而在日本,中世纪后期则一直都是禅僧的时代。

从13世纪到17世纪以后,从中世纪到近代的过渡期,表面上汉文学的主导权似乎一直都掌握在中国的手里,其实不然。其他国家出现了努力使汉文学成为民族文学或是参与民众现实文学的新动向,而中国的汉族文人却一味执着于和谐美学的拟古表达方式,除了固守陈旧的正统汉文学以外,没有积极表现出其他行动。明朝的李梦阳和清朝的王士祯之类的拟古派诗人都曾具有风靡一个时代的影响力,而在今天中国文学史的叙述中,对此却并不以为然。究其原因,可以说是因为中国没有经历民族意识的觉醒和民族语文学的发展之类的变化,因此创造新时代文学的活动并不积极。

从中世纪到近代过渡期的汉文学由于受到了民族语文学的挑战而走向劣势,于是开始革新,从而找到新的价值。纵观汉文学与民族语文学的关系,在中世纪前期是汉文学一枝独秀,中世纪后期民族语文学虽然兴起,但在对汉文学的关系中,仍然没有摆脱身处低位的处境。然而到了中世纪到近代的过渡期,民族语文学却高度发展,与汉文学相抗衡,汉文学则接受了民族语文学新的创造物,共同参与了时代的变化。

东亚一直既是一个整体，又各自独立，至于哪种形式更为重要，随着时代的变化表现各不相同。在中世纪前期，各种形式都得到了体现；而中世纪后期，则表现为各地独立体现整体文明圈的普遍理想；中世纪到近代的过渡期，对普遍主义的理解变得相对化，每个民族都认为应该通过民族文化的发展来追求普遍价值。根据这条路线，民族语文学发达的国家创造出了新文学。

从中世纪到近代过渡期的新汉文学在散文领域有野谈，诗歌领域有乐府诗。韩国、越南和日本各出现了将民族语诗歌翻译成汉诗的翻案乐府、歌颂本国历史的咏史乐府和描述当代风俗的纪俗乐府，而且出现了一些关心民众疾苦，并将这种现实意识反映到诗歌创作中的代表性诗人。这一时期，处于汉文文学圈中间部的韩国和越南、处于周边部的日本都出现了大量这样的作品，与中心部中国的停滞形成对比。

在东亚其他国家出现民族语诗歌与通用书面语诗歌共存的现象时，中国却只有通用书面语诗歌，而没有民族语诗歌。记录民歌的乐府也是使用通用书面语，虽然也有通用书面语与口语混用的情形，但只是极少数。白话诗这种口语诗形式直到20世纪才出现，在这一点上，中国的民族语文学发展最为落后。虽然在中国的小说和戏曲里也使用了一部分口语，但仍然过分依赖文言，没有为普及口语做出贡献。一度出现的说唱文学也没有创造出与正统的汉诗相抗衡的口语诗歌形态。尽管如此，中国境内的各少数民族和中国境外的各民族还是利用汉字表现自己的语文，将民族语诗歌发展成为记录文学。韩国的乡歌、日本的和歌、越南的国音诗、白族的白文诗和琉球的琉歌都是典型的例子，所以说东亚文学史也和世界文学史展开的一般过程相吻合。

进入近代以后，通用书面语时代结束，东亚所有的国家都进入了民族语时代，将政治中心所使用的口语作为共用语，实现了语言统一和言文一致。然而，这种标准国语的普及却使以各种方言形成的语言文化创造力遭受了沉重的打击。在下一个时代，语言发展状况应该会发生重大改变，不再强调民族国家的绝对优越，即使保持国家的外形，内部结构也应该实现多元化，不应再出现那种英语称霸世界的局面。东亚的知识分子应该重新使用汉文，将其作为东亚学术交流的共同语言。

三、作者的结论

经过论证，作者认为，对于文学圈中心部以外的民族来说，接受通用书面语是一种幸运。接受通用书面语对民族语的打击通过生克原理得以恢复，反而刺激了民族语的发展。也有民族语被通用书面语所替代的情形，但最终通用书面语又重新口语化，再次成为民族语。

地球上大部分地区都经历了通用书面语和两层语言相互作用的过程，其具体情况随着在文明圈中占据的位置和时代的不同而不同，中心部、中间部和周边部的关系也同样随着时代的变化而变化，越是处于文明圈的中心部，通用书面语文学持续得越久，而越是处于周边部，民族语文学出现得则越早。由于通用书面语文学是从中心部向周边部扩散的，因此记录文学的历史始于中心部。周边部的民族语文学出现得最早，口碑文学也相当丰富，成为民族语记录文学的源泉。中心部的通用书面语文学重视整体文明圈的普遍性，在历史著述中也记述了文明史；文明圈的周边部努力用民族语记录本民族的历史；文明圈的中间部则采取了中间路线，采用通用书面语叙述了区别于文明史的本国历史。

文明圈的中心部并非一直处于代表整个文明圈的中心地位，在考察中世纪前期的情况时，可以以中心部为主，但其后的变化在中间部和周边部表现得更明显。只看中心部文学，很难了解古代结束、中世纪开始的具体时期，只有在中心部形成的通用书面语文学被中间部接受时，整个文明圈的中世纪才开始。中世纪到近代的过渡期则在周边部表现得更为明显，因为民族语文学实现大众化的变化在周边部体现得更为明显。但是，在判断过渡期文学何时转变为近代文学的过程中，中间部文学发挥了更为重要的作用，因为在周边部的文学中，通用书面语文学所占的比例不大，难以确定清除通用书面语文学、只发展民族语文学的具体转换时期。

通过中国了解中世纪前期形成的通用书面语文学规范，通过韩国和越南了解中世纪后期通用书面语文学与民族语文明的关系，通过日本考察中世纪到近代过渡期民族语文学发展成为大众商品的情况，如此才能更加清晰地看出东亚文学史的变化过程。为了提供一个理解整个文学史全貌的视角，寻找划分时代的依据，应该首先对中间部进行考察，因为它可以同时了解文明圈的同质性与异质性。

在中世纪期间，中心部、中间部、周边部三者之间的关系持续了很久，文学创造的活力也逐渐从中心部转向中间部，再从中间部转向周边部。在这一过程中，先进变为落后，落后又变为先进。文明圈的中心部往往只强调普遍主义，却不考虑普遍主义与民族主义的一致性；周边部则否定普遍主义，选择了民族主义；中间部兼容了普遍主义和民族主义，虽然它在中世纪比中心部落后，在近代又比周边部落后，但它可以率先继承中世纪的智慧、重新调整在近代所取得的发展成果，提出进入下一个时代的方向。

在中世纪文学中，诗歌比散文要发达得多，中世纪文学史也是一部诗歌体裁变化的历史，考察抒情诗、叙事诗、教述诗的变化情况也有助于理解文学史的发展情况。

抒情诗是通用书面语文学的精髓，通用书面语文学的中心部制订出了广为接受的抒情诗规范后，中世纪文学也随之迅速发展，文明圈全体成员形成了一个文学圈，这一活动在同时期各个文明圈中同时发展，抒情诗的规范也基本通用。

进入中世纪后，抒情诗占据重要位置，令古代文学的主角叙事诗遭受沉重打击，因此在文明圈的中心部，口碑叙事诗早已消亡。在拉丁文明圈、阿拉伯文明圈和汉文文明圈的中心部都很难找到口碑叙事诗的痕迹，也没有表现出对叙事诗的创作热情。而在周边部，叙事诗却保存完好，并在文字启用之时就被记录下来，以进行再创作。在汉文文明圈，中国和日本的叙事诗都不发达，而远在周边部的阿伊奴人以及中国的各少数民族的叙事诗遗产却异常丰富。拉丁文明圈也表现出同样的变化，只有梵语文明圈的叙事诗一直保存完好，可以说是一个特例。在中世纪后期的民族语诗中出现了一个变化，即抒情诗与教述诗的共存现象。中世纪到近代的过渡期，则是抒情诗、叙事诗与教述诗（didactic）共同活跃的时代。

“教述诗”也是作者提出的一个概念，“教述”是指对事物进行客观的描写、说明和讲解的意思，具有说教色彩，这样的诗称为“教述诗”，韩国的教述诗包括景几体歌和歌辞。教述体裁是由于作品外部世界的介入而形成的“自我的世界化”，同时也是“非转换表达”，即，话者是现实的作者（作品外的自我），听者也是现实的人（作品外的世界）。除教述诗外，教述体裁还包括“教述民谣”和“教述巫歌”等。

从其他国家的诗歌来看，作者认为中国的辞、赋属于教述诗。中世纪前期是抒情诗的时代，中世纪后期是抒情诗与教述诗共存的时代，这一特征虽然在其他文明圈也广泛存在，但并不适用于中国。虽然日本也没有教述诗一说，但其民谣和巫歌中也存在着教述诗，如《对马民谣集》中收集的“祝言”。越南的情形则与韩国相似，拥有使用越南诗歌律格而作的称为“吟”“赋”“歌”的国音诗，其中不乏教述诗。

（作者单位：北京外国语大学亚非学院）

“国际视野下的中国发展道路”国际研讨会会议综述

□库晓慧

2013年11月7日至8日，由中国社会科学院主办，中国社会科学院信息情报研究院、中国社会科学院国际中国学研究中心承办，国际中国文化研究协会协办的“国际视野下的中国发展道路”（“China’s Development Road in the International Perspective”）学术论坛在北京举行。来自中国社会科学院、上海社科院、中央党校、国家图书馆、北京大学、北京外国语大学、中国人民大学、南开大学、武汉大学、福建师范大学、中国矿业大学、中国地质大学、中国石油大学、北京联合大学、同济大学、深圳大学、香港中文大学、台湾中国文化大学、韩国首尔大学、俄罗斯科学院、日本横滨大学、丹麦奥尔堡大学等国内外22家单位约50位专家学者参加论坛并提交、宣读论文。论坛共收集论文39篇（包括主题演讲2篇），内容涉及中国政治、经济、文化等多个领域。

论坛于11月8日上午9时在中国社会科学院学术报告厅开幕，中国社会科学院信息情报研究院院长张树华主持开幕式并致辞。俄罗斯科学院院士、俄罗斯汉学家协会主席、著名汉学家和国际问题专家米亚斯尼科夫（V.S.Myasnikov）为大会发来贺信，贺信由北京外国语大学中国海外汉学研究中心柳若梅教授代为宣读。中国社会科学院政治学所所长、研究员房宁和香港中文大学政治与公共行政系教授、清华大学特聘长江学者王绍光分别作了题为“从实际出发推动中国的民主政治建设”和“代表型民主与代议型民主”的主题演讲。两篇演讲的关注点都是当代中国的民主政治问题,主张从中国基本国情和国内外形势的实际出发,稳步推进中国的民主政治建设。王绍光先生将西方主流意识形态认可的代议型民主(representative democracy)与中式代表型民主(representational democracy)进行对比,分析梳理了后者的理论及其在中国的实践,认为群众路线是中式代表型民主的理论基石,也是主要实现途径,代表型民主的实践使得中国的党国体制能较好地回应社会需求,因此,摘掉"威权主义"的有色眼镜便可知中国体制之所以认受性高,是因为中国践行了一种符合本国民众心愿的新型民主——代表型民主。

之后,大会进入主题发言阶段,来自不同国家和地区的4位发言人分别围绕"国际视野下的中国发展道路"这一主题,选取不同角度和问题做了阐述。中国社会科学院研究员周少来的《当代中国政治发展的路径特征与未来趋向》,依据当代中国现代化进程的历史逻辑,具体分析了当代中国政治发展的路径特征,并对各个路径特征的现实缘由和制度特征进行剖析,最后对中国政治发展的未来取向和路径突破做出预测和评估。韩国首尔大学赵英男(Young Nam Cho)教授的《从东亚发展型国家模式看中国政治发展》("China's Political Development from the Perspective of the East Asian Developmental State Model"),通过与韩国、日本、新加坡等东亚国家进行对比,分析中国三十年来政治改革、中式民主的发展历程,认为中国政治发展之路与东亚发展型国家的模式相似,即制度化先于民主化。深圳大学黄卫平教授、张万坤研究员的《"危机推动"与"渐进理性"——中国改革的经验观察》,分析中国30年来改革开放的实践经验,认为中国改革的动力机制为"危机推动",即由我们党所面临的执政危机所推动,而改革的路径选择机制则是"摸着石头过河"的"渐进理性"决策,而党的十八届三中全会对全面深化改革进行深入研究、部署、规划,则标志着改革开放进入了"顶层设计"和"渐进理性"决策相结合的新阶段。俄罗斯科学院东方研究所教授弗拉基米尔·涅维金(Vladimir Neveykin)的《中国改革与欧洲的选择》("China and its Reforms versus the 'European Choice': Alternative Approach or Mutual Enrichment?")则比较中国改革与西方发展模式的异同,并在国际视野下分析中国改革发展模式的特点、意义及前景。上海社科院世界中国学研究所所长、教授张维为对4个主题发言逐一进行了点评,参会人员也就相关问题和发言人进行了交流、讨论。值得一提的是,来自韩国和俄罗斯的两位发言人皆用汉语发言,显示出其深厚的汉语及汉学功底,让与会人员精神为之一振。

下午,论坛进入分组讨论阶段,共分2个小组,每个小组根据发言主题的不同又各分为4个单元,各单元有不同的主持人,中间留有自由讨论时间。

第一小组侧重讨论当代全球背景下中国的政治经济发展模式、机遇与挑战以及文化软实力建设。第一单元的讨论议题主要是国际视野下的中国治理模式与政治实践。其中,武汉大学副教授刘杉作了《当代中国治理模式的历史发展逻辑——西方学者以中国思想家和政治家为研究对象的研究》的报告。中国社科院副研究员樊鹏的发言题目为《从国际比较看中国国家公共安全能力——重点以美国这一超级大国作为比较坐标》。上海社科院助理研究员潘玮琳的《儒家传统如何成为当代中国政治实践的资源——海外学界围绕儒家传统与民主关系的新看法》一文,梳理了近期海外汉学家对儒家传统与民主关系的新研究、新看法,并分析了海外中国研究的新趋势及其背后以文化解释制度的方法论问题,等等。第二单元关注的是全球治理背景下中国发展道路的机遇与挑战。俄罗斯科学院东方研究所教授拉马赞·达乌罗夫(Ramazan Daurov)的《通向未来的新丝绸之路》("The New Silk Road:Opportunities for the Future")一文,从地缘政治、经济的角度,分析全球化背景下中国与西亚、中东等周边国家乃至世界的互动发展。中国社科院副研究员冯维江作了题为《全球治理机制面临的挑战及中国的对策》的报告,而台湾中国文化大学萧衡钟则以"经济全球化对中国大陆体制的冲击:以东西方政治价值观为例"为题进行了发言。第三单元关注的是中国国家形象与软实力建设。南开大学教授闫国栋《遥远的记忆与诱人的传闻——17世纪中期前俄国的中国形象》,论述了早期俄国人对中国政治、社会、军事、物产、文化的认识及其途径。中国矿业大学副教授翟石磊作了题为"全球公众的中国观与美国观比较分析——以国际民调报告中的'国家赞誉度'为例"的发言。韩国首尔大学教授姜明求(Kang Myungkoo)《韩国学界对中国流行文化的研究——一项批判性考察》("A Critical Reflection on the Chinese Popular Cultural Studies in South Korea"),从电影、小说、电视剧三个领域入手,对韩国学界对2000年后的中国流行文化研究进行了批判性考察。同济大学教授仇华飞的发言题目为"从中国文化软实力角度看中国国家形象建设"。第四单元的文章都与中日关系有关,是中国研究的个案,体现了中国研究的新视角,分别为日本横滨大学名誉教授矢吹晋(Yabuki Susumu)的《乒乓外交与中美在钓鱼岛问题上的博弈——冲绳返还条约40年的回顾》("Ping Pong Diplomacy and the Game Between U.S.and China in Diaoyu Islands Issue")、韩国首尔大学教授徐二钟(Suh Yijong)的《日本731部队的活体实验:历史与社会的考察》("A Sutdy for Human Experimentations of Panel 731:from Historical and Sociological Perspectives")和中国社科院教授步平的《中日历史问题与中日共同历史研究》。

第二小组则侧重探讨世界各国的中国研究的历史与现状,讨论国际中国研究的知识、方法与个案。其中,第一单元主要关注美国中国研究的历史与现状。南开大学孟庆波的《从美国中国学的发端史看当下美国中国学和汉学的关联》,叙述了美国中国学(Chinese Studies)的创立者远东学会(The Far Eastern Association)从其母体、传统汉学(Sinology)大本营美国东方学会(the American Oriental Society)中脱离的过程,分析了两者脱离的原因,指出美国中国学和汉学的研究侧重虽有不同,但不应绝对化,应看到两者的关联与合作。中国地质大学副教授韦磊作了题为"美国现代中国学的学术化趋势"的报告。第二单元则关注德国、丹麦、俄罗斯等国中国研究的历史与现状。北京外国语大学教授李雪涛所撰的《东亚的重组——福兰阁所认识的东亚与世界》,简要介绍了德国汉学家福兰阁(Otto Franke)研究中国政治、文化的文章和著作,重点分析了他对俄德法"三国干涉还辽"事件的记载。丹麦奥尔堡大学助理教授佩尔·默勒·克利斯登森(Peer Moller Christensen)以"丹麦的中国学研究机构"("China Study Institutions in Denmark")为题,对丹麦的中国学研究作了全面性介绍,而中国社科院教授张树华之《他山之石,可以攻玉——当今俄罗斯的中国学现状与前景》,介绍了当代俄罗斯中国研究的现状和特点、出现的问题与挑战,并对前景进行展望,提出建议。第三单元主要讨论世界中国研究的新视角和新方法。福建师范大学教授葛桂录的论文《差距、转换与思想的方法——海外汉学家的中国研究对我们的启示》,介绍了于连(Francois Jullien)等海外汉学家的中国研究的视角、方法,分析其对当代中国文化研究及自我构建的方法论启示。北京外国语大学副教授韩振华作了题为"预设与关怀——1990年以来西方《孟子》研究的问题意识"的报告。第四单元则以汉学家、汉学研究著作、中国典籍在海外的传播等为研究个案,探究中西文化的相遇与相互建构。北京外国语大学教授柳若梅的论文《〈史记〉在俄罗斯的收藏与翻译》,介绍了《史记》在俄罗斯的收藏和翻译的历史、特点等情况,由此反观中俄文化交流的历史,分析中俄文化差异、中外史观差异。中国社科院研究员陈才智作了题为"一部有影响力的西方汉学经典——评亚瑟·韦利《白居易的生活与时代》"的发言;北京外国语大学中国海外汉学研究中心联合培养的意大利籍博士生杜香莉(Martina Turriziani)所宣读的《康有为〈意大利游记〉研究》("Introducing Some Research Perspectives on Kang Youwei's Yidali Youji")一文,是她正在做的博士论文,文章以康有为《意大利游记》为研究对象,采用文献学方法,进行版本搜集整理、文本点校注释,在此基础上分析意大利之行对康有为改良当时中国社会的启示。

晚上,论坛在北京市政协会议中心举行闭幕式,闭幕式由中国社会科学院国际中国学研究中心副主任、研究员何培忠主持,深圳大学当代中国政治研究所所长、教授黄卫平和中国社会科学院人事局局长、研究员张冠梓分别进行会议小结。本次论坛议程安排紧凑合理,参会人员广泛性、代表性强,提交论文和大会发言内容丰富,无论是当代中国学研究方面,还是传统汉学研究方面,都不乏有新意的优秀论文。与会的国内外专家学者从全球化背景出发，站在国际视野下，对当前中国的发展道路进行展望，并对国际中国研究的新方法、新视角进行探讨，取得了良好效果。

（作者单位：北京外国语大学中国海外汉学研究中心）

编后记

拿到这期的《国际汉学》清样时，我的心情格外沉重。因为，去年我的老朋友朱政惠先生突然病逝，使我十分震惊。当时就在一个月前他还答应我来北京外国语大学参加我们的国际会议，后说身体不适，派了学生代表他发言。会后不久就撒手人寰，驾鹤西去。他的离去，使我心情无法平静。今天，当我读到他的高足龚咏梅写的纪念文章时，往日与他的交往渐渐浮现在眼前。

我们两人几乎是在同一时期从自己的研究领域转向了海外中国学研究，我从明清来华传教士汉学入手，他从美国当代中国学研究入手。一前一后，我们两人的研究正好涵盖了整个西方汉学。文人以文会友，读到好的文章，就有相约相见的冲动，这样我们很快成了朋友。记得那年他在华东师大召开美国中国学的研讨会，我带着汉学中心的全体人员参加了会议，会议开得很成功，正是在那次会议上我认识早已仰慕的张芝联先生。以后几年中凡是他主持的海外中国学的会议，我都参加；凡是我主持的海外汉学的会议他也从上海过来。在丽娃河旁的绿树长荫中，我聆听他的研究计划；在国家图书馆新馆的咖啡厅，我们商讨合作汉学文献的出版。每期的《国际汉学》我都寄给他，他主编的《海外中国学评论》每期都寄给我。特别难忘的是我们和严绍璗、何培忠、李雪涛及台湾图书馆的耿立群一起到香港，大家在香港大学王向华的帮助下召开了一次小型学术会议，共同商议在香港成立“国际中国文化研究会”一事。在那次会议上我才知道他的父亲和严先生的父亲还有过一段很深的交往，知道他是个书香子弟。一天下午，我们两人一起沿着海边散步，他给我讲述了自己在黄山的知青生活，我给他讲述了我在大别山的知青经历。"我们是同一代人，有着共同的命运，有着共同的理想，在学术上也有着共同的追求。"老朱拉着我的手，说出了这段话。此刻，我看到夕阳映红了他的脸，这话在我心中激起了波澜。这段话拉近了我们的心，至今记忆犹新。他是"文革"前的老高三学生，我是老高二的学生，我在自己六十岁时曾写下《我们这一代人的学问》的短文，大体反映了我和政惠先生共同的想法。今天在思念他时，我找到了这篇文章，想以此来表达我们这一代人的学术思考。尽管这里写的是我自己的思想历程，但我认为这也是政惠先生的想法。

> 我是"文革"前"老三届"高中的学生，转眼之间，我们这一代人都将先后进入"耳顺之年"。在学术界从20世纪40年代末到50年末出生的这一代人，眼下势头正劲，各领风骚。但殊不知，这一代人的独特的生命历程造就和决定了我们的学问与志向。我们这一代人下过乡，在泥巴中打过滚，知道山峦乡村之苦；当过兵，扛过枪，经历过那种八百里狼烟无人迹、沙场秋点兵的场面；做过工，在烟熏火燎的车间轮过锤，在人鼎沸腾的码头扛过包，深知劳动之苦，劳动之伟大。正是带着这样的社会阅历我们在20世纪80年代进入了学堂，开始自己的学习生活。
>
> 20世纪80年代是个狂飙的时代、反叛的时代，批判残酷无情的"文革"岁月，告别60年代以来那种空疏沉闷的学术叙事。在疯狂的西学热潮中，学习新知识、探索新理论，眼界从此开阔；被压抑的求知热情一下子爆发了出来，念外语，读洋文书；学历史，沉醉于古籍文本之中。青春好像在读书中得到补偿，流失的岁月似乎在每日的阅读中追回，知识的增长与思想的反叛成为80年代的记忆。
>
> 正像我们个体的那种被压抑的青春爆发出来一种不可阻挡的反叛和求知一样，历经百年苦难的中国的那种被压抑的现代性也爆发出了一种人类史所没有的现代化冲动，在宏大的历史叙事中，短暂的90年代初的沉闷很快被新一轮的改革开放浪潮所取代。当学术史研究渐成学界主流时，正如马克斯·韦伯（Max Weber）所说的那样，学术也被纳入一个庞大的运转机器之中。空洞的政治热情已经不能构成学术的主题，以知识为其趋向的学术叙述逐步成为一种主流的叙事。我也正是在20世纪90年代初开始了自己的学术转型，从西方当代哲学研究转向了明清中西文化交流史的研究，并以此为基点向东西两侧展开，向东就是"西学东渐"，这便进入了明清基督教史研究和明清文化史和思想的研究；向西就是"中学西传"，这便进入了欧洲早期汉学史研究和欧洲近代文化史和思想史的研究。

几乎近十年我完全从原来的西方当代哲学研究领域消失，当1998年在三联的“哈佛燕京丛书”第三批出版了我的《历史哲学的重建：卢卡奇与当代西方社会思潮》时，我正在经历着艰苦的学术转型。此时，我才发现自己在学问上很幼稚，有如此多的书没有看过，有如此多的重要人物和事件完全不知，一个学科就是一片天地，一个领域就是一片海洋，自己原来的那些狂傲和自大是多么可笑。那时我才真正理解了庄子所说的“吾生有涯，而知也无涯。以有涯随无涯，殆已；已而为知者，殆而已矣。为善无近名，为恶无近刑。缘督以为经，可以保身，可以全生，可以养亲，可以尽年”。我当然没有像庄子那样走向无为之路，但却知道了自己的无知，看到了知识的博大和个人之渺小。正是在这样的学术转型中，跨学科的研究使我的精神世界从此更加辽阔，对人生的理解也开始更为平实，从80年代的狂躁中重新回到了自然和朴实的思想状态。

也就在这个时候，一些学术先贤和前辈开始吸引了我。陈垣先生此时成为我的偶像，方豪先生的书几乎每天都要翻来翻去，我寻找过向达先生散佚的书籍，访问过王重民先生的后人，认真的读过袁同礼先生所编的汉学书目，按照他主编的《国立北京图书馆馆刊》中介绍的汉学书籍，我一本本地寻找藏于国家图书馆中的中西文化交流的历史文献和汉学书刊。在国家图书馆工作的六年给我提供了从未有过的良好学术环境，在夕阳的余晖之下，我在善本部的阅览室中一本本地翻阅了北堂的摇篮本；在港台室的晨曦之中，我第一次借到了《天学初函》，在这里我找到了方豪主编的《上智编译馆馆刊》，看到了藏在善本部里的利玛窦地图的残卷，还发现了一些尚未编入北堂书目中的传教士的手稿。我特别感谢国家图书馆在我最彷徨的时刻收留了我，感谢任继愈先生在我思想恍惚之时给我指出了一条崭新的学术之路。同时，学术的圈子也开始扩大，在这一时期我结识了社会科学院历史所的耿昇先生，认识了中华书局的谢方先生、杭州大学的黄时鉴先生，开始比较密切地与社会科学院历史所的何高济先生和张凯先生交往。同时，在编辑《国际汉学》的过程中，结识了严绍璗先生、孟华先生、李明滨先生、许明龙先生。在学习中交往，在交往中学习，谦卑是发自内心的，因为我结识的这些朋友的知识都如此渊博，学问都是那样的广博和扎实，而自己正像一个从石头缝中长出的小草，虽然有足够的生命力和坚韧的毅力，其实在知识和学问上缺乏养分和阳光，没有丰厚的土地的支撑，明显感到先天的不足。

历史好像给我们这一代人在开玩笑：尽管我们在耀眼光环下有着一些虚荣的名声，其实我们根本没有清末民初那批学者的学养；尽管我们处在人生的顶峰之中，家境略微改善，有了些斯文的生活，其实我们完全没有民国时期那些文人们的富足和从容；我们也游走四海，求学五洲，但精神的家园似乎在飘荡，而不像20世纪三四十年代的那批留学者一样，有着强烈的家园归属和文化自觉。我一直把自己看成一个过渡性的人物，其实我们这一代大体都是这样，有太多的理想，但先天的不足，使我们无法远行。说句玩笑话，我觉得自己是心比天高，命比纸薄，一代"红颜薄命"似乎应是我们这一代人的归宿。

但不经意之间，在学术的推进和思想的重建上突然把我们这一代人推向了历史舞台的前沿。因为，国之强大已经重新立于世界民族之林，它需要学者们在国际舞台上代表这个东方大国说话；因为，东方的日出已经不再是神话，五百年的世界格局在我们这一代要发生根本性的变化，近一百年来在欧风美雨熏陶下成长的知识分子突然失语，发现自己无法用东方的语言和思维说话。此时，我们发现过去从先生那里学来的知识已经大都陈旧了，甚至先生的先生们的一些话语和逻辑都要重新审视，学术重建的重担几乎在瞬间压在我们这一代人的肩上。此时，生活之树的繁茂和理论的灰色反差如此之大，我们是在几乎完全没有思想准备的情况下，突然面临了这一切的发生。

在不到三十年间的时间，我们生活于其中的中国已经连我们自己都无法辨认，现代化和现代性的冲突已经成为生活的现实，从自由主义那里接续来的香火似乎并不能完全点亮我们前行的道路，尽管它包含着部分的真理；从西方舶来的那套思想和社会理论在学理上是美丽的，但西方的经验尽管有时可以开启我们的头脑，但确无法完全解释这个有着几千年文化传统的国家所发生的文化巨变。茫然，分歧，探索，精神世界的分裂感从未像今天这样强烈，学术重建的重担从未像今天这样繁重，思想从未像今天这样活跃，争论也从未像今天这样激烈。这或许是在人类古代文明中唯一延续下来的中华文明所要经历的一次前所未有的大考，或许是一个伟大国家与古老文化在又一次经历着凤凰涅槃，浴火重生。

"天将降大任于斯人也，必先苦其心志，劳其筋骨，饿其体肤，空乏其身，行拂乱其所为，所以动心忍性，曾益其所不能。"我们能担起这几千年未有之变局的大任，为往圣继绝学吗？历史能从我们这一代开始重新书写中国的知识体系与学术的道统吗？在这"前不见古人，后不见来者"的动荡世纪里，一切都崭新而陌生，全球化的现实、中国的崛起都需要思想的变革和理论的支撑，我们能为这个变动的世界提供一个东方色彩的理论吗？在这个资本消融一切、物质主义横行的时代，在这个庸俗化占据文化生活主流的时代，我们这一代读书人能"为天地立心，为生民立命"吗？

只有问题，没有答案。因为历史正在行进中；只有思考，没有结论，因为我知道自己的生命不可能与变动的历史一样久远同行，但同时，我知道，我们现在在历史的行进中，我们正在书写历史。六十一个年岁，历经一个甲子，让我重新开始新的生命与历程。

在现代的学术期刊中已经不再会有悼念学者的文章，也不会用长长的版面刊出已故学者的学术生平和论文。学术期刊现在变成了一种毫无人情味的竞技场，学术论文与人格、与生命似乎是分离的。我们也看到一些文章写得很学术而人格很差的人，道德文章已成空话。朱政惠先生是将学术与人格完全统一的学者，他是我们这一代人的一个典范。他用自己的生命实践了、回答了我在上面短文中的那些问题和困惑。在这辑《国际汉学》上，我们发表长文纪念朱政惠先生，从根本上是想表达一种对学者的尊重。《巴比伦犹太教法典》中有一段话说得极好："一个学者胜过一个以色列国王，因为一个学者死了，没有人可以代替他；而如果国王死了，所有的以色列人都是合格的人选。"政惠先生走了，他带着我们这一代人的理想和梦想走了。"平生风义兼师友，不敢同君哭寝门。"我为学术路程中能有这样的好友而感到骄傲，为他的离去而痛哭。

吴宓在 1923 年 9 月 15 日的日记中说："盖予视《学衡》，非《学衡》最初社员十一二人之私物，乃天下中国之公器；非一私人组织，乃理想中最完美高尚之杂志。故悉力经营，昼作夜思。于内则慎选材料，精细校雠。于外则物色贤俊，增加社员。无非求其改良上进而已。"《国际汉学》正是秉承这样的精神来办刊的，她不仅是学术的阵地，也是人文的殿堂；她不仅追求学术之真，也传承人文之爱。在这篇后记中，我以这篇短文来表达对朱政惠先生的怀念，来表达这份刊物所一直坚守的人文关怀。

张西平

2014 年 3 月 22 日写于岳各庄阅园小区游心书屋